Guatemala
et Belize

Tom Brosnahan
Nancy Keller

Guatemala et Belize

2ᵉ édition traduite de l'ouvrage *Guatemala, Belize & Yucatán, La Ruta Maya* (3rd edition)

Publié par

Lonely Planet Publications

71 bis, rue du Cardinal-Lemoine, 75005 Paris, France
Siège social : PO Box 617, Hawthorn, Victoria 3122, Australie
Filiales : Oakland (Californie), États-Unis – Londres, Grande-Bretagne

Imprimé par

SNP Printing Pte Ltd, Singapour

Photographies de

Jeffrey Becom (JB)	Mark Downey (MD)	Paul Wentford (PW)
Tom Brosnahan (TB)	Yoshi Makino (YM)	

Photo de couverture : pièce de tissu des Hautes Terres, Guatemala (Olivier Cirendini)

Traduction (partielle) de

Philippe Beaudoin, Thérèse de Cherisey et Elizabeth Kern

Dépôt légal

Février 1998

Précédente édition : 1994

ISBN : 2-84070-069-7
ISSN : 1242-9244

Texte et cartes © Lonely Planet 1998

Photos © photographes comme indiqués 1998
Tableaux climatiques réalisés à partir d'informations fournies par Patrick J. Tyson © Patrick J. Tyson 1998

Tom Brosnahan

Né en Pennsylvanie, Tom Brosnahan a fait des études supérieures à Boston avant de prendre la route. Après un périple en Europe, il s'est engagé dans le Peace Corps qui l'a détaché au Mexique dans le cadre d'un programme de formation. Son bref séjour dans une école de Mexico, pour y enseigner l'anglais, l'a renforcé dans son désir de découvrir davantage cette région du monde. Puis il a sillonné le Mexique, le Guatemala et le Belize, écrivant des récits de voyage et des guides pour le compte de différents éditeurs. Au cours des vingt dernières années, la vingtaine d'ouvrages qu'il a publiés se sont vendus à plus de deux millions d'exemplaires et ont été traduits en douze langues.

Depuis sa première visite au Yucatán, au Guatemala et au Belize, Tom rêvait de retourner sur les traces de John L. Stephens afin d'écrire un livre de référence sur les territoires mayas. *La Ruta Maya*, publié en 1991 et dédié à Lydia Celestia, signa l'aboutissement de ce rêve.

Nancy Keller

Après avoir passé son enfance et fait ses études dans le Nord de la Californie, Nancy a travaillé durant plusieurs années dans la presse alternative où elle a pratiqué tous les métiers, depuis la rédaction d'articles jusqu'à la distribution des journaux. Après avoir repris des études de journalisme, interrompues par de longs séjours au Mexique, elle a obtenu son diplôme en 1986. Depuis lors, elle ne cesse de voyager et d'écrire au Mexique, en Israël, en Égypte, en Europe, dans les îles du Pacifique Sud, en Nouvelle-Zélande et en Amérique centrale. Nancy est auteur ou co-auteur de plusieurs guides Lonely Planet, dont *Californie et Nevada*, *Mexique*, *Nouvelle-Zélande* ainsi que *Rarotonga & the Cook Islands*.

Un mot des auteurs

De la part de Tom. Je ne connais pas d'endroits plus fascinants à explorer que le Guatemala et le Belize. Si la fascination qu'exercent ces pays semble éternelle, il n'en est pas de même de leurs taux de change et de leurs systèmes économiques. Certes, nous nous sommes efforcés, Nancy et moi de vous fournir les renseignements les plus détaillés et les plus précis possibles sur l'hébergement, la restauration et les moyens de transports, mais ces derniers sont susceptibles de changer brusquement par suite d'une variation du prix du pétrole sur les marchés mondiaux ou d'une décision politique locale. Si cela devait se produire, soyez assuré que les établissements recommandés vous offriront souvent le meilleur rapport qualité/prix, que les tarifs pratiqués soient inférieurs ou supérieurs à ceux indiqués dans ce livre.

A votre retour, n'hésitez pas à me communiqueres toute suggestion, recommandation et peut-être même critique, afin que je puisse améliorer la prochaine édition. Vous aiderez ainsi des milliers de fidèles lecteurs de Lonely Planet à mieux profiter de leur séjour.

Je suis très reconnaissant à tous ceux qui m'adressent un courrier, je lis chaque lettre et y réponds dès que possible. Vous pouvez me joindre par Internet au tbros@infoexchange.com. Consultez également le site web de Lonely Planet au www.lonelyplanet.com.

N'hésitez pas à me signaler tout problème avec l'un des établissements mentionnés dans ce guide. Si je reçois des plaintes, fondées, au sujet de l'un d'eux, ce dernier ne figurera pas dans la prochaine édition.

De la part de Nancy. Au Guatemala, je tiens à remercier l'office du tourisme national (INGUAT) qui m'apporté une aide précieuse. Je remercie également Real Desrosiers de l'Adventure Travel Center, les personnes du Rainbow Reading Room et Juan Francisco Sic (tous d'Antigua), David et Flori de l'école espagnole de Desarrollo del Pueblo (Quetzaltenango), Ashley de Acuña et sa famille (Cobán), Carole DeVine (Poptún), Ricardo Pocorny, Alexandra et Carlos (Flores), Eugene de l'Hacienda Tijax (Río Dulce), María "La Mexicana" et Julio Raúl Chew (Lívingston) ainsi qu'Antonio "Maharishi" (San Pedro La Laguna). Merci également aux voyageurs que j'ai rencontrés en route, en particulier Tara Ryan.

Je remercie pour leur aide la compagnie aérienne TACA ainsi que Rosa Castro et María Ng de Central America Corp.

Chez Lonely Planet, mes remerciements s'adressent tout particulièrement à Kate Hoffmann, Michelle Gagne et Don Gates, à Alex Guilbert et l'équipe de cartographes. merci à Caroline Liou qui m'a apporté un grand soutien tout au long de ce projet. Bien sûr, toute ma gratitude va à Tom.

A propos de cet ouvrage

La première et la deuxième édition de ce guide étaient entièrement l'œuvre de Tom Brosnahan. Pour la troisième édition, Nancy Keller s'est occupée de réactualiser la partie Guatemala, et Tom de la mise à jour du reste de l'ouvrage.

Un mot de l'éditeur

Caroline Sahanouk et Sophie Rivoire ont effectué avec leur maestria coutumière la mise en page de cet ouvrage. Sophie Le Mao et Michel Mac Leod se sont partagé la coordination éditoriale. Nous remercions Anne-Marie Quentin, Chantal Duquenoy, Jacqueline Llop, Christophe Corbel et Caroline Guilleminot pour leur collaboration au texte. Merci à Laurence Billiet pour sa contribution diligente au blurb. Les cartes ont été créées par Rini Keagy, épaulé par Hayden Foell, Cyndy Johnsen, Henia Miedzinski, Beca Lafore, Diana Nankin et Scott Noren, sous l'œil avisé d'Alex Guilbert et de Scott Summers. Coup de chapeau à Sophie Rivoire et Caroline Sahanouk pour l'adaptation des cartes en français. Les illustrations ont été réalisées par Hayden, Rini et Hugh d'Andrade. David Kemp a créé la couverture de ce guide.

Tous nos remerciements vont également à Andy Neilson, Barbara Aitken et Graham Imeson pour leur constante collaboration avec le bureau français.

Attention !

Un guide de voyage ressemble un peu à un instantané. A peine a-t-on imprimé le livre que la situation a déjà évolué. Les prix augmentent, les horaires changent, les bonnes adresses se déprécient et les mauvaises font faillite. Gardez toujours à l'esprit que cet ouvrage n'a d'autre ambition que celle d'être un guide, pas un bréviaire. Il a pour but de vous faciliter la tâche le plus souvent possible au cours de votre voyage.

N'hésitez pas à prendre la plume pour nous faire part de vos expériences.

Toutes les personnes qui nous écrivent sont gratuitement abonnées à notre revue d'information trimestrielle le *Journal de Lonely Planet*. Des extraits de votre courrier pourront y être publiés. Les auteurs des lettres sélectionnées recevront un guide Lonely Planet de leur choix. Si vous ne souhaitez pas que votre courrier soit repris dans le Journal ou que votre nom apparaisse, merci de nous le préciser.

Table des matières

INTRODUCTION.. **11**

PRÉSENTATION DU MONDE MAYA **13**

Histoire................................... 13
Climat..................................... 21
Écologie 21
faune et flore 22

Population et ethnies 23
Architecture........................... 24
Culture traditionnelle 27
Religion.................................. 29

Le système
du calendrier maya................. 32
Langue maya.......................... 35

RENSEIGNEMENTS PRATIQUES... **36**

Préparation au voyage............ 36
Que prendre avec soi.............. 36
A ne pas manquer................... 37
Visas et formalités
complémentaires 38
Ambassades et consultats....... 38
Douane 38
Questions d'argent 39
Poste et communications........ 40
Livres.....................................40
Journaux et magazines 44
Radio et télévision................. 44
Films et photos 44

Heure locale 44
Électricité 45
Poids et mesures.................... 45
Blanchissage/nettoyage 45
Santé...................................... 45
Toilettes................................. 59
Seule en voyage..................... 59
Communauté homosexuel...... 59
Voyageurs handicapés............59
Voyageurs seniors 59
Voyager avec des enfants....... 60
Désagréments et dangers........ 60
Problèmes juridiques.............. 61

Manifestations annuelles
et jours fériés 61
Activités culturelles
et sportives 63
Cours de langue..................... 63
Travailler au Guatemala
ou au Belize........................... 63
Hébergement.......................... 64
Alimentation........................... 64
Boissons 65
Distractions 67
Achats..................................... 67

COMMENT S'Y RENDRE.. **68**

Voie aérienne 68
Voie terrestre..........................70

Passer la frontière.................. 70
Attention................................. 70

COMMENT CIRCULER **71**

Avion...................................... 71
Bus..71
Train 71

Voiture....................................71
En stop................................... 71

Bateau.................................... 74
Transports locaux 74

GUATEMALA

PRÉSENTATION DU GUATÉMALA..**76**

Histoire...................................76
Géographie 81
Climat..................................... 82
Écologie et environnement..... 82
Faune et flore ,,,,,,,,,,,, 83

Institutions politique.............. 86
Économie................................ 87
Population et ethnies 87
Système éducatif 87
Arts... 89

Société et comportements 89
Religion.................................. 90
Langue.................................... 90

RENSEIGNEMENTS PRATIQUES...**91**

Préparation au voyage 91
Offices du tourisme 91
Visas et formalités
complémentaires 91
Ambassades et consulats 91
Douane 92
Questions d'argent 92
Poste et télécommunications.. 93
Livres......................................95

Journaux et magazines 95
Radio et télévision................. 95
Blanchissage/nettoyage 96
Santé...................................... 96
Seule en voyage..................... 96
Communauté homosexuelle ... 96
Désagréments et dangers........ 97
Heures d'ouverture................. 97
Fêtes et jours fériés................ 97

Activités culturelles et/ou
sportives 98
Cours 98
Travailler au Guatémala......... 99
Hébergement 100
Alimentation......................... 100
Boissons 100
Achats................................... 101

COMMENT S'Y RENDRE ET CIRCULER 102

Comment s'y rendre 102	Avion 102	A pied 103
Voie aérienne 102	Bus 102	Bateau 104
Voie terrestre 102	Voiture 103	Transports locaux 104
Voies maritime et fluviale 102	Bicyclette 103	Circuits organisés 104
Comment circuler 102	Stop 103	

GUATEMALA CIUDAD 105

Histoire 105	Zone 4 112	Où se restaurer 115
Orientation 105	Zone 10 112	Distractions 117
Renseignements 106	Zone 13 112	Comment s'y rendre 117
Zone 1 110	Kaminaljuyú 113	Comment circuler 121
Zone 2 111	Où se loger 113	

ANTIGUA 123

Histoire 123	Monumento a Landívar 129	Où se loger 131
Orientation 123	Marché 129	Où se restaurer 134
Renseignements 124	Cimetière 130	Distractions 136
Parque Central 125	Activités culturelles et/ou	Achats 136
Casa K'ojom 128	sportives 130	Comment s'y rendre 137
Églises 128	Cours de langue 130	Comment circuler 138
Autres Églises 129	Circuits organisés 131	Environs d'Antigua 138
Casa Popenoe 129	Manifestations annuelles 131	

LES HAUTES TERRES 101

Lago de Atitlán 141	San Marcos La Laguna 157	Cuatro Caminos 169
Tecpán Guatemala 142	Santa Cruz La Laguna 157	Totonicapán 169
Sololá 143	**Pays quiché** 158	Quetzaltenango 170
Panajachel 144	Chichicastenango 158	Environs de Quetzaltenango 179
Santa Catarina Palopó	Santa Cruz del Quiché 166	Huehuetenango 183
et San Antonio Palopó 153	Nebaj 168	Environs de Huehuetenango 188
San Lucas Tolimán 153	Uspantán 168	La Mesilla 188
Santiago Atitlán 154	**Les Hautes Terres**	Todos Santos Cuchumatán ... 188
San Pedro La Laguna 155	**du Sud-Ouest** 169	

LA CÔTE PACIFIQUE 190

Ciudad Tecún Umán 190	Champerico 195	Escuintla 200
El Carmen 190	Mazatenango 195	Puerto San José,
Coatepeque 192	Santa Lucía Cotzumalguapa. 195	Likín et Iztapa 200
Carrefour El Zarco 192	La Democracia 199	Monterrico 201
Retalhuleu 192	Les environsde	Lago de Amatitlán 203
Abaj Takalik 194	La Democracia 199	

LE CENTRE ET L'EST 204

Salamá 204	Carrefour de Padre Miguel	Lago de Izabal 235
Les environs de Salamá 206	et Anguiatú 217	La route jusqu'à Flores 238
Biotopo del Quetzal 207	Esquipulas 218	Poptún 238
Cobán 207	Site archéologique de Copán	Puerto Barrios 239
Les environs de Cobán 212	(Honduras) 221	Lívingston 244
Río Hondo 214	Copán Ruinas 227	Les environs de Lívingston ... 249
Estanzuela 215	Les environs	
Zacapa 215	de Copán Ruinas 232	
Chiquimula 215	Quiriguá 233	

EL PETÉN 251

Flores et Santa Elena 252	Tikal 262	Du Petén au Chiapas
El Remate 259	Uaxactún 270	(Mexique) 273
Autour du lac 261	A l'est vers le Belize 272	Sayaxché et Ceibal 274

BELIZE

PRÉSENTATION DU BELIZE 276

Histoire 276
Géographie 279
Climat 279
Institutions politiques 280
Économie 281
Population et ethnies 281
Religion 282
Langue 282

RENSEIGNEMENTS PRATIQUES 283

Quand partir 283
Offices du tourisme 283
Formalités administratives ... 283
Ambassades et consultats 283
Douane 284
Questions d'argent 284
Poste et communications 285
Journaux et magazines 286
Radio et télévision 286
Heures d'ouvertures 286
Alimentation 286

COMMENT S'Y RENDRE ET CIRCULER 287

Comment s'y rendre 287
Voie aérienne 287
Voie terrestre 287
voie maritime 287
Comment circuler 287
Avion 288
Bus 289
Voiture 290
Bateau 291

BELIZE CITY 293

Orientation 293
Renseignements 293
Promenades à pied 293
Circuits organisés 299
Où se loger 299
Où se restaurer 301
Distractions 302
Comment s'y rendre 302
Comment circuler 302

LES CAYES 303

Caye Caulker 303
Ambergis Caye et San Pedro . 310
Les autres cayes 318

LE NORD DU BELIZE 320

Bermudian Landing
Community Baboon
Sanctuary 321
Altun Ha 322
Crooked Tree Wildlife
Sanctuary 323
Chan Chich Lodge 324
Lamanai 324
Orange Walk 326
Corozal 328
Vers le Mexique 332

LE SUD DU BELIZE 333

Hummingbird Highway 334
Dangriga 334
Les cayes du Sud 338
Southern Highway 338
Hopkins 338
Placencia 339
Punta Gorda 343
Environs de Punta Gorda 345

L'OUEST DU BELIZE 348

Belize Zoo 348
Guanacaste National Park 350
Belmopan 350
Central Farm 352
San Ignacio (Cayo) 352
A la découverte
du Cayo District 357
Xunantunich 362
Benque Viejo del Carmen 363
Vers l'ouest
et le Guatemala 363

LEXIQUE USUEL 365

PETITS GUIDE DES MENUS 369

GLOSSAIRES 372

REMERCIEMENTS 374

INDEX 375

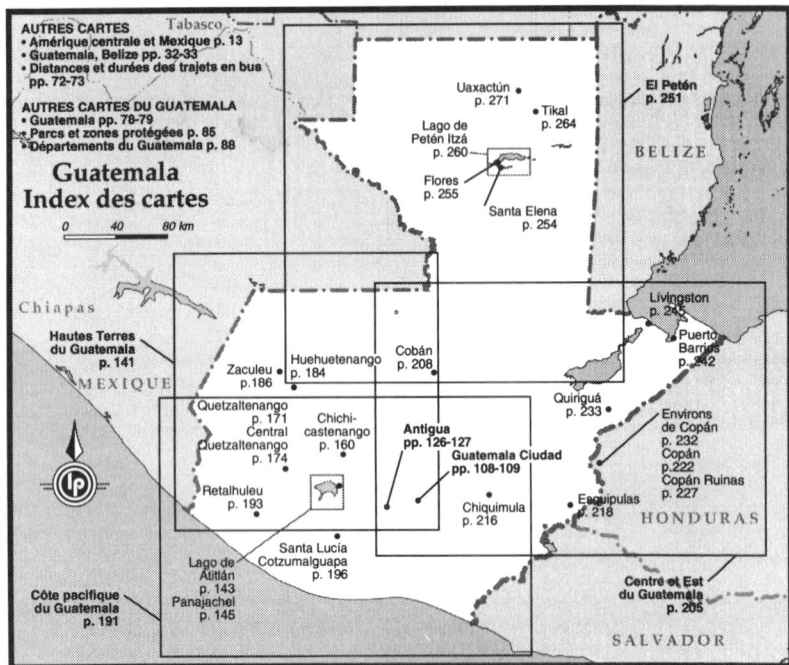

AUTRES CARTES
• Amérique centrale et Mexique p. 13
• Guatemala, Belize pp. 32-33
• Distances et durées des trajets en bus pp. 72-73

AUTRES CARTES DU GUATEMALA
• Guatemala pp. 78-79
• Parcs et zones protégées p. 85
• Départements du Guatemala p. 88

Tabasco

Guatemala
Index des cartes

0   40   80 km

Uaxactún p. 271

Tikal p. 264

El Petén p. 251

BELIZE

Lago de Petén Itzá p. 260

Flores p. 255

Santa Elena p. 254

Chiapas

Hautes Terres du Guatemala p. 141

MEXIQUE

Zaculeu p. 186

Huehuetenango p. 184

Cobán p. 208

Livingston p. 245

Puerto Barrios p. 242

Quetzaltenango p. 171
Central Quetzaltenango p. 174

Chichicastenango p. 160

Quiriguá p. 233

Antigua pp. 126-127

Guatemala Ciudad pp. 108-109

Environs de Copán p. 232
Copán p. 222
Copán Ruinas p. 227

Retalhuleu p. 193

Chiquimula p. 216

Esquipulas p. 218

HONDURAS

Santa Lucía Cotzumalguapa p. 196

Lago de Atitlán p. 143
Panajachel p. 145

Côte pacifique du Guatemala p. 191

Centre et Est du Guatemala p. 205

SALVADOR

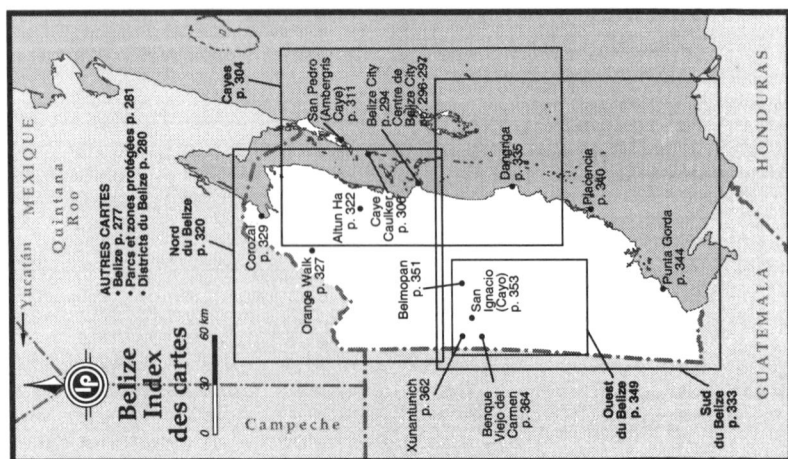

Yucatán

MEXIQUE

Quintana Roo

HONDURAS

AUTRES CARTES
• Belize p. 277
• Parcs et zones protégées p. 281
• Districts du Belize p. 280

Cayes p. 304

San Pedro (Ambergris Caye) p. 311

Belize City p. 294
Centre de Belize City pp. 296-297

Dangriga p. 335

GUATEMALA

Nord du Belize p. 320

Altun Ha p. 322

Caye Caulker p. 306

Placencia p. 340

Corozal p. 329

Punta Gorda p. 344

Orange Walk p. 327

Belmopan p. 351

San Ignacio (Cayo) p. 353

Belize
Index des cartes

0   30   60 km

Xunantunich p. 362

Benque Viejo del Carmen p. 364

Ouest du Belize p. 349

Sud du Belize p. 333

Campeche

Légende des cartes

LIMITES ET FRONTIÈRES

— · — · — · — · — Frontières internationales

— ·· — ·· — ·· — Limites d'état, de départements, de district

TOPOGRAPHIE

Parc

PARC NATIONAL — Parc national

Zone protégée

Réserve

HYDROGRAPHIE

Eau

Récif

Bande côtière

Plage

Marécage

Cours d'eau, cascade

Mangrove, source

ROUTES

Autoroutes

Route nationale

Route principale

Route secondaire

Route non bitumée ou piste

Sentier

Route de ferry

Voie de chemin de fer, gare

PANNEAUX INDICATEURS

Interamericana

Interamericana

Route nationale

Route nationale/départementale/ de district

SYMBOLES

✪ CAPITALE NATIONALE	✛ Aérodrome	Station-service	)(Col
◉ Capitale d'État	✈ Aéroport	Terrain de golf	Aire de pique-nique
● Grande ville	Sites archéologiques, ruines	Hôpital, clinique	★ Commissariat
● Ville	Banque, distributeur de billets	Office du tourisme	Piscine
● Village	Terrain de baseball	Phare	Poste
	✕ Champs de bataille	Point de vue	Toilettes publiques
	Plage	Mine	Épave
■ Hôtel, B&B	Cathédrale	Monument	Centre commercial
Camping	Grotte	Montagne	Demeure
Auberge de jeunesse	✝ Église	Musée	Téléphone
Caravaning	Site de plongée	Musique, concert	Tombe, mausolée
Refuge	Ambassade, consulat	Observatoire	Début de sentier
Restaurant	Passerelle	Sens unique	Transport
Bar	Fort	Parc	Vignoble
Café	Jardin	Parking	Zoo

Note: tous les symboles ne sont pas utilisés dans cet ouvrage.

Introduction

Le Guatemala et le Belize furent, avec le Mexique voisin, le berceau de la civilisation antique la plus fascinante du monde occidental. Les splendides temples-pyramides, les stèles couvertes d'inscriptions et les vastes terrains de jeux de balle où se tenaient de mystérieux tournois sportifs représentent un monde disparu avec la chute de l'empire maya.

Toutefois, sur cette terre ancestrale, les traditions sont encore bien vivantes. Majoritaires au Guatemala, les descendants des Mayas résident surtout en milieu rural, où ils ont à cœur de préserver leurs langues, leur mode de pensée et leur façon de vivre ; quelques-uns vivent en ville où ils sont chauffeurs de bus, pêcheurs ou employés de banque.

Des fraîches montagnes couvertes de pins aux jungles humides du Petén, où niche une multitude d'oiseaux tropicaux dont le magnifique quetzal, de la mer des Caraïbes à la Côte pacifique, le Guatemala et le Belize offrent une exceptionnelle variété de paysages.

Malheureusement, les territoires de ce pays, comme ceux des pays voisins sont menacés. La croissance rapide de la population, le développement industriel et l'exploitation démesurée de la nature entraînent la destruction du milieu écologique. La pratique de l'essartage (technique du brûlis), utilisée par les fermiers et les éleveurs afin de répondre à leurs besoins personnels et à la demande du marché mondial, fait reculer d'une façon très inquiétante la dense forêt tropicale.

Pour apporter un début de solution à cette catastrophe annoncée, le gouvernement du Guatemala collabore avec des organisations non-gouvernementales afin de mettre en place une série de programmes pour préserver l'héritage des Mayas et leur cadre naturel. Le tourisme

constitue l'un des aspects les plus important de cette opération.

C'est ainsi que le projet appelé la Ruta Maya (la route maya) fut conçu et promu par Wilbur E. Garrett, ancien rédacteur en chef du *National Geographic*. Le concept de la Ruta Maya préconise un sérieux contrôle du développement touristique, fondée sur le respect du patrimoine indien.

Aussi, les revenus générés par le tourisme permettront de protéger les sites archéologiques et les réserves naturelles.

Ils pourront également offrir une alternative à tous ceux qui détruisent les forêts aujourd'hui.

Les gouvernements du Guatemala, du Mexique, du Belize, du Honduras et du Salvador ont souscrit à ce projet. De là est née une organisation intergouvernementale, El Mundo Maya, chargée de s'assurer que les retombées économiques du tourisme profite effectivement aux Mayas et à leurs terres et qu'il permet à ceux-ci d'améliorer leurs conditions de vie.

Présentation du monde maya

Pays fertile et magnifique, stigmatisé par les tragédies qui jalonnent son histoire, le Guatemala est le Bélize sont au cœur du pays maya. A ce titre, on ne peut dissocier leur histoire de celle de la civilisation maya.

HISTOIRE

Pendant leur formation, les grands glaciers du Pléistocène qui couvraient l'Europe du Nord, l'Asie et l'Amérique du Nord firent largement baisser le niveau des océans, laissant apparaître de vastes étendues de terre qui permirent aux Asiatiques de se frayer un chemin de la Sibérie à l'Alaska avant de se diriger vers le sud de l'hémisphère occidental.

Ce périple eut lieu il y a quelque vingt-trois mille ans ; au cours des quatre millénaires suivants, ces ethnies se dispersèrent aux quatre coins des deux Amériques et finirent par atteindre le détroit de Magellan, peuplant ainsi l'ensemble du continent. Lors de la remontée du niveau de la mer, causée par la fonte des glaciers (environ 7 000 ans av. J.-C.), la bande de terre qui leur avait permis de traverser fut submergée au niveau de l'actuel détroit de Béring.

Les premiers habitants vivaient de la chasse au mammouth, de la pêche et de la cueillette. Après l'ère glaciaire survint une période de sécheresse qui entraîna la disparition des pâturages naturels des mammouths ainsi que la raréfaction des noix et des baies sauvages. Contraints d'imaginer d'autres moyens de survie, ces populations partirent à la recherche de climats plus accueillants et inventèrent l'agriculture en intensifiant les collectes de graines et de racines.

Apparurent alors les haricots, les tomates, les piments, les courges et surtout le maïs (*Zea mays*), mis au point par hybridation. Cette céréale devint l'aliment de base des Mayas, et le demeure encore aujourd'hui. On tissa des paniers afin de transporter les récoltes et on domestiqua des dindons et des chiens pour l'élevage. Ces premiers habitants sédentarisés se servaient d'outils en pierre et de poteries rudimentaires ; ils modelaient également des figurines d'argile symbolisant la fertilité.

Préclassique ancien (de 2000 à 800 av. J.-C.). Grâce à l'augmentation des ressources alimentaires, la population s'accrut et le niveau de vie s'améliora ; cela permit de consacrer davantage de temps à la décoration des poteries et à l'amélioration de la culture du maïs. Au début de cette période, la langue maya existait déjà sous une forme primitive. Les premiers Mayas;histoire inventèrent le *na*, hutte au toit de chaume que l'on rencontre encore aujourd'hui dans pratiquement toute la région. Lorsque les eaux de source représentaient une menace pour leur habitat, les familles construisaient leur *na* sur un monticule. Quand un membre de la famille décédait, les funérailles se déroulaient immédiatement dans la pièce principale et le disparu était porté au rang des vénérés ancêtres.

La vallée de Copán (aujourd'hui au Honduras) vit arriver les premiers membres de la civilisation pré-maya aux environs de l'an 1 100 av. J.-C. ; un siècle plus tard, les villages de la côte pacifique de l'actuel Guatemala développaient une société hiérarchisée.

Olmèques. L'événement de loin le plus marquant de la période préclassique ancienne se produisit vers l'an 1000 av. J. C., non pas dans les terres de tradition maya, mais dans les États voisins du Tabasco et de Veracruz (tous deux faisant aujourd'hui partie du Mexique). En effet, le mystérieux peuple olmèque élabora un système d'écriture à base de hiéroglyphes, peut-être à partir de connaissances empruntées aux Zapotèques d'Oaxaca. Ils mirent également au point le calendrier, dit de l'Année Vague, de 365 jours (reportez-vous plus bas au paragraphe *Mécanisme du calendrier maya*).

L'art religieux olmèque, qui repose sur le thème de l'homme-félin, se répandit à travers toute la "Mésoamérique". Les gigantesques têtes mystérieusement sculptées dans le basalte et pesant jusqu'à 60 tonnes se distinguent par des traits de jaguar. On ne peut toujours pas expliquer comment ces têtes ont été taillées sans outils métalliques et déplacées jusqu'à la capitale olmèque de La Venta (Mexique), à quelque 100 km des carrières de basalte.

On pense que la civilisation olmèque s'est éteinte à la suite d'invasions successives, mais certains aspects de cette culture ont perduré chez les peuples voisins, ouvrant ainsi la voie aux réalisations artistiques, architecturales et scientifiques des Mayas.

Préclassique moyen (de 800 à 300 av. J.-C.). A cette époque, la vallée de Copán, au Honduras, abritait de riches villages tandis que d'autres naissaient à Tikal. Le commerce se développait et les peuples de la côte échangeaient leur sel contre les outils en obsidienne fabriqués par les tribus des Hautes Terres.

Préclassique récent (de 300 av. J.-C. à 250 ap. J.-C). Perfectionnant leur maîtrise de l'agriculture, les Mayas s'enrichirent progressivement. Ainsi apparut une classe de scribes et de nobles, ce qui entraîna naturellement la construction des temples. Il s'agissait de plates-formes de terre surélevées sur lesquelles étaient érigés des abris au toit de chaume, très semblables au *na* ordinaire. La pyramide dite "E-VII

Repères chronologiques

L'histoire des Mayas et de leurs prédécesseurs remonte à plus de 4 000 ans. Cette brève chronologie vous aidera à mieux situer dans le temps et dans l'espace les grandes étapes de leur civilisation. Nous reprenons la division des périodes historiques utilisée par le professeur Michael D. Coe dans *Les Maya : mille ans de splendeur d'un peuple* Armand Colin, coll. Civilisations, 1987). Et nous avons ajouté en parallèle, entre parenthèses, les principaux événements qui ont marqué l'histoire du Vieux Continent durant ces mêmes périodes.

De 20000 à 2000 av. J.-C. : période archaïque. Chasse, pêche et cueillette assurent la subsistance. Après la période glaciaire (7500 av. J.-C.) se développe une agriculture primitive.

De 2000 à 800 av. J.-C. : préclassique ancien. Dans quelques régions mayas apparaissent des villages de pêcheurs et d'agriculteurs pratiquant quelques cultures rudimentaires. Début de la civilisation olmèque (1200 à 900 av. J. -C.). La culture de Teotihuacán s'épanouit dans le centre du Mexique. (Époque des patriarches bibliques Abraham, Isaac et Jacob. Les juifs fuient l'Égypte et traversent le Jourdain pour gagner le Terre Promise. Règnes de David, de Salomon, de Toutankhamon et de Nefertiti. Invention de l'alphabet.)

De 800 à 300 av. J.-C. : préclassique moyen. Essor de l'urbanisation, apogée de la civilisation olmèque. Importante croissance de la population maya. (Épanouissement de l'art et de la culture helléniques classiques autour de la mer Égée).

De 300 av. J.- C. à 250 ap. J.-C. : préclassique récent. Construction de temples et de pyramides, relativement simples, dans les cités mayas. Poterie et décoration deviennent plus élaborées. (Conquêtes d'Alexandre le Grand. Règne des Ptolémée en Égypte. République puis débuts de l'empire romain. Vie de Jésus).

De 250 à 600 : classique ancien. Utilisation du calendrier Compte Long. Dans les hautes terres du Guatemala et du Chiapas, édification de grands temples organisés autour de vastes plazas. L'art maya bénéficie d'une parfaite maîtrise technique. (Fondation de Constantinople

sub." sur le site d'Uaxactún en fournit un bon exemple, ainsi qu'El Mirador et Lamanai à Tikal. A l'instar des simples habitants qui enterraient leurs morts sous leur habitation, le monarque des lieux était enseveli, à son décès, à l'abri du temple. Dans les Basses Terres, particulièrement calcaires, les ethnies locales commencèrent à bâtir des temples en pierre. Comme chaque nouveau souverain exigeait un temple plus important que celui de son prédécesseur, les plates-formes s'empilèrent les unes sur les autres, donnant naissance à d'immenses pyramides en gradins, surmontées d'un abri en forme de *na*. Le tombeau royal se retrouvait alors profondément enfoui sous la pile des plates-formes. Parfois, ces pyramides étaient ornées de gigantesques masques stylisés.

A l'image des petites gens qui bâtissaient leurs maisons autour d'une enceinte familiale faisant face à un espace commun ouvert, les pyramides furent peu à peu édifiées autour de vastes *plazas*. Le décor était donc planté qui verra se développer la florissante civilisation classique maya.

Classique ancien (de 250 à 600). Les armées de Teotihuacán (près de l'actuelle Mexico) envahirent les Hautes Terres, asservirent les Mayas et imposèrent leur loi et leur culture pendant un certain temps. Ces guerriers finirent néanmoins par se fondre dans les populations et traditions locales. Cette conquête engendra la civilisation Esperanza, mélange d'éléments mexicains et mayas.

C'est durant cette période que s'épanouirent les grands centres cérémoniels de

---

et construction de la basilique Sainte-Sophie. Invasion des Huns en Europe. Sac de Rome par les Vandales. Début du Moyen-Age en Europe. Invasion des Saxons en Grande-Bretagne.

De 600 à 900 : classique récent. La civilisation maya, dans toute sa splendeur, se déplace des hautes terres de l'Ouest vers les basses terres du Petén et du Yucatán. L'art maya atteint son expression la plus sensible et la plus raffinée. (Vie de Mahomet. Émergence de l'empire arabe. Construction du Dôme du Rocher à Jérusalem. Envoi d'un ambassadeur d'Harun al-Rashid à Charlemagne).

De 900 à 1200 : postclassique ancien. Croissance démographique, pénuries alimentaires, déclin du commerce, campagnes militaires, révolutions et migrations causent l'écroulement brutal de la civilisation maya classique. Dans le centre du Mexique, les Toltèques font de Tula une brillante cité avant de la déserter pour envahir le Yucatán et établir leur capitale à Chichén Itzá. (L'Europe connaît encore les heures sombres du Moyen-Age. Les Normands envahissent la Grande-Bretagne. Croisades).

De 1200 à 1530 : postclassique récent. La civilisation toltèque s'effondre mystérieusement. Les Itzá vont de Campeche à El Petén, puis au Belize, avant de dominer le nord du Yucatán. Les Mongols menés par Gengis Khan envahissent l'Europe orientale. Architecture gothique. Chute de Constantinople. Règnes de Soliman le Magnifique, d'Henri VIII et de Charles V. Renaissance européenne. Essor de l'empire inca au Pérou).

De 1530 à 1821 : époque coloniale. Francisco de Montejo conquiert le Yucatán et Pedro de Alvarado soumet le Chiapas et le Guatemala, mais la brutalité du régime colonial entraîne de fréquentes rébellions mayas.

De 1821 à nos jours : indépendance et époque contemporaine. Le Yucatán déclare son indépendance par rapport à l'Espagne et rejoint peu après l'Union mexicaine. Les Provinces-Unies d'Amérique centrale proclament leur indépendance avant de se subdiviser en différents États. ■

Tikal, Copán, Yaxchilán, Palenque et surtout de Kaminaljuyú (près de l'actuelle Guatemala Ciudad).

Classique récent (600 à 900). A son apogée, le territoire maya était régi non pas comme un empire, mais plutôt comme un ensemble de Cités-États indépendantes et interdépendantes. Chacune d'entre elles possédait sa propre aristocratie, à la tête de laquelle se trouvait un roi qui centralisait les pouvoirs politiques, sociaux et religieux de la cité. Chargé d'implorer les divinités, ce dernier versait son propre sang au cours de diverses cérémonies en se perçant la langue et/ou le pénis à l'aide d'un instrument tranchant. Il menait également les soldats à l'assaut des cités ennemies, capturant des prisonniers qu'ils sacrifiaient lors de cérémonies religieuses. De nombreux monarques périrent au combat car trop âgés pour l'art de la guerre ; mais le roi, chef sacré de la communauté, devait impérativement livrer bataille tant pour des raisons religieuses que militaires.

Le début de cette période fut marqué par les règnes de Pacal sur Palenque et de Oiseau-Jaguar sur Yaxchilán, monarques auxquels les deux cités durent leur grandeur et leur puissance. La civilisation maya de Tikal atteignit son zénith au cours du classique récent. A la fin de cette période, les grandes cités mayas de Tikal, Yaxchilán, Copán, Quiriguá, Piedras Negras et Caracol étaient redevenues des villes moyennes, voire des villages. Le foyer de la culture maya se déplaça alors vers le nord du Yucatán. Une nouvelle civilisation se développa à Chichén Itzá, Uxmal et Labná, laissant derrière elle de nombreux sites de styles maya-toltèque, Puuc, Chenes et Río bec.

Postclassique ancien (900 à 1200). L'effondrement de la civilisation maya classique est aussi surprenant que soudain. Les classes supérieures exigeaient sans doute toujours plus de serviteurs, d'assistants de cérémonies et d'ouvriers agricoles et, malgré l'accroissement rapide de la population, les paysans n'étaient pas suffisamment nombreux pour nourrir la population. Ainsi affaiblis, les Mayas furent victimes d'une nouvelle vague d'invasions venue du centre du Mexique.

Après avoir conquis Teotihuacán, les Toltèques venant de Tula (au nord de Mexico), se dirigèrent vers l'est, en direction du Yucatán, par voie terrestre et maritime. Ce peuple, extrêmement guerrier, pratiquait régulièrement le sacrifice humain. Guidés par le roi Topiltzin à la barbe et aux cheveux clairs, aussi appelé Quetzalcóatl (Serpent à plumes), les Toltèques établirent leur capitale à Uucil-abnal (Chichén Itzá), dans le Yucatán. Ce monarque laissa derrière lui une légende selon laquelle il reviendrait un jour par le soleil levant. La civilisation de Uucil-abnal s'épanouit à partir de la fin du IXe siècle, période d'édification de tous les grands monuments, puis la ville fut abandonnée vers 1200.

Postclassique récent (1200 à 1530). Itzá. Abandonné par les Toltèques, le site d'Uucil-abnal fut occupé par les Itzá. Probablement d'origine maya, les Itzá vécurent jusqu'au début du XIIIe siècle parmi les Putun, près de Champoton, dans le Tabasco. Chassés de leur terre natale par d'autres envahisseurs, ils se dirigèrent au sud-est vers le Petén et le lac qui, dès leur arrivée, prendra le nom de Petén Itzá. Certains poursuivirent leur route vers Belize ainsi que le long de la côte jusqu'au nord du Yucatán pour finalement s'installer à Uucil-abnal. Comme le fondateur toltèque de la cité, le souverain Itzá se baptisera Kukulcán (Kukul : à plumes ; can : serpent) et reprendra de nombreuses coutumes toltèques. Les Itzá renforcèrent la croyance dans le *cenote* sacré (grotte naturelle de calcaire qui fournissait aux Mayas l'eau dont ils avaient besoin dans les plaines arides du nord de la péninsule du Yucatán) et donnèrent leur nom à Chichén Itzá ("au bord du puits des Itzá").

De là, ce peuple étendit sa domination à l'ouest et fonda une nouvelle capitale à

Mayapán (construite entre 1263 et 1283), qui devint le centre politique du nord du Yucatán durant plusieurs siècles. La lignée Cocom des Itzá régna sur une partie des Cités-États du Yucatán jusqu'au jour où, au milieu du XVe siècle, un dénommé Xiú, originaire d'Uxmal, se révolta et renversa le pouvoir. Mayapán fut pillée, ruinée et dépeuplée à jamais. Durant le siècle suivant, jusqu'à l'arrivée des conquistadores, le nord du Yucatán devint le théâtre d'innombrables batailles et luttes de pouvoir entre les Cités-États.

L'arrivée des Espagnols. Les Espagnols se trouvaient dans les Caraïbes depuis l'arrivée de Christophe Colomb en 1492 ; leurs principales bases étaient établies sur les îles de Saint-Domingue (ancien nom de l'île d'Haïti et de Cuba. Réalisant qu'ils n'avaient pas atteint les Indes orientales, ils commencèrent à chercher un passage à l'ouest, à travers le continent, mais ils se laissèrent séduire par les histoires qui couraient sur un empire riche en or et en argent.

Les expéditions au départ de Cuba furent dirigées par Francisco Hernández de Córdoba en 1517, puis par Juan de Grijalva en 1518. Pourtant, les Espagnols ne parvinrent pas à pénétrer à l'intérieur des terres par la côte du golfe du Mexique, d'où ils furent repoussés par des indigènes très hostiles.

En 1518, le gouverneur de Cuba, Diego Velázquez, demanda à Hernán Cortés de mener une nouvelle expédition vers l'ouest. Tandis que Cortés réunissait navires et équipages, Velázquez commença à s'inquiéter au sujet du coût financier de l'aventure et de la loyauté de son homme de main. Finalement, il annula l'expédition. Passant outre, Cortés s'embarqua le 15 février 1519 avec onze navires, cinq cent cinquante hommes et seize chevaux.

La confrontation entre Espagnols et Aztèques compte parmi l'un des épisodes les plus étranges de l'histoire. L'arrivée de Cortés coïncidait avec les prédictions de certaines légendes aztèques mentionnant le "retour" de dieux à la peau claire arrivant de l'est. Pris au dépourvu, le puissant

Hernán Cortés (1485-1547)

empire aztèque se fit renverser par ce petit corps expéditionnaire espagnol. L'*Histoire véridique de la conquête de la Nouvelle-Espagne*, rédigée par l'un des soldats de Cortés, Bernal Díaz del Castillo, raconte ces événements en détail.

Sur l'île de Cozumel, au large des côtes du Yucatán, les Espagnols furent rejoints par Jerónimo de Aguilar, un naufragé espagnol échoué là quelques années plus tôt. Ce dernier servit de guide et d'interprète à Cortés qui avançait vers l'ouest par la côte du Tabasco. Après avoir vaincu une poignée d'Indiens hostiles, Cortés fit l'un de ses premiers discours sur le christianisme et sur la grandeur de Charles Quint, alors roi d'Espagne. Il poursuivit ensuite sa conquête du centre du Mexique, avant de se tourner vers le Yucatán.

Les Cocom et les Xiú étaient toujours en lutte lorsque les conquistadores arrivèrent. Ne pouvant leur opposer un front uni, les Mayas du Yucatán furent rapidement vaincus par les envahisseurs. Moins d'un siècle après la chute de Mayapán, les conquistadores réussissaient la conquête de la capitale aztèque de Tenochtitlán (1521) – aujourd'hui Mexico –, fondaient

Guatemala Ciudad (1527) et Mérida (1542) et purent ainsi contrôler la plupart des anciens territoires mayas.

Époque coloniale (1530 à 1821)
Le Yucatán. Malgré les luttes politiques intestines régnant parmi les Mayas du Yucatán, les Espagnols eurent beaucoup de mal à conquérir la région. Chargé de cette mission par le roi d'Espagne, Francisco de Montejo (El Adelantado ou "le Pionnier") quitta son pays en 1527, accompagné de son fils qui s'appelait lui aussi Francisco de Montejo. Après avoir touché terre une première fois à Cozumel sur la côte des Caraïbes, ils débarquèrent sur le continent à Xel-ha, pour s'apercevoir très vite que les gens du pays n'avaient pas du tout l'intention de composer avec les Espagnols. Les Mayas surent parfaitement leur faire comprendre qu'ils feraient mieux de poursuivre leurs conquêtes ailleurs.

Les Montejo, père et fils, rembarquèrent donc pour faire le tour de la presqu'île. Après avoir conquis le Tabasco (1530), ils établirent leur base près de Campeche, un endroit facile à ravitailler et à fournir en armes et en troupes depuis la Nouvelle-Espagne (le centre du Mexique). De là, ils tentèrent de s'implanter dans l'intérieur du Yucatán, mais après quatre années de luttes acharnées, ils durent s'avouer vaincus et se replièrent sur Mexico.

Le jeune Montejo (El Mozo, le garçon) revint à l'attaque en 1540. Avec le soutien de son père, il retourna à Campeche en compagnie de son cousin, qui, lui aussi, s'appelait Francisco de Montejo. Les deux jeunes gens menèrent une campagne de harcèlement et d'alliance avec les Xiú contre les Cocom qui leur permit de s'implanter rapidement à l'intérieur de la péninsule, en défaisant les Cocom et en convertissant les Xiú au christianisme.

Quand le chef xiú fut baptisé, il se choisit un nom chrétien, le nom qui lui parut le plus populaire de tout le XVIe siècle, celui de "Francisco de Montejo Xiú".

Les Montejo fondèrent Mérida en 1542. Quatre ans plus tard, presque tout le

---

Fray Bartolomé de Las Casas
Issu d'une famille de marchands maritimes, Bartolomé de Las Casas naquit en 1474 à Séville. C'est en 1502, après ses études de prêtrise, qu'il s'embarqua pour Saint-Domingue où il fut ordonné prêtre en 1513. La vie qu'il mena alors fut celle d'un *encomendero*, c'est-à-dire d'un propriétaire d'*encomienda*. Cette institution, héritée de la reconquête de l'Espagne sur les Maures, attribuait de vastes domaines aux chefs militaires, lesquels devenaient maîtres des terres et disposaient de leurs gens comme on dispose d'esclaves.

En opposition avec la sauvagerie des conquérants de l'île et le mépris réservé aux Indiens, il s'installa à Cuba après sa pacification et n'y rencontra qu'exactions et massacres. En 1514, renonçant définitivement à la propriété de ses Indiens, il décida de s'attaquer à une réforme de la colonisation. Il tenta d'abord de concilier les intérêts de la couronne et la défense des Indiens. Cependant l'exercice s'avéra rapidement impossible car toute mesure progressiste prise à l'égard des indigènes était immédiatement neutralisée par les colonisateurs.

Lorsque Las Casas revint en Espagne, Charles Quint venait de succéder à Ferdinand et il n'était question que de passer à la conquête définitive de la "Terre Ferme" : Cortès allait partir pour le Mexique et Pizarro préparait son expédition péruvienne. Dès lors, Las Casas renonça complètement à toute participation directe à la colonisation. Après huit ans de noviciat dans l'ordre de saint Dominique, la conviction qui animait alors Dom Fray Bartolomé était la suivante : tout ce qui se pratique à l'égard des Indiens est injuste selon la loi divine.

En 1537, il fit traduire la bulle de Paul III (*sublimis Deus*) proclamant le droit pour les Indiens à n'être privés ni de leur liberté ni de leurs biens tout en étant conviés à la foi chrétienne par la prédication et l'exemple d' "une vertueuse et sainte vie". Néanmoins, il restait persuadé que la découverte du Nouveau Monde avait été voulue par la Providence et que les souverains de Castille avaient une mission envers les populations indiennes.

Yucatán était soumis à la couronne d'Espagne. Les Mayas, si indépendants et si fiers, étaient devenus des péones au service des Espagnols. Les reliefs ornant la façade de la demeure des Montejo à Mérida reflètent bien la mentalité des conquistadors à l'égard des peuples indigènes : l'une des scènes représente des conquistadors en armure qui écrasent sous leurs pieds d'affreux sauvages chevelus brandissant des massues.

Le Guatemala et le Chiapas. La conquête du Guatemala et du Chiapas incomba à l'ancien lieutenant de Cortés, Pedro de Alvarado (1485-1541), un homme intelligent et cruel qui participa à la prise de Tenochtitlán. Plusieurs villes des Hautes Terres du Guatemala envoyèrent des ambassadeurs auprès de Cortés, offrant de se soumettre à la domination et à la protection de l'Espagnol. En réponse, ce dernier dépêcha Alvarado en 1523, dont les armées envahirent et écrasèrent le Chiapas ainsi que les royaumes quiché et cakchiquel des hauts plateaux guatémaltèques. Les territoires mayas furent divisés en vastes propriétés ou *encomiendas* et les Indiens devinrent alors la proie des impitoyables propriétaires, les *encomenderos*.

L'arrivée du frère dominicain Bartolomé de Las Casas (auquel on doit le poignant témoignage que constitue *La Très brève relation de la destruction des Indes*) et autres groupes de moines franciscains et augustiniens soulagea quelque peu le sort des Indiens. Toutefois, les moines étaient impuissants devant les pires abus, et l'exploitation des indigènes demeura la règle.

En 1527, Santiago de los Caballeros devint le siège de la capitainerie générale du Guatemala, sur le site actuel de Ciudad Vieja, près d'Antigua. Moins de deux décennies plus tard, en 1543, détruite par une coulée de boue, la capitale fut transférée à Antigua. C'est à la suite d'un terrible séisme (1773) qu'elle fut définitivement établie sur le site actuel de Guatemala Ciudad.

En 1552, deux ans après la Controverse de Valladolid au cours de laquelle il stigmatisa, devant un aréopage de théologiens, les violences, injustices, tyrannies que permirent la Conquête, il adressa au prince d'Espagne un *tratado comprobatorio*, où il réclamait en substance la suppression des encomiendas et le placement des Indiens sous la tutelle de la couronne d'Espagne. Las Casas sembla envisager alors une sorte de protectorat exercé par des missionnaires qui devinrent ainsi les conseillers naturels des caciques. En outre, il tenait à prouver la possibilité d'une pénétration non violente d'une province du Guatemala, nommée "Terre de Guerre", qui recouvrait les provinces actuelles du Quiché, de Verapaz et du Petén. Grâce à ses talents incontestables d'homme politique catholique de grande envergure, un pacte secret fut conclu avec les autorités espagnoles centrales. Il stipulait que seuls les missionnaires pouvaient pénétrer dans ce territoire-sanctuaire, que l'encomienda y était abolie et que les Indiens devenaient sujets directs du roi d'Espagne.

Dans ces territoires, l'évangélisation se fit progressivement ; on regroupa discrètement les maisons pour former de gros villages ; les traditions vestimentaires et alimentaires furent respectées. Des caciques se convertirent volontairement à la nouvelle religion et un couvent de saint Dominique fut bâti à Cobán. Finalement, l'expérience sembla donner raison au dominicain ; la sauvagerie et la mort se virent temporairement tenues en échec dans ces régions bordant le lac Atitlán. C'est en 1547 que le territoire fut baptisé Verapaz.

Las Casas s'éteignit en 1566, à l'âge de 92 ans, après avoir écrit le traité *De Thesauris* où, réagissant aux exactions qui se commettaient au Pérou, il contestait le droit de piller les trésors des sépultures malgré leur origine idolâtre.

S'il fut le premier défenseur des Indiens, il révéla également un problème de conscience au sein de l'Église catholique. Bien longtemps après sa mort, d'autres prêtres se réclamèrent de son héritage spirituel, dénonçant et luttant de mille façons contre la volonté de tuer et de détruire. ∎

Frère Diego de Landa. Les Mayas consignaient les nombreuses informations sur leur histoire, leurs coutumes et leurs cérémonies dans de magnifiques "livres peints" faits de longues bandes de papier d'écorce, recouvertes d'une fine couche de préparation à base de chaux, les *codex*. Avant l'arrivée des conquistadores et des missionnaires, il devait exister des centaines de ces manuscrits. Cependant, les franciscains, interprétant les rites antiques des Mayas comme une entrave à leur conversion au christianisme, ordonnèrent des autodafés de ces livres. Seule une poignée d'entre eux furent sauvés et purent nous éclairer sur la vie des anciens Mayas.

Parmi ces franciscains directement responsables de la destruction des codex se trouvait le frère Diego de Landa. En juillet 1562, à Maní (près de l'actuel Ticul, dans le Yucatán), il donna l'ordre de brûler vingt-sept rouleaux de hiéroglyphes ainsi que cinq mille idoles. Landa fut sacré évêque de Mérida en 1573 et le demeura jusqu'à sa mort, en 1579.

Paradoxalement, c'est lui qui rédigera l'ouvrage sur les us et coutumes mayas qui sert encore aujourd'hui de référence quant à cette civilisation. Intitulé *Relación de las cosas de Yucatán* ("Relation des affaires du Yucatán"), ce livre a été écrit aux environs de 1565. Il couvre pratiquement tous les aspects de la vie maya du milieu du XVIe siècle, depuis le climat local jusqu'aux calendriers et à l'arithmétique en passant par l'habitat, l'alimentation, les cérémonies du mariage et des funérailles. D'une certaine manière, Landa a ainsi expié la destruction culturelle dont il se rendit coupable (vous trouverez cet ouvrage dans de nombreuses librairies ainsi que dans les boutiques installées sur les sites archéologiques du Guatemala).

Le dernier royaume maya. Des territoires mayas souverains ne subsistait que la Cité-État de Tayasal, dans la région guatémaltèque du Petén.

Marchant vers le sud après avoir été chassé de Chichén Itzá, un groupe d'Itzá s'installa sur une île du lac Petén Itzá, à l'emplacement de l'actuelle Flores. Ils y fondèrent la cité de Tayasal où ils jouirent de leur indépendance durant plus d'un siècle après la chute du Yucatán. L'intrépide Cortés s'y arrêta en 1524 alors qu'il partait en campagne au Honduras, mais ne déclara pas la guerre au paisible roi Canek. C'est seulement à la fin du XVIIe siècle que les Espagnols décidèrent d'intégrer ce dernier bastion maya dans l'empire colonial. Tayasal tomba aux mains des derniers conquistadors en 1697, quelque 2 000 ans après la fondation des premières grandes Cités-États mayas du préclassique récent.

La période de l'indépendance

Très vite, la société de la Nouvelle-Espagne s'érigea en castes avec, au sommet, les Espagnols de souche et les Créoles, descendants des conquistadores, puis les *Ladinos* ou *Mestizos*, sang-mêlés, et, au bas de l'échelle, les Indiens et les Noirs. Seuls les Espagnols de souche avaient réellement un pouvoir, ce que contestaient les Créoles.

Les brutalités du régime espagnol engendraient de fréquentes révoltes, généralement éphémères. Cependant, en 1810, à Dolorés, depuis le parvis de son église, le père Miguel Hidalgo y Costilla lança *el Grito de Dolores*, le cri de Dolores, véritable coup d'envoi de la lutte pour l'indépendance. Après la prise de Guanajuato, il libéra Guadalaraja à la tête de plusieurs dizaines de milliers d'hommes. En 1811, alors qu'il se repliait vers le Texas pour échapper à la contre-offensive ennemie, il fut capturé et fusillé à Chihuahua. Son lieutenant, un métis du nom de José María Morelos, également prêtre, reprit le flambeau de la révolte et lutta pendant quatre ans contre les Espagnols. En 1813, il s'empara d'Acapulco d'où il prononça une déclaration d'indépendance, proclama l'égalité des races et l'abolition de l'esclavage. Il connut le sort d'Hidalgo en 1814.

Les conquêtes européennes de Napoléon modifièrent la situation et déstabilisèrent l'empire espagnol jusque dans ses fondements. Lorsque l'empereur français déposa le roi Ferdinand d'Espagne pour placer son frère Joseph Bonaparte sur le trône d'Espagne (1808), les Créoles de nombreuses colonies de la Nouvelle-Espagne en profitèrent pour se révolter. En 1821, le Mexique comme le Guatemala proclamèrent leur indépendance. Les mouvements indépendantistes latino-américains étant très conservateurs, le contrôle de la politique, de l'économie et des armées resta entre les mains des aristocrates espagnols.

Le 1er juillet 1823, le Guatemala prit la tête de la Fédération d'Amérique centrale, ou Provinces-Unies, réunissant le Salvador, le Nicaragua, le Honduras et le Costa Rica. Déchirée dès sa formation par des conflits civils, cette union vécut seulement jusqu'en 1840.

Dès les premiers jours, l'indépendance de l'Amérique centrale a été marquée par la guerre civile et les conflits opposant les différents pays de la région ; c'est une situation qui perdure encore aujourd'hui.

Si elle a permis aux Créoles d'accéder à la prospérité, l'indépendance a contribué à aggraver le sort des Mayas. Le départ des Espagnols s'est traduit par la levée des quelques garanties qu'offraient aux Indiens les représentants les plus libéraux de la Couronne en les protégeant des formes extrêmes d'exploitation. Les revendications des Mayas sur les terres ayant appartenu à leurs ancêtres furent totalement ignorées et d'immenses plantations furent créées pour la culture du tabac, de la canne à sucre et du sisal (fibre textile extraite de l'agave).

Bien que légalement libres, les Mayas sont demeurés les esclaves des grands propriétaires en raison des dettes contractées en tant que sujets (système du colonat).

Nations modernes

Après avoir rejeté le joug colonial espagnol et conquis leur indépendance, chacun des pays de la région évolua de façon différente. Pour connaître l'histoire de ces nations modernes, reportez-vous à la partie consacrée respectivement à l'histoire chaque pays.

CLIMAT

Avril est le mois le plus chaud dans la région, février le plus frais. La saison des cyclones dans les Caraïbes s'étend de juillet à novembre, avec un maximum de risques entre mi-août et mi-septembre. Normalement, vous avez toutes chances de voir au moins quelques orages tropicaux dans la région, susceptibles d'affecter vos plans de voyage.

ÉCOLOGIE

Les forêts tropicales sont, avec les océans, les "poumons de la planète" car elles transforment les dioxydes de carbone en oxygène, purifient et enrichissent l'air que nous respirons. Elles constituent en outre une incomparable réserve de substances chimiques et biologiques largement inexplorée. Si elles disparaissent – et leur disparition s'accroît à un rythme alarmant dans le monde entier – non seulement l'humanité perdra ce vaste vivier, mais nous risquons tous un jour d'avoir des problèmes de respiration.

La destruction des forêts progresse à une rapidité dangereuse dans cette région du monde. Cependant, certaines mesures ont été prises afin de préserver de vastes étendues de forêt. Le Guatemala, le Mexique et Belize ont créé des *biotopos*. Même si les restrictions peuvent varier d'une réserve à l'autre, en général il est interdit de couper, de brûler la forêt et de chasser les animaux.

Le plus impressionnant de ces nombreux territoires protégés est sans nul doute la grande réserve internationale que forment les trois grands parcs nationaux réunis aux frontières du Guatemala, du Mexique et du Belize. L'immense réserve maya qui couvre la totalité septentrionale du Petén guatémaltèque rejoint celle de Calakmul, au sud de la péninsule du Yucatán. A l'est se trouve la zone protégée du Río Bravo, au Belize, avec plus de 1 000 km^2 de forêt tropicale, de fleuves, de lacs et de sites archéologiques mayas.

FAUNE ET FLORE

Les luxuriantes forêts du Guatemala et du Belize regorgent de plantes et d'animaux fascinants. Les forêts plus sèches de la péninsule du Yucatán sont également l'habitat d'une grande variété d'espèces. Les Mayas l'appellent la terre du cerf et du faisan et ces deux animaux apparaissent dans de nombreuses légendes mayas

Oiseaux

Outre les espèces connues mentionnées ci-dessous, on peut rencontrer de véritables merveilles tels que le colapse rosé, le pic impérial, le toucan à bec caréné et le toucan vittelin ainsi qu'une multitude d'aras, de perroquets, d'oiseaux chanteurs et aquatiques.

Le grèbe qui peuplait autrefois les rives du lac Atitlán aurait désormais totalement disparu.

Dindon. Le "faisan" dont parlent les légendes mayas est en fait le dindon ocellé, un magnifique volatile rappelant le paon. A l'origine, les dindons vinrent de Nouvelle-Angleterre, du centre des États-Unis et du Yucatán.

Outre les dindons, vous pourrez également apercevoir des hérons, des aigrettes blanches et des ibis blancs. Les aigrettes sont très nombreuses dans les pâturages car elles aiment à séjourner sur le dos du bétail.

Quetzal. Le somptueux quetzal était d'une valeur inestimable aux yeux des anciens Mayas, qui vénéraient son incomparable plumage : les longues plumes irisées bleu et vert de sa queue (couleurs associées à l'arbre du monde maya) tenaient une place importante dans les costumes des souverains. Le quetzal est l'emblème national du Guatemala.

En raison du déboisement, il a pratiquement disparu et à mesure qu'il s'est fait plus rare sa valeur augmentait. Toutefois, avec un peu de chance, vous en apercevrez peut-être dans les Hautes Terres ou dans le parc national de Tikal. Les Guatémaltèques ont créé une réserve spéciale (Biotopo del Quetzal) sur la route de Cobán, capitale du département d'Alta Verapaz. Mais rien ne garantit que vous rencontriez un représentant de cette magnifique espèce timide et insaisissable.

Félins

Dans la culture maya, comme dans la civilisation olmèque qui l'a précédée, le jaguar symbolisait le pouvoir, la ruse et la détermination. Cet animal hante toujours les forêts des territoires mayas, mais vous n'en verrez probablement qu'en captivité.

Le jaguar se nourrit de cerfs, de pécaris et de tapirs. Voilà sans doute pourquoi de dernier, lorsqu'il est attaqué, se met à courir aveuglément dans n'importe quelle direction, prêt à tout pour échapper à son sort.

L'ocelot et le puma vivent également dans la jungle, mais ils deviennent aussi rares aujourd'hui que le jaguar. Parmi les autres espèces félines peu répandues, le jaguarondi et lemargay.

Cerfs

Bien que toujours chassés, les cerfs sont relativement nombreux dans la péninsule du Yucatán. Il se reproduisent rapidement, affectionnent le maïs et ne semblent pas menacés de disparition.

Reptiles

Iguane. Vous pourrez apercevoir cette espèce de lézard inoffensif à l'allure effroyable dans tous les sites archéologiques. Il en existe de nombreuses espèces différentes, mais la plupart sont verts et rayés de noir. Avec leur longue queue plate, les iguanes peuvent atteindre un mètre de long mais la plupart de ceux que vous rencontrez seront cependant plus petits. Ils adorent se chauffer au soleil sur les rochers des anciens temples mayas, et détalent au moindre bruit.

Tortues de mer. Des tortues de mer géantes vivent au large du Belize, comme au large du Yucatán. Elles sont protégées, en particulier durant la période d'accouplement et de nidification. Cependant la chasse reste autorisée sous certaines formes et en respectant certains quotas. Mais, dans la pratique, les tortues souffrent surtout du braconnage et de la prédation de leurs œufs. Ces derniers passent, en effet, pour posséder des vertus aphrodisiaques sans que rien ne le justifie. Si vous voyez de la tortue de mer figurer au menu d'un restaurant, rien ne vous dit s'il s'agit là ou non d'une prélèvement légal. A mon sens, il vaut mieux, de toute façon, refuser d'en consommer afin de ne pas encourager le commerce des espèces menacées, même s'il s'agit d'un commerce "contrôlé".

Autres reptiles. Il existe plusieurs variétés de serpents, dont le serpent corail, le fer de lance et le serpent à sonnettes des tropiques, trois espèces extrêmement dangereuses. Généralement ces animaux s'en-fuient plutôt que d'attaquer lorsqu'on les approche. Il est d'ailleurs peu probable que vous en rencontriez et encore moins que vous vous fassiez mordre. Si toutefois cela vous arrivait, il vous faudrait immédiatement chercher de l'aide car leur morsure est mortelle.

Tatous et fourmiliers
Les tatous sont des créatures de 25 à 30 cm de long avec de petites oreilles, un museau pointu et une épaisse carapace. En dépit de leur apparence, ils ne sont dangereux que pour les insectes, dont ils se nourrissent. Leurs griffes acérées leur permettent de creuser le sol pour y trouver les larves grasses dont ils raffolent, mais aussi pour s'abriter dans leur terrier.
Le fourmilier est un cousin du tatou, même si la ressemblance n'est pas évidente. Il en existe diverses espèces, tous avec un museau très long et flexible et des pattes antérieures en forme de pelles armées de griffes acérées, les deux outils nécessaires pour dénicher les fourmis et autres insectes. Contrairement au tatou, le fourmilier est couvert de poils et son corps se termine par une longue queue épaisse.

Sa lenteur et sa faible vue en font une autre victime de la circulation.

Tapirs et pécaris
Court sur pattes, trapu, avec de petits yeux et une petite queue, le tapir se nourrit de plantes, se baigne quotidiennement et se met à courir comme un fou lorsqu'on l'approche. Si vous entendez un craquement parmi les buissons lorsque vous vous promenez le long des sentiers de Tikal, c'est que vous venez probablement d'effrayer l'une de ces petites bêtes. Mais il s'agit peut-être d'un pécari, une sorte de petit cochon sauvage pouvant peser jusqu'à 30 kg. Un fort craquement correspond au passage d'une bande de pécaris car ces derniers ont tendance à se déplacer en groupe.

POPULATION ET ETHNIES
Comme en témoigne la ressemblance avec les traits des motifs qui ornent temples et pyramides, la plupart des Indiens du Guatemala actuel sont les descendants directs des grands bâtisseurs mayas.
Aujourd'hui, conscients de la richesse de leur héritage, les Mayas guatémaltèques (environ 60% de la population), désirent entretenir les traditions et les pratiques ancestrales. Luttant contre l'armée, les divers gouvernements et les violences des Ladinos, des dizaines de milliers d'Indiens ont fui au Mexique (entre 40 000 et 80 000 personnes, selon les sources) et en Floride. Dans leur pays, les écoles et les universités ne leurs sont guère ouvertes (entre 5 et 10% des étudiants sont mayas) et beaucoup ne parlent pas l'espagnol. Yvon Le Bot, sociologue et chercheur au CNRS, explique cette ségrégation :"(…) il est apparu de plus en plus nettement que, dans cette violence, ce qui était en jeu, au moins autant que la terre et le pouvoir d'État, et à travers les rapports de propriété, les rapports de travail et le contrôle des structures étatiques de domination, c'était le rapport d'intrinsèque inégalité entre le Ladino et l'Indien, le pouvoir symbolique du premier sur le second et ses relais communautaires traditionnels, donc des problèmes d'iden-

tité" (*in* revue Autrement, série Monde n°56, *Les Mayas*).

Très peu nombreux, les Guatémaltèques de souche européenne occupent néanmoins le sommet de la pyramide sociale : commerçants, bureaucrates, militaires. Ils gardent une grande réserve, souvent méprisante, envers les ethnies indiennes et les Ladinos.

Comportements

Les Guatémaltèques et Béliziens sont souvent amicaux et pleins d'humour. Les difficultés liées à la langue cachent parfois cette réalité ; certains sont timides ou vous ignorent parce qu'ils n'ont jamais rencontré d'étrangers et n'imaginent pas qu'une conversation soit possible. Au Guatemala, quelques mots d'espagnol vous apporteront souvent des sourires, une attitude chaleureuse, et des tonnes de questions…

Certains Indiens se montrent très réservés à l'égard des visiteurs : après quatre siècles et demi d'exploitation par les Blancs et les *Mestizos*, ils ont appris à se méfier des étrangers. Ils détestent être dévisagés par des hordes de touristes et n'apprécient guère les appareils-photo, surtout dans les églises et pendant les fêtes religieuses. Si vous avez la peau blanche et parlez une langue étrangère, on vous prendra peut-être pour un Nord-Américain ;

vous éveillerez curiosité, étonnement ou peur, voire parfois une certaine hostilité.

ARCHITECTURE
Styles architecturaux mayas

Au cours des 1 500 ans de son histoire, l'architecture maya a connu une fascinante éclosion de styles. Ces derniers ne différaient pas uniquement en fonction des époques, mais aussi en fonction des zones géographiques dans lesquelles œuvraient les architectes de la Mésoamérique.

Pour saisir les dates des périodes décrites ci-dessous, reportez-vous plus haut à la rubrique chapitre *Histoire*.

Préclassique récent. Le meilleur exemple de l'architecture de la fin de la période préclassique nous est sans doute fourni par Uaxactún, au nord de Tikal, dans le département du Petén. La pyramide de ce site, appelée E-VII-sub, illustre parfaitement la manière dont les architectes de l'époque Chicanel concevaient leurs temples-pyramides entre 100 av. J.-C. et 250 ap. J.-C. Cette structure à plusieurs étages en retrait les uns sur les autres comporte un escalier central sur chacun des quatre côtés, décoré d'énormes masques représentant le dieu-jaguar. La pyramide était couverte d'un délicat stuc blanc. La plate-forme supérieure soutenait probablement un temple

---

Les constructions mayas

La civilisation maya nous fascine par son œuvre architecturale ; ce qu'elle n'a pas accompli dans ce domaine est également surprenant. En effet, les architectes mayas semblent ne jamais avoir utilisé la "vraie" voûte (arc cintré avec clef de voûte). D'autre part, ignorant la roue, ils n'ont pas fabriqué de chariots afin de transporter les milliers de tonnes de matériaux de construction dont ils ont eu besoin. Bien que ne disposant pas d'outils métalliques – ils utilisaient la pierre – ils sont parvenus à bâtir d'étonnants complexes religieux dont les fenêtres et les portes servaient d'observatoires célestes d'une extraordinaire précision.

Dans la plupart des constructions mayas, on trouve des voûtes en encorbellement : les architectes bâtissaient deux murs opposés d'épaisseur croissante se rapprochant l'un de l'autre vers le haut jusqu'à ce qu'une pierre suffise à boucher l'ouverture. Certes, ces fausses voûtes remplissaient leur fonction, mais elles limitaient énormément l'espace intérieur. En fait, les architectes mayas se contentaient de longues pièces étroites.

Ils n'avaient pas non plus d'animaux de bât (chevaux, ânes, mulets, bœufs), importés plus tard par les colons. Tout le travail devait être fait par l'homme, à pied, à la force des bras et du dos. ■

na en bois, couvert d'un toit de feuillage. Ce dernier devait être bien conservé puisqu'on a pu élever d'autres temples pardessus. Tombées en ruines au fil des âges, ces structures plus récentes ont été déblayées afin de mettre au jour la pyramide E-VII-sub.

Des temples du même style ont été construits à Tikal, El Mirador (au nord du Petén) et Lamanai (Belize).

A la fin de la période préclassique, les modestes temples de ce type étaient alignés et disposés autour de places.

Classique ancien. Cette période se caractérise par la culture Esperanza. Durant cette période, les souverains étaient enterrés dans des caveaux en bois sous l'escalier principal du temple ; les monarques successifs se trouvaient donc ensevelis à l'intérieur des pyramides érigées les unes sur les autres. Kaminaljuyú, à Guatemala Ciudad, compte parmi l'un des plus grands sites du début de la période classique. Malheureusement, la majeure partie des vestiges ont été détruits par les promoteurs, et les archéologues n'ont pas eu le temps de terminer leur travail.

Classique récent. La plupart des grands sites classiques ont été bâtis durant la période du classique récent. A cette époque, la pyramide-temple maya n'était plus surmontée d'une construction en bois au toit de feuillage, mais d'un ouvrage en pierre. De nombreuses pyramides étaient construites les unes à côté des autres, formant parfois des structures contiguës ou même continues. A proximité, étaient édifiés différents bâtiments, désormais appelés palais. Ces derniers s'appuyaient sur des plates-formes moins élevées et comprenaient beaucoup plus de pièces, environ une douzaine.

La période classique se caractérise également par la présence de stèles sculptées, d'autels de pierre arrondis, disposés sur la place, devant les pyramides et de jeux de balle, terrains en pente dallés de pierres et couverts de stuc.

Parmi les plus purs sites classiques, vous pourrez visiter Copán, au Honduras. Une journée sera nécessaire pour cette excursion au départ de la vallée de Motagua. A l'est de cette vallée se trouve Quiriguá, dont les pyramides n'ont rien d'extraordinaire mais où l'on peut voir une immense stèle ainsi que de mystérieuses formes animales.

De tous les sites classiques, Tikal reste le plus impressionnant, même s'il n'est pas entièrement dégagé et restauré. Les pyramides y atteignent des hauteurs impressionnantes et sont augmentées de superstructures (que les archéologues appellent des crêtes faîtières), ornées de sculptures. Ces réalisations monumentales servaient de tombeaux aux rois et aux seigneurs.

Si Tikal est la plus imposante des cités mayas classiques, Palenque (Chiapas) est certainement la plus belle. Pour s'en convaincre, il n'est que de contempler les toits mansardés et les grandes figures en relief de l'harmonieux temple des Inscriptions et du Palais, doté, en outre, d'une tour d'observation unique en son genre. A Palenque, tous les éléments de l'architecture classique maya atteignent à la perfection. Le tombeau de Pacal dans le temple des Inscriptions est lui aussi exceptionnel en son genre. Il rappelle les tombeaux égyptiens avec sa chambre funéraire secrète, cachée dans les profondeurs de la pyramide et malgré tout accessible sans démanteler celle-ci, et avec son sarcophage, recouvert d'une immense dalle sculptée.

Puuc, Chenes et Río Bec. Les styles architecturaux qui s'épanouirent au sud et à l'ouest de la péninsule du Yucatán présentent des caractéristiques bien spécifiques qui les situent à part dans l'art classique ancien maya. Ils ont en commun d'accorder davantage d'importance à l'exubérance de l'ornementation et à la prouesse architecturale qu'aux proportions et à l'harmonie.

Le style Puuc (qui doit son nom aux Puuc, de basses collines proches d'Uxmal) se caractérise par un parement de fins

---

Rôle de l'astronomie

L'architecture maya était toujours étroitement liée à la position des astres dans le ciel. Les temples étaient alignés de sorte qu'il fût possible d'observer le Soleil, la Lune ou certaines étoiles, notamment Vénus. Cet alignement n'est apparent que lors de certaines conjonctions célestes (lors du lever héliaque de Vénus ou d'une éclipse), mais pour les Mayas, chaque bâtiment occupait une place déterminée, ce qui renforçait son caractère sacré.

Les portes et les fenêtres des temples étaient souvent alignées pour permettre la vue d'un astre à un point précis de sa course un certain jour d'une certaine année. Les exemples de l'utilisation de l'astronomie dans l'architecture maya sont particulièrement présents dans les vestiges que l'on peut voir au Mexique. C'est le cas du palais du Gouverneur d'Uxmal, de style Puuc, dont l'alignement de l'entrée principale correspond exactement à l'emplacement occupé par Vénus, au sommet d'un petit mont situé à quelque 5,6 km, en l'an 750 ap. J.-C. Toutes les constructions du site sont alignées vers la même direction, sauf la Maison du Gouverneur, à cause de la présence de Vénus.

A Chichén Itzá, également au Mexique, l'observatoire appelé El Caracol était aligné de façon à repérer Vénus précisément en l'an 1000.

Ailleurs, l'entrée principale des temples était décorée en forme de gigantesque bouche, figurant ainsi l'entrée au Xibalba (le monde secret souterrain, "lieu de l'effroi" ou royaume des morts). D'autres caractéristiques rappelaient l'arithmétique du Calendrier cyclique, comme en témoigne la pyramide El Castillo de Chichén Itzá. Celle-ci comprend 364 marches, la 365e étant formée par la plate-forme supérieure, ce qui correspond au nombre total de jours de l'Année Vague maya. Les côtés de la pyramide comportent 52 panneaux, représentant le cycle de 52 années du Calendrier du Compte Long. Les terrasses encadrant chaque escalier sont au nombre de 18 (9 de chaque côté), illustrent les 18 mois du calendrier solaire de l'Année Vague. Lors de l'équinoxe du printemps (21 mars), la projection des rayons du soleil sur les escaliers du Castillo forme le corps d'un serpent sacré descendant sur la Terre. Le serpent n'apparaît parfaitement qu'à ce jour précis et sa descente ne dure pas plus de 34 minutes. ∎

"carreaux" de pierre calcaire sur les moellons des murs. Ce placage permettait de dessiner des motifs géométriques et des figures stylisées de monstres et de serpents. Autre trait caractéristique de ce style, les colonnes circulaires (dans le genre minoen) et les rangées de colonnes engagées (demi-colonnes) ornent avec bonheur les façades des édifices d'Uxmal et des sites de la Route puuc, Kabah, Sayil, Xlapak et Labná. Les architectes du Puuc témoignaient aussi d'une passion quasi obsessionnelle pour Chac, le dieu de la pluie, dont ils replacent indéfiniment la tête grotesque sur chaque temple. A Kabah, la façade du temple de Codz Pop est entièrement couverte de masques de Chac.

Le style Chenes, prédominant dans les régions situées au sud des collines Puuc, ressemble beaucoup au style puuc à ceci près que les architectes du Chenes aiment à juxtaposer sur les façades des masques immenses et d'autres beaucoup plus petits.

Le style Río Bec, dont la plus parfaite expression se retrouve sur les temples richement décorés du site de Río Bec (sur la grand-route entre Escárcega et Chetumal), se caractérise comme le style Puuc et le style Chenes par l'abondance et la complexité de son ornementation. Mais il a pour particularité de flanquer les bâtiments bas d'immenses tours d'angle qui n'ont d'autre fonction que décorative. Les édifices de Río Bec rappellent à la fois le Palais du Gouverneur d'Uxmal et le Temple I à Tikal.

Postclassique ancien. La chute de la civilisation maya classique créa un vide que s'empressèrent de remplir les envahisseurs toltèques venus du centre du Mexique. Au fil de la conquête, les idées architecturales toltèques furent assimilées et intégrées au style Puuc. Au Mexique, Chichén Itzá développe les éléments du style Puuc – larges masques et frises décoratives – qui coexistent avec d'immenses guerriers et *chacmool*, ces étranges statues couchées sur le dos étreignant des coupes au-dessus de leurs ventres.

Les soubassements pyramidaux coiffés de larges plates-formes, comme le temple des Guerriers, semblent avoir été importés de l'ancienne capitale toltèque de Tula (près de Mexico) ou de Teotihuacán (larges pyramides du Soleil et de la Lune). L'importance de Quetzalcóatl pour les Toltèques (Kukulcán en maya) explique les nombreuses représentations du serpent à plumes sur les motifs architecturaux.

Postclassique récent. Aux Toltèques succédèrent les Itzá qui établirent leur capitale à Mayapán, au sud de Mérida, et régnèrent sur une confédération d'États du Yucatán. Après l'âge d'or de Tikal et de Palenque, et même après l'architecture martiale de Chichén Itzá, celle de Mayapán ne peut que décevoir. A côté des grandioses édifices classiques, ses pyramides et ses temples paraissent petits et grossiers. La seule spécificité architecturale de Mayapán réside dans son mur défensif qui ceint toute la cité. L'existence même de ce mur en dit long sur la crainte dans laquelle vivaient les souverains itzá et le mécontentement des populations qu'ils avaient assujetties. Tulum et Cobá sont deux cités fortifiées datant de cette époque.

Au Guatemala, les sites postclassiques les mieux préservés sont : Mixco Viejo, au nord de Guatemala Ciudad, Utatlán (ou K'umarcaaj), l'ancienne capitale maya-quiché aux environs de Santa Cruz del Quiché et Iximché, la dernière capitale cakchiquel sur la route panaméricaine près de Tecpan. Chaque ensemble architectural de ces sites témoigne des fortes influences venues du centre du Mexique ; les temples jumeaux trouvent probablement leur origine dans les structures similaires de Teotihuacán.

Architecture coloniale
L'architecture espagnole apportée par les conquistadores, les franciscains et les dominicains a été adaptée aux conditions locales. Si les églises des grandes villes présentent parfois quelques ornements baroques, la plupart d'entre elles sont simples et semblables à des forteresses. L'exploitation des populations indigènes par les Espagnols a suscité de nombreuses rébellions et les hauts murs de pierre de ces édifices ont largement contribué à protéger la haute société contre ces soulèvements.

En vous promenant, vous pourrez visiter de nombreuses églises, toutes aussi modestes – à l'intérieur comme à l'extérieur. Mais les sommaires éléments architecturaux empruntés à l'Espagne sont éclipsés par l'apparat des fêtes religieuses organisées à l'intérieur de ces édifices.

Vous serez fasciné par les processions mi-mayas mi-catholiques, les ornementations et les costumes dans les églises et les foules de fidèles assis parmi des centaines de cierges allumés sur le sol de la petite église de Santo Tomás à Chichicastenango, qui respirent l'épaisse fumée de l'encens et répandent des pétales de fleurs en offrande aux esprits des ancêtres.

CULTURE TRADITIONNELLE
Costumes traditionnels
Les tenues traditionnelles colorées, généralement faites à la main, constituent un aspect intéressant de la tradition indienne. Elles sont d'une variété infinie, avec des différences souvent étonnantes d'un village à l'autre. Aujourd'hui, le port de telles tenues est moins répandu qu'il y a quelques décennies, mais dans certaines régions, il connaît un regain de popularité dû en partie à un besoin identitaire chez les Indiens, mais aussi au développement commercial de l'artisanat.

Certains vêtements encore portés aujourd'hui sont d'origine préhispanique. C'est le cas par exemple du *huipil*, longue tunique sans manches pour les femmes mais aussi du *quechquémitl*, cape jetée sur les épaules ou encore d'une jupe drapée appelée l'*enredo*. Le costume masculin a davantage subi l'influence espagnole. La pudeur, encouragée par l'Église, favorisa l'introduction des chemises, chapeaux et *calzones* (longs bermudas).

Les broderies chamarrées sont les plus séduisantes ; le vêtement est souvent décoré d'animaux, d'hommes, de plantes stylisées et de formes mythiques multicolores qui nécessitent des mois de travail. Chaque habit identifie le groupe et le village d'origine de celui qui le porte, notamment les *fajas* (larges ceintures).

Les motifs portent souvent de multiples significations religieuses ou magiques. Dans certains cas, la symbolique exacte a été oubliée, mais dans d'autres les traditions ont traversé les siècles.

Les matériaux et les techniques changent, mais le métier à tisser préhispanique attaché dans le dos est toujours largement utilisé. Les longues bandes de la chaîne sont tendues entre deux barres horizontales, l'une fixée à un pilier ou un arbre, l'autre à une courroie passée dans le dos. Dans de nombreux villages on file encore à la main.

Les teintures végétales sont toujours utilisées, comme l'indigo naturel, employé dans plusieurs régions. Certains groupes se servent de la teinture rouge de cochenille et de la teinture pourpre extraite de certains serpents de mer.

La variété des techniques, des matériaux, des styles et des motifs est impressionnante (pour plus de renseignements concernant les vêtements et l'artisanat, reportez-vous à la rubrique *Achats* dans le chapitre *Renseignements pratiques*).

Musique et danse

Vous aurez probablement l'occasion d'entendre des musiciens jouer dans la rue, sur les places ou même dans les bus. Groupes de *marimba* (avec de grands "xylophones" de bois), musiciens des rues, solitaires avec leurs guitares désaccordées et leurs voix rauques ; tous jouent pour gagner leur vie. Les marimbas sont particulièrement populaires dans les Hautes Terres.

La musique et les danses traditionnelles tiennent une place importante dans les nombreuses fêtes du calendrier maya. Ces fêtes sont principalement données en l'honneur de saints chrétiens, mais leurs origines

sont souvent préhispaniques et s'inspirent d'anciens rituels. Il existe des centaines de danses traditionnelles : certaines sont célèbres dans tout le pays, d'autres sont propres à une ville ou un village. Elles sont pour la plupart exécutées dans le costume local et les participants portent souvent des masques. Certaines miment des histoires d'origine clairement espagnole ou coloniale. Moros y Cristianos relate ainsi la victoire des chrétiens sur les Maures dans l'Espagne médiévale.

Anciennes coutumes mayas

Canons de beauté. Frère Diego de Landa raconte que les Mayas du XVIe siècle, à l'image de leurs ancêtres de la période classique, avaient pour coutume d'aplatir le front de leurs enfants en leur comprimant le crâne entre deux planchettes attachées ; cet aplatissement ainsi formé était considéré comme une marque de beauté. Le strabisme était également apprécié, et les parents tentaient de le provoquer en suspendant de petites perles entre les yeux des enfants. Afin d'empêcher la pousse de la barbe, considérée comme une atteinte à la beauté, les jeunes hommes s'appliquaient des chiffons trempés dans l'eau bouillante sur le visage.

Les hommes comme les femmes portaient des scarifications ainsi que des tatouages. Les femmes se limaient les dents en pointes, ce qui leur permettait sans doute de se faire respecter de la gent masculine. Enfin, tous se teignaient les cheveux en rouge, les dames évitant toutefois de teinter leur visage. Les canons de beauté des anciens Mayas étaient, on le constate, assez différents des nôtres.

Vêtements. Jadis, les hommes s'enroulaient une longue bande de tissu autour de la taille ; elle devait passer entre les jambes et les deux extrémités retombaient devant et derrière. Ils portaient une cape carrée sur les épaules et des sandales aux pieds. Bien que ce type de vêtement ait disparu depuis longtemps, les hommes de nombreux villages des Hautes Terres portent encore une sorte de cache-sexe par-dessus leur pantalon.

Le huípil, costume traditionnel
des femmes mayas

Lorsqu'ils ne marchent pas pieds nus, ils sont chaussés de sandales.

Les femmes arboraient des robes richement brodées, très semblables au huípil des femmes mayas d'aujourd'hui.

Alimentation et boissons. Landa relate que les Mayas aimaient à donner des banquets au cours desquels ils savouraient de la viande rôtie, des ragoûts accompagnés de légumes, des galettes de maïs (peut-être des *tortillas* ou des *tamales*) et du cacao, sans compter d'importantes quantités de boissons alcoolisées. A ces occasions, les seigneurs s'enivraient tellement que leurs épouses devaient venir les chercher pour les ramener à la maison, une pratique encore largement répandue même si les banquets d'aujourd'hui sont des *cantinas* et les seigneurs des ouvriers.

Sport. Le jeu préféré des Mayas était le jeu de balle. On y jouait sur des terrains formés de dalles de pierre ; les joueurs devaient empêcher la balle de caoutchouc très dure de toucher le sol et la renvoyer en utilisant n'importe quelle partie du corps, sauf les mains, les pieds et la tête. Il est possible qu'ils aient utilisé des battes en bois. Dans certaines régions, la victoire revenait à l'équipe dont les joueurs faisaient passer la balle dans des espèces d'anneaux, pratiqués dans la pierre.

Ce jeu était pris très au sérieux et servait éventuellement à régler les querelles entre les différentes tribus. Il est permis de penser que le capitaine de l'équipe perdante était parfois puni de mort.

Pas d'impair !
Les Mayas traditionnels se montrent merveilleusement accueillants vis-à-vis des étrangers. Raison de plus pour manifester un grand respect de leur culture.

Un des motifs de conflit les plus graves tourne autour de la photo. Si nombre de gens du pays ne voient pas d'inconvénient à être pris en photo ou en vidéo, certaines personnes, en particulier dans certains villages, y voient une offense grave. En conséquence, demandez toujours l'autorisation avant de photographier ou de filmer. Le langage gestuel (montrez alternativement du doigt votre appareil et le sujet) suffit généralement à se faire comprendre. Et, si c'est le cas, respectez toujours un refus

RELIGION
L'Arbre du Monde et le Xibalba
Pour les Mayas, le monde, le ciel et le Xibalba (shi-bal-ba), monde mystérieux souterrain, formaient une structure unique soumise aux lois de l'astrologie et au culte des ancêtres. Le grand *ceiba* (cotonnier sauvage) était sacré car il symbolisait le Wacah Chan, l'Arbre du Monde qui unifiait les treize compartiments du ciel, la surface terrestre et les neuf niveaux du Xibalba. L'Arbre du Monde était plus ou moins cruciforme et associé à la couleur bleu-vert. Au XVIᵉ siècle, lorsque les moines franciscains demandèrent aux Indiens de vénérer la Croix, ce symbole s'intégra aisément dans les croyances mayas.

Points cardinaux
Dans la cosmologie maya, chaque point cardinal revêtait une signification religieuse particulière. L'est était le plus important car il indiquait l'endroit où le soleil renaissait chaque jour ; il était associé à la couleur rouge. L'ouest était noir, car il indiquait la direction où le soleil dis-

Mythes, légendes et tortillas
Le Popol Vuh, poème mythologique né de la tradition orale des Mayas quiché, enseigne que le maïs fut à l'origine de notre existence physique. Il explique qu'après avoir conçu des êtres de boue et de bois et avoir essuyé deux échecs, les dieux créateurs imaginèrent de fabriquer l'homme à partir d'un gruau de maïs jaune et blanc.
Selon une autre légende maya, l'homme découvrit le maïs, en tant que nourriture cette fois, bien après la fourmi et le renard. Afin d'atteindre le maïs qui était dissimulé sous une grande montagne, il invoqua les dieux de la Pluie. Le plus vieux d'entre eux accepta de venir aider les pauvres humains dans leur quête et fit appel pour cela à l'oiseau-pic qui sonda de son bec pointu la surface du roc. Lorsque l'oiseau en découvrit le point faible, l'Ancien lança son tonnerre le plus puissant pour que le roc s'ouvrît. Le dégagement de chaleur ainsi provoqué fut si intense qu'il carbonisa une partie du maïs, en brûla une autre, en décolora une troisième et laissa la dernière indemne. Depuis lors on dénombre quatre variétés de maïs : noir, rouge, jaune et blanc.
Le maïs, qui se consomme le plus couramment sous la forme de *tortilla*, représente aujourd'hui 80% de la nourriture en Mésoamérique. Sa culture ne nécessite pas un outillage hautement sophistiqué. Un bâton pointu long de deux mètres environ sert à creuser des trous de six à sept centimètres dans le sol. On dépose ensuite dans chacun des trous quatre ou cinq grains détachés du cœur de la plante avant de les reboucher à l'aide du talon. S'il est possible de cultiver simultanément les quatre espèces de maïs sur une même surface, il est nécessaire de bien en distinguer les aires respectives.
En revanche, ce qu'on ne saurait expliquer et qui dépasse tout entendement, c'est la raison pour laquelle le goupil contemporain, si friand de maïs aux temps des légendes, s'est détourné des tortillas pour préférer les poulaillers. ■

paraissait. Le nord était blanc et indiquait l'endroit d'où venait l'inestimable pluie, au début du mois de mai. Le sud était jaune car c'était le point cardinal le plus ensoleillé.

Chaque élément du monde maya était en rapport avec ces points cardinaux, dont le centre était occupé par l'Arbre du Monde. Ils servaient avant tout de point de départ aux observations astronomiques et astrologiques qui déterminaient le sort de chacun (pour plus d'informations concernant l'astrologie, reportez-vous plus loin au paragraphe *Mécanisme du calendrier maya*).

Saignées et sacrifices humains
Dans ce vaste système, l'homme avait un certain rôle à tenir. Tout comme le Grand Dragon cosmique versait son sang pour apporter la pluie, l'homme devait verser le sien pour entrer en contact avec le Xibalba.

Le rite de la saignée constituait la plus importante cérémonie religieuse et le sang des rois était considéré comme le plus digne des offrandes. Ainsi, lorsque les missionnaires déclarèrent que Jésus avait versé son sang pour les hommes, les Mayas

n'eurent aucune difficulté à comprendre la symbolique de ce geste.

Lieux sacrés
Les cérémonies mayas se déroulaient dans des lieux sacrés. Les montagnes, les grottes, les lacs, les cenotes (puits naturels), les rivières et les champs revêtaient tous un caractère sacré et une importance particulière dans le mécanisme des choses. Les pyramides et les temples symbolisaient des montagnes ; parfois, ces dernières renfermaient des chambres secrètes semblables aux grottes creusées dans les montagnes. La grotte figurait la bouche de la créature représentant le Xibalba et le fait d'y pénétrer revenait à s'aventurer dans ce monde secret. C'est pourquoi certaines portes des temples mayas sont ornées d'énormes masques : en passant la porte de cette "grotte", vous pénétrez en effet dans la bouche du Xibalba.

Les places autour desquelles sont disposées les pyramides symbolisaient les champs ou les plaines envahies par la forêt tropicale. Ce que nous appelons des stèles étaient pour les Mayas des "pierres-arbres", autrement dit des représentations de l'Arbre sacré du Monde. Celles-ci étaient souvent sculptées à l'effigie des grands rois car le souverain personnifiait l'arbre du monde de la société maya.

Afin d'accentuer le caractère sacré de ces lieux, les monarques successifs se devaient naturellement de bâtir de nouveaux temples, toujours plus grands, directement sur les édifices précédents. Ces derniers n'étaient absolument pas destinés à fournir les matériaux de construction qui serviraient à bâtir leurs successeurs, mais ils étaient considérés au contraire comme des monuments sacrés qu'il fallait préserver. Certains ornements de ces anciens temples, tels que les énormes masques enjolivant la façade, étaient soigneusement protégés avant que l'on n'installât la nouvelle construction par-dessus.

Le culte des ancêtres et la généalogie tenaient une place importante dans la vie des Mayas. Lorsqu'un roi était enseveli sous une pyramide ou un membre du peuple sous le sol ou dans la cour de son *na*, le lieu n'en devenait que plus sacré.

Le livre sacré maya

Parmi les codex, ces livres peints détruits par le frère Landa et ses compagnons, se trouvaient des ouvrages relatant des légendes sacrées et des histoires semblables à celles de la Bible, destinées à guider les croyants dans leur vie quotidienne.

L'un d'entre eux, *Le Popol Vuh*, ou *Livre des événements*, fut détruit pendant la Conquête. C'est seulement grâce à la tradition orale à laquelle les avait initiés leurs pères, que des sages mayas quichés purent reconstituer le texte du livre sacré. Le père Fray Francisco Jiménez, de l'ordre des dominicains, arrivé en 1688 au Guatemala, se chargea de sa traduction en espagnol. Les traductions de ce livre existent en quatre versions. Hormis celle du père Jiménez, datant de 1700, on trouve une seconde version de l'abbé Brasseur de Bourbourg en 1861, puis une troisième que l'on doit à Georges Raynaud, en 1925. Il est facile de se procurer la quatrième version d'A. Reci-

nos, *Popol Vuh, Le Livre des Indiens Mayas Quichés* et la cinquième version, sous la plume d'A. Chavez, *Pop Wuh, Le Livre des événements* (reportez-vous à la rubrique *Livres* dans le chapitre *Renseignements pratiques*).

Selon la légende du *Popol Vuh*, au début, rien n'émergeait de l'immobilité et du silence. Seuls Tepeu, le Puissant, Gucumatz, le Serpent à plumes, ainsi que Tzacol, le Créateur et Bitol, le Formateur (les Géniteurs) étaient dans l'eau, cachés sous des plumes vertes et bleues. Tous étaient l'œuvre du Cœur du Ciel, Huracán. Après avoir mis en place la nature, ils créèrent une première série de créatures de boue, mais ces dernières étaient faibles et se dissolvaient dans l'eau. Ils décidèrent donc de façonner des personnages en bois. Ceux-ci, n'ayant ni cœur ni âme, ne pouvaient vénérer leur Créateur. Ils furent donc détruits, à l'exception des singes de la forêt, qui en sont les descendants directs.

Les Géniteurs firent alors une nouvelle tentative, réussie celle-là, en utilisant des substances recommandées par quatre animaux : le chat des montagnes, le coyote, la perruche et le corbeau. La chair était faite d'une pâte de maïs blanc et jaune, trempé dans l'eau pour fabriquer le sang de l'homme, ancêtre des Quiché.

Aujourd'hui encore, le maïs est un élément important de la tradition et de la symbolique mayas. Dans le cadre du programme de reconstruction qui suivit le terrible séisme de 1976, le gouvernement guatémaltèque fit distribuer des posters représentant un épi de maïs et portant la devise *¡Hombre de maís, levantate!* (Homme de maïs, lève-toi !).

A plusieurs égards, les légendes rapportées par le *Popol Vuh* ont permis aux Mayas de mieux comprendre certains aspects des croyances chrétiennes, dont l'Immaculée Conception ainsi que la mort et la résurrection du Christ.

Chamanisme et catholicisme

Aux yeux des Mayas, l'aspect cruciforme du ceiba n'était pas l'unique point commun entre leurs croyances animistes et le christianisme. A l'instar de la religion catholique, les rites traditionnels mayas comprenaient la cérémonie du baptême, la confession, les jours de jeûne et autres formes d'abstinence, le partage religieux de boissons alcoolisées, l'utilisation d'encens et d'autels.

Aujourd'hui, la pratique catholique des Mayas se caractérise par un fascinant mélange de rites chamaniques et chrétiens. Les traditions religieuses sont tellement importantes que les Mayas ont souvent davantage recours au chaman qu'au médecin pour soigner leurs maladies.

L'utilisation de remèdes traditionnels liés à la pratique animiste est très répandue dans les terres mayas.

LE SYSTÈME DU CALENDRIER MAYA

Sur bien des aspects, l'ancien calendrier maya est plus exact que notre calendrier grégorien. Les astronomes mayas sont parvenus à évaluer la durée de l'année solaire, du mois lunaire et de l'année vénusienne.

Leur système de computation leur permettait de prévoir les éclipses avec une précision incroyable ; leur cycle lunaire comprenait seulement sept minutes de moins par rapport à nos calculs, obtenus à l'aide de moyens techniques élaborés, et leur cycle vénusien présente une erreur de deux heures alors qu'il porte sur des périodes d'un demi-millénaire.

Le temps et le calendrier maya constituaient en fait la base de la religion, qui comportait des analogies avec notre astrologie moderne. Les observations astronomiques jouaient un tel rôle dans la vie des Mayas que l'astronomie et la religion ne faisaient qu'un ; on vénérait le Soleil et la Lune. La plupart des cités mayas étaient bâties en accord parfait avec les mouvements célestes. Chichén Itzá au Mexique en fournit d'ailleurs un remarquable exemple : durant les équinoxes, le soleil illumine l'un des escaliers de la pyramide dite El Castillo, lui donnant la forme d'un serpent sacré descendant sur terre.

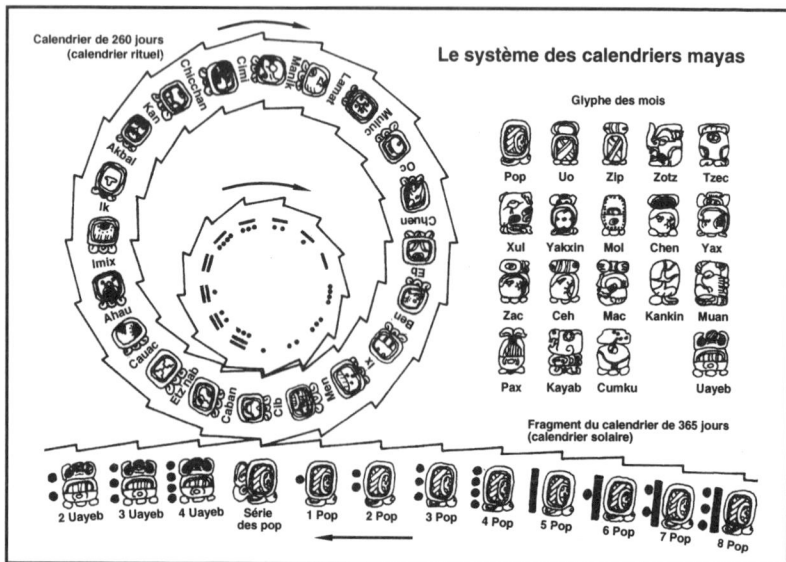

Le système des calendriers mayas

Calendrier de 260 jours (calendrier rituel)

Glyphe des mois

Pop   Uo   Zip   Zotz   Tzec

Xul   Yaxkin   Mol   Chen   Yax

Zac   Ceh   Mac   Kankin   Muan

Pax   Kayab   Cumku   Uayeb

Fragment du calendrier de 365 jours (calendrier solaire)

2 Uayeb   3 Uayeb   4 Uayeb   Série des pop   1 Pop   2 Pop   3 Pop   4 Pop   5 Pop   6 Pop   7 Pop   8 Pop

En haut : femme maya, Guatemala (MD)
En bas à gauche : famille traditionnelle, Zunil, Guatemala (JB)
Au centre à droite : décoration intérieure d'un restaurant (YM)
En bas à droite : jeune fille maya (MD)

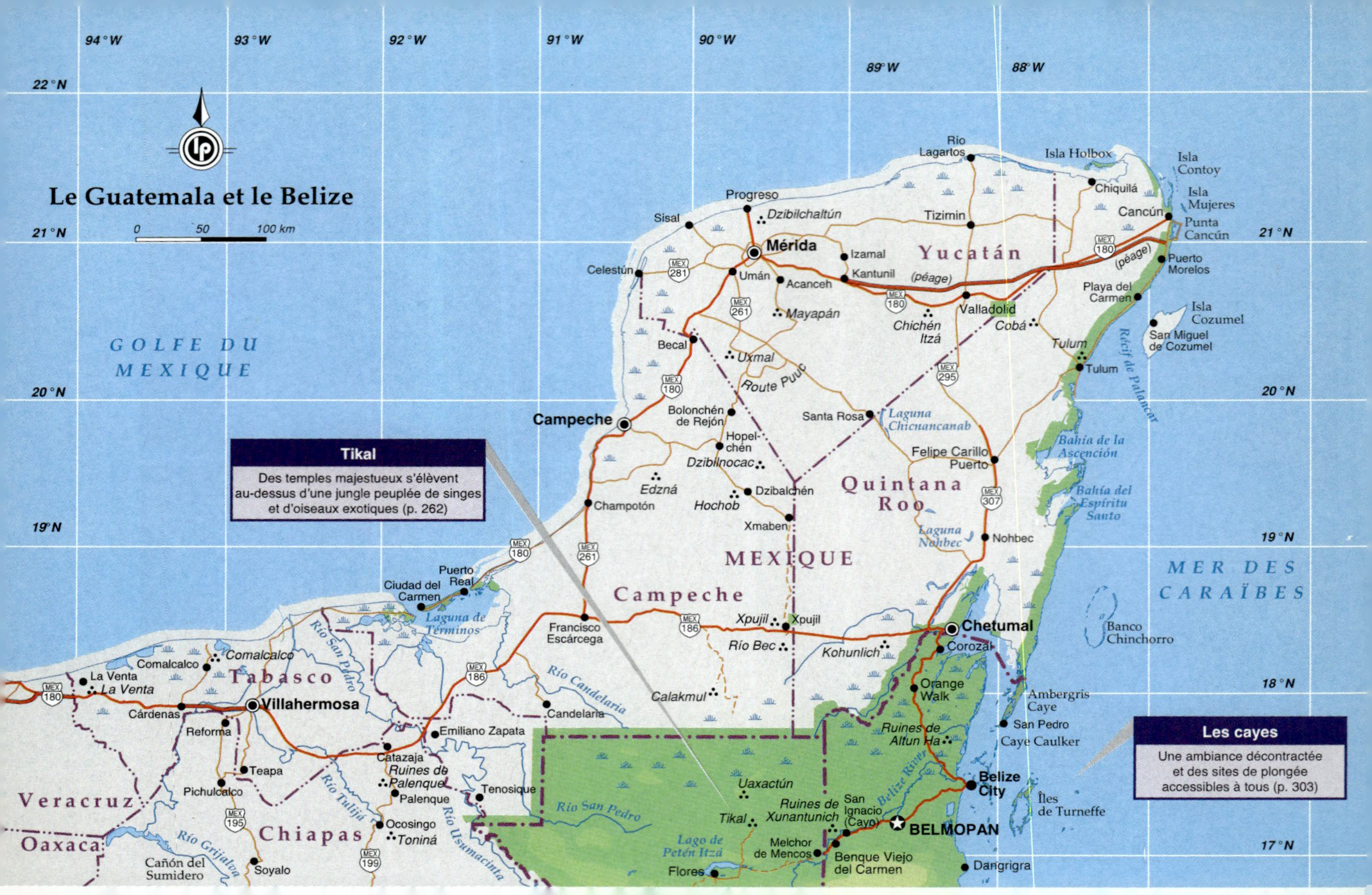

Le Guatemala et le Belize
0
50
100 km
GOLFE DU MEXIQUE
MER DES CARAÏBES
MEXIQUE
Yucatán
Quintana Roo
Campeche
Tabasco
Chiapas
Veracruz
Oaxaca
Tikal
Des temples majestueux s'élèvent au-dessus d'une jungle peuplée de singes et d'oiseaux exotiques (p. 262)
Les cayes
Une ambiance décontractée et des sites de plongée accessibles à tous (p. 303)
Mérida
Progreso
Dzibilchaltún
Sisal
Celestún
Umán
Acanceh
Mayapán
Izamal
Kantunil
(péage)
Tizimin
Río Lagartos
Isla Holbox
Chiquilá
Cancún
Isla Contoy
Isla Mujeres
Punta Cancún
Puerto Morelos
Playa del Carmen
Isla Cozumel
San Miguel de Cozumel
Récif de Palancar
Valladolid
Chichén Itzá
Cobá
Tulum
Becal
Uxmal
Route Puuc
Campeche
Bolonchén de Rejón
Hopelchén
Dzibilnocac
Edzná
Hochob
Dzibalchén
Xmaben
Champotón
Santa Rosa
Laguna Chicnancanab
Felipe Carillo Puerto
Bahía de la Ascención
Bahía del Espíritu Santo
Laguna Nohbec
Nohbec
Banco Chinchorro
Chetumal
Corozal
Kohunlich
Xpujil
Río Bec
Calakmul
Francisco Escárcega
Puerto Real
Ciudad del Carmen
Laguna de Términos
Río Candelaria
Candelaria
Río San Pedro
Comalcalco
La Venta
Villahermosa
Cárdenas
Reforma
Teapa
Pichulcalco
Catazaja
Ruines de Palenque
Palenque
Emiliano Zapata
Tenosique
Río Usumacinta
Río Tulijá
Ocosingo
Toniná
Río Grijalva
Cañón del Sumidero
Soyalo
Orange Walk
Ruines de Altun Ha
Ambergris Caye
San Pedro
Caye Caulker
Belize City
Belize River
Îles de Turneffe
BELMOPAN
San Ignacio (Cayo)
Ruines de Xunantunich
Uaxactún
Tikal
Benque Viejo del Carmen
Melchor de Mencos
Lago de Petén Itzá
Flores
Dangrigra
94° W
93° W
92° W
91° W
90° W
89° W
88° W
22° N
21° N
20° N
19° N
18° N
17° N
MEX 180
MEX 281
MEX 261
MEX 295
MEX 307
MEX 186
MEX 199
MEX 195

Maya Mountains

A pied, à cheval, à bicyclette ou en kayak : autant de façons d'explorer la jungle et les ruines des monts Mayas (p. 334)

Copán

Des stèles finement gravées, des temples d'une grande richesse architecturale et un nouveau musée (p. 221)

Antigua

Cette ancienne capitale est l'une des plus belles cités coloniales de la région (p. 123)

Chichicastenango

Au marché maya traditionnel, même les souvenirs pour touristes ne manquent pas de charme (p. 158)

Lago de Atitlán

"Gringotenango" haut lieu hippy au bord d'un splendide lac entouré de volcans (s. 141)

BELIZE

GUATEMALA

MEXIQUE

HONDURAS

NICARAGUA

EL SALVADOR

GUATEMALA CIUDAD

MANAGUA

TEGUCIGALPA

SAN SALVADOR

OCÉAN PACIFIQUE

Golfe de Honduras

Golfe du Mexique

Golfo de Fonseca

Bahía de Jiquilisco

Lago de Izabal

Lago de Atitlán

Lago de Yojoa

Lago de Managua

Montañas de Comayagua

Montañas de Cuchumatanes

Cordillera de los Cuchumatanes

Sierra de las Minas

Río Usumacinta

Río Motagua

Río Polochic

Río Lempa

Río Goascorán

Río Coco o Segovia

Río Choluteca

Río Patuca

Río Dulce

Selva Lacandona

Lagunas de Montebello

Presa la Angostura

Tuxtla Gutiérrez
Chiapa de Corzo
San Cristóbal de las Casas
Comitán
Amatenango del Valle
Juquilpas
Arriaga
Tonalá
Boca del Cielo
Puerto Arista
Pijijiapan
Mapastepec
Escuintla
Huixtla
Tapachula
Ciudad Hidalgo
Yaxchilán
Bonampak
Bethel

Placencia
Punta Gorda
Livingston
Puerto Barrios
Río Dulce
Poptún
Cuevas de Poptún
Sayaxché
Ceibal
Fray Bartolomé de las Casas

Cobán
Salamá
Chichicastenango
Sololá
Huehuetenango
Volcán Tajumulco ▲ 4 220 m
El Carmen
Tuxtla Chico
Ciudad Tecún Umán
Retalhuleu
Champerico
Quetzaltenango
Mazatenango
Santa Lucía Cotzumalguapa
Panajachel
Antigua
Escuintla
Puerto San José

El Progreso (Guastatoya)
San Cristóbal Frontera
Anguiatú
Esquipulas
Copán Ruinas
Copán
Quiriguá
Chiquimula
Carretera al Atlántico
Carretera al Pacífico
Ciudad Pedro de Alvarado

Altitude
- 3 000 m
- 2 000 m
- 1 500 m
- 1 000 m
- 400 m
- 200 m
- 0 m

87° W 88° W 89° W 90° W 91° W 92° W 93° W 94° W

12° N 13° N 14° N 15° N

Architecture Maya

En haut à gauche :	les toits des temples s'élèvent au dessus de la canopée, à Tikal (KS)
En bas à gauche :	serpent à plumes longeant un escalier (RN)
En haut à droite :	le templo del Sol, un temple dédié au Soleil (MG)
Au centre à droite :	Chac-mool, personnage à demi couché d'origine toltèque (RN)
En bas à droite :	la pirámide del Adivino (pyramide du Magicien), de style Puuc (MG)

Division du temps selon le calendrier maya			
Unité	*Équivalence*	*Jours*	*Années grégoriennes* *
Kin	–	1	–
Uinal	20 kins	20	–
Tun	20 uinals	360	0,99
Katun	20 tuns	7 200	19,7
Baktun	20 katuns	14 000	394
(Grand Cycle)	13 baktuns	1,872 million	5 125
Pictun	20 baktuns	2,88 millions	7 885
Calabtun	20 pictuns	57,6 millions	157 705
Kinchiltun	20 calabtuns	1,152 milliard	3 154 091
Alautun	20 kinchiltuns	23,04 milliards	63 081 809

* approximativement

Mécanisme du calendrier maya

On peut comparer le calendrier maya au système d'engrenage des roues de toutes tailles dans le mécanisme d'une montre (voir le schéma).

Tonalamatl ou tzolkin. Les deux petites roues du calendrier maya représentaient deux cycles de treize et vingt jours. Chacun des treize jours était numéroté de un à treize ; les vingt jours du second cycle portaient un nom tel que Imix, Ik, Akbal ou Xan. Au fur et à mesure que les dents de ces deux roues s'emboîtaient, les jours recevaient un nom particulier. Par exemple, en rencontrant le jour Imix du cycle de vingt jours, le jour 1 du cycle de treize jours donnait naissance au jour 1 Imix. Ensuite venaient 2 Ik, puis 3 Akbal, 4 Xan, etc. Au bout de treize jours, le premier cycle recommençait à 1 alors que l'autre cycle comptait encore sept jours. Le quatorzième jour devenait alors 1 Ix, puis venaient 2 Men, 3 Cib, etc. Une fois le cycle de vingt jours terminé, il recommençait à 8 Imix, 9 Ik, 10 Akbal, 11 Xan, etc. Les combinaisons se poursuivaient sur une durée totale de 260 jours, prenant fin le 13 Ahau, avant de recommencer par le 1 Imix.

Ces deux petits rouages créaient ainsi une grande roue de deux cent soixante jours, appelée *tzolkin* ou *tonalamatl*. Mais le calendrier comprenait d'autres rouages.

Année Vague (haab). Il existait par ailleurs dix-huit mois de vingt jours formant la base du calendrier solaire de l'Année Vague, ou *haab*. Chaque mois portait un nom – Pop, Uo, Zip, Zotz, Tzec, etc. et chaque jour était numéroté de zéro (premier jour ou "assise" du mois) à dix-neuf, ce qui n'est pas sans rappeler notre calendrier solaire grégorien. Il y avait donc 0 Pop (l'"assise" du mois Pop), 1 Pop, 2 Pop, etc. jusqu'à 19 Pop, puis 0 Uo, 1 Uo et ainsi de suite.

Ces dix-huit mois de vingt jours correspondaient à un cycle de trois cent soixante jours ; afin d'obtenir un calendrier solaire de 365 jours, les Mayas ajoutaient à la fin du cycle une période de cinq jours néfastes, appelée *uayeb*. Aujourd'hui, les anthropologues surnomment ce calendrier Année Vague car l'année solaire dure précisément 365,24 jours (c'est pour rendre compte de ce quart de jour que notre calendrier grégorien comporte une année bissextile tous les quatre ans).

Calendrier cyclique. Les grandes roues du tzolkin et du haab se rencontraient également de sorte que chaque jour portait en fait deux noms et deux chiffres : 1 Imix 5 Pop, 2 Ik 6 Pop, 3 Akbal 7 Pop, etc. Lorsque les deux roues avaient effectué un tour complet, que les 18 980 combinaisons jours/noms étaient épuisées, il s'était écoulé cinquante-deux années solaires.

Cet étonnant système, combinant les calendriers tzolkin et haab, s'appelle le Calendrier cyclique. Il était utilisé dans toute la Mésoamérique par les Olmèques, les Aztèques, les Zatopèques et les Mayas. En fait, on l'utilise encore dans certains villages traditionnels des Hautes Terres.

Malgré sa complexité fascinante, le Calendrier cyclique présente quelques limites, la première étant son fonctionnement sur cinquante-deux ans. Ensuite, comme il recommence, rien ne permet aux prêtres mayas ni aux historiens modernes de distinguer le jour 1 Imix 5 Pop des différents cycles de cinquante-deux années du Calendrier cyclique. Restait à inventer le Compte Long.

Compte Long. Au fil du développement de la civilisation maya, les savants prirent conscience des limites de leur système calendaire, c'est pourquoi ils mirent au point le Compte Long ou Grand Cycle, un système permettant de faire la distinction entre les différents cycles du Calendrier cyclique. Il fit son apparition durant la période classique.

Ce système modifiait le mécanisme de l'Année Vague solaire, ajoutant un autre groupe de rouages au mécanisme déjà complexe utilisé pour calculer le temps.

Au lieu d'utiliser l'Année Vague de 365 jours, le Compte Long repose sur les *tuns*, les dix-huit mois de vingt jours, et ne tient aucun compte des cinq jours de fin de cycle. Dans ce système, le jour est un *kin* (soleil). Le mois de vingt kins s'appelle un *uinal* et dix-huit uinals font un tun. C'est ainsi que le tun de 360 jours remplaça l'Année Vague dans le système du Compte Long. Les roues ajoutées par ce dispositif étaient énormes.

Les noms des divisions du temps sont présentés dans le tableau de la page suivante. Dans la pratique, les unités supérieures au *baktun* (pictun, calabtun, etc.) ne servaient qu'à produire de l'effet – lorsqu'un roi particulièrement présomptueux souhaitait connaître le moment précis où son règne s'intégrait dans l'immensité temporelle. La plus grande unité de temps employée était généralement le baktun.

Le Grand Cycle en comptait treize (1 872 000 jours ou 5 125 années solaires du calendrier grégorien).

Naturellement, lorsqu'un Grand Cycle se terminait, un autre devait recommencer, mais la civilisation maya prit fin bien avant l'accomplissement du premier Grand Cycle. Celui-ci commença le 11 ou le 13 août 3114 av. J.-C. et il se terminera le 23 déc. 2012. Retenons cette date, car la fin d'un Grand Cycle était une période lourde de signification et généralement redoutée !

Même l'impressionnant *alautun* n'était pas la plus grande unité du Compte Long. Ainsi on a trouvé une date à Cobá équivalent à 41 341 050 000 000 000 000 000 000 000 ans de notre calendrier. En comparaison, le Big Bang censé être à l'origine de notre univers se serait produit il y a seulement quinze milliards d'années.

Il faut souligner que pour les Mayas le temps n'était pas continu, il était divisé en cycles et les plus longs cycles se répétaient indéfiniment, formant des cycles de plus en plus longs. En fait, la "montre" maya comportait un nombre illimité d'engrenages dont les rouages tournaient indéfiniment.

Arithmétique maya

Le système numérique maya était très simple : les chiffres de un à quatre étaient représentés par des points, le cinq étant figuré par une barre horizontale. Une barre surmontée d'un point signifiait six, de deux points sept, etc. On utilisait deux barres pour dix, trois barres pour quinze. Le nombre le plus courant, dix-neuf, était représenté par trois barres empilées les unes sur les autres et surmontées de quatre points. Pour les chiffres supérieurs, les Mayas employaient un système relativement complexe, similaire à celui que nous utilisons aujourd'hui et beaucoup plus évolué que celui en usage à l'époque de l'empire romain.

Selon cette méthode, le chiffre était déterminé non seulement par la valeur du signe qui le représentait, mais aussi par la position de ce dernier. Selon notre système décimal, par exemple, le chiffre "23" se compose de deux signes, le "2" indiquant la dizaine et le "3" l'unité. Nous savons que deux dizaines plus trois unités font vingt-trois.

Les Mayas n'utilisaient pas le système décimal, mais un système vicésimal reposant sur le chiffre 20 et selon lequel les valeurs supérieures étaient indiquées non pas de droite à gauche, mais de bas en haut. Ainsi la position inférieure était réservée aux valeurs de un à dix-neuf et la position supérieure aux valeurs de vingt à trois cent quatre-vingt.

Au total, ces deux positions permettaient de représenter jusqu'à dix-neuf vingtaines et dix-neuf unités (soit 399). La troisième position supérieure correspondait aux valeurs de quatre cents à dix-neuf fois quatre cents (soit 7 600). Au total, ces trois positions permettaient de compter jusqu'à 7 999. En ajoutant d'autres positions, il était ainsi possible de compter aussi loin que nécessaire.

Ce système repose sur la notion du zéro, un concept totalement ignoré des Romains. Dans le système numérique maya, le zéro était représenté par un coquillage ou autre objet stylisé.

L'arithmétique était utilisée par les marchands et les personnes qui avaient besoin d'additionner de nombreuses choses, mais son principal emploi, comme vous pourrez le constater au cours de vos déplacements, était lié à l'inscription des dates du calendrier.

LA LANGUE MAYA

Durant la période classique, les terres mayas étaient divisées en deux zones linguistiques. Dans la péninsule du Yucatán et au Belize, on parlait le yucatèque alors que dans les Hautes Terres et la vallée de Motagua, au Guatemala, la langue principale était le chol. Les habitants du Petén parlaient généralement les deux langues car les deux zones linguistiques se recoupaient à cet endroit.

En outre, le yucatèque et le chol utilisaient le même système de glyphes, de sorte que les documents pouvaient être compris par les membres de chaque groupe de langue sachant lire et écrire.

La langue écrite maya de l'époque classique était très complexe : les glyphes pouvaient signifier un mot entier ou simplement une syllabe et le même glyphe pouvait être dessiné de multiples façons. Parfois des symboles étaient rajoutés afin d'indiquer la prononciation du glyphe. Le déchiffrage des inscriptions et des textes anciens nécessite une longue formation et une grande expérience. Il en allait de même à l'époque classique, seuls les nobles étaient en mesure de véritablement comprendre les inscriptions et les codex.

Renseignements pratiques

PRÉPARATION AU VOYAGE
Quand partir
Vous pouvez voyager dans la région à n'importe quelle période de l'année, il n'y a pas véritablement de mauvaise saison. Les eaux transparentes des Caraïbes sont toujours merveilleusement chaudes, les plages toujours ensoleillées. Mais vu la diversité de la topographie, vous rencontrerez des conditions climatiques très différentes selon que vous serez sur le littoral du Belize ou dans les Hautes Terres guatémaltèques.

L'apogée de la saison touristique se situe en hiver, de Noël à la fin mars, mais le mois d'août fait également partie de la haute saison. Durant ces périodes, il vaut mieux réserver vos chambres pour les hôtels de catégorie moyenne ou supérieure, en particulier dans les cayes du Belize. Si vous cherchez des chambres à petits budgets, essayez d'arriver le plus tôt possible le matin afin d'avoir le choix.

QUE PRENDRE AVEC SOI
Vêtements. En matière vestimentaire, les habitants des terres mayas restent assez conservateurs. Les hommes de toutes les catégories sociales, du chauffeur de taxi au cadre, portent des pantalons et des chemises de sport, les *guayaberas* à la mode, plissées et portées hors de la ceinture, qui remplacent avantageusement la veste et la cravate vu la chaleur du climat. Certaines femmes sont vêtues de longues robes blanches mayas avec des cols ou des corselets brodés, d'autres tout simplement de robes, ou de jupes et de chemisiers. Personne ne s'attend à ce que vous vous habilliez ainsi, mais en portant short et tee-shirt, vous êtes sûr d'être identifié d'emblée comme un touriste.

Homme ou femme, dans les Basses Terres, vous devriez toujours mettre un chapeau, des lunettes et une crème écran total. Si vous avez un teint particulièrement clair ou êtes sujet aux coups de soleil, prévoyez des chemises à manches longues en coton léger et des pantalons de coton. Sinon, les hommes peuvent porter des pantalons ou des shorts en coton, des tennis ou des sandales et des tee-shirts. Une tenue plus classique vous sera indispensable pour visiter les églises. Les femmes peuvent s'habiller de la même façon dans les zones les plus touristiques, mais pas dans les villages reculés, peu habitués aux touristes. D'une manière générale, il vaut mieux qu'elles se vêtent de façon assez sobre dès qu'elles sont dans les agglomérations – évitez les shorts, débardeurs, etc. Emportez un pull léger ou un veste pour les promenades en bateau le soir. Les jeans sont trop épais pour être confortables dans ces régions chaudes et humides.

Dans les Hautes Terres, vous aurez besoin de vêtements plus chauds : pantalons, jeans, pull ou veste, voire les deux si vous pensez sortir tard le soir ou tôt le matin. Une tenue légère pour la pluie, de préférence un poncho lâche, est bien appréciable entre octobre et mai, et indispensable de mai à octobre.

Divers. Vous trouverez partout des produits de toilette tels que shampoing, savon, dentifrice, papier de toilette, rasoirs et crème à raser, sauf dans les petits villages. Emportez vos produits pour lentilles de contact, tampons, contraceptifs et déodorants.

N'oubliez surtout pas les crèmes antimoustiques (voir la rubrique *Santé*), probablement plus faciles à trouver chez vous et que vous aurez sous la main dès que nécessaire.

Munissez-vous également d'une lampe-torche pour explorer les cavernes, les pyramides et pour vous éclairer dans la chambre d'hôtel en cas de panne d'électricité, d'un briquet jetable (pour les mêmes raisons), d'un couteau de poche, de deux ou trois mètres de corde, d'un équipement de plongée libre ou avec bouteilles, et de pêche, d'un petit nécessaire à couture, d'une ceinture porte-monnaie ou d'une bourse à suspendre à votre cou, d'un baume pour les lèvres et d'un petit dictionnaire espagnol-français pour le Guatemala, voire anglais-français pour le Belize.

Cartes

International Travel Maps, une division d'ITMB Publishing Ltd, PO Box 2290, Vancouver, BC V6B 3W5, Canada, publie une série de cartes, intitulées Traveler's Reference Maps, parmi lesquelles : *Guatemala-El Salvador* (1/500 000) qui couvre aussi les parties voisines du Chiapas, du Tabasco, du Belize et du Honduras ; *Yucatán Peninsula* (1/1 000 000) qui englobe le Tabasco, le Chiapas, le Petén au Guatemala et le Belize ; et *Belize* (1/350 000). On les trouve dans de nombreux magasins vendant des guides de voyage et des cartes, et en particulier à World Wide Books & Maps (☎ (604) 687-3320, fax 687-5925), 736A Granville St, Vancouver, BC Canada, V6Z1G3.

En écrivant longtemps avant votre départ à l'Instituto Guatemalteco de Turismo (INGUAT), 7 Avenida 1-17, Zona 4, Guatemala Ciudad, il vous enverra une *Mapa Vial Turístico*, une carte du pays avec des plans de villes, très utile, mais à une échelle très réduite. Elle peut s'acheter sur place dans des boutiques ou à des petits vendeurs dans la rue moyennant quelques dollars.

Pour ce qui est du Belize, les diverses cartes de l'Ordnance Survey britannique sont les plus détaillées et fiables sur le pays. Si vous ne les pas dans une librairie de voyage, adressez-vous à OS (☎ (44-170) 379 2000, fax 379 2234), Romsey Rd, Southampton, United Kingdom SO16 4GU.

Sur place, vous trouverez plus facilement la *Belize Facilities Map* éditée par le Belize Tourist Board, PO Box 325, Belize City. Tirée des cartes de l'Ordnance Survey, elle regroupe les plans de toutes les grandes villes du Belize, une carte routière,

des plans des sites archéologiques d'Altunha et de Xunantunich ainsi qu'une liste de renseignements sur le Belize. Si vous écrivez à l'avance au Belize Tourist Board, vous pourrez sans doute l'obtenir gratuitement ; dans une boutique bélizienne, elle vous coûtera 4 \$US.

A NE PAS MANQUER

Les grands sites de la Ruta Maya comptent parmi les plus fascinants de la planète, il n'empêche que vous pourrez passer les moments les plus merveilleux et les plus mémorables de votre voyage dans des bourgades ou des villages à l'écart des sentiers battus, tels que Cobán (Guatemala) ou San Ignacio (Belize). Le fait que certains lieux moins connus ne soient pas mentionnés ci-dessous ne signifie pas pour autant qu'ils ne méritent pas que vous leur consacriez du temps.

Villes et bourgades

Antigua est la plus passionante des villes de la région, en raison de son histoire, de son charme et de son atmosphère. Elle fait d'ailleurs partie de tous les itinéraires touristiques.

Parmi les bourgades, Panajachel reste notre favorite. Située dans les hautes terres du Guatemala, sur le Lago de Atitlán, c'est, à juste titre, un lieu très touristique : le lac est d'une beauté fabuleuse et les villages alentour offrent de merveilleuses possibilités de rencontrer et d'apprendre à connaître les Mayas d'aujourd'hui. Au Belize, le lieu le plus agréable pour passer quelques jours – en dehors des superbes cayes – est à notre sens San Ignacio, sur les rives d'une calme rivière dans les forêts des Maya Mountains.

Sites archéologiques mayas

Tikal au Guatemala est l'un des quatre plus grands sites mayas, par le nombre d'édifices, la hauteur des pyramides, l'audace de l'architecture. Le tout particulièrement bien restauré.

Copán, au Honduras, à quelques kilomètres de la frontière guatémaltèque compte également parmi les plus importants sites mayas, juste après les quatre premiers.

Si vous aimez vous promener quasiment seul dans un site archéologique, nos favoris parmi les sites de second ordre sont, au Guatemala, Uaxactún, au nord de Tikal et Quiriguá près de la Carretera al Atlántico.

Musées
Au Guatemala, les beaux musées sont concentrés à Guatemala Ciudad.

N'y manquez pas le Museo Popol Vuh, une superbe collection privée d'art précolombien et colonial donnée à l'université ; ainsi que le Museo Ixchel, célèbre pour ses ravissants textiles traditionnels tissés à la main et autres objets témoignant d'un artisanat toujours florissant dans le pays.

VISAS ET FORMALITÉS COMPLÉMENTAIRES
Pour tous renseignements sur les passeports et les visas, voir la rubrique correspondante pour chacun des deux pays. Si vous voyagez dans la région avec un véhicule personnel, munissez-vous d'une assurance et d'un permis d'importation. Pour plus de détails, voir le chapitre *Comment circuler*.

Cartes d'étudiant et d'auberge de jeunesse
Si vous disposez d'une carte d'étudiant, elle vous fera éventuellement bénéficier de réductions dans les musées, mais c'est à peu près tout.

Les cartes d'auberge de jeunesse sont encore moins utiles le long de la Ruta Maya, les auberges de jeunesse n'existant pas au Guatemala et au Belize.

AMBASSADES ET CONSULATS
La liste des ambassades et des consulats est fournie à la rubrique correspondante pour chacun des deux pays.

Une ambassade est une représentation d'un État auprès d'un État étranger. Un consulat est une instance chargée par un gouvernement de la défense des intérêts et de la protection de ses nationaux dans un pays étranger. Si vous avez besoin de l'aide des autorités de votre pays quand vous êtes à l'étranger, il faut vous adresser à votre consulat le plus proche ou au service consulaire de votre ambassade.

Si vous avez un problème à l'étranger, la plupart des consulats sauront vous recommander des médecins ou des services médicaux, et vous aideront à contacter vos parents ou amis, etc. Normalement les consulats ne sont pas censés vous apporter une aide financière en cas d'urgence, ni vous procurer un billet d'avion pour rentrer chez vous. Cependant, il arrive que des diplomates au grand cœur se débrouillent pour faire avancer des fonds aux voyageurs en détresse avec l'engagement de les rembourser dès que possible.

Si vous prévoyez de voyager dans des régions instables ou de séjourner plus d'un mois ou deux dans un pays, mieux vaut vous faire enregistrer dans votre consulat afin qu'il puisse vous prévenir en cas de danger éventuel.

DOUANE
Les douaniers deviennent particulièrement désagréables lorsqu'on franchit la frontière avec de la drogue, des armes, d'énormes sommes d'argent, des automobiles et autres objets de grande valeur susceptibles d'être vendus durant le séjour. Ne cherchez pas à passer de drogues illégales, ni d'armes à feu.

Fouille des bagages
Généralement, les douaniers n'examinent pas vraiment les bagages, certains n'y jettent même pas un regard. A certains postes-frontières, cependant, la durée de la fouille est inversement proportionnelle à celle du "pourboire" versé : gros pourboire, pas de fouille, pas de pourboire, fouille interminable.

Si vous êtes en possession d'objets de valeur – caméscopes, appareils électroniques ou bijoux –, vous risquez de payer des taxes à la discrétion des douaniers (pour plus d'informations voir la rubrique *Pas-*

sage des frontières du chapitre *Comment s'y rendre*). Préparez-vous à cette éventualité, en affichant une attitude ferme mais toujours polie. Évitez toute agressivité si vous ne voulez pas vous retrouver de l'autre côté de la frontière ou croupir en prison.

QUESTIONS D'ARGENT
Coût de la vie
Voir le chapitre *Renseignements pratiques* correspondant à chacun des deux pays. Au moment de la rédaction de ce guide, le Guatemala était plus cher que le Mexique, et le Belize encore plus.

Transporter son argent
Pickpockets et autre voleurs n'étant pas rares dans les grandes villes de la région, transportez votre argent, votre passeport et autres biens précieux, dans une bourse suspendue à votre cou ou dans une ceinture-portefeuille. L'avantage de la bourse suspendue autour de cou tient au fait que vous pouvez facilement puiser dedans sans avoir à vous déshabiller en public.

Devises à emporter
Pour tous les renseignements sur les monnaies nationales voir la rubrique correspondante dans le chapitre *Renseignements pratiques* du pays concerné.

Emportez des dollars américains ou des chèques de voyage en dollars. Il est possible de changer d'autres devises dans les grandes banques des villes importantes, mais c'est généralement beaucoup plus long, et c'est en tout cas extrêmement difficile dans les petites villes et les bourgades.

Chèques de voyage
Il est souvent difficile, voire impossible, de changer des chèques de voyage le week-end. Mieux vaut donc changer votre argent le vendredi afin d'être sûr de disposer de suffisamment de liquide pour le week-end.

Distributeurs automatiques
On trouve des distributeurs automatiques dans de nombreuses grandes villes de la Ruta Maya, mais moins au Guatemala

qu'au Mexique, et pas encore au Belize. On peut y tirer de l'argent en monnaie locale avec une carte bancaire ou une carte de crédit de son pays en suivant les instructions généralement rédigées en anglais et en espagnol. Cela permet de changer rapidement, et sans problème de l'argent, à des taux souvent plus avantageux que dans les banques et les casas de cambio.

Mais ne comptez pas seulement sur les distributeurs automatiques, emportez aussi des chèques de voyage et une carte de crédit.

Taux de change
Il n'existe pas vraiment de marché noir dans la région, la monnaie étant librement convertible. Les meilleurs taux de change sont souvent ceux que proposent les petits changeurs qui attendent près des postes-frontières, mais seulement pour les dollars américains. Je vous déconseillerais toutefois d'avoir affaire aux changeurs ambulants des grandes villes, car, en traitant avec eux, vous leur dévoilez où vous rangez votre argent et combien vous possédez. Vous prenez là le risque qu'ils vous dérobent tout.

Les banques changent les devises étrangères, mais souvent elles offrent des taux peu avantageux, à quoi s'ajoutent des taxes et des commissions, sans parler du fait qu'elle ne sont ouvertes qu'à des horaires très limités. Les casas de cambio (bureaux de change) proposent souvent des taux inférieurs, mais elles ne prennent pas de commission et effectuent les opérations de change très rapidement.

Change de pays à pays
Essayez de dépenser tout ce qui vous reste de monnaie locale avant de passer la frontière parce que les taux de change entre pays sont plutôt désavantageux. Si, par exemple, vous changez des quetzals guatémaltèques contre des dollars béliziens, vous obtiendrez un taux désastreux, et réciproquement.

Pourboires
En règle générale, le personnel des établissements bon marché ne compte guère sur

votre générosité, ce qui n'est pas le cas des établissements de luxe (10%).

Marchandage

Vous pouvez toujours essayer de faire baisser le prix d'une chambre d'hôtel, mais il est généralement fixe, surtout durant la haute saison d'hiver. On parvient parfois à négocier des réductions hors saison.

Pour l'achat d'objets artisanaux et autres souvenirs proposés sur les marchés en plein air, le marchandage est de règle ; le prix indiqué excède largement le prix réel. Dans les coopératives du Guatemala les prix sont fixes.

Taxes et remboursement de taxes

Il n'existe pas de possibilité de remboursement de taxe comme pour la TVA française.

POSTE ET COMMUNICATIONS
Envoyer et recevoir du courrier

Vous trouverez dans pratiquement chaque ville ou grosse bourgade (mais pas dans les villages) un bureau de poste où acheter vos timbres et envoyer ou recevoir du courrier.

Si vous envoyez quelque chose par avion depuis le Guatemala, faites inscrire clairement la mention "Por Avión", et depuis le Belize "Air Mail". Une lettre par avion envoyée de cette partie du monde peut mettre deux à trois semaines pour parvenir en Europe, et de 4 à 14 jours pour arriver au Canada.

Si vous avez la possibilité de recevoir votre courrier à une adresse privée, vous risquez moins de le voir égaré, perdu ou retourné que si vous vous le faites adresser en Poste restante.

Pour plus de précisions sur les services postaux, voir la rubrique correspondante pour chacun des deux pays.

Téléphone

Les appels locaux et nationaux sont bon marché, internationaux, ils coûtent très cher. Ne cherchez pas de cabines téléphoniques à la poste. Le service du téléphone dépend de compagnies distinctes quasi-ment indépendantes. Pour plus de précisions, voir la rubrique *Postes et Communications* de chaque pays.

Pour appeler les établissements indiqués dans ce guide depuis l'étranger, suivez les procédures d'appel correspondant à la compagnie de téléphone de votre pays, incluant un indicatif d'accès à l'international, l'indicatif national, puis celui de la région ou de la ville et enfin le numéro local. Vous trouverez dans ce guide la plupart des indicatifs des grandes villes. Ceux du Guatemala et du Belize sont respectivement le 502 et le 501.

Fax

Nombre d'hôtels de catégorie moyenne et supérieure disposent de télécopieurs, de même que les compagnies d'aviation, les sociétés de location de voiture, les offices du tourisme et autre organismes touristiques. Pour effectuer des réservations ou demander des renseignements, le fax est souvent la formule la moins chère et la plus efficace. Le document écrit facilite la traduction et minimise le risque d'erreurs. En outre, la communication par fax revient généralement moins cher que par téléphone.

E. mail

Vous trouverez mentionnés dans ce guide les quelques rares services de courrier électronique publics.

Compuserve n'a pas de numéro d'accès au Guatemala et au Belize.

America Online dispose d'un numéro d'accès AOL GlobalNet à Guatemala Ciudad (modem 230-0931).

LIVRES

De nombreux aspects de la vie et de la culture maya demeurent entourés de mystère, mais qu'il s'agisse de traductions des ouvrages de Miguel Angel Asturias, prix Nobel de Littérature de 1967 ou de livres très documentés sur la culture maya, de nombreuses références sont disponibles en français. La bibliographie concernant le Belize est en revanche plus succinte.

SERVICES EN LIGNE
Voici quelques sites web qui peuvent vous apporter une aide.

Organismes utiles
Mundo Maya Organization
www.wotw.com/mundomaya

US Department of Health, Centers for Disease Control & Prevention
www.cdc.gov.travel/travel.html

US Department of State, Bureau of Consular Affairs
Travel.state.gov

Transports
Explore Worldwide Ltd
www.explore.co.uk

Journey Latin America
www.journeylatinamerica.co.uk

Guatemala
Guatemala Weekly
www.pronet.net.gt/gweekly

The Siglo News
www.sigloxxi.com

Belize
Pour un petit pays doté d'un système téléphonique rudimentaire, le Belize s'est converti à Internet avec une rapidité et un succès étonnants. De nombreuses entreprises béliziennes disposent d'un e.mail (souvent sous la forme *nomdelentreprise*@btl.net) et plusieurs sites web se révèlent intéressants, notamment :

www.belize.com
www.belizeit.com
www.belizenet.com

Ambergris Caye
www.ambergriscaye.com

El Pilar archeological reserve, près de San Ignacio, Cayo
alishaw.sscf.ucsb.edu/~ford/index.html

Maya Research Project excavations, Blue Creek
www.qvision.com.MRP

Lonely Planet
Lonely Planet a publié en français, *Mexique* un guide de voyage qui traite en détail de tout le pays ; *Central America On a Shoestring,* en anglais, sera apprécié par ceux qui souhaitent voyager dans le reste de la région avec un petit budget ; Le *Costa Rica Travel Guide* couvre une autre destination intéressante d'Amérique centrale.

Civilisation antique maya
Les Maya : mille ans de splendeur d'un peuple de Michael D. Coe (Armand Colin, 1987) vous donnera les informations les plus précieuses sur la civilisation indienne maya. Le grand voyageur diplomate John Llyod Stephens, après ses visites dans la région en compagnie de Frederick Catherwood, a rédigé les *Aventures de voyage en pays maya* (deux tomes), disponibles aux éditions de l'UNESCO, coll. Les Grandes aventures de l'archéologie. *Grandeur et décadence de la civilisation maya,* de

J.Eric S.Thomson a été traduit par Payot (1993). *Les Cités perdues des Mayas* (Gallimard, coll. Découvertes, 1987), de C. Baudez et S. Picasso est concis et d'un format pratique. *Les Mayas* de P. Gendrop et *Les civilisations précolombiennes* de H. Lehmann sont parus aux PUF (coll. Que Sais-je, 1994).

Afin de mieux comprendre la richesse de la religion des Mayas, procurez-vous le Popol Vuh, dont plusieurs versions traduites sont disponibles : la quatrième version est parue chez Albin Michel (coll. Spiritualités vivantes, 1991) sous le nom de *Popol Vuh, le Livre des Indiens Mayas Quichés* ; la cinquième version, *Pop Vuh, le livre des événements* est publiée par Gallimard (coll. L'Aube des peuples, 1990).

Art, archéologie et architecture
L'art maya, des Olmèques aux Mayas-Toltèques, de Henri Stierlin (Seuil) est richement illustré. L'ouvrage de Pierre Becquelin, *Archéologie de la région de Nebaj* est

disponible aux éditions J. Maisonneuve (1969). A consulter pour sa documentation très sérieuse, *Ethnopréhistoire de la maison maya : Guatemala, 1250-1525* (Centre d'études mexicaines et centraméricaines, 1986) est une étude des structures d'habitat pré-hispaniques dans les centres civico-religieux où se déroulaient les activités politiques et cérémonielles de la communauté. Chez le même éditeur, vous pourrez lire *Terre et société coloniale : les communautés Maya-Quiché de la région de Rabinal du XVIe au XIXe siècle*, de Michel Bertrand (1987), ainsi que *l'Archéologie de l'habitat en Alta Verapaz*, de M.C. Arnauld (1986), une étude sur les relations entre les Hautes et les Basses Terres, du préclassique ancien-moyen à la conquête espagnole.

Histoire générale

Histoire du Nouveau Monde en deux tomes, de C. Bernand et S. Gruzinski, paru chez Fayard (1991 et 1992) est une somme de renseignements précieux et indispensables. *Vingt études sur le Mexique et le Guatemala*, ouvrage collectif paru aux Presses universitaire du Mirail (Université de Toulouse-le Mirail, 1991), permet des éclairages particuliers sur l'histoire préhispanique, coloniale et moderne du Guatemala. *Les Origines du préjugé racial aux Amériques* de Hugo Tolentino (Robert Laffont, coll. Chemins d'identité, 1984) analyse les raisons du racisme envers les Indiens et les Noirs.

Paru aux éditions La Découverte en 1992 à l'occasion de la commémoration de l'arrivée de Christophe Colomb aux Amériques, *La Très brève relation de la destruction des Indes* de Bartolomé de Las Casas relate la chute de la splendeur indienne et ses causes. Parmi d'autres, une biographie de ce dominicain défenseur des libertés, *Bartolomé de Las Casas*, de François Orhant, est sortie en 1991 aux Éditions ouvrières. L'ouvrage de Diego de Landa, *Relación de las cosas de Yucatán*, est édité dans sa version originale espagnole par Porrua (Madrid, 1984).

Littérature et essais

L'œuvre de M.A. Asturias a été largement et depuis longtemps traduite en français. Ainsi, *Une certaine mûlatresse* a été publié en 1994 par Flammarion ; *L'Ouragan*, qui relate la lutte contre un trust sur la côte Pacifique, a été traduit aux éditions Gallimard en 1993. Le roman baroque *Le Larron qui ne croyait pas au ciel* est sorti au Seuil, coll. Points, en 1992. Son premier roman *Deux hivers*, dont la préface a été rédigée par Philippe Soupault, suivi de *Autres nouvelles de jeunesse* est disponible chez Ramsay (1991). *Vendredi des douleurs*, récit semi-autobiographique qui relate les souffrances de l'Amérique latine, est lui aussi paru au Seuil, coll. Points (1991). Des *Poèmes indiens* ont été publiés chez Gallimard en 1990. Chez Albin Michel, dans la coll. Les Grandes traductions, vous trouverez *Le Pape vert* (1989). Écrites comme une rêverie hallucinée à partir d'érotiques et baroques légendes aztèques, *Trois des quatre soleils* a été publié en 1987 chez Skira. Le célèbre *Monsieur le Président* est disponible dans la coll. GF chez Flammarion (1987). *Le Miroir de Lida Sol* regroupe sept contes écrits entre 1957 et 1967 (Albin Michel, 1987). Le fameux *Hombres de Mais* (édition originale en espagnol chez Klincksieck, 1982) est disponible en français sous le nom de *Hommes de Maïs* (Albin Michel, 1987). Également traduit, *Week-end au Guatemala* a été édité par Albin Michel en 1981.

Huracán, Cœur-du-Ciel, de François Pisani (J.-C. Lattès,1991) est le roman de Guerrero, Espagnol prisonnier des Indiens, qui adopte leurs coutumes et revendique le mélange des races et des cultures.

Michel Peissel relate une de ses grandes expéditions dans *Itza ou le mystère du naufrage maya* (Laffont, 1989).

Les romans de J.M.G. Le Clézio se passent souvent en Amérique latine, et le pays maya est pour lui source d'inspiration et de réflexion, notamment dans *Les Prophéties du Chilam Balam* (Gallimard, coll. Le Chemin, 1976).

Le Guatemala d'aujourd'hui

La revue Autrement sur les *Mayas* est une parfaite introduction aux problèmes contemporains de cette civilisation. Un peu ancien mais utile, *Le Guatemala et ses populations* de J.C. Buhrer-Solal et C. Levenson est paru aux Éditions Complexe (1980). *Paroles d'Indiens du Guatemala*, évoque, à travers le fils d'un pauvre paysan quiché, les valeurs essentielles de la culture, les humiliations et les servitudes actuelles du peuple maya (Atanasio, L'Harmattan, 1994). *Le Christ est né à Chalma - foi et traditions des Indiens du Mexique et du Guatemala* du père Maurice Cocagnac est paru chez Albin Michel, coll. Spiritualités vivantes, en 1994.

Dans *27 mai, Guatemala Ciudad* de L. Aubert et J.P. Gibrat (Syros, 1993), un jeune Guatémaltèque raconte les disparitions successives des membres de sa famille et comment il a fini par rejoindre la guerila. *La Guerre en terre maya ; communauté, violence et modernité au Guatemala (1970-1992)*, d'Yvon Le Bot, préfacé par Alain Touraine (Karthala, coll. Hommes et sociétés, 1992), pose la question sur les rapports existants entre la lutte des classes des mouvements révolutionnaires et la défense de communauté indienne. Eduardo Galeano, dans *Les Veines ouvertes de l'Amérique latine* (Plon, coll. Terre humaine, 1981), relate l'histoire du pillage d'un continent et les humiliations subies par les populations indigènes au cours des siècles. *Les Amériques indiennes* (Karthala, 1992) et *Les Combattants de la liberté* (Éditions de l'Atelier, 1991) de Christian Rudel concerne tous deux le Guatemala, entre autres, de même que *Guerres et paix en Amérique centrale* d'Alain Rouquié (Seuil, coll. Libre examen, 1992). Le livre en anglais de photos noir et blanc *Los Todos Santeros* de Hans Namuth (éditions Nishen) relate quarante années de la vie du photographe au Guatemala.

La grande figure de l'opposition maya est bien évidemment Rigoberta Menchu, qui se définit elle-même comme "chrétienne révolutionnaire", prix Nobel de la Paix 1992 pour son combat pour la défense des droits des populations indiennes. Reportez-vous à la rubrique *Livres* du chapitre *Renseignements pratiques* du *Guatemala*.

Le Belize

Parmi les quelques ouvrages sur le Belize disponibles en français, citons : de Peter Ford, *Miskito Coast* (Payot, 1994) relate le périple de l'auteur, par bateau et à pied, depuis le Belize jusqu'au Panama. Un voyage loin d'être de tout repos !

Deux livres d'Alain Dugrand, *Belize* (Payot, 1993) et *Pays perdu : à Belize, chez les derniers flibustiers* (Phébus, 1992) ont pour cadre le Belize où, depuis le XVIIe siècle affluèrent des flibustiers qui se livreront une guerre sans merci au siècle suivant.

Dans *Les Antilles britanniques : de l'époque coloniale aux indépendances* (L'Harmattan, 1989), l'universitaire Jean-Paul Barbiche étudie l'histoire et la société des Antilles britanniques composées d'une quinzaine de pays insulaires regroupant des milliers d'îles et d'îlots ainsi que deux pays continentaux (Le Bélize et la Guyana).

Librairies spécialisées

A Paris, les adresses suivantes vous seront utiles pour vous procurer la plupart des ouvrages concernant l'Amérique centrale :
Librairie espagnole (72, rue de Seine, 75006 Paris, ☎ 01 43 54 56 26)
La librairie-galerie *Urubamba*, spécialisée dans le monde indien (4, rue de la Bûcherie, 75005 Paris (☎ 01 43 54 08 22)
Librairie hispano-américaine (26, rue Monsieur-Le-Prince, 75006 Paris, ☎ 01 43 26 03 79)
L'Harmattan (16, rue des Écoles, 75005 Paris, ☎ 01 40 46 79 20)

Librairies de voyage

Vous trouverez un vaste de choix de cartes et de documentation dans les librairies suivantes :
A Paris :
Ulysse, 26, rue Saint-Louis-en-l'Île, 75004 Paris, ☎ 01 43 25 17 35 (fonds de cartes exceptionnel)
L'Astrolabe, 46, rue de Provence, 75009 Paris, ☎ 01 42 85 42 95 et 14, rue Serpente, 75006 Paris, ☎ 01 46 33 80 06

Au vieux Campeur, 2, rue de Latran, 75005 Paris, ☎ 01 43 29 12 32

Itinéraires, 60, rue Saint-Honoré, 75001 Paris, ☎ 01 42 36 12 63, minitel 3615 Itinéraires (2,23 FF/minute)

Planète Havas Librairie, 26, avenue de l'Opéra, 75001 Paris, ☎ 01 53 29 40 00 ; *Voyageurs du monde*, 55, rue Sainte-Anne, 75002 Paris, ☎ 01 42 86 17 38

En Province :

Hémisphères, 15, rue des Croisiers, 14000 Caen, ☎ 02 31 86 67 26

L'Atlantide, 56, rue St-Dizier, 54000 Nancy, ☎ 03 83 37 52 36

Les cinq continents, 20, rue Jacques-Cœur, 34000 Montpellier, ☎ 04 67 66 46 70

Magellan, 3, rue d'Italie, 06000 Nice, ☎ 04 93 82 31 81

Ombres blanches, 50, rue Gambetta, 31000 Toulouse, ☎ 05 61 21 44 94.

JOURNAUX ET MAGAZINES

Les bons hôtels offrent généralement un choix de journaux et de magazines en français, allemand, italien et anglais.

RADIO ET TÉLÉVISION

Au Guatamela, toutes les stations de radio, AM et FM, émettent en espagnol. Au Belize, elles émettent en anglais. Le soir, on peut généralement capter les stations américaines sur la bande AM (moyennes ondes).

Au Guatamala, la plupart des chambres d'hôtels de catégorie moyenne sont dotées de postes de télévision. Souvent reliés par satellite, ils peuvent capter certaines chaînes américaines dont les plus populaires sont ESPN (chaîne sportive) et UNO (chaîne américaine en langue espagnole). Les programmes locaux en espagnol sont essentiellement consacrés à des heures et des heures de talk shows et de soap operas, à certaines émissions sportives et à la reprise de vieux films américains doublés en espagnol.

Au Belize, les chaînes locales diffusent en anglais des programmes d'informations et des vieux films.

FILMS ET PHOTOS

Légalement, on n'est autorisé à importer qu'un seul appareil-photo et douze pellicules mais nous n'avons jamais entendu dire que ces restrictions soient appliquées. Les pellicules s'achètent principalement dans les magasins spécialisés, les pharmacies et les hôtels. Méfiez-vous de celles qui sont vendues à bas prix, elles sont souvent périmées.

Vous trouverez facilement des pellicules pour photos sur papier, en noir et blanc comme en couleur, mais par forcément votre marque préférée. Bon marché, le développement ne prend souvent qu'un jour ou deux, parfois moins dans les grandes villes.

Les pellicules pour diapositives (Ektachrome, Velvia, etc.) sont difficiles à trouver, voire introuvables (notamment le Kodachrome) au Guatamala et au Belize, et quand on peut en acheter, elles atteignent des prix exorbitants.

La plupart des gens de la région ne voient pas d'inconvénient à se laisser photographier. Les enfants adorent même cela. Usez toutefois de bon sens et de tact : demandez la permission avant de photographier tout ce qui touche aux domaines militaire et religieux, et de prendre des personnes en gros plan. N'oubliez pas que dans certains endroits – surtout religieux, telle que l'église Santo Tomás à Chichicastenango – les photos sont interdites. Voir aussi *Pas d'impair !* dans *Présentation du monde maya*. En tout cas, si les villageois manifestent leur désapprobation, rangez votre appareil et excusez-vous immédiatement, à la fois par correction et pour votre propre sécurité.

HEURE LOCALE

Le Guatamala et le Belize sont à l'heure GMT moins 6. Ils n'appliquent pas l'heure d'été. Voici l'heure indiquée dans d'autres villes lorsqu'il est 12h à Guatamala Ciudad ou à Belize City.

Ville	Été	Hiver
Guatamala Ciudad, Belize City	12h	12h
Paris, Bruxelles, Genève	20h	19h
Londres	19h	18h
GMT	18h	18h
Montréal, Toronto, New York	14h	13h
Vancouver, Los Angeles	11h	10h

ÉLECTRICITÉ

Le courant électrique et les prises sont les mêmes qu'au Canada : 115 à 125 V, 60 HZ et prises à dents plates.

POIDS ET MESURES

Le Guatemala applique le système métrique. Le Belize l'utilise conjointement au système anlo-saxon, avec une certaine confusion. Si vous louez une voiture, le compteur kilométrique et le compteur de vitesse vous donneront des indications en kilomètres et kilomètres/heure, mais les quelques panneaux routiers indiquent les distances en miles. Les quarts et les gallons correspondent aux mesures américaines et non aux anciennes mesures de l'Empire britannique.

BLANCHISSAGE/NETTOYAGE

Dans les villes les plus importantes, vous trouverez des blanchisseries et des boutiques de nettoyage à sec modernes. Souvent, vous pourrez récupérer vos vêtements lavés dans le journée, mais pour le nettoyage, il faut généralement revenir le lendemain. Des adresses sont données dans chaque ville.

SANTÉ

La santé en voyage dépend du soin avec lequel on prépare le départ et, sur place, de l'observance d'un minimum de règles quotidiennes. Si nous listons les dangers éventuels, c'est que ces derniers sont différents de ceux que l'on connaît et que l'on prévient habituellement chez nous. Il suffit d'identifier ces risques et de prendre les quelques précautions élémentaires pour ne pas en pâtir.

Guides de la santé en voyage

Un guide sur la santé peut s'avérer utile. Ouvrage précieux, *La Santé en voyage* de François Deck et du Dr Patrice Bourée (éd. Florence Massot, 1994) réunit tous les conseils de prévention et de pré-diagnostic, notamment dans les régions tropicales. *Voyages internationaux et santé* de l'Organisation mondiale de la santé

(OMS), *Les maladies en voyage* du Dr Éric Caumes (Points Planète), *Saisons et climats* de Jean-Noël Darde (Balland) sont également d'excellentes références.

En France, le serveur Minitel 3615 Visa Santé fournit des conseils pratiques, des informations sanitaires et des adresses utiles sur plus de 150 pays.

Ceux qui pratiquent l'anglais pourront se procurer *Travel with Children* de Maureen Wheeler (Lonely Planet Publications) qui donne des conseils judicieux pour voyager à l'étranger avec des enfants en bas âge

Avant le départ

Assurances. Il est conseillé de souscrire une police d'assurance qui vous couvrira en cas d'annulation de votre voyage, de vol, de perte de vos affaires, de maladie ou encore d'accident. Les assurances internationales pour étudiants sont en général d'un bon rapport qualité/prix. Lisez avec la plus grande attention les clauses en petits caractères : c'est là que se cachent les restrictions.

Vérifiez notamment que les "sports dangereux", comme la plongée, la moto ou même la randonnée ne sont pas exclus de votre contrat ou encore que le rapatriement médical d'urgence, en ambulance ou en avion, est couvert. De même, le fait d'acquérir un véhicule dans un autre pays ne signifie pas nécessairement que vous serez couvert par votre propre assurance.

Vous pouvez contracter une assurance qui règlera directement les hôpitaux et les médecins, vous évitant ainsi d'avancer des sommes qui ne vous seront remboursées qu'à votre retour. Dans ce cas, gardez bien tous les documents nécessaires.

Attention ! avant de souscrire une police d'assurance, vérifiez bien que vous ne bénéficiez pas déjà d'une assistance par votre carte de crédit, votre mutuelle ou votre assurance automobile. C'est bien souvent le cas.

Trousse à pharmacie

Veillez à emporter avec vous une petite trousse à pharmacie contenant quelques produits indispensables. Prenez des médicaments de base : de l'aspirine ou du paracétamol (douleurs, fièvre) ; un antihistaminique (en cas de rhumes, allergies, démangeaisons dues aux piqûres d'insectes, mal des transports – évitez l'alcool) ; un antidiarrhéique ; un réhydratant, en cas de forte diarrhée, surtout si vous voyagez avec des enfants ; un antiseptique, une poudre ou un spray désinfectants pour les coupures et les égratignures superficielles, des pansements pour les petites blessures et un produit contre les moustiques. Songez à prendre une petite trousse de matériel stérile comprenant une seringue, des aiguilles, du fil à suture, une lame de scalpel. N'oubliez pas le thermomètre (ceux à mercure sont interdits par certaines compagnies aériennes), les comprimés pour stériliser l'eau et des antibiotiques (si vous voyagez loin des sentiers battus) à demander à votre médecin.

Ne prenez des antibiotiques que sous contrôle médical. Utilisez-les aux doses prescrites et pendant toute la période également prescrite, même si vous avez l'impression d'être guéri avant. Chaque antibiotique soigne une affection précise : ne les utilisez pas au hasard. Cessez immédiatement le traitement en cas de réactions graves. Enfin, ne prenez pas du tout d'antibiotiques si vous n'êtes pas sûr d'avoir celui qui convient.

N'hésitez pas à donner tous les médicaments et seringues qui vous restent (avec les notices) à un centre de soins, un dispensaire ou un hôpital.

Quelques conseils

Assurez-vous que vous êtes en bonne santé avant de partir. Si vous partez pour un long voyage, faites contrôler l'état de vos dents.

Si vous portez des lunettes ou des lentilles de contact, emportez une paire de secours et la copie de votre ordonnance.

Si vous suivez un traitement de façon régulière, n'oubliez pas votre ordonnance (avec le nom du principe actif plutôt que la marque du médicament, afin de pouvoir trouver un équivalent local, le cas échéant). De plus, l'ordonnance vous permettra de prouver que vos médicaments vous sont légalement prescrits, des médicaments en vente libre dans certains pays étant interdits dans d'autres.

Vaccins

Au Guatemala et au Belize, le seul certificat de vaccination obligatoire est celui de la fièvre jaune si, dans les six derniers mois, vous vous êtes rendu dans un pays où cette maladie est endémique. Il serait bon néanmoins de penser à vous faire faire un rappel contre le tétanos, la typhoïde, la paratyphoïde et la poliomyélite. Si vous êtes né après 1957, vérifiez également auprès de votre médecin que vous êtes immunisé contre la rougeole.

Faites inscrire vos vaccinations dans un carnet international de vaccination que vous pourrez vous procurer auprès de votre médecin ou d'un centre.

Planifiez vos vaccinations à l'avance (au moins six semaines avant le départ) car certaines demandent des rappels ou sont incompatibles entre elles. Les vaccins ont des durées d'efficacité très variables ; certains sont contre-indiqués pour les femmes enceintes.

Voici les coordonnées de quelques centres de vaccination à Paris : Hôtel-Dieu, centre gratuit de l'Assistance Publique (☎ 01 42 34 84 84), 1, Parvis Notre-Dame, 75004 Paris ; l'Assistance Publique Voyages, service payant de l'Hôpital de la Pitié-Salpêtrière (☎ 01 45 85 90 21, le matin), 47, bd de l'Hôpital, 75013 Paris ; ou l'Institut Pasteur (☎ 01 45 68 81 98) 209, bd de Vaugirard, 75015 Paris. Il existe de nombreux centres en province, en général liés à un hôpital ou un service de santé municipal.

Précautions élémentaires

Faire attention à ce que l'on mange et ce que l'on boit est la première des précautions à prendre. Les troubles gastriques et intestinaux sont fréquents même si la plupart du temps ils restent sans gravité. Ne soyez cependant pas paranoïaque et ne vous privez pas de goûter la cuisine locale, cela fait partie du voyage.

Eau. Pour ce qui est des boissons, ne buvez que de l'eau traitée ou bouillie pendant 20 minutes ou encore provenant d'une bouteille scellée portant la mention *agua purificada*. La plupart des hôtels ont de grandes bouteilles d'eau purifiée qui pourront vous servir à remplir votre gourde ou votre thermos ; certains hôtels mettent à la disposition des clients des petites bouteilles scellées ou de l'eau purifiée dans leur chambre. Les gens du pays boivent l'eau du robinet, du puits ou de la citerne car leur organisme y est accoutumé, mais certains connaissent des problèmes gastro-intestinaux chroniques ! On peut trouver de l'eau et de la glace purifiées dans les supermarchés, les petites épiceries (*tiendas*) et chez les marchands de vin (*licorerías* ou *vinos y licores*).

N'utilisez, en outre, que de l'eau purifiée pour laver les aliments, vous brosser les dents ou faire des glaçons. Le thé, le café et autres boissons chaudes doivent se préparer avec de l'eau bouillie. Si le serveur vous affirme que la glace contenue dans votre verre a été faite avec de l'agua purificada, vous pouvez tenter votre chance.

Stérilisation de l'eau. Le plus simple est de faire bouillir l'eau durant 20 minutes, ce qui n'est pas toujours évident en voyage. N'oubliez pas qu'à haute altitude, elle bout à une température plus basse et que les germes ont plus de chance de survivre.

Un simple filtrage peut être très efficace mais n'éliminera pas tous les micro-organismes dangereux. Aussi, si vous ne pouvez faire bouillir l'eau, traitez-la chimiquement. Le Micropur tuera la plupart des germes pathogènes.

Alimentation. Fruits et légumes doivent être lavés à l'eau traitée ou épluchés. Ne mangez pas de glaces des marchands de rue. D'une façon générale, le plus sûr est de vous en tenir aux aliments bien cuits. Attention aux plats refroidis ou réchauffés. Méfiez-vous par-dessus tout des poissons et des crustacés, des viandes peu cuites. Si un restaurant semble bien tenu et qu'il est fréquenté par des touristes comme par des gens du pays, la nourriture ne posera probablement pas de problèmes. Attention aux restaurants vides !

Nutrition. Si votre alimentation est pauvre, en quantité ou en qualité, si vous voyagez à la dure et sautez des repas ou s'il vous arrive de perdre l'appétit, votre santé risque très vite de s'en ressentir, en même temps que vous perdrez du poids.

Assurez-vous que votre régime est équilibré. Œufs, tofu, légumes secs, lentilles (dahl en Inde) et noix variées vous fourniront des protéines. Les fruits que l'on peut éplucher (bananes, oranges et mandarines par exemple) sont sans danger et vous apportent des vitamines. Essayez de manger des céréales et du pain en abondance. Si la nourriture présente moins de risques quand elle est bien cuite, n'oubliez pas que les plats trop cuits perdent leur valeur nutritionnelle. Si votre régime est mal équilibré ou insuffisant, prenez des vitamines et des comprimés à base de fer. Dans les pays à climat chaud, n'attendez pas le signal de la soif pour boire. Une urine très foncée ou l'absence d'envie d'uriner indiquent un problème. Pour de longues randonnées, munissez-vous toujours d'une gourde d'eau. Une transpiration excessive fait perdre des sels minéraux et peut provoquer des crampes musculaires. Il est déconseillé de prendre des pastilles de sel de façon préventive, mais dans les régions où la nourriture est peu salée, il n'est pas inutile de rajouter du sel dans son plat.

Santé au jour le jour. La température normale du corps est de 37°C ; deux degrés de plus représentent une forte fièvre. Le pouls normal d'un adulte est de 60 à 80 pulsations par minute (celui d'un enfant est de 80 à 100 pulsations ; celui d'un bébé de 100 à 140 pulsations). Il est important de savoir prendre la température par le pouls. En général, celui-ci augmente d'environ 20 pulsations à la minute avec chaque degré de fièvre.

La respiration est aussi un bon indicateur en cas de maladie. Comptez le nombre d'inspirations par minute : entre 12 et 20 chez un adulte, jusqu'à 30 pour un jeune enfant et jusqu'à 40 pour un bébé, elle est normale. Les personnes qui ont une forte fièvre ou qui sont atteintes d'une maladie respiratoire grave (pneumonie par exemple) respirent plus rapidement. Plus de 40 inspirations faibles par minute indiquent en général une pneumonie.

Vous éviterez bien des problèmes de santé en vous lavant souvent les mains, afin de ne pas contaminer vos aliments. Brossez-vous les dents avec de l'eau traitée. On peut attraper des vers en marchant pieds nus ou se couper dangereusement sur du corail. On limitera les piqûres d'insectes en se couvrant, en dormant avec une moustiquaire et en s'enduisant de crèmes antimoustiques. Demandez conseil aux habitants du pays où vous vous trouvez : si l'on vous dit qu'il ne faut pas vous baigner à cause des méduses, des crocodiles ou de la bilharziose, suivez leur avis. En l'absence de conseils ou de renseignements, adoptez la plus grande prudence

Problèmes de santé et traitement

Les éventuels problèmes de santé peuvent être répartis en plusieurs catégories. Tout d'abord, les problèmes liés au climat et à la géographie, dus aux températures extrêmes, à l'altitude ou aux transports ; puis les maladies dues au manque d'hygiène ; celles transmises par les animaux ou les hommes ; enfin, les maladies transmises par les insectes. De simples coupures, morsures ou égratignures peuvent aussi être source de problèmes.

L'autodiagnostic et l'autotraitement sont risqués ; aussi, chaque fois que cela est possible, adressez-vous à un médecin. Ambassades et consulats pourront en général vous en recommander un. Les hôtels cinq-étoiles aussi, mais les honoraires risquent aussi d'être cinq-étoiles (c'est là que votre assurance prend toute sa valeur). Dans certains endroits, les soins médicaux sont si médiocres que le mieux est, dans la mesure du possible, de sauter dans un avion et d'aller se faire soigner ailleurs.

Médicaments à ne pas prendre. Au Guatemala et au Belize, vous pourrez acheter en pharmacie nombre de médicaments sans ordonnance, dont la vente est interdite pour des raisons médicales en Europe. Des médecins ou pharmaciens, bien intentionnés mais incompétents, risquent de vous recommander de tels médicaments contre les infections gastro-intestinales. Le remède peut s'avérer pire que le mal. Votre diarrhée peut disparaître au profit de problèmes neurologiques. Parmi ces médicaments figurent les dérivés d'hydroxyquinoléine halogénée, qui portent parfois le nom de leur substance active (clioquinol ou iodoquinol) ou des marques telles que Entero Vioform, Mexaform, Intestopan ou quelque chose de similaire. Mieux vaut ne pas les absorber avant d'avoir consulté un médecin de confiance, de préférence votre médecin traitant.

Affections liées au climat

Coups de soleil. Sous les tropiques, dans le désert ou en haute altitude, on attrape des coups de soleil étonnamment vite, même par temps couvert. Utilisez un écran solaire et pensez à couvrir les endroits qui sont normalement protégés, les pieds par exemple. Si les chapeaux fournissent une bonne protection, n'hésitez pas à appliquer également un écran total sur le nez et les lèvres. Les lunettes de soleil s'avèrent souvent indispensables.

Fièvre miliaire. C'est une éruption cutanée due à la sueur qui s'évacue mal : elle frappe en général ceux qui viennent d'arriver dans un climat à pays chaud et dont les pores ne sont pas encore suffisamment dilatés pour permettre une transpiration plus abondante que d'habitude. En attendant de vous acclimater, prenez des bains fréquents suivis d'un léger talcage, ou réfugiez-vous dans des locaux à air conditionné lorsqu'ils existent. Attention, il est recommandé de ne pas prendre plus de deux douches savonneuses par jour.

Insolation. Rester trop longtemps exposé au soleil peut provoquer une insolation. Symptômes : nausées, peau chaude, maux de tête. Dans cas, il faut rester dans le noir, appliquer une compresse d'eau froide sur les yeux et prendre de l'aspirine.

Coup de chaleur. Cet état grave, parfois mortel, survient quand le mécanisme de régulation thermique du corps ne fonctionne plus : la température s'élève alors de façon dangereuse. De longues périodes d'exposition à des températures élevées peuvent vous rendre vulnérable au coup de chaleur. Il faut éviter l'alcool et les activités fatigantes lorsque vous arrivez dans un pays à climat chaud.

Symptômes : malaise général, transpiration faible ou inexistante et forte fièvre (39°C à 41°C). Là où la transpiration a cessé, la peau devient rouge. La personne qui souffre d'un coup de chaleur est atteinte d'une céphalée lancinante et éprouve des difficultés à coordonner ses mouvements ; elle peut aussi donner des signes de confusion mentale ou d'agressivité. Enfin, elle délire et a des convulsions. Il faut absolument hospitaliser le malade. En attendant les secours, installez-le à l'ombre, ôtez-lui ses vêtements, couvrez-le d'un drap ou d'une serviette mouillés et éventez-le continuellement.

Mycoses. Les infections fongiques dues à la chaleur apparaissent généralement sur le cuir chevelu, entre les doigts ou les orteils (pied d'athlète), sur l'aine ou sur le corps (teigne). On attrape la teigne (qui est un champignon et non un parasite animal) par des animaux infectés ou en marchant dans des endroits humides, comme le sol des douches.

Pour éviter les mycoses, portez des vêtements amples et confortables, en fibres naturelles, lavez-les fréquemment et séchez-les bien. Si vous attrapez des champignons, nettoyez quotidiennement la partie infectée avec un désinfectant ou un savon traitant et séchez bien. Appliquez ensuite un fongicide et laissez autant que possible à l'air libre. Changez fréquemment de serviettes et de sous-vêtements et lavez-les soigneusement à l'eau chaude. Bannir absolument les sous-vêtements qui ne sont pas en coton.

Froid. L'excès de froid est aussi dangereux que l'excès de chaleur, surtout s'il provoque une hypothermie. Si vous faites une randonnée en haute altitude ou, plus simplement, si vous faites un trajet de nuit en bus dans la montagne, prenez vos précautions.

L'hypothermie a lieu lorsque le corps perd de la chaleur plus vite qu'il n'en produit et que sa température baisse. Le passage d'une sensation de grand froid à un état dangereusement froid est étonnamment rapide quand vent, vêtements humides, fatigue et faim se combinent, et même si la température extérieure est supérieure à zéro. Le mieux est de s'habiller par couches : soie, laine et certaines fibres synthétiques nouvelles sont tous de bons isolants. Un chapeau est important, car on perd beaucoup de chaleur par la tête. La couche supérieure de vêtements doit être solide et imperméable car il est vital de rester au sec. Emportez du ravitaillement de base comprenant des sucres rapides, qui génèrent rapidement des calories, et des boissons en abondance.

Symptômes : fatigue, engourdissement, en particulier des extrémités (doigts et orteils), grelottements, élocution bredouillante, comportement incohérent ou violent, léthargie, démarche trébuchante, vertiges, crampes musculaires, et explosions soudaines d'énergie. La personne atteinte d'hypothermie peut déraisonner au point de prétendre qu'elle a chaud et de se dévêtir.

Pour soigner l'hypothermie, protégez le malade du vent et de la pluie, enlevez-lui ses vêtements s'ils sont humides et habillez-le chaudement. Donnez-lui une boisson chaude (pas d'alcool) et de la nourriture très calorique, facile à digérer. Cela devrait suffire pour les premiers stades de l'hypothermie. Néanmoins, si son état est plus grave, couchez-le dans un sac de couchage chaud. Il ne faut pas le frictionner, le placer près d'un feu ni lui changer ses vêtements dans le vent. Si possible, faites-lui prendre un bain chaud (pas brûlant).

Mal des montagnes. Le mal des montagnes a lieu à haute altitude et peut être mortel. Il survient à des altitudes variables ; il a fait des victimes à 3000 m, mais en général il frappe plutôt vers 3500 à 4500 m. Il est recommandé de dormir à une altitude inférieure à l'altitude maximale atteinte dans la journée. Le manque d'oxygène affecte la plupart des individus de façon plus ou moins forte. Vous pouvez prendre certaines mesures à titre préventif : ne faites pas trop d'efforts au début, reposez-vous souvent. A chaque palier de 1 000 m, arrêtez-vous pendant au moins un jour ou deux afin de vous acclimater progressivement. Buvez plus que d'habitude, mangez légèrement, évitez l'alcool afin de ne pas risquer la déshydratation et tout sédatif. Même si vous prenez le temps de vous habituer progressivement à l'altitude, vous aurez probablement de petits problèmes passagers.

Les symptômes disparaissent généralement au bout d'un jour ou deux, mais s'ils persistent ou empirent, le seul traitement consiste à redescendre, ne serait-ce que de 500 m. Manque de souffle, toux sèche irritante (qui peut aller jusqu'à produire une écume teintée de sang), fort mal de tête, perte d'appétit, nausée et parfois vomissements, sont autant de signaux d'alerte. Une fatigue grandissante, un comportement incohérent, des troubles de la coordination et de l'équilibre indiquent un réel danger. Chacun de ces symptômes pris séparément, même une simple migraine persistante, sont des signaux à ne pas négliger.

Mal des transports. Pour réduire les risques d'avoir le mal des transports, mangez légèrement avant et pendant le voyage. Si vous êtes sujet à ces malaises, essayez de trouver un siège dans une partie du véhicule où les oscillations sont moindres :

près de l'aile dans un avion, au centre sur un bateau et dans un bus. Si en général l'air frais requinque, il faut éviter de lire et de fumer. Tout médicament doit être pris avant le départ ; une fois que vous vous sentez mal, il est trop tard.

Décalages horaires. Les malaises liés aux voyages en avion apparaissent généralement après la traversée de trois fuseaux horaires (chaque zone correspond à un décalage d'une heure). Plusieurs fonctions de notre organisme – dont la régulation thermique, les pulsations cardiaques, le travail de la vessie et des intestins – obéissent en effet à des cycles internes de 24 heures, qu'on appelle rythmes circadiens. Et lorsque nous effectuons de longs parcours en avion, le corps met un certain temps à s'adapter à la "nouvelle" heure de notre lieu de destination – ce qui se traduit souvent par des sensations d'épuisement, de confusion, d'anxiété, accompagnées d'insomnie et de perte d'appétit. Ces symptômes disparaissent généralement au bout de quelques jours, mais on peut en atténuer les effets moyennant quelques précautions :
1.Efforcez-vous de vous reposer pendant les deux derniers jours précédant le départ. Autrement dit organisez-vous : pas d'affolements de dernière minute, pas de courses échevelées pour récupérer passeports ou chèques de voyage. Évitez aussi les soirées prolongées avant d'entreprendre un long voyage aérien.
2. Dans la mesure du possible, choisissez des horaires qui ne perturbent pas trop votre sommeil. Si vous atterrissez tard dans la journée, vous pourrez aller dormir très vite après votre arrivée. S'il s'agit d'un très long vol, essayez de prévoir une escale.
3. A bord, évitez les repas trop copieux (ils gonflent l'estomac !) et l'alcool (qui déshydrate). Mais veillez à boire beaucoup – des boissons non gazeuses, non alcoolisées, comme de l'eau, des jus de fruits.
4. Abstenez-vous de fumer pour ne pas appauvrir les réserves d'oxygène ; ce serait un facteur de fatigue supplémentaire.
5. Portez des vêtements amples, dans les-

quels vous vous sentez à l'aise ; un masque oculaire et des bouchons d'oreille vous aideront peut-être à dormir.

Affections liées aux conditions sanitaires

Diarrhée. Le changement de nourriture, d'eau ou de climat suffit à la provoquer ; si elle est causée par des aliments ou de l'eau contaminés, le problème est plus grave. En dépit de toutes vos précautions, vous aurez peut-être la "tourista", mais quelques visites aux toilettes sans aucun autre symptôme n'ont rien d'alarmant. En revanche, une diarrhée modérée qui vous oblige à vous précipiter aux toilettes une demi-douzaine de fois par jour est plus ennuyeuse. La déshydratation est le danger principal que fait courir toute diarrhée, particulièrement chez les enfants. Ainsi le premier traitement consiste à boire beaucoup : idéalement, il faut mélanger huit cuillerées à café de sucre et une de sel dans un litre d'eau. Sinon du thé noir léger, avec peu de sucre, des boissons gazeuses qu'on laisse se dégazéifier et qu'on dilue à 50% avec de l'eau purifiée, sont à recommander. En cas de forte diarrhée, il faut prendre une solution réhydratante pour remplacer les sels minéraux. Quand vous irez mieux, continuez à manger légèrement. Les antibiotiques peuvent être utiles dans le traitement de diarrhées très fortes, en particulier si elles sont accompagnées de nausées, de vomissements, de crampes d'estomac ou d'une fièvre légère. Trois jours de traitement sont généralement suffisants et on constate normalement une amélioration dans les 24 heures. Toutefois, lorsque la diarrhée persiste au-delà de 48 heures ou s'il y a présence de sang dans les selles, il est préférable de consulter un médecin.

Giardiase. Ce parasite intestinal est présent dans l'eau souillée ou dans les aliments souillés par l'eau. Symptômes : crampes d'estomac, nausées, estomac ballonné, selles très liquides et nauséabondes et gaz fréquents. La giardiase peut n'apparaître que plusieurs semaines après la contamination. Les symptômes peuvent disparaître pendant quelques jours puis réapparaître, et ceci pendant plusieurs semaines.

Dysenterie. Affection grave, due à des aliments ou de l'eau contaminés, la dysenterie se manifeste par une violente diarrhée, souvent accompagnée de sang ou de mucus dans les selles. On distingue deux types de dysenterie : la dysenterie bacillaire qui se caractérise par une forte fièvre et une évolution rapide ; maux de tête et d'estomac et vomissements en sont les symptômes. Elle dure rarement plus d'une semaine mais elle est très contagieuse. La dysenterie amibienne, quant à elle, évolue plus graduellement, sans fièvre ni vomissements, mais elle est plus grave. Elle dure tant qu'elle n'est pas traitée, peut réapparaître et causer des problèmes de santé à long terme. Une analyse des selles est indispensable pour diagnostiquer le type de dysenterie. Il faut donc consulter rapidement.

Choléra. Cette maladie grave s'étend désormais à l'Amérique centrale. La protection conférée par le vaccin n'est pas fiable. Celui-ci n'est donc pas recommandé. Prenez donc toutes les précautions alimentaires nécessaires. Les cas de choléra sont généralement signalés à grande échelle ce qui permet d'éviter les régions concernées. Symptômes : diarrhée soudaine, selles très liquides et claires, vomissements, crampes musculaires et extrême faiblesse. Il faut consulter un médecin ou aller à l'hôpital au plus vite, mais on peut commencer à lutter immédiatement contre la déshydratation qui peut être très forte. Le Coca-cola salé, dégazéifié et dilué au 1/5e ou encore du bouillon bien salé seront utiles en cas d'urgence.

Gastro-entérite virale. Provoquée par un virus et non par une bactérie, elle se traduit par des crampes d'estomac, de la diarrhée et parfois des vomisssements et/ou une légère fièvre. Un seul traitement : repos et boissons en quantité.

Hépatites. L'hépatite est un terme général qui désigne une inflammation du foie. A côté des hépatites A et B, il existe d'autres types d'hépatite (appelées précédemment "non A, non B"). Les symptômes de chaque hépatite peuvent être identiques (fatigue, problèmes digestifs, jaunisse, fièvre, léthargie, etc.) mais il arrive également que la personne infectée n'ait aucun avertissement de ce genre. Néanmoins, pas de paranoïa excessive, les hépatites C, D et E sont assez rares, et on peut s'en prémunir en suivant les mêmes précautions que pour éviter les hépatites A et B.

Hépatite A. C'est la plus commune, surtout dans les pays où le niveau d'hygiène est médiocre. La plupart des habitants de pays en voie de développement ont été contaminés dans l'enfance et leur système immunitaire s'y est habitué, produisant une défense naturelle.

Premiers symptômes : fièvre, frissons, migraine, fatigue, faiblesse et douleurs, suivis d'une perte d'appétit, de nausées, de vomissements, de douleurs abdominales. Les urines sont foncées, les selles claires ; la peau et le blanc des yeux prennent une teinte jaune. La fièvre intervient rarement. Parfois la maladie se manifeste plus discrètement : malaise général, fatigue, perte d'appétit et douleurs. Il faut demander l'avis d'un médecin mais, en général, il n'y a pas grand-chose à faire à part se reposer, boire beaucoup et manger légèrement en évitant les graisses. L'alcool doit être banni pendant au moins 6 mois.

L'hépatite A se transmet par l'eau, les coquillages et, d'une manière générale, tous les produits manipulés à mains nus. En faisant attention à la nourriture et à la boisson, vous préviendrez le virus très utilement. Malgré tout, s'il existe un fort risque d'exposition, il vaut mieux se protéger avec le vaccin ou la gammaglobuline.

Hépatite B. Elle est malheureusement très répandue, puisqu'il existe environ 30 millions de porteurs chroniques dans le monde. Elle se transmet par voie sexuelle ou sanguine (piqûre, transfusion). Évitez de vous faire percer les oreilles, de vous faire tatouer, raser ou de vous faire soigner par piqûres si vous avez des doutes quant à l'hygiène des lieux. Les symptômes de l'hépatite B sont pratiquement les mêmes que ceux de l'hépatite A mais la B est beaucoup plus grave. Elle peut provoquer des lésions au foie et parfois même le cancer du foie. A titre préventif, l'hépatite B a désormais son vaccin, très efficace.

Hépatite C. Ce virus a été récemment isolé. Sa transmission se fait par voie sanguine (transfusion ou utilisation de seringues usagées) et il semble que cette souche accélère les lésions au foie. La seule prévention est d'éviter tout contact sanguin car il n'existe pour le moment aucun vaccin contre cette hépatite.

Hépatite D. On sait encore peu de choses sur ce virus, sinon qu'il apparaît chez des sujets atteints de l'hépatite B et qu'il se transmet par voie sanguine. Là non plus, pas de vaccin mais le risque est, pour l'instant, limité.

Hépatite E. Il semblerait que cette souche soit assez fréquente dans des pays en voie de développement, bien que l'on ne dispose pas de beaucoup d'éléments actuellement. Identique à l'hépatite A, elle se contracte de la même manière, généralement par l'eau. De forme bénigne, elle peut néanmoins être dangereuse pour les femmes enceintes. La prévention est le seul moyen d'éviter l'infection (pas de vaccin).

Typhoïde. La fièvre typhoïde est également une infection intestinale, qui atteint le tube digestif. La vaccination n'est pas entièrement efficace et l'infection est particulièrement dangereuse : il faut absolument appeler un médecin.

Premiers symptômes : les mêmes que ceux d'un mauvais rhume ou d'une grippe, mal de tête, de gorge, fièvre qui augmente un peu chaque jour jusqu'à atteindre 40°C ou plus. Le pouls est souvent lent par rapport à la température élevée et ralentit encore au fur et à mesure que la fièvre augmente, à l'inverse de ce qui se passe normalement. Ces symptômes peuvent être accompagnés de vomissements, de diarrhée ou de constipation.

La deuxième semaine, la fièvre reste forte et le pouls lent ; quelques petites tâches roses peuvent apparaître sur le corps. Autres symptômes : tremblements, délire, faiblesse, perte de poids et déshydratation. S'il n'y a pas d'autres complications, la fièvre et les autres symptômes disparaissent peu à peu la troisième semaine. Cependant, un suivi médical est indispensable car les complications sont fréquentes, en particulier la pneumonie (infection aiguë des poumons) et la péritonite (éclatement de l'appendice). De plus, la typhoïde est très contagieuse.
Il faut garder le malade dans une salle fraîche et veiller à ce qu'il ne se déshydrate pas.

Vers. Fréquents en zones rurales tropicales, on les trouve dans les légumes non lavés ou la viande trop peu cuite. Ils se logent également sous la peau quand on marche pieds nus (ankylostome). Souvent l'infection ne se déclare qu'au bout de plusieurs semaines. Bien que bénigne en général, elle doit être traitée sous peine de complications sérieuses. Une analyse des selles est nécessaire ; les médicaments sont vendus sans ordonnance dans la plupart des pays.

Opisthorchiase. Cette maladie parasitaire, appelée "douve du foie" est due à la présence occasionnelle de vers minuscules dans les poissons d'eau douce. Le risque principal vient de la consommation de poissons crus ou insuffisamment cuits.

Les pathologistes considèrent que le risque d'attraper cette maladie reste assez faible. Dans les régions voisines de la Thaïlande (où ces parasites sont endémiques), le gouvernement mène une importante campagne publicitaire pour convaincre la population de s'abstenir de consommer du poisson cru.

On contracte aussi, mais bien plus rarement, ces parasites en se baignant dans les rivières. L'intensité des symptômes dépend des douves ayant pénétré dans votre organisme. A des niveaux faibles, on ne remarque pratiquement rien. Quand la contamination est importante, on souffre d'une fatigue générale, d'une fièvre légère, d'un gonflement ou d'une sensibilité du foie ou de douleurs abdominales générales, et l'on découvre des vers et des œufs de vers dans les selles. En cas de doutes sur la maladie, il faut faire analyser ses selles par un médecin compétent ou une clinique.

Infections des yeux. Évitez de vous essuyer le visage avec les serviettes réutilisables fournies par les restaurants, c'est un bon moyen d'attraper une infection oculaire. Si vous avez les mains sales après un trajet poussiéreux en moto, essayez de ne pas vous frotter les yeux tant que vous n'aurez pas pu vous les laver.

Il est prudent de consulter un médecin. Souvent, des yeux qui brûlent ou démangent ne sont pas le résultat d'une infection mais simplement les effets de la poussière, des gaz d'échappement et du soleil. Il est dangereux de soigner une simple irritation par des antibiotiques. Après une journée de moto, un peu de collyre peut vous débarrasser des poussières, mais ne le faites pas trop souvent car les collyres et les gouttes peuvent aussi piquer les yeux. A défaut de collyre, nettoyez-vous à l'eau mais assurez-vous qu'elle est bien propre.

La conjonctivite peut venir d'une allergie.

Affections transmises par l'homme et les animaux
Tétanos. Cette maladie parfois mortelle se rencontre partout, et surtout dans les pays tropicaux en voie de développement. Difficile à soigner, elle se prévient par vaccination. Le tétanos se développe dans les plaies infectées par un germe qui vit dans les selles des animaux ou des hommes. Il est indispensable de bien nettoyer coupures et morsures. Le tétanos déclenche le tris-

mus, spasme musculaire de la mâchoire. Les premiers symptômes peuvent être une difficulté à avaler ou une raideur de la mâchoire ou du cou ; puis suivent des convulsions douloureuses de la mâchoire et du corps tout entier.

Rage. Très répandue, cette maladie est transmise par une morsure ou une griffure faites par un animal contaminé. Les chiens en sont les principaux vecteurs de même que les singes et les chats. Morsures, griffures ou même simples coups de langue d'un mammifère doivent être nettoyés immédiatement et à fond. Frottez avec du savon et de l'eau courante, puis nettoyez avec de l'alcool. S'il y a le moindre risque que l'animal soit contaminé, allez immédiatement voir un médecin. Même si l'animal n'est pas enragé, toutes les morsures doivent être surveillées de très près pour éviter les risques d'infection et de tétanos. Un vaccin anti-rabique est désormais disponible. Il faut y songer si vous pensez prendre certains risques, comme explorer des grottes (les morsures de chauves-souris peuvent être dangereuses) ou travailler avec des animaux. Cependant, la vaccination préventive ne dispense pas de la nécessité de se faire administrer le plus vite possible un traitement antirabique après un contact avec un animal enragé ou dont le comportement peut paraître suspect.

Méningite à méningocoques. Postillons et éternuements suffisent à propager le germe de cette maladie.

Le vaccin est efficace pendant plus de quatre ans mais renseignez-vous quand même sur les épidémies. Cette maladie très grave attaque le cerveau et peut être mortelle. Taches disséminées sur le corps, fièvre, trouble de la conscience, fort mal de tête, hypersensibilité à la lumière et raideur du cou en constituent les premiers symptômes. La mort peut survenir en quelques heures. Il faut se faire soigner immédiatement.

Tuberculose. Bien que cette maladie soit très répandue dans de nombreux pays en développement, elle ne présente pas de grand danger pour le voyageur. Les enfants de moins de 12 ans sont plus exposés que les adultes. Il est donc conseillé de les faire vacciner s'ils voyagent dans des régions où la maladie est endémique. La tuberculose se propage par la toux ou par des produits laitiers non pasteurisés faits avec du lait de vaches tuberculeuses. On peut boire du lait bouilli et manger yaourts ou fromages (l'acidification du lait dans le processus de fabrication élimine les bacilles) sans courir de risques.

Bilharziose. Elle est transmise par de minuscules vers aquatiques dont la larve contamine certaines espèces d'escargots d'eau douce que l'on trouve dans les rivières, les ruisseaux, les lacs et particulièrement dans les retenues des barrages. Les vers se multiplient et infestent le milieu aquatique de ces escargots.

Lorsqu'on se baigne dans ces endroits, les vers pénètrent dans le corps par la peau et se fixent dans les intestins ou la vessie où ils pondent un grand nombre d'œufs. Premier symptôme : picotement ou légère éruption cutanée à l'endroit où le ver est passé sous la peau. Quelques semaines plus tard, lorsque le ver pond ses œufs, une forte fièvre peut apparaître. Un malaise général peut également être un signal d'alarme. Une fois que la maladie est installée, deux signes permettent de la déceler : des douleurs abdominales et du sang dans les urines.

Eviter de se baigner dans de l'eau douce contaminée par la bilharziose est encore la meilleure méthode de prévention. Même les eaux douces profondes peuvent être infestées. Si par mégarde ou par accident, vous vous baignez quand même, séchez-vous vite et séchez aussi vos vêtements. Consultez un médecin si vous risquez d'être contaminé et faites-lui part des raisons de votre inquiétude qui l'aideront dans son diagnostic, les premiers symptômes de la bilharziose pouvant être confondus avec ceux du paludisme ou de la typhoïde.

Diphtérie. Elle prend deux formes, celle d'une infection cutanée ou celle d'une infection de la gorge, plus dangereuse. On l'attrape au contact de poussière contaminée sur la peau, ou en inhalant des postillons d'éternuements ou de toux de personnes contaminées. Pour prévenir l'infection cutanée, il faut se laver souvent et bien sécher la peau. Il existe un vaccin contre l'infection de la gorge.

Leptospirose. Les voyageurs devront faire attention à la leptospirose, maladie infectieuse due à une bactérie – le leptospire – qui se développe dans les mares et les ruisseaux. Cette maladie se transmet par des animaux, comme le rat et la mangouste. On peut attraper cette maladie en se baignant dans des nappes d'eau douce, contaminées par de l'urine animale. La leptospirose pénètre dans le corps humain par le nez, les yeux, la bouche ou les petites coupures cutanées. Les symptômes, similaires à ceux de la grippe, peuvent survenir 2 à 20 jours suivant la date d'exposition. Fièvre, frissons, sudation, maux de tête, douleurs musculaires, vomissements et diarrhées en sont les plus courants. Du sang dans les urines ou une jaunisse peuvent apparaître dans les cas les plus sévères. Les symptômes durent habituellement quelques jours voire quelques semaines. La maladie peut s'avérer mortelle mais cela est rare.
Évitez donc de nager et de vous baigner dans tout plan d'eau douce, notamment si vous avez des plaies ouvertes ou des coupures.

Maladies sexuellement transmissibles. La blennorragie, l'herpès et la syphilis sont les maladies les plus répandues. Plaies, cloques ou éruptions autour des parties génitales, suppurations ou douleurs lors de la miction en sont les symptômes habituels ; ils peuvent être moins forts ou inexistants chez les femmes. Les symptômes de la syphilis finissent par disparaître complètement, mais la maladie continue à se développer et elle provoque de graves problèmes par la suite. On traite la blennorragie et la syphilis par les antibiotiques.

Les maladies sexuellement transmissibles (MST) sont nombreuses mais on dispose d'un traitement efficace pour la plupart d'entre elles. Il n'existe pas de remède contre l'herpès pour le moment.

VIH/sida. L'infection à VIH (virus de l'immunodéficience humaine), agent causal du sida (Syndrome d'immunodéficience acquise) est présente dans pratiquement tous les pays et épidémique dans nombre d'entre eux. La transmission de cette infection se fait : par rapport sexuel (hétérosexuel ou homosexuel – anal, vaginal ou oral) d'où l'impérieuse nécessité d'utiliser des préservatifs à titre préventif ; par le sang, les produits sanguins et les aiguilles contaminées. Il est impossible de détecter la présence du VIH chez un individu apparemment en parfaite santé sans procéder à un examen sanguin.
Il faut éviter tout échange d'aiguilles. S'ils ne sont pas stérilisés, tous les instruments de chirurgie, les aiguilles d'acupuncture et de tatouages, les instruments utilisés pour percer les oreilles ou le nez peuvent transmettre l'infection. Il est fortement conseillé d'emporter seringues et aiguilles, car celles que l'on vend en pharmacie ne sont pas toujours fiables.
Toute demande de certificat attestant la séronégativité pour le VIH (certificat d'absence de sida) est contraire au Règlement sanitaire international (article 81).

Affections transmises par les insectes
Certains moustiques se nourrissent le jour, d'autres la nuit. En règle générale, ils sont particulièrement actifs lorsque le soleil n'est pas trop chaud, le soir, tôt le matin et par temps couvert. Ils sont plus abondants dans les basses terres et les régions côtières que dans les hautes terres, à la campagne qu'en ville, et surtout durant la saison des pluies (de mai à octobre) qu'en saison sèche (d'octobre à mai). Dans la mesure du possible, évitez de fréquenter ces régions durant cette saison.

Paludisme. Le paludisme, ou malaria, est transmis par un moustique, l'anophèle. Ce moustique ne pique que la nuit, entre le coucher et le lever du soleil.

Si vous voyagez dans des régions où la maladie est endémique, il faut absolument suivre un traitement préventif (recommandé au Guatemala et au Belize). Symptômes : migraines, fièvre, frissons et sueurs qui disparaissent puis reviennent. Non traitée, le paludisme peut avoir des suites graves, parfois mortelles. Il existe différents types de paludisme dont le paludisme à falciparum pour lequel le traitement devient de plus en plus difficile à mesure que la résistance du parasite aux médicaments gagne en intensité.

Les médicaments antipaludéens n'empêchent pas la contamination mais ils suppriment les symptômes de la maladie. Pour la chimioprophylaxie, renseignez-vous auprès des centres de vaccination ou de maladies tropicales. Vous pouvez surtout prendre d'autres précautions : le soir, quand les moustiques sont en pleine activité, couvrez vos bras et surtout vos chevilles, mettez de la crème anti-moustique. On peut aussi brûler des tortillons contre les moustiques, dormir sous une moustiquaire imprégnée d'insecticides, installer des moustiquaires aux fenêtres ou brancher un diffuseur électrique. Les moustiques sont parfois attirés par le parfum ou l'après-rasage. Le risque de contamination est plus élevé en zone rurale et pendant la saison des pluies.

Tout voyageur atteint de fièvre ou montrant les symptômes de la grippe doit se faire examiner. Il suffit d'une analyse de sang pour établir le diagnostic. Contrairement à certaines croyances, une crise de paludisme ne signifie pas que l'on est touché à vie. Grâce aux médicaments, le parasite peut être éradiqué. Le paludisme est curable dans la mesure où l'on fait ce qu'il faut dès les premiers symptômes.

Maladie de Lyme. Bien qu'elle constitue une menace moins importante, la maladie de Lyme, découverte récemment, ne doit pas être ignorée. Depuis la fin des années 80, on enregistre chaque été davantage de cas de cette maladie. La maladie est en réa-

lité plus un symptôme transmis par une espèce particulière de tiques de cerfs, semblables, en plus petit, aux tiques de chien. La tique infecte la peau avec une bactérie appelée spirochète, qui est à l'origine de la maladie.

C'est en 1975, dans le Connecticut, que cette dernière a été identifiée pour la première fois, par un certain M. Lyme qui lui a donné son nom. Aujourd'hui encore, elle n'est pas toujours, ou mal, diagnostiquée. La maladie de Lyme est en effet difficile à diagnostiquer, car elle peut présenter des symptômes très divers. Consultez un médecin si, dans les 30 jours qui suivent la piqûre, vous observez une petite bosse rouge entourée d'une zone enflammée ; elle ne s'accompagne pas systématiquement de symptômes comparables à ceux d'une grippe.

A condition de prendre la maladie à ce stade, les antibiotiques constitueront un traitement simple et efficace. Certains symptômes ultérieurs peuvent s'avérer bien plus graves, comme par exemple une sorte d'arthrite gagnant les genoux.

Le meilleur moyen d'éviter ce type de complications est de prendre ses précautions lorsqu'on traverse des régions où l'on connaît des cas de maladie de Lyme. Si vous entendez parler de quelque risque que ce soit alors que vous traversez des zones forestières, emmitouflez-vous le plus possible dans vos vêtements, utilisez un produit répulsif contenant un diethylmetatoluamide, ou un substitut plus léger pour vos enfants. A la fin de chaque journée, vérifiez que ni vous, ni vos enfants, ni votre animal familier n'avez attrapé de tiques. Bien sûr, la plupart des tiques ne peuvent elles-mêmes transmettre la maladie et même les plus "méchantes" ne sont pas porteuses de la bactérie.

Filariose. Il s'agit d'une infection parasitaire transmise par un moustique. Selon l'espèce du parasite filaire vecteur de l'infection, on peut constater divers symptômes : fièvre, douleurs et gonflement des glandes lymphatiques ; inflammation des zones de drainage lymphatique ; gonflement d'un membre ou du scrotum ; éruptions cutanées et cécité. Un traitement permet de se débarrasser des parasites, mais certains dommages causés sont parfois irréversibles. Si vous soupçonnez une possible infection, il vous faut rapidement consulter un médecin.

Dengue. Il n'y a pas de traitement prophylactique contre cette maladie propagée par les moustiques ; le risque de contamination, généralement faible pour les voyageurs, augmente durant l'été (de juillet à septembre), tôt le matin et en fin de journée ainsi que par temps couvert. La seule mesure préventive consiste à éviter de se faire piquer. Poussée de fièvre, maux de tête, crise dépressive momentanée, douleurs articulaires et musculaires précèdent une éruption cutanée sur le tronc qui s'étend ensuite aux membres puis au visage. Au bout de quelques jours, la fièvre régresse et la convalescence commence. Les complications graves sont rares.

Fièvre jaune. Cette maladie virale est endémique dans de nombreux pays africains et sud-américains entre les latitudes 15° nord et 15° sud. Elle est transmise par un moustique. Premiers symptômes : fièvre, migraine, douleurs abdominales et vomissements. Il y a parfois une brève rémission avant que la maladie évolue vers de graves complications comme un dérèglement biliaire. Il n'y a pas de traitement médical ; il faut simplement essayer de faire baisser la fièvre et éviter la déshydratation. Le vaccin contre la fièvre jaune est très efficace pendant dix ans. Il est obligatoire pour entrer dans certains pays notamment lorsque l'on vient d'une région infectée.

Maladie de Chagas (trypanosomiase américaine). Cette affection parasitaire se rencontre dans les zones rurales éloignées de l'Amérique du Sud et centrale. Elle est transmise par une punaise qui se cache dans les fissures et dans les feuilles de palmiers et qui s'installe souvent dans les toits de chaume des huttes d'où elle redescend la nuit pour se nourrir. Un œdème dur et violet apparaît à l'endroit de la piqûre au bout d'une semaine environ. En général, le corps surmonte la maladie sans aide extérieure, mais parfois celle-ci persiste et peut mener à la mort des années plus tard. La maladie de Chagas peut être traitée à ses débuts, mais mieux vaut éviter les huttes au toit de chaume, dormir sous une moustiquaire, utiliser des insecticides et des crèmes contre les insectes et vérifier que l'insecte ne se cache pas dans vos affaires ou votre chambre.

Typhus. Le typhus est transmis par les tiques, les acariens ou les poux. Il commence comme un mauvais rhume, suivi de fièvre, de frissons, de migraines, de douleurs musculaires et d'une éruption cutanée. Une plaie douloureuse se forme autour de la piqûre et les nodosités lymphatiques voisines sont enflées et douloureuses.

Coupures, piqûres et morsures
Coupures et égratignures. Les blessures s'infectent très facilement dans les climats chauds et cicatrisent difficilement. Coupures et égratignures doivent être traitées avec un antiseptique et du mercurochrome. Évitez si possible bandages et pansements qui empêchent la plaie de sécher.

Les coupures de corail sont particulièrement longues à cicatriser, car le corail injecte un venin léger dans la plaie. Portez des chaussures pour marcher sur des récifs, et nettoyez chaque blessure à fond.

Piqûres. Les piqûres de guêpe ou d'abeille sont généralement plus douloureuses que dangereuses. Une lotion apaisante ou des glaçons soulageront la douleur et empêcheront la piqûre de trop gonfler. Certaines araignées sont dangereuses mais il existe en général des anti-venins. Les piqûres de scorpions sont très douloureuses et parfois mortelles. Les scorpions se glissent souvent dans les vêtements ou les chaussures.

La piqûre de certains coquillages du Pacifique (les cônes) est dangereuse, voire mortelle. Plusieurs espèces de poissons et d'animaux marins peuvent piquer ou mordre ou être dangereuses à consommer. Là encore, prenez conseil auprès des habitants.

Serpents. Portez toujours bottes, chaussettes et pantalons longs pour marcher dans la végétation. Ne hasardez pas la main dans les trous et les anfractuosités et faites attention lorsque vous ramassez du bois pour faire du feu. Les morsures de serpents ne provoquent pas instantanément la mort et il existe généralement des anti-venins. Il faut calmer la victime, lui interdire de bouger, bander étroitement le membre comme pour une foulure et l'immobiliser avec une attelle. Trouvez ensuite un médecin et apportez-lui si possible le serpent mort. N'essayez en aucun cas d'attraper le serpent s'il y a le moindre risque qu'il pique à nouveau. On sait désormais qu'il ne faut absolument pas sucer le venin ou poser un garrot.

Méduses. Là encore, les conseils des habitants vous éviteront de faire la rencontre des méduses et de leurs tentacules urticants. Certaines espèces peuvent être mortelles mais, en général, la piqûre est seulement douloureuse. Des antihistaminiques et des analgésiques limiteront la réaction et la douleur.

Punaises et poux. Les punaises affectionnent la literie douteuse. Si vous repérez de petites taches de sang sur les draps ou les murs autour du lit, cherchez un autre hôtel. Les piqûres de punaises forment des alignements réguliers. Une pommade calmante apaisera la démangeaison.

Les poux provoquent des démangeaisons. Ils élisent domicile dans les cheveux, les vêtements ou les poils pubiens. On en attrape par contact direct avec des personnes infestées ou en utilisant leur peigne, leurs vêtements, etc. Poudres et shampooings détruisent poux et lentes ; il faut également laver les vêtements à l'eau très chaude.

Sangsues et tiques. Les sangsues sont présentes dans les régions de forêts humides. Elles se collent à la peau et sucent le sang. Les randonneurs en retrouvent souvent sur leurs jambes ou dans leurs bottes. Du sel ou le contact d'une cigarette allumée les feront tomber. Ne les arrachez pas car la morsure s'infecterait plus facilement. Une crème répulsive peut les maintenir éloignés. Utilisez de la vaseline, de l'alcool ou de l'huile pour vous débarrasser des tiques. Vérifiez toujours que vous n'avez pas attrapé de tiques dans une région infestée : elles peuvent transmettre le typhus.

Moustiquaires. Peu de voyageurs prennent l'habitude de transporter une moustiquaire dans leur sac. C'est pourtant une protection indispensable à condition qu'elle soit imprégnée d'insecticide (non nocif pour l'homme). L'Organisation mondiale de la santé (OMS) préconise fortement depuis quelque temps ce système de prévention contre le paludisme. En outre, ces moustiquaires sont radicales contre tout insecte à sang froid (puces, punaises, etc.) et permettent d'éloigner serpents et scorpions.

Il existe désormais des moustiquaires imprégnées, synthétiques très légères (environ 350 g) que l'on peut trouver en pharmacie. A titre indicatif, vous pouvez vous en procurer par correspondance auprès du Service médical international (SMI) 9, rue Ambroise-Thomas, 75009 Paris (☎ 01 44 79 95 95 ; fax 01 44 79 95 94).

Santé au féminin
Problèmes gynécologiques. Une nourriture pauvre, une résistance amoindrie par l'utilisation d'antibiotiques contre des problèmes intestinaux peuvent favoriser les infections vaginales lorsqu'on voyage dans des pays à climat chaud. Respectez une hygiène intime scrupuleuse et portez jupes ou pantalons amples et sous-vêtements en coton.

Les champignons, caractérisés par une éruption cutanée, des démangeaisons et des pertes, peuvent se soigner facilement. En revanche, les trichomonas sont plus graves ; pertes blanches et sensation de brûlure lors de la miction en sont les symptômes. Le partenaire masculin doit également être soigné.

Il n'est pas rare que le cycle menstruel soit pertubé lors d'un voyage.

Grossesse. La plupart des fausses couches ont lieu pendant les trois premiers mois de la grossesse. C'est donc la période la plus risquée pour voyager. Pendant les trois derniers mois, il vaut mieux rester à distance raisonnable de bonnes infrastructures médicales, en cas de problèmes. Les femmes enceintes doivent éviter de prendre inutilement des médicaments. Cependant, certains vaccins et traitements préventifs contre le paludisme restent nécessaires. Mieux vaut consulter un médecin avant de prendre quoi que ce soit.

Hôpitaux et cliniques

Quasiment toutes les villes de la région disposent d'un hôpital ou d'une clinique ainsi que d'antennes d'urgence de la Cruz Roja (Croix-Rouge). Pour tous ces services, la signalisation routière a adopté un même symbole : une croix rouge. Le coût des soins dans les hôpitaux est généralement peu élevé en cas d'affections légères (diarrhée, dysenterie) et de petites interventions chirurgicales (points de suture, entorses). Les cliniques sont souvent surchargées et manquent de personnel soignant, mais elles sont reliées par un réseau radio national aux services d'urgence.

Si vous devez faire appel aux services médicaux locaux, essayez de vous renseigner sur la compétence du personnel traitant. Comparez ses diagnostics avec les informations que nous vous donnons ici. Si vous avez des doutes, appelez votre ambassade pour qu'on vous adresse à un médecin, ou téléphonez dans votre pays pour connaître l'avis de votre médecin traitant.

De fait, quand ils sont sérieusement malades, Guatémaltèques et Beliziens préfèrent souvent aller se faire soigner dans les villes mexicaines (Chetumal, Mérida, Cancún, Villahermosa ou Mexico).

TOILETTES

Vu la chaleur du climat, on élimine beaucoup par la transpiration et l'on a moins besoin d'aller aux toilettes. C'est une chance, car il n'existe pour ainsi dire pas de W.C. publics. Il faut donc utiliser ceux de l'hôtel, des cafés, des restaurants et des sites archéologiques.

SEULE EN VOYAGE

En règle générale, dans cette partie du monde, la plupart des hommes ne croient pas vraiment à l'égalité des sexes, les femmes seules doivent donc s'attendre à de multiples avances. Les étrangères qui voyagent en solitaire sont souvent perçues comme des proies faciles. Un "non" calme, ferme mais poli reste le meilleur moyen de décourager les importuns.

Évitez toutefois de vous retrouver seule, notamment dans les sites archéologiques isolés, les rues vides ou sur les plages désertes.

COMMUNAUTÉ HOMOSEXUELLE

Dans cette région du monde, mieux vaut encore rester discret et ne manifester ses préférences qu'en privé.

Les homosexuels, hommes ou femmes, désireux de trouver des agences de voyages et des hébergements accueillants pour les gays peuvent s'adresser à l'International Gay Travelers Association (☎ (800) 448-8550, Box 4974, Key West, FL 33041, USA).

VOYAGEURS HANDICAPÉS

En règle générale, les trottoirs et les rues ne sont pas particulièrement étudiés pour la circulation des handicapés et les bâtiments coloniaux leurs sont difficilement accessibles.

VOYAGEURS SENIORS

Les voyageurs d'une certain âge seront particulièrement attentifs aux conseils prodigués ci-dessus concernant les dangers de la déshydratation, du soleil et de la chaleur.

VOYAGER AVEC DES ENFANTS

Partout dans la région, on aime beaucoup les enfants. Ces derniers pourront vous faciliter les contacts avec les gens du pays et peut-être même vous ouvrir leurs portes. Si vous parlez anglais, vous trouverez une foule d'informations pratiques et de conseils dans *Travel with Children* de Maureen Wheeler (Lonely Planet, 1995).

DÉSAGRÉMENTS ET DANGERS
Sécurité

Le Guatemala et, à un moindre degré, le Belize réclament une certaine prudence. Vous trouverez des conseils de voyage, régulièrement mis à jour, sur le site web du département d'État américain (US Departement of State) ; voir plus haut l'encadré sur les *Services On line*.

La guérilla qui a sévi pendant 36 ans au Guatemala est théoriquement terminée mais ce danger est relayé par un inquiétant accroissement du taux de criminalité. On a enregistré des cas de viol, de vol, de vol de voiture et même de meurtre de touristes étrangers. Ce sont là toutefois des incidents isolés et imprévisibles. Vous trouverez des mises en garde spécifiques dans la partie *Guatemala*.

Risquez-vous de rencontrer des problèmes ? Impossible à dire. Pour quelques malheureux touristes victimes d'incidents, il y en a des dizaines de milliers qui chaque année découvrent avec ravissement les beautés incomparables de la région et la gentillesse de sa population.

La meilleure précaution à prendre consiste à vous renseigner sur l'état actuel de la situation auprès des autorités de votre pays et à rester relativement prudent en évitant les endroits dangereux.

Si vous envisagez de voyager par route dans les Hautes Terres ou la forêt du Petén, renseignez-vous également auprès d'autres voyageurs. Ne vous fiez pas uniquement aux journaux, aux autorités, ni aux commerçants locaux car ils étouffent souvent les incidents "désagréables" de peur de faire fuir les touristes et leur argent. Si vous parlez espagnol, informez-vous

auprès des enfants, ils ont moins de réticence que leurs parents à parler des "mauvaises" nouvelles. Les représentants de votre pays sont toutefois la meilleure source d'information car ils ont tout intérêt à protéger leurs ressortissants.

Ces dernières années ont eu lieu quelques incidents bizarres au cours desquels des visiteurs étrangers se sont vus injustement soupçonnés de vouloir kidnapper des enfants guatémaltèques pour récupérer leurs organes en vue de transplantations. Une femme qui prenait des photos d'enfants dans une ville du versant Pacifique du Guatemala a failli être lynchée par une foule hystérique. Évitez-donc de vous mettre dans des situations ambiguës pouvant prêter à confusion.

Au Belize, le principal risque reste le vol.

Vols

Méfiez-vous particulièrement des pickpockets et autres voleurs à Guatemala Ciudad, Antigua, Chichicastenango, Belize City et sur les plages. Les touristes étrangers sont particulièrement visés car ils sont censés être riches et porteurs d'objets de valeur.

Pour vous protéger, observez les précautions suivantes :

• A moins d'en avoir immédiatement besoin, laissez argent, chèques de voyage, passeport et bijoux (boucles d'oreilles, colliers, bracelets), billets d'avion, cartes de crédit, montre de prix, etc. (éventuellement votre appareil-photo) dans une enveloppe scellée et signée dans le coffre de votre hôtel. Exigez un reçu. Presque tous les hôtels, sauf les plus modestes, proposent des coffres à leurs clients pour y déposer leurs objets de valeur. Vous aurez sans doute à fournir l'enveloppe, que vous trouverez dans une *papelería*. Votre signature sur l'enveloppe scellée et le reçu délivré par la réception de l'hôtel vous serviront de garantie.

• Il est souvent plus sûr de laisser vos objets de valeur dans une valise fermée à clef dans votre chambre que de les conserver sur vous dans les rues de Guatemala Ciudad.

• Rangez le reste de vos objets de valeur dans une ceinture-portefeuille ou dans une pochette suspendue autour du cou que vous porterez *sous vos vêtements*. Glissez un peu de monnaie à portée de main, dans une poche ou dans un sac.

- Un sac trop voyant risque d'être éventré ou arraché. Les voleurs opèrent souvent par deux, l'un coupant la bandoulière, l'autre attrapant le sac, même dans la rue ou à un arrêt de bus. Aux billetteries des aéroports et des gares routières, gardez votre sac entre vos pieds, surtout lorsque vous êtes occupé à parlementer avec l'employé.

- Ne vous promenez pas seul(e) dans les rues désertes et les endroits isolés, surtout la nuit.

- Ne laissez aucun objet de valeur dans votre véhicule lorsque vous vous garez dans une ville, à moins qu'il ne s'agisse d'un parking bien gardé.

- Sur les plages et en rase campagne, ne campez pas dans des endroits isolés, à moins d'être sûr qu'il n'y a aucun danger.

Porter plainte pour un vol. En cas de vol, inutile de porter plainte auprès de la police, à moins que vos valeurs ne soient assurées, auquel cas le rapport de police vous sera utile pour la déclaration à votre compagnie d'assurance. Si vos connaissances en espagnol sont insuffisantes, faites-vous aider. Dites *Yo quisiera poner una acta de un robo* (je voudrais signaler un vol), afin de faire comprendre que vous désirez seulement obtenir un formulaire de déclaration de vol et non que le police recherche les voleurs afin de récupérer vos biens. Avec un peu de chance, vous obtiendrez ce précieux document sans trop de mal. Vous devrez alors sans doute le remplir vous-même puis le présenter à un officier de police afin qu'il le signe et appose un tampon officiel.

PROBLÈMES JURIDIQUES
Dans ces pays, il arrive parfois (si ce n'est souvent) que les officiers de police soient partie prenante dans les problèmes que l'on rencontre et ne soient donc d'aucune aide. Moins vous aurez affaire à la justice, mieux ce sera.

En tout état de cause, ne vous impliquez en aucune façon dans les drogues illégales, qu'il s'agisse d'en acheter, d'en vendre, d'en transporter, d'en consommer ou tout simplement de vous associer avec des personnes qui le font, même si les gens du pays semblent le faire sans problème. En tant qu'étranger, vous êtes déjà désavantagé, et vous pouvez très bien être victime d'un coup monté. Que ce soit au Guatemala ou au Belize, la législation sur les drogues est stricte et, même si elle ne sont pas toujours appliquées à tout le monde, les sanctions sont très sévères.

MANIFESTATIONS ANNUELLES ET JOURS FÉRIÉS
Vous vous rendrez vite compte que le dimanche est véritablement un jour de repos et l'occasion pour les Guatémaltèques et les Béliziens de porter leurs plus beaux atours, d'aller à l'église, puis de passer l'après-midi à se détendre dans les parcs ou à se promener dans les rues. Presque tout est fermé, sauf dans certaines villes et bourgades où il y a marché. Le service de bus est souvent réduit.

Les principaux jours fériés nationaux correspondent aux fêtes du calendrier de l'Église catholique romaine. Noël et la Semaine Sainte (*Semana Santa*), qui s'achève par Pâques, sont les plus importantes bien que les cérémonies relèvent autant du chamanisme maya que du christianisme. Durant la Semaine Sainte, au Guatemala, les hôtels et les bus sont complets, notamment dans les villes où se déroulent des cérémonies particulièrement hautes en couleur comme à Antigua.

Janvier
Après deux semaines de calme relatif par rapport à la période de Noël, la saison d'hiver reprend dès la mi-janvier. Le temps est beau.
1er janvier – Le Nouvel An est un jour férié légal au Guatemala et au Belize.

Février
C'est la pleine saison touristique, la plupart des hôtels affichent complet, presque toutes les voitures de location sont réservées et l'activité bat son plein.
Fêtes religieuses – Le Carnaval a lieu fin février ou début mars, avant le Carême. Le début est déterminé en fonction de la date de Pâques.

Ces festivités sont importantes dans toute la région, elles s'accompagnent de fantastiques défilés de chars, de danses folkloriques, de compétitions sportives, et tout le monde se déguise. Le dernier jour du *Carnaval* qu'on appelle souvent *Mardi Gras* est le dernier jour au cours duquel les catholiques ont le droit de manger de la viande. Le lendemain, le *Mercredi des Cendres* marque le début du Carême qui dure quarante jours et prend fin à Pâques. A partir de ce mercredi-là, le jeûne et la prière sont de règle. En 1999, le Mardi Gras tombera le 23 février.

Mars
La saison touristique continue de battre son plein.

Fêtes religieuses – Le *Carnaval* (voir février), qui a lieu fin février-début mars, se termine le Mardi Gras qui tombe le 3 mars en 1998, le 14 mars en 2000 et le 6 mars en 2001.

9 mars – *Baron Bliss Day*, le jour de baron Bliss, est un jour férié au Belize. Il commémore l'arrivée de ce noble anglais au Belize qui débarqua dans les années 1920 et tomba amoureux de ce pays et de sa population à laquelle il légua sa fortune (plusieurs millions de dollars). Les revenus de ce legs permettent depuis lors de financer des routes, des écoles, des marchés, etc.

Avril
La saison des pluies peut commencer dès la fin avril. Elle succède souvent aux semaines les plus chaudes de l'année durant lesquelles hommes et animaux suffoquent de chaleur dans les Basses Terres alors qu'il fait un temps délicieux dans les montagnes.

Fêtes religieuses – Durant la *Semaine Sainte*, la semaine précédant le dimanche de Pâques, les territoires mayas connaissent une intense animation, en particulier dans les Hautes Terres du Guatemala. La Semaine Sainte commence par le *dimanche des Rameaux*, le dimanche précédant Pâques, qui tombe le 5 avril 1998, le 28 avril 1999, le 16 avril 2000 et le 8 avril 2001. Le *Vendredi Saint*, le *Samedi Saint* et le *dimanche de Pâques* sont fériés au Guatemala et au Belize. Le *Jeudi Saint* est également férié au Guatemala, et le *Lundi de Pâques* au Belize.

21 avril – *Queens's Birthday* (l'anniversaire de la Reine) est un jour férié au Belize.

Mai
La saison des pluies commence véritablement, avec des précipitation intenses durant les premières semaines. Aucun endroit n'y échappe, mais la pluie est plus forte que partout ailleurs à l'ouest, dans les Hautes Terres guatémaltèques. 1er Mai – *Fête du Travail*, jour férié au Guatemala et au Belize.

24 mai – *Commonwealth Day*, férié au Belize.

Juin
Les pluies peuvent demeurer importantes durant le mois de juin.

30 juin – *Fête de l'Armée* et commémoration de la Révolution de 1871, jour férié au Guatemala.

Juillet
Les pluies deviennent moins gênantes et la saison d'été bat son plein. La saison des cyclones commence théoriquement en juillet, bien que l'histoire en compte peu durant ce mois. Les visiteurs estivaux sont généralement davantage attirés par les sites archéologiques et la culture locale que ceux qui viennent l'hiver pour les plaisirs du soleil et de la mer.

Août
La haute saison atteint son apogée et il est parfois difficile de trouver à se loger. La saison des cyclones atteint les Caraïbes ; c'est l'un des mois où abondent les orages tropicaux.

15 août – *Fête du Guatemala* à Guatemala Ciudad ; les bureaux et les boutiques ferment pour la journée.

29 août – *Fête des Travailleurs postaux* ; tous les bureaux de poste guatémaltèques sont fermés.

Septembre
Les touristes de l'été commencent à se raréfier. Il fait encore chaud et humide, la saison des cyclones se poursuit, avec de fréquents orages tropicaux.

10 septembre – *Fête nationale du Belize*, jour férié au Belize. Cette journée commémore la bataille de Caye Saint George livrée en 1798 entre les boucaniers britanniques et les forces navales espagnoles. L'enjeu de la bataille n'était autre que le Belize lui-même. Les Britanniques l'emportèrent. Les fêtes commémoratives commencent le 10 et se poursuivent jusqu'au 21, fête de l'Indépendance.

15 septembre – *Fête de l'Indépendance* , jour férié au Guatemala.

21 septembre – *Fête de l'Indépendance*, jour férié au Belize. L'ancienne colonie britannique du Honduras obtint son indépendance en 1981.

Octobre
Les pluies ainsi que les risques de cyclones diminuent durant le mois d'octobre. C'est la période idéale pour voyager dans cette région, aussi en raison de la faible affluence de touristes.

12 octobre – *Colombus Day*, jour férié au Belize.

20 octobre – Commémoration de la Révolution de 1944 au Guatemala.

Novembre
C'est une formidable période pour les amoureux de sites déserts, de plages tranquilles, d'hôtels vides et de restaurants calmes. Ceux qui

aiment prendre leur temps et profiter de tarifs intéressants apprécieront cette saison qui marque la fin des cyclones.

1er novembre – *Todos Santos*, Fête de la Toussaint au Guatemala.

19 novembre – *Garifuna Settlement Day* (Belize) : commémoration de l'arrivée des Garifunas (ou Garinagus, Caraïbes noirs) venus s'installer au Belize en 1823.

Décembre

La première quinzaine de décembre est une excellente période pour visiter la région avec peu de pluies et des températures agréables. Jusqu'au 15 décembre, les touristes restent peu nombreux et les prix intéressants. Après quoi, c'est l'arrivée des foules et l'envolée des prix.

8 décembre – *Fête de l'Immaculée Conception* dans de nombreuses villes guatémaltèques.

24-25 décembre – La *veille de Noël*, l'après-midi est férié au Guatemala. Le *jour de Noël* est férié au Guatemala et au Belize.

26 décembre – *Boxing Day*, jour férié au Belize.

31 décembre – L'*après-midi de la Saint Sylvestre* est férié au Guatemala.

ACTIVITÉS CULTURELLES ET SPORTIVES

La culture, l'art et l'archéologie mayas sont les principaux centres d'intérêt de cette région, cependant il existe de nombreuses autres activités.

Archéologie

Les sites archéologiques abondent dans la région. La visite de plusieurs d'entre eux suppose d'ailleurs une bonne part d'activité physique, telle qu'une longue randonnée dans la jungle à Tikal (Guatemala) ou à Caracol (Belize).

Sports nautiques

La côte Caraïbe du Guatemala et les cayes du Belize sont un véritable paradis pour les sports nautiques, notamment la natation, la plongée (profonde ou de surface), la pêche, la voile et la planche à voile. En revanche, la côte Pacifique du Guatemala est relativement peu exploitée et les possibilités en matière de sports nautiques y sont moins attrayantes.

Plongée

La barrière de corail des cayes du Belize offre les plus beaux sites de plongée pour qui veut observer les coraux, la flore et les poissons tropicaux. Si vous prévoyez de faire de la plongée profonde, n'oubliez pas d'emporter votre certificat d'aptitude et vérifiez soigneusement l'état du matériel que l'on vous prête.

Randonnée et escalade

Au Guatemala, vous pourrez escalader les volcans qui bordent le Lago de Atitlán, tout en sachant que ces lieux peuvent abriter des guérilleros ou des bandits. Les volcans proches d'Antigua offrent également d'excellentes possibilités de promenades. Reportez-vous néanmoins au chapitre *Hautes Terres* du *Guatemala*, pour vous informer sur l'opportunité ou non de faire de telles ascensions en fonction des conditions de sécurité.

Bicyclette

Voir la rubrique *Bicyclette* du chapitre *Comment circuler*. Sachez toutefois qu'il faut rester prudent car des bandits de grand-chemin ont détroussé plusieurs cyclistes.

COURS DE LANGUE

Beaucoup de gens apprécient de suivre des cours d'espagnol à *Antigua* ou à *Quetzaltenango*, au Guatemala. Pour plus de précisions, voir ces parties.

TRAVAILLER AU GUATEMALA OU AU BELIZE

Selon la législation en vigueur, il faut un permis pour travailler dans l'un ou l'autre de ces pays. En fait, si vous trouvez un emploi qui vous convienne, vous pourrez être payé au noir ou trouver une échappatoire.

Consultez les petites annonces dans les journaux locaux (en espagnol et en anglais) ainsi que les tableaux dans les endroits où se réunissent les gringos et demandez autour de vous. Les grandes villes offrent naturellement le plus grand nombre d'opportunités. Les rémunérations sont peu élevées mais suffisantes pour vivre.

Le job le plus lucratif consiste à donner des cours de langue à des cadres d'entreprise ou à des employés de banque. Étant donné qu'il faut du temps pour mettre en place un réseau de contacts, ne comptez pas excercer cette activité durant un séjour d'un mois ou deux seulement. Si vous vous faites une bonne réputation, vous gagnerez bien votre vie car vos élèves feront partie de l'élite commerciale.

HÉBERGEMENT
Les possibilités d'hébergement vont des complexes hôteliers de luxe aux *casas de huéspedes* (pensions de famille) en passant par toutes sortes d'hôtels et motels.

Hôtels et motels
Certains complexes hôteliers des cayes du Belize offrent un luxe inouï à des prix en conséquence mais qui, à prestations égales, restent relativement avantageux par rapport à d'autres pays. Pour une chambre double de cette catégorie, il faut compter entre 80 $US et 250 $US la nuit. En réalité, la plupart des gens qui descendent dans ces lieux sybaritiques bénéficient de tarifs plus avantageux dans le cadre de voyages organisés.

Dans la catégorie moyenne, il existe des hôtels et motels confortables, certains offrant une agréable atmosphère coloniale, d'autres très modernes avec pelouses, fleurs tropicales et piscine à l'ombre des palmiers ; d'autres encore, de hauts immeubles urbains, proposent toutes sortes de services et de confort. Leur gamme de prix s'étend de 25 à 80 $US, les plus élevés étant pratiqués dans les grandes villes.

Les établissements de la catégorie petits budgets, dont les chambres coûtent entre 6 et 25 $US la double, offrent différents degrés de confort et de propreté. C'est au Guatemala que vous trouverez les hôtels et les pensions les moins chers et les plus simples même si les prix ont tendance à grimper avec la popularité croissante du pays. Au Belize, les prix sont nettement plus élevés sans que la qualité le justifie vraiment.

Casas de Huéspedes
Le type d'hébergement le moins cher est ensuite la casa de huéspedes, une maison convertie en pension de famille. Une chambre double y coûte de 5 à 20 $US, avec ou sans les repas.

Auberges de jeunesse
Il n'existe pas vraiment d'auberges de jeunesse officielles au Guatemala et au Belize (à la différence des *albergues de la juventud* du Mexique).

Camping
Vous pouvez camper gratuitement sur la plupart des plages, en vous méfiant toutefois des voleurs. Dans les campings, la place coûte entre 3 et 15 $US la nuit en fonction des aménagements et de l'emplacement. La plupart des terrains sont équipés pour accueillir des caravanes et des camping-cars.

ALIMENTATION
En matière culinaire, le Guatemala s'apparente au Mexique avec d'importantes spécificités régionales. La cuisine du Belize, plutôt fruste, reflète elle aussi ses racines.

Les trois repas principaux, petit déjeuner, déjeuner et dîner (*el desayuno, la comida, la cena* au Guatemala), comportent tous un ou plusieurs des trois plats traditionnels :

Les *tortillas* sont de fines crêpes rondes grillées, à base de maïs, que l'on sert farcies ou nappées de divers ingrédients. Les meilleures sont les tortillas faites à la main et servies aussitôt, puis celles qui sont faites à la machine et vendues dans les *tortillerías*. Généralement, celles qu'on trouve sont plus ou moins fraîches et conservées sous un tissu chaud et humide, ce qui leur donne un côté un peu caoutchouteux. Les pires sont les vieilles tortillas laissées à l'air libre : les bords sont desséchés et racornis, l'intérieur totalement caoutchouteux. Mais ne confondez pas ces vieilles tortillas avec les tortillas sèches, grillées et croustillantes, qui n'ont rien à voir et sont délicieuses.

Les *frijoles* sont des haricots qui se mangent bouillis, sautés ou frits, en soupe, sur des tortillas ou avec des œufs. Si vous commandez des frijoles sans rien spécifier, on peut aussi bien vous les servir dans un bol, baignant dans leur jus sombre, ou sur une assiette sous forme d'une épaisse pâte noirâtre. Même si l'aspect varie, ils sont presque toujours délicieux et en tout cas très nutritifs. Les frijoles ne sont mauvais que lorsqu'ils ont été frits dans une graisse de mauvaise qualité ou quand il sont refrits et dégoulinent de graisse.

Les *chiles* sont des piments dont il existe des dizaines de variétés et une centaine de préparations. Certains, comme le *habanero* et le *serrano*, sont toujours très forts tandis que d'autres, comme le *poblano,* peuvent être plus ou moins doux selon l'époque de la cueillette. Pour plus de précautions, demandez si le piment est *picante* (fort) ou *muy picante* (très fort).

Vous trouverez une liste complète des plats avec leur traduction dans le *Petit guide des menus*, à la fin de ce guide.

Repas

Petit déjeuner. Le petit déjeuner le plus simple se compose de café et de toasts ou de petits pains sucrés (*pan dulce*).

On peut toujours également commander un breakfast à l'américaine : des œufs avec du bacon ou des saucisses, des petites galettes chaudes (*panqueques* au Guatemala), des céréales avec du lait froid, comme les corn-flakes, ou du lait chaud, comme les flocons d'avoine, du jus de fruit et du café. On préparera les œufs à votre convenance (voir le *Petit guide des menus*).

Déjeuner. C'est le repas le plus important de la journée. Il est servi vers 13h ou 14h. Dans les restaurants qui ne visent pas particulièrement la clientèle touristique, les menus peuvent changer chaque jour, toutes les semaines ou pas du tout. Il est possible de commander à la carte ou au menu. Les repas à prix fixe (*comida corrida*) peuvent comprendre jusqu'à cinq ou six plats. Le choix et les prix sont souvent affichés à la porte d'entrée. Les simples comidas corridas comportent souvent une modeste soupe ou des pâtes, un plat du jour garni et un

café. Les versions plus coûteuses comprennent une soupe élaborée ou un ceviche, un choix de plats du jour tels que steak ou poisson, une salade, un dessert et un café.

Dîner. La cena, plus légère que le déjeuner, est servie vers 19h30. Dans les stations balnéaires, le repas du soir est souvent le plus important car chacun passe sa journée à la plage.

Cuisine locale

Pour plus de précisions sur la cuisine de chacun des deux pays, voir respectivement la rubrique *Alimentation* du Guatemala et du Belize.

BOISSONS

Compte tenu de la chaleur, vous aurez souvent besoin de boire. Et même si vous n'avez pas vraiment soif, n'oubliez pas de vous désaltérer afin d'éviter la déshydratation et les coups de chaleur (voir la rubirque *Santé* de ce chapitre).

Boissons sans alcool

Vous trouverez de l'eau en bouteille ou purifiée dans presque tous les hôtels et magasins (voir *Hygiène alimentaire* dans la rubrique *Santé*). Vous pouvez également demander du "soda", eau minérale gazeuse ne présentant aucun danger.

Outre les marques internationales aisément identifiables de *refrescos* (boissons fraîches) telles que Coca-Cola, Pepsi et Seven-Up, vous découvrirez d'intéressantes variantes locales. Vous trouverez partout du soda parfumé à l'orange (*naranja*) tandis que celui au pamplemousse (*toronja*), encore meilleur, est moins courant.

Café, thé et chocolat

La région du Soconusco, sur le versant Pacifique du Guatemala, abrite de nombreuses plantations qui produisent d'excellents cafés, notamment l'Antigua et le Maragogipes. Certains hôtels d'Antigua possèdent même leurs propres caféiers. On trouve du café partout, mais parfois étonnamment sucré et léger dans certaines parties du Guatemala.

Le thé noir (*té negro*), généralement en sachet (souvent produit localement par Lipton) décevra les vrais amateurs.

Les infusions sont nettement meilleures. La camomille (*té de manzanilla*) qui figure souvent à la carte des restaurants et des cafés est un excellent remède contre les maux d'estomac et les diarrhées.

Durant la période classique de la civilisation maya, le chocolat chaud était le stimulant que buvaient souverains et nobles à l'occasion des cérémonies. A cette époque, le cacao se buvait non sucré si bien qu'il avait un goût terriblement amer. Aujourd'hui, on le sert beaucoup plus sucré, et même s'il a perdu de son authenticité, il est nettement plus agréable au palais.

Jus de fruits et de légumes

Les purs jus de fruits et de légumes frais (*jugos*), les cocktails ou milkshakes (*licuados*) et les jus de fruits ou sirops allongés d'eau (*aguas frescas*) sont très prisés. Tous les fruits et quelques légumes que l'on peut presser sont utilisés seuls pour les jugos et les aguas frescas ou entrent dans la composition des licuados.

Le plus simple des licuados est un mélange de fruits ou de jus allongé d'eau et sucré. On peut aussi y mettre, en plus ou à la place, de l'œuf cru, du lait, de la glace et divers parfums comme la vanille ou la noix de muscade. Il existe une infinité de combinaisons plus succulentes les unes que les autres.

Les aguas frescas sont obtenues par le mélange d'un jus de fruit ou d'un sirop à base de graines broyées avec du sucre et de l'eau. Essayez l'*agua fresca de arroz* (littéralement "eau de riz"), à l'agréable goût de noisette.

Alcools

Dans les supermarchés, les épiceries et les magasins de vins et spiritueux, on trouve de la bière et du vin importés ou produits localement. Certaines productions locales

sont fort agréables et peu onéreuses. Ce n'est pas une raison pour en abuser car l'ingestion d'alcool favorise la déshydratation, en particulier dans ces climats chauds. Si vous buvez des boissons alcoolisées, veillez à absorber également beaucoup de boissons non alcoolisées.

Bière. Les premières brasseries guatémaltèques ont été fondées par des immigrants allemands à la fin du XIXe siècle. L'utilisation des techniques et technologies européennes depuis lors et jusqu'à nos jours, explique sans doute pourquoi l'on trouve tant de délicieuses bières (*cervezas*), blondes ou brunes, dans ces régions.

Les deux marques les plus répandues au Guatemala sont Gallo (Ga-yo, coq) et Cabro (chèvre), la première se trouvant partout.

Au Belize, Belikin a pratiquement le monopole du marché de la bière. La plus savoureuse, la Belikin Export, qui se vend en grande bouteille et coûte plus cher que les autres, est vraiment la meilleure.

Dans les restaurants et les bars non habitués aux touristes, la bière est parfois servie à température ambiante. Si vous la préférez glacée, demandez *una cerveza fría*. Il se peut alors que le serveur vous tende la bouteille ou la canette pour vous faire vérifier si vous la trouvez assez fraîche. Si ce n'est pas le cas, il faudra vous en contenter ou vous en passer.

Vin. Le vin est loin d'être aussi populaire que la bière et l'alcool de canne à sucre, mais on trouve du vin d'importation car les amateurs sont de plus en plus nombreux.

Au Guatemala et au Belize, les vins locaux n'ont rien d'extraordinaire et les vins d'importation sont très chers. Même dans les meilleurs établissements, il vous faudra probablement spécifier que vous désirez votre vin rouge à température et votre vin blanc frais.

Spiritueux. Le rhum et l'*aguardiente* (alcool de canne à sucre) sont les boissons fortes préférées au Guatemala et au Belize.

Si la plupart sont bon marché et de qualité médiocre, il existe aussi des productions locales d'une finesse exceptionnelle. Le Zacapa Centenario est un vieux rhum guatémaltèque mœlleux, fabriqué à Zacapa, près de Carretera al Atlántico. Il faut le déguster lentement, et pur, comme un bon cognac. Les rhums et les eaux de vie ordinaires sont souvent servis allongés, mélangés avec du soda, tel le *Cuba libre* (rhum et coca).

Vous pourrez également boire du gin, mélangé à du Schweppes ou autre eau tonique, de la glace et du jus de citron vert, ce que nombre de personnes considèrent être la boisson parfaite des tropiques, et du whisky, généralement importé des États-Unis.

DISTRACTIONS
La seule ville de la région où l'on trouve de bons night-clubs est Guatemala Ciudad. Dans les agglomérations plus petites, quelques guitaristes ou autres musiciens jouent parfois dans les grands restaurants.

Seules les villes importantes possèdent des salles de cinéma. Au Guatemala, tous les films sont en espagnol. Au Belize, ils sont en anglais.

ACHATS
La plupart des *artesanías* (objets artisanaux) sont inspirés d'objets usuels ou liés à des occasions spécifiques telles que les fêtes. De nombreux articles sont fabriqués uniquement pour la vente aux touristes – certains purement décoratifs, d'autres plus utilitaires –, ce qui n'enlève rien à leur qualité. Bien que les matériaux traditionnels, surtout les textiles, soient plus rares, certains artisans ont su tirer profit du tourisme pour développer leurs talents artistiques.

Il n'est pas toujours préférable d'acheter les objets artisanaux dans les villages où on

les fabrique. Vous trouverez souvent un meilleur choix dans les grandes agglomérations, où les prix ne sont pas forcément plus élevés.

Pour vous faire une bonne idée de la qualité et des prix, visitez plusieurs magasins dans les grandes villes avant de vous décider. En achetant là, plutôt que dans les villages reculés, vous économiserez en outre du temps et de la fatigue. Dans plusieurs villes, les boutiques gérées par le gouvernement proposent généralement des produits de bonne qualité à des prix raisonnables.

Textiles
Les costumes indiens, tissés à la main et brodés de couleur vives, n'offrent souvent qu'un choix réduit de formes simples, mais il existe autant de motifs que d'artisans. C'est dans les petites villes des Hautes Terres guatémaltèques que l'on rencontre la plus grande variété et les plus beaux specimens. Certains des plus merveilleux huipils sont fabriqués dans les villages autour du Lago de Atitlán et d'Antigua. Les larges ceintures colorées (*fajas*) sont moins chères.

Poteries
Il existe une infinie variété de formes qui différent selon les lieux. Les deux principaux types sont les terres cuites non vernissées et les objets émaillés, plus solides, d'influence hispanique, souvent richement décorés. Vous trouverez facilement de jolis articles pour moins de deux dollars.

Masques en bois
Les masques de cérémonie sont fascinants et encore régulièrement utilisés. Vous en verrez sur les marchés de Panajachel, de Chichicastenango, de Sololá et d'Antigua.

Comment s'y rendre

L'avion est le moyen de transport le plus pratique et le plus emprunté par les touristes pour se rendre en Amérique centrale. Les aéroports internationaux les plus importants se situent à Cancún et à Guatemala Ciudad ; quelques vols continuent sur Belize City. Mexico, également très bien desservie, offre des correspondances pour Cancún, Chetumal, Guatemala Ciudad, Mérida, Palenque, Tuxtla Gutiérrez et Villahermosa. L'accès par voie terrestre depuis le Mexique, le Salvador et le Honduras est facilité par le bon état des routes et la fréquence des bus confortables, bien que peu luxueux. Cependant, aucun train de voyageurs ne relie le Guatemala au reste de l'Amérique centrale et le Belize en est totalement dépourvu.

Vous ne trouverez pas de ferry régulier, que ce soit pour les voitures ou pour les passagers, entre cette partie du monde et les États-Unis.

Préparation au voyage. Depuis la France, vous trouverez des adresses, des témoignages de voyageurs, des informations pratiques et de dernière minute dans *Le Journal de Lonely Planet,* notre trimestriel gratuit (écrivez-nous pour être abonné), ainsi que dans le magazine *Globe-Trotters,* publié par l'association Aventure du Bout du Monde (ABM, 7, rue Gassendi, 75014 Paris, France, ☎ 01 43 35 08 95) qui organise des rencontres entre voyageurs (centre de documentation, projections...). Le *Guide du voyage en avion* de Michel Puysségur (48 FF, éd. Michel Puysségur) vous donnera toutes les informations possibles sur la destination et le parcours de votre choix. Le Centre d'information et de documentation pour la jeunesse (CIDJ, 101 quai Branly, 75015 Paris, France, ☎ 01 44 49 12 00) édite des fiches très bien conçues : "Réduction de transports pour les jeunes" n°7.72, "Vols réguliers et vols charters" n°7.74, "Voyages et séjours organisés à l'étranger" n°7.51. Il est possible de les

obtenir par correspondance : se renseigner sur Minitel 3615 CIDJ (prix de 1,29 FF la minute) pour le coût des fiches – entre 10 et 15 FF) en envoyant un chèque au service Correspondance.

Le magazine *Travels,* publié par Dakota Éditions, est une autre source d'informations sur les réductions accordées aux jeunes sur les moyens de transports, notamment les promotions sur les vols. Il est disponible gratuitement dans les universités, lycées, écoles de commerce françaises.

Depuis la Belgique, la lettre d'information *Farang* (La Rue 8a, 4261 Braives) traite de destinations étrangères. L'association Wegwyzer (Beenhouwersstraat 24, B-8000 Bruges, ☎ (50) 332 178) dispose d'un impressionnant centre de documentation réservé aux adhérents et publie un magazine en flamand, *Reiskrand,* que l'on peut se procurer à l'adresse ci-dessus.

En Suisse, Artou (Agence en recherches touristiques et librairie), 8, rue de Rive, 1204 Genève, ☎ (022) 818 02 40 (librairie du voyageur) et 18, rue de la Madeleine, 1003 Lausanne, ☎ (021) 323 65 54, fournit des informations sur tous les aspects du voyage. A Zurich, vous pourrez vous abonner au *Globetrotter Magazin* (Rennweg 35, PO Box, CH-8023 Zurich, ☎ (01) 211 77 80) qui, au travers d'expériences vécues, renseigne sur les transports et les informations pratiques.

VOIE AÉRIENNE
Lignes aériennes
Quasiment tous les vols internationaux à destination de l'Amérique centrale font escale à Dallas/Fort Worth, Houston, Los Angeles, Miami, Mexico ou San Salvador, où vous devrez sans doute changer d'avion.

Depuis/vers l'Europe
Comme souvent, les billets achetés directement auprès des compagnies nationales

américaines, latino-américaines ou européennes sont très largement majorés par rapport aux tarifs négociés des voyagistes. A titre d'exemple, les billets les plus intéressant proposés par Air France tournent autour de 6 000 FF.

Vous augmenterez vos chances d'obtenir un bon prix en comparant, dès que vous connaîtrez votre date de départ, les offres des voyagistes spécialisés ou généralistes. Vous en trouverez ci-dessous une liste non exhaustive

En basse saison (en novembre, par exemple), il faut compter entre environ 4 200 FF et 4 500 FF pour un aller-retour Paris/Guatemala Ciudad. Les billets open jaw (le retour s'effectue depuis une autre destination) avec Mexico ou Cancún sont généralement moins chers.

A la même période, un aller-retour Paris/Belize City peut coûter 4 900 FF, mais vous devrez plus probablement compter aux alentours de 5 700 FF.

A Noël, un aller-retour Paris/Guatemala Ciudad peut atteindre 5 500 FF.

Depuis la Belgique, un aller-retour Bruxelles/Guatemala Ciudad revient à quelque 24 200 FB en basse saison. Comptez à-peu-près 33 000 FB pour un aller-retour Bruxelles/Belize City.

Un aller-retour Genève/Guatemala Ciudad revient à environ 1 400 FS. Un Genève/Belize City coûte quelque 1 500 FS, et 1 800 FS à Noël.

Fuaj (Fédération unie des auberges de jeunesse)
9, rue Brantôme, 75003 Paris (☎ 01 48 04 70 40 ; Minitel 3615 Fuaj (1,01 FF la minute).

Maison des Amériques
4, rue Chapon, 75003 Paris (☎ 01 42 77 50 50 ; fax 01 42 77 50 60).

Nouveau monde
8, rue Mabillon, 75006 Paris (☎ 01 43 29 40 40).55, cours Pasteur 33000 Bordeaux (☎ 05 56 92 98 98). 8, rue Bailli-de-Suffren, 13001 Marseille (☎ 04 91 54 31 30). 6, place Edouard-Normand 44000 Nantes (☎ 02 40 89 63 64).

Usit Voyages
12, rue Vivienne, 75002 Paris (☎ 01 42 44 14 00) 85, bd Saint-Michel, 75005 Paris (☎ 01 43 29

69 50 ; fax 01 43 25 29 85) et de nombreuses agences à Paris et en France.

Voyageurs du monde
55, rue Sainte-Anne, 75002 Paris (☎ 01 42 86 16)

SSR
Coopérative de voyages suisse. Propose des vols à prix négociés pour les étudiants jusqu'à 26 ans et des vols charters pour tous (tarifs un peu moins chers au départ de Zurich) : 20, bd de Grancy, 1006 Lausanne (☎ 21 617 56 27). 3, rue Vignier, 1205 Genève (☎ 22 329 97 33).

Connections
Le spécialiste belge du voyage pour les jeunes et les étudiants. Plusieurs agences en Belgique : Rue du Midi, 19-21, 1000 Bruxelles (☎ 2 550 01 00) ; Av. Adolphe-Buyl, 78, 1050 Bruxelles (☎ 2 647 06 05). Nederkouter, 120, 9000 Gand (☎ 9 223 90 20). Rue Sœurs-de-Hasque, 7, 4000 Liège (☎ 04 223 03 75).

Billets pour la Ruta Maya

Les compagnies nationales des pays d'Amérique centrale, notamment Aviateca, COPA, LACSA, NICA et TACA, se sont regroupées commercialement sous le nom d'America Central Corporation, ; elles proposent des billets combinés à tarifs spéciaux sur les lignes de la Ruta Maya. Ces billets, aller-retour au départ d'une ville des États-Unis (généralement Miami, La Nouvelle-Orléans ou Houston), vous permettent de visiter les territoires mayas en faisant plusieurs escales . Pour plus de détails sur ces billets et leurs prix, appelez les compagnies aériennes ou votre agence de voyages.

Amérique du Nord

American, Continental, Delta, Northwest et United sont les compagnies américaines proposant le plus grand choix de vols pour la Ruta Maya. Les compagnies latino-américaines Aeromexico, Aeronica, Aeroquetzal, Aviateca, COPA, LACSA, Mexicana et TACA desservent les États-Unis.

Taxe de départ

Tous les passagers quittant un pays d'Amérique centrale par avion doivent acquiter une taxe de départ d'environ 10/12 $US. Au départ du Belize par voie terrestre, la taxe s'élève à 1 $BZ (0,50 $US).

VOIE TERRESTRE
Bus et train
Pour tous renseignements sur les bus et les trains, voir le chapitre *Comment s'y rendre* du pays concerné.

PASSER LA FRONTIERE
Généralement, le passage des frontières ne pose aucun problème, surtout si vous arrivez par avion. En revanche, le passage par la route peut amener quelques complications dont il vaut mieux être averti.

Pour plus de précisions, consultez le chapitre *Comment circuler* du pays concerné.

La *mordida*
En Amérique centrale, il peut arriver qu'à la frontière un fonctionnaire tente d'obtenir une "taxe" indue, ou *mordida* (bouchée).

Sachez que toute taxe officielle donne lieu à la délivrance d'un *recibo* (reçu). Si vous avez un doute quant à la validité de la requête (limitée souvent à 2 \$US), exigez ce reçu. En cas de refus de la part du fonctionnaire, restez ferme mais courtois.

ATTENTION
Les informations fournies dans ce chapitre ont un caractère purement indicatif. Les tarifs des vols internationaux, en particulier, sont compliqués et changeants. Renseignez-vous auprès de plusieurs compagnies aériennes et agences de voyages et vérifiez soigneusement les restrictions susceptibles d'accompagner chaque tarif. Les indications données ici ne sauraient en aucun cas remplacer une recherche personnelle et minutieuse.

Comment circuler

Le bus a toujours été le moyen de transport le plus fiable pour circuler dans la région, mais le développement des lignes aériennes permet aux voyageurs disposant d'un budget suffisant d'accéder plus rapidement aux grands sites.

Malheureusement, les agences de location de voitures ne participent pas encore à cette campagne d'"accès facile". La location de voitures reste chère au Guatemala et plus encore au Belize. La plupart du temps, vous n'aurez pas le droit de franchir les frontières avec votre véhicule de location sans une autorisation écrite du loueur. Si vous envisagez de visiter plusieurs pays d'Amérique centrale, vous serez sans doute obligé de louer des voitures dans chaque pays et d'emprunter un bus ou un avion pour aller de l'un à l'autre.

AVION

Pour éviter certains trajets en bus fastidieux et éprouvants, voire dangereux, vous pouvez prendre l'avion entre les points suivants :

Belize City-Flores (Tikal)	75 $US
Guatemala Ciudad-Flores (Tikal)	59 à 91 $US

BUS

Le bus reste le moyen de transport le plus répandu. Il vous permet d'accéder à 95% des sites mentionnés dans ce guide (les 5% restants étant accessibles à pied ou en bateau). Que les véhicules soient luxueux ou très inconfortables, ils demeurent très bon marché.

Dans l'ensemble, les bus circulent surtout le matin (dès 4/5h) et se raréfient en milieu et en fin d'après-midi. Dans certaines régions, le service s'interrompt totalement en fin d'après-midi le soir venu.

La desserte des bourgs reculés correspond aux besoins des villageois qui se rendent au marché dans les villes de plus grande importance. Ceci implique souvent que la liaison est assurée par un bus unique, quittant le village de très bon matin pour ne revenir qu'en milieu d'après-midi. Pour visiter ces villages, il vous faudra probablement emprunter le bus de l'après-midi, passer la nuit sur place et revenir le lendemain matin. Les villages reculés étant généralement dépourvus d'hôtels, prévoyez un matériel de camping.

Pour plus de renseignements concernant les bus, voir la rubrique *Comment circuler* de chaque chapitre.

TRAIN

Un train relie Ciudad Tecún Umán à Tapachula, puis traverse la frontière avant de rejoindre Guatemala Ciudad. Dans cette région, les trains ne sont ni sûrs ni confortables ; ils relèvent plus de l'aventure que du tourisme. Évitez-les.

VOITURE

Les voitures particulières, les camping-cars et les caravanes sont peut-être les moyens de transport les plus pratiques. Ils permettent d'aller à son propre rythme et d'atteindre facilement les nombreux sites mal desservis par les transports en commun. Toutes les grandes routes, et la plupart des petites, sont accessibles à tout type de véhicules. Le passage des frontières ne présente pas de difficulté. Si vous voyagez avec votre propre véhicule, il faut qu'il puisse rouler à l'essence avec plomb. En outre, vous devez être en possession d'une assurance automobile et d'un permis d'importation.

La location de voiture revient assez cher au Guatemala et au Belize. Comptez 30/45 $US par jour, tout compris, pour un petit véhicule, style Coccinelle Wolkswagen. L'essence coûte environ 2,5 $US le gallon (0,67 $US le litre).

EN STOP

Si le stop se pratique pour accéder à certains sites mayas mal desservis, notamment

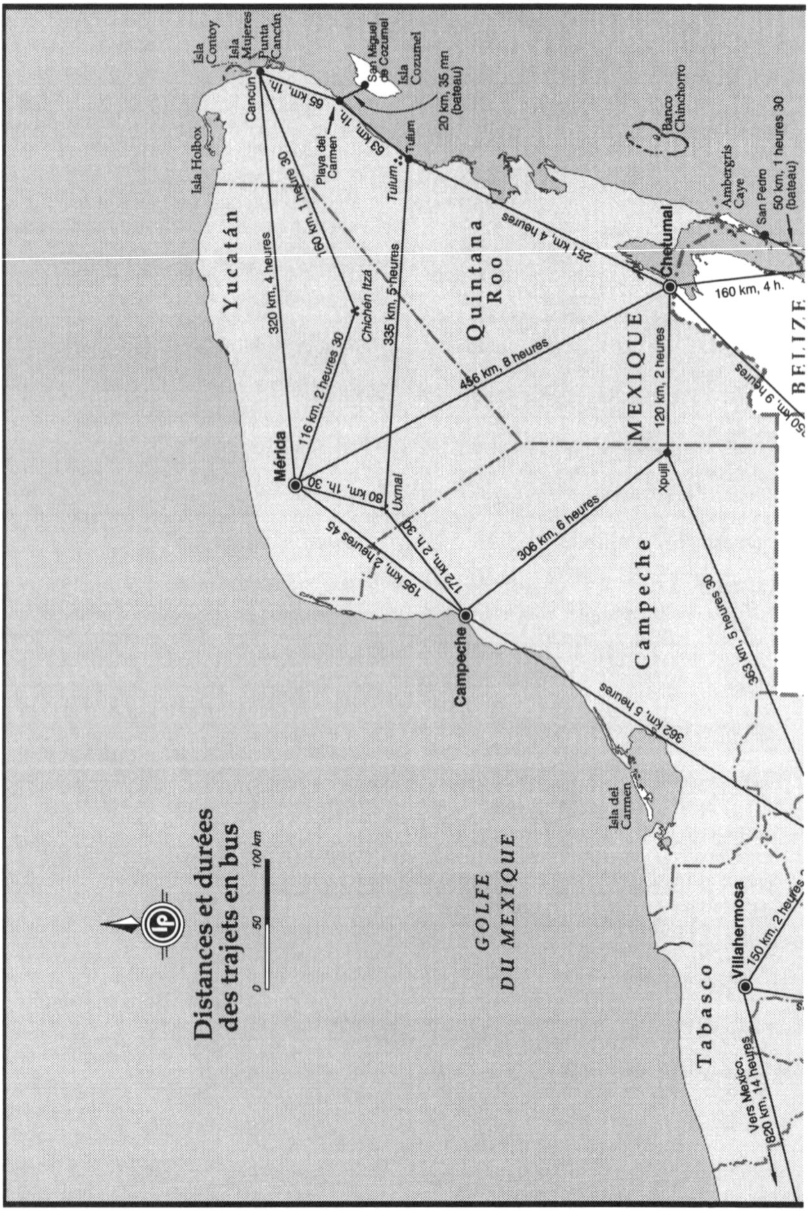

Distances et durées
des trajets en bus

GOLFE
DU MEXIQUE

0   50   100 km

Yucatán

Quintana
Roo

MEXIQUE

Campeche

Tabasco

BELIZE

Isla
Contoy
Isla
Mujeres
Punta
Cancún
Cancún

Isla Holbox

Playa del
Carmen

San Miguel
de Cozumel
Isla
Cozumel

Tulum

65 km, 1h.

63 km, 1h.

20 km, 35 mn
(bateau)

160 km, 1 heure 30

320 km, 4 heures

116 km, 2 heures 30

Chichén Itzá

335 km, 5 heures

Mérida

80 km, 1h. 30

Uxmal

195 km, 2 heures 45

172 km, 2 h. 30

Campeche

306 km, 6 heures

456 km, 8 heures

251 km, 4 heures

Chetumal

Banco
Chinchorro

Ambergris
Caye
San Pedro

50 km, 1 heures 30
(bateau)

160 km, 4 h.

120 km, 2 heures

Xpujil

363 km, 5 heures 30

362 km, 5 heures

150 km, 2 heures

Isla del
Carmen

Villahermosa

Vers Mexico,
820 km, 14 heures

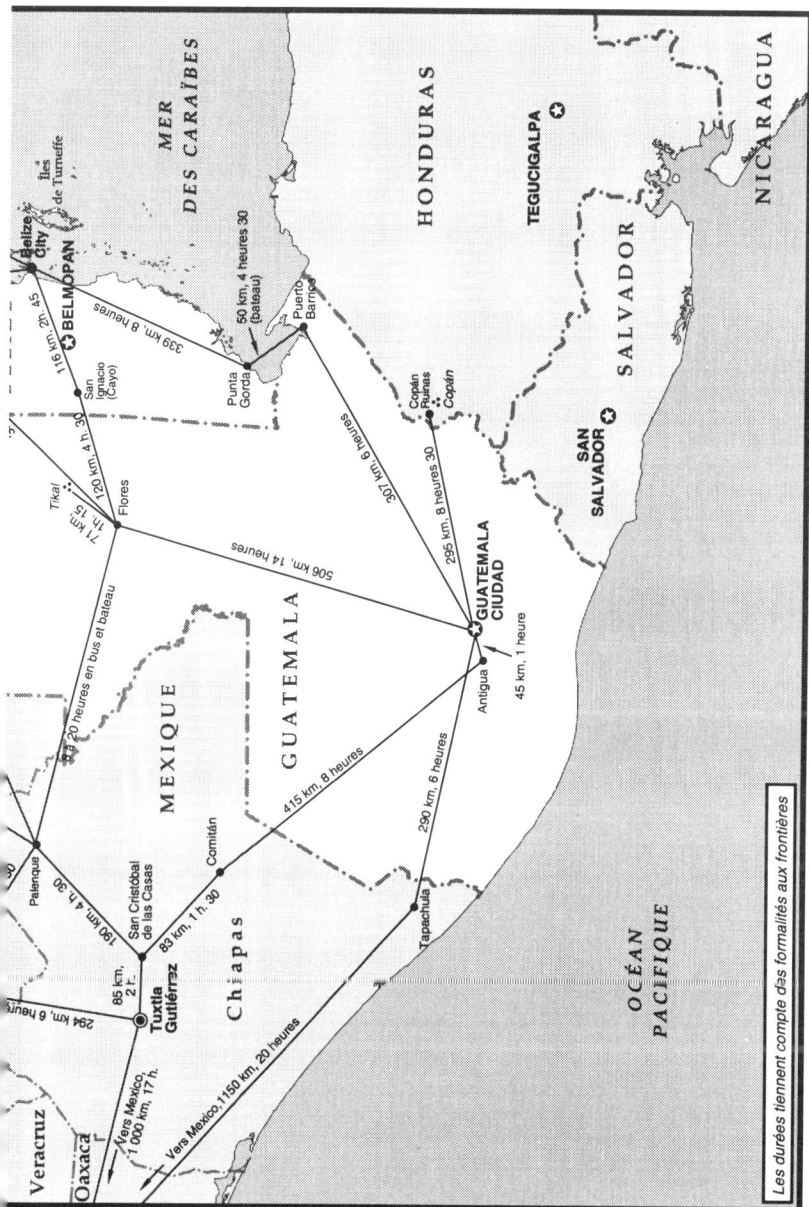

MER
DES CARAÏBES

Îles
de Turneffe

Belize
City

BELMOPAN

San
Ignacio
(Cayo)

116 km, 2h. 45

339 km, 8 heures

Tikal

71 km
1h. 15

120 km, 4 h. 30

Flores

Punta
Gorda

50 km, 4 heures 30
(bateau)

Puerto
Barrios

HONDURAS

TEGUCIGALPA

Copán
Ruinas
Copán

307 km, 6 heures

506 km, 14 heures

295 km, 8 heures 30

GUATEMALA
CIUDAD

SAN
SALVADOR

SALVADOR

NICARAGUA

MEXIQUE

20 heures en bus et bateau

GUATEMALA

Antigua

45 km, 1 heure

Palenque

190 km, 4 h. 30

San Cristóbal
de las Casas

Comitán

415 km, 8 heures

83 km, 1 h. 30

290 km, 6 heures

85 km,
2 t.

294 km, 6 heures

Tuxtla
Gutiérrez

Chiapas

Tapachula

Veracruz

Oaxaca

Vers Mexico,
1 000 km, 17 h.

Vers Mexico, 1150 km, 20 heures

OCÉAN
PACIFIQUE

Les durées tiennent compte des formalités aux frontières

sur la route Puuc au Yucatán, il peut s'avé-rer très dangereux au Guatemala et au Belize.

Le stop n'est pas ici synonyme de transport gratuit. Si un camion s'arrête pour vous prendre, le chauffeur vous demandera le plus souvent de régler le même tarif qu'en bus (lorsqu'il y en a). Dans certaines régions, des camionnettes et des camions à plateau servent de "bus" et les passagers payent leur place. C'est avec les touristes étrangers que vous aurez le plus de chance de voyager gratuitement.

Quel que soit le pays, le stop n'est jamais totalement sûr et nous ne le conseillons pas. Les auto-stoppeurs doivent être conscients des risques graves qu'ils encourent et ne devraient jamais voyager seul.

BATEAU

Même s'il n'existe pas de longues liaisons maritimes dans la région, les bateaux servent très souvent au transport public.

Au Guatemala, les vedettes représentent le principal moyen de transport sur le Lago de Atitlán tandis que des pirogues vous permettent de découvrir la flore et la faune sauvages en remontant de Río Dulce et d'El Golfete jusqu'au Lago de Izabal. Vous pourrez également faire des excursions en pirogue sur le Lago Petén Itzá dans les environs de Flores (près de Tikal).

Au Belize, les liaisons maritimes jouent un rôle capital. Il existe plusieurs services journaliers de vedettes rapides entre Belize City, Caye Chapel, Caye Caulker et Ambergris Caye. D'autres bateaux circulent suivant des horaires réguliers ou en service charter ; ils desservent plusieurs fois par semaine les nombreux autres cayes. Un service de bateau relie Punta Gorda, au sud du Belize, avec Lívingston et Puerto Barrios, au Guatemala, et avec Puerto Cortés au Honduras. Dans l'Ouest du Belize, toutes sortes de bateaux, de pirogues ou de kayaks naviguent sur les rivières de la Moutain Pine Ridge, princi-palement pour le plaisir, mais aussi comme moyen de transport quand la saison des pluies a transformé les routes de terre en bourbiers.

Les plus intrépides pourront aussi descendre les rivières de Palenque (Mexique) à Flores (Guatemala).

TRANSPORTS LOCAUX
Bus

Toutes les grandes villes, hormis Belize City, disposent d'un réseau de bus publics. Ce sont toujours d'anciens véhicules scolaires nord-américains, généralement bruyants et inconfortables, mais bon marché (0,25 $US à Guatemala Ciudad). La plupart du temps, les bus ne suffisent pas à la demande et sont pleins à craquer à toute heure.

Ruletero

Guatemala Ciudad dispose d'un important réseau de *ruleteros*, sortes de taxis à itinéraire fixe et à prix modique qui, le soir, remplacent les bus. Les ruleteros desservent également quelques itinéraires touristiques très courus, comme le trajet de Belize City à San Ignacio ; ils offrent le confort et la rapidité d'une voiture pour un prix à peine plus élevé qu'un bus.

Taxi

Les tarifs des taxis sont plutôt élevés. Aucun véhicule n'est équipé de compteur si bien qu'il faut se mettre d'accord sur le prix de la course avant de monter. En fait il existe des tarifs fixes, mais les chauffeurs essayent souvent d'obtenir plus. Marchandez ou renseignez-vous auprès de plusieurs chauffeurs.

Bicyclette

La bicyclette n'est pas encore un sport très répandu. Les routes ne sont pas toujours très lisses, le soleil souvent implacable et les distances entre les villes parfois interminables. A cela s'ajoute parfois la monotonie du paysage, quand deux murs de jungle bordent la route sur des kilomètres. Les insectes – qu'ils vous atterrissent en plein visage ou qu'ils vous dévorent – sont également dissuasifs.

Néanmoins, il peut être fabuleux de découvrir certaines régions en vélo, notamment les Hautes-Terres guatémaltèques où la circulation est peu intense, les bourgs proches les uns des autres et les routes correctes. Les voleurs représentent le principal danger. A moins que vous n'aimiez pédaler sous la pluie, réservez, toutefois, ce type de voyage pour la saison sèche (d'octobre à mai).

Équitation

L'équitation fait plutôt partie des loisirs, sauf dans certaines contrées reculées de l'ouest du Belize où le cheval est un moyen de transport très pratique. Vous pourrez faire des randonnées à cheval dans de nombreux endroits, notamment autour du lac Atitlán, de Flores et dans la Mountain Pine Ridge.

Présentation du Guatemala

Au cœur du monde maya, le Guatemala est un pays fertile et magnifique à l'histoire tragique.

Les Mayas, qui vivent dans l'éblouissant décor de leurs montagnes, défendent leurs traditions et leur mode de vie qu'ils perpétuent depuis des générations. Fêtes et cérémonies ne manquent pas de faste et, chaque semaine, les couleurs vives des costumes traditionnels tissés à la main illuminent les marchés.

Pourtant, la modernité commence à envahir la culture maya, pour le meilleur et pour le pire. Si les revenus générés par le tourisme permettent d'améliorer le niveau de vie, d'éducation et de santé, ils détournent la jeunesse des traditions, l'incitant à aller vivre dans les villes, bruyantes et animées.

Les différences entre sang indigène et sang "européen", entre tradition et "modernité", culture et commerce, sont apparues dans le pays dès l'époque des Conquistadores. Ces clivages, qui scindent aujourd'hui la société en deux groupes antagonistes, ont semé l'oppression et entraîné de fréquents bains de sang.

Traditions et valeurs modernes s'opposent également lorsque les fermiers et les éleveurs déboisent la forêt pour nourrir leur famille. Certes, les méthodes restent traditionnelles, puisque l'on pratique la culture sur brûlis, mais le résultat n'en est pas moins désastreux pour l'écologie.

Autant de paradoxes qui contribuent à la fascination qu'exerce ce pays.

HISTOIRE

Depuis l'indépendance, l'histoire du Guatemala est celle d'une féroce rivalité entre forces de droite et de gauche. Les libéraux ont toujours désiré faire du pays une république éclairée, visant le progrès politique, social et économique. De leur côté, les conservateurs se sont attachés à préserver les valeurs traditionnelles du régime colonial, avec une Église puissante et un gouvernement fort. Leur credo pourrait se résumer ainsi : "Le pouvoir doit revenir aux gens de mérite, de vertu et de biens." Malgré leurs différences, l'un et l'autre mouvement ont toujours servi les intérêts des classes supérieures et privé de droits les populations rurales, notamment mayas.

Morazán et les libéraux

Les libéraux furent les premiers à prôner l'indépendance. Ils entreprirent alors de contester les droits acquis de l'élite conservatrice, soutenue par l'Église et les grands propriétaires.

Durant la courte existence des Provinces-Unies d'Amérique centrale, le président libéral de la fédération, Francisco Morazán (1830-1839), institua des réformes concernant trois problèmes constants : le pouvoir démesuré de l'Église en matière économique, politique et sociale, la division de la société en une classe supérieure – les Espagnols de souche –, et une classe défavorisée, composée d'Indiens et, enfin, l'absence de la région sur les marchés mondiaux. Ce programme fut poursuivi par le chef d'État Mariano Gálvez (1831-1838).

Toutefois, l'impopularité de la politique économique, les impôts trop lourds et l'épidémie de choléra qui ravagea le pays en 1837 engendrèrent un soulèvement indien, qui porta au pouvoir Rafael Carrera, un éleveur conservateur. Ce dernier s'y maintint jusqu'en 1865 et réduisit presque à néant les réalisations de Morazán et Gálvez. Ainsi ce gouvernement permit-il entre autres à la Grande-Bretagne de prendre le contrôle du Belize en échange de la construction d'une route entre Guatemala Ciudad et Belize City. Les Britanniques n'honorèrent pas leur promesse et les demandes de compensation guatémaltèques restèrent lettre morte.

GUATEMALA

Les réformes libérales de Rufino Barrios

Les libéraux retrouvèrent le pouvoir dans les années 1870, d'abord sous la présidence de Miguel García Granados, puis sous celle de Justo Rufino Barrios, jeune propriétaire de *finca* (plantation) de café, qui régna en dictateur de 1873 à 1879. Durant cette période, le pays engagea résolument sa modernisation, avec la construction de routes et de lignes de chemin de fer, la création d'écoles et la mise en place d'un système bancaire moderne. Pour relancer l'économie, le président encouragea la culture du café. Dans les régions propices (situées à moins de 1 400 m d'altitude sur la côte Pacifique), les paysans se virent contraints de céder leurs terres réquisitionnées pour les plantations. Ceux qui vivaient à plus de 1 400 m (Indiens pour la plupart) durent s'enrôler comme saisonniers dans les fincas, comme à l'époque coloniale. Ainsi la politique idéaliste des libéraux, promue par les Britanniques et censée défendre les intérêts du peuple, avait-elle tourné à l'oppression, la plupart des réformes profitant aux propriétaires de fincas et aux commerçants des villes.

Les gouvernements suivants adoptèrent dans l'ensemble une politique similaire. L'économie du pays resta aux mains de quelques familles de propriétaires terriens ou de commerçants. Les entreprises étrangères obtenaient sans peine de généreuses concessions, une police omniprésente censurait, emprisonnait ou exilait les opposants au pouvoir. L'appareil gouvernemental demeurait asservi aux intérêts économiques, en dépit d'une Constitution prétendue libérale.

Estrada Cabrera et Minerva

Manuel Estrada Cabrera occupa le pouvoir de 1898 à 1920. Ce dictateur, qui favorisa a la fois le progrès technologique et les intérêts de l'oligarchie au pouvoir, imposa au peuple de lourdes conditions de vie. Se voyant comme un homme d'État providentiel venu apporter à un pays arriéré progrès et culture, il se qualifiait lui-même de "professeur et protecteur de la jeunesse guatémaltèque".

Il instaura dans les villes les Fiestas de Minerva (fêtes de Minerve), inspirées par la déesse romaine de la sagesse, de l'intelligence, des sciences et de l'industrie à laquelle il fit élever des temples. Certains existent encore (comme celui de Quetzaltenango). Ambitionnant de faire du Guatemala "l'Athènes des Tropiques", il pilla toutefois les caisses de l'État, se désintéressa des écoles et consacra des millions à l'armée.

Jorge Ubico

Après la chute d'Estrada Cabrera, le Guatemala entra dans une ère d'instabilité qui s'acheva en 1931 avec l'élection à la présidence du général Jorge Ubico. Ce dernier dirigea le pays à la façon de Cabrera, mais plus efficacement. Certes, sa parole faisait loi, mais il privilégia la confiance et modernisa le système sanitaire et social du pays. Dans les campagnes, le travail obligatoire fut abandonné. On délivra les Indiens de leur servitude vis-à-vis des propriétaires terriens pour, aussitôt, les enrôler de force dans la construction du réseau routier gouvernemental. Parmi les grands projets de travaux publics, figurait aussi l'édification d'un vaste palais présidentiel sur la grand-place de Guatemala Ciudad.

Dans les années 40, Ubico expropria et exila les Allemands propriétaires de grandes fincas de café et prit position pour les Alliés, bien qu'il admirât ouvertement le général Franco. En 1944, il fut contraint à la démission et à l'exil.

Arévalo et Arbenz Guzmán

Alors que le Guatemala semblait voué aux dictatures — parfois bien intentionnées, mais toujours implacables —, les élections de 1945 portèrent au pouvoir un philosophe. Juan José Arévalo, président de 1945 à 1951, institua le système national de sécurité sociale, créa une commission gouvernementale chargée des problèmes des Indiens, modernisa les infrastructures de santé publique et libéralisa la législation du travail. Au cours de ses six années de mandat, les forces militaires conservatrices tentèrent non moins de vingt-cinq putschs, soit une moyenne d'un tous les trois mois.

Le colonel Jacobo Arbenz Guzmán succéda à Arévalo en 1951, dont il poursuivit la politique. Il institua notamment une réforme agraire destinée à faire éclater les grandes propriétés et à encourager la productivité de petites exploitations familiales. Il expropria en outre la United Fruit Company des vastes domaines concédés par les gouvernements Estrada et Ubico, qui se trouvaient à l'abandon. Les dédommagements versés à la compagnie fruitière furent basés sur la valeur que celle-ci déclarait au fisc, valeur évidemment bien inférieure à son prix réel. Le président annonça ensuite sa volonté de redistribuer les terres aux paysans, qui devraient les exploiter. Cependant, l'expropriation, soutenue par le parti communiste guatémaltèque, alarma Washington. En 1954, les Américains organisèrent une invasion du Guatemala à partir du Honduras menée par deux officiers militaires guatémaltèques en exil. Arbenz dut démissionner et sa réforme agraire ne vit jamais le jour.

Plusieurs présidents militaires élus avec le soutien d'officiers, de chefs d'entreprises, de partis dociles et de l'Église succédèrent à Arbenz. Dès lors, la violence caractérisa la vie politique et les meurtres d'opposants devinrent monnaie courante. Le régime abrogea les mesures progressistes de la réforme agraire, retira le droit de vote aux illettrés (soit 75% de la population), la police secrète reprit du service tout comme la répression militaire.

Les classes défavorisées, majoritaires, connurent une misère sans appel. Aussi assista-t-on, dès 1960, à l'émergence de groupes de guérilla.

Les années 60 et 70

L'essor rapide de l'industrie guatémaltèque marqua les années 60 et 70. Cette croissance, qui profitait aux classes aisées, provoqua une forte pression syndicale sur la classe politique et un exode rural massif, surtout vers la capitale, entraînant un développement urbain anarchique et la naissance de bidonvilles.

91°W
90°W
89°W
88°W
17°N
16°N
15°N
14°N
BELIZE
BELIZE CITY
BELMOPAN
New River
Belize River
Benque Viejo del Carmen
Dangriga (Stann Creek)
Macal River
Stann Creek
Barrière de récifs
Big Creek
MER DES CARAÏBES
Punta Gorda
Bahía de Amatique
Golfo de Honduras
Moho River
Ferry
Puerto Cortés
Uaxactún
Tikal
Río San Pedro
El Naranjo
Sierra del Lacandón
Lago de Petén Itzá
Flores
Santa Elena
El Cruce
Melchor de Mencos
Río Mopán
Chiquibul Branch River
Yaxchilán
Bethel
El Subín
Ceibal
Sayaxché
Río Lacantún
Poptún
Cuevas de Poptún
Modesto Méndez
Playa Grande
Sebol
Fray Bartolomé de las Casas
Sierra de Chamá
Lívingston
Puerto Barrios
Finca La Inca
El Golfete
Río Dulce
El Chinchado
Cuyamelito
Corinto
La Ruidosa
El Estor
Lago de Izabal
Mariscos
San Pedro Sula
Cuchumatanes
Cobán
Río Polochic
Río Motagua
Sierra de las Minas
Purulha
Quiriguá
Río Ulúa
Salamá
Sierra de Chuacús
Río Hondo
Carretera al Atlántico
Zacapa
El Florido
Copán Ruinas
Copán
Santa Rosa de Copán
Santa Barbara
Lago de Yojoa
Chiquimula
El Progreso (Guastatoya)
Chimaltenango
GUATEMALA CIUDAD
Jalapa
Esquipulas
HONDURAS
Antigua
San José Pinula
Laguna de Ayarza
Anguiatú
Agua Caliente
Nueva Ocotepeque
Santa Lucía Cotzumalguapa
Escuintla
Interamericana
Jutiapa
Metapán
Lago de Güija
Río Lempa
La Esperanza
Cuilapa
San Cristóbal Frontera
Marcala
La Democracia
Valle Nuevo
San Cristóbal
Embalse Cerrón Grande
Chiquimulilla
Carretera al Pacífico
Ciudad Pedro de Alvarado
Las Chinamas
Santa Ana
Iztapa
Puerto San José
Monterrico
SALVADOR
La Hachadura
Lago de Coatepeque
Sonsonate
SAN SALVADOR
Lago de Ilopango
Embalse 15 de Septiembre
1
2
4
5
7
8
9
10
12
13
16

L'aggravation des tensions intensifia la violence des protestations et de la répression, provoquant une politisation globale de la société. Chacun prenait parti, les paysans défavorisés s'opposant généralement à une élite citadine. En 1979, Amnesty International estimait au nombre de 50 000 à 60 000 victimes, les Guatémaltèques morts de violences politiques au cours de la décennie.

En 1976, 22 000 personnes périrent lors du terrible tremblement de terre qui en laissa près d'un million d'autres sans abri. Rares furent celles qui bénéficièrent des dons envoyés par le monde entier pour leur porter secours.

Les années 80

Au début des années 80, l'élimination par l'armée des éléments antigouvernementaux des campagnes atteignit son paroxysme, notamment sous la présidence du général José Efraín Ríos Montt, évangéliste parvenu au pouvoir à la suite d'un coup d'État en mars 1982. Un nombre effrayant d'individus, surtout des Indiens, furent éliminés au nom de la lutte anti-insurrectionnelle, de la stabilisation et de l'anticommunisme.

Ces assassinats, relevaient de la "politique de la terre brûlée". Le gouvernement, qui ignorait l'identité des rebelles, mais savait dans quelles régions ceux-ci opéraient, avait entrepris d'exterminer l'ensemble de la population de ces zones pour se débarrasser des indésirables. Cette stratégie visait en outre à dissuader les paysans de rejoindre la guérilla ou de la soutenir. Plus de 400 villages furent ainsi rasés, la majorité de leurs habitants massacrés (souvent après de cruelles tortures). Quant aux survivants, ils furent déportés loin de leur terre natale, dans des "villages modèles" flambant neufs, cernés de camps militaires. On estime à 15 000 le nombre de civils morts dans les opérations antiguerrilla menées sous la présidence de Ríos Montt.

Malgré la brutalité de ces tactiques, un demi-million de personnes – surtout des paysans des hautes terres de l'ouest et du centre et de la région d'El Petén, au nord — apportèrent un soutien actif à la guérilla. En février 1982, quatre puissantes organisations de guérilla se regroupèrent pour former l'URNG (Unité révolutionnaire nationale guatémaltèque).

Tandis que la guerre civile faisait rage et que, des deux côtés, se perpétraient toutes sortes d'atrocités, la netteté des prises de position s'estompait. La population rurale continuait certes à soutenir la guérilla, mais se sentait de plus en plus prise au piège de la violence.

En août 1983, Ríos Montt fut destitué par un coup d'État conduit par le général Oscar Humberto Mejía Victores, mais les abus continuèrent. Sous le nouveau président, on déplorait chaque mois plus de 100 assassinats politiques et une quarantaine d'enlèvements. Ce bain de sang finit par provoquer le retrait de l'aide militaire américaine, ce qui mena à l'élection d'un président civil, Marco Vinicio Cerezo Arévalo, du Parti démocrate chrétien.

Avant de restituer le pouvoir aux civils, les militaires, voulant s'assurer qu'ils ne seraient pas jugés pour leurs méfaits, avaient mis en place des mécanismes de fonctionnement qui leur permettaient de garder le contrôle de la situation en zone rurale, malgré la perte du pouvoir. En élisant Cerezo Arévalo, les Guatémaltèques espéraient voir le gouvernement tempérer les excès de ces militaires et de l'élite qui les soutenait et établir les fondements d'une véritable démocratie. Pourtant, lorsqu'en 1990, le mandat du président s'acheva, peu estimaient que de réels progrès avaient été réalisés dans ce sens.

Le début des années 90

Cerezo Arévalo fut relayé par le conservateur Jorge Serrano Elías (1990-1993), évangéliste du Movimiento de Acción Solidaria (Mouvement d'action solidaire). Il ouvrit le dialogue avec l'URNG pour tenter de mettre fin à des décennies de guerre civile. Les négociations échouèrent et le médiateur de l'Église catholique accusa les deux parties d'intransigeance.

Voyant décroître sa popularité, Serrano sollicita alors le soutien de l'armée. Avec elle, il lança un *autogolpe* (auto-coup d'État) le 25 mai 1993, mais au terme de quelques jours d'extrême tension, il fut contraint à la fuite et à l'exil. Pour terminer le mandat à sa place, le congrès élut Ramiro de León Carpio, défenseur des Droits de l'Homme et critique virulent de la manière forte employée par les militaires. Ce mandat devait s'achever en janvier 1996.

En mars 1995, les États-Unis annoncèrent une nouvelle suspension de leur aide au Guatemala en raison de l'impuissance du gouvernement à enquêter sur les meurtres et les disparitions de citoyens américains. Parmi ces affaires, figuraient l'assassinat, en 1990, de Michael Devine, qui avait opéré Finca Ixobel à Poptún, et la disparition en 1992 du dirigeant de l'URNG, Efraín Bámaca Velásquez. Sa femme, procureur de la République aux États-Unis, menait depuis lors une campagne de protestation couverte mondialement par les médias (il s'avéra ensuite que Velásquez avait été assassiné). Certains accusèrent la CIA d'être impliquée dans ces meurtres, mais le gouvernement américain affirma, après enquête, que de telles accusations étaient infondées.

Aux élections présidentielles du 12 novembre 1995, aucun candidat n'obtint la majorité et il fallut organiser, le 7 janvier 1996, un scrutin à un tour. Ce fut Alvaro Enrique Arzú Irigoyen qui l'emporta. Ce candidat du PAN (Partido de Avanzada Nacional), de droite modérée, prit ses fonctions le 14 janvier.

Les négociations entre gouvernement et URNG, qui se poursuivirent alors, finirent par déboucher sur des accords de paix en décembre 1996.

Les accords de paix

Signés le 29 décembre dans le palais national de Guatemala Ciudad, les accords de paix mirent fin à 36 ans de guerre civile qui avaient fait, selon les estimations, 200 000 morts, un million de sans-abri et des milliers de "disparus". Ils prévoyaient le recensement des violations des droits de l'homme perpétrées par l'armée durant la guerre et le retour chez elles du million de personnes déplacées. Ils affirmaient également les droits des peuples indigènes, ainsi que le droit de tous à la santé, à l'éducation et aux autres services sociaux fondamentaux, les droits de la femme, la suppression du service militaire obligatoire et l'insertion des ex-guérrilleros dans la vie civile.

Le Guatemala aujourd'hui

Le principal obstacle à une paix durable réside dans les inégalités sociales et économiques qui caractérisent la société guatémaltèque. On estime ainsi que 70% des terres cultivables sont détenues par 3% seulement de la population. Selon une étude de l'ONU, les 20% de Guatémaltèques les plus riches ont des revenus 30 fois (soit 3 000%) supérieurs à ceux des 20% les plus pauvres. La discrimination à l'encontre des habitants natifs, présents dans la société depuis cinq siècles, se manifeste par la pauvreté et la misère qui touchent un large pourcentage d'entre eux. La volonté d'améliorer leur niveau économique et social, de les voir accéder aux services sociaux, bénéficier de la réforme agraire et de la législation du travail, a motivé en grande partie le mouvement révolutionnaire. De la satisfaction de ces besoins fondamentaux dépend certainement l'instauration d'une paix réelle et durable.

Des deux côtés, il est clair que les accords de paix ne constituent qu'un commencement. "Les accords de paix, expliquait à l'époque l'un des signataires, représentant de la guérilla, seront signés le 29 décembre. La partie la plus ardue de notre tâche débutera le 30."

GÉOGRAPHIE

Constitué de montagnes recouvertes de forêts et de plaines envahies par la jungle, le Guatemala s'étend sur 109 000 km^2.

Les hautes terres occidentales, reliées par l'Interamericana (route panaméricaine), sont le prolongement de la Sierra Madre du Chiapas mexicain. Elles comportent trente

GUATEMALA

volcans atteignant des altitudes de 3 800 m dans la chaîne des Cuchumatanes, au nord-ouest de Huehuetenango. Les terres qui ne furent pas déboisées pour les *milpas* (champs de maïs) mayas sont couvertes de forêts de pins. L'activité réelle ou résiduelle de nombreux volcans rend la région sujette aux tremblements de terre. Les séismes les plus importants ont eu lieu en 1773, 1917 et 1976.

La côte Pacifique du Guatemala prolonge la plaine du Soconusco, dans le Chiapas. Elle abrite de riches plantations de café, cacao et canne à sucre, ainsi que d'immenses vergers. La Carretera al Pacífico (route longeant le Pacifique) traverse ces cultures. Sur le littoral volcanique, la mer vient lécher de vastes plages de sable noir où règne une chaleur étouffante. Ce climat se révèle toutefois parfait pour les pâturages et l'élevage.

Au sud et à l'est, le long de l'Interamericana, l'altitude s'abaisse progressivement pour atteindre 1 500 m environ à Guatemala Ciudad.

Au nord de la capitale, les hautes terres d'Alta Verapaz déclinent peu à peu jusqu'au plateau d'El Petén, qui prolonge le sud du Yucatán. Il y fait chaud et humide ou chaud et sec, selon les saisons. Au sud-est du Petén, s'étend la vallée du Río Motagua, aride par endroits, humide ailleurs, qui se prête bien à la culture des bananes.

CLIMAT

Dans les montagnes de l'intérieur, la température peut descendre très bas la nuit. Souvent froides et humides durant la saison des pluies, les journées deviennent chaudes et agréables en saison sèche, soit d'octobre à mai. Les côtes du Guatemala jouissent d'un climat tropical pluvieux, chaud et humide, avec des températures atteignant souvent 32 à 38°C et un taux élevé d'humidité qui ne s'améliore guère durant la saison dite sèche. Tandis que les saisons humide et sèche sont distinctes sur la côte Pacifique et dans l'intérieur du pays, la pluie peut vous surprendre à tout moment sur la côte Caraïbe. Cobán ne bénéficie que

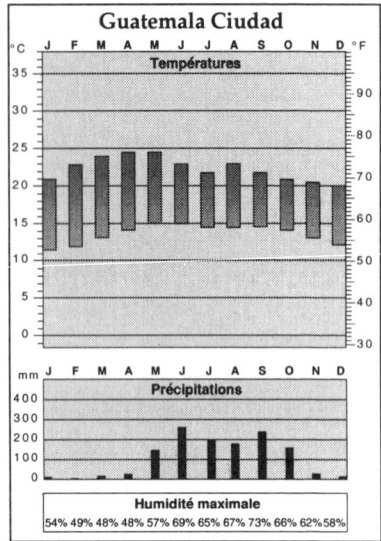

d'un seul mois (assez court) de temps sec (avril).

Sur le vaste plateau d'El Petén couvert de jungle, décembre et janvier sont les mois les plus froids, mars et avril les plus chauds.

ÉCOLOGIE ET ENVIRONNEMENT

Comme partout en Amérique centrale, le déboisement constitue un véritable problème. Dans la région du Péten, elle est intensifiée au profit des exploitations d'éleveurs. Il y a quelques années encore, le gouvernement obligeait toute personne acquérant un lopin de terre sur ce plateau à déboiser une portion de jungle... sans doute au nom du "progrès".

Aujourd'hui, la région a été déclarée en grande partie zone protégée. Outre les 575 km^2 du parc national de Tikal, elle comprend l'immense réserve maya de biosphère, soit près de deux millions d'hectares, qui couvre la majeure partie nord du Petén. Malgré ces mesures, qui marquent un progrès dans la protection de l'environnement, la forêt continue d'être dévastée par des exploitants qui, dans l'illégalité, déboisent à grande échelle. Devant l'absence de réactions gouvernementales, plusieurs organisations ont réagi, qui s'efforcent de débusquer les contrevenants.

Concentrée sur la côte Pacifique du Guatemala, la majorité de la population se consacre généralement à l'agriculture.

Les organisations citées ci-dessous, basées à Guatemala Ciudad, vous renseigneront sur les régions naturelles et protégées du pays.

Centro de Estudios Conservacionistas de la Universidad de San Carlos (CECON), Avenida La Reforma 0-63, Zona 10 (☎ 331-0904, 334-6064, 334-7662)

Comisión Nacional del Medio Ambiente (CONAMA), 5a Avenida 8-07, Zona 10 (☎ 334-1708, 331-2723)

Consejo Nacional de Areas Protegidas (CONAP), 8a Avenida 3-72, Zona 1 (☎ 253-7612, 253-7061)

Fundación Defensores de la Naturaleza (Defensores), Avenida Las Américas 20-21, Zona 14 (☎ 337-3897, 337-0319)

Fundación para el Ecodesarrollo y la Conservación (FUNDAECO), 7a Calle A 20-53, Zona 11, Colonia El Mirador (☎ 472-4268)

FAUNE ET FLORE
Flore
Le Guatemala abrite plus de 8 000 espèces végétales à travers 19 écosystèmes différents. Parmi eux, les forêts de palétuviers, présentes sur les deux côtes, celles de pins dans les montagnes de l'intérieur, et les forêts tropicales en altitude.

La *monja blanca*, variété d'orchidée blanche, est la fleur nationale. Si on la trouve rarement à l'état sauvage aujourd'hui, c'est, dit-on, qu'elle fut trop cueillie jadis. Néanmoins, les 600 autres variétés d'orchidées présentes dans le pays (dont un tiers sont endémiques) devraient vous consoler de ne pas la voir. (Si les orchidées vous passionnent, ne manquez pas la pépinière qui leur est consacrée à Cobán.)

Faune
Avec ses 19 écosystèmes, il est logique que le Guatemala recèle une multitude d'espèces animales, dont 250 espèces de mammifères, 600 d'oiseaux et 200 de reptiles et amphibiens. Il existe aussi de nombreuses espèces de papillons et d'insectes.

Oiseau national, le splendide quetzal, symbolise généralement toute l'Amérique centrale (c'est à lui aussi que la monnaie guatémaltèque, le quetzal, tire son nom). Petit, mais d'une beauté rare, il possède une gorge rouge vif et son dos, ses ailes, son cou et sa tête sont bleu-vert. Sous les plumes irisées bleues et vertes de sa longue queue – dont la taille fait plusieurs fois celle du corps – apparaît une tache d'un blanc immaculé. Il ne mesure guère qu'une quinzaine de centimètres de hauteur.

Au rang des espèces d'oiseaux qui méritent votre attention, figurent le toucan, l'ara et le perroquet. Si vous visitez Tikal, vous apercevrez sans doute l'impressionnant dindon ocellé, dit dindon de Petén, immense et multicolore aux allures de paon. Vous croiserez encore de grands hérons blancs, des faucons, des pics, des colibris, des harpies (rares), des oiseaux d'eau, et une multitudes d'autres, sédentaires ou migrateurs.

Chez les mammifères, citons les jaguars, ocelots, pumas, singes-araignées et singes hurleurs, tapirs, kinkajous, koatimundis, pizotes, tepezcuintles, chevreuils à queue blanche, tatous et lamantins. Parmi les reptiles et amphibiens, on compte au moins trois espèces de tortues de mer (tortue luth, Ridley olive et *tortuga negra*) et deux de crocodiles (l'un vivant dans la région d'El Petén, l'autre dans le Río Dulce).

Parcs et zones protégées
Le Guatemala compte plus de trente zones protégées, dont les *parques nacionales* (parcs nationaux) et les *biotopos* (réserves biologiques). Plus de quarante autres régions ont été proposées pour le devenir. La plupart de ces zones se trouvent dans des endroits reculés. Nous citons ici certaines des plus accessibles ou des plus intéressantes pour le visiteur.

Reserva de la Biosfera Maya : couvrant toute la moitié nord de la région du Petén, cette réserve de 1 844 900 hectares est la plus vaste zone protégée du Guatemala. On y trouve un grand nombre de sites archéologiques mayas, dont Tikal, Uaxactún, El Mirador et El Zotz.

Reserva de la Biosfera de Sierra de Las Minas : dans la partie est du pays, la plus importante réserve de forêt tropicale vise à sauvegarder une zone montagneuse allant de 150 à 3 000 m d'altitude. Pour entrer, le visiteur doit produire une autorisation délivrée à la Fundación Defensores de la Naturaleza (voir ci-dessus *Écologie et environnement*) à Guatemala Ciudad.

Parque Nacional Tikal : région touristique majeure, ce parc situé à l'intérieur de la plus vaste réserve biosphérique maya renferme le magnifique site archéologique de Tikal, ainsi que 57 600 hectares de forêt vierge. C'est aussi un lieu privilégié pour l'observation de la faune.

Parque Nacional Rió Dulce : dans le Guatemala oriental, entre Lago de Izabal et les Caraïbes, cette réserve de 7 200 hectares vise à protéger le canyon du Río Dulce, qui compte parmi les plus beaux cours d'eau du pays. Des promenades en bateau sont organisées à partir de Lívingston ou de Río Dulce.

Parque Nacional Lachuá : dans le nord-est du département d'Alta Verapaz, ce parc de 10 000 hectares abrite un magnifique lac circulaire aux eaux turquoise. Si sa surface n'excède pas 5 km^2, sa profondeur dépasse par endroits 220 m et les poissons y foisonnent. On trouve là des chemins de randonnée, un terrain de camping et un centre d'information touristique.

Parque Nacional Sierra del Lacandón : dans la partie occidentale du Petén, ce grand parc comprend la portion sud de la Sierra del Lacandón et borde le Río Usumacinta, qui sert en partie de frontière entre le Guatemala et le Mexique. On y accède par El Naranjo, ou encore par bateau en remontant le Río Usumacinta.

Nous citons ci-dessous quelques réserves biologiques (*biotopos protegidos*) :

Biotopo del Quetzal : constituée de 1 000 hectares de forêt tropicale, cette réserve, également appelée Biotopo Mario Dary Rivera, vise à protéger le quetzal. Des sentiers bien entretenus serpentent à travers une forêt fraîche et touffue de conifères et d'arbres à larges feuilles, de plantes grimpantes, de fougères, de

Pizote

mousses, d'orchidées et de broméliacées. C'est l'une des réserves les plus accessibles du pays.

Biotopo Cerro Cahuí : cette réserve de 650 hectares occupe la rive nord du Lago Petén Itzá. Elle offre des sentiers de randonnée et de magnifiques points de vue.

Biotopo Chocón Machacas : ces 7 600 hectares de réserve appartiennent au parc national du Río Dulce, situé sur la rive nord du cours d'eau du même nom.

Biotopo Punta de Manabique : cette réserve de 50 000 hectares fait partie des Caraïbes. On y accède uniquement par bateau, à partir de Puerto Barrios ou de Lívingston.

Biotopo San Miguel-La Pelotada-El Zotz : partie intégrante de la réserve biosphérique maya, cette réserve borde le parc national de Tikal à l'ouest. Elle abrite une forêt très dense, des grottes peuplées de chauves-souris (*zotz* signifie chauve-souris dans de nombreuses langues mayas) et le site archéologique d'El Zotz.

Biotopo Laguna del Tigre/Río Escondido : située elle aussi dans la réserve biosphérique maya, au nord-ouest du Petén, cette réserve de 46 300 hectares est l'une des plus difficile d'accès du Guatemala. Constituée des marécages d'eau douce les plus vastes d'Amérique centrale, elle sert de refuge à d'innombrables espèces d'oiseaux. On s'y rend par bateau à partir d'El Naranjo, où est installé le siège

GUATEMALA

Parcs et zones protégées

MEXIQUE

BELIZE CITY

BELMOPAN

BELIZE

MER DES CARAÏBES

Lívingston

Puerto Barrios

HONDURAS

GUATEMALA CIUDAD

SAN SALVADOR

SALVADOR

OCÉAN PACIFIQUE

Puerto San José

Escuintla

Quetzaltenango

Huehuetenango

Cobán

Antigua

0   40   80 km

RÉSERVES DE LA BIOSPHÈRE
2   Reserva Nacional-Mirador-
15 Reserva de la Biosfera de
    Sierra de Las Minas

PARCS NATIONAUX
1   Parque Nacional-Mirador-
    Dos Lagunas-Río Azul
4   Parque Nacional Sierra
    del Lacandón
6   Parque Nacional Tikal
8   Parque Nacional Ceibal
11 Parque Nacional Lachuá
13 Parque Nacional los
    Cuchumatanes
18 Parque Nacional Río Dulce

RÉSERVES
9   Reserva Aguateca-Dos Pilas
10 Reserva Machaquilá
12 Reserva Natural Cerro Bisis

RÉSERVES BIOLOGIQUES
3   Biotopo Laguna del Tigre-
    Río Escondido
5   Biotopo San Miguel-
    La Pelotada-El Zotz
7   Biotopo Cerro Cahuí
14 Biotopo del Quetzal
    (Biotopo Mario Dary Rivera)
17 Biotopo Chocón-Machacas
20 Biotopo Punta de Manabique
30 Biotopo Monterrico-Hawaii

VOLCANS
21 Volcán Tacaná (4 093 m)
22 Volcán Tajumulco (4 220 m)
23 Volcán Santa María (3 772 m)
24 Volcán San Pedro (3 020 m)
25 Volcán Atitlán (3 537 m)
26 Volcán Acatenango (3 976 m)
27 Volcán Fuego (3 763 m)
28 Volcán Agua (3 766 m)
29 Volcán Pacaya (2 552 m)

REFUGES ANIMALIERS
16 Bocas del Polochic
19 Cerro San Gil

administratif, après avoir obtenu un permis du Centro de Estudios Conservacionistas de la Universidad de San Carlos (CECON) à Guatemala Ciudad.

Parmi les réserves animalières, figurent les deux suivantes :

Bocas del Polochic : à l'ouest du Lago de Izabal, le Río Polochic forme un delta marécageux en atteignant le lac. C'est, en superficie, la deuxième zone de marécages d'eaux douces du pays. Elle attire surtout les amateurs d'ornithologie, car de nombreux oiseaux y séjournent, notamment à l'époque des migrations. On y accède par bateau, au départ d'El Estor ou de Mariscos.

Cerro San Gil : au sud d'El Golfete, à l'est du Lago de Izabal, ce refuge occupe les sommets des Montañas del Mico, qui prolongent la Sierra de las Minas. Il abrite de multiples espèces endémiques et une grande biodiversité. Deux zones de ce refuge sont accessibles au public.

Voici quelques monuments, naturels ou culturels :

Quiriguá : ce site archéologique maya s'étend à 2 km de la Carretera al Atlántico, ce qui le rend facile d'accès. Il est célèbre pour ses stèles géantes, les plus hautes du monde maya.

Iximché : capitale des Mayas cakchiquel à l'époque de la conquête espagnole, Iximché est l'un des rares sites dont on connaisse bien l'histoire. On le trouve à 2 km de Tecpán.

Ceibal y Aguateca-Dos Pilas : constitué de plusieurs sites archéologiques importants et de la forêt qui les entoure, ce complexe occupe la vallée du Río La Pasión, au sud-ouest du Petén, dans la municipalité de Sayaxché. On y accède par Sayaxché ou par le biais d'un circuit organisé au départ de Flores/Santa Elena.

Semuc-Champey : situé sur le Río Cahabón, dans la municipalité de Lanquín, Alta Verapaz, Semuc-Champey est constitué d'une succession de bassins d'eau douce entourés de forêt tropicale. Pour s'y rendre, il faut louer un véhicule 4x4 ou s'inscrire à un circuit organisé au départ de Cobán.

INSTITUTIONS POLITIQUES

Le Guatemala est une république composée de 22 départements. Chef de l'exécutif, le président est élu pour quatre ans au suffrage universel. Il est assisté d'un vice-président et d'un cabinet, qu'il nomme. Le congrès national, composé d'une seule chambre, compte 80 membres (dont 64 représentants départementaux et16 au niveau national), élus eux aussi pour quatre ans. Le pouvoir judiciaire est aux mains d'une Cour suprême, associée à d'autres tribunaux.

Les gouvernements du Guatemala ont toujours eu de belles idées, mais des méthodes brutales. En dépit du statut de démocratie constitutionnelle, depuis la conquête des territoires mayas par Pedro de Alvarado au XVIe siècle, les dirigeants successifs ont souvent pris les traits de dictateurs militaires. A quelques illustres exceptions près, comme Juan José Arévalo ou Jacobo Arbenz Guzmán, les chefs d'État guatémaltèques se sont attachés à protéger les intérêts d'une classe privilégiée composée de commerçants, de militaires, de propriétaires terriens et de hauts fonctionnaires. Car, si les beaux principes de la démocratie paraissent généralement respectés, le gouvernement, une fois en place, recourt à des méthodes alliant intimidation et force militaire (voir *Histoire*, plus haut dans ce chapitre).

Voici comment un auteur guatémaltèque voit la société dans laquelle il vit : "C'est une bourgeoisie qui préfère exporter ses capitaux plutôt qu'investir dans son pays, une classe politique incapable et corrompue, une intelligentsia soi-disant gauchiste qui préfère théoriser plutôt qu'intervenir concrètement sous prétexte que politique rime avec corruption, une gauche à qui la paix et l'engagement concret ne plaisent pas, sous prétexte que le peuple n'est pas assez mûr pour la soutenir, une caste militaire divisée en factions de droite plus ou moins extrême, qui voit la paix civile et la démocratie comme une menace pour sa liberté, ses privilèges et ses revenus, et un peuple démoralisé qui ne croit pas en ses dirigeants et estime que ce ne sera certainement pas par la voie politique que l'on fera prospérer le pays."

ÉCONOMIE

Les hautes terres du Guatemala sont essentiellement agricoles, où l'on privilégie la culture du maïs. Il existe aussi quelques petites industries et des exploitations minières autour des grandes villes. Sur les hauteurs qui bordent le Pacifique, de vastes plantations de café, d'agrumes et de cannes à sucre emploient une main-d'œuvre venue des montagnes du centre. Le littoral, quant à lui, se consacre à l'élevage et à la pêche. Le café représente le premier produit d'exportation du pays, suivi par la viande de bœuf, le coton, le cacao, le maïs, le haricot, la banane, le sucre de canne, les légumes, les fleurs et les fruits.

Version miniature de Mexico, Guatemala Ciudad représente le centre industriel et commercial du pays. Comme sa grande sœur du Nord, elle cumule de nombreux problèmes d'immigration, de pollution, d'embouteillages et de criminalité tant elle monopolise pratiquement toute l'activité commerciale du pays.

La vallée du Motagua compte quelques exploitations minières, mais se consacre surtout à l'agriculture, avec d'immenses plantations bananières. Les reliefs verdoyants de l'Alta Verapaz abritent quelques fermes laitières, des plantations de cardamome et des centres d'exploitation forestière.

L'économie du plateau d'El Petén repose sur le tourisme, l'agriculture et l'élevage. Le rapide développement de ces deux dernières activités génère aujourd'hui une réelle menace écologique, qu'il faudra gérer si l'on veut préserver les forêts de cette vaste province boisée. Facteur positif, le tourisme fournit, au contraire, une nouvelle source de revenus et met en scène des professionnels concernés par la protection de la nature.

POPULATION ET ETHNIES

Le Guatemala compte 10 millions d'habitants. Ici, les différences entre les descendants des colons espagnols et ceux des Mayas sont beaucoup plus marquées qu'au Mexique. A l'époque coloniale, la majeure partie des hautes terres étaient administrées par des frères missionnaires venus convertir les Mayas. Ces religieux mirent tout en œuvre pour protéger les populations indigènes de l'exploitation des autorités espagnoles et pour préserver la société maya traditionnelle (à l'exception de la religion). Directement administrée par le gouvernement colonial, la région de Guatemala Ciudad ne bénéficia pas de ces effets modérateurs et la culture locale fit bientôt place à une culture hybride, mi maya, mi hispanique. Le brassage des populations donna naissance à un peuple métis de *Ladinos*, qui adopta les coutumes espagnoles, mais ne fut jamais intégré à la société blanche hispanique.

Aujourd'hui, les Ladinos occupent la frontière entre l'arrière-garde espagnole, européenne et nord-américaine, élite de la société, et les paysans mayas. Ils sont petits commerçants, négociants, gestionnaires, fonctionnaires et, surtout, hommes politiques.

SYSTÈME ÉDUCATIF

L'éducation au Guatemala est gratuite et obligatoire de 7 à 14 ans. L'école primaire s'étale sur six ans, mais seuls 79% des enfants de cet âge viennent user les bancs de l'école. L'enseignement secondaire (à 13 ans), dure également six années, soit deux cycles de trois ans. Dans cette tranche d'âge, seulement 23% des enfants sont scolarisés. L'enseignement supérieur est dispensé dans cinq universités.

65% des adultes savent lire et écrire. Parmi les illettrés, 37% sont des hommes, 53% des femmes. D'un groupe ethnique à l'autre cependant, le taux d'alphabétisation varie. Selon une organisation guatémaltèque, spécialisée dans l'aide aux femmes mayas, 95% des femmes en zone rurale (presque toutes mayas) ne savent lire ni écrire.

Les enfants mayas, qui migrent de façon saisonnière avec leurs parents pour trouver du travail, ont du mal à s'adapter au système éducatif. Ces périodes chevauchent généralement l'année scolaire.

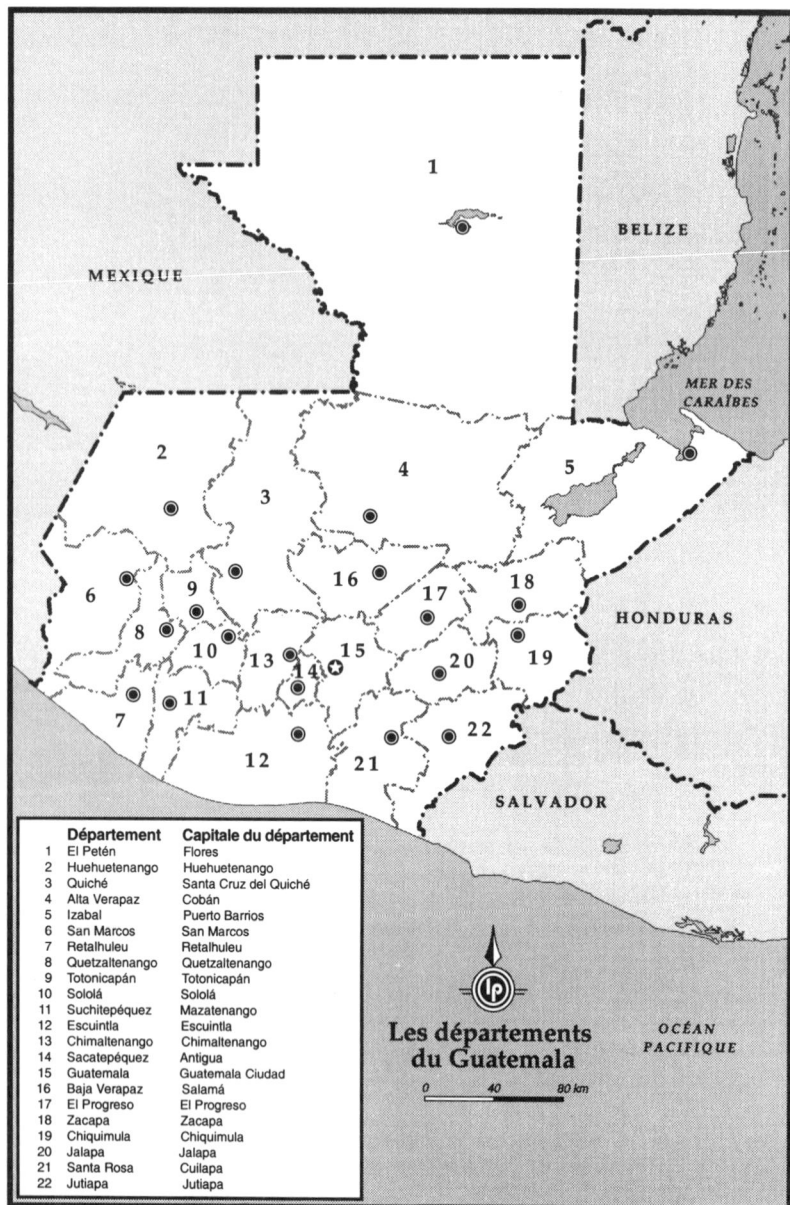

	Département	Capitale du département
1	El Petén	Flores
2	Huehuetenango	Huehuetenango
3	Quiché	Santa Cruz del Quiché
4	Alta Verapaz	Cobán
5	Izabal	Puerto Barrios
6	San Marcos	San Marcos
7	Retalhuleu	Retalhuleu
8	Quetzaltenango	Quetzaltenango
9	Totonicapán	Totonicapán
10	Sololá	Sololá
11	Suchitepéquez	Mazatenango
12	Escuintla	Escuintla
13	Chimaltenango	Chimaltenango
14	Sacatepéquez	Antigua
15	Guatemala	Guatemala Ciudad
16	Baja Verapaz	Salamá
17	El Progreso	El Progreso
18	Zacapa	Zacapa
19	Chiquimula	Chiquimula
20	Jalapa	Jalapa
21	Santa Rosa	Cuilapa
22	Jutiapa	Jutiapa

Les départements
du Guatemala

0   40   80 km

ARTS

Au Guatemala, les Mayas pratiquent un artisanat traditionnel. Tissus, broderies et autres arts textiles réalisés par les femmes sont les plus connus, mais la vannerie, la céramique et la sculpture sur bois ne manquent pas d'intérêt.

Les Mayas se distinguent également dans d'autres arts, qu'ils pratiquent à leur façon, en particulier la musique, jouée sur des instruments traditionnels. Ils comptent aussi de nombreux peintres célèbres qui excellent à représenter des scènes de la vie quotidienne dans un style primitiviste très particulier.

L'architecture propre aux monuments mayas et les constructions coloniales d'Antigua vous impressionneront tout autant.

USAGES ET COMPORTEMENTS

La société guatémaltèque est constituée des Ladinos et des Mayas, qui suivent des voies parfois convergentes, mais très différentes. Tandis que la culture ladina tend vers la modernité, les Mayas, majoritaires dans la population, se cramponnent à leur culture traditionnelle et à leur identité, malgré cinq siècles de domination européenne et d'occupation de leurs terres.

La culture maya s'exprime de diverses manières. La plus impressionnante réside dans les très jolis vêtements colorés que portent les femmes. De leur côté, les hommes ont presque partout adopté la mode occidentale, mais il reste des lieux tels Sololá et Todos Santos Cuchumatán, où ils ont gardé leurs *trajes* traditionnels. Chaque village possède son style, à l'intérieur duquel les variations indiquent le statut social de l'individu. Ainsi peut-on dénombrer, dans un même lieu, non moins de 500 formes de motifs ayant chacun leur signification.

Employées par la plupart des populations natives, on distingue vingt et une langues mayas à travers le pays. La religion maya, fondée sur la nature, reste également pratiquée.

Aujourd'hui, les Mayas se voient de plus en plus rejetés par la société. Les voyageurs, qui les apprécient généralement, sont toujours surpris de constater à quel point ce peuple est victime de discriminations, souvent exprimées de façon violente. Tandis que certains Mayas fréquentent les universités et le monde des affaires et se fondent dans la société moderne, ceux qui conservent leur mode de vie traditionnel constituent le secteur le plus pauvre de la population.

Le sort des Mayas a fini par attirer l'attention internationale. De nombreuses ONG (organisations non gouvernementales) du monde entier travaillent désormais au Guatemala pour les soutenir. Les voyageurs peuvent, à leur échelle, apporter leur contribution en achetant des objets d'artisanat maya. En effet, s'ils parviennent à vendre leurs créations aux touristes à des prix corrects, les Mayas pourront envisager de faire de l'artisanat une activité viable.

Pas d'impair !

La politesse tient une place importante dans les rapports sociaux au Guatemala, comme partout dans cette région du monde. Lorsque vous engagez la conversation, même dans un magasin ou dans un bus, commencez par un "Buenos días" ou "Buenas tardes", accompagné d'un sourire, auquel votre interlocuteur répondra de façon similaire. Cela donnera un bon départ à l'échange. En entrant dans une pièce ou dans un lieu public, comme un restaurant ou une salle d'attente, il est de bon ton de saluer l'assistance. Là encore, un "Buenos días" ou "Buenas tardes" suffit. Se serrer la main fait également partie des usages.

Sachez que de nombreux enfants mayas ne parlent que leur dialecte. Dans ce cas, inutile de chercher à engager la conversation en espagnol. Ces dernières années, on racontait que des enfants mayas avaient été kidnappés par des étrangers, peut-être dans le cadre d'un trafic d'organes. Ne soyez donc pas surpris si certaines personnes se montrent suspicieuses vis-à-vis des visiteurs qui abordent les enfants du coin.

Généralement, les femmes mayas évitent tout contact avec des hommes étrangers

GUATEMALA

car, dans leur culture, une femme vertueuse ne discute pas avec un inconnu.

Soignez votre apparence lorsque vous voyagez. Les habitants d'Amérique latine se montrent dans l'ensemble très sensibles à l'aspect extérieur, à la tenue vestimentaire et à la propreté. Ils comprennent mal qu'un visiteur, censé avoir les moyens, puisse être sale et débraillé alors qu'en Amérique latine, même les plus pauvres font leur possible pour rester propres. Cette règle s'applique encore plus si vous avez des formalités à accomplir.

Paradoxe intéressant : alors que les femmes mayas s'efforcent de vendre leurs vêtements traditionnels aux étrangers de passage, en particulier leurs magnifiques *huipiles* (chemisiers) brodés, les Mayas voient d'un très mauvais œil les visiteurs qui arborent ces tenues au Guatemala.

Les habitudes vestimentaires ont récemment évolué. On croise des femmes en mini-jupes, chose impensable il y a peu. Néanmoins, tout le monde n'apprécie pas ce relâchement, que certains trouvent même offensant. Efforcez-vous donc de ne pas choquer les locaux.

Dans les églises, une tenue correcte témoigne de votre respect pour le peuple et sa culture. Dans les zones très touristiques, des panneaux à l'entrée des édifices religieux interdisent le port de shorts et de débardeurs. Ailleurs, cette règle est considérée comme allant de soi.

Les shorts, portés par les deux sexes, ne se voient que sur les plages ou dans les stations balnéaires ou, à la rigueur, sur les sites touristiques (voir *Seule en voyage*, dans le chapitre précédent, pour le cas spécifique des femmes).

Pensez également à votre sécurité en choisissant vos vêtements. Dans la capitale surtout, ne portez pas de bijoux, même fantaisie : vous risqueriez l'agression. Si vous possédez des objets de valeur, n'en faites pas étalage. Consultez *Désagréments et dangers* pour connaître les règles à respecter et voyager en toute sécurité.

RELIGION

Le catholicisme reste la principale religion du Guatemala, mais pas la seule. Depuis les années 80, des sectes protestantes ont fait leur apparition ; 75% d'entre elles sont pentecôtistes. Elles jouissent d'une telle popularité que non moins de 30% de Guatémaltèques auraient adopté cette foi.

L'arrivée du catholicisme au Guatemala n'entraîna pas la disparition de la religion maya traditionnelle, et cette dernière existe toujours. Nombre d'aspects du catholicisme ont fusionné sans peine avec les croyances mayas (voir *Présentation de la région*) et les Mayas continuent de pratiquer dans les lieux où ils le faisaient jadis, apportant offrandes et sacrifices aux dieux qu'ils vénéraient avant l'arrivée des Espagnols.

Certains saints catholiques revêtent une double signification. Leur identité se superpose à celle d'une divinité ou d'un saint maya. En outre, les Mayas possèdent leurs propres saints, qui restent tout à fait indépendants de l'Église catholique : parmi eux, figurent Maximón (vénéré à Santiago Atitlán) et San Simón (vénéré à Zunil).

LANGUE

L'espagnol est la langue officielle, mais 22 autres langues ou dialectes sont parlés au Guatemala, dont le Garifuna et 21 langues mayas.

La plupart des hommes mayas parlent espagnol, au contraire de la majorité des femmes et des enfants, cet apprentissage commençant au début de la scolarité.

Renseignements pratiques

PRÉPARATION AU VOYAGE
Quand partir
La haute saison touristique s'étend de la mi-décembre à avril et coïncide avec la saison sèche, qui dure d'octobre à mai. Juillet et août, mois de vacances de l'hémisphère Nord, voient également une grande affluence. Si vous le pouvez, choisissez le tout début ou la fin de la saison sèche, afin de bénéficier d'un climat idéal sans rencontrer trop de touristes.

Cartes
L'International Travel Maps édite une bonne carte du Guatemala au 1/500 000e. L'INGUAT, office national du tourisme guatémaltèque, propose une carte touristique de la région avec, au verso, le plan des grandes villes. Vous la trouverez dans tous les offices du tourisme de l'INGUAT au prix d'1 $US.

Au Guatemala, l'Instituto Geográfico Militar, Avenida Las Américas 5-76, Zona 13, Guatemala Ciudad (☎ 332-2611) publie des cartes intéressantes, dont plusieurs au 1/50 000e. Elles sont en vente à l'institut ou encore à la librairie Casa Andinista d'Antigua.

OFFICES DU TOURISME
Le siège de l'Instituto Guatemalteco de Turismo (INGUAT), office du tourisme national, se trouve à Guatemala Ciudad. Les autres bureaux sont à Antigua, Panajachel, Quetzaltenango, ainsi que dans les aéroports internationaux de Guatemala Ciudad et de Flores/Santa Elena.

VISAS ET FORMALITÉS COMPLÉMENTAIRES
La législation a changé en octobre 1996 et les ressortissants de nombreux pays peuvent désormais entrer au Guatemala sans visa. Les modifications de ce type étant fréquentes, il vaut mieux se renseigner dans un consulat du Guatemala avant de partir. Si un visa redevient nécessaire et que vous ne l'avez pas en arrivant à la frontière, vous vous verrez refoulé ; si vous venez en avion, on ne vous autorisera probablement pas à monter dans l'appareil.

Les visas s'obtiennent dans les consulats guatémaltèques. Si vous avez envie de prolonger votre séjour une fois sur place, contactez un bureau de l'immigration pour connaître les formalités à accomplir.

Si vous disposez d'une carte de tourisme et souhaitez franchir la frontière pour passer une journée au Honduras et visiter Copán, la douane guatémaltèque vous laissera probablement revenir au Guatemala et poursuivre votre voyage avec la même carte. Pour de plus amples précisions, consultez *Copán*.

Mineurs voyageant seuls
Les moins de 18 ans voyageant sans leurs parents doivent se munir d'une autorisation signée des deux parents et visée par un officier consulaire guatémaltèque pour entrer dans le pays.

AMBASSADES ET CONSULATS
Ambassades guatémaltèques et consulats à l'étranger
Certains des consulats mentionnés ici ne sont en fait que des services tenus par des consuls honoraires. Ils peuvent délivrer des cartes de tourisme et des visas, mais pour les affaires plus complexes, il faut s'adresser au véritable consulat le plus proche ou au service consulaire de l'ambassade. Sauf indication spécifique, les adresses répertoriées ci-dessous sont celles des ambassades.

Belgique
 Boulevard Général Wahis 53, 1030 Bruxelles (☎ (2) 70 53 940, fax (2) 70 57 889
Belize
 Voir Belize City
Canada
 130 Albert St, Suite 1010, Ottawa, Ontario K1P 5G4 (☎ (613) 233-7188, 233-7237, fax (613) 233-0135)
 Consulat à Toronto

Costa Rica
100 m au nord et 50 m à l'est du Pizza Hut de Plaza del Sol, Curridabat (☎ 224-5721, 283-2555, fax 283-2556)

El Salvador
15 Avenida Norte 135, San Salvador (☎ 271-2225)

France
73 rue de Courcelles, 75008 Paris (☎ 01 42-27-78-63, fax 01 47-54-02-06)
Consulats à Ajaccio, Bordeaux, Le Havre, Strasbourg et Marseille

Honduras
Ambassade, 4a Calle & Avenida Juan Lindo, No 2421, Colonia Las Minitas, Tegucigalpa (☎ 32-9704, 32-1543, fax 31-5655)
Consulat, 8a Calle, entre le 5a et le 6a Avenida NO, n°38, Barrio Guamilito, San Pedro Sula (☎ 53-3560, fax 33-1242)

Mexique
Ambassade, Avenida Explanada 1025, Lomas de Chapultepec, 11000 México 4, DF (☎ (5) 540-7520, fax (5) 202-1142)
Consulat, Calle Héroes de Chapultepec n°354 à Cecilio Chi, Chetumal, Q Roo (☎ (983) 2-85-85)
Consulat, 3 Calle Poniente et 10 Avenida Norte, Ciudad Hidalgo, Chiapas (☎ (962) 8-01-84, fax (962) 8-01-93)
Consulat, Avenida 2 Pte Sur à Calle 1 Sur Pte, Comitán, Chiapas (☎ (963) 2-26-69)
Consulat, Mango 1440, Colonia del Fresno, Guadalajara (☎ (36) 11-15-03, fax (36) 10-12-46)
Consulat, Luis G Urbina 1208, Colonia Terminal, Monterrey (☎ (8) 372-8648, fax (8) 374-4722)
Consulat, 2 Calle Oriente n°33, Tapachula, Chiapas (☎ (962) 6-12-52)

Suisse
10 bis, rue du Vieux Collège, 1204, Genève (☎ (22) 311-4022, fax (22) 311-7459)
Consulats à Lausanne et à Zurich

Ambassades et consulats étrangers au Guatemala

Les ambassades étrangères se trouvent toutes à Guatemala Ciudad. Leurs adresses figurent au chapitre consacré à cette ville.

DOUANE

Les usuels deux cartouches de cigarettes et trois litres d'alcool sont autorisés au passage de la frontière. Pour les touristes, une dérogation correspondant à 100 $US est consentie pour les achats dans les boutiques de duty free.

QUESTIONS D'ARGENT
Coût de la vie

Les prix sont parmi les plus bas de la région. On peut dormir dans de petites pensions, en chambre double, pour 6 $US par personne et le prix des campings est encore plus bas. De très beaux marchés vendent des fruits et des en-cas pour quelques dizaines de centimes, de petits snacks appelés *comedores* proposent des plats à 2 $US ou moins, et les trajets en bus reviennent à moins d'1 $US l'heure. Si vous recherchez quelques commodités, vous pouvez bénéficier d'une chambre avec douche et vous restaurer dans des établissements plus confortables en ne dépensant que 25 $US pour une nuit avec deux (voire trois) repas.

Cartes bancaires et cartes de crédit

Toutes les compagnies aériennes, agences de location de voiture, grands hôtels et restaurants d'un certain niveau acceptent les cartes Visa et MasterCard. Plutôt utilisables dans les établissements de luxe, les cartes American Express le sont aussi dans de plus modestes.

Les distributeurs automatiques (*cajeros automáticos*) ont fait leur apparition dans les grandes villes. Ils sont généralement installés près des banques. Beaucoup d'établissements bancaires accordent des avances sur les cartes Visa, un peu moins sur les MasterCard. A Guatemala Ciudad et à Quetzaltenango, les agences Credomatic en consentent sur les deux.

Monnaie nationale

Le quetzal guatémaltèque (Q) tient son nom du magnifique et désormais rare oiseau du même nom, emblème de la patrie. Le quetzal se divise en 100 centavos. Il existe des pièces d'un, cinq, dix et vingt-cinq centavos et des billets de cinquante centavos, d'un, cinq, dix, vingt, cinquante et cent quetzals.

Taux de change

Les taux de change ci-dessous incluent l'équivalence avec le *lempira* hondurien, au cas où vous visiteriez Copán. A l'heure où nous imprimons, ils sont les suivants :

Monnaie	Guatemala	Honduras
1 FF	1,04 Q	2,22 L
100 FB	16,93 Q	36,14 L
1 FS	4,25 Q	9,06 L
1 $US	6,25 Q	13,34 L
1 $C	4,51 Q	9,63 L

Changer de l'argent

Il faut venir avec des dollars américains au Guatemala. Toutes les autres monnaies, y compris celles du Honduras, du Salvador et du Mexique, se révéleront difficilement négociables. Les guichets de banques des aéroports de Guatemala Ciudad et de Flores/Santa Elena figurent parmi les rares où l'on change autre chose que des dollars.

Beaucoup d'établissements acceptent les dollars, qu'ils prennent au taux de change du moment, parfois même à un meilleur cours, mais quelquefois aussi à un taux moins intéressant. Il vous faudra malgré tout avoir un minimum de quetzals en poche, car les commerçants, restaurateurs et hôteliers ne sont pas toujours prêts à épuiser leur réserve de quetzals et à prendre des dollars, qu'il leur faut ensuite changer.

Marché noir

Il existe un important marché de change non officiel pour les dollars, mais le cours proposé est à peu près le même que dans les banques. Ce marché noir se tient surtout dans le quartier de la poste centrale de Guatemala Ciudad. Il vous faudra néanmoins y recourir dans la plupart des postes-frontières, qui ne comportent pas de banques. De même, les horaires des bureaux de change des aéroports vous obligeront sans doute à acquérir vos premiers quetzals (ou les derniers, pour payer la taxe de départ) dans une boutique du terminal.

Pourboires et marchandage

Dans les restaurants, on attend de vous un pourboire d'environ 10% de l'addition. Dans les petits comedores, on n'en demande pas tant, mais il convient de laisser au moins un peu de monnaie au serveur.

Le marchandage est essentiel dans certaines situations et très mal vu dans d'autres. On le pratique toujours pour l'artisanat. Là, le prix annoncé au départ correspond généralement à deux ou trois fois la somme escomptée par le vendeur. N'oubliez pas que le marchandage n'est pas une lutte sans merci : il a pour objet de parvenir à un prix qui convienne aux deux parties. Restez courtois, gardez votre sens de l'humour et soyez patient.

Dans certains hôtels ou pensions, on peut négocier, surtout en basse saison. Vous obtiendrez souvent une réduction si vous prenez une chambre pour plusieurs jours, voire une semaine. Abordez la question dès votre arrivée.

Taxes

Au Guatemala, la TVA s'élève à 10%. Les chambres d'hôtel sont en outre soumises à une taxe supplémentaire de 10% destinée à financer l'institut du tourisme guatémaltèque (l'INGUAT). Comptez donc 20% de plus pour la note d'hôtel. (Dans cet ouvrage, ils sont inclus dans les prix cités.) Les établissements les moins chers ne font généralement pas payer de taxes.

Tout voyageur quittant le Guatemala par avion doit acquitter une taxe équivalant à 10 $US environ.

POSTE ET COMMUNICATIONS
Envoyer et recevoir du courrier

La poste guatémaltèque est réputée pour son incompétence. Les lettres, qu'elles arrivent ou qu'elles partent, ont une fâcheuse tendance à disparaître.

De nombreux Guatémaltèques ont donc recours à des compagnies privées pour le courrier important. Vous verrez ces sociétés (dont le nom comporte souvent le mot "Express") dans la plupart des villes. Certaines sont fiables, d'autres moins ; EMS (Express Mail Service), par exemple, l'est davantage que la poste. De grandes compagnies internationales comme Federal Express, DHL ou United Parcel Service

(UPS) sont représentées à Guatemala Ciudad et à Antigua. Si vous connaissez quelqu'un qui quitte le Guatemala, n'hésitez pas à lui confier votre courrier pour qu'il le poste d'un autre pays.

Pour le courrier non urgent, tentez votre chance avec la poste. (Nous avons expédié des cartes postales vers de nombreux pays et toutes sont arrivées.) Si vous envoyez une lettre ou un paquet par avion, mentionnez clairement "Por Avión". L'acheminement d'une lettre jusqu'au Canada ou aux États-Unis réclame de quatre à quatorze jours. Quant aux prix, ils restent faibles : 0,03 $US, par exemple, pour les États-Unis.

Demandez à vos correspondants d'adresser votre courrier à la Poste Restante et n'oubliez pas votre passeport en allant le retirer.

Téléphone

Guatel, la compagnie de téléphone du pays, propose un service de téléphone, fax, telex et télégraphe national et international. Toutes les villes ou presque possèdent un bureau Guatel, généralement ouvert de 7h à 22h. Des cabines à pièces sont installées devant (voir ci-dessous).

Les appels à l'intérieur du pays ne coûtent pas cher, contrairement aux communications internationales, hors de prix.

En août 1996, la numérotation est passée à sept chiffres et l'indicatif des villes a été supprimé. Le tableau de conversion affiché dans les bureaux Guatel permet de trouver facilement le nouveau numéro.

Si vous appelez de l'étranger, le code du Guatemala est le 502.

Appels internationaux. Les tarifs des appels internationaux pratiqués par Guatel sont terriblement élevés. Tout comme au Mexique, vous avez tout intérêt à écourter la communication et à donner à votre correspondant un numéro et un horaire auxquels il peut vous rappeler.

Pour toute communication, Guatel facture un minimum de trois minutes. Notez que cette règle n'est pas appliquée aux fax. L'envoi d'un fax à l'étranger coûte donc

moins cher qu'un appel téléphonique. Pour les États-Unis, par exemple, la communication par Guatel coûte au minimum 9 $US, tandis que le fax revient à 1,56 $US la page.

Dans les lieux très touristiques, des compagnies privées proposent des services de téléphone et de fax. Certaines offrent même des possibilités de courrier électronique et de connexion à Internet. L'appel par leur intermédiaire se révèle souvent moins cher qu'avec Guatel, aucun minimum de temps n'étant imposé.

Les possibilités d'appels en PCV à partir du Guatemala se limitent aux régions ou pays suivants : Amérique centrale, Mexique, États-Unis, Canada, Japon, Italie, Espagne et Suisse.

Pour une communication normale vers l'étranger, composez le préfixe international "00", puis l'indicatif du pays et celui de la ville ou de la région, puis le numéro. Les tarifs varient en fonction du moment de la journée et la plage horaire la moins chère dépend du pays appelé. Vous trouverez un tableau complet des tarifs dans les premières pages de l'annuaire guatémaltèque.

Pour obtenir un opérateur, composez le 171. Là encore, un minimum de trois minutes est facturé : vous ne paierez donc jamais moins de 22,50 $US pour les pays occidentaux et 9 $US pour le Canada ou les Etats-Unis.

Il existe par ailleurs de nombreux services de "ligne directe", comme celui d'*USA Direct* d'AT&T : composez le 190 et vous obtiendrez l'opérateur d'AT&T aux États-Unis. Celui-ci se chargera de votre appel en PCV ou par carte de crédit. Voici la liste des autres numéros directs :

Police nationale	120
Appels nationaux	121
Pompiers	123
Renseignements	124
Croix-Rouge	125
Horloge parlante	126
Ambulances	128
Opérateur (appels internationaux)	171
MCI Call USA	189
USADirect (AT&T)	190

España Directo	191
Italia Directo	193
Sprint Express	195
Costa Rica Directo	196
Canada Directo	198

Téléphones à pièces. Les *teléfonos mone-deros* acceptent les pièces de 10 et 25 centavos. Les appels locaux coûtent 10 centavos la minute, les communications longue distance au Guatemala deux fois plus cher. Lorsque vous téléphonez d'une cabine, mieux vaut mettre au départ plus de pièces que nécessaire : en effet, la tonalité indiquant que votre crédit est épuisé retentit très peu de temps avant la coupure effective, laissant à peine le temps d'introduire d'autres pièces. Certains téléphones permettent d'introduire plusieurs pièces, qui tombent une à une à mesure que la conversation se prolonge. Avec d'autres, il faut mettre une pièce chaque fois que la tonalité retentit.

Certains téléphones possèdent un bouton, situé au-dessous du combiné, qu'il faut presser lorsque l'interlocuteur répond.

LIVRES
Dans le livre *Moi, Rigoberta Menchú : une vie et une voix, la révolution au Guatemala*, paru chez Gallimard en 1992, Rigoberta Menchú, prix Nobel de la paix 1992, raconte sa vie parmi les Mayas des hautes terres et sa prise de conscience politique. C'est elle qui a attiré l'attention du monde entier sur les souffrances des Indiens mayas au Guatemala. Dans ce pays, où leur position demeure un problème majeur, le livre et son auteur ont été très controversés. Lecture chaudement recommandée ! Le même livre est publié en espagnol sous le titre *Me I lamo Rigoberta Menchú y Así Me Nació La Conciencia* (Siglo XXI, 1985).

JOURNAUX ET MAGAZINES
Il existe au Guatemala une multitude de quotidiens, dont *Prensa Libre*, *El Gráfico*, *La República*, *Siglo Veintiuno*, *El Periódico* et *Al Día*. *Prensa Libre* arrive en tête des ventes. On trouve aussi un hebdomadaire, *El Regional*, rédigé en espagnol et en langue maya, que de nombreux Mayas lisent.

Parmi les journaux en anglais, citons le *Guatemala Weekly* et *The Siglo News*, publiés à Guatemala Ciudad et distribués gratuitement dans les grands hôtels et les sites touristiques. *Revue*, magazine du Guatemala en anglais, paraît chaque mois.

D'autres publications s'efforcent de faire connaître l'actualité du Guatemala à l'étranger.

La CERIGUA, agence de presse guatémaltèque indépendante, fournit des informations et des analyses en anglais et en espagnol. En anglais, elle publie le *Weekly Briefs*, qui regroupe informations et analyses approfondies sur les droits de l'homme, le travail, la politique, la société, l'économie, l'environnement et bien d'autres thèmes encore. Pour vous abonner, contactez l'ANI, PO Box 578191, Chicago, IL 60657-8191, États-Unis. Si vous vous trouvez déjà au Guatemala, vous obtiendrez ses autres publications en anglais et en espagnol en vous adressant au bureau de Guatemala Ciudad, 9a Calle A 3-49, Zona 1 (☎ /fax 232-5519, cerigua@guate.net).

Le *Central America Report*, publication en anglais d'Inforpress Centroamericana, dresse chaque semaine un panorama complet de l'Amérique centrale mettant l'accent sur le Guatemala. Le siège est situé à Guatemala Ciudad, 7a Avenida 2-05, Zona 1 (☎ /fax 232-9034, inforpre@guate.net). Adressez correspondance et chèques d'abonnement à Inforpress Centroamericana, Section 23, PO Box 52-7270, Miami, FL 33152-7270, États-Unis.

Le Guatemala News and Information Bureau (GNIB) publie *Report On Guatemala*, parution trimestrielle du Network in Solidarity with the People of Guatemala (NISGUA : réoeau de solidarité avec les peuples du Guatemala). Contactez le GNIB à l'adresse suivante : PO Box 28594, Oakland CA 94604, États-Unis (☎ /fax (510) 835-0810, gnib@igc.apc.org).

RADIO ET TÉLÉVISION
Le Guatemala possède onze stations de radio et cinq chaînes de télévision. Le câble permet en outre de capter un certain

Rigoberta Menchú Tum
Rigoberta Menchúnaquit en 1959 dans les hautes terres au sud du Guatemala. Jusqu'en 1980, elle mena la vie d'une jeune femme maya ordinaire, mais les graves troubles qui agitèrent le pays affectèrent de façon tragique le cours de son existence. En 1981, elle avait perdu son père, sa mère et son frère, tués lors des saccages menés par les militaires guatémaltèques au nom de la "pacification" des campagnes et de la répression de la guérilla.
Rigoberta s'exila alors au Mexique, où elle écrivit son histoire, *Moi, Rigoberta Menchú*. Celle-ci fut traduite et publiée dans le monde entier. Dès lors, la jeune femme lutta avec acharnement pour faire reconnaître les droits des peuples indigènes de toute l'Amérique latine.
En 1992, Rigoberta Menchú reçut le prix Nobel de la paix, qui lui procura une stature et un soutien internationaux.
Les Guatémaltèques ont été très fiers de voir l'une des leurs, reconnue par le jury du prix Nobel. Dans les milieux gouvernementaux toutefois, cette renommée est fort mal considérée, la jeune Maya passant pour une "semeuse de troubles". Les Indiens du Guatemala, eux, ont fait leur héroïne de cette femme qui a su attirer l'attention du monde sur leurs souffrances. ∎

nombre de chaînes américaines, dont CNN. Tous les hôtels ne proposent pas la télévision, mais ceux qui le font sont généralement câblés.

BLANCHISSAGE/NETTOYAGE
On trouve partout des pressings accomplissant en quelques heures blanchisserie, nettoyage à sec et repassage pour environ 2 $US par charge de linge. Les modes d'hébergement les moins chers disposent en général d'un *lavadero* où chacun peut laver ses affaires à la main et les étendre.

SANTÉ
Ne buvez pas l'eau du robinet au Guatemala. Vous avez le choix entre la purifier vous-même ou acheter des bouteilles. Elles sont vendues partout et la plupart des locaux ne boivent pas d'autre eau.
Le paludisme est surtout présent dans les zones rurales des plaines. En revanche, il n'y a aucun risque dans les hauteurs de l'intérieur. La dengue et le choléra existent également.
Reportez-vous à la rubrique *Santé* du chapitre *Renseignements pratiques*, en début d'ouvrage, pour savoir comment vous protéger durant votre séjour.

SEULE EN VOYAGE
Les femmes voyageant seules au Guatemala ne devraient guère rencontrer de problèmes. Pensez à vous habiller de façon décente, comme les femmes du pays, la pudeur étant considérée ici comme une qualité primordiale. Vous serez alors traitée avec le plus grand respect.
Mieux vaut réserver les shorts pour la plage et les proscrire ailleurs. Les jupes doivent cacher les genoux. Mettez toujours un soutien-gorge pour ne pas être jugée provocatrice. Beaucoup de femmes guatémaltèques portent un tee-shirt sur leur maillot de bain lorsqu'elles se baignent. Dans les lieux où c'est le cas, vous avez tout intérêt à les imiter si vous ne voulez pas attirer les regards.
En voyageant seule, vous vous exposez à voir de nombreux hommes chercher à engager la conversation. A vous de décider comment réagir, mais ne soyez pas intimidée. Vous pouvez avoir des discussions passionnantes avec des locaux. Efforcez-vous simplement de ne pas vous mettre dans des situations ambiguës.
L'habitude de siffler les femmes est moins répandue au Guatemala que dans le reste de cette région du monde mais cela

arrive. Dans ce cas, comme les femmes locales, ne réagissez pas.

Sans sombrer dans la paranoïa, il faut savoir que les risques de viol ou d'agression existent. Ils sont plus élevés dans certains lieux qu'ailleurs. Prenez les précautions d'usage : évitez de vous retrouver seule dans des endroits déserts, de vous promener en ville en pleine nuit, de faire du stop, de camper seule, etc.

Consultez *Société et comportements* dans la *Présentation du Guatemala*. En connaissant mieux les caractères et les habitudes, vous pourrez modeler votre comportement pour éviter les dangers.

COMMUNAUTÉ HOMOSEXUELLE
Le Guatemala reste une société très traditionaliste. Le seul endroit spécifiquement gay dont nous avons eu connaissance est le *Pandora's*, un bar de Guatemala Ciudad qui sert depuis des années de lieu de rendez-vous à la communauté homosexuelle.

DÉSAGRÉMENTS ET DANGERS
Consultez le chapitre *Renseignements pratiques* en début d'ouvrage pour tout savoir sur les vols et autres délits.

Le plus grand danger demeure le vol à main armée, notamment dans les hautes terres et à Guatemala Ciudad. Évitez les rues d'Antigua après la tombée de la nuit et ne vous promenez pas aux environs de cette ville, à moins d'être en groupe. Dans les hautes terres, ne choisissez pas un endroit désert en bordure de route pour faire une pause. En règle générale, demandez aux locaux quels endroits sont sûrs et lesquels ne le sont pas.

Si des malfaiteurs armés vous menacent, mieux vaut leur remettre vos biens (et votre voiture) sans opposer de résistance, car la plupart n'hésitent pas à se servir de leurs armes.

Guatemala Ciudad est connue pour les vols de portefeuilles et de voitures. Si vous conduisez dans la capitale, dissimulez vos objets de valeur (porte-monnaie, bijoux...) et maintenez vos vitres au moins à demi-fermées. Cela décourage les voleurs qui cherchent à arracher portefeuilles, montres ou colliers par la fenêtre. Là aussi, si vous étiez face à des voleurs de voitures armés, ne résistez pas.

Le Guatemala fut pendant près d'un siècle le théâtre d'un violent activisme antigouvernemental. L'accord de paix signé en décembre 1996 est censé avoir mis un terme à la guérilla.

HEURES D'OUVERTURE
La plupart des banques accueillent le public de 8h30 ou 9h à 18h en semaine (parfois jusqu'à 19 ou 20h), le samedi de 9h environ à 13h. En semaine, les boutiques ouvrent vers 9h, ferment à 12h30 ou 13h pour le déjeuner et reprennent leur activité une heure plus tard jusqu'à 18h en règle générale. Le samedi, beaucoup ne travaillent pas l'après-midi. Les horaires officiels des administrations s'étendent du lundi au vendredi de 8h à 16h, mais on constate un certain absentéisme à l'heure du déjeuner.

FÊTES ET JOURS FÉRIÉS
Voici la liste des jours fériés officiels :

1er janvier	:	*Jour de l'An*
Mars/avril	:	*Mardi gras, Vendredi saint et dimanche de Pâques*
1er mai	:	*Fête du travail*
30 juin	:	*Fête de l'armée*
15 août	:	*Guatemala Ciudad*
15 septembre	:	*Fête de l'Indépendance*
20 octobre	:	*Révolution de 1944*
1er novembre	:	*Toussaint*
24 décembre	:	*Veille de Noël*
25 décembre	:	*Noël*
31 décembre	:	*Saint-Sylvestre*

Certaines fêtes de l'année méritent le détour. La Semana Santa (Semaine Sainte, juste avant Pâques) à Antigua offre un spectacle inoubliable. Des tapis multicolores constitués de sciure de bois séchée sont fabriqués dans les rues pour être aussitôt piétinés par une procession solennelle du Christ sur sa croix. Il est porté sur une grande civière par des membres d'une *cofradía* (confrérie religieuse) en soutanes, tandis que d'autres moines secouent des encensoirs au son d'une musique omnipré-

GUATEMALA

sente. Les événements qui ont conduit à la crucifixion du Christ, puis sa résurrection, sont mis en scène au cours d'impressionnantes cérémonies.

La Semaine Sainte donne lieu à d'autres célébrations à travers le pays. Chaque peuplade locale possède ses propres traditions et folklores. Huehuetenango et Totonicapán organisent elles aussi des processions et des spectacles retraçant la passion du Christ du mercredi au dimanche de Pâques.

On célèbre aussi la Toussaint (1er novembre) et le jour des Trépassés (2 novembre) selon la tradition. Ces deux jours sont considérés comme le moment de l'année où les âmes des disparus sont les plus proches de nous. Quelques jours auparavant, partout, les Guatémaltèques astiquent les tombes, plantent des fleurs et peignent les pierres tombales. Les 1er et 2 novembre, les familles apportent des fleurs, pique-niquent près des tombes de leurs proches, et passent la journée là. L'atmosphère est sans tristesse : c'est le seul moment de l'année où l'on se retrouve ici tous ensemble.

Le 1er novembre, des *barriletes* (cerfs-volants) géants très colorés volent au-dessus du cimetière de Santiago Sacatepéquez, à 24 km d'Antigua. D'après la tradition, ces cerfs-volants permettent la communication avec les disparus. Des milliers de visiteurs assistent chaque année à ce spectacle et des stands aménagés sous tentes vendent de la nourriture (en particulier des *fiambres*).

Le même jour, à Todos Santos Cuchumatán, des hommes en costumes traditionnels disputent des courses de chevaux effrénées à travers la ville. C'est le point culminant d'une semaine de festivités (du 21 octobre au 1er novembre), qui suit généralement une nuit de beuverie non-stop. Des spécialités locales sont servies toute la journée.

Chaque localité célèbre le jour de son saint patron par des festivités comprenant des événements sociaux, culturels et sportifs. Au rang des plus célèbres figurent celles de Chichicastenango, qui s'étendent

du 13 au 21 décembre et honorent Santo Tomás. Les festivités débutent par les célébrations traditionnelles, dont le *palo volador* : on érige sur la grand-place un mât très haut, autour duquel volent des *voladores* (hommes-volants), revêtus de costumes traditionnels, tournent au bout de cordes.

La fête traditionnelle indienne la plus impressionnante est peut-être celle de Cobán, où se tient le festival folklorique de Rabin Ajau avec sa danse traditionnelle du Paabanc. Célébrée dans toute la région par les Indiens kekchis qui, pour l'occasion, revêtent leurs costumes colorés et consomment des plats typiques, elle a lieu fin juillet, généralement du 21 au 26.

ACTIVITÉS CULTURELLES ET/OU SPORTIVES

Le Guatemala offre d'innombrables possibilités de randonnée. L'ascension des volcans figure souvent parmi les plus beaux souvenirs que l'on rapporte de son séjour. On peut partir à l'assaut de ceux proches d'Antigua, de Lago de Atitlán ou de Quetzaltenango. Consultez les rubriques correspondantes. Vous trouverez des bicyclettes en location à Panajachel et à Antigua et des motocyclettes tout-terrain à Panajachel.

La baignade en mer, en rivière ou dans les lacs est une activité très appréciée. Le Lago de Atitlán offre en outre des possibilités de plongée au sein d'un club situé à Santa Cruz La Laguna. Le rafting se pratique tout au long de l'année par le biais d'un club d'Antigua.

Les amateurs d'ornithologie iront explorer le parc national de Tikal. Ils se rendront également sur le Río Ixpop, qui se jette dans le Lago Petén Itzá, près d'El Remate, à Santiago Atitlán, une petite ville du Lago de Atitlán, sur le Río Dulce, à Monterrico et dans bien d'autres régions encore.

COURS
Cours de langues
Les étrangers arrivent du monde entier pour étudier l'espagnol au Guatemala. Les nombreuses écoles de langue d'Antigua jouissent

d'une excellente réputation. Aujourd'hui, celles de Quetzaltenango commencent aussi à se faire connaître. Pour les autres villes disposant d'écoles, citons Panajachel, San Pedro La Laguna (sur le Lago de Atitlán), San Andrés (sur le Lago Petén Itzá), Huehuetenango, Todos Santos Cuchumatán, Monterrico, Lívingston, Guatemala Ciudad et Copán (Honduras).

A Momostenango, certains établissements proposent des cours de langue quiché et de civilisation maya. A Quetzaltenango, une école dispense divers cours en langues quiché, mam et espagnole. Le *K'iche'*, de Kermit Frazier, qui vit à Momostenango, est un kit de langue quiché qui comprend un manuel, une cassette audio anglais/quiché et un livret expliquant le calendrier maya. Le tout est vendu 20 $US (Happy Camper Publications, 1997). Pour le commander, contactez Kermit Frazier à Momostenango par l'intermédiaire de la Kuinik Ta'ik Language School (☎ 736-5036, momos@guate.net).

Pratiquement toutes les écoles de langue proposent de combiner à leurs cours un séjour en famille d'accueil. Cette solution d'hébergement, en chambre individuelle avec trois repas quotidiens, revient en moyenne à 50 $US la semaine. Cette formule "immersion totale" garantit un excellent apprentissage.

Plongée
Le club ATI Divers de Santa Cruz La Laguna, sur le Lago de Atitlán, propose des cours de plongée. Sa formule de stage PADI en haute mer comporte quatre jours de plongée en eaux profondes. Il existe aussi des leçons pour plongeurs confirmés, dont un cours de saut.

Tissage
On peut apprendre le tissage à Quetzaltenango et à Zunil. Tous les renseignements sont fournis sous ces rubriques.

TRAVAILLER AU GUATEMALA
Le Guatemala est un pays pauvre où le travail est rare. Peut-être pourrez-vous donner des cours de français ou d'anglais, mais n'y comptez pas trop. D'ailleurs, même si vous trouvez des élèves, les tarifs ne sont pas mirobolants. En revanche, les possibilités de travail bénévole au Guatemala ne manquent pas.

L'INGUAT, office national du tourisme, pourra vous orienter sur un programme de volontariat si vous formulez le souhait d'accomplir un travail précis. Il existe par exemple un groupe international qui s'occupe des enfants des rues à Guatemala Ciudad.

L'ADIFAM fournit une éducation aux enfants quichés qui travaillent dans 46 communautés de la municipalité de Momostenango. Les professeurs, tous volontaires, dispensent leur enseignement en langue quiché et reçoivent environ 14 $US par mois. Les volontaires peuvent aussi aider des enfants en leur faisant pratiquer des activités extra-scolaires. Par ailleurs, toute personne ayant des connaissances en sciences médicales ou vétérinaires, en jardinage, en informatique, ou dans un autre domaine technique, n'aura aucune difficulté à trouver à s'occuper ici. Il est toutefois essentiel de posséder au moins quelques notions d'espagnol ou de langue quiché (il existe une école de langue quiché à Momostenango. Contactez l'ADIFAM, Hotel Ixchel, 1a Calle 4-15, Zona 1, Momostenango (☎ 736-5036, momos@guate.net).

Quetzaltenango compte plusieurs organisations qui travaillent avec les habitants quichés. N'hésitez pas à vous renseigner auprès d'elles sur les possibilités de volontariat (voir *Quetzaltenango* pour les détails).

L'association Casa Guatemala (☎ 232-5517), 14a Calle 10-63, Zona 1, Guatemala Ciudad, vient en aide aux orphelins et aux enfants abandonnés et victimes de malnutrition. Elle dispose d'une clinique à Guatemala Ciudad et d'un orphelinat sur le Río Dulce, dans l'est du Guatemala, et distribue de la nourriture aux déshérités.

Le Proyecto Ak' Tenamit, lui, travaille sur le peuple maya des Kek'chis, qui vivent dans l'est du pays. Il gère un programme de volontariat médical, une école, des projets liés à l'eau potable et une coopérative de femmes. On peut le contacter à Guatemala Ciudad (☎ /fax 251-1136), Apdo Postal 2675, ou aux États-Unis par l'intermédiaire du Guatemalan Tomorrow Fund (☎ (407) 747-9790, fax (407) 747-0901), PO Box 3636, Tequesta, FL 33469.

L'ARCAS (Asociación de Rescate y Conservación de Vida Silvestre, société protectrice des animaux sauvages) mène actuellement deux grands projets. Le premier, qui concerne la faune, se situe près de Flores, le second s'attache à sauver les tortues de mer à l'est de Monterrico. Consultez les rubriques *Monterrico* et *Flores* pour connaître les détails. L'ARCAS a d'autres programmes de volontariat auxquels vous pouvez prendre part, dont plusieurs consacrés à l'éducation et à la santé. Contactez-la au 1a Calle 50-37, Zona 11, Colonia Molino de las Flores, Guatemala Ciudad (☎ /fax 591-4731, arcas@pronet.net.gt). L'adresse postale de l'association se trouve aux États-Unis : ARCAS, Section 717, PO Box 52-7270, Miami, FL 33152-7270.

Le Guatemala News and Information Bureau (GNIB), basé en Californie, fournit une multitude de renseignements sur le volontariat de longue durée (plus de trois mois) au Guatemala. Consultez ci-dessus *Journaux et magazines* pour les adresses.

HÉBERGEMENT

Les possibilités d'hébergement vont des petits hôtels très rudimentaires aux luxueux quatre ou cinq-étoiles. Si vous étudiez l'espagnol, séjourner en famille d'accueil est la solution la moins onéreuse. Presque toutes les écoles d'espagnol proposent cette formule.

ALIMENTATION

En matière culinaire, le Guatemala est le parent pauvre du Mexique, des États-Unis ou de l'Europe. Ici, la cuisine se résume à quelques plats standards, comme les *enchiladas* (omelettes nappées de haricots, de viande ou de fromage), le *guacamole* (salade ou purée froide d'avocats, d'oignons et de tomates) et les *tamales* (rouleau de pâte de maïs farci de viande ou d'autres ingrédients).

Toutefois, on vous proposera très souvent du *bistec* (bœuf plutôt coriace grillé ou frit), du *pollo asado* (poulet rôti), des *chuletas de puerco* (côtelettes de porc), ou encore des spécialités plus légères, comme les *hamburguesas* (hamburgers) ou les *salchichas* (sorte de saucisse de Francfort). Parmi les plats simples, les *frijoles con arroz* (haricots et riz) sont moins chers et souvent meilleurs.

Contre toute attente, le Guatemala compte une quantité surprenante de restaurants chinois. Toutes les villes dignes de ce nom en possèdent au moins un. Certes souvent minuscules et manquant d'authenticité, ces établissements proposent néanmoins une nourriture très correcte et bon marché qui permet de varier son alimentation.

BOISSONS

La réputation du café guatémaltèque n'est plus à faire et sa dégustation représente l'un des grands plaisirs gustatifs du voyageur. Les restaurants habitués aux touristes en servent un particulièrement savoureux. Ailleurs, sa qualité est moins bonne et son goût risque de vous décevoir.

Comme partout dans cette région du monde, les jus de fruit sucrés allongés d'eau représentent une boisson rafraîchissante et populaire. Ils sont généralement réalisés avec de l'eau purifiée, mais faites-le préciser avant de boire ! Par ailleurs, les grandes marques internationales de boissons non alcoolisées sont présentes partout.

La *Gallo* est la bière préférée des Guatémaltèques. Les visiteurs lui préfèrent généralement la *Moza*, une bière brune. La *Dorado* est plus légère que la Gallo.

Avec l'abondante culture de canne à sucre, le rhum figure bien sûr parmi les productions du pays. Le *Ron Zacapa Centenario*, rhum brun dans une bouteille caractérisée par le tressage en osier qui l'entoure, passe pour le meilleur du pays, mais le *Ron Botrán Añejo*, brun également, ne manque pas de goût non plus. Vous pourrez aussi goûter au *Quetzalteca*, boisson blanche à base de sucre de canne, distribuée dans de minuscules bouteilles, qui vous mettra le feu au palais.

ACHATS

Le monde entier connaît l'artisanat guatémaltèque, notamment ses tissus colorés. Le tissage représente en effet un art traditionnel pratiqué par les Mayas dans tout le pays. Décorations murales, vêtements, en particulier les superbes *huipiles* (chemisiers) brodés et les *cortes* (jupes), portes-monnaie, ceintures, écharpes, bracelets de l'amitié, nappes, couvre-lits et autres objets tissés ne manqueront pas de vous tenter.

Parmi les productions typiques de l'artisanat guatémaltèque, figurent les couvertures de Momostenango, les sculptures sur bois d'El Remate et les céramiques d'Antigua.

Les principaux marchés d'artisanat se tiennent les jeudi et dimanche à Chichicastenango, ou tous les jours à Panajachel. Si vous souhaitez faire des achats, n'hésitez pas à vous rendre dans l'une de ces deux villes. On trouve également de beaux objets à Antigua, mais à des prix plus élevés.

Chaque village accueille par ailleurs son marché, qui ne comporte pas toujours d'étals d'artisans, mais surtout des légumes et des objets d'utilisation courante. Il arrive toutefois que l'on puisse y faire des achats intéressants.

L'achat d'objets d'artisanat implique nécessairement une négociation entre vendeur et acquéreur (voir *Coût de la vie*, plus haut dans ce chapitre).

GUATEMALA

Comment s'y rendre et circuler

Comment s'y rendre

VOIE AÉRIENNE

Le Guatemala compte deux aéroports desservis par les compagnies internationales : Guatemala Ciudad (Aeropuerto Internacional La Aurora) et Flores, près de Tikal, dans le département d'El Petén. Consultez *Guatemala Ciudad* et *El Petén* pour plus de détails.

VOIE TERRESTRE

Il existe deux itinéraires par route nationale et trois par route et bateau pour se rendre du Chiapas (Mexique) au Guatemala. Du Belize, on peut venir soit par la route, soit par voie maritime. Du Honduras et du Salvador, divers moyens d'accès sont possibles.

Pour les itinéraires associant route et rivières, référez-vous au chapitre *El Petén*, au Guatemala. Enfin, si vous arrivez par le Belize, lisez les chapitres *Belize occidental* et *Belize méridional*.

Il existe un point de passage très isolé entre Corinto (Honduras) et El Cinchado (Guatemala oriental), et un autre encore moins emprunté entre Puerto Barrios (Guatemala oriental) et Omoa ou Puerto Cortés (Honduras), *via* Finca La Inca (Guatemala), El Límite (sur le Río Motagua) et Cuyamelito (Honduras). Ce dernier itinéraire est détaillé dans *Guatemala central et oriental*. Il ne s'agit pas d'un poste-frontière officiel, mais les locaux l'empruntent.

Bus

Plusieurs compagnies de bus guatémaltèques proposent des véhicules confortables reliant Guatemala Ciudad aux frontières mexicaine ou salvadorienne, ou à Puerto Barrios, sur le golfe du Honduras.

Pour en savoir plus sur les dessertes des différents points du Guatemala, consultez *Comment s'y rendre* dans le chapitre *Guatemala Ciudad*.

VOIES MARITIME ET FLUVIALE

Trois itinéraires relient Palenque (Chiapas) et Flores (El Petén) à travers la jungle. Le voyage s'effectue essentiellement par la route, mais comprend une portion fluviale sur le Río Usumacinta. Pour les détails, consultez le chapitre *El Petén*.

Des bateaux réguliers permettent d'aller de Puerto Barrios, ville guatémaltèque située sur le golfe du Honduras, à Punta Gorda, au sud du Belize. Il existe deux liaisons par semaine entre Lívingston et Punta Gorda, une entre Lívingston et Omoa (Honduras). Enfin, un voilier effectue deux fois par mois environ la traversée entre Utila (une île de la baie du Honduras) et Lívingston. Reportez-vous aux rubriques consacrées à ces villes pour toutes les précisions.

Vérifiez que le bureau de l'immigration a bien apposé son visa à chaque extrémité de la traversée si vous arrivez ou repartez en bateau.

Comment circuler

AVION

La liaison aérienne quotidienne entre Guatemala Ciudad et Flores épargne 15 pénibles heures de bus sur des routes tortueuses. Consultez les chapitres sur ces villes pour les détails.

BUS

Le type de véhicule le plus en vogue auprès des compagnies de bus guatémaltèques est le bus américain de ramassage scolaire d'occasion. Il a généralement conservé ses sièges d'origine, ce qui laisse bien peu de place pour les jambes du voyageur adulte. Les tarifs, heureusement, sont très bas, et les départs nombreux, mais sachez que les bus cessent généralement leur activité dès la fin de l'après-midi.

Minibus

Conscientes que les bus guatémaltèques posent des problèmes aux étrangers, plusieurs compagnies proposent désormais des minibus pour touristes. Ces véhicules circulent sur les grands itinéraires touristiques (Guatemala Ciudad-Aeropuerto La Aurora-Antigua-Panajachel-Chichicastenango). Des navettes quittent en outre l'aéroport international de La Aurora en moyenne toutes les heures à destination d'Antigua. Ces mêmes minibus proposent un service d'omnibus entre Antigua et Guatemala Ciudad. D'autres navettes relient Guatemala Ciudad, Panajachel et Chichicastenango.

Ces compagnies disposent presque toutes d'un bureau à Antigua. Consultez ce chapitre pour les adresses. La TURANSA, elle, possède une agence à Guatemala Ciudad (tél. 595-3574, fax 595-3583) au Supercentro Metro, Carretera Roosevelt Km 15, Zona 11, Local 68-69.

VOITURE

Si la circulation est intense à Guatemala Ciudad, elle se révèle très fluide dans les hautes terres. La Carretera al Atlántico est modérément fréquentée par les poids-lourds.

Quiconque entre au Guatemala en voiture doit contracter une assurance responsabilité civile dès l'arrivée, soit au poste-frontière, soit dans une ville frontalière.

Si vous apercevez une branche d'arbre ou un objet inhabituel sur la route, ralentissez : cela indique que vous allez rencontrer un obstacle un peu plus loin (véhicule en panne ou accident).

Étant donné les divers incidents qui peuvent survenir (y compris l'attaque à main armée par des malfaiteurs qui détroussent les occupants des véhicules à la faveur de la nuit), les Guatémaltèques conduisent rarement après la tombée du jour.

Location

On trouve différents types de voiture à louer, dont des 4x4 et des minibus. La plupart des compagnies possèdent des agences dans le centre de Guatemala Ciudad, à l'aéroport, et dans quelques autres villes.

Les tarifs restent toutefois élevés : la journée de location revient de 60 à 95 $US par jour (assurance et essence comprises) pour le modèle le plus économique. Sachez que l'assurance ne vous couvre pas pour les collisions et le vol : il existe une franchise de 600 à 1500 $US ou plus en cas de sinistre. Ensuite seulement, l'assurance prend le relais. Conduisez prudemment et garez-vous dans des lieux sûrs, particulièrement la nuit.

Pour louer une voiture, il faut avoir au moins 25 ans, présenter passeport, permis de conduire et carte de crédit reconnue. Si vous ne possédez pas de carte valide, vous devrez fournir un très gros chèque de caution. Renseignez-vous auparavant pour éviter les déceptions.

Avec la popularité croissante du Guatemala auprès des touristes, les voitures de location disponibles se font rares en haute saison. Réservez la vôtre le plus tôt possible. Les tarifs se révèlent parfois plus intéressants si vous réservez dans votre pays d'origine.

Sachez que si vous souhaitez vous rendre à Copán, au Honduras, au volant d'une voiture de location guatémaltèque, vous devez demander une lettre officielle d'autorisation au loueur et la remettre aux douaniers à la frontière. Sans elle, il vous faudra laisser le véhicule et poursuivre votre route avec les transports en commun.

BICYCLETTE

Le vélo peut être un bon moyen d'arpenter le Guatemala, à condition de ne pas craindre les reliefs et les bandits de grands chemins. On trouve des VTT en location dans plusieurs villes, notamment à Antigua et à Panajachel.

EN STOP

Les auto-stoppeurs sont très rares, voire inexistants au Guatemala, pour des raisons de sécurité.

À PIED

Les risques liés au banditisme interdisent malheureusement de conseiller ce mode de déplacement sur les longues distances.

BATEAU

Des bateaux pour passagers circulent régulièrement entre Lívingston et Puerto Barrios, ainsi que sur le Río Dulce, entre le village du même nom et Lívingston. Ils constituent également le principal moyen de transport autour de certains lacs, notamment le Lago de Atitlán et, dans une moindre mesure, le Lago de Izabal et le Lago Petén Itzá.

Plusieurs parcs naturels, réserves et sites archéologiques ne sont accessibles que de cette façon (voir *Parcs et zones protégées*, dans *Présentation du Guatemala*).

TRANSPORTS LOCAUX

Dans les villes, le bus représente le mode de transport le plus pratique et le moins cher, que ce soit en centre-ville ou vers les banlieues et villages environnants.

A quelques rares exceptions près, les taxis guatémaltèques ne possèdent pas de compteurs. Mettez-vous d'accord sur un prix avant de monter.

CIRCUITS ORGANISÉS

Le circuit organisé représente une bonne façon de se rendre dans certains sites. Comme vous le verrez à la rubrique *Tikal*, la meilleure formule, si vous souhaitez passer une ou plusieurs nuits sur place, consiste à vous inscrire dans un voyage organisé comprenant l'hébergement, quelques repas, la visite guidée des ruines et l'aller-retour en avion. Il en est souvent de même pour quelques lieux éloignés du Petén ou aux environs de Cobán. Les visites organisées d'Antigua vous offriront des découvertes passionnantes, là où vous ne seriez probablement jamais allé seul, et vous ne pouvez repartir sans avoir gravi quelques volcans ! Les organisateurs proposent parfois des sorties à cheval, en bicyclette, en canoë, etc.

Les chapitres suivants citent tous plusieurs possibilités de circuits organisés : *Antigua Guatemala, Panajachel, Chichicastenango, Quetzaltenango, Totonicapán, Cobán, Copán* (Honduras), *Lívingston, Flores, Santa Elena, El Remate* et *Tikal*.

Guatemala Ciudad

2 000 000 d'habitants

Guatemala Ciudad, capitale du pays, est de surcroît la plus vaste agglomération urbaine d'Amérique centrale. Perchée à une altitude de 1 500 m, elle s'étend le long d'une chaîne de montagnes érodées et profondément ravinées.

Au premier contact, cette ville n'est pas sans rappeler Mexico, sa grande sœur du Nord, mais les ressemblances superficielles s'effacent rapidement devant l'évidente spécificité guatémaltèque. C'est en premier lieu l'immense marché typiquement coloré et désordonné. Puis, les bus délabrés qui, malgré leur aspect antédiluvien, transportent les citadins avec compétence et célérité. Ce sont enfin les milliers d'uniformes bleus des gardes armés disséminés partout où circule l'argent, où s'affiche un certain standing, dans les banques, les bureaux, les clubs privés et même... au McDonald.

Guatemala Ciudad compte peu de bâtiments coloniaux pour atténuer le caractère agressif de son développement urbain. Ces vieux édifices sont tous regroupés à quelques kilomètres, dans l'ancienne capitale, Antigua. Si le béton règne là en maître, les immeubles, toutefois, ne dépassent généralement pas cinq ou six étages, laissant la lumière envahir les rues étroites.

Une journée ou deux suffisent pour faire le tour des sites intéressants de Guatemala Ciudad. De plus en plus de visiteurs évitent même complètement la capitale, préférant séjourner à Antigua. Mieux vaut néanmoins savoir s'orienter dans cette ville qui reste le centre nerveux du pays : toutes les lignes de transport convergent ici et Guatemala Ciudad rassemble tous les services.

HISTOIRE

Dans cette région du monde, la plupart des villes ont vu leur histoire prendre fin lors d'un séisme. Guatemala Ciudad, quant à elle, doit sa naissance à l'effroyable *temblor* (tremblement de terre) du 29 juillet 1773.

Avant cette date, la capitale espagnole de l'Amérique centrale se trouvait à Santiago de los Caballeros de Guatemala, aujourd'hui connue sous le nom d'Antigua, dans la vallée de Panchoy. Le séisme ayant détruit une grande partie de la métropole coloniale, le gouvernement décida d'installer son quartier général dans la vallée de l'Ermita, où se dresse l'actuelle Guatemala Ciudad, espérant ainsi échapper à un nouveau cataclysme. En signant la charte royale pour la fondation de La Nueva Guatemala de la Asunción, le 27 septembre 1775, le roi Charles III d'Espagne donna officiellement naissance à Guatemala Ciudad.

L'espoir d'un avenir sans tremblements de terre se brisa en 1917, 1918 et 1976. La nouvelle capitale, comme l'ancienne, subit d'importants dommages. En raison de sa fondation relativement récente et de son histoire ponctuée de séismes, la ville compte en effet peu de beaux monuments, d'églises, de palais, d'hôtels particuliers ou de vieux quartiers pittoresques.

ORIENTATION
Le système des rues en échiquier

Comme toutes les villes guatémaltèques, la capitale est parfaitement quadrillée selon un système logique et facile d'utilisation. Les *Avenidas* (avenues) courent du nord au sud et les *Calles* (rues) d'est en ouest. Les rues sont généralement numérotées du nord et de l'ouest (numéros les plus bas) vers le sud et l'est (numéros les plus élevés) ; les immeubles sont numérotés suivant les mêmes directions, les numéros impairs se trouvant du côté gauche et les numéros pairs du côté droit en regardant vers le sud ou l'est. Dans les villes guatémaltèques moins étendues, ce système de quadrillage permet de se repérer en un clin d'œil. Là, les choses sont moins simples : Guatemala Ciudad se décompose en effet en 15 *zonas* qui disposent chacune d'un système de numérotation indépendant. Ainsi, la 14a

Calle de la Zona 10 n'a-t-elle rien à voir avec la 14a Calle de la Zona 1, distante de plusieurs kilomètres. Les grandes artères, comme les Avenidas 6a ou 7a, traversent en revanche plusieurs zones sans changer de nom.

Les adresses sont formulées de la manière suivante : "9a Avenida 15-12, Zona 1", ce qui signifie "9e avenue, après la 15e rue, n°12, zone 1". L'immeuble que vous cherchez (en l'occurrence, l'Hotel Excel) se trouve donc sur la 9e avenue, entre la 15e et la 16e rue, sur le trottoir de droite en direction du sud. Ce savant découpage de Guatemala Ciudad présente un certain nombre d'autres anomalies, comme les rues en diagonale, appelées tantôt *rutas*, tantôt *vías*, ou les boulevards formant un ou plusieurs coudes, nommés *diagonales*.

La lettre A peut être accolée au nom de certaines ruelles, comme la 14a Calle A, une petite rue qui relie la 14a Calle à la 15a Calle.

Comment se repérer

La Plaza Mayor (parfois appelée Parque Central), au cœur de la Zona 1, constitue le centre prestigieux de Guatemala Ciudad. Elle est encadrée par le Palacio Nacional, la Catedral Metropolitana et le Portal del Comercio. A l'ouest de la Plaza Mayor s'étend le grand Parque Centenario, le parc du centre-ville. La Zona 1 abrite également le quartier des boutiques, dans lesquelles on peut acheter des vêtements, de l'artisanat, des pellicules et une multitude d'autres choses. Le Mercado Central, marché particulièrement bien approvisionné en objets artisanaux, se trouve derrière la cathédrale. La plupart des bons hôtels de catégories économique et moyenne sont regroupés dans la Zona 1. L'Avenida 6a qui va vers le sud et l'Avenida 7a en direction du nord sont les deux rues principales qui relient la Zona 1 aux autres zones.

La Zona 4, au sud de la Zona 1, abrite le Centro Cívico (Centre civique) moderne regroupant divers bâtiments gouvernementaux. C'est également dans cette zone que l'on trouve le principal marché de la ville

et que l'on se perd dans la pagaille occasionnée par les différents terminus des bus.

La Zona 9 (à l'ouest de l'Avenida La Reforma) et la Zona 10 (à l'est de cette même avenue) se situent au sud de la Zona 4 ; l'Avenida La Reforma est en fait le prolongement sud de l'Avenida 10a. Ce sont les quartiers chics de la ville où sont également installés certains des plus intéressants musées. La Zona 10 est la plus huppée, avec la Zona Viva (zone animée) qui s'étend autour des hôtels de luxe Camino Real Guatemala et Guatemala Fiesta. La Zona Viva rassemble la plupart des meilleurs restaurants et discothèques de la ville. Dans la Zona 9, on peut facilement se repérer grâce à la mini tour Eiffel appelée Torre del Reformador qui se dresse à l'angle de l'Avenida 7a et de la Calle 2a ainsi qu'au rond-point de la Plazuela España où se rejoignent l'Avenida 7a et la Calle 12a.

La Zona 13, juste au sud de la Zona 9, réunit le vaste Parque Aurora, plusieurs musées ainsi que l'Aeropuerto Internacional La Aurora.

Cartes

L'office du tourisme de l'INGUAT vend pour 1 \$US une carte touristique du pays avec, au verso, le plan des principales villes. On y trouve donc un plan de Guatemala Ciudad et de sa banlieue, avec un agrandissement du centre-ville.

RENSEIGNEMENTS
Offices du tourisme

L'office du tourisme se trouve dans le hall du siège d'INGUAT (Institut du tourisme guatémaltèque, ☎ 331-1333, fax 331-8893, 332-2881), 7a Avenida 1-17, Centro Cívico, Zona 5. Cherchez le signe bleu et blanc qui porte la lettre "i" sur le trottoir de droite (Est), près d'un escalier, à quelques mètres au sud du viaduc ferroviaire qui passe au-dessus de l'Avenida 7a. Les bureaux sont ouverts de 8h à 16h du lundi au vendredi, et de 8h à 13h le samedi.

L'office du tourisme de l'INGUAT à l'aéroport international de La Aurora (☎ 331-8392) ouvre tous les jours de 6h à 21h.

Ambassades et consulats

La ville compte bien d'autres ambassades et consulats que ceux répertoriés ici. Vous trouverez leurs coordonnées dans les pages bleues de l'annuaire guatémaltèque, accompagnées des horaires d'ouverture. N'oubliez pas que les ambassades (*embajadas*) et les consulats (*consulados*) ont souvent des heures d'ouverture singulières et brèves. Avant de vous y aventurer, téléphonez à toutes fins utiles. Sauf indication spécifique, les adresses qui suivent se rapportent aux ambassades.

Belize
  Avenida La Reforma 1-50, Zona 9, Edificio El Reformador, Bureau 803 (☎ 334-5531, 331-1137, fax 334-5536)
Canada
  Ambassade et Consulat, 13a Calle 8-44, Zona 10, Edificio Plaza Edyma (8ᵉ étage) (☎ 333-6102, 363-4348)
France
  Ambassade et consulat, 16a Calle 4-53, Zona 10, Edificio Marbella (☎ 337-3639, 337-4080)
Honduras
  Ambassade et consulat, 13a Calle 12-33, Zona 10, Colonia Oakland (☎ 337-4337, ☎ /fax 337-4344)
Mexique
  Ambassade, 15a Calle 3-20, Zona 10, Edificio Centro Ejecutivo (7ᵉ étage) (☎ 333-7254 à 333-7258)
  Consulat, 13a Calle 7-30, Zona 9 (☎ 331-8165, 331-9573)
République du Salvador
  Ambassade et consulat, 18a Calle 14-30, Zona 13 (☎ 334-3942, 334-8196, fax 360-1312)
Suisse
  4a Calle 7-73, Zona 9, Edificio Seguros Universales, (5ᵉ étage) (☎ 331-3725/6, 334-0743, fax 331-8524)

Prorogations de visa

Si vous devez faire proroger votre visa touristique, contactez la Dirección General de Migración (☎ 475-1302, 475-1404, fax 475-1289), 41 Calle 17-36, Zona 8, à un pâté de maisons de l'Avenida Castellana. Les bureaux sont ouverts de 8h à 16h, du lundi au vendredi.

Argent

La Banco del Agro (☎ 230-5506), du côté sud du Parque Centenario, change les dollars américains et les chèques de voyage. Elle est ouverte du lundi au vendredi de 9h à 20h et le samedi de 10h à 14h. Les distributeurs commencent également à faire leur apparition.

Le Credomatic (☎ 251-4185), dans le grand bâtiment qui fait l'angle de la 5a Avenida et de la 11a Calle, Zona 1, accorde des avances sur les cartes Visa et MasterCard. Il est ouvert du lundi au vendredi de 8h à 19h, et le samedi de 9h à 13h. A l'intérieur, le maximum autorisé pour un retrait est de 500 $US. Au distributeur, chaque transaction est limitée à 100 $US, mais vous pouvez en faire plusieurs.

L'agence de la Banco de Guatemala, à l'aéroport, est ouverte de 7h à 20h du lundi au vendredi et de 8h à 18h les samedi et dimanche. Là, vous pourrez changer des dollars américains ou des chèques de voyage en quetzals, des devises européennes en dollars américains et acheter des chèques de voyage en dollars US.

American Express est représenté par la Banco del Café (☎ 331-1311), située dans l'Edificio Torre del País, Avenida La Reforma 9-30, Zona 9, au 1ᵉʳ étage. L'établissement, est ouvert du lundi au vendredi, de 8h30 à 16h30.

Poste et communications

Le bureau de poste principal de la ville se trouve 7a Avenida 12-11, Zona 1, dans un énorme bâtiment rose – que vous repérez aisément aux stands de cartes postales. Le bureau ouvre de 8h à 19h en semaine, de 8h à 16h30 le samedi, fermé le dimanche. Le Philatelic Department est ouvert du lundi au vendredi de 9h à 17h30. EMS (Express Mail Service), à l'arrière du bâtiment vous accueille de 9h à 17h (jours ouvrables).

Le bureau principal de Guatel est situé au coin de la 12a Calle et de la 8a Avenida, Zona 1, à un pâté de maisons de la poste centrale. Ses services sont ouverts de 7h à minuit. Guatel possède plusieurs petits petits bureaux à travers la ville.

Dans l'aéroport international de La Aurora, la poste possède un bureau (ouvert du lundi au vendredi de 7h à15h) et Guatel aussi (ouvert tous lesjours de 7h à 19h).

GUATEMALA

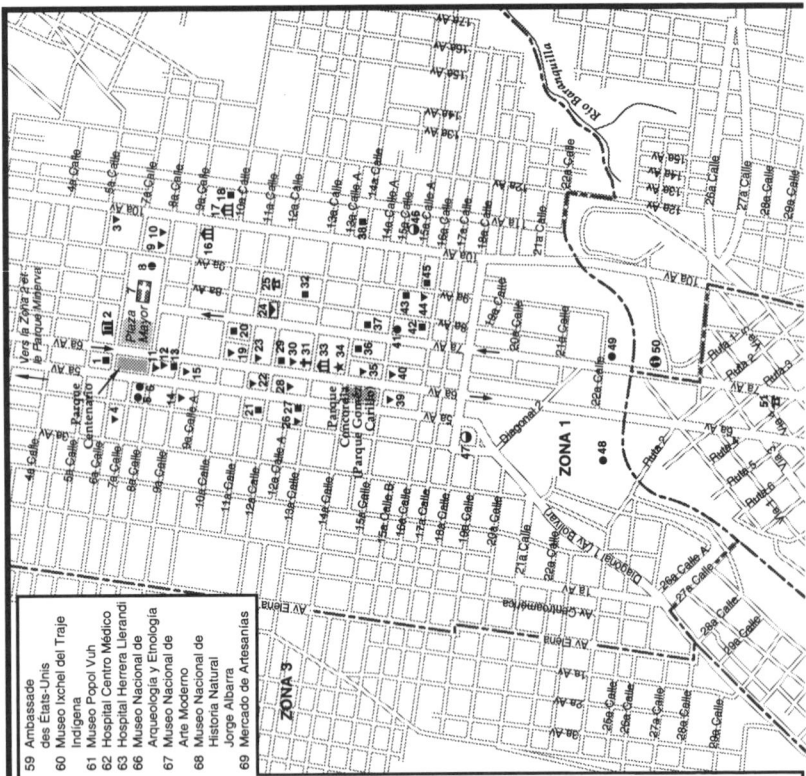

OÙ SE LOGER
1 Hotel Centenario
13 Hotel Pan American
18 Pensión Meza
20 Hotel Ritz Continental
21 Hotel Lessing House
27 Hotel del Centro
29 Hotel-Apartamentos
   Guatemala Internacional
32 Spring Hotel
36 Chalet Suizo
37 Hotel Colonial
38 Posada Belén
42 Hotel Ajau
43 Hotel Excel
45 Hotel Capri
52 Hotel Plaza
54 Hotel del Istmo
57 Hotel Cortijo Reforma
71 Hotel Princess Reforma
72 Radisson Suites Villa
   Magna
75 Hotel Camino Real
   Guatemala
76 Hotel El Dorado
77 Hotel Posada de los
   Próceres

OÙ SE RESTAURER
3 Restaurante Tao
4 Restaurante Long Wah
9 McDonald's
10 Pollo Campero
11 Restaurante Vegetariano
   Rey Sol
12 Pastelería
   Las Américas
14 Pollo Campero
15 Cafetería El Roble
19 Restaurante Bologna,
   Dunkin' Donuts
20 Hotel Ritz Continental
22 Restaurante/Bar Europa
23 Restaurante Piccadilly
26 El Gran Pavo
27 Hotel del Centro
28 Restaurante Altuna
30 Centro Capitol
   (restaurants et cinémas)
35 McDonald's

39 Delicadezas Hamburgo
40 Pollo Campero
44 Cafetín El Rinconcito
64 Restaurante Gauchos,
   Puerto Barrios, Teppanyaki
65 El Gran Pavo
70 Restaurante Piccadilly
72 Siriacos
73 Hacienda de los Sánchez
74 La Trattoria Veneta

DIVERS
2 Palacio Nacional
5 Archivo General de
   Centro América
6 Biblioteca Nacional
7 Catedral Metropolitana
8 Mercado Central
11 Banco del Agro
16 Museo Nacional de Historia
17 Museo Nacional de Artes
   e Industrias Populares
22 Credomatic
24 Poste centrale
25 Guatel
30 Centro Capitol
   (restaurants et cinémas)
31 Iglesia Santa Clara
33 Iglesia San Francisco, Museo
   Fray Francisco Vásquez
34 Police
41 Farmacia del Ejecutivo
   (pharmacie ouverte 24h/24)
46 Gare routière de Litegua
47 Buses to Antigua Guatemala
48 Centro Cultural Miguel
   Ángel Asturias
49 Centro Cívico
50 Office du tourisme
   de l'INGUAT
51 Bureau Guatel
53 Mercado, Terminal de
   Autobuses
54 Terminal Internacional
   (bus pour San Salvador)
55 Universidad de San Carlos
   de Guatemala,
   Museo de Historia Natural,
   jardin botanique
56 Torre del Reformador
58 Ambassade du Mexique

59 Ambassade
   des États-Unis
60 Museo Ixchel del Traje
   Indígena
61 Museo Popol Vuh
62 Hospital Centro Médico
63 Hospital Herrera Llerandi
66 Museo Nacional de
   Arqueología y Etnología
67 Museo Nacional de
   Arte Moderno
68 Museo Nacional de
   Historia Natural
69 Mercado de Artesanías

GUATEMALA

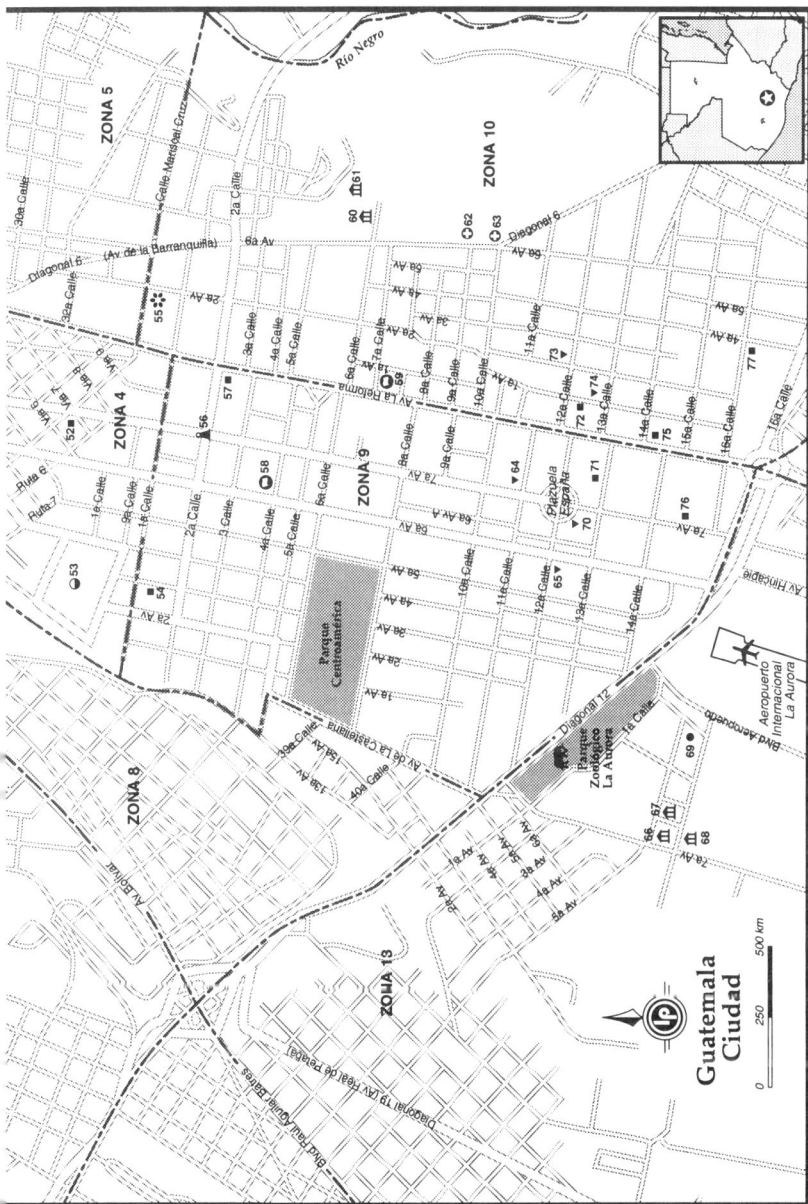

ZONA 5

ZONA 10

ZONA 4

ZONA 9

ZONA 8

ZONA 13

Río Negro

Parque Centroamérica

Parque Zoológico La Aurora

Plazuela España

Aeropuerto Internacional La Aurora

Guatemala Ciudad

0   250   500 km

GUATEMALA

Librairies

La librairie Arnel, au n°108 dans l'Edificio El Centro, est située à l'angle de la 9a Calle et de la 7a Avenida, Zona 1, à deux pas de Parque Central. Elle possède un choix de livres en français et en anglais.

Geminis (☎ 366-1031, fax 366-1034), dans l'Edificio Casa Alta au 3a Avenida 17-05, Zona 14, offre une bonne sélection d'ouvrages internationaux. Dommage qu'il soit si loin du centre.

Bibliothèques

La Biblioteca Nacional (National Librairy, ☎ 232-2443), à l'est de Parque Centenario, ouvre du lundi au vendredi, de 9h à 18h.

Soins médicaux

Guatemala Ciudad ne manque pas d'établissements privés. On peut notamment citer l'Hospital Centro Médico, (☎332-3555, 334-2157), 6a Avenida 3-47, Zona 10, ainsi que l'hôpital Herrera Llerandi (☎ 334-5959, urgences 334-5955), 6a Avenida 8-71, Zona 10, que l'on appelle aussi Amedesgua. La Croix-Rouge (☎ 125) se trouve 3 Calle 8-40, Zona 1.

Guatemala Ciudad dispose d'un système de pharmacies de garde (*farmacia de turno*). Si vous devez y avoir recours durant la nuit ou le week-end, demandez à votre hôtel quelle est la farmacia de turno la plus proche ou consultez le panneau affiché sur la vitrine d'une pharmacie. La Farmacia del Ejecutivo, sur la 7a Avenida, à l'angle de la 15a Calle, Zona 1, ouvre 24h/24 et accepte la carte Visa et la MasterCard.

Urgences

En cas d'urgence, appelez les numéros suivants :

Ambulance	125, 128
Pompiers	122, 123
Police	120, 137, 138

Désagréments et dangers

Les agressions de rue s'intensifient à Guatemala Ciudad. Soyez prudent – ne vous promenez pas avec votre portefeuille qui dépasse de la poche arrière de votre jean et

évitez tout simplement la marche tard le soir ou de nuit. Tôt le matin, vous serez en sécurité aussi longtemps que vous resterez dans des rues éclairées et fréquentées. La 18a Calle, Zona 1, jalonnée d'arrêts de bus, est particulièrement dangereuse la nuit. Si vous arrivez en bus, ou devez vous rendre à n'importe quel point de cette rue, la nuit, prenez un taxi.

Les parties plus animées de la ville – la Zona 9 et la Zona 10, par exemple – sont beaucoup plus sûres.

ZONE 1

Plaza Mayor

La grande majorité des choses à voir est concentrée dans la Zona 1, près de la Plaza Mayor, dans un quartier délimité par les Calles 6a et 8a et les Avenidas 6a et 7a.

Pour le système colonial espagnol, toutes les villes du Nouveau Monde devaient posséder une grande place destinée aux exercices, aux revues et aux cérémonies militaires. Le nord de la place était réservé au *palacio del gobierno*, le siège du gouvernement colonial. Sur un autre côté, de préférence à l'est, devait se dresser une église (une cathédrale si la ville était assez importante pour mériter un évêque). Les autres côtés de la place pouvaient également être occupés par des bâtiments institutionnels ou par les vastes hôtels particuliers de notables locaux. La Plaza Mayor guatémaltèque illustre parfaitement ce plan classique.

Afin de mieux l'apprécier, visitez la Plaza Mayor le dimanche, car c'est un lieu privilégié de détente pour des milliers de Guatémaltèques. Ils aiment s'y promener, se prélasser sur un banc ou écouter de la *salsa*. Si vous ne pouvez vous y rendre un dimanche, essayez l'heure du déjeuner ou la fin de l'après-midi.

Palacio Nacional

Au nord de la Plaza Mayor se dresse le palais du Gouvernement, construit à grands frais sous la dictature du général Jorge Ubico (1931-1944). Il est le troisième construit à cet emplacement.

Le Palacio Nacional, en cours de restauration, abritera bientôt un musée de l'histoire du Guatemala.

Des visites gratuites sont proposées du lundi au vendredi de 9h à 17h30, samedi et dimanche de 9h à 15h. Le guide vous fera découvrir un labyrinthe semé de cuivres étincelants, de bois patiné, de sculptures et d'arcades couvertes de fresques peintes par Alberto Gálvez Suárez. Vous admirerez tout particulièrement le chandelier en cristal de Bohême, or et bronze, de la salle de réception, qui pèse non moins de deux tonnes, ainsi que les deux cours intérieures de style arabisant.

Catedral Metropolitana

Erigée entre 1782 et 1809 (on termina les flèches en 1867), la Catedral Metropolitana survécut beaucoup mieux aux séismes et aux incendies que le Palacio Nacional, même si les tremblements de terre de 1917 et surtout de 1976 l'ont bien endommagée. Entièrement restaurée, elle n'est pas vraiment ce que l'on pourrait appeler un bel édifice. Ses lourdes proportions et son manque d'ornements lui confèrent une allure austère quoique imposante. La cathédrale est censée ouvrir tous les jours de 8h à 19h, mais vous risquez de la trouver fermée, en particulier à l'heure de la sieste.

Mercado Central

Jusqu'à sa destruction lors du séisme de 1976, le marché central situé derrière la cathédrale, 9a Avenida, entre les Calles 6a et 8a, était un lieu où l'on venait s'approvisionner en nourriture et autres produits de nécessité. Rebâti à la fin des années 70, le marché moderne s'est spécialisé dans les articles pour touristes ; vêtements, sculpture sur bois, cuir et métal travaillés, paniers et autres objets artisanaux. Les produits de nécessité ont été déplacés dans les rues avoisinantes. Vous pouvez profiter de votre visite à la Plaza Mayor pour venir y faire un tour, bien qu'il existe de meilleures adresses pour l'artisanat. Le marché est ouvert de 6h à 18h du lundi au samedi et de 9h à 12h le dimanche.

Le véritable marché central de la ville se trouve dans la Zona 4.

Musées

Parmi les musées de la Zona 1, figure le **Museo Fray Francisco Vásquez** (☎ 232-3625), Iglesia San Francisco, à l'angle de la 6a Avenida et de la 13a Calle. Abritant les différents objets ayant appartenu à ce frère franciscain, ce musée est ouvert tous les jours de 9h à 12h et de 15h à 18h.

Le **Museo Nacional de Artes e Industrias Populares** (☎ 238-0334), 10a Avenida 10-72, musée national des arts populaires, regroupe peintures, céramiques, masques, instruments de musique, objets de métal et calebasses. Il est ouvert du lundi au vendredi de 9h à 17h.

Les collections du **Museo Nacional de Historia** (☎ 253-6149), 9a Calle 9-70, à l'angle de la 10a Avenida, sont constituées d'une multitude de reliques historiques présentées de façon anarchique. Le musée, ouvert tous les jours de 10h à 16h, sera transféré au Palacio Nacional, une fois la restauration de ce dernier achevée.

ZONE 2
Parque Minerva

La Zona 2 se trouve au nord de la Zona 1. Dans l'ensemble, c'est un quartier résidentiel destiné à la classe moyenne, mais au nord on y trouve le grand parc Minerva, entouré de terrains de golf et de sports, du club de chasse et de pêche et des bâtiments de l'université Mariano Gálvez.

Minerve, déesse de la Raison, des Sciences et de l'Invention, était chère au cœur du président Manuel Estrada Cabrera (1898-1920). Consulter *Histoire* dans le chapitre *Présentation du Guatemala*.

Le Parque Minerva n'en demeure pas moins un agréable parc où il fait bon se détendre en sirotant un jus de fruit au milieu des eucalyptus. Faites attention aux pickpockets.

Principale curiosité de la Zona 2, la carte en relief du Guatemala (simplement intitulée **Mapa En Relieve**), est implantée dans le Parque Minerva. Établie en 1904 sous la direction de Fransisco Vela, elle donne la topographie du pays au 1/10 000, mais pour plus d'effet, la hauteur du relief montagneux est représentée au 1/2 000. De petites étiquettes indiquent l'emplacement des principales villes et fournissent des explications sur les caractéristiques topographiques. On peut admirer la vue panoramique du haut des tours. C'est un endroit plutôt étrange mais amusant, dont l'accès ne coûte que quelques centavos, et ouvert quotidiennement de 8h à 17h.

La carte en relief et le parc Minerva se trouvent à 2 km au nord de la Plaza Mayor le long de l'Avenida 6a (en sens unique vers le sud). Vous pouvez prendre le bus n°1, 45 ou 46, en direction du nord, sur l'Avenida 5a, dans la Zona 1. Allez jusqu'au bout de la ligne.

ZONE 4
La fierté de la Zona 4 reste le Centro Cívico, bâti entre la fin des années 50 et le début des années 60. Vous trouverez ici le Palais de justice, le siège des Services de la sécurité sociale guatémaltèque (IGSS), le Banco del Quetzal, l'hôtel de ville et le siège de l'INGUAT.

L'immeuble du Banco del Quetzal est orné de hauts-reliefs de Dagoberto Vásquez illustrant l'histoire du pays ; l'hôtel de ville abrite une immense mosaïque réalisée par Carlos Mérida et achevée en 1959.

Derrière l'INGUAT, s'étendent les terrains de sport de la Ciudad Olímpica. De l'autre côté de la rue, à partir du Centro Cívico, se tient le Centro Cultural Miguel Ángel Asturias. Outre le théâtre national, il comprend un théâtre en plein air.

La Zona 4 est surtout connue pour ses marchands et ses stations de bus qui s'entremêlent dans la chaotique pointe sud-ouest de la zone, près du chemin de fer

ZONE 10
A l'est de l'Avenida La Reforma, la Zona 10 regroupe les beaux quartiers de la ville. Villas somptueuses, hôtels de luxe et ambassades s'y côtoient, ainsi que deux des plus beaux musées du pays.

Le **Museo Ixchel del Traje Indígena** (☎ 331-3638, 331-3739) porte le nom d'Ixchel, femme du dieu du Ciel maya Itzamná et déesse de la Lune, de la femme, de la fécondité et du textile. Des photographies, associées à des costumes, tissus et objets d'artisanat indiens, révèlent l'extraordinaire richesse des arts traditionnels des villes dans les hautes terres guatémaltèques.

Dans le **Museo Popol Vuh**, une belle collection de poteries polychromes, de masques en bois sculpté et de tissus traditionnels remplit plusieurs salles d'exposition. D'autres salles présentent des peintures, des sculptures sur bois dorées à la feuille et des objets en argent datant de l'époque coloniale. Parmi les plus belles pièces, vous pourrez également voir une copie fidèle du codex de Dresde, l'un des précieux livres peints mayas.

Si vous vous intéressez de près ou de loin à l'art de la région, qu'il soit maya ou colonial, la visite de ce musée s'impose.

Ces deux musées sont installés dans de vastes bâtiments assez récents de l'Universidad Francisco Marroquín, à l'est de la 6a Calle de la Zona 10, à environ six blocs à l'est de l'Avenida La Reforma. Ils ouvrent du lundi au vendredi de 8h à 18h, le samedi de 9h à 13h. L'entrée coûte 1,65 $US.

Le département "Biologie" de l'Universidad de San Carlos de Guatemala (☎ 476-2010), Calle Mariscal Cruz 1-56, comporte un musée d'histoire naturelle et un grand jardin botanique accessibles au public du lundi au vendredi de 8h à 16h.

ZONE 13
La principale attraction des quartiers sud de la ville est le Parque Aurora avec son zoo, son aire de jeux pour enfants et son champ de foire, mais ils comptent également plusieurs musées.

D'allure mauresque, le **Museo Nacional de Arqueología y Etnología** (☎ 472-0489) regroupe des objets mayas mis au jour lors de fouilles archéologiques en provenance de tout le pays : sculptures, jades, céramiques, statuettes, stèles, et même un tombeau et la maquette des ruines de Tikal

En haut : le centre commerçant de Guatemala Ciudad, Guatemala (TB)
En bas : Vendeur de rue, Antigua, Guatemala (PW)

En haut :   palacio Nacional, Guatemala Ciudad, Guatemala (TB)
Au centre :   cour d'un hôtel, Antigua, Guatemala (TB)
En bas :   le lac Atitlán et le volcan Tolimán, Guatemala (TB)

et de Zaculeu. La partie "Ethnologie" du musée explique la répartition des différents peuples natifs du Guatemala. Des expositions présentent les costumes traditionnels, les danses et les objets de la vie quotidienne.

En face, on peut admirer au **Museo Nacional de Arte Moderno** (☎ 472-0489), une collection de peintures et de sculptures guatémaltèques du XXᵉ siècle. Les deux musées sont ouverts du mardi au vendredi de 9h à 16h, le samedi et le dimanche, de 9h à 12h, et de 13h30 à 16h .

A quelques centaines de mètres de là, vers l'est, dans la 11a Avenida, sur la route menant à l'aéroport, s'étend le **Mercado de Artesanía** (tél. 472-0208), marché officiel d'artisanat de la ville. Comme la plupart de ces marchés, c'est un endroit peu fréquenté où les commerçants proposent les mêmes articles que dans les boutiques de cadeaux des hôtels. Il se tient de 9h à 18h du lundi au samedi et de 9h à 13h le dimanche.

Très agréable, le **Zoológico La Aurora** (☎ 472-0507) est ouvert du mardi au dimanche de 9h à 17h. Le billet d'entrée coûte 0,85 $US pour les adultes, moitié prix pour les enfants.

KAMINALJUYÚ

A quelques kilomètres à l'ouest du centre-ville, s'étend le site de Kaminaljuyú (☎ 253-1570, 232-5948), vaste ensemble de vestiges mayas datant de la fin de l'ère préclassique et du début de l'ère classique. Les influences mexicaine et maya y sont très sensibles.

Malheureusement, une grande partie des ruines de Kaminaljuyú, situées à Colonia Kaminaljuyú, Zona 7, ont été recouvertes par les constructions à l'époque où la ville s'est étendue. Le site est ouvert aux visiteurs de 9h à 16h tous les jours, mais vous avez tout intérêt à aller admirer les objets découverts ici dans les musées de la ville. Les bus 35 et 37, à prendre sur la 4a Avenida, Zona 1, mènent à Kaminaljuyú.

OÙ SE LOGER

Guatemala Ciudad dispose d'un large éventail d'hôtels à tous les prix. Si les établissements bon marché et les hôtels chics sont souvent complets, on trouve beaucoup de chambres à louer dans la catégorie intermédiaire. Les taxes sont incluses dans les prix mentionnés ici.

Où se loger – petits budgets
La plus grande concentration d'hôtels bon marché de la ville se trouve à environ huit pâtés de maisons au sud de la Plaza Mayor, près du commissariat de police (Policia Nacional) et de la poste centrale (Correos), dans le secteur délimité par les Avenidas 6a A et 9a et les Calles 14a et 16a. Vous aurez au moins le choix entre une douzaine d'hôtels corrects et plusieurs petits restaurants bien situés. N'oubliez pas de prendre en compte le bruit de la rue lorsque vous cherchez une chambre dans un établissement bon marché. Toutes les adresses citées ci-dessous se trouvent dans la Zona 1.

Le *Spring Hotel* (☎ 230-2858, 230-2958, fax 232-0107), 8a Avenida 12-65, est un vieil hôtel, propre et agréable, mais souvent *completo* (complet) pour plusieurs raisons : emplacement de choix, chambres très présentables, cour ensoleillée et tarifs corrects. Les simples/doubles avec s.d.b. commune coûtent 10/14,50 $US, les chambres avec s.d.b. et TV couleur câblée 14,50/19 $US. L'annexe, toute neuve, abrite en outre des chambres plus confortables à 22/28 $US. Une cafétéria sert des repas de 7h à 14h.

L'*Hotel Lessing House* (☎ 251-3891), 12a Calle 4-35, comporte huit chambres impeccables avec s.d.b. pouvant accueillir une (8 $US), deux (14 $US), trois (20 $US) ou quatre personnes (28 $US).

L'*Hotel Ajau* (☎ 232-0488, 251-3008, fax 251 8097 ; hotajau@gua.gbm.net), 8a Avenida 15-62, est assez propre, un peu moins cher et nettement plus calme que bien des établissements de la 9a Avenida. Les simples/doubles coûtent 7/9 $US avec s.d.b. commune, 12/14 $US avec s.d.b. individuelle. Toutes les chambres ont la TV couleur câblée. L'établissement propose un service de blanchisserie, du café, et une messagerie électronique (e-mail).

L'*Hotel Chalet Suizo* (☎ 251-3786, 230-2930), 14a Calle 6-82, a toujours remporté un franc succès auprès des adeptes du sac à dos. Ses 47 chambres, disposées autour de petites cours verdoyantes, sont agréables et particulièrement propres. La simple/double est à 14/17 $US, ou 24/30 $US avec s.d.b. Mieux vaut réserver.

L'*Hotel Excel* (☎ 253-2709, 230-0140, fax 238-4071), 9a Avenida 15-12, compte 17 chambres modernes et claires réparties sur trois niveaux autour d'une cour en L qui sert de parking. Une cafétéria occupe le deuxième étage. Les simples/doubles/ triples avec s.d.b. et TV par câble coûtent 20/25/30 $US. Le quartier compte plusieurs autres hôtels bon marché, dont le *Capri*, l'*Espaic* et le *Gran Central*.

La *PensiCentral* (☎ 232-3177, 253-4576), 10a Calle 10-17, offre un aspect plutôt délabré, mais attire les voyageurs peu argentés qui apprécient sa cour ensoleillée, son atmosphère conviviale, son propriétaire serviable et ses prix modiques. La simple/double coûte 5,50/6 $US avec un seul lit, 7,50 $US avec deux lits, et l'on peut dormir en dortoir pour 2,50 $US la nuit. La chambre avec s.d.b. coûte 9 $US pour une à trois personnes. Le restaurant sert des repas peu onéreux.

Si vous arrivez en bus de San Salvador, l'*Hotel del Istmo* (☎ 332-4389) situé à la gare routière Terminal Internacional, 3a Avenida 1-38, Zona 9, propose un hébergement propre, confortable et pratique. Les simples/doubles avec eau chaude et s.d.b. sont à 11/14 $US, et l'établissement dispose d'une cafétéria bon marché.

Où se loger – catégorie moyenne
L'hébergement de catégorie moyenne offre un bon rapport qualité/prix à Guatemala Ciudad. Les hôtels sont tous confortables et certains ont beaucoup de charme. Tous se situent dans la Zona 1, sauf l'Hotel Plaza et l'Hotel Posada de los Proceres.

La *Posada Belén* (☎ 232-9226, 253-4530, fax 251-3478), 13a Calle A 10-30, se niche dans une petite rue calme. Cette ancienne maison coloniale compte onze

chambres avec s.d.b., une salle à manger où l'on sert les trois repas et un service de blanchisserie. Les chambres peuvent accueillir une (36 $US), deux (43 $US), trois (48 $US) ou quatre personnes (53 $US).

Jusqu'à la Seconde guerre mondiale, l'*Hotel Pan American* (☎ 232-6807/8/9, 253-5991, fax 232-6402), 9a Calle 5-63, fut l'établissement de luxe de la ville. Il attire toujours une fidèle clientèle de nostalgiques, sensibles à son charme désuet. Les 55 chambres, meublées en style Art Deco ou Biedermeier, restent agréables et confortables. Elles sont toutes équipées de TV câblée, téléphone, s.d.b. (avec baignoire) et ventil. Évitez celles qui donnent sur la rue, bruyantes. Les tarifs s'élèvent à 65/74/82 $US la simple/double/triple, et le restaurant de l'établissement sert les trois repas.

Le bon vieil *Hotel del Centro* (☎ 232-5547, 232-5980, fax 230-0208), 13a Calle 4-55, a fait ses preuves depuis longtemps. Les 55 vastes chambres très confortables comportent toutes des baignoires rutilantes, la TV couleur câblée et, souvent, deux lits doubles. Certaines sont toutefois bruyantes. Les simples/doubles coûtent 46/52 $US. L'hôtel comporte un restaurant, un bar où l'on écoute de la musique le vendredi soir et une terrasse verdoyante sur le toit.

L'*Hotel Colonial* (☎ 232-6722, 232-2955, fax 232-8671), 7a Avenida 14-19, est une ancienne maison coloniale reconvertie en hôtel. La cour intérieure, couverte, ne manque pas d'attrait et les 42 chambres sont propres. Les 4 simples/ doubles avec s.d.b. commune coûtent 18/24 $US, les autres, avec s.d.b. individuelle, sont à 24/32,50 $US. Le restaurant sert des repas entre 6h30 et 14h.

L'*Hotel-Apartamentos Guatemala Internacional* (☎ 238-4441/2/3/4/5), 6a Avenida 12-21, propose 27 appartements meublés avec cuisine équipée, TV et téléphone. C'est une formule pratique qui offre un bon rapport qualité/prix. Les studios coûtent 22/25 $US en simple/double, les deux et trois-pièces 30/36 $US pour une personne, 36/42 $US pour deux et 42/48 $US pour trois ou quatre. Il existe quelques appartements plus grands pour 6 personnes.

L'*Hotel Centenario* (☎ 238-0381/2/3, fax 238-2039), 6a Calle 5-33, du côté nord du Parque Centenario, dispose de 42 chambres, dont beaucoup sont équipées d'un lit double et d'un lit simple, ainsi que d'un coin douche vétuste, mais propre. Les prix de cet établissement très central s'élèvent à 25/30 $US la simple/double.

L'*Hotel Plaza* (☎ 331-6173, 331-0396, fax 331-6824), Vía 7, n°6-16, Zona 4, de style colonial, se trouve à 1 km au sud du Centro Cívico et à 15 minutes à pied du marché et de la gare routière, à l'est. Les 64 vastes chambres, toutes avec s.d.b., téléphone et TV couleur câblée, coûtent 55/61 $US en simple/double.

L'*Hotel Posada de los Proceres* (☎ /fax 363-0744/46, 363-4423), 16a Calle 2-40, est installé dans l'agréable quartier résidentiel de la très chic Zona 10, près du centre commercial de Los Proceres. Les simples/doubles/triples coûtent 49/59/69 $US. La plupart des hôtels du quartier sont nettement plus chers. Il constitue donc une découverte de choix.

Où se loger – catégorie supérieure

L'*Hotel Camino Real Guatemala* (☎ 333-4633, fax 337-4313), Avenida La Reforma au niveau de la 14a Calle, Zona 10, en plein cœur de la Zona Viva, est l'établissement le plus chic de la capitale. Ce cinq-étoiles de 400 chambres, offre plusieurs piscines et des jardins luxuriants. La nuit en simple/double équivaut à 168/192 $US.

Tout aussi luxueux, le quatre-étoiles *Radisson Suites Villa Magna* (☎ 332-9769, 332-9797, fax 332-9772) situé lui aussi dans la Zona Viva, au 1a Avenida 12-46, Zona 10. Il compte 100 suites. Celles du dernier étage offrent une vue magnifique. Le petit déjeuner sous forme de buffet est compris dans le prix de 126/138 $US la nuitée.

L'*Hotel Princess Reforma* (☎ 334-4545, fax 334-4546), 13a Calle 7-65, Zona 9, est installé dans une rue paisible juste en face de la Zona Viva, de l'autre côté de l'Avenida La Reforma. Ce quatre-étoiles de 90 chambres est un excellent établissement au style très européen, de dimensions plus réduites que ses concurrents, mais qui offre toutes les prestations nécessaires, y compris une petite piscine, un sauna, une salle de gymnastique, un restaurant et un bar. La chambre coûte 132 $US.

Très moderne, l'*Hotel El Dorado* (☎ 331-7777, fax 332-1877), 7a Avenida 15-45, Zona 9, est un cinq-étoiles qui abrite 250 chambres à 96/102 $US la simple/double, petit déjeuner compris.

A quelques centaines de mètres au nord de la Zona Viva, s'élève l'*Hotel Cortijo Reforma* (☎ 332-0712, fax 331-8876), Avenida La Reforma 2-18, Zona 9. Les 120 suites qui le composent comportent chambre à coucher, salon, mini-bar, s.d.b. carrelée avec baignoire et douche, coincuisine et petit balcon. Bon rapport qualité/prix, à 64/70 $US la simple/double.

Au centre-ville, l'*Hotel Ritz Continental* (☎ 238-1671, 238-1871, fax 232-4659), 6a Avenida A 10-13, Zona 1, est un quatre-étoiles récemment rénové. Ses 106 chambres coûtent 78/84 $US, petit déjeuner compris. L'établissement jouit d'un emplacement de choix : très calme, il est tout proche de la Plaza Mayor.

Plus loin du centre, l'un des derniers-nés de la ville est l'*Hotel Gran Plaza Las Américas* (☎ 339-0666, fax 339-0690), Avenida Las Américas 9-08, Zona 13, un cinq-étoiles de la chaîne Holiday Inn, qui propose des chambres à 120 $US.

OÙ SE RESTAURER
Où se restaurer – petits budgets

Il est facile de se nourrir à bon marché à Guatemala Ciudad, où fast-foods et petits snacks abondent. Si vous voulez vraiment limiter les frais, rendez-vous au Parque Concordia, délimité par les Avenidas 5a et 6a et les Calles 14a et 15a, dans la Zona 1. A l'ouest du parc, une série de petits stands en plein air servent sandwiches et en-cas à des prix défiant toute concurrence, du petit matin jusqu'à tard le soir. On s'alimente ici pour 2 $US par repas.

GUATEMALA

Au sud du Parque Concordia, le *Delicadezas Hamburgo*, 15a Calle 5-34, Zona 1, propose une liste interminable de sandwiches tous les jours de 7h à 21h30.

Le *Restaurante Cantón* (☎ 251-6331), 6a Avenida 14-29, Zona 1, juste en face du parc, côté Est, se targue d'être le meilleur restaurant chinois de la ville. Ouvert tous les jours de 9h à 21h30, il sert des plats de 5 à 8 $US.

Une multitude de restaurants chinois sont implantés à l'angle de la 6a Avenida et de la 14a Calle, dans la Zona 1, ainsi qu'à l'ouest du Parque Centenario, dans la 6a Calle. Là, vous trouverez le Restaurante Long Wah (☎ 232-6611), 6a Calle 3-70, Zona 1, et vous aurez aussi le choix entre le *Palacio Real*, le *Palacio Dorado* et le *Jou Jou*..

Entre les Calles 10a et 15a, la 6a Avenida compte une dizaine de petits restaurants ou restauration rapide proposant des hamburgers, des pizzas, des pâtes, et autres spécialités chinoises ou poulet pané. Vous mangerez très bien pour 3 à 4 $US. La *Pastelería Las Américas*, 6a Avenida 8-52, au sud de la Plaza Mayor, est un salon de thé à l'européenne où l'on peut déguster un gâteau et un café entre deux promenades.

Entre les Calles 15a et 16a, au cœur du quartier des petits hôtels, la 9a Avenida compte plusieurs bons petits restaurants. Le *Cafetín El Rinconcito*, 9a Avenida 15-74, en face de l'Hotel Capri, est parfait pour les tacos ou les sandwiches. petit déjeuner, déjeuner ou dîner ne coûtent guère plus qu'1,5 à 2 $US. Le restaurant de l'Hotel Capri lui-même, 9a Avenida 15-63, Zona 1, sert des repas plus substantiels.

Essayez aussi la *Cafetería El Roble*, 9a Calle 5-46, Zona 1, face à l'Hotel Pan American. Ce petit café propret attire les employés de bureau du coin, qui y déjeunent pour 1,65 $US, mais y prennent aussi petit déjeuner ou dîner (1,15 $US).

L'*Europa* (☎ 253-4929), 11a Calle 5-16, juste à côté du Credomatic, est un bar-restaurant confortable. Riverains et visiteurs étrangers s'y côtoient et les conversations vont bon train. Sur la porte, une pancarte indique "English spoken, but not understood" (on parle l'anglais, mais on ne le comprend pas). L'établissement, ouvert du lundi au samedi de 8h à 1h du matin, dispose de la TV par câble et d'un service d'échange de livres. La cuisine est bonne tout en étant abordable.

Le *Pollo Campero* ("poulet fermier") est le clone guatémaltèque du Kentucky Fried Chicken. Les restaurants de la chaîne sont situés à l'angle de la 9a Calle et de la 5a Avenida, et à celui de la 6a Avenida et de la 15a Calle, ainsi qu'au 8a Calle 9-29, toujours en Zona 1. Ils proposent deux morceaux de poulet, des frites et une boisson sans alcool ou un café pour 2,50 $US.

Les fast-foods américains, comme *McDonald's*, *Wendy's*, *Burger King* ou *Pizza Hut*, ne manquent pas à Guatemala Ciudad. Ils ouvrent généralement de 7h à 22h. Pizza Hut livre gratuitement (☎ 230-3490 en Zona 1, 332-0939 en Zona 9).

Le *Restaurante Vegetariano Rey Sol*, 8a Calle 5-36, au sud du Parque Centenario, comporte une immense cafétéria en self-service proposant pain complet, sandwiches, produits à base de soja, salades de fruits ou crudités, plats chauds, etc. Il ouvre du lundi au samedi, de 7h15 à 20h45.

Où se restaurer – catégorie moyenne

La plupart des hôtels de catégorie moyenne de la Zona 1 proposent pour le déjeuner d'excellents menus de 6 à 10 $US. Essayez l'*Hotel Del Centro* ou l'*Hotel Ritz Continental* et tout spécialement l'*Hotel Pan American*, 9a Calle 5-63, Zona 1, ne serait-ce que pour l'ambiance.

Le *Restaurante Altuna* (☎ 232-0669, 251-7185), 5a Avenida 12-31, Zona 1, est un grand établissement aux allures de club privé, à quelques mètres de l'Hotel del Centro. On y déguste des spécialités espagnoles et des plats de poisson pour 7 à 14 $US. Il est ouvert du mardi au samedi de 12h à 23h, le dimanche de 12h à 16h30, et fermé le lundi.

Le *Restaurante Bologna* (☎ 251-1167), 10a Calle 6-20, Zona 1, occupe l'angle de l'Hotel Ritz Continental. Tout petit, mais très attirant, il propose de succulentes pizzas et des pâtes délicieuses pour 3 à 4 $US l'assiette. Il ouvre tous les jours sauf mardi, de 10h à 21h30.

Quelques bons restaurants de la Zona 1 possèdent des succursales dans les Zonas 9 et 10.

A gauche (à l'ouest) de l'Hotel del Centro, *El Gran Pavo* ("La grande dinde", ☎ 232-9912), 13a Calle 4-41, Zona 1, reçoit ses clients dans une immense salle. La carte comporte tous les plats mexicains possibles et imaginables. La *birria*, soupe très épicée à base de viande, oignons, poivrons et cilantro (coriandre), servie avec des tortillas, constitue un repas à elle seule pour 3,75 $US. Le Gran Pavo est ouvert 7 jours sur 7 de 10h à 24h. Les vendredi et samedi soirs à partir de 22h, des concerts de *mariachi* sont proposés. Vous trouverez un autre Gran Pavo au 12a Calle 5-54, Zona 9, (☎ 331-3976) et d'autres encore en ville.

Le *Restaurante Piccadilly* (☎ 230-2866, 253-9223), 6a Avenida 11-01, Zona 1, compte parmi les lieux plus populaires de la capitale. La carte multinationale est digne de la cafétéria des Nations unies. La plupart des plats de résistance coûtent au maximum 3 $US. Un autre Piccadilly vous attend sur la Plazuela España 12-00, Zona 9.

Où se restaurer – catégorie supérieure
Les restaurants les plus élégants de la ville se regroupent dans la Zona Viva, autour de l'Hotel Camino Real Guatemala.

Pour déguster des spécialités italiennes, courez à *la Trattoria Veneta* (☎ 331-0612, 334-3718), 13a Calle 1-55, Zona 10. Le service est soigné et un dîner arrosé de vin coûte de 12 à 15 $US par personne.

L'*Hacienda de los Sánchez* (☎ 331-6240, 334-8448), 12a Calle 2-25, Zona 10, est le chouchou des amateurs de viande. Dans une atmosphère résolument *ranchera*, steaks et côtes de bœuf sont proposés entre 11 et 12,5 $US. Le parking est rempli de grosses voitures américaines

rutilantes. Le restaurant reste ouvert de 12h à 24h.

Le *Puerto Barrios* (☎ 334-1302), 7a Avenida 10-65, Zona 9, donne pour sa part dans le nautique : hublots en guise de fenêtres, serveurs en costumes marins, tableaux de flibustiers d'époque et énorme boussole à l'entrée. Comptez de 16 à 30 $US par personne. Embarquement tous les jours de 11h à 15h et de 19h à 23h.

Dans le même petit complexe et ouverts aux mêmes heures, sont installés un spécialiste de poissons et de viande d'Argentine, le *Restaurante Gauchos* (☎ 334-1302), et le *Restaurante Teppanyaki* (☎ 332-4646), qui propose des plats japonais.

Ne vous fiez pas aux apparences : le *Siriacos* (☎ 334-6316), 1a Avenida 12-12, Zona 10, tout près du Radisson Suites Villa Magna, n'est pas un endroit guindé. L'établissement, avec salle de restaurant et bar en contrebas, patio éclairé par un puits de lumière et menu composé de spécialités continentales, ouvre du lundi au vendredi pour le déjeuner, du lundi au samedi pour le dîner. Comptez 15 $US environ par personne.

DISTRACTIONS
La plupart des touristes passent leurs soirées autour d'un dîner bien arrosé. Si votre budget ne vous le permet pas, vous pouvez toujours aller voir un film dans l'un des cinémas de l'Avenida 6a, entre la Plaza Mayor et le Parque Concordia. Le billet coûte environ 1,50 $US. Jetez aussi un coup d'œil au programme culturel du Centro Cultural Miguel Ángel Asturias (☎ 232-4041/2/3/4/5, 253-1743), Zona 4.

COMMENT S'Y RENDRE
Avion
Les liaisons aériennes avec le Guatemala s'effectuent depuis/vers l'aéroport international de La Aurora, à Guatemala Ciudad, ou depuis/vers celui de Flores/Santa Elena, près de Tikal.

Les vols internationaux desservant Guatemala Ciudad passent généralement par Houston, Los Angeles, Miami, San Francisco, Washington DC, Mexico ou San Salvador. Si vous venez d'ailleurs, vous ferez sans doute escale dans l'une de ces villes, sauf si vous voyagez à bord d'une petite compagnie locale. Voici la liste des villes bénéficiant d'une liaison directe avec Guatemala Ciudad, ainsi que quelques itinéraires utiles, accompagnés des compagnies qui les proposent :

Amsterdam – KLM propose cinq vols par semaine *via* Mexico.

Belize City – TACA assure des liaisons quotidiennes *via* El Salvador. Tikal Jets en propose cinq par semaine *via* Flores, Aerovías trois par semaine, *via* Flores également.

Cancún – Aerocaribe et Aviateca effectuent chacune trois vols directs par semaine.

Chetumal (Mexique) – Aeroméxico propose quatre liaisons hebdomadaires *via* Flores.

Flores, El Petén (pour Tikal) – Mayan World assure trois vols par semaine, Aviateca quatre, et Tikal Jets un vol quotidien. Toutes ces liaisons sont directes.

La Havane – Aviateca propose deux vols directs par semaine.

Huatulco – Mexicana assure trois liaisons hebdomadaires directes.

Madrid – Iberia dessert Guatemala Ciudad une fois par semaine *via* Miami.

Mexico – Mexicana et Aviateca proposent des vols quotidiens sans escale. KLM en assure cinq par semaine.

Mérida – Aviateca propose des vols matinaux trois fois par semaine.

Vous trouverez ci-dessous les coordonnées des compagnies aériennes basées à Guatemala Ciudad :

Aerocaribe – voir Mexicana

Aeroflot, 5a Avenida 13–21, Zona 9 (☎ 331–4265)

Aerolíneas Argentinas, 10a Calle 3–17, Zona 10 (☎ 331–1567)

Aeroméxico – voir Mexicana

Aerovías – Aéroport international de La Aurora (☎ 332-7470, 361-5703, fax 334-7935)

Air France – Avenida La Reforma 9-00, Zona 9, Edificio Plaza Panamericana, 8e étage (☎ 331-1952, fax 332-0286)

American Airlines – Hotel El Dorado, 7a Avenida 15-45, Zona 9 (☎ 334-7379)

Avianca – Avenida La Reforma 13-89, Local 1, Zona 10 (☎ 334-6801/2/9, ☎/fax 334-6797)

Aviateca – voir TACA

British Airways – 1a Avenida 10-81, Zona 10, Edificio Inexsa, 6e étage (☎ 332-7402/3/4, fax 332-7401)

Continental Airlines – 12a Calle 1-25, Zona 10, Edificio Géminis 10, Torre Norte, 12e étage, bureau 1210 (☎ 335–3341, fax 335-3444) ; Aéroport international de La Aurora (☎ 331-2051/2/3/4, fax 331-2055)

COPA (Compaeau 1210 (☎ 335–3341, fax 335-3444) ; Aéroport international de La Aurora (☎ 331-20

Delta Airlines – 15a Calle 3-20, Zona 10, 2e étage (☎ 337-0642/70, fax 337-0588)

Iberia – Avenida La Reforma 8-60, Zona 9, Edificio Galerías Reforma, Local 204 (☎ 332–0911/1012, fax 334–3715) ; également à l'aéroport international de La Aurora (☎ 332-5517/8, fax 332-3634)

KLM Royal Dutch Airlines – 6a Avenida 20-25, Zona 10, Edificio Plaza Marítima (☎ 337-0222/3/4/5/6, fax 337-0227)

LACSA (Líneas Aéreas Costariquenses) – voir TACA

Lufthansa German Airlines – Diagonal 6 10-01, Zona 10, Centro Gerencial Las Margaritas, Torre II, 8e étage (☎ 336–5526, fax 339–2995)

LTU International Airways – 6a Avenida 20-25, Zona 10 (☎ 337-0107/8, fax 337-0109)

Mayan World – 7a Avenida 6-53, Zona 4, Edificio El Triángulo, 2e étage (☎ 334-2070/77)

Mexicana – 13a Calle 8-44, Zona 10 (☎ 333-6048) ; aéroport international de La Aurora (☎ 332-1924, 331–3291)

Nica – voir TACA

SAM – voir Avianca

TACA – réservations ☎ 334-7722 ; bureau central, Avenida Hincapié 12-22, Zona 13 (☎ 331-8222, fax 334-2775) ; Centro de Servicio, 7 Avenida 14-35, Zona 9 (☎ 332-2360/4640) ; Hotel Ritz Continental, 6a Avenida A 10-13, Zona 1 (☎ 238-1415, 238-1479) ; aéroport international de La Aurora (☎ 361-5784) ; Plaza Biltmore, 14 Calle 0-20, Zona 10 (☎ 331-2520, 337-3462)

Tapsa – Aéroport international de La Aurora (☎ 331-4860/9180, fax 334-5572)

Tikal Jets – Aéroport international de La Aurora (☎ 334-5631, 334-5568, fax 334-5631)

United Airlines – Avenida La Reforma 1-50, Zona 9, Edificio El Reformador, 2e étage (☎ 332-2995, fax 332-3903) ; aéroport international de La Aurora (☎ 332-1994/5, fax 332-2795)

Bus

Il n'existe pas de gare routière centrale à Guatemala Ciudad, mais si vous interrogez les habitants, ils vous enverront au Terminal de Autobuses de la Zona 4. Le bureau de vente des billets et les zones de départ diffèrent selon les compagnies. Beaucoup partent de l'immense marché de la Zona 4, où règne un désordre impressionnant. Si le bus que vous recherchez s'y trouve, rendez-vous dans le marché et demandez votre chemin à plusieurs reprises. Ne vous découragez pas : vous finirez par le trouver !

Voici quelques villes importantes du Guatemala, accompagnées de leur desserte par bus :

Amatitlán – 25 km, 30 minutes, 0,30 $US ; les bus partent de l'angle entre 20a Calle et 2a Avenida, dans la Zona 1, toutes les demi-heures entre 7h et 19h. Voir également Puerto San José.

Antigua – 45 km, une heure, 0,50 $US. Les Transportes Unidos effectuent la liaison toutes les demi-heures entre 7h et 19h, avec un arrêt à San Lucas Sacatepéquez. 15 Calle 3-65, Zona 1 (☎ 232-4949, 253-6929). D'autres bus partent à peu près toutes les quinze minutes entre 4h et 19h de l'angle 18a Calle et 4a Avenida, en Zona 1. Plusieurs compagnies de minibus proposent également cette liaison (voir plus bas).

Autosafari Chapin – 88 km, 1 heure 30, 1 $US ; Delta y Tropical, 1a Calle et 2a Avenida, Zona 4 ; bus toutes les 30 minutes via Escuintla.

Biotopo del Quetzal – 160 km, 3 heures, 2,20 $US ; Escobar y Monja Blanca, 8a Avenida 15-16, Zona 1 ; bus toutes les heures, de 4h à 17h via El Rancho et Purulhá. (Tous les bus à destination de Cobán s'y arrêtent.)

Chichicastenango – 146 km, 3 heures 30, 1,70 $US ; Veloz Quichelense, Terminal de Buses, Zona 4, propose des départs toutes les demi-heures entre 5h et 18h, avec escale à San Lucas, Chimaltenango et Los Encuentros.

Chiquimula – 169 km, 3 heures, 3 $US ; Rutas Orientales (☎ 253-6714, 251-2160), 19 Calle 8-18, Zona 1, effectue la liaison via El Rancho, Río Hondo et Zacapa toutes les 30 minutes de 5h à 18h. Pour Copán, au Honduras, changez à Chiquimula. Voir El Florido.

Cobán – 219 km, 4 heures ; Escobar Monja Blanca (☎ 238-1409), 8a Avenida 15-16, Zona 1, assure des départs toutes les heures entre 4h et 17h, avec arrêt à El Rancho, au Biotopo del Quetzal, à Purulhá, Tactic et San Cristparten

Copán (Honduras) – voir El Florido

El Carmen/Talismán (frontière mexicaine) – 278 km, 5 à 6 heures, 6 $US ; les bus Transportes Galgos (☎ 232-3661, 253-4868), 7a Avenida 19-44, Zona 1, rejoignent ce poste-frontière par la route de la côte Pacifique, avec arrêts à Escuintla (correspondance pour Santa Lucía Cotzumalguapa), Mazatenango, Retalhuleu et Coatepeque. Départs à 5h30, 10h, 15h et 16h30. Certains continuent jusqu'à Tapachula (Mexique) ; voir Tapachula.

El Florido/Copán (Honduras) – prenez un bus jusqu'à Chiquimula, où vous changerez pour continuer sur 58 km jusqu'à El Florido, à la frontière, soit 2 heures 30 de route via Jocotán et Camotán.

Escuintla – 57 km, une heure, 1,15 $US ; voir Autosafari Chapin, El Carmen/Talismán, La Democracia, Monterrico, Puerto San José et Tecún Umán.

Esquipulas – 222 km, 4 heures, 3,50 $US ; la compagnie Rutas Orientales (☎ 253-7882/6/14, 251-2160), 19a Calle 8-18, Zona 1, propose des départs toutes les demi-heures entre 4h et 18h, avec arrêts à El Rancho, Río Hondo, Zacapa et Chiquimula.

Flores (Petén) – 506 km, 12 heures, 12 $US ; les bus Fuentes del Norte (☎ 238-3894, 251-3817), 17a Calle 8-46, Zona 1, quittent la capitale à 11h, 12h, 13h, 15h, 17h et 22h. Máxima (☎ 232-

2495, 238-4032), 9a Avenida 17-28, Zona 1, propose pour sa part des départs à 6h30 et 20h. La Petenera (☎ 232-9658), 16a Calle 10-55, Zona 1, organise un départ quotidien en bus de luxe, le Línea Dorada, qui part à 19h30 et arrive à 7h (22,50 $US). Ces bus s'arrêtent à El Rancho, Teculután, Río Hondo, Los Amates, Quiriguá, Morales, Río Dulce, San Luis et Poptún, mais ils sont généralement complets quand ils quittent Guatemala Ciudad et Santa Elena. Les voyageurs qui montent en cours de route effectuent donc le trajet debout ou sur le toit.

Huehuetenango – 270 km, 5 heures, 4 $US ; les bus Los Halcones, 7a Avenida 15-27, Zona 1, effectuent la liaison deux fois par jour (départs à 7h et 14h) par l'Interamericana, avec arrêts à Chimaltenango, Patzicía, Tecpán, Los Encuentros, San Cristobal et Totonicapán. Les bus pour La Mesilla s'arrêtent également à Huehue ; voir La Mesilla.

La Democracia – 92 km, 2 heures, 1 $US ; les bus Chatia Gomerana, Muelle Central, Terminal de Autobuses, Zona 4, s'en vont toutes les demi-heures entre 6h et 16h30 et s'arrêtent à Escuintla, Siquinalá (correspondance pour Santa Lucía Cotzumalguapa), La Democracia, La Gomera et Sipacate.

La Mesilla/Ciudad Cuauhtémoc (frontière mexicaine) – 380 km, 7 heures, 4,50 $US ; les Transportes Velásquez, 20a Calle et 2a Avenida, Zona 1, proposent des bus pour La Mesilla, sur l'Interamericana, à la frontière mexicaine, toutes les heures entre 8h et 16h, avec arrêts à Los Encuentros, Totonicapán et Huehuetenango.

Monterrico – 124 km, 4 heures 30, 1,50 $US ; Transportes Cubanita, Muelle Central, Terminal de Buses, Zona 4, assure des départs à 10h30, 12h30 et 14h30, avec arrêts à Escuintla, Taxisco et La Avellana.

Panajachel – 147 km, 3 heures, 1,70 $US ; les Transportes Rébuli (☎ 230-2748, 251-3521), 21a Calle 1-34, Zona 1, proposent des départs pour le lac Atitlán et Panajachel toutes les heures de 6h à 16h, avec arrêts à Chimaltenango, Patzicía, Tecpán Guatemala (pour le site d'Iximché), Los Encuentros et Sololá.

Puerto Barrios – 307 km, 5 heures, 6 $US ; les Transportes Litegua (☎ 232-7578, 253-8169), 15a Calle 10-40, Zona 1, affrètent des bus *especial* (directs) à 6h30, 7h30, 10h, 10h30, 12h30, 14h, 16h, 16h30 et 17h, avec arrêts à El Rancho, Teculután, Río Hondo, Los Amates et Quiriguá. Les liaisons ordinaires prennent plus de temps (de 6 à 9 heures).

Puerto San José – 58 km, 1 heure ; Transportes Esmeralda, Trébol, Zona 12, assure des départs toutes les 10 minutes entre 5h et 20h, avec arrêts à Amatitlán, Palín et Escuintla.

Quetzaltenango – 206 km, 4 heures, 4,20 $US ; les bus des Transportes Alamo (☎ 253-2105), 21a Calle 1-14, Zona 1, démarrent à 8h, 15h et 17h45, ceux de Líneas América (☎ 232-1432), 2a Avenida 18-47, Zona 1, à 5h, 9h, 12h, 15h15, 16h40 et 19h30. Les Transportes Galgos (☎ 253-4868, 232-3661), 7a Avenida 19-44, Zona 1, effectuent le même trajet à 5h30, 8h30, 11h, 14h30, 17h et 19h. Ces trois compagnies prévoient des arrêts à Chimaltenango, Los Encuentros et San Cristóbal.

Quiriguá – voir Puerto Barrios.

Retalhuleu – 186 km, 3 heures, 3,65 $US ; voir El Carmen et Tecún Umán.

Río Dulce – 220 km, 5 heures ; voir Flores.

Río Hondo – voir Chiquimula, Esquipulas et Puerto Barrios.

San Pedro La Laguna, sur le Lago de Atitlán – 170 km, 3 ou 4 heures, 2,65 $US ; Ruta Méndez, à l'angle de 21a Calle et 5a Avenida, Zona 1, assure des départs à 10h, 11h, 12h et 13h.

San Salvador (république du Salvador) – 268 km, 5 heures ; Melva Internacional (☎ 331-0874/6323), 3a Avenida 1-38, Zona 9, relie Guatemala Ciudad à San Salvador *via* Cuilapa, Oratorio et Jalpatagua, et passe la frontière à Valle Nuevo. Les départs ont lieu toutes les heures de 5h à 16h (6,65 $US).

Tica Bus (☎ 361-1773, 331-4279), 11a Calle 2-72, Zona 9, assure un départ par jour à 12h30 (8,50 $US l'aller simple, 17 $US l'aller-retour). De San Salvador, on peut rejoindre en bus toutes les capitales d'Amérique centrale, sauf Belize City.

Comfort Lines (☎ 361-2516/2493), basé à l'Hotel Gran Plaza Las Américas, Avenida Las Américas 9-08, Zona 13, propose des voyages en bus de luxe, avec départs à 8h et 14h (15 $US l'aller, 25 $US l'aller-retour). Également luxueux, les bus King Quality partent du même endroit à 6h30 et 15h30 (20 $US l'aller, 35 $US l'aller-retour). Pulmantur (☎ 332-9797) organise un départ quotidien en bus de luxe à 15h15 devant l'hôtel Radisson Suites Villa Magna, 1a Avenida 12-43, Zona 10 (23 $US l'aller, 45 $US l'aller-retour).

Santa Elena – voir Flores.

Santa Lucía Cotzumalguapa – voir El Carmen, La Democracia et Tecún Umán.

Tapachula (Mexique) – 295 km, 5 heures, 19 $US ; les Transportes Galgos (☎ 253-4868, 232-3661), 7a Avenida 19-44, Zona 1, assurent des liaisons directes entre Guatemala Ciudad et Tapachula à 7h30 et 13h30. (Dans l'autre sens, le départ a lieu à Tapachula à 9h30 et 13h30). Ces bus passent la frontière à El Carmen/Talismán et continuent au Mexique jusqu'à Tapachula, où ils sont relayés par des bus mexicains.

Tecún Umán/Ciudad Hidalgo (frontière mexicaine) – 253 km, 5 heures, 5 $US ; les Transportes Fortaleza (☎ 230-3390, 220-6372), 19 Calle 8-70, Zona 1, assurent la liaison toutes les heures de 1h30 à 18h, avec arrêt à Escuintla (correspondance pour Santa Lucía Cotzumalguapa), Mazatenango, Retalhuleu et Coatepeque.

Tikal – voir Flores

Minibus pour touristes

Conscientes des problèmes que posent aux étrangers les déplacements en bus, les sociétés de minibus ont organisé un réseau de transport parallèle, certes limité, mais qui dessert l'aéroport et relie Guatemala Ciudad à Antigua. Consultez ci-dessous *Comment circuler* pour plus de détails.

Voiture

Les grandes sociétés de location de voitures ont leur bureau à l'aéroport international de La Aurora et au centre-ville (voir *Voiture* dans *Comment circuler* du chapitre *Guatemala*). Parmi les loueurs présents à Guatemala Ciudad, figurent :

Ahorrent – Boulevard Liberación 4-83, Zona 9 (☎ 332-0544/7515, 361-5661 ; fax 361-5621) ; Hotel Cortijo Reforma, Avenida La Reforma 2-18, Zona 9 (☎ 332-0712, poste 180) ; Aéroport international de La Aurora (☎ 332-6491/2/3/4/5, poste 115)

Avis – 12a Calle 2-73, Zona 9 (☎ 331-2750, fax 332-1263) ; aéroport international de La Aurora (☎ 331-0017, 361-5620)

Budget – Avenida La Reforma 15-00, Zona 9 (☎ 331-6546/2788, fax 331-2807) ; Hotel El Dorado, 7a Avenida 15-45, Zona 9 (☎ 360-9725) ; aéroport international de La Aurora (☎ 331-0273, 361-5613)

Dollar – Hotel Ritz Continental, 6a Avenida A 10-13, Zona 1 (☎ 232-3446) ; aéroport international de La Aurora (☎ 331-7185)

Guatemala – 19a Calle 16-91, Zona 12, Avenida Petapa (☎ 473-1330/2703, fax 473-1420) ; aéroport international de La Aurora (☎ 473-1330)

Hertz – 7a Avenida 14-76, Zona 9 (☎ 331-5374, 332-2242, fax 331-7924) ; Hôtels Camino Real et Princess Reforma ; aéroport international de La Aurora (☎ 331-1711)

National (Interrent-Europcar-Tilden) – 14a Calle 1-42, Zona 10 (☎ 366-4670, 368-0175, fax 337-0221) ; aéroport international de La Aurora (☎ 331-8218/8365)

Tabarini – 2a Calle A 7-30, Zona 10 (☎ 331-9814, 334-5907, fax 334-1925) ; aéroport international de La Aurora (☎ 331-4755)

Tally – 7a Avenida 14-60, Zona 1 (☎ 232-0421/3327, fax 253-1749) ; aéroport international de La Aurora (☎ 332-6063, fax 334-5925)

Thrifty – Avenida La Reforma et 11a Calle, Zona 9 (☎ 332-1130/1220, fax 332-1207) ; aéroport international de La Aurora (☎ 332-1306/1230, fax 332-1273)

Tikal – 2a Calle 6-56, Zona 10 (☎ 232-4721, 361-0247)

COMMENT CIRCULER

Desserte de l'aéroport

L'aéroport international de La Aurora (☎ 334-7680, 331-7241/3, 334-7689) se trouve dans la Zona 13, partie sud de la ville, à 10 ou 15 minutes de la Zona 1 en taxi, à 30 minutes en bus. Les guichets des loueurs de voitures et les stations de taxis sont situés à l'extérieur, au bas des escaliers de la zone "Arrivées".

Si vous préférez le bus, montez à l'étage des départs et traversez le parking de l'aéroport jusqu'à l'arrêt de bus. Le n°83 passe tous les quarts d'heure de 6h à 21h, coûte 0,15 $US et dessert les Zonas 9, 4 et 1. Dans le sens inverse, il traverse la Zona 1 par la 10a Avenida, la Zona 9 par la 6a Avenida, longe le zoo et les musées de la 7a Avenida et s'arrête juste en face de l'aéroport international.

GUATEMALA

GUATEMALA

Le prix très élevé de la course en taxi vers les différents points du centre-ville est censé être fixe, mais reste négociable. 5 \$US de l'aéroport à la Zona 9 ou 10, 7 \$US pour la Zona 1. Prévoyez un pourboire. Fixez destination et tarif avant de monter en voiture.

Plusieurs sociétés organisent des liaisons par navette entre l'aéroport et Antigua. Elles vous déposeront à l'adresse que vous leur indiquerez à Antigua. Les navettes partent de l'aéroport à peu près toutes les heures, le trajet dure une heure et coûte environ 10 \$US. Dans l'autre sens, la concurrence effrénée entre les différentes sociétés joue en votre faveur (7 \$US environ).

Bus

Les bus de Guatemala Ciudad sont bon marché, fréquents et, bien que souvent bondés, très pratiques. Côté sécurité toutefois, ils laissent à désirer. Les vols sont monnaie courante et on parle même de viols. Les bus *Preferencial*, plus récents, plus sûrs et moins pris d'assaut, offrent donc une alternative intéressante, mais plus chère à environ 0,20 \$US le trajet (contre 0,15 \$US en bus ordinaire).

Les bus qui traversent la ville empruntent la 6a Avenida (vers le sud) et la 7a Avenida (vers le nord) dans la Zona 9.

Dans la Zona 1, ils s'écartent des quartiers commerçants et passent par les Avenidas 4a, 5a, 9a et 10a. Les bus les plus intéressants dans la direction nord-sud sont donc les n°2, 5 et 14. Sachez que les numéros suivis d'une lettre ou d'un mot (comme 2A ou 5-Bolívar) empruntent un trajet différent et ne desservent pas nécessairement les mêmes destinations que les numéros simples. Tout bus portant la mention "Terminal" a pour terminus le Terminal de Autobuses de la Zona 4.

Vers 21h, les bus sont remplacés par des *ruleteros* (jitneys) qui circulent sur les principales avenues. Ils assurent un service jusqu'à la reprise des bus à 5h. Pour arrêter un ruletero ou un bus, il suffit de faire un signe de la main.

Taxi

Les taxis sont très chers, environ 5 \$US pour un trajet normal, même court, en ville. Mettez-vous d'accord sur le prix avant de monter, la plupart des taxis n'ayant pas de compteur.

On voit rarement des taxis circuler à vide à Guatemala Ciudad. Il faut donc téléphoner pour en obtenir un. La société Taxi Amarilla (☎ 332-1515) pratique des tarifs 50% moins élevés que ses concurrentes et ses voitures sont équipées de compteurs.

Antigua

Population 30 000

Bâtie dans un cadre somptueux, entourée de trois splendides volcans dénommés Agua, Fuego et Acatenango, Antigua (1 530 m d'altitude) compte parmi les plus anciennes et les plus belles villes des Amériques.

Si vous avez la possibilité de visiter Antigua durant la Semaine sainte, ou tout au moins le vendredi Saint, ne laissez pas passer l'occasion mais prenez soin de réserver votre chambre plusieurs mois à l'avance, car c'est le moment le plus prisé de l'année. Juillet et août sont également des mois chargés. De novembre à avril, le flot des touristes est régulier. Mai/juin et septembre/octobre se révèlent bien plus calmes. L'hiver, il fait froid à Antigua dès la tombée du jour. Prévoyez des vêtements adéquats et, pourquoi pas, un sac de couchage.

Les habitants d'Antigua portent le surnom de *panza verde* (ventres verts), qu'ils doivent à une consommation effrénée d'avocats, ces fruits poussant en abondance dans la région.

HISTOIRE

Antigua fut fondée le 10 mars 1543 sous le nom de La muy Noble y muy Leal Ciudad de Santiago de los Caballeros de Goathemala, à la suite de l'inondation de la capitale (actuel site de Ciuda Vieja). Sise sur un versant du Volcán Agua, celle-ci fut en effet détruite en 1541 (voir plus loin *Environs d'Antigua*). Implantée dans la Valle de Panchoy, Antigua assuma donc le rôle de capitale du pays pendant 233 ans, puis passa le relais à l'actuelle Guatemala Ciudad en 1776, après que le terrible tremblement de terre du 29 juillet 1773 eut détruit la ville. Celle-ci avait déjà souffert de plusieurs séismes auparavant.

Après la catastrophe de 1773, Antigua se repeupla lentement, sans rien perdre de sa personnalité, ni de son architecture. En 1799, on lui donna le nom de La Antigua Guatemala (le Vieux Guatemala). En 1944,

l'assemblée législative déclara la ville monument historique national et, en 1979, l'UNESCO la classa parmi les sites du patrimoine mondial.

La majorité des maisons d'Antigua datent des XVIIe et XVIIIe siècles. A l'époque, la ville représentait une riche capitale coloniale espagnole et tout semble avoir été mis en œuvre pour en faire un trésor d'architecture. Il subsiste aujourd'hui de magnifiques bâtiments coloniaux sur lesquels le temps paraît ne pas avoir de prise. Par ailleurs, la ville a préservé plusieurs sites d'impressionnants vestiges, aujourd'hui ouverts au public.

ORIENTATION

Le volcan Agua, visible de presque partout, se dresse au sud-est de la ville. Le Fuego est au sud-ouest et l'Acatenango à l'ouest. Ces trois volcans qui figurent sur le blason de la ville fournissent d'excellents points de repère.

La ville est tracée au carré, mais le marquage des rues diffère légèrement de celui de Guatemala Ciudad. A Antigua, les Avenidas et les Calles portent non seulement des numéros, mais également le nom d'un point cardinal. Le point qui fait référence est l'angle nord-est de la principale place de la ville, le Parque Central. Les Calles sont tracées dans l'axe Est-Ouest, ainsi la Calle 4a à l'ouest du Parque Central s'appelle 4a Calle Poniente. Les Avenidas courent du Nord au Sud, faisant de l'Avenida 3a au nord de la place la 3a Avenida Norte. L'Avenida 4a et la Calle 4a divisent donc la ville en quarts de cercle.

L'ancien siège du gouvernement colonial espagnol, le Palacio de los Capitanes, se trouve au sud de la plaza ; vous le reconnaîtrez à sa double galerie (sur deux étages). A l'est, se dresse la cathédrale, au nord le Palacio del Ayuntamiento (hôtel de ville) et à l'ouest les banques et les boutiques.

Le célèbre Arco de Santa Catarina (Arche de Sainte-Catherine) qui enjambe la

5a Avenida Norte, entre les Calles 1a et 2a, constitue un autre point de repère idéal.

Les bus arrivent au Terminal de Buses, un grand parking en plein air à l'ouest du mercado, tout proche, et du Parque Central, à quatre pâtés de maisons par la 4a Calle Poniente. Les bus desservant les villes et les villages environnants partent de cette gare routière, mais il existe également d'autres arrêts tout autour du mercado.

RENSEIGNEMENTS
Offices du tourisme
L'office du tourisme de l'INGUAT jouxte la cathédrale, sur le côté est du Parque Central. (Si vous ne le trouvez pas, rabattez-vous sur celui du Palacio de los Capitanes.) Ouvert 7 jours sur 7 de 8h à 18h, il fournit plans de la ville et conseils. Vous y trouverez le programme des festivités de la Semana Santa.

Parmi les autres sources d'information, figurent le magazine mensuel *Revue*, l'hebdomadaire *Guatemala Weekly* et les tableaux d'affichage du restaurant Doña Luisa Xicotencatl, du Rainbow Reading Room & Cafe et de la librairie Casa Andinista, dont vous trouverez les coordonnées plus loin dans ce chapitre.

Argent
Plusieurs banques installées autour du Parque Central changent les dollars américains en espèces ou en chèques de voyage. Il en est ainsi du Banco Occidental, 4a Calle Poniente, juste après l'angle nord-ouest de la plaza, qui accorde également des avances en espèces sur les cartes Visa. Cette banque est ouverte du lundi au vendredi de 8h30 à 19h, le samedi de 9h à 14h. La Banco Industrial, 5a Avenida Sur, juste à côté du bureau Guatel, près de la place, ouvre en semaine de 8h à 19h et le samedi de 8h à 17h. Elle est équipée d'un distributeur de billets pour cartes bleues Visa, ouvert 24h/24.

Poste et communications
Le bureau de poste se trouve à l'intersection de 4a Calle Poniente et d'Alameda de Santa Lucía, près du mercado, à l'ouest du Parque Central.

Les bureaux de la compagnie Guatel sont installés à l'angle sud-ouest du Parque Central, où se rejoignent la 5a Calle Poniente et la 5a Avenida Sur. Ouverts tous les jours, ils proposent un service de fax.

Conexión (☎ 832-3768, fax 832-0082, 832-0602) 4a Calle Oriente 14, dans la cour La Fuente envoie et reçoit pour vous appel téléphonique, fax, courrier électronique et télex. Le tarif des envois est assez élevé, la réception coûte moins cher. Les bureaux sont ouverts tous les jours. Des services de téléphone et de fax internationaux sont également disponibles chez WC, 1a Calle Poniente 9, en face de l'église La Merced, et chez Maya Communications, à l'Hotel Villa San Francisco, 1a Avenida Sur 15.

Agences de voyages
Les agences de voyages prolifèrent à Antigua. Elles proposent des circuits organisés à travers le Guatemala, des billets d'avion, des tickets de minibus pour l'aéroport et pour les destinations les plus prisées des touristes, et bien d'autres services encore. Parmi les plus connues, figurent les suivantes :

Adventure Travel Center, 5a Avenida Norte n°25 B, près de l'arche (☎/fax 832-0162, viareal@guate.net)

Agencia de Viajes Tivoli, au-dessus de la librairie Un Poco de Todo, côté ouest du Parque Central (☎/fax 832-3041, 832-0892)

Servicios Turísticos Atitlán, 6a Avenida Sur n°7 (☎832-0648, ou 832-3311 après 20h)

TURANSA, 9a Calle et Salida a Ciudad Vieja, à l'Hotel Radisson Villa Antigua (☎/fax 832-2928) ; 5a Calle Poniente n°11-B (☎/fax 832-3316)

Librairies et bibliothèques
Le Rainbow Reading Room & Cafe, à l'angle de la 7a Avenida Sur et de la 6a Calle Poniente, vend, loue et échange des milliers de livres d'occasion en anglais et en espagnol. Un Poco de Todo et la Librería Casa del Conde, toutes deux sur le côté ouest du Parque Central, ainsi que la

Casa Andinista du 4a Calle Oriente n°5, face au restaurant Doña Luisa Xicotencatl, sont également d'excellentes librairies. Ouvertes tous les jours, elles proposent des livres neufs ou d'occasion en diverses langues.

La Biblioteca Internacional de Antigua (bibliothèque internationale d'Antigua), 5a Calle Poniente 15, dans le bâtiment du Proyecto Cultural El Sitio, dispose d'un très bon choix de livres.

Nettoyage/blanchissage
Les blanchisseries ne manquent pas à Antigua. Elles pratiquent toutes des tarifs similaires : 1,65 $US pour sept vêtements lavés, séchés et pliés.

Soins médicaux
L'Hospital de San Pedro (☎ 832-0301) se trouve à l'intersection de 3a Avenida Sur et de 6a Calle Oriente.

Toilettes
Il existe des toilettes publiques sur la 4a Calle Oriente, à hauteur de la 4a Avenida Norte, près de l'angle nord-est du Parque Central.

Désagréments et dangers
Antigua semble si paisible que l'on a du mal à imaginer la présence de malfaiteurs. Restez vigilant ! Même si les agressions restent rares, ne tentez pas le diable : évitez les rues désertes après la tombée de la nuit. Des vols à main armée (et même des meurtres) ont par ailleurs eu lieu à Cerro de la Cruz et sur le Volcán Pacaya (voir plus loin *Environs d'Antigua*).

PARQUE CENTRAL
Le parque est le point de rassemblement des habitants de la ville et des visiteurs étrangers. La plupart du temps, des villageois s'installent tout autour de la place pour vendre leur production artisanale aux touristes. Le dimanche, jour de marché, les rues qui partent à l'est et à l'ouest de la place sont fermées à la circulation. Pour faire des affaires, mieux vaut attendre la

dernière heure : le dimanche, en fin d'après-midi.

La fameuse fontaine dont s'orne la place fut construite en 1738.

Palacio de los Capitanes
Construit en 1543, le palais des Capitaines arbore une majestueuse façade à double galerie qui traverse la partie sud du Parque Central. Si la façade est d'origine, le reste de l'édifice a largement été restauré au siècle dernier. Entre 1543 et 1773, il abritait la Capitainerie générale de l'Amérique centrale, gérant le Chiapas, le Guatemala, le Honduras et le Nicaragua.

Catedral de Santiago
La cathédrale de Santiago, qui se dresse à l'est du parque, fut érigée en 1542, endommagée à plusieurs reprises par les séismes, détruite en grande partie en 1773 et seulement en partie restaurée entre 1780 et 1820. Au XVIe siècle et au début du XVIIe siècle, les églises d'Antigua étaient magnifiquement décorées dans le style baroque, mais la plupart ont perdu cette richesse lors des nombreuses restaurations consécutives aux tremblements de terre. L'actuelle cathédrale, dépouillée de ses luxueux ornements, occupe l'ancien narthex de l'édifice initial. La crypte renferme les ossements de Bernal Díaz del Castillo, historien de la conquête espagnole, mort en 1581. Malgré les travaux de restauration entrepris à divers endroits, la cathédrale n'a jamais retrouvé son ancienne splendeur.

Palacio del Ayuntamiento
Situé sur le côté nord de la place, le Palacio del Ayuntamiento, l'Hôtel de ville d'Antigua, date en grande partie de 1743. Outre les bureaux municipaux, il abrite le **Museo de Santiago** qui réunit une collection de meubles, objets et armes de la période coloniale. Ouvert de 9h à 16h du mardi au vendredi, de 9h à 12h et de 14h à 16h les samedi et dimanche ; l'entrée coûte 0,05 $US.

Juste à côté, se tient le **Museo del Libro Antiguo** qui présente (aux mêmes heures)

GUATEMALA

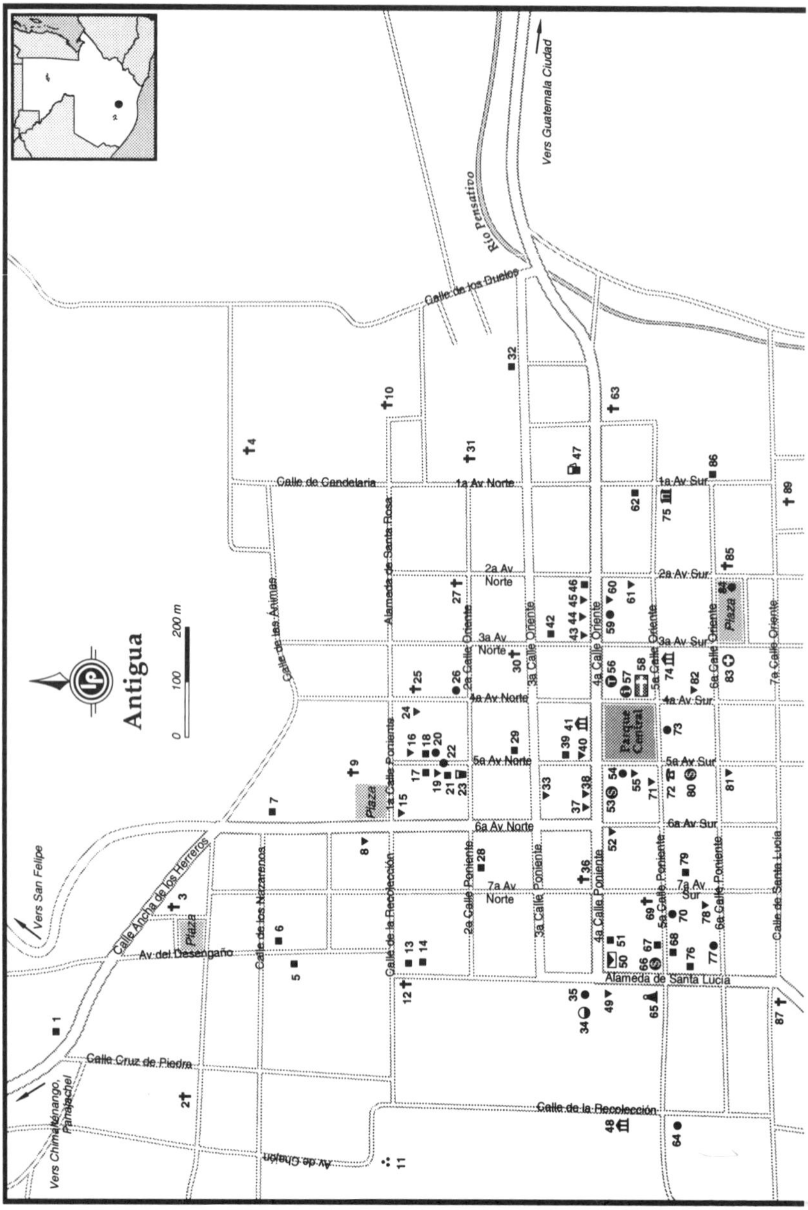

GUATEMALA

Antigua

0   100   200 m

Vers San Felipe

Vers Chimaltenango,
Panajachel

Vers Guatemala Ciudad

Río Pensativo

Calle de los Duelos

Calle de Candelaria

1a Av Norte

2a Av Norte

3a Av Norte

4a Av Norte

5a Av Norte

6a Av Norte

7a Av Norte

Av del Desengaño

Calle Cruz de Piedra

Calle de la Recolección

Av de Chajón

Parque
Central

Plaza

Plaza

Plaza

1a Av Sur

2a Av Sur

3a Av Sur

4a Av Sur

5a Av Sur

6a Av Sur

7a Calle Oriente

GUATEMALA

OÙ SE LOGER
1 Apart-Hotel Bugambilia
5 Hotel Posada Real
6 Hotel Cristal
7 Casa de Santa Lucia No 3
13 Casa de Santa Lucia No 2
14 Posada Ruiz 1
17 Pensión El Arco
18 Posada Asjemenou
21 Hotel Convento
   Santa Catalina
28 Posada Ruiz 2
29 La Posada de Don Rodrigo
32 Hotel Casa Santo Domingo
39 Hotel El Descanso
42 Hotel El Carmen
46 Hotel Aurora
51 Posada Doña Angelina
62 Hotel El Confort de Antigua
67 Hotel Posada Don
   Valentino
68 Posada La Quinta
76 Casa de Santa Lucia
79 Hotel La Tatuana
86 Hotel Villa San Francisco
88 Hotel Santa Clara
90 Radisson Villa Antigua
   Resort & Conference
   Center
92 Hotel Antigua
93 Hotel San Jorge
94 Mesón Panza Verde
97 Hotel Quinta de las
   Flores

OÙ SE RESTAURER
8 Restaurante y Pizzeria
   Italiana Catari
15 Bagdad Cafe
16 Restaurante/Bar Freida,
   Punto Internacional
18 Café/Pizzeria Asjemenou
19 Cinema Bistro
24 Restaurante El Sereno
29 La Posada de Don Rodrigo
32 Hotel Casa Santo Domingo
33 La Fonda de la Calle
   Real No 2
37 Capri Antigua Cafeteria
38 Restaurante Gran Muralla
40 Asados de la Calle del Arco,
   La Fonda de la Calle Real,
   La Cenicienta Pasteles
43 Cookies Etc
44 Restaurante Doña
   Luisa Xicotencatl
45 La Fuente Courtyard
49 Pollo Campero
52 Masala Cafe
55 Cafe Condesa
60 Doña Maria Gordillo
   Dulces Tipicos
61 Restaurante/Bar/Cinema
   Mistral
71 The Bagel Barn
78 Rainbow Reading Room
   & Cafe
81 The Secret Garden
82 Cafe Flor
94 Mesón Panza Verde

DIVERS
2 Iglesia de Santiago
3 Iglesia de San Sebastián
4 Candelaria
9 La Merced
10 Iglesia de Santa Rosa
11 Iglesia y Convento de la
   Recolección (Ruins)
12 Colegio de San Jerónimo
   (Real Aduana)
15 WC (télécommunications)
19 La Casbah Disco
20 Adventure Travel Center
22 Arco de Santa Catarina
23 Macondo Pub
25 Convento de Santa Teresa
26 Antigua Cinemas
27 Las Capuchinas
30 Iglesia El Carmen
31 Iglesia de Santo Domingo,
   Convento de Santo Domingo
34 Terminal de Buses
35 Mercado
36 Convento de la Compañia
   de Jesús,
   marché d'artisanat
41 Palacio del Ayuntamiento,
   Museo de Santiago,
   Museo del Libro Antiguo
45 Conexión
47 Station-service Shell
48 Casa K'ojom
50 Poste
53 Banco Occidental
54 Un Poco de Todo

55 Librería Casa del Conde
56 Toilettes publiques
57 Office du tourisme INGUAT
58 Catedral de Santiago
59 Casa Andinista
62 Comfort Home Theater
63 Convento de Nuestra
   Señora de la Concepción
64 Cementerio General
65 Monumento a Landivar
66 Banco Inmobiliario
69 Iglesia de San Agustin,
   Convento de San Agustin
70 Proyecto Cultural El Sitio
72 Bureau Guatel
73 Palacio de los Capitanes
74 Museo de Arte Colonia,
   Universidad de San Carlos
75 Casa Popenoe
77 Hospital de San Pedro
78 Rainbow Reading Room
   & Cafe
80 Banco Industrial
83 Cinema Tecun Umán
84 Lavoir public
85 Iglesia y Convento de
   Santa Clara
86 Mayan Mountain Bike Tours,
   Maya Communications
87 Iglesia de Santa Lucia
89 Iglesia de San Francisco
91 Iglesia de San José
95 Escuela de Cristo
96 Iglesia de Belén,
   Convento de Belén

des gravures et des reliures, ainsi que la prison coloniale.

Universidad de San Carlos

L'université de San Carlos fut édifiée en 1676, mais le bâtiment principal (construit en 1763), 5a Calle Oriente n°5, à quelques pas à l'est de la place, abrite aujourd'hui le **Museo de Arte Colonial** (mêmes horaires que le Museo de Santiago).

CASA K'OJOM

En 1984, Samuel Franco Arce entreprit de photographier les cérémonies et les fêtes mayas, et d'enregistrer leur musique. En 1987, il avait réuni suffisamment de documents pour créer le musée Casa K'ojom (Maison de la Musique).

Tout le monde n'a pas la chance de pouvoir assister à une procession de *cofradías* ou autre cérémonie ancestrale durant son séjour au Guatemala. La visite de cette fascinante Casa K'ojom permet à chacun de découvrir les fabuleux aspects de la culture maya. Outre sa magnifique collection de photographies, Franco a rassemblé d'innombrables instruments de musique, outils, masques et figurines. Ils sont présentés dans des scènes de vie quotidienne maya, sur fond musical. Celle dans laquelle figure le terrible dieu Maximón, vénéré par les habitants de plusieurs villes des Hautes Terres, mérite le détour.

Situé Calle de Recoletos 55, à deux pas à l'ouest de la gare routière, le musée ouvre du lundi au vendredi de 9h30 à 12h30 et de 14h à 17h (jusqu'à 16h le samedi). Fermé le dimanche. Le billet d'entrée à 0,85 $US inclut un spectacle audiovisuel.

ÉGLISES

Autrefois glorieusement parées d'ornements baroques dorés à la feuille, les églises d'Antigua ont subi non seulement les outrages de la nature, mais aussi de l'homme. Au fil des restaurations entreprises à la suite des séismes, elles ont été dotées de murs plus épais, de tours et de clochers moins élevés et ont perdu leur luxueuse décoration intérieure. Le transfert de la capitale à Guatemala Ciudad a par ailleurs privé Antigua de la population nécessaire au maintien de la traditionnelle richesse de ces monuments, qui n'en demeurent pas moins impressionnants. La plupart ouvrent tous les jours de 9h à 17h. L'entrée coûte moins de 2 $US. Outre les églises mentionnées ici, vous en rencontrerez beaucoup d'autres, disséminées à travers la ville.

La Merced

Depuis la place, dirigez-vous sur la 5a Avenida Norte et passez sous l'Arco de Santa Catarina (édifié en 1694 et restauré au XIXᵉ siècle). A l'extrémité nord de l'avenue se dresse l'Iglesia y Convento de Nuestra Señora de La Merced, dite La Merced. C'est la plus imposante des églises coloniales d'Antigua.

La construction de La Merced débuta en 1548. On en peaufina la décoration jusqu'en 1717, date à laquelle plusieurs tremblements de terre détruisirent l'église. Les travaux de reconstruction s'achevèrent en 1767 ; en 1773, un nouveau séisme détruisit le couvent. De 1850 à 1855, on s'appliqua donc à restaurer l'église. La façade baroque date de cette époque. Parmi les ruines du couvent, s'élève la plus grande fontaine d'Amérique centrale. L'entrée au couvent ne coûte que 0,05 $US et vous ne regretterez pas cette visite.

San Francisco

Ensuite, la plus remarquable est l'Iglesia de San Francisco, à l'angle de 7a Calle Oriente et de 1a Avenida Sur. Les quelques vestiges de l'édifice initial datent du milieu du XVIᵉ siècle. Les restaurations successivement entreprises au fil des époques lui ont conféré une certaine élégance et le béton renforcé ajouté en 1961 lui a permis de surmonter le séisme de 1976. La seule construction qui reste de la première église est la chapelle d'Hermano Pedro, où repose Hermano Pedro de San José Betancur. Ce frère franciscain, fonda un hôpital pour les pauvres, qui lui valut la reconnaissance de plusieurs générations. Il mourut là, en 1667. Les malades sont encore nombreux à

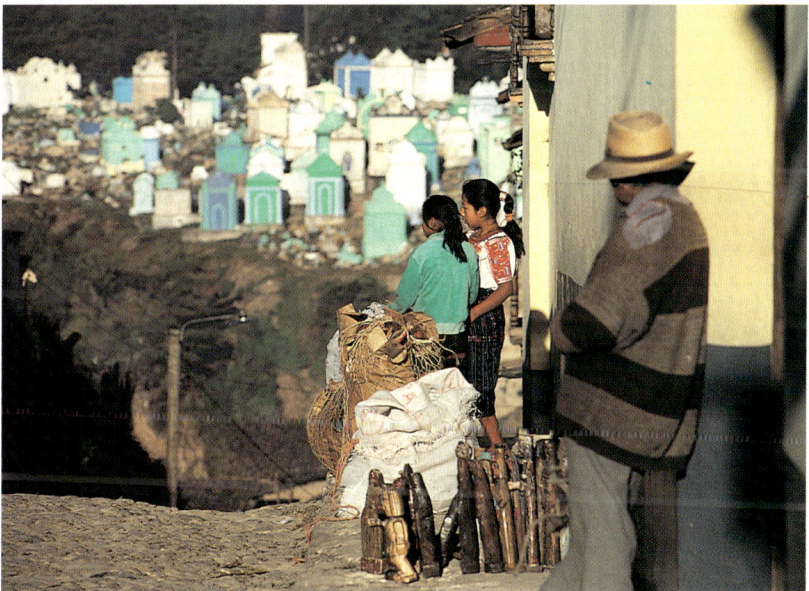

En haut : boutique "Mayan Relics" à Panajachel, Guatemala (TB)
En bas : chichicastenango, Guatemala (PW)

Masques en vente au marché de Chichiscastenango, Guatemala (TB)

venir prier avec ferveur au pied de sa sépulture.

Las Capuchinas

Le Iglesia y Convento de Nuestra Señora del Pilar de Zaragoza, plus simplement appelé Las Capuchinas, à l'angle de 2a Avenida Norte et de 2a Calle Oriente, est un couvent fondé en 1736 par des religieuses de Madrid. Détruit à plusieurs reprises par les tremblements de terre, c'est aujourd'hui un musée illustrant la vie religieuse de l'époque coloniale. Le bâtiment compte plusieurs particularités, dont une construction circulaire composée de 18 cellules de nonnes disposées autour d'un patio rond. Possibilité de visites guidées.

AUTRES ÉGLISES
La Recolección

L'Iglesia y Convento de la Recolección, amas de ruines massif à l'extrémité ouest de la Calle Poniente, figure parmi les sites les plus impressionnants d'Antigua. Construite entre 1701 et 1708, cette église fut inaugurée en 1717. Le tremblement de terre qui survint la même année causa d'immenses dégâts. Celui de 1773 détruisit tout le bâtiment.

Colegio de San Jerónimo
(Real Aduana)

Près de La Recolección, à l'angle de l'Alameda de Santa Lucía et de 1a Calle Poniente, cette église fut érigée en 1757 par des moines de l'ordre de la Merced. Comme ils l'avaient bâtie sans autorisation royale, l'édifice fut confisqué par le roi d'Espagne Carlos III en 1761. En 1765, on décida de l'utiliser comme Real Aduana (maison de la douane royale), mais le tremblement de terre de 1773 le détruisit. Le monument comprend l'hermitage de San Jerónimo. La visite guidée coûte environ 8 $US.

Santa Clara

L'Iglesia y Convento de Santa Clara, 2a Avenida Sur 27, à l'angle de 6a Calle Oriente, fut édifiée en 1715 et réduite à néant deux ans plus tard par un séisme. La construction actuelle fut inaugurée en 1734, mais détruite par le tremblement de terre de 1773. Le dôme de l'église, qui avait survécu à ce dernier, ne résista pas à celui de 1874.

Devant l'église, se trouve un lavoir public où les femmes indiennes continuent de venir laver leur linge, qu'elles font ensuite sécher sur la pelouse.

CASA POPENOE

A l'angle de 5a Calle Oriente et de 1a Avenida Sur se dresse cette belle demeure construite en 1636 par Don Luis de las Infantas Mendoza y Venegas. En ruine depuis le tremblement de terre de 1773, la maison resta ainsi à l'abandon pendant un siècle et demi avant d'être rachetée, en 1931, par M. et Mme Popenoe. Ils entreprirent une restauration méticuleuse, qui nous donne aujourd'hui une parfaite idée de ce que pouvait être la vie d'un important officier de la Couronne (Don Luis) et de sa famille à Antigua, au XVIIe siècle. La maison est ouverte du lundi au samedi de 14h à 16h. Prix de la visite guidée : 0,85 $US.

MONUMENTO A LANDÍVAR

A l'extrémité ouest de la 5a Calle Poniente se trouve le Monumento a Landívar, une structure à cinq arches de style colonial installée dans un petit parc. Rafael Landívar, prêtre jésuite et poète du XVIIIe siècle, vécut un temps à Antigua où il écrivit. Les vers de Landívar sont considérés comme le sommet de la littérature coloniale, même s'il réalisa une bonne partie de son œuvre en Italie, après l'expulsion des Jésuites du Guatemala. Sa maison se trouvait non loin de là, sur la 5a Calle Poniente.

MARCHÉ

A l'extrémité ouest de 4a Calle Oriente, sur le côté ouest d'Alameda de Santa Lucía, s'étend le marché bigarré et toujours très animé. Le mieux est de s'y rendre le matin, lorsque les villageois des environs sont réunis, occupés à vendre leurs produits et à faire leurs achats.

GUATEMALA

CIMETIÈRE

Vous ne regretterez pas de déambuler à travers le grand Cementerio General d'Antigua, à l'ouest du marché et de la gare routière. Les anciennes croyances mayas transparaissent dans la somptueuse décoration des tombes, aux touches souvent familiales, fraîchement fleuries, objets de fréquentes visites.

ACTIVITÉS SPORTIVES
Promenades à cheval

Antigua compte plusieurs haras qui louent des chevaux ou organisent des randonnées d'un ou plusieurs jours à travers la campagne. L'Establo Santiago nous a été recommandé ; contactez-le par l'intermédiaire d'Adventure Travel Center (voir ci-dessus *Agences de voyages*)

Des lecteurs nous ont également conseillé les Ravenscroft Riding Stables, 2a Avenida Sur n°3, San Juan del Obispo, à 3,2 km au sud d'Antigua, sur la route de Santa María de Jesús. Ce haras, desservi par des bus qui partent toutes les demi-heures de la station située derrière le mercado, emmène les cavaliers à la découverte de merveilleux paysages pendant trois, quatre à cinq heures dans les vallées environnantes. Vous obtiendrez tous les renseignements à l'Hotel San Jorge (☎ 832-3132), 4a Avenida Sur n°13.

R. Rolando Pérez (☎ 832-2809), San Pedro El Panorama n°28, propose également des promenades à cheval.

Bicyclette

Plusieurs établissements d'Antigua louent des vélos, notamment :

Alquiler de Bicicletas San Vicente, 6a Avenida Sur n°6 (☎ /fax 832-3311)

Aviatur, 5a Avenida Norte n°27, juste au nord des arcades (☎ /fax 832-2642)

Servicios Turísticos San Vicente, 6a Calle Poniente n°28 (☎ /fax 832-3311)

Les prix tournent autour d'1,35 $US l'heure, 4,15 $US la demi-journée, 6 $US à 8,35 $US la journée, 25 $US la semaine ou 35 $US les deux semaines. Ils varient d'un établissement à l'autre : comparez.

Mayan Mountain Bike Tours (☎ 832-3383), 1a Avenida Sur n°15, organise des excursions pour niveaux variables dans la région. D'une durée de quatre à cinq heures, ces sorties coûtent environ 19 $US, matériel compris. Il existe aussi des randonnées combinant marche et bicyclette aux volcans Agua (10 heures, 25 $US) et Acatenango (12 heures, 39 $US). On peut enfin louer des vélos ou programmer des excursions d'une durée allant jusqu'à 15 jours.

Descente en eaux vives

Area Verde Expeditions (☎ /fax 832-3863), 4a Avenida Sur n°8, offre la possibilité de pratiquer la descente en eaux vives sur un à cinq jours. Les rivières choisies diffèrent selon les saisons, et cette activité reste praticable tout au long de l'année.

COURS DE LANGUE

Antigua est réputée pour ses écoles de langue espagnole et vous n'aurez que l'embarras du choix : dernièrement, on dénombrait 70 établissements.

Les prix, la qualité de l'enseignement et le degré de satisfaction des élèves diffère d'un institut à l'autre. Allez en voir plusieurs avant de vous décider. Essayez d'obtenir des références et prenez contact avec des personnes ayant récemment fréquenté telle ou telle école : vous n'aurez aucune peine à rencontrer des élèves d'espagnol à Antigua. L'office du tourisme de l'INGUAT fournit une liste d'instituts réputés. Parmi eux, figurent :

Academia de Español Sevilla, 1a Avenida Sur n°8 (☎ /fax 832-0442)

Academia de Español Tecún Umán, 6a Calle Poniente n°34 (☎ /fax 832-2792)

AmeriSpan Guatemala, 6a Avenida Norte n°40 (☎ /fax 832-0164)

Centro de Español Don Pedro de Alvarado, 1a Calle Poniente n°24 (☎ /fax 832-4180)

Centro Lingüístico Maya, 5a Calle Poniente n°20 (☎ 832-0656)

Christian Spanish Academy (CSA), 6a Avenida Norte n°15 (☎ 832-3922, fax 832-3760)

Don Quijote Spanish Academy, Portal del Ayuntamiento n°6, au Museo del Libro Antiguo, côté nord du Parque Central (☎ 832-2868)

Escuela de Español San José el Viejo, 5a Avenida Sur n°34 (☎ 832-3028, fax 832-3029)

Proyecto Lingüístico Francisco Marroquín, 4a Avenida Sur n°4 (☎ /fax 832-0406)

Des cours débutent le lundi dans la plupart des écoles, mais vous pouvez arriver en milieu de semaine. Pour quatre heures de cours par jour, cinq jours sur sept, les prix varient de 45$US à 95 $US la semaine, généralement en cours particuliers. Vous pouvez aussi suivre sept heures de cours quotidiennes. La plupart des écoles se chargent de vous procurer l'hébergement en pension complète dans une famille d'accueil pour 40 à 60 $US par semaine.

CIRCUITS ORGANISÉS
Elizabeth Bell, auteur de plusieurs livres sur Antigua, propose des visites culturelles de la ville en anglais et en espagnol les lundi, mardi, mercredi, vendredi et samedi. Ces promenades de deux heures coûtent 12 $US. Vous obtiendrez tous les renseignements chez Adventure Travel Center (voir plus haut *Agences de voyages*, à la rubrique *Renseignements*).

Adventure Travel Center propose une excursion de trois heures dans des villages et des fermes au prix de 25 $US.

Les agences de voyages sont nombreuses à organiser des circuits hors de la ville, notamment à Tikal, Copán-Quiriguá-Río Dulce, Monterrico, Chichicastenango et Panajachel.

MANIFESTATIONS ANNUELLES
Semana Santa
La Semana Santa (Semaine Sainte) est de loin la période la plus intéressante pour visiter Antigua. Les célébrations réunissent des centaines de personnes vêtues de longues tuniques violettes pour des processions quotidiennes en souvenir de la Crucifixion. Les rues sont recouvertes de somptueuses *alfombras* (tapis) multicolores éla-

borés à l'aide de sciure de bois teinte et de pétales de fleurs. Ces merveilleuses œuvres d'art éphémères sont piétinées au passage des processions, puis recréées le lendemain matin pour un nouveau jour.

Traditionnellement, les jours les plus exceptionnels sont le Dimanche des Rameaux, avec une procession partant de La Merced (voir, précédemment, la rubrique *Églises*) au milieu de l'après-midi ; le Jeudi Saint, avec une procession démarrant en fin d'après-midi de l'Iglesia de San Francisco ; et le Vendredi Saint où une procession part au petit matin de La Merced, tandis qu'une seconde se forme dans l'après-midi à l'Escuela de Cristo.

Réservez longtemps à l'avance votre chambre d'hôtel, sinon prévoyez de séjourner dans une ville des environs ou à Guatemala Ciudad afin de faire l'aller-retour pour assister aux cérémonies.

La brochure en anglais *Lent an Easter Week in Antigua*, d'Elizabeth Bell, donne des explications et le programme jour par jour des processions, *velaciones* (veillées) et autres manifestations pendant le Carême, les 40 jours précédant Pâques.

Attention
Méfiez-vous des vols à la tire. Il semble que l'ensemble des pickpockets de Guatemala Ciudad (qui se chiffre peut-être à plusieurs centaines) viennent également passer la Semaine Sainte à Antigua. Parmi la foule qui se presse sur le passage des processions, leurs yeux sont irrésistiblement attirés par les touristes étrangers.

OÙ SE LOGER
Où se loger – petits budgets
Dans les pensions et les petits hôtels, demandez à voir plusieurs chambres car certaines sont bien meilleures que d'autres.

La *Posada Ruiz 2*, 2a Calle Poniente 25, présente un bon rapport qualité/prix, avec ses petites simples/doubles à 2,85/5 $US avec s.d.b. commune, donnant sur une cour centrale. Elle attire de jeunes voyageurs de tous les pays, qui se réunissent dans la cour à la nuit tombée.

La *Pensión El Arco* (☎ 832-2701), 5a Avenida Norte 32, juste au nord des arcades de Santa Catarina, est petite, mais propre et sympathique. Ici, le chaud sourire de la señora met immédiatement à l'aise. Les simples/doubles sont à 4/6 $US avec s.d.b. commune, 10 $US quand elle est privée. Seul inconvénient, la Disco El Casbah, à deux portes de là, fait un tapage incroyable les vendredi et samedi soirs.

Moins séduisante, mais d'un prix encore doux, la *Posada La Quinta*, 5a Calle Poniente 19, près de la gare routière, propose des chambres rudimentaires à 8,35/10 $US avec s.d.b. commune/individuelle. Tout près, 4a Calle Poniente 33, la *Posada Doña Angelina* comporte des simples/doubles à 4/7 $US avec s.d.b. commune, ou 9/14 $US avec s.d.b. individuelle.

Les dix chambres bien tenues et s'agencent autour d'un agréable jardin de l'*Hotel Cristal* (☎ 832-4177), Avenida El Desengaño 25, sont d'un bon rapport qualité/prix. Comptez 6/8,35 $US pour des simples/doubles avec s.d.b. commune et 8,35/12,50 avec s.d.b. L'établissement consent des réductions aux étudiants et pour des séjours de 5 jours voire plus.

L'*Hotel Villa San Francisco* (☎ 832-3383), 1a Avenida Sur n°15, à l'angle de 6a Calle Oriente, est simple mais accueillant, avec des simples/doubles, s.d.b. commune, à 7/9,50 $US, ou 10/12,50 $US avec s.d.b privée. Les clients disposent d'une terrasse sur le toit, d'un jardin, d'un téléphone et d'un fax, et peuvent louer des vélos.

La *Casa de Santa Lucía*, Alameda de Santa Lucía n°9, entre les 5a et 6a Calles Poniente, comporte des chambres sombres d'aspect pseudo-colonial. La simple/double avec s.d.b. coûte 10/12 $US. La sonnette se trouve à gauche de la porte. L'établissement dispose d'un parking.

Gérées par les mêmes propriétaires, mais toutes neuves, la *Casa de Santa Lucía n°2*, Alameda de Santa Lucía Norte 21, et la *Casa de Santa Lucía n°3*, 6a Avenida Norte 43-A, près de l'église de La Merced, paraissent bien plus séduisantes. Elles se composent de chambres propres, agréables

et bien décorées, avec larges fenêtres et s.d.b. (eau chaude) pour 10/12 $US la nuit, une terrasse sur le toit donnant sur Antigua et un parking. Ni l'une ni l'autre n'ont d'enseigne.

Les simples/doubles de l'*Hotel La Tatuana* (☎ 832-0537), 7a Avenida Sur n°3, sont propres et très correctes, à 10/17 $US avec s.d.b.

Standing supérieur pour l'*Hotel Posada Don Valentino* (☎ 832-0384), 5a Calle Poniente n°28, qui dispose d'un joli patio, d'un jardin, de chambres claires et propres à 10/15 $US la simple/double avec s.d.b. commune, ou 12/20 $US avec s.d.b. Le parking se trouve à quelques dizaines de mètres.

L'*Hotel El Confort de Antigua* (☎ 832-0566), 1a Avenida Norte n°2, est très bien tenu. Les locataires des cinq chambres se partagent deux s.d.b. et paient 15/20/25 $US en simple/double/triple, petit-déjeuner compris.

La *Posada Asjemenou* (☎ 832-2670), 5a Avenida Norte n°31, juste au nord des arcades, est une bâtisse magnifiquement rénovée construite autour d'une cour verdoyante où trône une fontaine. Ses tarifs, qui s'élèvent à 13/19/26 $US la simple/double/triple avec s.d.b. commune, ou 19/25/29 $US avec s.d.b., en font le meilleur rapport qualité/prix de la ville. Elle abrite le Cafe-Pizzería Asjemenou et dispose d'un parking payant juste à côté.

L'*Apart-Hotel Bugambilia* (☎ 832-2732, 832-7767), Calle Ancha de los Herreros 27, comporte 10 appartements tous équipés d'une cuisine, de deux ou trois doubles lits, de la TV câblée et d'une s.d.b. avec eau chaude. La location coûte 20 $US la journée (24 $US avec trois lits), 120 $US la semaine et 420 $US le mois. L'établissement abrite des salons, un joli patio arboré, une fontaine et une terrasse sur le toit.

Où se loger – catégorie moyenne

Les hôtels de catégorie moyenne à Antigua permettent de jouir du charme colonial de la ville pour un prix très modique.

L'*Hotel El Descanso* (☎ 832-0142), 5a Avenida Norte 9, à 50 pas du parque central, occupe le bâtiment en face du restaurant Café. Propre et bien situé, il dispose de cinq chambres à 20/24/30/40 $US pour une à quatre personnes avec s.d.b. commune, ou à 20/24 $US la simple/double avec s.d.b. En haut, à l'arrière, se trouve une terrasse privée.

L'*Hotel Santa Clara* (☎ 832-0342), 2a Avenida Sur n°20, est calme, propre et bien situé, avec un agréable jardin et quelques grandes chambres équipées de deux lits doubles. Les simples/doubles avec s.d.b. coûtent 21/25 $US, moins en basse saison.

L'*Hotel Posada Real* (☎ 832-3396), Avenida El Desengaño 24, est un joli hôtel de type colonial, créé en 1996. Ses 10 chambres et suites, toutes dotées de s.d.b., sont charmantes. Certaines sont équipées de cheminées. Les simples/doubles/triples coûtent 25/35/42 $US.

L'*Hotel San Jorge* (☎ /fax 832-3132), 4a Avenida Sur n°13, est installé dans un bâtiment moderne. Ses 14 chambres disposent d'une cheminée, de la TV par câble et d'une s.d.b. avec baignoire. L'établissement comporte aussi un parking et propose un service de blanchisserie. Les clients (surtout des couples américains d'un certain âge) bénéficient par ailleurs de la piscine et du service en chambre du somptueux Hotel Antigua, tout proche. Les tarifs s'élèvent à 30/35/40 $US la simple /double/triple. Possibilité de réduction en basse saison. Les cartes de crédit sont acceptées.

L'*Hotel Convento Santa Catalina* (☎ 832-3080, fax 832-3079), 5a Avenida Norte n°28, juste au sud des arcades, est un ancien couvent joliment rénové avec une cour centrale. Les grandes simples/doubles avec s.d.b. sont proposées au prix raisonnable de 35/45 $US de novembre à avril et de 25/30 $US le reste de l'année.

L'*Hotel El Carmen* (☎ 832-3850, fax 832-3847), 3a Avenida Norte n°9, est propre et tranquille malgré la proximité de la place. Ses 12 jolies chambres avec TV

câblée, téléphone, s.d.b. et petit-déjeuner continental coûtent 35/40/45/50 $US pour une à quatre personnes. L'hôtel comporte une cour pourvue de fauteuils, un jacuzzi et un toit-terrasse offrant une très belle vue.

Le magnifique *Hotel Aurora* (☎ 832-0217), 4a Calle Oriente 16, possède une cour verdoyante agrémentée d'une fontaine et d'innombrables fleurs. Ses 17 chambres au décor désuet, toutes avec s.d.b., coûtent 38/46/51 $US en simple/double/triple, petit-déjeuner compris. Il est loti d'un parking privé.

Le *Mesón Panza Verde* (☎ /fax 832-2925), 5a Avenida Sur n°19, à quatre pâtés de maisons au sud du Parque, est une élégante auberge-restaurant tenue par des Américains. Les chambres, confortables et calmes, toutes avec jardin privé, se montent à 48 $US, et les suites, avec cheminée, à 84 $US. Le restaurant est l'un des meilleurs d'Antigua.

Où se loger – catégorie supérieure

L'*Hotel Quinta de las Flores* (☎ 832-3721, fax 832-3726), Calle del Hermano Pedro n°6, n'est pas un établissement comme les autres. Ses spacieux jardins, parsemés de fontaines, offrent une végétation luxuriante, une aire de jeux pour les enfants, une piscine, des espaces de repos et un restaurant. Les huit vastes chambres, luxueuses, presque toutes avec cheminée, sont proposées à 54/66 $US la simple/double. Cinq maisons à deux niveaux comportant deux chambres, une cuisine et un salon, peuvent accueillir cinq personnes chacune, au prix de 102 $US. Des rabais considérables sont accordés à partir d'une semaine.

L'*Hotel Casa Santo Domingo* (☎ 832-0140, 832-2628, fax 832-0102), 3a Calle Oriente n°28, est un superbe hôtel de luxe de style colonial installé dans le couvent partiellement restauré de Santo Domingo (1642) qui occupe tout un pâté de maisons. Les chambres sont dignes d'un établissement cinq étoiles et il y a une piscine. Les frères dominicains n'ont jamais vu leur couvent aussi bien aménagé. Le tarif s'élève à 97/105/118/126$US, taxes comprises la simple/double/triple/suite. Il y a deux chambres moins chères à 54/66$US.

L'*Hotel Antigua* (☎ 832-0331, 832-0288, fax 832-0807), 8a Calle Poniente n°1, est un vaste country-club de style colonial espagnol. La plupart de ses 60 chambres, toutes avec cheminée et s.d.b., comportent deux lits doubles. Les tarifs s'élèvent à 120/132/144 $US la simple/double/triple, taxes comprises.

Le cinq-étoiles *Radisson Villa Antigua Resort & Conference Center* (☎ 832-0011, fax 832-0237), 9a Calle Poniente et Carretera a Ciudad Vieja, est l'établissement le plus vaste et le plus moderne de la ville, avec 139 chambres et 45 suites. Les chambres sont équipées de balcon, cheminée, s.d.b. moderne, et l'établissement offre toutes les prestations de luxe. La simple/double coûte 144/159 $US, taxes comprises.

La Posada de Don Rodrigo (☎ 832-0291, 832-0387), 5a Avenida Norte 17, est un dédale de chambres et de restaurants donnant sur des cours de style colonial. L'après-midi et en soirée, le bar/restaurant accueille des orchestres de marimba. Certaines des 35 chambres dégagent un charme désuet, les autres sont plutôt ternes. Quelques-unes ont une cheminée. Les simples/doubles/triples avec s.d.b. coûtent 72/82/91 $US, ce qui représente un déplorable rapport qualité/prix. Les restaurants et parties communes de l'hôtel sont bien plus séduisants que les chambres.

OÙ SE RESTAURER
Où se restaurer – petits budgets
Malgré l'abondance des touristes, on trouve sans peine à se restaurer à prix doux à Antigua.

La formule la moins chère de la ville est sans doute la cuisine propre, saine et savoureuse servie par les échoppes installées sous les arcades, sur le côté ouest du Parque Central, tous les jours de 11h30 à 19h30. On peut également bien manger pour très peu d'argent au mercado.

Le *Capri Antigua Cafetería*, 4a Calle Poniente 24, au niveau de la 6a Avenida

Norte, est un établissement simple et moderne très populaire parmi les jeunes du coin et les voyageurs à petits budgets. Serré sur les bancs de bois, on commande de la soupe à 0,70 $US, des sandwiches pour 1,35 à 2,65 $US ou des *platos fuertes* (substantielles assiettes de viande ou de poulet accompagné de salade et de frites) entre 1,65 et 3 $US. Tout près, le *Restaurante Gran Muralla*, 4a Calle Poniente 18, simple et bon marché lui aussi, sert une version guatémaltèque de la cuisine chinoise.

Le restaurant le plus connu d'Antigua reste sans conteste le *Restaurant Doña Luisa Xicotencatl*, 4a Calle Oriente n°12, à quelques dizaines de mètres à l'est du Parque Central. Des tables sont dressées dans la petite cour centrale, mais on peut aussi s'installer dans les salles de l'étage. La carte comporte une dizaine de sandwiches au pain fait maison, ainsi que du yaourt, du chili, des burgers, des pommes de terre farcies, des gâteaux et des tartes. Chacun de ces plats coûte moins de 4 $US. L'établissement sert de l'alcool, ainsi qu'un excellent café. Ouvert tous les jours de 7h à 21h30, il ne manque jamais d'animation. On peut acheter diverses variétés de pains à la boulangerie.

Le *Rainbow Reading Room & Cafe*, à l'angle de 7a Avenida Sur et de 6a Calle Poniente, est à la fois une librairie de vente et de prêt, un lieu de rencontre pour voyageurs et un restaurant. On déguste des spécialités végétariennes dans une ambiance conviviale de 9h à 23h.

Installé dans une belle cour du côté ouest de la plaza (traversez la Librería Casa del Conde), le *Cafe Condesa* est un magnifique restaurant. On mange dans le patio d'une opulente demeure espagnole construite en 1549. La carte propose d'excellents petits-déjeuners, ainsi que café, repas légers et en-cas. Le sompteux brunch dominical, accessible de 10h à 14h, est une véritable institution d'Antigua. L'établissement ouvre 7 jours/7.

Autre adresse de choix, *La Fuente*, 4a Calle Oriente n°14, sert également ses clients dans la cour d'une ravissante bâtisse coloniale. On déguste des spécialités végétariennes, du très bon café et de succulents desserts tous les jours de 7h à 19h. Installé lui aussi dans un patio, le *Bagdad Cafe*, 1a Calle Poniente n°9, en face de l'église de La Merced, à l'angle de la 6a Avenida Norte, est plus petit, plus simple et très bon marché.

De très nombreux restaurants se concentrent 5a Avenida Norte, au nord du Parque Central. L'*Asados de la Calle del Arco*, tout de suite à droite du Parque, offre une atmosphère simple, mais raffinée, avec dîners aux chandelles. On peut s'installer à l'intérieur ou dans le patio, à l'arrière, pour déguster les viandes grillées et les spécialités tex-mex. Sachez toutefois que les portions sont plutôt légères. L'établissement ouvre tous les jours de 7h à 22h.

En entrant, on se demande si *La Fonda de la Calle Real*, 5a Avenida Norte n°5, est vraiment un restaurant. Rassurez-vous : les tables sont à l'étage ! La carte, variée, propose entre autres la spécialité maison : le *caldo real*, soupe au poulet à 3,50 $US, assez consistante pour constituer un déjeuner à elle seule. Autres plats proposés, viandes et poulet grillés, *queso fundido* (fromage fondu), *chiles rellenos* (poivrons farcis) et *nachos* varient de 3 à 8 $US. Le restaurant est ouvert tous les jours de 7h à 22h. A l'angle du 3a Calle Poniente n°7, *La Fonda de la Calle Real n°2* propose une carte identique toute la semaine de 12h à 22h.

Tout près, *La Cenicienta Pasteles*, 5a Avenida Norte 7, sert surtout des gâteaux, des tartes et du café, mais le menu inscrit au tableau noir propose aussi des quiches lorraines et des quiches *chapin* (typiquement guatémaltèques), du yaourt et des fruits. Ici, on savoure une boisson chaude accompagnée d'un morceau de gâteau pour moins de 2 $US. L'établissement ouvre 7 jours/7, tout comme le *Cookies Etc*, 3a Avenida Norte, à l'angle de 4a Calle Oriente, qui lui fait concurrence. Le *Bagel Barn*, 5a Calle Poniente, tout près du Parque Central, est très apprécié pour ses bagels, ses soupes, ses desserts et son café.

Également 5a Avenida Norte, au n°29, près des arcades, le *Restaurante/Bar Freida* propose une bonne cuisine mexicaine. On s'y retrouve le soir pour écouter de la musique. Non loin, au n°35, le *Punto Internacional* nous a été recommandé par des lecteurs.

Le *Cafe Flor*, 4a Avenida Sur n°1, sert d'énormes portions d'une délicieuse nourriture chinoise, indonésienne, thaïlandaise ou indienne. Chaque assiette coûte 5 $US et suffit à rassasier deux gros mangeurs. Il est possible d'acheter des plats à emporter. Le Cafe Flor est ouvert du mardi au samedi de 12h à 14h30 et de 18h à 21h. Des lecteurs nous ont encore conseillé le *Masala Cafe*, 6a Calle Norte 14, au niveau de la 4a Calle Poniente, pour ses spécialités thaïlandaises et japonaises. Fermé le mercredi.

Le *Secret Garden*, à deux pas au sud du Parque Central, à l'angle de 5a Avenida Sur et de 6a Avenida Poniente, est un bon restaurant végétarien. Il abrite une salle de gymnastique, un sauna, une cabine de massage, une table de ping-pong et un institut de thérapies naturelles.

Pour manger italien, installez-vous au *Restaurante y Pizzería Italiana Catari*, 6a Avenida Norte 52, face à l'église de La Merced. Tenu par le célèbre chef Martedino Castrovinci, il propose, de 12h à 16h, le gigantesque "lunch special" pour 3 $US boisson comprise. Il ouvre tous les jours.

Le *Mistral*, un bar/restaurant en étage au 2a Avenida Norte 6-B, entre les 4a et 5a Calle Oriente, offre un bon choix de plats de résistance de 2,35 à 6 $US. Le bar est un lieu de rendez-vous très populaire.

Où se restaurer – catégorie moyenne

Le restaurant de la *Posada de Don Rodrigo* (☎ 832-0291, 832-0387), 5a Avenida Norte 17, est l'un des lieux les plus agréables et les plus populaires pour déjeuner ou dîner en ville. Commandez le Plato Chapín, plat maison composé de plusieurs spécialités guatémaltèques, pour 11 $US. Un orchestre joue de la marimba tous les jours de 12h à 16h et de 19h à 21h.

Le *Mesón Panza Verde* (☎ 832-2925), 5a Avenida Sur n°19, propose de la cuisine continentale dans un cadre agréable. Le chef italien est originaire de Bergamo, la cuisine y est très bonne et les prix modérés – environ 18 $US par personne pour un vrai dîner.

Le *Doña María Gordillo Dulces Típicos*, 4 Calle Oriente 11, en face de l'Hotel Aurora, regorge de sucreries traditionnelles guatémaltèques à emporter. Il n'est pas rare de voir une foule d'antigüeños y faire la queue. On y vend également des objets d'artisanat local.

Où se restaurer – catégorie supérieure

El Sereno (☎ 832-0501), 4a Avenida Norte 16, est le plus sélect des restaurants d'Antigua. C'est une maison coloniale joliment restaurée et légèrement modernisée, qui possède un bar traditionnel en bois, une cour débordante de plantes et plusieurs petites salles à manger décorées de peintures anciennes. La cuisine est internationale et le menu change chaque semaine. La carte des vins, plutôt courte, est bonne mais chère. Le dîner, pour lequel mieux vaut réserver, vous coûtera de 17 à 30 $US par personne. L'établissement ouvre tous les jours sauf le mardi, de 12h à 22h.

Le restaurant du luxueux *Hotel Casa Santo Domingo* (voir *Où se loger*) ne manque pas d'attrait non plus. Parfait pour les grandes occasions, il propose des tables à l'intérieur et dans le jardin.

DISTRACTIONS

Elizabeth Bell organise de fascinantes projections de diapositives sur la ville à la Christian Spanish Academy (voir aussi ci-dessus *Cours de langue*) tous les mardis de 18h à 19h. L'entrée coûte 2,50 $US.

Le *Proyecto Cultural El Sitio* (☎ 832-3037), 5a Calle Poniente n°15, propose divers événements culturels : théâtre, concerts, films vidéo et expositions. Passez-y pour consulter le programme, qui figure également dans le mensuel *Revue*.

Les bars, où l'on écoute de la musique et où l'on danse, ferment aussi vite qu'ils ouvrent. Le *Macondo Pub*, 5a Avenida Norte, au niveau de la 2a Calle Poniente, juste au sud des arcades, reste cependant très à la mode. Dans le même quartier, *La Casbah Disco* remporte tout autant de succès, mais des bagarres éclatent souvent le week-end.

Le *Rainbow Reading Room & Cafe* et le *Mistral* (voir *Où se restaurer*) représentent des points de rencontre populaires le soir.

L'une des plus sympathiques façons de passer la soirée consiste à assister à une projection vidéo dans une des multiples "maisons de cinéma", qui proposent un grand choix de films de tous les pays.

Antigua Cinemas, 2a Calle Oriente n°2, à l'angle de la 4a Avenida Norte
Cinema Bistro, 5a Avenida Norte 28
Cinema Tecún Umán, 6a Calle Poniente 34-A
Comfort Home Theater, 1a Avenida Norte n°2
Mistral, 2a Avenida Norte 6-B
Proyecto Cultural El Sitio, 5a Calle Poniente n°15

La plupart d'entre elles passent plusieurs films par jour et les programmes changent quotidiennement. L'entrée coûte environ 1,50 $US. Consultez les programmes affichés sur la porte ou les panneaux publicitaires disséminés dans la ville.

ACHATS

Les vendeurs ambulants sont nombreux à venir au devant des désirs des touristes en matière d'objets d'artisanat et autre tissus bariolés. Partout où il existe un espace suffisant pour étaler la marchandise, vous trouverez des villageois proposant leurs produits. Le mercado, à l'ouest de la ville, près de la gare routière, offre l'embarras du choix. Une série de boutiques occupent par ailleurs la 4a Calle Poniente, entre le Parque Central et le mercado. Jetez aussi un coup d'œil sur les marchés en plein air, à l'angle de 6a Calle Oriente et de 2a Avenida Sur, ainsi que dans la 4a Calle Poniente, au niveau de la 7a Avenida Norte. Il arrive aussi que des vendeurs ambulants abordent les étrangers sur le Parque Central.

Sachez toutefois que les prix de l'artisanat à Antigua sont bien plus élevés qu'ailleurs. Si vous envisagez de visiter d'autres régions, attendez. Vous trouverez moins cher sur les marchés de Chichicastenango, Panajachel ou même Guatemala Ciudad. Quoi qu'il en soit, n'oubliez pas de négocier.

En 1958, on a redécouvert une ancienne carrière maya de jade, située à proximité de Nebaj. Dès que l'on releva la présence de jadéite dont la qualité était égale à celle rencontrée en Chine, la mine a été rouverte. Aujourd'hui, elle produit du jade (prononcer HAH-deh) destiné à donner des pierres gemmes ou à être sculpté.

Une pierre bien taillée peut coûter 100 $US, voire beaucoup plus. Vérifiez son aspect translucide, sa pureté, l'intensité de sa couleur ainsi que l'absence de défaut. Demandez au vendeur si vous pouvez essayer de la rayer avec un canif. Si elle se raye, ce n'est pas de la jadéite, mais une pierre de qualité inférieure.

Antigua compte deux boutiques spécialistes du jade : La Casa de Jade, 4a Calle Oriente 3, et Jades, SA, 4a Calle Oriente 34. Toutes deux proposent une visite gratuite de leurs fabriques, à l'arrière du magasin. Chez Jades, SA, on peut admirer d'intéressantes expositions. Les deux boutiques ouvrent 7 jours/7.

La Galería El Sitio, 5a Calle Poniente 15, au Proyecto Cultural El Sitio, expose des peintures d'artistes guatémaltèques contemporains. Sonnez à l'entrée. La 4a Calle Oriente, côté est du Parque Central, compte également plusieurs galeries d'art dignes d'intérêt.

La boutique Kashlan Pot, installée dans la cour de La Fuente, 4a Calle Oriente 14, mérite une visite pour des dizaines de *huipiles* de qualité, chemisiers brodés dont les motifs diffèrent selon les régions.

COMMENT S'Y RENDRE
Bus

La gare routière se présente comme une vaste esplanade située à l'ouest du marché, dans la partie ouest de la ville. Les liaisons avec Guatemala Ciudad sont fréquentes. Un bus direct dessert Panajachel chaque

jour. Pour les autres villes des hautes terres, comme Chichicastenango, Quetzaltenango ou Huehuetenango, ou pour Panajachel si vous avez manqué le direct, prenez un bus pour Chimaltenango, sur l'Interamericana, puis une correspondance. Vous pouvez également vous rendre à Guatemala Ciudad et changer à San Lucas Sacatepéquez. Cette dernière solution prend plus de temps, mais la route est bonne et vous aurez davantage de chances de voyager assis (détail non négligeable connaissant la durée du trajet !).

Du Terminal de Buses qui jouxte le marché partent aussi des bus à destination de villages des environs, comme Santa María de Jesús (30 minutes, 0,25 $US) et San Antonio Aguas Calientes (25 minutes, 0,20 $US). Mieux vaut partir tôt le matin et rentrer vers le milieu de l'après-midi, car, dès lors, la desserte diminue considérablement.

Chimaltenango (19 km, 1 heure, 0,30 $US) – Bus toutes les 15 minutes, de 5h30 à 18h

Escuintla (102 km, 2 heures 30, 0,85 $US) – Deux bus quotidiens, de 7h à 13h

Guatemala Ciudad (45 km, 1 heure, 0,50 $US) – Bus toutes les 15 minutes, de 4h à 19h, avec arrêt à San Lucas Sacatepéquez

Panajachel (80 km, 2 heures, 2,85 $US) – Un bus quotidien à 7h15. Vous pouvez aussi prendre un bus pour Chimaltenango et changer de bus une fois arrivé, en prenant la ligne desservant Los Encuentros, Sololá ou Panajachel. L'un de ces bus passe par Chimaltenango toutes les 20 minutes environ

Minibus pour touristes

Agences de voyages et sociétés de minibus proposent de très pratiques navettes pour les lieux les plus fréquentés par les touristes, dont Guatemala Ciudad, l'aéroport international de La Aurora, Panajachel et Chichicastenango. Pour les sites plus éloignés comme Río Dulce, Copán Ruinas (Honduras) ou Monterrico, les dessertes sont moins fréquentes et se limitent généralement aux week-ends. Ce mode de déplacement revient plus cher que le bus ordinaire (de 5 à 10 $US pour Guatemala Ciudad, par exemple, contre 0,50 $US en bus), mais se révèle bien plus confortable. Le service porte-à-porte, au départ comme à l'arrivée, représente un atout majeur.

Antigua compte plusieurs dizaines d'agences proposant des minibus et vous n'aurez aucune peine à les trouver. Pour connaître nos adresses préférées, consultez ci-dessus *Agences de voyages*.

Voiture
Parmi les loueurs de voitures présents à Antigua, figurent :

Ahorrent, La Fuente, 4a Calle Oriente n°14 (☎ 832-3768)

Avis, 5a Avenida Norte n°22 (☎ 832-2692)

Tabarini, 2a Calle Poniente 19-A (☎ 832-3091)

COMMENT CIRCULER
Plusieurs boutiques proposent des locations de bicyclettes (voir ci-dessus *Activités sportives*). Les stations de taxis se situent à la gare routière et du côté est du Parque Central. Une course en ville coûte 1,65 $US.

LES ENVIRONS D'ANTIGUA
Cerro de la Cruz
Au nord-est d'Antigua, surplombant la ville, s'élève une colline appelée Cerro de la Cruz (Colline de la croix). Elle offre une belle vue sur la ville et sur le Volcán Agua, mais nous vous en déconseillons fortement la visite. Elle est en effet un repère de malfaiteurs. Les terrifiants récits d'agressions armées sur le Cerro de la Cruz ont incité les gens à déserter l'endroit. En 1996 pourtant, un groupe d'étudiants espagnols, accompagnés de leurs professeurs, ont estimé que vu leur nombre, ils ne risquaient rien. Une fois sur place, ils furent mis en joue et détroussés par un groupe de bandits armés jusqu'aux dents, qui n'hésitèrent pas à tuer un membre du groupe. Évitez ce secteur.

Ciudad Vieja et
San Antonio Aguas Calientes
A 6,5 km au sud-ouest d'Antigua, sur la route d'Escuintla (qui passe devant le Radisson Villa Antigua Resort), se trouve

Ciudad Vieja (Vieille Ville), site de la première capitale de la Capitainerie Générale du Guatemala. Fondée en 1527, elle fut détruite en 1541 lorsque le volcan Agua, fort bien nommé, déversa en torrents l'eau contenue dans son cratère. Dévalant les pentes abruptes du volcan, elle entraîna sur son passage des tonnes de roches et de boue qui anéantirent la ville, ne laissant que les ruines de l'église de La Concepción. Il reste peu de choses à voir aujourd'hui.

Après Ciudad Vieja, tournez à droite au grand cimetière sur votre droite. Cette route, non signalisée, vous fait traverser San Miguel Dueñas et continue jusqu'à San Antonio Aguas Calientes. (A San Miguel Dueñas, prenez la première rue à droite – entre deux maisons – après être arrivé sur le revêtement en béton ; elle n'est pas non plus indiquée. Si vous arrivez à la station Texaco, au centre de San Miguel, c'est que vous l'avez ratée.

La route serpente à travers les plantations de café, les petits champs de légumes et les hameaux de quelques fermes jusqu'à San Antonio Aguas Calientes, à 14 km d'Antigua. Une fois arrivé sur la place de San Antonio, vous comprendrez pourquoi ce lieu est célèbre pour ses tissages. Sur la place, de nombreux étals présentent des pièces tissées ou brodées dans le village, tout comme les boutiques situées dans les rues adjacentes (passez du côté gauche de l'église pour les trouver). Il est normal de marchander.

Volcans
L'ascension des volcans qui entourent Antigua est passionnante à plus d'un titre. En effet, au cours de ces dernières années, sur le volcan Pacaya, des voleurs ont intercepté des groupes de touristes étrangers pour les dévaliser (vêtements compris). On a également relevé certains cas de viols et de meurtres. Malgré cela, de nombreux visiteurs tentent l'aventure, poussés par la beauté du paysage et le sentiment d'ivresse qu'il procure.

Pacaya restant le dernier volcan encore actif dans le secteur d'Antigua, il attire les touristes et, du même coup, les malfaiteurs. Les autres volcans du coin, plus proches d'Antigua (Agua, Fuego et Acatenango), séduisent moins et se révèlent donc plus sûrs (au moment où nous écrivons ces lignes). Vous ne verrez donc pas rougeoyer la lave dans leur cratère, mais la vue qu'ils offrent n'en reste pas moins fabuleuse.

Renseignez-vous sérieusement sur les conditions de sécurité avant d'entreprendre une ascension. Pour cela, contactez votre ambassade à Guatemala Ciudad, l'office du tourisme d'Antigua ou une agence de voyages fiable. Si vous décidez d'y aller, faites-vous accompagner d'un guide de confiance conseillé par une agence sérieuse (certains guides travaillant en "free-lance" sont de mèche avec les malfaiteurs).

Ne partez pas sans un équipement adéquat : bonnes chaussures, vêtements chauds (il fait froid au sommet !) et, à la saison des pluies, imperméable. Prenez aussi une torche électrique, d'abord parce que vous ne serez peut-être pas rentré avant la nuit, mais aussi en cas de changement de temps : quand il pleut, la montagne s'obscurcit brutalement. N'oubliez pas d'emporter de l'eau et de quoi manger.

Plusieurs agences organisent des excursions sur le **Volcán Pacaya** (environ 15 $US par personne). Elles se déroulent ainsi : une heure et demie de bus, suivie de deux heures de marche jusqu'au sommet.

Le **Volcán Agua** domine Antigua, au sud. Prenez la 2a Avenida Sur ou la Calle de los Pasos en direction du sud, vers El Calvario (2 km), puis continuez *via* San Juan del Obispo (encore 3 km) jusqu'à Santa María de Jesús, à 9 km au sud d'Antigua. C'est le point de départ de l'ascension du Volcán Agua (3 766 m), qui se dresse de façon spectaculaire juste derrière le village.

Santa María (2 080 m, 11 000 habitants) est un bourg aux rues non pavées et aux clôtures en bambou. La plaza principale fait office de gare routière. Au *Comedor y Hospedaje El Oasis*, une petite pension bien tenue, où vous pourrez prendre un repas ou passer la nuit.

Plusieurs magasins de sport d'Antigua pourront vous renseigner sur l'ascension du Volcán Agua.

Il est également possible d'escalader deux autres volcans proches d'Antigua : le **Volcán Acatenango** et le **Volcán Fuego**. Divers organismes proposent des excursions guidées à Acatenango. Mayan Mountain Bike Tours (voir ci-dessus *Activités sportives*) organise des sorties mi-vélo, mi-marche à pied sur l'Acatenango et l'Agua.

Chimaltenango

La route qui part d'Antigua en direction de l'ouest couvre 17 km jusqu'aux crêtes de la faille continentale, où elle rejoint la Panaméricana à Chimaltenango, chef-lieu du département de même nom. Les conquistadores qui y arrivèrent en 1526 y trouvèrent une ancienne ville maya cakchiquel. Aujourd'hui, ce n'est plus qu'un endroit sans grand intérêt où l'on change de bus.

Les Hautes Terres

S'étirant d'Antigua à la frontière mexicaine, au nord-ouest de Huehuetenango, les Hautes Terres forment très certainement la plus belle région du Guatemala. Les montagnes se couvrent d'un somptueux tapis vert émeraude ponctué d'immenses sapins et de champs de maïs couleur fauve. Toute cette luxuriance vient des pluies abondantes qui s'abattent sur la région entre mai et octobre. Si vous voyagez durant la saison des pluies, attendez-vous à quelques journées lugubres, fraîches et humides. Par contre, dès que le soleil perce, le paysage est sublime.

Parmi les hauts lieux touristiques de la région, vous pourrez visiter Antigua, la plus belle ville coloniale du pays ; le lac Atitlán, parfait miroir bleu entouré de volcans rappelant le Mont Fuji ; Chichicastenango, où les rites traditionnels mayas se mêlent étroitement aux pratiques catholiques ; Quetzaltenango, le centre commercial du Sud-Ouest et Huehuetenango, point de départ vers la frontière d'où l'on rejoint Comitán et San Cristóbal de las Casas dans le Chiapas, au Mexique.

Chaque ville et village des Hautes Terres raconte une histoire commencée généralement il y a plus d'un millier d'années. La plupart des villes de la région étaient déjà peuplées par les Mayas lorsque les Espagnols arrivèrent. C'est ici que les valeurs séculaires et le mode de vie des premiers habitants du Guatemala sont demeurés les plus ancrés. La langue maya, à travers ses nombreux dialectes, y est d'ailleurs beaucoup plus répandue que l'espagnol.

L'antique civilisation fondée sur le maïs est encore bien vivante, comme en témoignent les robustes et vieilles chaumières qui se dressent çà et là parmi les *milpas* (champs de maïs). Sur toutes les routes, vous rencontrerez des hommes et des femmes chargés de *leña* (bois de chauffage).

Préférez les jours de fête ou de marché pour visiter les villes des Hautes Terres ;

c'est l'occasion pour les villageois de briser la tristesse d'une vie par trop difficile.

Si vous ne pouvez consacrer que trois ou quatre jours aux Hautes Terres, arrêtez-vous à Antigua, Panajachel et Chichicastenango. Si vous disposez de plus de temps, ne manquez pas Quetzaltenango et les sites environnants : Zunil, Fuentes Georginas, San Francisco El Alto, Momostenango et Totonicapán.

Huehuetenango et les ruines de Zacaleu méritent une visite si elles se trouvent sur votre itinéraire. Les villes et les villages perchés dans les montagnes de Cuchumatanes, au nord de Huehuetenango, offrent de magnifiques paysages et des promesses d'aventures aux voyageurs intrépides.

Attention
Bien que la plupart des visiteurs ne rencontrent aucun problème dans les Hautes Terres, certains touristes ont été victimes de vols, de viols et de meurtres. Ces derniers se sont produits sur les sentiers qui mènent aux volcans, dans les environs d'Antigua et de Chichicastenango ainsi que dans les endroits isolés le long des routes de campagne.

Si vous êtes prudent et usez de votre bon sens, si vous n'errez pas dans les rues la nuit à pied ou en voiture, vous devriez passer un agréable séjour dans cette région.

Avant de partir, prenez contact avec votre ambassade ou consulat à Guatemala Ciudad et informez-vous sur la situation actuelle ; renseignez-vous sur les moyens de transport et les endroits les plus sûrs. Ne vous fiez pas aux autorités locales en ce qui concerne les problèmes de sécurité, car elles ont tendance à minimiser les dangers.

Comment circuler
Guatemala Ciudad et la ville frontière entre le Mexique et le Guatemala, La Mesilla, sont reliées par l'Interamericana (la Panaméricaine), également appelée Centroamérica 1 (CA-1). Cette route de montagne

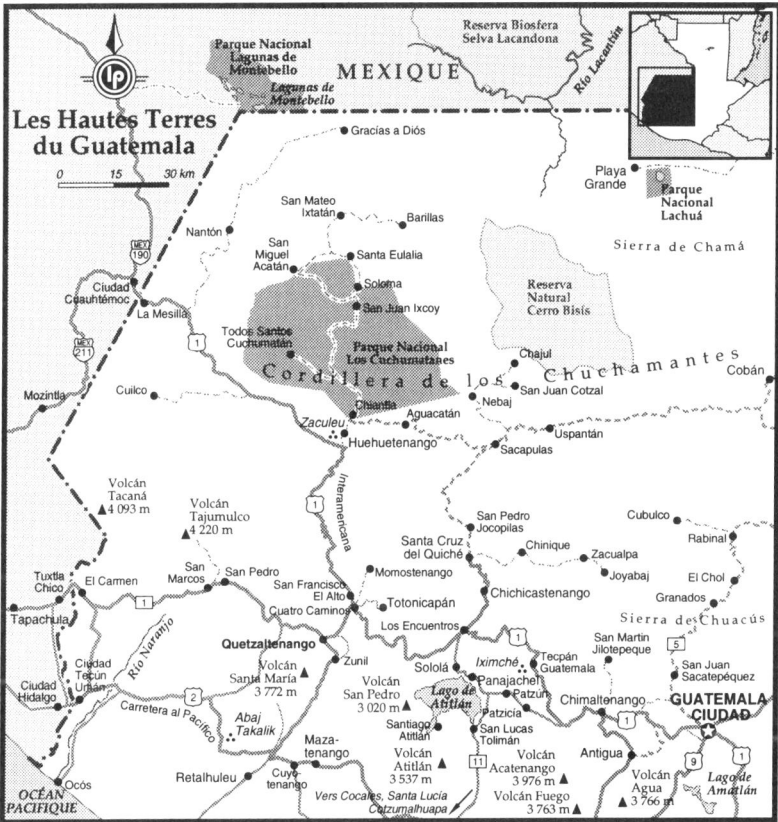

Les Hautes Terres du Guatemala

GUATEMALA

sinueuse requiert une vitesse réduite. Le trajet de 266 km qui sépare Guatemala Ciudad de Huehuetenango peut prendre 5 heures, mais les superbes paysages font oublier le temps. La Carretera al Pacífico (CA-2), *via* Escuintla et Retalhuleu, est plus directe ; préférez cet itinéraire si vous souhaitez rejoindre le Mexique rapidement.

De nombreux bus circulent sur l'Interamericana (voir *Comment s'y rendre* dans le chapitre *Guatemala Ciudad)*. La plupart des sites touristiques se trouvant à peu de distance le long de l'Interamericana, vous devrez attendre les correspondances aux nœuds routiers de Los Encuentros et Cuatro Caminos. Les liaisons sont plus fréquentes le matin et les jours de marché. A partir de 12h et tard dans l'après-midi, les bus se raréfient et ceux qui couvrent de courtes distances cessent de circuler à l'heure du dîner.

Lago de Atitlán

A 32 km en direction de l'ouest sur la route qui vient de Chimaltenango, un embran-

GUATEMALA

chement mène au lac Atitlán *via* Patzicía et Patzún. Les environs de ces deux villes ont été célèbres pour leur intense activité de guérilla au cours de ces dernières années et la route est en mauvais état. Mieux vaut donc rester sur l'Interamericana jusqu'à Tecpán Guatemala, point de départ de la visite des ruines d'Iximché, ancienne capitale des Mayas Cakchiquel.

En parcourant 40 km supplémentaires vers l'ouest sur l'Interamericana depuis Tecpán, vous arrivez au carrefour de **Los Encuentros**, où une ville est en train de voir le jour en raison des foules qui s'y pressent dans l'attente d'un bus. Vers la droite, une route mène à Chichicastenango et Santa Cruz del Quiché, au nord. Depuis l'Interamericana, sur la gauche, une route descend sur 12 km jusqu'à Sololá, chef-lieu du département du même nom, puis Panajachel, 8 km plus loin, sur les rives du lac Atitlán.

Si vous n'avez pas trouvé de bus direct pour ces destinations, vous pouvez descendre à Los Encuentros, puis prendre un autre bus, un minibus, ou faire du stop jusqu'à Panajachel ou Chichicastenango ; comptez une demi-heure de trajet pour l'une ou l'autre ville.

A partir de Sololá, la route descend plus de 500 m de dénivelé entre les pinèdes sur les 8 km qui conduisent à Panajachel. Essayez de vous asseoir à droite dans le bus, car tous les points de vue se trouvent de ce côté.

Le long du trajet, la route passe devant le cimetière coloré de Sololá et une caserne. Le poste de garde de l'entrée principale a la forme d'un immense casque posé sur une paire de brodequins. La route serpente alors en descendant le versant montagneux et offre d'époustouflants panoramas sur le lac et les volcans qui l'entourent.

TECPÁN GUATEMALA

Fondée pour servir de quartier général militaire espagnol pendant la Conquête, Tecpán Guatemala est aujourd'hui une petite ville quelque peu poussiéreuse, qui compte de nombreuses boutiques d'artisa-

nat et deux petits hôtels. Dans ses environs, se dressent les ruines d'Iximché, l'ancienne capitale maya cakchiquel.

Le marché de Tecpán se tient le jeudi. La fête annuelle en l'honneur du patron de la ville, saint François d'Assise, a lieu au cours de la première semaine d'octobre.

Iximché

Située sur un promontoire plat entouré de falaises abruptes, Iximché (fondée à la fin du XVe siècle) occupait un site parfait pour devenir la capitale des Mayas Cakchiquel. Ces derniers étaient en guerre contre les Mayas Quiché et les défenses naturelles de la ville constituaient un atout important.

A l'arrivée des conquistadores en 1524, les Cakchiquel s'allièrent aux Espagnols contre leurs ennemis, les Quiché et les Tzutuhil. Les conquistadores installèrent leur quartier général tout près de la capitale cakchiquel, à Tecpán Guatemala. Cependant, les exigences des Espagnols concernant les tributs à verser, notamment en or, mirent bientôt fin à cette alliance et les batailles qui s'ensuivirent entraînèrent la défaite des Cakchiquel.

En arrivant à Tecpán, vous verrez des panneaux indiquant la petite route non goudronnée qui conduit, à travers champs et pinèdes, au site d'Iximché, à moins de 6 km vers le sud. Vous pouvez faire la route à pied en 1 heure environ, visiter les ruines et vous reposer (une autre petite heure), puis rentrer à pied à Tecpán – 3 heures d'excursion en tout. Si vous retenez cette solution, choisissez plutôt de partir le matin pour pouvoir reprendre la route du retour en début d'après-midi, car les bus sont beaucoup moins fréquents en fin d'après-midi.

En entrant sur le site archéologique et après avoir laissé sur la droite le petit musée, vous découvrirez quatre places de cérémonie entourées des restes d'un temple couvert d'herbe et de terrains de jeux de balle. Certaines parties ont été nettoyées et entretenues. Par endroits, on voit encore le revêtement de plâtre et quelques traces des peintures d'origine. Le site ouvre tous les jours de 9h à 16h.

Où se loger et se restaurer

Si vous devez passer la nuit à Tecpán, l'*Hotel Iximché*, 1a Avenida 1-38, Zona 2, et la *Pensión Doña Ester*, 2a Calle 1-09, Zona 3, proposent de modestes chambres à 3 $US par personne. Vous trouverez plusieurs petits restaurants.

Comment s'y rendre

Les bus de la compagnie Transportes Poaquileña se rendent à Guatemala Ciudad (87 km, 1 heure 30) toutes les demi-heures entre 3h et 17h.

De Guatemala Ciudad à Tecpán, des bus aussi fréquents assurent la liaison entre 5h et 19h30.

SOLOLÁ

9 000 habitants

En 1547, les Espagnols fondèrent Sololá (2 110 m) sur l'emplacement d'une ville cakchiquel appelée Tzoloyá. L'importance de Sololá vient de sa situation géographique au confluent des routes commerciales de la *tierra caliente* (terres chaudes du versant pacifique) et de la *tierra fría* (hautes terres

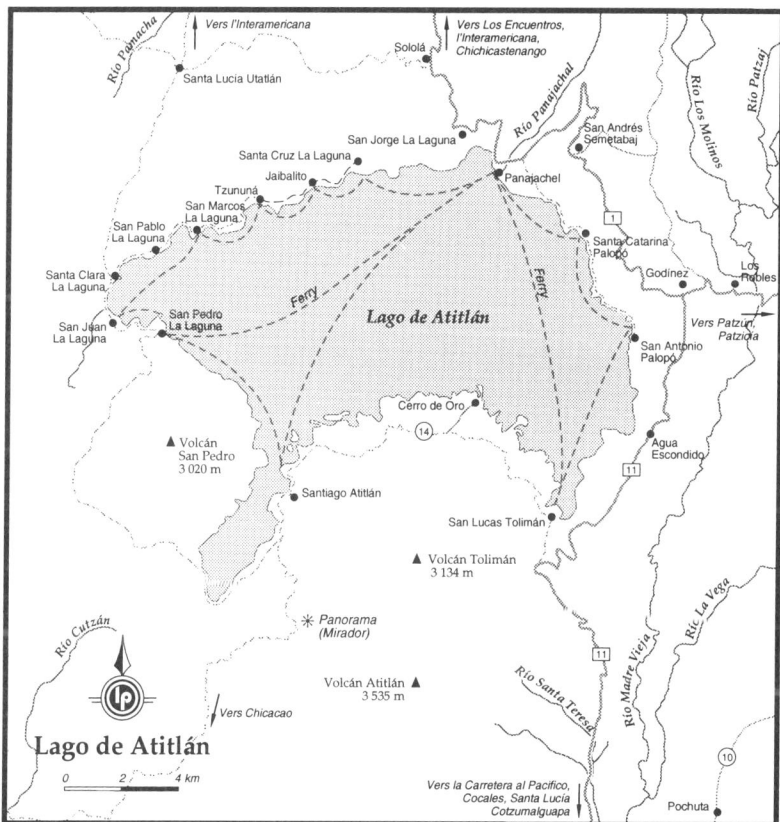

Lago de Atitlán

froides). Tous les commerçants s'y rencontrent et le marché du vendredi est l'un des plus beaux des Hautes Terres.

Les jours de marché, la plaza située devant la cathédrale resplendit des costumes colorés des villageois des environs. Les étals de viande, de fruits et légumes, d'articles de ménage et de vêtements occupent en bon ordre le moindre recoin disponible, tandis que les flots d'acheteurs vont et viennent dans les allées. Plusieurs éventaires croulent sous les fils de coton de toutes les couleurs et autres articles de mercerie destinés à la fabrication des costumes traditionnels que vous pouvez admirer tout autour. C'est un marché destiné aux locaux bien plus qu'aux touristes.

Tous les dimanches matin, les membres des confréries religieuses traditionnelles (*cofradías*) défilent solennellement jusqu'à la cathédrale où ils se rendent pour prier. Le reste du temps, Sololá somnole.

Vous pouvez faire une très agréable promenade de Sololá au lac, soit en suivant la route nationale jusqu'à Panajachel, soit par le chemin de randonnée qui descend jusqu'à Santa Cruz La Laguna.

Où se loger

Tout le monde ou presque séjourne à Panajachel, mais s'il vous faut dormir à Sololá, essayez l'une des 6 chambres de la *Posada del Viajero*, 7a Avenida 10-45, Zona 2, ou l'*Hotel Tzolojya* (☎ 762-1266), 11a Calle 7-70, Zona 2. L'*Hotel Santa Ana*, à 150 m de la tour de l'église sur la route de Los Encuentros, est plus modeste encore.

PANAJACHEL

5 000 habitants

Surnommée Gringotenango (ou lieu des étrangers) par ses habitants et par les étrangers eux-mêmes, Panajachel est depuis longtemps connue des touristes. Pendant la grande époque hippie, dans les années 60 et 70, elle était envahie par les routards en exil semi-permanent. Lorsqu'éclata la guerre civile, entre la fin des années 70 et le début des années 80, Panajachel devint une ville dangereuse – ou du moins inhos-

pitalière – et nombreux furent ceux qui prirent la poudre d'escampette. Depuis quelques années, l'industrie du tourisme connaît une nouvelle expansion.

Vous ne trouverez guère d'éléments d'architecture coloniale significatifs dans ce gros bourg sans véritable charme qui s'est développé au gré de l'évolution de la demande touristique. Le spectacle des volcans et des nuages se reflétant dans le lac vous aideront à oublier les petits vendeurs de journaux, criant "*Miami Herald ! Miami Herald !*"

Le lac Atitlán est calme et splendide au petit matin, meilleur moment pour la baignade. Vers la mi-journée, le Xocomil, un vent de sud-est, se lève et agite la surface de l'eau. Sachez que le lac est une caldeira (cône volcanique effondré) et qu'il a plus de 320 m de profondeur. Le fond descend abruptement tout près de la rive. Autour du lac, se dressent trois volcans : le Volcán Tolimán (3 158 m), plein sud par rapport à Panajachel, le Volcán Atitlán (3 537 m), également au sud, et le Volcán San Pedro (2 995 m) au sud-ouest.

Des cultures coexistent dans les rues poussiéreuses de Panajachel. Les ladinos de la ville tiennent les commandes de l'industrie touristique, les Mayas Cakchiquel et Tzutuhil descendent de leurs villages pour vendre leur artisanat, tandis que les propriétaires des villas qui bordent le lac viennent chaque week-end de Guatemala Ciudad.

Orientation

Au de la de la longue route qui descend de Sololá, une route part sur la droite vers l'Hotel Visión Azul, l'Hotel Atitlán et autres gratte-ciel blancs qui défigurent le paysage. La route principale tourne ensuite sur la gauche pour devenir la Calle Real (ou Calle Principal), la grande rue de Panajachel.

Le centre géographique de la ville, de même que l'endroit qui tient lieu de gare routière, se trouve à l'intersection de la Calle Real et de la Calle Santander, où vous remarquerez le Banco Agrícola Mercantil (BAM). La Calle Santander est la

GUATEMALA

Panajachel

Vers Sololá,
Los Encuentros

Vers l'Hôtel
Atitlán

Vers Godínez, Patzún,
San Lucas Tolimán

0   150   300 m

Mercado

Calle de los Árboles

Calle Real

Calle Real

Calle Santander

Calle Rancho Grande

Calle Frutales

Calle del Río

Bateaux
pour San Pedro
La Laguna

Calle del Embarcadero

Calle El Chali

Passerelle

Vers Santa
Catarina Palopó,
San Antonio Palopó

Callejón de Londres

Calle 15 de Febrero

Calle de Buenas Nuevas

Lago de
Atitlán

Calle Los Salpores

JUCANYÁ

Parque

Río Panajachel

Bateaux pour Santiago Atitlán,
San Pedro La Laguna

Calle del Lago

OÙ SE LOGER

1 Hotel Visión Azul camping
2 Hotel Visión Azul
4 Hotel Montana
5 La Zanahoria Chic
8 Hotel Las Casitas
10 Hotel Tzanjuyú
11 Mini Hotel Riva Bella
14 Hotel Fonda del Sol
15 Hospedaje Santa Elena
27 Hotel Galindo
28 Hotel Maya-Kanek
30 Cacique Inn
31 Hospedaje Santo Domingo
33 Hotel Regis
39 Hospedaje Montufar
40 Hotel Monterrey
41 Posada Monte Rosa
42 Hospedaje Vista Hermosa
43 Hospedaje Santa Elena 2
46 Mario's Rooms
47 Hotel Dos Mundos
48 Hospedaje Londres
50 Hospedaje Mi Chosita
52 Hospedaje Garcia
53 Rancho Grande Inn
54 Bungalows Guayacán

55 Hotel Villa Martita,
   Posada de los Volcanes,
   Hospedaje El Viajero
58 Hotel Posada de Don Rodrigo
61 Bungalows El Aguacatal
62 Hotel Barceló del Lago
64 Hospedaje Contemporaneo
65 Hospedaje Ramos
67 Hotel Villa Flores,
   Hotel Playa Linda
69 Camping public gratuit

OÙ SE RESTAURER

5 La Zanahoria Chic
18 Casablanca Restaurant
19 Fly'n Mayan Yacht Club
23 Restaurante La Laguna
24 La Posada del Pintor, Circus Bar
25 Al Chisme, Cafe Cinema,
   Sevananda Vegetarian
   Restaurant

29 Deli Restaurante No 1
34 Restaurante El Patio
36 Restaurante Psicodélico
37 The Secret Garden
38 La Terraza Tapas Bar
45 Las Chinitas
46 Restaurante Mario's
47 Ristorante La Lanterna
49 The Last Resort
56 El Bistro
57 Deli Restaurante No 2
59 Sunset Cafe
63 Restaurante/Bar
   Tocoyal
66 Los Pumpos,
   El Xocomil,
   El Pescador,
   Brisas de Lago,
   Los Alpes, Pizza,
   Pastas y Vino
68 Cookshacks

DIVERS

3 Arrêt de bus
6 Poste
7 Église
9 Alcaldía (Hôtel de ville),
   Poste de police
12 Station-service Texaco
13 Gare routière Rébuli
16 Principal arrêt de bus
17 Banco Inmobiliario
20 Banco Agricola
   Mercantil (BAM)
21 Moto Servicio Queche
22 Chapiteau Disco
25 The Gallery Bookstore,
   Get Guated Out,
   Nuan's Disco
26 Centro de Salud (clinique)
32 Bureau de téléphone Guatel,
   Banco Industrial
35 Comerciales de Artesanías
   Típicas Tinamit Maya
36 Grapevine Video Bar
38 Office du tourisme INGUAT
44 Blanchisserie
51 Alquiler de Bicicletas Gaby
60 Delante Bookstore

principale rue qui mène vers la plage. Tous les services destinés aux touristes bordent cette rue, entre la station de bus et le lac.

En suivant la Calle Real en direction du nord-est, on trouve d'autres hôtels, restaurants et magasins. Enfin, à la sortie nord-est de la ville, vous arrivez au centre administratif municipal, avoisinant la poste et le bureau des télégrammes, l'église, l'hôtel de ville, le commissariat de police et le marché (très animé le dimanche et le jeudi, relativement fréquenté les autres jours, entre 9h et 12h).

La Calle Rancho Grande est la seconde grande rue menant à la plage. Elle est parallèle et à l'est de la Calle Santander.

Un magnifique parc verdoyant longe le lac entre la Calle Santander et la Calle Rancho Grande. C'est un lieu superbe pour flâner, de jour comme de nuit.

Les quartiers situés à l'est du Río Panajachel portent le nom de Jucanyá (de l'autre côté de la rivière).

Renseignements
Office du tourisme. L'office du tourisme INGUAT (☎ 762-1392) est installé dans l'Edificio Rincón Sai, Calle Santander. Il ouvre tous les jours, de 8h à 13h et de 14h à 17h. Les horaires des bus et des bateaux sont affichés sur la porte.

Argent. Le Banco Industrial de la Calle Santander change les dollars américains en chèques de voyage ou en espèces, délivre des avances sur les cartes Visa et dispose d'un distributeur automatique de billets, ouvert 24h/24. Le Banco Inmobiliario, à l'angle de la Calle Santander et de la Calle Real, change également de l'argent et reste ouvert plus longtemps. Le BAM, voisin, possède aussi un bureau de change et représente la Western Union.

Outre ces banques, plusieurs établissements proposent des services financiers. Calle Santander, le bureau de l'INGUAT et l'Hotel Regis changent espèces et chèques de voyages, tandis que les Servicios Turísticos Atitlán et l'Hotel Regis délivrent des avances sur les cartes Visa et MasterCard moyennant une commission de 10%.

Poste et communications. La poste se situe près de l'église.

L'agence Guatel, Calle Santander, ouvre tous les jours. Beaucoup d'autres établissements dans la Calle Santander proposent des services similaires.

Get Guated Out (☎ /fax 762-2015), dans la Gallery Bookstore, au Centro Comercial de l'Avenida Los Arboles, expédie vos lettres et paquets par avion ou par coursiers internationaux. Cette société se charge également d'acheter pour vous des objets d'artisanat et de les exporter.

Agences de voyages. Calle Santander, de nombreuses agences de voyages proposent des circuits organisés, des visites guidées et des services de minibus vers toutes destinations au Guatemala.

Librairies. Dans une ruelle qui part de la Calle de Buenas Nuevas (suivez les pancartes), Delante Bookstore offre un excellent choix de livres d'occasion en diverses langues. Cette librairie vend, diffuse et loue (0,15 $US par jour) des livres. Enfin, elle abrite six chambres à louer.

La Gallery Bookstore (☎/fax 762-2015) se trouve à l'étage dans le Centro Comercial de l'Avenida Los Arboles, à côté du Restaurant Al Chisme. Outre des livres neufs ou d'occasion, vous trouverez un fax, un téléphone et une petite agence de voyages.

Comerciales de Artesanías Típicas Tinamit Maya
Avec ses douzaines d'éventaires, c'est l'un des plus grands marchés artisanaux du Guatemala. On y fait de bonnes affaires, à condition de marchander et de prendre son temps. Il ouvre tous les jours de 7h à 19h.

Activités sportives
Les nombreux villages qui bordent le lac, accessibles à pied, en bicyclette, en bus ou en bateau, méritent une visite. La plupart peuvent vous héberger pour la nuit. Pour une excursion d'une journée, le plus prisé est Santiago Atitlán, juste en face de Panajachel, au sud du lac.

Une heure suffit pour aller à pied de Panajachel à Santa Catarina, et une heure de plus pour continuer jusqu'à San Antonio. A bicyclette, vous ne mettrez que *30 minutes (voir Comment circuler* pour les locations de vélos). Vous pouvez aussi mettre votre bicyclette sur le bateau pour rejoindre Santiago, San Pedro ou un autre village, puis démarrer un tour du lac.

Les circuits en bateau représentent une autre possibilité (voir plus bas *Comment s'y rendre*).

Cours de langue

Panajachel compte deux écoles d'espagnol : Panatitlán (fax 762-1196), Calle de la Navidad 0-40, Zona 1, et l'Escuela de Español Panajachel (fax 762-1196).

Où se loger – petits budgets

Camping. Un terrain de camping public gratuit s'étend sur la plage, sur la rive est de l'embouchure du Río Panajachel à Jucanyá, mais l'endroit peut être dangereux. Dans les faubourgs ouest de la ville, le terrain de camping de l'Hotel Visión Azul (tél/fax 762-1426), sur la vaste prairie bordant le lac, offre une alternative plus sûre, mais plus onéreuse. Les camping-cars et les caravanes peuvent s'y alimenter en eau et en électricité. Comptez 1,65 $US par personne, plus 5 $US par tente et 2,50 $US par véhicule.

Hospedajes et hôtels. Fort heureusement pour les voyageurs à petit budget, Panajachel comporte un grand nombre d'hospedajes (pensions de famille). Les chambres y sont d'une simplicité extrême mais plutôt bon marché. La plupart disposent de toilettes propres et de douches chaudes.

La majorité d'entre eux se trouvent dans la partie de la Calle Santander à mi-chemin entre la Calle Real et la plage.

L'*Hospedaje Londres*, situé dans l'une de ces ruelles, le Callejón de Londres (suivre les pancartes), est le moins cher de la ville avec ses six chambres rudimentaires réparties autour d'une cour couverte et d'une s.d.b. commune avec eau chaude.

Vous paierez 1,50/1,85/2,50 $US en simple/double/triple. Le patron parle anglais et espagnol.

Bien tenu, l'*Hospedaje Santa Elena 2*, Calle 15 de Febrero 3-06, près de la Calle Santander sur le chemin de l'Hotel Monterrey, est le prototype des hospedajes de Pana. Il offre des simples/doubles à 3/4 $US. Le tout premier *Hospedaje Santa Elena* se trouve plus loin du lac, dans une ruelle donnant dans la Calle Real. Très simple, cette petite pension familiale loue des chambres pour 2,40/3,65/4,35 $US.

L'*Hospedaje Vista Hermosa*, Calle 15 de Febrero 3-55, est un lieu accueillant, avec des chambres frugales sur deux niveaux entourant une jolie petite cour. Les douches chaudes fonctionnent toute la journée, mais il y a peu d'eau la nuit. Comptez 2,50 $US par personne, ou 6,65 $US pour deux avec s.d.b. Juste à côté, l'agréable *Posada Monte Rosa*, flambant neuve, possède cinq simples/doubles confortables à 11/20 $US.

L'*Hospedaje Santo Domingo*, d'un standing légèrement supérieur, se trouve un peu en retrait de la rue. Suivez le chemin de l'Hotel Monterrey, puis repérez les pancartes qui jalonnent un chemin ombragé, à l'écart du bruit de la Calle Santander. Les chambres rudimentaires, aux parois de bois, coûtent 2,50/4,50 $US. Celles de l'étage, plus séduisantes, valent 7,50 $US. Pour une simple/double avec s.d.b., il faut débourser 9,15/13,35 $US.

Le *Mario's Rooms* (☎ 762-1313), Calle Santander, attire les jeunes voyageurs aventureux. Une simple/double revient à 5,50/6,50 $US, ou 9,15/12 $US avec s.d.b. Seule la s.d.b. commune bénéficie d'eau chaude. Le restaurant sert des repas bon marché. Tout proche, l'*Hospedaje Mi Chosita*, Calle El Chali, est propre et calme, à 4,15/5,15/6,15 $US la simple/double/triple. L'*Hospedaje García* (☎ 762-2187), 4a Calle 2-24, Zona 2, se trouve dans la même rue mais plus à l'est en direction de la Calle Rancho Grande. Il loue ses simples/doubles/triples pour 5,25/6/7,50 $US.

A quelques mètres du lac, l'*Hotel Villa Martita*, Calle Santander, offre une ambiance familiale et des simples/doubles à 6/8,35 $US. Les chambres sont réparties autour d'une paisible cour en retrait de la rue. A côté, toute nouvelle et superbe, la *Posada de los Volcanes* (☎ /fax 762-2367), Calle Santander 5-51, propose des chambres avec s.d.b. et TV câblée à 20/25 $US.

Tout près également, l'*Hospedaje El Viajero* représente sans doute le meilleur rapport qualité/prix de la ville. Cet hôtel récent, propre et agréable, ne compte que cinq chambres, toutes avec s.d.b., à 9/12 $US en simple/double. A 40 m en retrait de la rue, il se révèle calme tout en étant proche de tout, y compris du lac et bénéficie d'un parking et d'un service de blanchisserie.

Tout aussi propre et moderne, l'*Hospedaje Montufar*, situé dans une petite rue donnant dans la Calle Santander, dispose de chambres à 7/12/12/19 $US pour une/deux/trois/quatre personnes.

A La *Zanahoria Chic* (☎ 762-1249, fax 762-2138), Avenida Los Arboles 0-46, sept chambres très propres donnent sur un salon commun et deux s.d.b. communes. Simple, mais confortable, l'ensemble constitue un établissement agréable à l'atmosphère chaleureuse. Au rez-de-chaussée, se trouve le sympathique vidéo-café, La Zanahoria Chic. Comptez 4,15/6/8,35 $US en simple/double/triple.

Près de la plage et de l'Hotel Playa Linda, se trouvent plusieurs autres établissements. L'*Hospedaje Ramos* abrite des chambres simples avec s.d.b. à 6/10 $US. A 50 m derrière lui, l'*Hospedaje Contemporáneo* (☎ 762-2214) est tout récent et offre des chambres simples et propres avec s.d.b. à 7,50/12 $US. Toujours dans ce secteur, l'*Hotel Villa Flores* (☎ 762-2193), voisin de l'Hotel Playa Linda, est encore plus récent. Les restaurants ne manquent pas tout autour.

Pour bénéficier d'un meilleur confort, choisissez l'*Hotel Las Casitas* (☎ 762-1224), face au marché, près de l'église et de l'hôtel de ville. Il demande 6,65/13,35/15 $US pour ses petits bungalows de briques avec s.d.b. et toit de tuiles en simple/double/triple.

Les deux étages de l'*Hotel Fonda del Sol* (☎ 762-1162), Calle Real 1-74, Zona 2, occupent la rue principale, à l'ouest de la Calle Santander. Les 25 chambres du dernier étage ont vécu, mais sont bien entretenues. Les prix s'élèvent à 6/11 $US, ou 11/17 $US avec s.d.b. Il existe d'autres chambres, plus belles, à 16/23 $US. L'établissement comporte un restaurant en rez-de-chaussée.

L'*Hotel Maya-Kanek* (☎ 762-1104), Calle Real, juste à côté de l'église, est une sorte de motel. Ses 20 chambres donnent sur une cour pavée qui sert de parking, et un petit jardin. Bien que simples, elles sont plus confortables que celles d'un hospedaje pour 7/11 $US, ou 10/15 $US avec s.d.b. et eau chaude. L'endroit est calme.

L'*Hotel Galindo* (☎ /fax 762-1168), Calle Real, au nord-est du Banco Agrícola Mercantil, possède un jardin étonnamment luxuriant entouré de chambres modestes aux dimensions variables. Prévoyez 12 $US pour les petites, 14 $US pour les grandes (certaines avec cheminée), 20 $US pour les triples avec cheminée. Demandez à voir la chambre avant de vous décider.

Au bas d'une allée, face à l'église, l'*Hotel Montana* (☎ /fax 762-2180) compte 15 simples/doubles claires et propres avec s.d.b., TV par câble et parking à 15/27 $US.

La *Delante Bookstore* (voir ci-dessus la rubrique *Librairies*) loue six chambres agréables disposées autour d'une cour très calme. Les locataires peuvent utiliser la cuisine, bénéficier d'un service de blanchisserie et lire gratuitement tous les livres de la librairie. Un rêve !

Où se loger – catégorie moyenne

Les établissements de catégorie moyenne sont très fréquentés durant le week-end. Du dimanche au mercredi, vous pourrez bénéficier d'une ristourne. Tous les hôtels de cette catégorie disposent de douches chaudes dans les chambres.

Le *Rancho Grande Inn* (☎ 762-1554, 762-2255, fax 762-2247), Calle Rancho Grande, dispose de 12 petites maisons parfaitement entretenues de style rural allemand, au milieu d'un cadre tropical typiquement guatémaltèque avec pelouses verdoyantes. Certains bungalows peuvent accueillir jusqu'à 5 personnes. Marlita Hannstein, la sympathique propriétaire, pratique des tarifs très raisonnables : de 30/40 $US à 60 $US la simple/double, taxe comprise, ainsi qu'un succulent et copieux déjeuner. C'est peut-être le plus agréable séjour de Pana. Pour éviter toute déception, réservez à l'avance.

Les *Bungalows El Aguacatal* (☎ 762-1482), Calle de Buenas Nuevas, sont destinés aux habitants de la capitale qui viennent pour le week-end. Chaque bungalow, moderne, dispose de deux chambres, d'une cuisine équipée, d'une s.d.b., d'un salon et coûte 42 $US pour une à quatre personnes du dimanche au jeudi, 52 $US les vendredi et samedi. Les bungalows sans cuisine sont moins chers à 10 $US par personne du dimanche au jeudi, 45 $US pendant les week-ends.

Les impeccables bungalows de deux pièces du *Mini Hotel Riva Bella* (☎ 762-1348, 762-1177, fax 762-1353), Calle Real, bénéficient d'une place de parking, d'agréables jardins et d'un emplacement de choix (27/32 $US en simple/double). Les propriétaires gèrent aussi les *Bungalows Guayacán*, juste en face sur l'autre rive, constitués de six appartements avec kitchenette, chambre à coucher, salon et jardin, pouvant chacun accueillir une à trois personnes pour 42 $US.

L'agréable *Hotel Dos Mundos* (☎ /fax 762-2078), Calle Santander 4-72, comporte 16 bungalows équipés de TV par câble et joliment décorés, disséminés dans de grands jardins tropicaux protégés par une enceinte. Les prix s'élèvent à 30/40/50 $US en simple/double/triple. Situé bien en retrait de la rue, ce complexe comprend une piscine et un bon restaurant italien.

Également en retrait de la rue, l'*Hotel Regis* (☎ 762-1149, fax 762-1152), Calle Santander, est un ensemble de villas de style colonial entourées de pelouses plantées de palmiers. Pour 45/55/65 $US en

simple/double/triple, les clients des 25 chambres très confortables bénéficient d'une petite piscine, d'une aire de jeux pour enfants et de sources chaudes en plein air qui leur sont réservées.

L'*Hotel Monterrey* (☎ /fax 762-1126), Calle 15 de Febrero, s'élève au bas d'une route non pavée qui part de la Calle Santander, vers l'ouest (cherchez la pancarte). Ce bâtiment bleu et blanc à deux étages est séparé du lac par de grands jardins qui descendent jusqu'à la plage. Il propose 29 simples/doubles propres et agréables, avec terrasse donnant sur le lac, à 30/40 $US.

L'*Hotel Playa Linda* (☎ /fax 762-1159, akennedy@gua.gbm.net), Calle del Lago 0-70, face à la plage, dispose de chambres très diverses dont quelques unes donnent sur le lac. Les chambres 1 à 5 possèdent un balcon avec table, chaises et vue magnifique. Toutes possèdent une s.d.b., deux n'ont pas de cheminée et certaines bénéficient d'une TV par satellite. Les simples/doubles avec balcon valent 35/40 $US, les autres 25/30 $US.

Le *Cacique Inn* (☎/fax 762-1205), Calle del Embarcadero, derrière la Calle Real à la limite ouest de la ville, est un ensemble de constructions pseudo-rustiques avec toits de tuiles rouges installées autour de verdoyants jardins et d'une piscine. Les 34 grandes chambres, confortables, sont équipées de lits doubles, d'une cheminée et de tapis fabriqués dans la région (52/59/66 $US la simple/double/triple, taxes comprises).

Sur la route de l'Hotel Atitlán, l'*Hotel Visión Azul* (☎/fax762-1426) a été construit à flanc de coteau, dans un endroit calme, avec vue sur le lac à travers un petit bosquet d'arbres. Les grandes chambres claires du bâtiment principal sont dotées de terrasses spacieuses bordées de bougainvillées et de lierre. A quelques pas de là, des bungalows modernes offrent plus d'intimité aux familles. Agrémenté d'une piscine, il demande 38/50/56 $US pour ses simples/doubles/triples.

Dans la même rue, l'*Hotel Tzanjuyú* (☎ 762-1318) comporte de vastes jardins donnant sur une plage privée, dans une

merveilleuse crique, une piscine et un restaurant. Toutes les chambres ont un petit
balcon avec vue sur le lac. Les prix peuvent paraître élevés à 40/45/50 $US, mais
le cadre magnifique les justifie.

Où se loger – catégorie supérieure

Le plus bel établissement de la ville,
l'*Hotel Atitlán* (☎ 762-1416/29/41), se
tient sur les bords du lac, à 2 km à l'ouest
du centre-ville. De vastes jardins entourent
cet hôtel de style colonial à trois étages.
L'intérieur s'orne de sols carrelés brillants,
de sculptures anciennes en bois et de somptueuses décorations artisanales. Le patio
donne sur le lac depuis la piscine chauffée.
Les 65 chambres avec s.d.b. et balcon donnant sur le lac reviennent à 84/96/118 $US
en simple/double/triple.

A l'extrémité de la Calle Santander, du
côté du lac, le luxueux *Hotel Posada de
Don Rodrigo* (☎ 762-2326, 762-2329) est
également superbe. La piscine en terrasse
surplombe le lac et l'établissement offre de
nombreuses prestations. Prévoyez 84/
94/103 $US pour une simple/double/triple.

Au bout de la Calle Rancho Grande, vers
la plage, l'*Hotel Barceló del Lago*
(☎/fax 762-1555 à 1560 ; à Guatemala
Ciudad, ☎/fax 334-7633) est un immeuble
moderne de six étages qui dépareille cette
ville aux maisons basses. Outre la plage,
l'hôtel dispose de deux piscines (une pour
les enfants) installées dans de jolis jardins.
Chacune des 100 chambres dispose de
deux lits doubles et coûte 85/112 $US en
simple/double et pension complète.

Où se restaurer – petits budgets

Les endroits les moins chers se trouvent près
de la plage, à l'embouchure du Río Panajachel. A cet endroit, vous trouverez des
petites échoppes très bon marché. Celles qui
sont installées autour du parking sont à peine
plus chères. Derrière le parking, en allant
vers la ville, de petits restaurants portent des
noms comme *El Xocomil*, *El Pescador*, *Los
Pumpos*, *Brisas del Lago* et *Los Alpes*. Non
seulement la nourriture y est bon marché
(4 $US pour un copieux repas), mais ils

offrent une remarquable vue sur le lac.
Dans ce quartier, le *Pizza, Pastas y Vino*
ouvre 24h/24.

Pour bénéficier d'une magnifique vue
sur le lac, installez-vous à la terrasse du
Sunset Cafe, à l'extrémité de la Calle Santander. Les repas, avec ou sans viande,
varient de 3 à 5 $US, les en-cas sont moins
chers. L'établissement comporte un bar et
accueille des orchestres le week-end. Il
ouvre tous les jours de 11h à 22h.

Tout proche dans la Calle Santander, le
Deli Restaurante 2 est installé dans un paisible jardin. On y déguste toutes sortes de
plats sains et consistants à très bon marché,
sur fond de musique classique. Le restaurant ouvre tous les jours, sauf le mardi, de
7h à 17h45 et sert des petits déjeuners à
toute heure. Le *Deli Restaurante No 1*,
Calle Real, près de l'Hotel Galindo, propose la même carte aux mêmes horaires,
mais ferme le jeudi.

El Bistro, Calle Santander, à quelques
pas du lac, ne manque pas d'attrait avec ses
tables à l'intérieur et dans le jardin. Le soir,
on dîne aux chandelles, parfois avec un
orchestre. Le restaurant ouvre tous les
jours, de 7h à 22h.

Las Chinitas, Calle Santander, à côté de
l'Hotel Dos Mundos, est un minuscule restaurant en terrasse servant de délicieuses
spécialités chinoises à très bon marché.
Ling, le sympathique patron, vient de
Malaisie mais vit ici depuis longtemps.
Près du Mario's Rooms, le *Restaurante
Mario's*, Calle Santander, est une autre
bonne adresse pour manger à petits prix.

Le *Restaurante Psicodélico*, Calle Santander, est un agréable établissement en
plein air avec dîner aux chandelles. Les
menus sont consistants et économiques.
Viande ou poulet grillé (3,35 $US), ou
encore poisson ou crustacés (5 $US), s'ac-
compagnent de soupe, guacamole, frites,
salade et dessert. Les repas peuvent s'arroser d'alcool et le Grapevine Video Bar
vous attend à l'étage.

Le restaurant/bar *The Last Resort*, Calle
El Chali, tout près de la Calle Santander,
est petit, sympathique et apprécié pour sa

cuisine savoureuse et économique. Le petit déjeuner servi en buffet revient à 2 $US, les plats, tous accompagnés de soupe, salade, pain et café, valent de 3,35 à 5 $US. L'établissement, ouvert tous les jours, sert de l'alcool et dispose d'une table de ping-pong à l'arrière. Par temps frais, la cheminée se révèle bien agréable.

Le patio ombragé d'*Al Chisme* ("Les potins"), Avenida Los Arboles, accueille surtout des habitués. Il offre des petits déjeuners constitués de muffins anglais, de gaufres et d'omelettes pour 2/4 $US. Pour déjeuner ou dîner, la carte propose un vaste choix de viandes ou de mets végétariens, dont quelques plats Tex-Mex et des spécialités au chocolat à tomber par terre (ouvert tous les jours sauf le mercredi). Le *Cafe Cinema* se trouve au fond, en étage.

A côté, dans le Centro Comercial de Los Arboles, le *Sevananda Vegetarian Restaurant* sert des sandwiches et des assiettes de légumes à 2/4 $US, tous les jours sauf le dimanche. Végétarien lui aussi, *The Secret Garden*, au bas d'une allée partant de la Calle Santander, a disposé ses tables autour d'un beau et paisible jardin. Il ouvre tous les jours de 10h à 15h pour un "brunch" ou un déjeuner. Suivez l'itinéraire fléché qui débute à l'office du tourisme (côté nord), Calle Santander.

La Posada del Pintor et son *Circus Bar*, Avenida Los Arboles, font office de restaurant, pizzeria et bar. De vieilles affiches de cirque ornent les murs de cet établissement, qui propose une carte variée tous les jours, de 12h à 24h. Des orchestres se produisent à partir de 20h. Le lieu est l'un des plus populaires de Pana.

Le *Restaurante La Laguna*, Calle Real, à l'angle de l'Avenida Los Arboles, dispose d'un joli patio à l'avant et d'un jardin où sont installées tables et parasols. C'est dans le jardin que se produisent des musiciens du mardi au dimanche, en soirée.

Au *Fly'n Mayan Yacht Club*, près de l'intersection de la Calle Real et de la Calle Santander, les pizzas (3,50/6,50 $US) jouissent d'une excellente réputation. Il ouvre tous les jours, sauf le jeudi.

En face de l'imposant Hotel Barceló del Lago, à l'extrémité de la Calle Rancho Grande, vers la plage, le *Restaurante/Bar Tocoyal* est une sorte d'auberge moderne au toit de chaume très bien tenue qui sert de bons repas (avec du poisson) au prix raisonnable de 8 $US environ

Où se restaurer – catégorie moyenne

Le *Ristorante La Lanterna* de l'Hotel Dos Mundos, en retrait de la Calle Santander, mitonne une cuisine italienne de qualité servie en salle ou dans le jardin. Les clients peuvent profiter de la piscine. L'établissement ouvre tous les jours de 7h à 15h et de 18h à 22h.

Dans le bâtiment de l'office du tourisme INGUAT, à l'étage, La *Terraza Tapas Bar* est un superbe restaurant haut-de-gamme en plein air, ouvert toute la semaine. Le *Restaurant El Patio*, également Calle Santander, est tout aussi chic, mais plus cher, tout comme le *Casablanca Restaurant* (☎ 762-1015), à l'angle de la Calle Santander et de la Calle Real.

Le fastueux *Hotel Barceló del Lago* propose d'immenses buffets pour le petit déjeuner du dimanche (7 $US) et pour le dîner (13 $US) lorsque l'hôtel est complet, généralement le week-end et les jours fériés.

Encore plus luxueux, l'*Hotel Atitlán* abrite un magnifique restaurant intérieur et extérieur avec vue sur le lac. Les convives profitent gracieusement de la piscine, des jardins, de la plage et des autres installations. Déjeuner et dîner sont servis en buffet (11 $US) lorsque l'hôtel est à peu près plein et, généralement, le jeudi après-midi. Renseignez-vous par téléphone. Les autres jours, un menu complet vous reviendra au même prix.

Distractions

Flâner dans les allées du parc au bord du lac et contempler le lever ou le coucher du soleil derrière les volcans procure un bonheur inépuisable ! Les couleurs du lac, du ciel et des montagnes ne cessent de changer de l'aube au crépuscule. La nuit, d'innombrables étoiles illuminent le ciel.

Des musiciens se produisent chaque soir à *La Posada del Pintor/Circus Bar*, au *Restaurante La Laguna*, au *Sunset Cafe* et à *El Bistro* (voir la rubrique *Où se restaurer*).

Le *Chapiteau* et le *Noan's*, les deux discothèques de Pana, Avenida Los Arboles, ouvrent vers 21h ou 22h.

On peut voir des films vidéo en anglais et en espagnol au *Grapevine Video Bar*, Calle Santander, au-dessus du Restaurante Psicodélico, ainsi qu'au *Cafe Cinema*, Avenida Los Arboles, à l'étage d'Al Chisme. Tous deux passent plusieurs films par soirée. A *La Zanahoria Chic*, café-vidéo de l'Avenida Los Arboles, vous pourrez choisir votre film parmi la centaine de titres proposés. Ces trois bars agréables offrent de surcroît repas et boissons.

Comment s'y rendre
Bus. Le principal arrêt de bus de la ville se trouve à l'intersection des Calles Santander et Real, en face du Banco Agrícola Mercantil. Les bus Rébuli partent du bureau de Rébuli, Calle Real (voir la carte).

Antigua – 80 km, 3 heures, 2 $US ; Rébuli propose un bus direct tous les jours, *sauf le dimanche*, à 11h. Vous pouvez aussi prendre un bus pour Guatemala Ciudad et changer à Chimaltenango.

Chichicastenango – 29 km, 1 heure 30, 1,65 $US ; 9 bus par jour, entre 7h et 16h (il se peut que ces bus ne circulent que les jeudi et dimanche, jours de marché à Chichi). Vous pouvez également vous rendre à Los Encuentros et prendre une correspondance.

Cocales (Carretera al Pacífico) – 56 km, 2 heures 30, 1 $US.

El Carmen/Talismán (frontière mexicaine) – par la route du Pacifique, changez de bus à Cocales. Par la route de l'intérieur, changez à Quetzaltenango.

Guatemala Ciudad – 147 km, 3 heures, 2 $US ; les bus Rébuli partent devant le bureau Rébuli, Calle Real, neuf fois par jour entre 5h et 14h30. Ou bien, rendez-vous à Los Encuentros pour y prendre une correspondance.

Huehuetenango – 159 km, 3 heures 30 ; prenez un bus jusqu'à Los Encuentros, où vous attendrez une correspondance pour Huehue ou La Mesilla (voir les horaires dans la rubrique *Comment s'y rendre* du chapitre *Guatemala Ciudad*). Vous pouvez encore prendre un bus

pour Quetzaltenango et changer à Cuatro Caminos.

La Mesilla, frontière mexicaine – 241 km, 7 heures ; voir Huehuetenango.

Los Encuentros – 20 km, 35 minutes, 0,50 $US ; prenez n'importe quel bus pour Guatemala Ciudad, Chichicastenango ou Quetzaltenango empruntant l'Interamericana.

Quetzaltenango – 99 km, 2 heures, 2 $US ; 4 bus par jour, à 5h30, 6h15, 7h30 et 14h. On peut aussi aller à Los Encuentros et y prendre une correspondance.

San Antonio Palopó – 9 km, 1 heure, 0,50 $US ; bus quotidiens, *via* Santa Catarina Palopó.

San Lucas Tolimán – 24 km, 1 heure 30, 1 $US ; 2 bus par jour, à 6h45 et 16h. Autre possibilité : prenez un bus à destination de Cocales, descendez au carrefour de San Lucas et rejoignez le village à pied (1 km).

Santa Catarina Palopó – 4 km, 30 minutes, 0,50 $US ; bus quotidiens.

Sololá – 8 km, 10 minutes, 0,15 $US ; bus locaux directs fréquents. Vous pouvez aussi emprunter un bus pour Guatemala Ciudad, Chichicastenango, Quetzaltenango ou Los Encuentros.

Minibus. Les agences de voyages de la Calle Santander affrètent de très pratiques minibus qui desservent les sites touristiques, tels Guatemala Ciudad, Antigua, Chichicastenango, Quetzal-tenango, la frontière mexicaine, etc.

Voiture et moto. Dalton Rent A Car (☎/ fax 762-1275, 762-2251) possède une agence Avenida Los Arboles. Moto Servicio Queche (☎ 762-2089), à l'angle de l'Avenida Los Arboles et de la Calle Real, loue des vélos et des motos tout terrain.

Bateau. Les bateaux pour passagers partent de la plage publique, au bas de la Calle Rancho Grande à Panajachel. Les horaires sont affichés à la porte de l'office du tourisme INGUAT. Vous pouvez aussi vous renseigner directement à l'embarcadère. On n'attend jamais très longtemps un bateau.

La traversée jusqu'à Santiago Atitlán dure une heure environ (parfois un peu plus, selon le vent) et coûte 1,25 $US l'aller simple.

Un autre bateau dessert Santa Catarina Palopó (1,25 $US), San Antonio Palopó

(2,50 $US) et San Lucas Tolimán (3,35 $US), puis revient à Panajachel.

Il existe aussi une liaison Panajachel-San Pedro (1 heure 15). De Panajachel, ces bateaux font escale (dans l'ordre) à Santa Cruz La Laguna (20 minutes), Jaibalito, Tzununá, San Marcos La Laguna (1 heure) et San Juan La Laguna. Le départ de Panajachel s'effectue à l'embarcadère de la Calle Rancho Grande, avec une première escale à l'autre embarcadère, Calle del Embarcadero, juste avant la sortie de la ville (et inversement à l'arrivée à Panajachel). Le tarif s'élève à 1,25 $US pour les touristes, quelle que soit la destination, et à 0,50 $US pour les locaux

Enfin, on peut effectuer le tour du lac en bateau et visiter plusieurs villages. Ainsi, l'office du tourisme INGUAT, à Panajachel, vend des billets pour un circuit démarrant à 8h30 et s'arrêtant à San Pedro (1 heure), Santiago (1 heure 30) et San Antonio (1 heure). Le retour à Panajachel est prévu à 15h30 (6,65 $US). Mieux vaut réserver à l'avance.

Comment circuler
Le long de la Calle Santander plusieurs magasins louent des vélos, tels Moto Servicio Queche (voir la rubrique *Voiture et moto* ci-dessus) et Alquiler de Bicicletas Gaby, Calle 14 de Febrero, entre la Calle Santander et la Calle Rancho Grande.

SANTA CATARINA PALOPÓ ET SAN ANTONIO PALOPÓ
Le village de Santa Catarina Palopó se trouve à 4 km à l'est de Panajachel, sur une petite route de terre sinueuse. Des ruelles étroites, pavées de gros blocs de pierre et des maisons en pisé couvertes de chaume ou de tôle ondulée se pressent autour d'une église d'une blancheur immaculée. Les villageois ajoutent à leurs occupations vêtus de leurs superbes costumes traditionnels. La découverte de la vie villageoise et le magnifique panorama sur le lac et les volcans sont les principaux attraits de Santa Catarina.

Sur la plaza principale, plusieurs comedores offrent des boissons ; l'un d'eux affiche : "Bière fraîche".

Si votre budget vous le permet, allez déguster un verre ou un agréable repas dans le meilleur hôtel du village, le *Villa Santa Catarina* (☎ 762-1291 ; à Guatemala Ciudad, ☎ 334-8136 à 8139, fax 334-8134). Il dispose de 30 chambres confortables, avec s.d.b. et vue sur le lac. Les chambres 24, 25, 26 et 27 (en partie seulement) sont exposées à l'ouest et jouissent d'un beau point de vue sur le Volcán San Pedro. Toutes donnent sur la jolie piscine et la rive du lac. Comptez 60/70/80 $US en simple/double/ triple. Le restaurant propose des menus à des prix modérés.

La route continue ensuite sur 5 km jusqu'à San Antonio Palopó, village similaire, mais un peu plus grand. En chemin, à 3 km de Santa Catarina, vous passerez devant l'*Hotel Bella Vista* (☎ 762-1566), situé à 8 km de Panajachel. L'établissement se compose de 14 petits bungalows avec TV, s.d.b. et vue sur le lac (45/48/50 $US en simple/double/triple), de vastes jardins, d'une piscine et d'un restaurant. A San Antonio, l'*Hotel Terrazas del Lago*, magnifique lui aussi avec sa belle vue sur le lac, possède des simples/doubles/triples à 20/26/32 $US.

Comment s'y rendre.
Reportez-vous à la rubrique *Panajachel* pour tout savoir sur les bus et les bateaux de passagers ou pour touristes. De Panajachel, vous pouvez gagner Santa Catarina à pied en une heure. Pour atteindre San Antonio, comptez une heure de plus.

SAN LUCAS TOLIMÁN
Le long du lac, après San Antonio mais accessible par une autre route, San Lucas Tolimán est plus actif et plus commercial que la plupart des villages riverains. Située au pied de l'imposante silhouette du Volcán Tolimán, San Lucas cultive le café ; c'est également un centre routier entre l'Interamericana et la route de la Côte pacifique. Le marché se tient les lundi, mardi, jeudi et vendredi. De San Lucas, une mauvaise route part en direction de l'ouest, contourne le Volcán Tolimán jusqu'à San-

tiago Atitlán, puis le Volcán San Pedro jusqu'à San Pedro La Laguna.

Voir le paragraphe *Comment s'y rendre* dans la rubrique consacrée *Panajachel* pour toute information sur les bus et bateaux de passagers.

SANTIAGO ATITLÁN

Au sud, sur la rive opposée à Panajachel et au bord d'une lagune coincée entre les hauts volcans Tolimán et San Pedro, se trouve le petit bourg de Santiago Atitlán. Bien que ce soit le village le plus visité après Panajachel, il reste attaché au mode de vie traditionnel des Mayas Tzutuhil. Les femmes du village tissent et portent encore les huipils brodés de volées d'oiseaux et de bouquets de fleurs colorés.

Si le vendredi et le dimanche restent les meilleurs jours pour visiter Santiago en raison du marché (un autre marché, plus petit, a lieu le mardi), il fait bon y venir à tout moment de la semaine.

L'intérêt de Santiago réside également dans la vénération qu'il porte à Maximón (MA-shi-MON), une divinité locale probablement issue d'un amalgame entre d'anciens dieux mayas, Pedro de Alvarado (féroce conquistador du Guatemala) et le Judas de l'Évangile. Méprisé dans d'autres villes des Hautes-Terres, Maximón fait ici l'objet d'un culte et son effigie, portant un masque de bois et un gros cigare, est portée triomphalement à l'occasion des cérémonies de la Semaine Sainte (pour plus de renseignements concernant les dates, voir la rubrique *Fêtes et jours fériés* dans le chapitre *Renseignements pratiques*). Le reste du temps, Maximón réside chaque année dans une maison différente, reçoit des offrandes sous forme de bougies, de bière et de rhum. Les enfants du village vous emmèneront le voir pour quelques pièces de monnaie.

Les enfants de Santiago vous accueillent à votre descente de bateau et essaient de vous vendre des ocarinas en terre cuite et des petits morceaux de tissu brodés. Ils ne vous quitteront pas le temps de votre séjour.

Orientation et renseignements

Marchez vers la gauche à partir du débarcadère, le long de la rive, pour rejoindre la rue qui mène en ville, principale rue commerçante. Tous les touristes sans exception arpentent cette rue, bordée de boutiques d'artisanat et autres souvenirs.

Près de l'embarcadère, le bureau du Grupo Guías de Turismo Rilaj Maam, une coopérative de guides touristiques, propose différentes excursions vers les volcans d'Atitlán, San Pedro et Tolimán, le site archéologique de Chutinamit, etc. Il est ouvert tous les jours de 8h à 17h.

Santiago possède une poste, un bureau de téléphone/fax Guatel et une banque, où vous pourrez changer espèces et chèques de voyage en dollars américains.

A voir

Au sommet de la côte se situe la place principale, avec l'hôtel de ville et une immense **église** qui remonte à la lointaine époque où Santiago était un centre commercial important. Dans cette église austère, où résonne l'écho, vous découvrirez quelques éléments surprenants. Le long des murs se trouvent des statues de saints en bois, habillées chaque année de nouveaux vêtements élaborés par les femmes du village. Sur la chaire en bois sculpté, remarquez les représentations d'un épi de maïs (dont descendent les hommes, selon la religion maya), d'un quetzal lisant un livre et de Yum-Kax, dieu maya du Maïs. Des motifs similaires ornent le dos de la chaise du prêtre.

Les murs sont décorés de fresques, aujourd'hui recouvertes d'une fine couche de plâtre. Une plaque commémorative rend hommage au Père Stanley Francis Rother, prêtre missionnaire d'Oklahoma, aimé des habitants du village mais honni des "escadrons de la mort", tueurs de l'ombre à la solde de l'extrême-droite, qui l'assassinèrent à cet endroit précis, à l'intérieur de l'église, pendant les troubles de 1981.

Il existe un refuge pour oiseaux dans les environs de Santiago. La Posada de Santiago (☎ 702-8462) vous indiquera le chemin.

Où se loger et se restaurer

Près de l'embarcadère, l'*Hotel Chi-Nim-Yá* (☎ 721-7131), simple, propre et agréable, offre 22 chambres disposées autour d'une cour centrale à 3,35/6,65 $US en simple/ double, ou 8,35/10 $US avec s.d.b. La plus jolie est la n°106, spacieuse et aérée, qui jouit de nombreuses fenêtres et d'une belle vue sur le lac.

Tout près de l'hôtel, le *Restaurante Regiomontano* ouvre tous les jours de 6h30 ou 7h à 19h.

Un peu plus haut sur la route qui monte de l'embarcadère, l'*Hotel y Restaurante Tzutuhil* (☎ 721-7174), est un immeuble moderne de 4 étages, surprenant dans ce petit bourg. La plupart des chambres, équipées de larges fenêtres, profitent d'une belle vue et certaines sont équipées d'une TV câblée. Ces chambres propres sont d'un excellent rapport qualité/prix à 2,50 $US par personne, ou 4,15 $US avec s.d.b. Montez sur le toit pour admirer la vue. Le restaurant ouvre tous les jours de 6h à 22h30.

Le *Restaurant Santa Rita*, à quelques pas de l'angle nord-est de la plaza, après le Distribuidor El Buen Precio, promet de *deliciosos pays* (délicieuses tourtes).

L'un des hôtels les plus charmants de la région, et même du pays, la *Posada de Santiago* (☎ 702-8462, posdesantiago@ guate.net), compte deux suites et une demi-douzaine de bungalows, construits en pierres de taille et dotés d'une cheminée, d'un porche et d'un hamac. Ils sont disséminés dans de magnifiques jardins qui descendent jusqu'au lac. Les tarifs s'élèvent à 30/40/50/66/80 $US pour une simple/ double/triple/quadruple/suite. Un kilomètre separe l'hôtel du centre ville. Pour vous y rendre, prenez la route de l'Hospedaje Rosita et longez le lac.

Le restaurant de la Posada de Santiago est célèbre pour sa cuisine raffinée et son ambiance parfaite.

Comment s'y rendre

En bateau, la traversée entre Santiago et San Pedro La Laguna dure 45 minutes.

SAN PEDRO LA LAGUNA

San Pedro La Laguna est probablement, après Santiago, le plus populaire des villages à visiter sur les bords du lac. Vous y serez moins assailli par les bandes de *muchachos* pendant que vous déambulerez dans les ruelles pavées de pierres rondes ou que vous vous promènerez aux abords du village avant d'aller piquer une tête dans le lac.

Dès votre descente du bateau en provenance de Panajachel, des enfants proposent de vous servir de guide pour l'ascension du volcan de San Pedro, à pied ou à cheval. N'hésitez pas à accepter : le prix s'élève à 2,50 $US par personne pour l'excursion à pied, ou à 1,65 $US de l'heure à cheval.

La culture du café se pratique à San Pedro. Au début de la saison sèche, vous verrez la récolte et le séchage des graines sur de larges plates-formes.

Orientation et renseignements

San Pedro compte deux embarcadères. Celui du sud accueille les bateaux en provenance ou à destination de Santiago Atitlán. Celui de l'est, est réservé à la liaison avec Panajachel. De l'un comme de l'autre, prenez la route qui monte pour atteindre le centre-ville.

San Pedro abrite une poste, un bureau de téléphone/fax Guatel et une "casa de cambio" (bureau de change) pour les espèces ou les chèques de voyage en dollars américains.

Aucun des hôtels, restaurants ou magasins ne possède de téléphone privé. Pour les contacter, appelez le numéro commun auprès de Guatel (☎ 762-2486) et dites à quelle heure vous allez rappeler : l'établissement ainsi prévenu enverra un correspondant.

Thermal Waters (eaux thermales)

Au bord du lac, entre les deux embarcadères, Thermal Waters dispose de bassins découverts, chauffés par le soleil. Le site est éblouissant. Venez l'après-midi ou en soirée, pour laisser à l'eau le temps de se réchauffer. Mieux vaut réserver, car l'endroit est très fréquenté. L'entrée coûte

3,35 \$US pour une personne seule, 1,65 \$US pour chaque personne supplémentaire. Antonio, l'excentrique horticulteur californien qui a construit et tient Thermal Waters, possède également un restaurant végétarien et un sauna souterrain fonctionnant à l'énergie solaire. Des forfaits-santé sont proposés tous les week-ends.

Cours de langue
La Casa Rosario est l'école d'espagnol de Samuel Cumes, professeur bien connu à San Pedro. Elle est plus économique que la plupart de ses concurrentes, à 45 \$US par semaine pour les cours et l'hébergement (repas non compris).

Où se loger et se restaurer
En arrivant en bateau de Panajachel, tournez à droite et longez le lac sur 75 m environ jusqu'à l'*Hotel & Restaurante Valle Azul*. Cet établissement flambant neuf, d'une belle simplicité, est un havre de paix propice à la relaxation, avec hamacs aux balcons, superbe vue sur le lac et joli petit restaurant au bord de l'eau. Il loue ses chambres 1,65 \$US par personne (plus 0,50 \$US par douche), ou 3,35/5 \$US la simple/double avec s.d.b. Le restaurant, excellent et bon marché, ouvre de 7h à 22h.

Vous trouverez plusieurs autres petits restaurants dans le secteur, dont le *Restaurante El Viajero*, juste à côté de l'embarcadère, le *Restaurante/Bar El Mesón* et le *Restaurante El Fondeadero*, tous deux à droite de ce dernier.

Sur le rivage, à 50 m à gauche du débarcadère, l'*Hospedaje Casa Elena* est une petite pension agréable tenue par une famille. Elle dispose de simples/doubles à 2,50/3,35 \$US.

Du côté de l'embarcadère des bateaux pour Santiago, s'élèvent plusieurs hôtels. Le *Ti Kaaj*, sur la route du bord du lac, près de l'embarcadère, est populaire et bon marché, avec des hamacs installés dans ses jardins. Comptez 1,65/3/4,35 \$US pour une simple/double/triple. L'établissement comporte restaurant, discothèque et bar et loue des *cayucos* (canoës). Son voisin, le *Come-*

dor Ranchón, est un restaurant en plein air très apprécié.

La route qui sépare l'embarcadère pour Santiago du centre-ville comporte plusieurs hébergements de qualité. L'*Hospedaje Villa Sol* offre 45 chambres toute simples, disposées autour pelouse, à 5/6 \$US sans/avec s.d.b. A côté, l'*Hotel San Pedro* abrite lui aussi une jolie cour et des simples/doubles à 6,65 \$US, ou 4,50/8,35 \$US avec s.d.b.

En retrait de la route, sur la colline, l'*Hospedaje San Francisco*, agréable et tout nouveau, propose des chambres avec kitchenettes en plein air et minuscules patios donnant sur le lac à 3,35 \$US par personne. Des hamacs sont installés dans le jardin. Les chambres avec s.d.b. sont en construction. Non loin, l'*Hospedaje El Balneario*, le moins cher de la ville, possède 14 chambres rudimentaires avec balcon sur le lac à 1,33/2,50 \$US en simple/double.

Sur la route qui monte de l'embarcadère pour Santiago, le *Cafe Arte* sert de bons plats de viande, de poisson et végétariens à prix très raisonnables. C'est la famille du célèbre peintre naïf mondialement connu, Pedro Rafael González Chavajay, qui tient l'établissement. Les toiles de l'artiste et de ses élèves décorent les murs du café, ouvert tous les jours de 7h à 23h.

Ne manquez pas de vous attabler au restaurant végétarien du *Thermal Waters*, sur la route longeant le lac entre les deux embarcadères. Une fois que vous aurez arrêté votre choix, Antonio vous emmènera cueillir les ingrédients de vos plats dans le jardin. A côté, le *Kolibrí Pizza* mérite lui aussi votre attention.

Comment s'y rendre
Voie terrestre. La mauvaise route qui part de San Lucas Tolimán vers Santiago Atitlán continue sur 18 km jusqu'à San Pedro, en contournant la lagune et le Volcán San Pedro. Celle qui relie San Pedro à l'Interamericana n'est pas en meilleur état. La bifurcation part de la route nationale au kilomètre 148, rejoint Santa Clara La Laguna au bord du lac, puis court sur la droite vers San Pedro et sur la

gauche, vers San Marcos. De San Pedro, elle se continue vers Santiago Atitlán et San Lucas Tolimán. De San Marcos, elle relie Tzununá. Au delà, elle devient un sentier pour piétons et atteint Santa Cruz La Laguna. Les bus pour Guatemala Ciudad quittent San Pedro à 3h, 3h30, 4h, 4h30 et 5h. Le trajet dure 3/4 heures et coûte 2,65 $US (voir le chapitre *Guatemala Ciudad* pour les horaires des bus en sens inverse).

Si vous n'êtes pas motorisé, mieux vaut venir à San Pedro en bateau.

Bateau. Les bateaux de passagers viennent de Panajachel (voir cette rubrique pour plus d'informations) et de Santiago.

SAN MARCOS LA LAGUNA

San Marcos est une paisible bourgade aux maisons disséminées parmi les plantations de café qui bordent le lac. Le rivage est superbe et plusieurs embarcadères invitent à la baignade.

San Marcos tire sa notoriété du centre de méditation de **Las Pirámides** (fax 762-2080), situé sur le chemin reliant la Posada Schumann à l'intérieur des terres. Le centre organise un cours de spiritualité d'un mois, le Curso Lunar de Meditación (cours de méditation lunaire), qui débute à chaque pleine lune. Ce cours s'intéresse aux quatre éléments du développement humain (physique, intellectuel, psychologique et spirituel).

Le centre propose aussi d'autres activités, dont le yoga, un travail sur l'aura, l'interprétation du Tarot et la régression.

Chaque bâtiment de la propriété est construit en forme de pyramide et orienté vers les quatre points cardinaux. On peut bénéficier d'un hébergement dans des maisonnettes-pyramides pour 8,35/7,50/6,65 $US par jour, selon la durée du séjour (jour/semaine/mois). Ce prix comprend les cours de méditation, le droit d'utiliser la cuisine et le sauna et l'accès à une très bonne bibliothèque.

Où se loger et se restaurer

Les possibilités d'hébergement sont nombreuses. A 400 m à gauche de l'embarca-dère, en suivant le chemin qui longe le lac, la *Posada Schumann* se situe à droite sur la rive et se compose de trois bungalows en pierres de taille avec cuisine et s.d.b., d'un restaurant et d'un sauna. Les simples/doubles se louent 9/17 $US, avec un tarif dégressif pour une semaine ou un mois. Pour réserver, contactez l'hôtel à Guatemala Ciudad (☎ 360-4049, 339-2683, fax 473-1326).

Après la Posada Schumann, suivez le sentier qui remonte dans les terres pour parvenir aux établissements mentionnés ci-après.

L'*Hotel Paco Real* (fax 762-1196) possède de merveilleux jardins et des chambres simples, mais jolies et décorées avec goût. Les tarifs s'élèvent à 6/10/14 $US en simple/double/triple. On peut prendre ses repas dans l'agréable restaurant, ouvert tous les jours de 7h à 21h.

L'*Hotel La Paz* (☎ 702-9168) dispose de trois superbes petits bungalows avec mezzanine et s.d.b., à 17 $US pour une à quatre personnes. Il abrite un restaurant végétarien, un sauna et accepte les campeurs.

L'*Unicornio Rooms* est tout aussi séduisant, avec ses beaux jardins, son sauna et sa cuisine commune (sans électricité toutefois !). Trois petits bungalows aux toits de chaume accueillent les clients pour 2,50/3,65 $US en simple/double. Le grand bungalow à un étage avec cuisine privée et s.d.b. revient à 6,65 $ la nuit pour une ou deux personnes, 10 $US pour trois.

L'*Hotel San Marcos*, bien moins charmant, propose des chambres à 3,35 $US par personne.

Comment s'y rendre

Sur l'Interamericana, l'embranchement pour San Marcos se trouve au kilomètre 148 (voir la rubrique *San Pedro*).

Reportez-vous à la rubrique *Panajachel* pour les informations sur les bateaux.

SANTA CRUZ LA LAGUNA

Ce charmant et paisible village s'étend en bordure de lac à flanc de colline. Les hôtels se regroupent à côté de l'embarcadère.

GUATEMALA

Plongée sous-marine

L'école de plongée ATI Divers (fax 762-1196) organise des fouilles archéologiques sous-marines. Un stage de quatre jours en haute mer pour l'obtention du brevet PADI coûte 150 $US. Pour les plongeurs confirmés, des cours de perfectionnement PADI sont également proposés. L'école est installée dans l'hôtel La Iguana Perdida.

Randonnée

De belles randonnées sont possibles au départ de Santa Cruz. Ainsi pourrez-vous longer le lac jusqu'à San Marcos, soit 2 heures 30 de marche, ou gravir la colline jusqu'à Sololá (de 3 heures à 3 heures 30).

Où se loger et se restaurer

A côté de l'embarcadère, trois charmants hôtels bordent le lac. Aucun ne bénéficie de l'électricité, réservée à la ville elle-même, si bien que les clients dînent aux chandelles et s'éclairent à la lanterne.

Également dépourvus de téléphone, vous devrez les joindre par fax (fax 762-1196) et patienter quelques jours avant d'obtenir une réponse.

L'Arca de Noé s'est forgé une bonne réputation par l'excellence de sa table et l'amabilité de ses patrons, mais la direction vient de changer.

La Iguana Perdida, dotée d'un restaurant et d'un sauna, propose divers types d'hébergement. Un lit en dortoir revient à 2,50 $US, un lit simple/double dans la "salle de massage" à 3,35/5 $US et une simple/double à 6/8 $US. Comme à l'Arca de Noé, la cuisine est familiale et tout le monde mange ensemble (dîner à 5 $US). Les sympathiques patrons, Deedle Denman (d'Angleterre) et Mike Kiersgard (du Groenland), dirigent aussi le club de plongée ATI Divers.

Également en bordure du lac, la *Posada Abaj Hotel* est un bel et vaste établissement, doté d'un restaurant. Elle dispose de simples/doubles/triples à 8,35/12/15 $US ; les bungalows avec s.d.b. à 20 $US peuvent accueillir jusqu'à 3 personnes. En outre, elle dispense des cours d'espagnol.

Comment s'y rendre

Voir la rubrique *Panajachel* pour les informations sur les bateaux.

Pays quiché

Le département du Quiché est essentiellement connu pour la ville de Chichicastenango et ses marchés animés du jeudi et du dimanche. Au nord de cette ville, se tient Santa Cruz del Quiché, chef-lieu du département. Ses environs abritent les ruines de K'umarcaaj (ou Gumarcaah), également appelée Utatlán, ultime capitale maya quiché.

La route menant en pays quiché part de l'Interamericana, à hauteur de Los Encuentros, pour serpenter à travers pinèdes et champs de maïs avant de descendre au fond d'une vallée profonde puis de remonter. Assises devant leurs petites maisons en bordure de route, les femmes tissent de superbes étoffes sur des métiers rudimentaires, attachés dans le dos.

Depuis Los Encuentros, une demi heure de route vers le nord vous conduira à Chichicastenango, à 17 km.

CHICHICASTENANGO

8 000 habitants

Entourée de vallées, dominée par les silhouettes des montagnes toutes proches, Chichicastenango (2 030 m) semble isolée du reste du Guatemala. Il s'en dégage une impression de magie lorsque ses étroites ruelles pavées et ses toits de tuiles rouges sont enveloppés de brume, comme c'est le cas bien souvent. Chichi est une jolie petite ville. Ni les bus de tourisme garés près du marché, ni les aficionados des voyages organisés n'y pourront rien changer. Si vous avez le choix, venez pour le marché du dimanche plutôt que celui du jeudi, car c'est le jour où les *cofradías* (confréries religieuses) défilent en procession.

Malgré son isolement, Chichicastenango est toujours demeurée une importante ville de marché, même lorsque les routes étaient

Les costumes traditionnels des Hautes Terres

Quiconque visite les Hautes Terres s'émerveille devant les magnifiques costumes tradition-nels (*traje indígena*) de leurs habitants. Les styles, les motifs et les couleurs varient selon les villages et les créations de chaque tisserand se distinguent subtilement des autres.

Les principales pièces vestimentaires sont le *tocoyal* (coiffe), le *huipil* (corsage), le *corte* ou *refajo* (jupe), les *calzones* (pantalons), le *tzut* ou *kaperraj* (sorte de châle), la *paz* ou *faja* (large ceinture) et les *caïtes* ou *xajáp* (sandales).

Les coiffes des femmes se composent de superbes bandes de tissu pouvant mesurer plu-sieurs mètres, enroulées autour de la tête, décorées de pompons et de petits objets en argent. Ces dernières années, elles ne se portent qu'à l'occasion des grandes cérémonies et pour les touristes.

En revanche, les femmes portent toujours le huipil. Malgré l'apparition de certains tissus faits à la machine, la plupart des huipiles sont entièrement réalisés à la main, le corsage blanc étant tissé sur le traditionnel métier attaché dans le dos, puis décoré avec des motifs et des dessins cousus ou brodés, propres au village du tisserand. Nombre de ces motifs sont des symboles traditionnels. Autrefois, ils recelaient tous une signification religieuse ou historique, mais aujourd'hui celle-ci est parfois tombée dans l'oubli.

Les cortes (refajos) sont des étoffes de six à neuf mètres de long que l'on drape autour du corps. Traditionnellement, les jeunes filles le portent au-dessus du genou, les femmes mariées à hauteur du genou et les femmes âgées sous le genou, bien que cette tradition varie d'une région à l'autre.

Les hommes comme les femmes portent des fajas, longues bandes tissées enroulées autour de la taille. Lorsqu'elles sont drapées avec des replis ouverts vers le haut, ces cein-tures peuvent également faire office de poches.

Les tzutes (pour les hommes) ou kaperraj (pour les femmes) sont des étoffes utilisées de mille et une façons : pour se couvrir la tête, servir de châle, porter les bébés, confectionner des ballots ou couvrir des paniers. On trouve également des châles pour les femmes appe-lés *perraj*, probablement une contraction de kaperraj. ■

quasiment impraticables. Les villageois de toute la région marchaient des heures durant pour venir vendre leurs marchan-dises.

Aujourd'hui, de nombreux commerçants arrivent en bus, mais certains continuent de venir à pied. Arrivant la veille du marché, ils posent leur chargement sur la place principale, déplient une couverture et vont dormir sous les arcades qui entourent la place. Le jeudi et le dimanche à l'aube, ils déballent leurs fruits et légumes, leurs mor-ceaux de craie (réduite en poudre, mélan-gée à de l'eau, elle sert à attendrir le maïs séché), leurs boules de cire, leurs harnais faits à la main et autres marchandises et attendent le chaland.

De nombreux commerçants ladinos dres-sent des étals destinés aux touristes. Loin de dénaturer le marché, ils contribuent à le rendre plus coloré et plus fascinant encore.

Outre leur célèbre marché, les Masheños (habitants de Chichicastenango) sont connus pour perpétuer les croyances et les cérémonies religieuses précolombiennes. Vous pourrez assister à la célébration de ces rites à l'intérieur et autour de l'église de Santo Tomás ainsi qu'à proxi-mité de l'oratoire de Pascual Abaj, dans les faubourgs de la ville.

Institutions politiques

A Chichicastenango, les pouvoirs religieux et politiques sont aux mains de deux insti-tutions bien distinctes. Même si l'Église catholique et la république du Guatemala nomment des prêtres et des fonctionnaires municipaux pour gérer leurs intérêts, les habitants de la ville élisent leurs propres représentants religieux et politiques pour s'occuper des affaires locales.

La municipalité indienne a son propre conseil, son maire et son adjoint au maire, ainsi qu'une cour qui statue exclusivement

OÙ SE LOGER
1 Hotel Pascual Abaj
2 Posada El Arco
6 Hotel Chugüilá
7 Hotel Santo Tomás
10 Hotel Girón
14 Maya Lodge
17 Mayan Inn
28 Hospedaje Salvador
29 Hotel Posada Belén
31 Hotel Villa Grande

OÙ SE RESTAURER
6 Hotel Chugüilá
7 Hotel Santo Tomás
10 Hotel Girón
11 Restaurant Tziguan Tinamit
12 La Villa de los Cofrades No 2
15 Centro Comercial
    Santo Tomás, La Villa
    de los Cofrades,
    Cafetería Buenaventura,
    Restaurant La Fonda
    del Tzijolaj
17 Mayan Inn
25 Restaurant La Casa
    del Pueblo
27 Restaurant La Parrilla
29 Cafetería New York

Chichicastenango

0   100   200 m

Vers Santa Cruz
del Quiché

Arco
Gucumatz

Cimetière

7a Calle

8a Calle

Plaza

Stream

Cerro
Pascual
Abaj

Vers Los Encuentros
et l'Interamericana

DIVERS
3 Bus pour Santa Cruz
   del Quiché
4 Chichi-Tours
5 Bus pour Guatemala Ciudad,
   Panachel et l'Interamericana
8 Station-service Shell
9 Hospital El Buen Samaritano
13 K'umarcaaj Tours
16 Municipalidad (hôtel de ville)
18 Capilla del Calvario

19 Museo Regional
20 Iglesia de Santo Tomás
21 Ancien monastère
22 Bureau des téléphones
    Guatel
23 Bureau de poste
24 Morería Santo Tomás
26 École
30 Morería et ferme
32 Monastère
    de Pascual Abaj

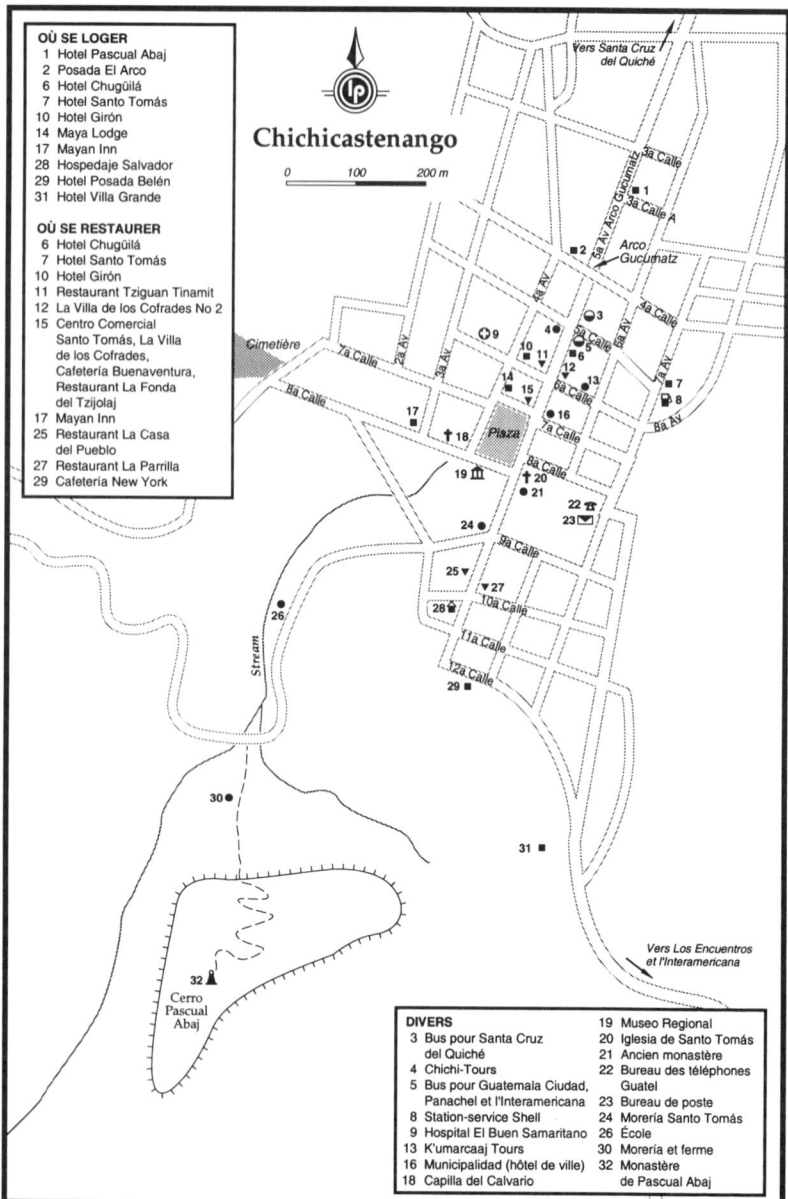

GUATEMALA

sur les cas dans lesquels sont impliqués des Indiens de la ville.

Histoire

Autrefois appelée Chaviar, cette ville était un important centre de commerce cakchiquel avant la conquête espagnole. Peu de temps avant l'arrivée des conquistadores, les Cakchiquel et les Quiché (installés à K'umarcaaj, aujourd'hui près de Santa Cruz del Quiché, à 20 km au nord) se déclarèrent la guerre. Les Cakchiquel abandonnèrent Chaviar et transférèrent leur gouvernement à Iximché, plus facile à défendre.

Dès leur arrivée, les conquistadores prirent K'umarcaaj, poussant de nombreux habitants à partir pour Chaviar, qu'ils rebaptisèrent Chugüilá (Sur les orties) et Tziguan Tinamit (Entourée de canyons). Ces noms sont toujours utilisés par les Mayas Quiché mais tout le monde parle de Chichicastenango, nom étranger donné à la ville par les alliés mexicains des conquistadores.

Orientation

Malgré la volonté originelle de la construire selon le principe de quadrillage des villes coloniales espagnoles, Chichi défie cette logique en raison de sa topographie montagneuse.

Les panneaux indicatifs de rues sont rares et l'on se perd facilement. Utilisez votre plan et prenez quelque points de repère ; vous ne devriez pas avoir trop de problèmes, car la ville est plutôt petite.

Renseignements

Office du tourisme. Il n'y a pas d'office du tourisme à Chichicastenango. Renseignez-vous auprès du musée situé sur la place principale ou dans l'un des hôtels de la ville. Le Mayan Inn est peut-être le mieux informé et le plus apte à vous aider.

Argent. Toutes les banques ouvrent le dimanche, grand jour pour le commerce, et ferment en cours de semaine (le jour de congé varie d'une banque à l'autre). La plupart des banques changent les espèces et les chèques de voyage en dollars américains.

Bancafé, 5a Avenida, entre les 6a et 7a Calles, délivre des avances sur les cartes Visa (les cartes MasterCard, en revanche, ne sont acceptées nulle part). L'Hotel Santo Tomás (voir *Où se loger*) change les chèques de voyage au même taux que les banques, que vous soyez client ou non.

Poste et communications. Le bureau de poste se trouve 7a Avenida 8-47, à quelques pas au sud de l'Hotel Santo Tomás, dans la rue qui entre dans la ville. Tout proche, le bureau de téléphone Guatel se situe 7a Avenida 8-21, à l'angle de la 8a Calle.

Marché

Il y a des années, les voyageurs intrépides se rendaient dans un repaire montagneux pour voir de leurs yeux la place principale de Chichicastenango emplie de commerçants indiens venus vendre leurs produits sur l'un des plus grands marchés traditionnels. Aujourd'hui, pour vivre, ce marché compte autant sur les touristes que sur les habitants des environs.

En soirée, les arcades qui cernent la place s'animent, les familles venues pour le marché préparent leur repas et s'installent pour la nuit qu'ils passeront dehors.

Le dimanche et le jeudi, entre l'aube et 8h ou 9h, les piquets entassés la veille sont installés puis couverts de bâches ; on dresse ensuite des tables sur lesquelles sont empilées les marchandises.

En général, les étals plus particulièrement destinés aux touristes, où se vendent masques en bois sculptés, étoffes et vêtements brodés, se trouvent au pourtour du marché, aux endroits les plus visibles.

Derrière, le centre de la place est consacré aux produits dont les villageois ont besoin : fruits et légumes, plats cuits au four, pâtes, savon, vêtements, épices, articles de mercerie et jouets. De petites échoppes permettent aux vendeurs et aux acheteurs de manger pour un prix modique. La plupart des éventaires sont démontés en fin d'après-midi. Les meilleurs prix sont pratiqués juste avant la fin du marché, car les commerçants ne veulent pas remporter leurs marchandises.

Les cofradías

Les confréries religieuses traditionnelles, ou cofradías, sont au centre de la vie religieuse de la ville. Le fait d'appartenir à une confrérie est considéré comme un devoir civique des plus honorables, l'honneur suprême étant de les diriger. Les chefs des confréries sont élus périodiquement et l'homme à qui l'on fait cet honneur doit convier la confrérie à des banquets et organiser des réjouissances pendant toute la durée de son mandat. Bien que cela soit très onéreux, un cofrade, c'est-à-dire un membre d'une confrérie, accepte cette charge avec joie, allant même jusqu'à s'endetter si besoin est.

Les quatorze cofradías de Chichi ont leur saint patron. La confrérie la plus importante est celle de Santo Tomás, saint patron de la ville. Tous les dimanches matin et pendant les fêtes religieuses, les membres de ces congrégations avancent en procession jusqu'à l'église, vêtus de costumes correspondant à leur rang. Au devant d'eux, on porte un bâton de cérémonie couronné d'un crucifix ou d'un soleil en argent représentant le saint patron de la confrérie. La procession avance au son des tambours, des flûtes indiennes et de quelques instruments plus modernes, comme la trompette, accompagnée de pétards.

Lors des grandes fêtes religieuses, les effigies des saints sont portées en grande pompe à travers la ville, tandis que des danseurs richement vêtus et portant les masques traditionnels taillés dans le bois miment des légendes se rapportant à l'époque de l'empire maya et de la conquête espagnole. Le reste de l'année, ces masques et ces costumes sont conservés dans des entrepôts appelés morerías, indiqués un peu partout en ville. ∎

Un voyageur nous écrit qu'il ne faut pas manquer la messe du samedi soir. Vous pouvez aussi venir le dimanche matin en bus ou en minibus : ces derniers partent d'Antigua, de Panajachel et de Guatemala Ciudad et reviennent en fin d'après-midi. Le marché se termine vers 15 ou 16h.

Église de Santo Tomás

Bien que d'inspiration chrétienne, cette église simple, qui date de 1540 environ, sacrifie plus aux rituels mayas que catholiques. Les marches ont quasiment la même fonction que les grands escaliers menant au sommet des pyramides mayas. Pendant une bonne partie de la journée (surtout le dimanche), elles sont enfumées d'encens à base de résine de copal, tandis que des chefs de prière indigènes appelés *chuchkajaues* (mère-père) agitent des encensoirs (généralement des boîtes de conserve percées de trous) qui contiennent de l'*estoraque* (encens) et scandent des mots magiques en l'honneur de leurs ancêtres et de l'ancien calendrier maya.

La coutume veut que seuls les personnages importants de l'église et les chuchkajaues empruntent l'escalier et la porte principale de l'église ; faites le tour par la droite afin d'entrer par la porte latérale.

A l'intérieur, le sol de l'église est parfois jonché de branches de pin et d'offrandes de grains de maïs, de bouquets de fleurs, de bouteilles de liqueurs enveloppées de feuilles de maïs, et d'une myriade de bougies. De nombreuses familles sont originaires de la région depuis des siècles, certaines descendent même des anciens rois quiché. Les bougies et les offrandes sur le sol sont placées là en souvenir des ancêtres, dont beaucoup sont enterrés sous les dalles de l'église, tout comme les rois mayas étaient enterrés sous les pyramides.

Sur le côté ouest de la plaza, une autre petite église toute blanche, la Capilla del Calvario, ressemble fort à Santo Tomás quant à sa forme et sa fonction.

Museo Regional

Sous les arcades situées face au côté sud de la place, se trouve le Museo Regional. Vous pourrez y admirer d'anciennes poteries et figurines d'argile, des pointes de flèches et de lances en silex et en obsidienne, des lames de haches en cuivre et des *metates* (meules pour le maïs).

Le musée renferme également la collection de jades Rossbach, avec plusieurs superbes colliers, figurines et autres objets. Ildefonso Rossbach fut prêtre catholique à Chichicastenango pendant de nombreuses années, jusqu'à sa mort survenue en 1944.

Le musée ouvre tous les jours, sauf le mardi, de 8h à 12h et de 14h à 17h.

Oratoire de Pascual Abaj

Vous ne resterez pas longtemps à Chichicastenango avant qu'un habitant vous propose, moyennant pourboire, de vous guider jusqu'au sommet d'une colline, située à l'extérieur de la ville, pour voir Pascual Abaj (Pierre du sacrifice), oratoire local dédié à Huyup Tak'ah (Plateau montagneux), dieu maya de la Terre.

L'idole à face de pierre, dont on dit qu'elle aurait des centaines – voire des milliers – d'années, a subi de nombreux outrages de la part des étrangers, mais les habitants de la région la vénèrent toujours. Les Chuchkajaues viennent régulièrement offrir de l'encens, de la nourriture, des cigarettes, des fleurs, des alcools et des sodas ou sacrifier un poulet à cette divinité. Il la remercient ainsi de faire en sorte que la terre demeure fertile.

Les sacrifices n'ont pas lieu à heures fixes mais, avec un peu de chance, vous pourrez peut-être assister à l'un d'eux. Les croyants ne se formaliseront pas de votre présence et certains (peut-être pas tous !) ne verront aucun inconvénient à ce que vous preniez des photos ; ils vous demanderont toutefois de bien vouloir faire vous-même une offrande (de quelques quetzals).

Certains touristes ayant été victimes de vol sur le chemin, nous vous recommandons de vous joindre à d'autres personnes et de vous y rendre en groupe.

Il n'est pas vraiment nécessaire de vous faire accompagner d'un guide pour trouver l'oratoire. Descendez la colline par la 5a Avenida depuis l'église de Santo Tomás, tournez à droite dans la 9a Calle et continuez de descendre cette rue non pavée, qui tourne vers la gauche. En bas de la colline, au virage à droite, dirigez-vous sur la gauche et suivez un sentier qui passe à travers les champs de maïs, en laissant toujours

le fossé sur votre gauche. Le chemin est indiqué. Dirigez-vous vers les bâtiments que vous voyez droit devant ; il s'agit d'une ferme et d'une *morería*, atelier où les masques sont exécutés. Allez saluer la famille qui y habite. Si les enfants ne sont pas à l'école, vous serez peut-être invités à assister à une représentation en grand costume d'une danse locale à votre retour de Pascual Abaj (on attend de vous un pourboire).

Passez entre les bâtiments en direction de la colline qui se trouve derrière et suivez le petit chemin qui monte et descend jusqu'au sommet, puis suit la ligne de crête, appelée Turukaj, jusqu'à une clairière où vous découvrirez l'idole à l'intérieur d'une niche en pierre. Elle ressemble à l'une des statues de l'île de Pâques.

Les lourdes croix en pierre qui se trouvent à proximité ont plusieurs significations pour les Mayas. Une seule fait référence au Christ. Le sol est jonché d'anciennes offrandes ; les pins alentour sont dénudés car leur écorce a servi à allumer des feux d'encens.

Où se loger

Chichi ne possède pas un grand choix d'hébergement et la plupart sont assez chers. Les chambres étant rares, mieux vaut arriver tôt le mercredi ou le samedi afin de s'assurer un logement le jour du marché. Presque tous les hôtels sont dotés de parkings parfaitement sûrs dans leur cour.

Où se loger – petits budgets

L'*Hotel Girón* (☎ 756-1156, fax 756-1226), 6a Calle 4-52, Zona 1, est un établissement propre et agréable, d'un bon rapport qualité/prix à 6/10 $US les simples/doubles, 9,15/15 $US avec s.d.b., ou 11/19 $US avec s.d.b. et TV câblée.

L'*Hotel Pascual Abaj* (☎ 756-1055), 5a Avenida Arco Gucumatz 3-38, Zona 1, est un petit hôtel propret à quelques mètres au nord (en descendant) de l'Arco Gucumatz, un petit pont qui enjambe la route au nord de la ville. Comptez 7,50/10 $US en simple/double avec s.d.b.

Parmi les moins chers, l'*Hospedaje Salvador* (☎ 756-1329), 5a Avenida 10-09, Zona 1, à quelques pas au sud-est de l'église Santo Tomás, est le plus vaste. Cet immense labyrinthe de briques jaunes et blanches abrite 48 chambres réparties sur trois étages, à 4,15/6,65/10 $US, ou 5/10/15 $US avec s.d.b. en simple/double/triple. Vous obtiendrez une réduction si vous arrivez seul, plutôt qu'amené par un enfant du coin.

L'*Hotel Posada Belén* (☎ /fax 756-1244), 12a Calle 5-55, Zona 1, en haut d'une colline, offre un beau panorama. Il propose des simples/doubles/triples à 5/8,35/12,50 $US ou 8,35/12/15 $US avec s.d.b. La TV câblée coûte 1,65 $US supplémentaire et les clients bénéficient d'un service de blanchisserie. A l'étage se trouve la *Cafetería New York* ; son propriétaire parle parfaitement anglais.

L'ambiance familiale de la *Posada El Arco* (☎ 756-1255), 4a Calle 4-36, près de l'Arco Gucumatz, est fort sympathique. Les chaises longues installées dans le jardin, à l'arrière, permettent de jouir d'une superbe vue vers le nord et les montagnes du pays Quiché. Les cinq chambres, d'une propreté impeccable, sont décorées avec goût. Les trois chambres avec s.d.b. commune coûtent 10 $US pour une ou deux personnes (7,5 $US si vous restez deux nuits ou plus). Les deux autres, plus spacieuses, avec s.d.b., valent 14/17 $US et peuvent accueillir deux ou trois personnes. Les agréables propriétaires, Emilsa et Pedro Macario, parlent anglais et espagnol.

Où se loger – catégorie moyenne

L'*Hotel Chugüilá* (☎ 756-1134, fax 756-1279), 5a Avenida 5-24, est charmant. La plupart de ses 36 chambres de style colonial sont équipées de s.d.b., certaines ont des cheminées et il y a même quelques suites de deux chambres ainsi qu'un restaurant. Compte tenu des prestations, les prix sont très raisonnables : 15/19/24 $US pour une simple/double/triple, 31/36/41 $US avec s.d.b.

Le *Maya Lodge* (☎ 756-1167), sur la place principale, loue 10 chambres assez sombres mais équipées de douches propres. Situé en plein cœur du marché, cet établissement sans grand attrait, malgré quelques touches coloniales, est néanmoins confortable quoique trop cher à 17/27 $US les simples/doubles, ou 24/32 $US avec s.d.b.

Où se loger – catégorie supérieure

Le meilleur hôtel de la ville est aussi l'un des plus agréables du Guatemala. Dans une rue calme, le *Mayan Inn* (☎ 756-1176, fax 756-1212), 8a Calle A et 3a Avenida, à quelques pas au sud-ouest de la place, fut fondé en 1932 par Alfred S. Clark de Clark Tours. Depuis, il s'est agrandi et comprend plusieurs maisons coloniales restaurées, avec leurs patios plantés de végétation tropicale exubérante et leurs murs tapissés de tissus traditionnels. Les 30 chambres, toutes avec cheminée, sont ravissantes avec leurs meubles anciens richement sculptés. Les s.d.b. (beaucoup avec baignoire) sont quelque peu vieillottes mais bien entretenues. Un membre du personnel est désigné pour vous aider à porter vos bagages et même vous servir à table, sans oublier de veiller sur votre chambre, car les portes ne ferment pas à clé (78/90/ 108 $US en simple/double/triple).

L'*Hotel Santo Tomás* (☎ 756-1316, fax 756-1306, hst@guate.net), 7a Avenida 5-32, à deux pas à l'est de la plaza, est un bâtiment à l'architecture et à la décoration coloniales, mais néanmoins moderne par sa construction et ses installations. C'est une des adresses préférées des agences de voyages organisés. Les 43 chambres, dotées d'une cheminée et d'une s.d.b. avec baignoire, donnent sur de jolis patios ornés de fontaines. L'hôtel possède en outre une piscine, un jacuzzi, un bar et un restaurant agréables (66/78/96 $US la simple/double/triple).

A 1 km au sud de la grand-place, L'*Hotel Villa Grande* (☎ 756-1053, 756-1236, fax 756-1140) borde la route. Ses maisons basses aux toits de tuiles, à flanc de colline, abritent 75 chambres et suites modernes. Ce complexe (également centre de congrès) jouit d'un beau panorama et comporte une piscine et un restaurant. Les chambres classiques sont quelconques, mais les suites disposent d'une cheminée et d'un patio qui ouvre sur une vue dégagée. Comptez 72/80 $US pour une simple/double et 105/112 $US pour une suite. Dix minutes d'une agréable promenade suffisent pour atteindre le centre-ville.

Où se restaurer – petits budgets

Le dimanche et le jeudi, restaurez-vous avec les forains aux échoppes installées au cœur du marché. Il n'y a pas plus économique. Les autres jours, partez à la découverte des petits comedores situés près de la poste et du bureau de Guatel, dans la 7a Avenida.

Le *Restaurant La Fonda del Tzijolaj*, à l'étage du Centro Comercial Santo Tomás, du côté nord de la place, vous offre une jolie vue, un décor agréable, une nourriture tout à fait correcte et des prix raisonnables (2 à 3 $US pour un petit déjeuner, le double pour un déjeuner ou un dîner). Il est fermé le mardi. Vous trouverez plusieurs autres restaurants dans le centre commercial. A *La Villa de los Cofrades* vous pouvez passer quelques heures à jouer aux dames et au backgammon et boire le meilleur café de la ville. C'est un endroit très fréquenté qui propose des petits déjeuners pour 2,50 $US environ, des déjeuners et des dîners pour 4 $US.

La cour intérieure du Centro Comercial Santo Tomás accueille des étals de fruits et légumes les jours de marché et fait office de terrain de basket le reste du temps. A l'étage, surplombant le marché de la cour, la *Cafetería Buenaventura*, propre et agréable, est l'un des restaurants les moins chers de la ville.

Située en étage, à l'angle de la 6a Calle et de la 5a Avenida, la *Villa de los Cofrades Nº2* (entrée par la 6a Calle) sert un délicieux café et une cuisine succulente. Un repas copieux composé de plusieurs plats revient à 4/6 $US, mais on peut manger pour moins cher. Certaines tables, installées sur le balcon, surplombent la rue du marché.

Le *Restaurant Tziguan Tinamit*, au coin de la 6 Calle et de la 5a Avenida, tire son appellation du nom maya quiché de Chichicastenango. Il est très populaire auprès des habitants de la ville et des étrangers et ouvre toute la journée, tous les jours.

Près de l'Hospedaje Salvador, le *Restaurant La Parrilla*, à l'angle de la 5a Avenida Arco Gucumatz et de la 10a Calle, est un bon petit restaurant de grillades au feu de bois à prix modiques. Un repas copieux comportant viande grillée, riz, salade, soupe et pain ou tortillas revient à 3/5 $US. Le petit déjeuner est meilleur marché. A quelques pas, le *Restaurant La Casa del Pueblo*, 5a Avenida Arco Gucumatz 9-81, jouit lui aussi d'une bonne réputation.

La *Pensión Chugüilá* (voir *Où se loger*) est l'un des endroits les plus agréables de la ville ; vous y rencontrerez toujours quelques autres voyageurs avec lesquels partager vos expériences (plats à 5 $US).

Où se restaurer – catégorie moyenne

Les trois salles de restaurant du *Maya Inn*, 8a Calle A et 3a Avenida, dans une rue tranquille à quelques pas au sud-ouest de la place, s'ornent de murs jaune pâle décorés de textiles de la région, avec des poutres au plafond, des sols en tommettes rouges et des meubles coloniaux. Les serveurs portent des costumes traditionnels s'inspirant des vêtements que portaient les agriculteurs espagnols à l'époque coloniale : coiffes colorées, large ceinture de toile, tunique noire aux broderies multicolores, pantalons arrivant à mi-mollet et sandales de cuir appelées *caïtes*.

Le menu du jour vaut 6 $US au petit déjeuner et 12 $US au déjeuner et au dîner, boissons et pourboire non compris.

L'*Hotel Santo Tomás*, 7a Avenida 5-32, à deux pas à l'est de la place, dispose d'un bon restaurant, souvent pris d'assaut par les groupes organisés. Essayez d'obtenir l'une des agréables tables installées dans la cour où vous pourrez profiter du soleil et de l'orchestre de marimba qui joue à l'heure du déjeuner les jours de marché.

GUATEMALA

Comment s'y rendre

Bus. Il n'existe pas de véritable gare routière à Chichi. Les bus partant vers le sud, pour Guatemala Ciudad, Panajachel, Quetzaltenango ou toute autre localité desservie par l'Interamericana, arrivent et partent de la 5a Calle, à l'angle de la 5a Avenida Arco Gucumatz, Zona 1, à deux pas de l'arche. Les bus qui se dirigent vers le nord et Santa Cruz del Quiché ont leur terminus à l'angle de la 5a Avenida Arco Gucumatz. Tous les bus en direction du sud pourront vous déposer à Los Encuentros, d'où vous pourrez emprunter une correspondance.

Antigua – 170 km, 3 heures 30 ; prenez un bus pour Guatemala Ciudad et changez à Chimaltenango.

Guatemala Ciudad – 144 km, 3 heures 30, 2,50 $US ; bus toutes les 20 minutes, de 3h30 à 18h.

Los Encuentros – 17 km, 30 minutes, 0,50 $US ; prenez un bus pour Guatemala Ciudad, Panajachel, Quetzaltenango, etc.

Nebaj – 103 km, 4 heures 30, 2,50 $US ; deux bus par jour. Vous pouvez aussi prendre un bus pour Santa Cruz del Quiché, puis une correspondance.

Panajachel – 37 km, 1 heure 30, 1,65 $US ; 11 bus par jour (à peu près toutes les heures), de 4h30 à 14h30. Ou encore, prenez un bus vers le sud et changez à Los Encuentros.

Quetzaltenango – 94 km, 3 heures, 6 $US ; 7 bus par jour, surtout le matin. Ou bien, prenez un bus vers le sud et changez à Los Encuentros.

Santa Cruz del Quiché – 19 km, 30 minutes, 0,50 $US ; bus toutes les 20 minutes, de 6h à 21h.

Minibus. Les jours de marché, des minibus chargés de touristes affluent de Panajachel, Antigua, Guatemala Ciudad et Quetzaltenango. Ils arrivent en ville en milieu de matinée, se garent devant l'Hotel Santo Tomás et repartent vers 14h. Il est souvent possible de quitter Chichi à leur bord, même si l'on n'a pas fait le trajet aller.

A Chichi, deux compagnies de minibus proposent leurs services : Chichi-Tours (☎ 756-1134, 756-1008), à l'angle de la 5a Calle et de la 5a Avenida Arco Gucumatz, Zona 1, et K'umarcaaj Tours (☎ 756-1226), 6a Calle 5-70, Local 1, Zona 1. Avec un minimum de 3 passagers (ou le paiement correspondant), Chichi-Tours assure n'importe quel trajet, y compris à destination des ruines de K'umarcaaj, près de Santa Cruz del Quiché.

SANTA CRUZ DEL QUICHÉ

13 000 habitants

Le chef-lieu du département du Quiché (2 020 m) se trouve à 19 km au nord de Chichicastenango. Lorsque vous sortez de Chichi en direction du nord, par la 5a Avenida, vous passez sous l'Arco Gucumatz, un pont en arc construit en 1932 et portant le nom du fondateur de K'umarcaaj.

Santa Cruz – couramment appelée "El Quiché" ou "Quiché" – est une ville plus tranquille et plus typique du Guatemala rural que Chichicastenango. Petite localité où l'on s'oriente facilement, vous n'y rencontrerez guère de touristes, mais les rares visiteurs sont bien accueillis.

La plupart des voyageurs qui viennent à Quiché arrivent de Chichi ou s'y arrêtent sur leur itinéraire vers les lieux reculés des Hautes Terres ou les ruines de K'umarcaaj (Utatlán). Pour visiter ces dernières, partez le matin de bonne heure car il faut souvent faire le trajet aller-retour à pied. Vous pouvez aussi prendre un taxi en ville.

Orientation

Tous les services dont vous avez besoin sont regroupés autour de l'église, elle-même à l'est de la plaza principale, appelée Parque Central. La gare routière se trouve à cinq pâtés de maisons au sud et à deux pâtés de maisons à l'est de l'église. Le marché découvert se tient à quelques dizaines de mètres à l'est de cette dernière.

A l'angle nord-ouest de la plaza, le Banco Industrial change les dollars américains en espèces ou en chèques de voyage et délivre des avances sur les cartes Visa et MasterCard.

K'umarcaaj

Les ruines de l'ancienne capitale maya quiché se trouvent à 3 km à l'ouest d'El Quiché, sur une route de terre. Sortez de la ville par la 10a Calle et n'hésitez pas à demander votre chemin.

La chemin n'est pas indiqué et il n'existe pas de transport régulier. Toutefois, vous pouvez louer un taxi en ville. Si vous avez de la chance, vous parviendrez à vous faire emmener par des touristes motorisés. L'entrée du site est modique.

Le royaume du Quiché, issu d'un mélange entre les populations locales et les envahisseurs mexicains, fut fondé à la fin de l'époque post-classique (vers le XIVe siècle). Vers 1400, le roi Gucumatz établit sa capitale à K'umarcaaj et conquit de nombreuses villes voisines. Pendant le long règne de son successeur, Q'uikab (1425-1475), le royaume du Quiché repoussa ses frontières jusqu'à Huehuetenango, Sacapulas, Rabinal et Cobán, étendant même sa domination sur les habitants de la région mexicaine du Soconusco.

Au cours du XVe siècle, les Cakchiquel, peuple vassal autrefois allié des Quiché, se rebellèrent contre leurs anciens seigneurs et installèrent leur capitale à Iximché.

Pedro de Alvarado et ses conquistadores entrèrent au Guatemala en 1524 et ce furent les Quiché, emmenés par leur roi Tecún Umán, qui organisèrent la défense du pays. Lors de la bataille décisive qui eut lieu près de Quetzaltenango le 12 février 1524, Alvarado et Tecún se retrouvèrent face à face et se livrèrent un combat à mort, dont Alvarado sortit vainqueur. Tecún Umán mort, les Quiché vaincus invitèrent Pedro de Alvarado à visiter leur capitale, où ils avaient secrètement prévu de le tuer. Flairant le piège, Alvarado requit l'aide de ses alliés mexicains et des Cakchiquel, farouches opposants des Quiché, et captura les chefs de ces derniers. Il les fit brûler vifs, s'empara de K'umarcaaj (appelée Utatlán par les Mexicains) et la détruisit.

L'histoire est plus intéressante que les ruines dont il ne reste guère plus que quelques monticules recouverts d'herbe. Sur la centaine de vastes structures repérées par les archéologues, on ne peut en distinguer que six qui n'inspirent pas grand-chose aux profanes. Toutefois, entouré de ces profonds ravins défensifs qui ne sauvèrent point la ville, le site est un merveilleux endroit pour pique-niquer à l'ombre de grands arbres. Des prêtres indiens perpétuent le souvenir des anciens Quiché, faisant des ruines de K'umarcaaj un lieu de rite. Le long tunnel (*cueva*) situé sous la plaza sert fréquemment aux prières et aux sacrifices de poulets.

Où se loger et se restaurer

A deux pas au sud de l'église, l'*Hotel San Pascual* (☎ 755-1107), 7a Calle 0-43, Zona 1, propre et agréable, est tenu par une "señora" dynamique, qui dirige aussi une école de dactylographie, installée dans une pièce donnant sur le hall. Dans ce sympathique hôtel, les clients se retrouvent le soir devant le poste de télévision. Comptez 4/6/8 $US pour une simple/double/triple, ou 6/10/14 $US avec s.d.b.

Propre et moderne, l'*Hotel Rey K'iche*, 8a Calle 0-39, Zona 5, s'élève à mi-chemin de la gare routière et de la plaza. Construit en 1996, il comporte cinq chambres à 6,65 $US par personne et 20 autres avec s.d.b. (certaines avec TV couleur) à 10 $US par personne.

Au sud de l'église, le *Comedor Fliper*, 1a Avenida 7-31, est un petit restaurant bon marché, accueillant, et propre. Les clients de l'Hotel San Pascual viennent souvent y prendre leurs repas. Il ouvre tous les jours de 7h à 21h.

A l'ouest de la plaza, le *Restaurante El Torito Steak House*, 4a Calle, offre des petits déjeuners, des hamburgers et des sandwiches pour 2 $US. Sa spécialité, le filet mignon, revient à 4,50 $US et un repas complet à 6 $US. Il ouvre tous les jours. A quelques pâtés de maison au nord-ouest de l'église, *La Casona*, 2a Calle, entre les 4a et 5a Avenidas, est également très fréquentée.

Comment s'y rendre

De nombreux bus assurant la liaison entre Guatemala Ciudad et Chichicastenango continuent leur route jusqu'à El Quiché (cherchez la mention "El Quiché" ou tout simplement "Quiché"). Le dernier bus partant d'El Quiché vers le sud, en direction de Chichicastenango et de Los Encuentros, quitte la ville en milieu d'après-midi.

El Quiché constitue le centre routier des régions faiblement peuplées et quelque peu isolées du nord du Quiché, qui s'étendent jusqu'à la frontière mexicaine.

La gare routière est à quelques centaines de mètres au sud-est de la plaza.

Chichicastenango – 19 km, 30 minutes, 0,50 $US ; prenez un bus à destination de Guatemala Ciudad.

Guatemala Ciudad – 163 km, 3 heures 30, 1,65 $US ; bus toutes les 20 minutes de 3h à 16h.

Nebaj – 84 km, 4 heures, 1,65 $US ; bus à 8h, 10h, 12h30, 13h et 15h30. Vous pouvez aussi prendre un bus pour Sacapulas, puis une correspondance.

Sacapulas – 50 km, 1 heure 30, 1,15 $US ; bus toutes les heures de 9h à 16h. Ou bien, prenez un bus pour Nebaj ou Uspantán.

Uspantán – 90 km, 6 heures, 2 $US ; bus à 10h, 11h, 12h et 13h. Vous pouvez aussi prendre un bus pour Sacapulas, puis une correspondance.

NEBAJ
9 000 habitants

Perchés sur les hauteurs des Cuchumatanes, se trouvent le village maya ixil de Nebaj et les localités voisines, Chajul et Cotzal. Le paysage est d'une beauté époustouflante et les habitants, qui vivent à l'écart des influences télévisuelles et citadines, préservent avec fierté leur mode de vie ancestral. Les femmes de Nebaj portent de superbes huipiles ; leur artisanat, essentiellement textile, est magnifique.

La situation de Nebaj, dans ce repaire montagneux, fut tout à la fois une bénédiction et son contraire. Les Espagnols éprouvèrent des difficultés à conquérir le village et, lorsqu'ils y parvinrent, ils décimèrent les habitants. Plus récemment, la guérilla ayant fait de la région une base d'opérations, l'armée a adopté d'inqualifiables mesures afin de la déloger. Nombre de petits villages ont été anéantis et les survivants regroupés dans des "hameaux stratégiques".

Les voyageurs viennent à Nebaj pour le paysage, la culture locale, l'artisanat, le marché (jeudi et dimanche) et pour la fête annuelle de la deuxième semaine d'août.

Une fois à Nebaj, une agréable promenade s'offre à vous : quittez le village par la route de Chajul. Après 10 à 15 minutes de marche, vous atteignez un pont qui enjambe une petite rivière. Tournez à gauche juste avant et suivez, pendant 45 minutes/1 heure, une petite route de gravillons qui longe la rivière. Vous passerez devant plusieurs cascades avant d'atteindre une grande chute d'eau de 25 m de hauteur.

Où se loger et se restaurer
La plus connue, la *Pensión Las Tres Hermanas*, demande 1 $US pour un lit et le même prix pour un repas. Aucune pancarte ne l'indique, mais les enfants du village vous y conduiront à votre descente du bus. L'*Hospedaje de la Esperanza* revient à 2,50 $US la nuit, avec suppléments pour les serviettes de toilette, l'eau chaude, etc. Un nouvel hôtel, plus cher mais très agréable, vient d'ouvrir. Enfin, la *Pensión Las Gemelitas* ou l'*Hotel Ixil* peuvent également vous accueillir.

Comment s'y rendre
Les bus en provenance de Santa Cruz del Quiché, Huehuetenango, Sacapulas et Cobán desservent Nebaj. Des camions offrent également un passage pour un prix équivalent.

De Cobán, vous devrez changer plusieurs fois de bus : il faut 5 heures pour atteindre Uspantán, 3 heures d'Uspantán à Sacapulas et 2 heures 30 de Sacapulas à Nebaj. Il est plus facile d'atteindre Nebaj au départ de Huehuetenango ou de Santa Cruz del Quiché, *via* Sacapulas, les bus étant plus fréquents.

USPANTÁN
2 800 habitants

Uspantán est un petit village entre Sacapulas et Cobán. C'est dans les montagnes environnantes qu'a grandi Rigoberta Menchú, lauréate du Prix Nobel de la Paix en 1992. Ceux qui ont lu ses livres seront sans doute désireux d'y séjourner. Si vous voyagez en bus, vous pouvez être amené à passer une nuit à Uspatán.

La très agréable *Pensión Galindo*, à trois pâtés de maisons de l'église et de la plaza, demande 2,50 $US pour la nuit. Dans la même rue, le *Comedor Central* est rudimentaire, mais bon.

Deux bus quotidiens partent d'Uspantán pour Sacapulas, à 3h et 21h. Il faut 3 heures pour couvrir les quelque 40 km de la mauvaise route qui relie les deux villes.

Les Hautes Terres du Sud-Ouest

Contrairement aux régions proches de Guatemala Ciudad, les départements de Quetzaltenango, Totonicapán et Huehuetenango sont plus montagneux et moins fréquentés par les touristes. Pourtant, les paysages y sont tout aussi superbes, la culture locale aussi prononcée et fascinante.

Si vous passez par le poste frontière de La Mesilla, vous apprécierez de faire une halte, bien méritée après de longues heures de voyage, dans l'une de ces trois villes qui offrent d'intéressantes possibilités d'excursions.

Parmi les sites touristiques les plus intéressants de cette région, citons Quetzaltenango, la seconde ville du pays ; non loin de là, le charmant village de Zunil, avec ses sources chaudes, les Fuentes Georginas ; Totonicapán, chef-lieu de département, célèbre pour son artisanat ; le marché du vendredi à San Francisco El Alto ; les artisans de Momostenango qui fabriquent des couvertures et la cité maya restaurée de Zaculeu, dans les environs de Huehuetenango. Quetzaltenango commence à se faire un nom dans l'enseignement de la langue espagnole, et ses écoles attirent des étudiants du monde entier.

CUATRO CAMINOS

Depuis Los Encuentros, en direction de l'ouest, l'Interamericana serpente toujours plus haut dans les montagnes, la température se rafraîchit et chaque tournant vous révèle des paysages plus spectaculaires les uns que les autres. Après 58 km, vous arrivez au grand carrefour de Cuatro Caminos (Quatre Chemins). La route en direction de l'est mène à Totonicapán (12 km), celle de l'ouest à Quetzaltenango (13 km) et celle du nord (tout droit) à Huehuetenango (77 km). Des bus passent à Cuatro Caminos depuis/vers Totonicapán et Quetzaltenango environ toutes les demi-heures, de 6h à 18h.

TOTONICAPÁN
9 000 habitants

Si vous souhaitez visiter une jolie ville de ces Hautes Terres du Sud-Ouest, agréable et peu fréquentée par les touristes, San Miguel Totonicapán (2 500 m) est l'endroit rêvé. Des bus relient fréquemment le centre-ville à Quetzaltenango, *via* Cuatro Caminos, tout au long de la journée.

Depuis Cuatro Caminos, la route emprunte une vallée magnifique semée de pins. Aux abords de la ville, vous dépassez un grand hôpital sur votre gauche et, après avoir fait le tour de l'imposante fontaine Minerva, vous entrez dans Totonicapán par la 17a Avenida.

Sur la place principale se dressent l'inévitable grande église de style colonial et le théâtre municipal néo-classique, construit en 1924 et récemment restauré. Les bus vous déposent sur la place (parque).

Le marché, plus destiné aux locaux qu'aux touristes, a lieu les mardi et samedi jusque tard dans la matinée.

A deux kilomètres du parque se trouvent les sources chaudes d'Agua Caliente, lieu de baignade populaire fréquenté par les habitants de Totonicapán.

Casa de la Cultura Totonicapense

Ce centre culturel (☎ /fax 766-1575), 8a Avenida 2-17, Zona 1, à gauche de l'Hospedaje San Miguel, présente des expositions sur la culture et l'artisanat indiens.

Pour les touristes, le musée organise "A la rencontre des artisans", une passionnante journée de découverte des artisans et des familles de la région. Conçu en 1991 à l'initiative des artisans de la communauté quiché et réalisé par le Sr Carlos Umberto Molino, directeur de la Casa de la Cultura Totonicapense, ce programme constitue l'activité la plus intéressante de la ville. De 10h à 16h environ, vous rencontrez des artisans – fabricants de jouets, de masques et d'instruments de musique en bois, potiers, tisserands, musiciens. Vous pouvez les regarder travailler, écouter leur musique, admirer leurs danses, découvrir leur mode de vie et déguster la cuisine familiale à l'heure du déjeuner. Le prix de la journée dépend du nombre de participants (42 $US par personne pour un groupe de quatre, 20 $US pour un groupe de 15 ou plus). L'argent est versé directement aux artisans et musiciens qui vous accueillent. Vous pouvez prolonger cette découverte et passer la nuit dans une famille moyennant 15 $US par personne, repas compris.

La Casa de la Cultura propose également d'autres circuits organisés, moins chers mais tout aussi intéressants, comme la visite guidée de Totonicapán (4/8 $US par personne) ou de la campagne environnante (de 5/12,50 $US par personne selon la taille du groupe).

Fêtes et festivals

Totonicapán célèbre la Fiesta de Esquipulas le 15 janvier à Cantón Chotacaj, à 3 km du parque.

Le 8 mai, la fête de l'Apparition de l'archange Saint Michel donne lieu à des feux d'artifice et à des danses traditionnelles. Les danses sont encore à l'honneur le dernier dimanche du mois de juin, à l'occasion du Festival de danse traditionnelle qui se tient de 9h à 14h sur la Plaza Central.

Du 24 au 30 septembre, vous pouvez assister à la Feria Titular de San Miguel Arcángel (fête patronale de l'archange Saint Michel), dont la principale célébration intervient le 29 septembre.

Où se loger

En entrant dans la ville, un pâté de maisons avant d'arriver au Parque, vous trouverez sur votre gauche l'*Hospedaje San Miguel*

(☎ 766-1452), 3a Calle 7-49, Zona 1. Cet hôtel correct offre un bon rapport qualité/prix à 5/10 $US la simple/double, ou 6/11 $US avec s.d.b. Les chambres triples avec s.d.b. sont souvent plus spacieuses. L'alimentation en eau chaude est assurée par des chauffe-eau ; vous risquez donc peu de surprises désagréables.

QUETZALTENANGO
90 000 habitants

Ses habitants mayas quiché l'appellent Xelajú, ou simplement Xela (SHAY-la), nom original du site avant l'arrivée des conquistadores espagnols et de la construction de la ville. Quetzaltenango (2 335 m) est le centre commercial du sud-ouest du Guatemala. Deuxième ville du pays et patrie des Mayas Quiché, elle est dominée au sud par le volcan Santa Maria (3 772 m) et, au sud-ouest, par le Santiaguito (2 488 m), toujours en activité.

Offrant un bon choix d'hôtels à tout prix, Xela est un excellent point de départ pour des excursions vers les villes et les villages voisins, célèbres pour leur artisanat et leurs sources d'eaux chaudes.

Histoire

Quetzaltenango passa sous la domination des Mayas Quiché de K'umarcaaj lorsque commença leur grande expansion, au cours du XIVe siècle. Jusque-là, la ville appartenait aux Mayas Mam. L'histoire de Tecún Umán, le puissant chef quiché, et de Pedro de Alvarado est décrite dans la rubrique *K'umarcaaj* de la section *Santa Cruz del Quiché*.

Vers le milieu du XIXe siècle, lorsque fut créée la Fédération d'Amérique centrale, Quetzaltenango décida tout d'abord de se fédérer au Chiapas et au Mexique. Puis, ayant renversé ses alliances, la ville rallia la Fédération et devint partie intégrante du Guatemala en 1840.

Quetzaltenango prospéra grâce à l'essor du café qui marqua la fin du XIXe siècle. C'est là que venaient s'approvisionner les propriétaires de plantations et que les courtiers en café installèrent leurs entrepôts. La situation était florissante et la ville s'enri-

GUATEMALA

1 Terminal Minerva
2 Marché et champ de foire
3 Temple de Minerva
4 Centro Universitario
5 Arrêt des bus longue distance
6 Centro Comercial Mont Blanc, Credomatic
7 Transportes Alamo
8 Arrêt des bus longue distance
9 Autobuses Galgos
10 Mercado La Democracia
11 Líneas América
12 Monumento a la Marimba
13 Arrêt des bus
14 Blue Angel Video Cafe
15 Bus pour Almolonga
16 Mirador La Pedrera

Vers San Marcos

Parque Zoológico Minerva

Canal

6a Calle

Diagonal 14

ZONA 3

Hipódromo Municipal

Calzada Sinforoso Aguilar

Calle Rodolfo Robles

24a Av

23a Av

22a Av

21a Av

20a Av

19a Av

18a Av

17a Av

16a Av

1a Calle

Diagonal 11

Diagonal 12

Cementerio

Parque (Children's Playground)

Diagonal 13

ZONA 1

11a Calle

Voir la carte du centre de Quetzaltenango

15a Av

14a Av-A

14a Av

13a Av

12a Av

14a Calle

1a Calle

11a Calle

8a Calle

7a Calle

Parque Centroamérica

Estadio Campogeco

14a Av

4a Calle

5a Calle

6a Calle

7a Calle

8a Calle

9a Calle

1a Calle

5a Calle

13a Av

12a Av

Vers Zunil, Retalhuleu

6a Av

5a Av

3a Av

4a Av

2a Av

Av. El Cenizal

Av. Jesús Castillo

1a Av (Calzada Independencia)

7a Calle (Calle Cuesta Blanca)

6a Calle

5a Calle

4a Av

3a Av

1a Calle

ZONA 2

Río Seco

Templo Uodos (a) Unión

1a Calle

7a Calle

5a Av

Calle Grito Flores

Diagonal 2

Quetzaltenango

0   200   400 m

Vers Cuatro Caminos et l'Interaméricana

chissait lorsque survint une double catastrophe ; un tremblement de terre et une éruption volcanique causèrent d'innombrables dégâts et mirent un terme à cette croissance spectaculaire.

Par sa situation à l'intersection des routes menant vers la côte Pacifique, le Mexique et Guatemala Ciudad, la ville conserve, encore aujourd'hui, une certaine prospérité et est redevenue un centre de commerce animé, fréquenté par les Indiens et les Métis.

Orientation

Au cœur de Xela se trouve le Parque Centroamérica. Ombragée de vieux arbres, agrémentée de monuments néo-classiques, la place est entourée des principaux édifices de la ville. La plupart des hôtels se trouvent à courte distance du parque.

Quetzaltenango compte plusieurs gares routières. La plus grande et la mieux desservie est le Terminal Minerva de 2e classe, située dans les faubourgs ouest, près du Parque Minerva, dans la 6a Calle, Zona 3, à côté du marché. Les bus n°2 et n°6 font la navette entre la gare routière et le Parque Centroamérica ; repérez la mention "Terminal" ou "Parque" sur leur pare-brise. Les compagnies routières de 1re classe disposent de leurs propres gares. Pour plus de renseignements, voir *Comment s'y rendre*, plus loin dans ce chapitre.

Renseignements

Office du tourisme. L'office du tourisme INGUAT (☎ 761-4931) est situé dans l'aile droite de la Casa de la Cultura (ou Museo de Historia Natural), à l'extrémité sud du Parque Centroamérica. Il est ouvert du lundi au vendredi de 8h à 13h et de 14h à 17h, et le samedi de 8h à 12h (fermé le dimanche). Il distribue des cartes gratuites.

L'Alliance française se trouve 14a Avenida A, n°A-20, Zona 1, Apartado 312, 09901 Quetzaltenango (☎ 761 4076).

Consulat. Le consulat du Mexique (☎ 763-1312 à 1315), 9a Avenida 6-19, Zona 1, ouvre du lundi au vendredi de 8h à 11h et de 14h à 15h.

Argent. La plupart des banques sont rassemblées sur le Parque Centroamérica. Le Banco de Occidente, installé dans le superbe bâtiment au nord de la plaza, et Construbanco, sis à l'est, changent les dollars américains en espèces ou en chèques de voyage et délivrent des avances sur les cartes Visa. Le Banco Industrial, à l'est de la plaza, est équipé d'un distributeur de billets acceptant la carte Visa, accessible 24h/24.

Dans le Centro Comercial Mont Blanc, le Credomatic (☎ 763-5722), 4a Calle 18-01, Zona 3, délivre des espèces sur les cartes Visa et MasterCard.

Poste et communications. La poste se trouve 4a Calle 15-07, Zona 1. Tout près, le bureau de téléphone Guatel est en étage dans le petit centre commercial, à l'angle de la 15a Avenida et de la 4a Calle. Il ouvre tous les jours.

Plusieurs autres établissements offrent un service international de téléphone et de fax, de courrier électronique et de connection Internet. Parmi eux, figurent :

Alfa Internacional, 15a Avenida 3-51, Zona 1.
Alternativos, 16a Avenida 3-35, Parque Benito Juárez, Zona 3.
Arytex, au-dessous de la Casa de la Cultura, Parque Centroamérica, Zona 1.
International Speed Calls, 15a Avenida 5-22, Zona 1.
Maya Communications, Bar/Salon Tecún, Pasaje Enriquez, près du Parque Centroamérica, Zona 1.
The Green House, 12a Avenida 1-40, Zona 1.

Librairies. Faites un tour à la librairie Vrisa, 15a Avenida 0-67, Zona 1, où vous trouverez un grand choix de livres d'occasion (en anglais). Un déménagement est prévu : renseignez-vous. Le Blue Angel Video Cafe (voir la rubrique *Où se restaurer*) vend également des livres, des magazines internationaux et des cartes postales.

Blanchisserie. La Lavandería Mini-Max, 14a Avenida C47, au niveau de 1a Calle, fait face au Teatro Municipal. Vous pouvez aussi vous rendre à la Lavandería El Centro, 15a Avenida 3-51, Zona 1, ou à la Lavandería Pronto, 7a Calle 13-25A, Zona 1. Il vous en coûtera 1 $US pour une machine et autant pour le séchage.

Parque Centroamérica
Le parque et les édifices qui l'entourent constituent à peu près tout ce qu'il faut voir à Xela. Vous pouvez commencer votre circuit par le côté sud et faire le tour de la place dans le sens inverse des aiguilles d'une montre. La Casa de la Cultura abrite le **Museo de Historia Natural**, dont les expositions sont consacrées aux Mayas, à la révolution libérale qui marqua la vie politique de l'Amérique centrale ainsi qu'à l'Estado de Los Altos, dont Quetzaltenango fut la capitale. Les marimbas, le tissage, la taxidermie ainsi que de nombreuses traditions locales y ont également leur place. Ce musée haut en couleurs est véritablement fascinant. Il ouvre du lundi au vendredi, de 8h à 12h et de 2h à 18h, et le samedi, de 9h à 13h (entrée : 1 $US).

Derrière l'angle sud-est du parque se cache un petit **marché** dédié à l'artisanat et aux petits objets quotidiens, une bonne adresse pour les achats.

La **cathédrale**, qui tombait en ruine, a été reconstruite au cours des dernières décennies. La façade d'origine de style colonial précède un sanctuaire moderne.

L'hôtel de ville ou **Municipalidad**, près de la Pensión Bonifaz à l'angle nord-est du parque, perpétue le style néo-classique grandiose, symbole de culture et de raffinement dans ce pays de montagnes sauvages.

Sur le côté ouest du parque, entre les 4a et 5a Calles, s'ouvre le magnifique **Pasaje Enríquez**, construit pour accueillir d'élégantes boutiques ; sa décrépitude tient au faible attrait des habitants pour le commerce de luxe.

Au coin sud-ouest du parque, à l'angle de la 12a Avenida et de la 7a Calle, le **Museo del Ferrocarril de los Altos** s'intéresse à la voie de chemin de fer qui reliait jadis Xela à Retalhuleu. Le premier étage est essentiellement consacré à l'art moderne et aux écoles d'art, de danse et de

marimba. Les horaires et le droit d'entrée sont identiques à ceux du Museo de Historia Natural.

Autres curiosités
Vous pouvez emprunter la 14a Avenida jusqu'à la Calle en direction du nord pour découvrir l'imposant **Teatro Municipal** néoclassique, où des spectacles se produisent régulièrement. La salle possède trois balcons, les deux premiers étant réservés aux loges des notables équipées de coiffeuses.

Le **Mercado La Democracia** est situé dans la Zona 3, à dix pâtés de maisons environ au nord-ouest du Parque Centroamérica. Pour y parvenir, suivez la 14a Avenida jusqu'à la 1a Calle (vers le Teatro Municipal), tournez à gauche, puis à droite pour prendre la 16a Avenida ; traversez l'importante artère appelée Calle Rodolfo Robles, le marché se trouve sur votre droite. Il s'agit d'un vrai marché guatémaltèque, où l'on vend des produits frais, de la viande, de l'alimentation générale et toutes choses nécessaires aux citadins et aux villageois.

A moins de 1 km à l'ouest du Parque Centroamérica, près du Terminal Minerva, le **Parque Minerva** abrite le Templo de Minerva. Construit dans le style néo-classique en l'honneur de Minerve, déesse de l'Intelligence, il fut érigé afin d'inciter la jeunesse guatémaltèque à s'élever vers de nouvelles sphères du savoir.

Près du Templo de Minerva, le Parque Zoológico Minerva, zoo équipé d'aires de jeux pour enfants, ouvre du mardi au dimanche, de 9h à 17h. Non loin, s'étend un vaste marché en plein air.

Le Mirador La Pedrera, à 15 minutes de marche du centre, offre une belle vue sur la ville.

Cours
Cours de langue. Ces dernières années, les écoles de langue espagnole de Xela se sont forgées une bonne réputation et attirent des étudiants du monde entier. Contrairement à Antigua, dont la notoriété est plus ancienne, Xela n'est pas encore submergée par les étrangers.

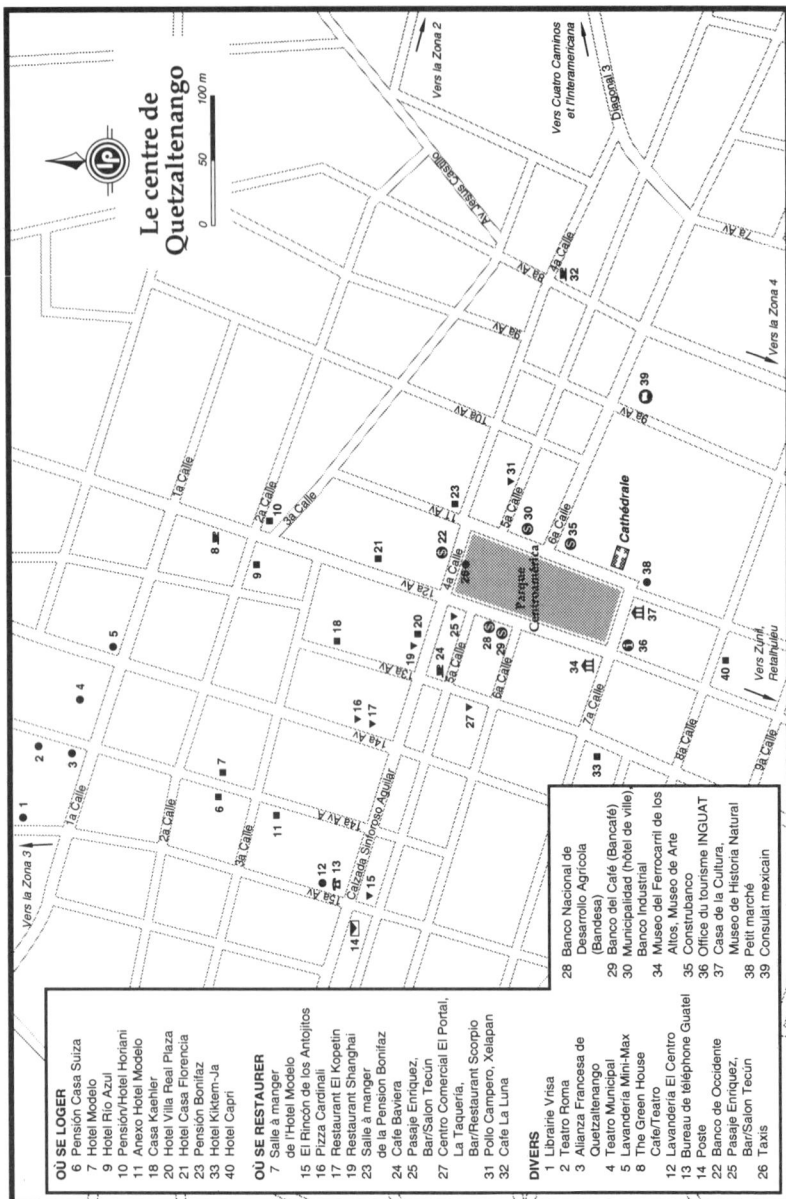

GUATEMALA

Le centre de Quetzaltenango

Vers la Zona 3
Vers la Zona 2
Vers Cuatro Caminos et l'Interamericana
Vers la Zona 4
Vers Zunil, Retalhuleu

Parque Centroamérica

Cathédrale

OÙ SE LOGER
6 Pensión Casa Suiza
7 Hotel Modelo
9 Hotel Río Azul
10 Pensión/Hotel Horiani
11 Anexo Hotel Modelo
18 Casa Kaehler
20 Hotel Villa Real Plaza
21 Hotel Casa Florencia
23 Pensión Bonifaz
33 Hotel Kiktem-Ja
40 Hotel Capri

OÙ SE RESTAURER
7 Salle à manger
   de l'Hotel Modelo
15 El Rincón de los Antojitos
16 Pizza Cardinali
17 Restaurant El Kopetin
19 Restaurant Shanghai
23 Salle à manger
   de la Pension Bonifaz
24 Cafe Baviera
25 Pasaje Enriquez,
   Bar/Salon Tecún
27 Centro Comercial El Portal,
   La Taquería,
   Bar/Restaurant Scorpio
31 Pollo Campero, Xelapan
32 Cafe La Luna

DIVERS
1 Librairie Vrisa
2 Teatro Roma
3 Alianza Francesa de
   Quetzaltenango
4 Teatro Municipal
5 Lavandería Mini-Max
8 The Green House
   Cafe/Teatro
12 Lavandería El Centro
13 Bureau de téléphone Guatel
14 Poste
22 Banco de Occidente
25 Pasaje Enriquez,
   Bar/Salon Tecún
26 Taxis
28 Banco Nacional de
   Desarrollo Agrícola
   (Bandesa)
29 Banco del Café (Bancafé)
30 Municipalidad (hôtel de ville)
   Banco Industrial
34 Museo del Ferrocarril de los
   Altos, Museo de Arte
35 Construbanco
36 Office du tourisme INGUAT
37 Casa de la Cultura,
   Museo de Historia Natural
38 Petit marché
39 Consulat mexicain

La plupart des écoles d'espagnol de Xela participent à des programmes d'action sociale auprès des Mayas Quiché de la région et donnent à leurs élèves l'occasion de s'y impliquer. Les tarifs varient légèrement d'une école à l'autre ; il faut compter 100/110/120 $US par semaine pour 4/5/6 heures d'enseignement par jour, du lundi au vendredi. Ce prix inclut le logement en pension complète dans une famille. Sans l'hébergement, comptez 85 $US par semaine.

Academia Latinoamericana Mayanse (ALM), 15a Avenida 6-75, Zona 1 (Apdo Postal 375) (☎ 761-2877).
Casa Internacional, 3a Calle 10-24, Zona 1 (☎ 761-2660, estrella@c.net.gt).
Centro Bilingüe Amerindia (CBA), 7a Avenida 9-05, Zona 1 (Apdo Postal 381) (☎ /fax 761-8773).
Centro de Estudios de Español Pop Wuj, 1a Calle 17-22, Zona 1 (Apdo Postal 68) (☎ /fax 761-8286, popwujxel@pronet.net.gt).
Desarrollo del Pueblo ("Progrès du peuple", une bonne école), 20a Avenida 0-65, Zona 1 (☎ 761-2932, 763-1190, ☎ /fax 761-6754)
English Club International Language School, Diagonal 4 9-71, Zona 9 (☎ 763-2198). Cours d'espagnol, de quiché et de mam.
Escuela de Español Sakribal, 10a Calle 7-17, Zona 1 (Apdo Postal 164) (☎ /fax 761-5211, sakribal@aol.com).
Guatemalensis Spanish School, 19a Avenida 2-14, Zona 1 (fax 763-2198).
Instituto de Estudios de Español y Participación en Ayuda Social (INEPAS), 15a Avenida 4-59 et 5a Calle, Zona 1 (☎ /fax 765-2584, 765-1308). Les animateurs de l'école parlent français, anglais et espagnol.
Juan Sisay Spanish School, 15a Avenida 8-38, Zona 1 (Apdo Postal 392) (fax 763-1684, bufetej@pronet.net.gt).
Kie-Balam Spanish School, Diagonal 12 4-46, Zona 1 (☎ 761-1636, fax 761-0391).
Proyecto Lingüístico Santa María, 14a Avenida A 1-26 et 1-27, Zona 1 (Apdo Postal 230) (☎ 761-2570, fax 761-8281)
Utatlán Spanish School, 12a Avenida 4-32, Zona 1, Pasaje Enriquez (☎ 763-0446)

Tissage. La Escuela de Tejer (L'école de tissage), Casa Argentina, Diagonal 12, n°8-37, Zona 1, vous offre l'opportunité d'apprendre à tisser sous la houlette de grands maîtres de cet art, issus de diverses

Tissage sur un métier traditionnel, Guatemala

coopératives (50 $US par semaine à raison de deux heures de cours par jour). Vous pouvez séjourner dans une famille d'accueil, sans doute une maison maya traditionnelle où l'on pratique le tissage, pour moins de 5 $US par nuit. Pour de plus amples détails, appelez Bethania à Guatemala Ciudad (☎ 361-2470)

La Cooperativa Santa Ana, à Zunil, organise également des cours de tissage (voir *Les environs de Quetzaltenango* pour plus d'informations).

Volontariat

Xela compte plusieurs organismes sociaux actifs auprès des Maya Quiché et qui recrutent des bénévoles. L'Asociación Hogar Nuevos Horizontes (☎ 761-2608, fax 761-4328), 13a Avenida 8-34, Zona 1, s'occupe de femmes et d'enfants dans le besoin ; Hogar de Esperanza, Diagonal 11 7-38, Zona 1, travaille avec les enfants des rues. De nombreuses écoles de langues conduisent des programmes similaires.

Circuits organisés

Thierry Roquet, un Français devenu Guatémaltèque qui tient le restaurant El Rincón de los Antojitos (voir *Où se restaurer*), organise de nombreux circuits dans la région. Contactez-le dans son restaurant ou à l'école de langues INEPAS. Les patrons de la Casa Kaehler (voir *Où se loger*) proposent également des visites guidées.

Le week-end, la Casa Argentina, Diagonal 12, No 8-37, Zona 1, planifie une excursion de deux jours jusqu'au sommet du Volcán Tajumulco qui, avec ses 4 220 m d'altitude, est le point culminant de l'Amérique centrale.

Où se loger – petits budgets

Les petites pensions se concentrent à l'extrémité nord du Parque Centroamérica, le long de la 12a Avenida, et au sud du parque, derrière la Casa de la Cultura.

Le *Pensión/Hotel Horiani* (☎ 763-0815), 12a Avenida 2-23 (entrée par la 2a Calle), est un hospedaje familial, simple et propre, de six chambres à 3,35/4,20 $US en simple/double. La s.d.b., commune, dispose d'eau chaude.

A quelques pas du Parque Centroamérica et derrière la Casa de la Cultura, l'*Hotel Capri* (☎ 761-4111), 8a Calle 11-39, Zona 1, propose des chambres rudimentaires avec s.d.b. à 4,20 $US par personne. Certaines sont particulièrement sombres ; demandez à voir la chambre avant de vous engager.

La *Pensión Casa Suiza* (☎ 763-0242), 14a Avenida A 2-36, Zona 1, abrite 18 chambres spartiates disposées autour d'une vaste cour et un comedor assez simple. Comptez 5/7,50 $US en simple/double, ou 11/13 $US avec s.d.b. Certains lecteurs se sont plaint du bruit et des manières un peu brusques du personnel.

La *Casa Kaehler* (☎ 761-2091), 13a Avenida 3-33, Zona 1, est une pension de famille vieillotte à l'européenne, avec 7 chambres de formes et de dimensions variées. La n°7, avec s.d.b., est la plus confortable, à 8/10 $US pour 1/2 personnes. Les autres chambres se louent

7/8/9 $US en simple/double/triple. L'endroit est parfait pour les femmes voyageant seules ; il faut sonner pour entrer. La direction vous renseignera sur les divers circuits organisés dans la région. Évitez l'*Hotel Radar 99*, juste à côté.

El Rincón de los Antojitos (voir *Où se restaurer*) offre une chambre située à l'arrière de l'établissement, avec s.d.b. et TV câblée, pour 5/6 $US, ou 6/9,35 $US petit déjeuner inclus. Il dispose en outre de deux spacieux appartements à 10 minutes de marche du centre-ville, à 8,35/59/200 $US la journée/la semaine/le mois. Chacun d'eux possède deux chambres, une cuisine équipée, un salon, une cour et la TV câblée. Le restaurant propose des séjours en familles d'accueil et des circuits organisés. On y parle français et anglais.

Au sud-ouest du parque, le gigantesque *Hotel Kiktem-Ja* (☎ 761-4304) occupe l'Edificio Fuentes, un vieux bâtiment colonial 13a Avenida 7-18, Zona 1. Ses 20 chambres avec s.d.b. sont réparties sur deux niveaux autour d'une cour qui sert de parking et peuvent accueillir jusqu'à 8 personnes. 8 chambres sont équipées d'une cheminée (simples/doubles à 10/13,35 $US).

L'*Hotel Río Azul* (☎ /fax 763-0654), 2a Calle 12-15, Zona 1, semble luxueux comparé à ses voisins. Toutes les chambres sont dotées d'une s.d.b. et certaines de la TV couleur. Le rapport qualité/prix est très correct à 11/14/16 $US en simple/double/triple. On peut prendre le petit déjeuner et le dîner dans l'établissement et garer sa voiture au parking.

Où se loger – catégorie moyenne

Si vous pouvez vous offrir un standing légèrement supérieur, courez à l'*Hotel Modelo* (☎ 761-2529, 763-0216, fax 763-1376), 14a Avenida A 2-31, Zona 1. Tenu par une famille, il propose des petites chambres agréables avec s.d.b., TV câblée et téléphone à 28/32 $US dans le bâtiment principal (3 chambres comportent une cheminée), ou à 18/22 $US dans l'annexe, tout aussi confortable. Le bon restaurant de l'hôtel sert le petit déjeuner de 7h15 à

9h30, le déjeuner de 12h à 14h et le dîner de 18h à 21h.

L'*Hotel Casa Florencia* (☎ 761-2326), 12a Avenida 3-61, Zona 1, à quelques pas de la plaza, est tenu par une gentille señora qui veille à une propreté impeccable. Elle demande 21/25/30 $US en simple/double/triple pour ses 9 chambres très spacieuses avec s.d.b., TV et tapis. Le petit déjeuner est servi dans la salle à manger et l'établissement comporte un parking.

A quelques dizaines de mètres du parque, l'*Hotel Villa Real Plaza* (☎ 761-4045, 761-6270, fax 761-6780), 4a Calle 12-22, Zona 1, offre tout le confort dans ses 60 chambres aérées avec s.d.b., TV câblée et téléphone (42/48 $US en simple/double). Il abrite en outre un restaurant, un bar, un sauna et un parking.

Proche de l'angle nord-est du Parque Centroaméríca, la *Pensión Bonifaz* (☎ 761-2182, 761-2279, fax 761-2850), 4a Calle 10-50, Zona 1, mérite ses quatre-étoiles. Meilleur hébergement de Xela, elle est depuis longtemps plébiscitée par les Guatémaltèques et par les étrangers. Ses 73 chambres à l'ancienne possèdent s.d.b. (certaines avec baignoire), TV câblée et téléphone. Demandez à être logé dans l'ancien bâtiment colonial (par lequel on entre) plutôt que dans l'annexe moderne. L'hôtel comporte un bon restaurant, un bar sympathique et un parking (simples/doubles à 51/57 $US).

L'*Hotel del Campo* (☎ 761-8082, fax 763-0074), Km 224, Camino a Cantel, est le plus vaste et le plus moderne hôtel de Xela. Les 84 chambres avec douche et TV sont décorées de bois naturel et de briques rouges. Les chambres de l'étage inférieur sont parfois sombres : demandez un numéro supérieur à 50. Les tarifs restent raisonnables à 20/31 $US en simple/double. L'hôtel, équipé d'une piscine couverte, est à 4,5 km (10 minutes de route) à l'est du centre-ville, à une courte distance de la route reliant Quetzaltenango à Cuatro Caminos. Repérez les pancartes qui le signalent et indiquent la direction de Cantel.

Où se restaurer

Quetzaltenango offre un tout aussi large choix dans la restauration que dans l'hôtellerie. Les échoppes du petit marché situé à gauche de la Casa de la Cultura sont les moins chères et vous pourrez vous y sustenter pour 1 $US, voire moins.

Agréable bistrot à l'européenne, le *Cafe Baviera*, à l'angle de la 13a Avenida et de 5a Calle, sert un délicieux café, d'excellents petits déjeuners et tous repas, pâtisseries, en-cas et alcools. Il ouvre tous les jours.

Très animé, le minuscule *El Rincón de los Antojitos*, 15a Avenida au niveau de la 5a Calle, Zona 1, prépare une bonne cuisine. La carte est essentiellement guatémaltèque, avec quelques concessions à la cuisine internationale et des plats végétariens. Le pepian (poulet à la sauce au sésame), spécialité indienne de la maison, coûte 5 $US. Le personnel parle français, anglais et espagnol.

Le petit *Cafe La Luna*, à l'angle de la 8a Avenida et de la 4a Calle, Zona 1, est un lieu où il fait bon s'attarder pour siroter un café ou écrire son courrier.

Le *Blue Angel Video Cafe*, 7a Calle 15-22, Zona 1, rendez-vous des étudiants en espagnol, propose une large variété de plats délicieux et sains à prix légers. Toutes les crudités et les légumes sont stérilisés et l'on sert de l'alcool. Le restaurant ouvre tous les jours de 14h à 23h30 (voir la rubrique *Distractions*).

Le *Bar/Salon Tecún*, dans le Pasaje Enriquez à l'ouest du parque, est très fréquenté en soirée par les étrangers. Vous pourrez y déguster une bonne cuisine italienne, choisir parmi un large éventail de boissons et vous faire des amis. Il ouvre tous les jours de 12h à 15h et de 17h à 1h.

La *Pizza Cardinali*, 14a Avenida 3-41, Zona 1, mitonne d'excellentes pizzas et pâtes. Tout près, le *Restaurant El Kopetin*, au n°3-51, vous accueille dans une atmosphère familiale et un décor de bois blond et de nappes rouges. La carte, très variée, propose de tout, des sandwiches à la cubaine au filet mignon, et des alcools. Comptez 5 $US environ pour un repas complet. Ces deux établissements ouvrent tous les jours.

Le Centro Comercial El Portal, 13a Avenida 5-38, Zona 1, abrite plusieurs autres tables. *La Taquería* est un restaurant mexicain très chaleureux aux prix étudiés (repas complet à 2/4 $US). Le *Bar/Restaurant Scorpio* sert des déjeuners et des hamburgers à 2,65 $US, des plats de résistance à 4 $US. La grande cheminée est particulièrement agréable en soirée. Ces deux établissements disposent aussi des tables à l'extérieur, dans le patio.

Le *Restaurant Shanghai*, 4a Calle 12-22, Zona 1, est tout proche du parque. Il prépare une cuisine sino-guatémaltèque : pato (canard), camarones (crevettes) et autres spécialités chinoises à 3,35/5 $US l'assiette.

A deux pas à l'est du parque, le *Pollo Campero*, 5a Calle, offre tous les jours, à prix modiques du poulet pané, des hamburgers et des petits déjeuners. A côté, la boulangerie *Xelapan*, correcte, ouvre tous les jours de 5h15 à 20h.

La salle à manger de l'*Hotel Modelo*, 14a Avenida A 2-31, sert des petits déjeuners et des menus à prix fixe (5,50 $US) au déjeuner et au dîner.

A l'angle nord-est du parque, le restaurant de la *Pensión Bonifaz* (☎ 761-2182, 761-2279, fax 761-2850), 4a Calle 10-50, Zona 1, est le meilleur de la ville. C'est ici que la bonne société vient dîner et se montrer. On y mange bien pour un prix qui, s'il semble élevé par rapport au niveau de vie du Guatemala, n'en reste pas moins très abordable : repas complet avec une boisson pour 12 $US, un sandwich accompagné d'une bière pour 6 $US environ.

Distractions
Le fond de l'air se rafraîchit nettement après le coucher du soleil, ce qui ne donne guère envie de frissonner sur les bancs du Parque Centroamérica. Néanmoins, la place baigne dans une lumière douce et il est agréable de s'y promener le soir.

Le *Green House Cafe/Teatro* (☎ / fax 763-0271), 12a Avenida 1-40, Zona 1, est un lieu plaisant qui programme concerts, théatre, lectures de poésie, films, débats et autres activités en soirée. On y

trouve aussi des tables de billard, des jeux d'échecs ainsi qu'un bar-restaurant. Il ouvre du mardi au samedi de 16h à 24h environ.

Spectacles et événements culturels sont également présentés dans le magnifique Teatro Municipa, 1a Calle, et à la Casa de la Cultura (☎ 761-6427), au sud du parque. Le *Teatro Roma*, 14a Avenida A, en face du Teatro Municipal, passe parfois des films intéressants.

L'*Alianza Francesa de Quetzaltenango* (☎ 761-4076), 14a Avenida A, n°A-20, Zona 1, en face du Teatro Municipal, propose gratuitement, une fois par semaine, un film en français sous-titré en espagnol.

Le *Blue Angel Video Cafe* (voir la rubrique *Où se restaurer*) passe des films vidéos chaque soir à 20h. Le billet d'entrée (0,85 $US) donne droit à un bol de popcorn. Le programme est affiché sur la porte. Vous pouvez aussi choisir un film sur la liste qui figure au dos de la carte du restaurant et le visionner avant 18h. Ce café est parfait pour lier connaissance en soirée, tout comme le *Bar/Salon Tecún* du Pasaje Enriquez.

Le bar de l'hôtel quatre-étoiles, la *Pensión Bonifaz* (voir *Où se restaurer*), vous permettra de côtoyer la société huppée de la ville.

Comment s'y rendre
Bus. Les bus de 2e classe partent du Terminal Minerva, 6a Calle, Zona 3, dans les faubourgs ouest, près du Parque Minerva et du marché. Les bus n°2 et n°6 font la navette entre la gare routière et le Parque Centroamérica (suivez les indications "Terminal" et "Parque" figurant sur le pare-brise). Vous pouvez prendre le bus pour la gare routière dans la 8a Calle, au niveau des 12a ou 14a Avenidas (0,10 $US).

Du Terminal Minerva, très bien desservi, des bus partent presque toutes les heures vers de nombreuses destinations des Hautes Terres. Ceux qui empruntent l'Interamericana prennent des passagers aux arrêts situés à l'angle de la 20a Avenida et de la 7a Calle, à l'angle de la 14a Avenida et de la 4a Calle, et à l'angle de la

7a Avenida (Calzada Independencia) et de la 8a Calle (Calle Cuesta Blanca) avant de quitter la ville. Vous avez toutefois plus de chances de trouver une place assise en montant au terminal.

Les Transportes Alamo, les Líneas América et les Autobuses Galgos, trois compagnies de bus grand confort, relient Guatemala Ciudad à Quetzaltenango. Chacune d'elles possède son propre terminus. Celui des Transportes Alamo (☎ 761-2964) se trouve 14a Avenida 3-60, Zona 3, celui des Líneas América (☎ 761-2063, 761-4587), 7a Avenida 13-33, Zona 2, et celui des Autobuses Galgos (☎ 761-2248), Calle Rodolfo Robles 17-83, Zona 1.

Tous les bus mentionnés ci-dessous partent du Terminal Minerva, sauf mention contraire.

Almolonga (pour Los Vahos) – 6 km, 10 minutes, 0,35 $US ; bus toutes les 15 minutes de 5h30 à 17h, avec un arrêt possible pour prendre des passagers dans la Zona 4 au sud-est du parque.

Chichicastenango – 94 km, 2 heures 30, 1,35 $US ; bus à 6h, 8h30, 9h30, 10h15, 11h, 12h30, 13h30, 14h30 et 16h. Si vous le manquez, rendez-vous à Los Encuentros et prenez une correspondance.

Ciudad Tecún Umán (frontière mexicaine) – 129 km, 2 heures 30, 1,65 $US ; bus toutes les demi-heures de 5h30 à 16h30.

El Carmen/Talismán (frontière mexicaine) – prenez un bus pour Coatepeque, puis une correspondance pour El Carmen. De Coatepeque, il faut deux heures de route pour rejoindre El Carmen (1,65 $US).

Guatemala Ciudad – 206 km, 4 heures, 4,20 $US ; les Transportes Alamo effectuent 3/4 liaisons quotidiennes, Líneas América et les Autobuses Galgos, 6 chacune. Ces trois compagnies de 1re classe possèdent leurs propres terminus (voir plus haut). Les bus s'arrêtent à Totonicapán, Los Encuentros (correspondance pour Chichicastenango ou Panajachel) et Chimaltenango (correspondance pour Antigua). Des bus de 2e classe partent du Terminal Minerva toutes les demi-heures, de 3h à 16h30, mais s'arrêtent souvent et mettent donc plus de temps.

Huehuetenango – 90 km, 2 heures, 1 $US; bus toutes les demi-heures, de 5h30 à 17h30.

La Mesilla (frontière mexicaine) – 170 km, 3 heures 30, 3,35 $US ; bus direct toutes les demi-heures, de 5h30 à 17h30, ou changement à Huehuetenango.

Momostenango – 35 km, 1 heure 30, 0,50 $US; bus toutes les heures, de 6h30 à 17h.

Panajachel – 99 km, 2 heures 30, 2 $US ; bus à 5h30, 6h30, 8h, 10h, 12h, 13h, 14h et 16h. Vous pouvez aussi prendre un bus pour Guatemala Ciudad et changer à Los Encuentros.

Retalhuleu – 67 km, 1 heure, 0,85 $US ; bus toutes les 20 minutes, de 4h30 à 18h (cherchez un bus portant la mention "Reu", et non "Retalhuleu").

San Francisco El Alto – 17 km, 1 heure, 0,50 $US ; bus toutes les 15 minutes entre 6h et 18h.

Totonicapán – 30 km, 1 heure, 0,35 $US ; bus toutes les 15 minutes entre 6h et 17h. Le départ a lieu à la Rotonda du Parque Central.

Zunil – 10 km, 15 minutes, 0,25 $US ; bus toutes les demi-heures de 7h à 19h, avec arrêt possible dans la Zona 4, au sud-est du parque.

Minibus. Pana Tours (☎ /fax 765-1209, 763-0606), 12a Avenida 7-12, offre un service de navettes pour Guatemala Ciudad, Antigua, Chichicastenango, Panajachel et d'autres sites du Guatemala, dont Fuentes Georginas, Zunil, etc.

Voiture. Parmi les loueurs de voitures de Xela, figurent Geo Rental (☎ 763-0267), 13a Avenida 5-38, Zona 1, Comercial El Portal, et Tabarini (☎ 763-0418), 9a Calle 9-21, Zona 1.

Comment circuler

Quetzaltenango est sillonnée par plusieurs lignes de bus, dont la liaison Parque Centroamérica-Terminal Minerva, citée dans la rubrique précédente. L'office du tourisme vous renseignera sur les itinéraires des bus. Une station de taxis se trouve au nord du Parque Centroamérica.

LES ENVIRONS DE QUETZALTENANGO

La belle région volcanique des alentours de Quetzaltenango se prête à de multiples excursions. Si les installations sommaires des bains de vapeur naturels de Los Vahos ne vous tentent pas, laissez-vous émerveiller par une simple promenade à travers les collines qui ceinturent la ville. Les bains de vapeur d'Almolonga, rudimentaires mais bon marché, sont faciles d'accès. Un cadre idyllique recèle les sources chaudes de Fuentes Georginas.

GUATEMALA

Les marchés ont lieu le dimanche à Momostenango, le lundi à Zunil, le mardi et le samedi à Totonicapán, le vendredi à San Francisco El Alto.

Plusieurs fois par heure, des bus partent de Quetzaltenango (Terminal Minerva) pour Almolonga, Los Baños et Zunil. Certains s'arrêtent à l'angle de la 9a Avenida et de la 10a Calle, Zona 1 pour prendre des passagers supplémentaires.

Los Vahos

Si vous aimez marcher et si le temps s'y prête, vous aurez plaisir à visiter les rustiques sauna/bains de vapeur de Los Vahos (Les Vapeurs), à 3,5 km du Parque Centroamérica. Prenez un bus pour Almolonga et demandez au chauffeur de vous déposer à l'embranchement de Los Vahos, signalé par une petite pancarte : "A Los Vahos". Une montée de 2,3 km vous amène aux bains. Par temps clair, le panorama sur la ville est vraiment superbe.

Si vous êtes en voiture, prenez la 12a Avenida depuis le Parque en direction du sud, suivez-la jusqu'au bout, tournez à gauche, puis à droite après deux pâtés de maisons, en montant vers la colline. Ce virage se trouve à 1,2 km du Parque. Il vous reste 2,3 km de route non goudronnée, escarpée et pleine d'ornières. Elle est recouverte d'une épaisse couche de poussière à la saison sèche, qui se transforme en boue à la saison des pluies (mieux vaut alors utiliser un 4x4). Prenez le premier embranchement à droite (non signalé), puis, en arrivant au second virage (mal signalé également), prenez à gauche.

La route se termine à Los Vahos, où vous pouvez, pour quelques quetzals, vous offrir un sauna/bain de vapeur avant d'aller pique-niquer. Los Vahos ouvrent tous les jours de 8h à 18h (entrée : 1 $US).

Zunil

6 000 habitants

Zunil (2 076 m), jolie bourgade agricole et commerçante, se situe dans une vallée luxuriante, encadrée de collines escarpées et dominée par l'imposante silhouette d'un volcan. En arrivant par la route de Quetzalte-

nango, la ville s'offre à vous, telle un tableau, son église blanche de style colonial étincelant au-dessus des toits de tuiles rouges et de tôle rouillée des maisons basses.

La route de Zunil passe par **Almolonga**, une petite ville maraîchère à 4 km de Quetzaltenango. A environ 1 km d'Almolonga, sur la gauche, se trouvent les sources sulfuriques chaudes de **Los Baños**. Plusieurs installations thermales, plutôt délabrées, peuplent l'endroit ; si un bain chaud à prix modique vous tente, vous pourrez vous plonger dans les baignoires fermées en béton, en forme de tombeau, une heure durant pour quelques quetzals.

A partir de Los Baños, la route descend et serpente jusqu'à Zunil et ses cultures maraîchères qu'elle contourne par la droite avant de croiser la route de Cantel à El Zarco. Un pont franchit la rivière avant d'entrer dans la ville, à 1 km de la plaza.

Fondée en 1529 sous le nom de Santa Catarina Zunil, cette petite ville est typique des bourgs de la campagne guatémaltèque. Sa beauté réside principalement dans les montagnes qui l'entourent et dans les lopins de terre que cultivent les habitants. Ces champs, délimités par des murets de pierres, sont irrigués par des canaux : vous verrez les agriculteurs y puiser l'eau avec un instrument proche de la pelle, puis arroser leur terre. Les femmes lavent le linge près du pont, dans des bassins d'eau chaude naturelle.

A voir et à faire. L'**église** de Zunil est particulièrement jolie avec sa façade décorée de huit paires de colonnes torsadées ; elle abrite un autel en argent richement orné. Le lundi, jour de marché, la plaza qui se trouve devant l'église s'illumine de rouge, couleur dominante du costume traditionnel des Mayas Quiché venus commercer.

A quelques pas en contrebas de l'église, la Cooperativa Santa Ana, coopérative d'artisanat, fait travailler plus de 500 femmes de la région. Elle expose et vend les objets fabriqués et dispense des cours de tissage. Elle ouvre du lundi au samedi de 8h30 à 17h, le dimanche de 14h à 17h.

Ne manquez pas d'aller voir l'effigie de San Simón, un héros maya local vénéré comme un saint par les habitants de la région, qui lui offrent du rhum, des cigarettes, des fleurs et des bougies. Calée sur une chaise, la statue est installée chaque année dans une maison différente. Tout le monde pourra vous indiquer où elle se trouve et les enfants vous y emmèneront contre un petit pourboire. On vous demandera quelques quetzals pour le voir.

La fête de San Simón a lieu chaque 28 octobre, date à laquelle il change de maison. La fête de Santa Catarina Alejandrí, sainte patronne officielle de Zunil, est célébrée le 25 novembre. La foire annuelle d'Almolonga se tient le 27 juin.

Comment s'y rendre. De Zunil, à 10 km de Quetzaltenango, vous pouvez poursuivre votre route jusqu'à Fuentes Georginas (9 km) et rentrer à Quetzaltenango par la route de Cantel (16 km) ou bien encore prendre la route à péage qui descend les montagnes à travers la forêt tropicale jusqu'au croisement d'El Zarco et de la Carretera al Pacífico. Des bus partent pour Quetzaltenango toutes les 10 minutes, de 6h à 18h30 (1 heure, 0,25 $US).

Fuentes Georginas

Imaginez un haut mur abrupt de végétation tropicale – immenses feuilles vertes, plantes grimpantes, fougères géantes, tapis de mousse spongieuse et multitude de fleurs tropicales – au fin fond d'une luxuriante vallée de montagne. Au pied de ce mur de verdure se cache une piscine d'eau minérale cristalline et naturellement chaude. Une statue de déesse grecque, blanche et pure, porte un regard bienveillant sur le bassin d'où montent des nuées de vapeur, tandis que les familles plongent et s'amusent avant d'aller boire un rafraîchissement ou manger un petit en-cas au restaurant installé en bordure de la piscine. Telle est Fuentes Georginas, la plus jolie source thermale du Guatemala. Bien que l'endroit soit tout à fait tropical, il y règne une délicieuse fraîcheur tout au long de la journée.

Près du restaurant, trois tables de pique-nique protégées ont été installées, avec des grills (apportez votre combustible). A quelques dizaines de mètres plus bas dans la vallée, s'élèvent sept maisonnettes rustiques, mais agréables, louées 7/9/11 $US en simple/double/triple. Chacune est équipée d'une douche, d'un barbecue et d'une cheminée, bien agréable pour combattre la fraîcheur des nuits (bois et allumettes fournis).

Des sentiers mènent aux deux volcans tout proches : le Volcán Zunil (à 3 heures de marche) et le Volcán Santo Tomás (à 5 heures de marche). Faites-vous accompagner d'un guide pour ne pas vous perdre. Vous en trouverez, avec l'aide du restaurant, moyennant 10 $US par trajet, quelle que soit l'importance de votre groupe.

Les Fuentes Georginas sont ouvertes tous les jours de 8h à 18h (entrée : 1 $US). Prévoyez un maillot de bain.

Comment s'y rendre. Prenez un bus pour Zunil, où des camionnettes attendent pour vous faire gravir, en une demi-heure, les 8 km jusqu'aux sources. Négociez le tarif. Il y a fort à parier qu'au départ les chauffeurs vous demandent 4 $US pour l'aller-retour et qu'une fois en haut, ils prétendent que c'est le prix de l'aller simple. Si vous êtes nombreux, ils réclameront 1 $US par personne. Si vous ne voulez pas redescendre à pied, fixez avec le chauffeur l'horaire auquel il reviendra vous chercher.

A pied, il faut deux heures pour aller de Zunil à Fuentes Georginas. Sachez que la montée n'est pas de tout repos !

Le stop est déconseillé car les voitures sont rares et généralement pleines, les familles guatémaltèques étant nombreuses. La circulation est plus importante les samedi et dimanche, jours de grosse fréquentation des bains.

Que vous montiez au volant de votre voiture, en stop ou à pied, partez de la plaza de Zunil et prenez la route de Cantel (à 60 m environ), tournez à droite et descendez sur une centaine de mètres. Prenez ensuite la petite route de terre sur la gauche, indiquée "Turicentro Fuentes Georginas, 8 km" (ce chemin est proche de l'arrêt de bus, sur la route Quetzaltenango-Retalhuleu — vous remarquerez que Zunil compte trois arrêts de bus). La route de terre battue se dirige vers les montagnes. Les bains se trouvent à 9 km de la plaza de Zunil.

Une odeur sulfureuse qui plane dans l'air vous signalera que vous approchez des bains.

San Francisco El Alto

3 000 habitants

Perché au sommet d'une colline (2 610 m), le bourg commerçant de San Francisco El Alto domine Quetzaltenango (à 17 km). Assoupi six jours sur sept, il déborde d'activité le vendredi, jour de marché. La grande place, entourée comme il se doit de l'église et de la Municipalidad, avec en son centre un belvédère (*mirador*), se couvre de produits apportés de la campagne. Les éventaires se multiplient jusque dans les rues adjacentes et l'affluence est telle que l'on a dû instaurer un système de sens uniques. Ce jour-là, les véhicules qui entrent en ville doivent payer une petite taxe.

Le marché de San Francisco n'est pas aussi riche en artisanat que ceux de Chichicastenango et d'Antigua (un lecteur nous a signalé la présence de pickpockets sur le marché).

Demandez au gardien de vous laisser monter sur le toit de l'église pour jouir d'une magnifique vue.

La fête annuelle de San Francisco El Alto se tient le 5 octobre.

Où se loger et se restaurer. La plupart des touristes font une excursion d'une journée à San Francisco El Alto depuis Quetzaltenango. C'est la meilleure solution, car les possibilités d'hébergement et de restauration n'y sont guère brillantes. Si vous devez y loger, il vous faudra supporter l'*Hotel y Cafetería Vista Hermosa*, 3a Avenida 2-22, Zona 1. Ses 25 chambres sont mal entretenues (certaines sur le devant offrent toutefois une jolie vue), le service inexistant et, la plupart du temps, vous ne trouverez rien à manger à la cafétéria.

Comptez 4 $US pour une double, ou 5,50/7,50 $US avec douche.

Pour vous restaurer, le *Comedor San Cristóbal*, à côté de l'Hospedaje San Francisco de Assis, est sans doute la meilleure adresse, mais n'en attendez pas trop !

Momostenango

7 500 habitants

Nichée dans une jolie vallée montagnarde après San Francisco El Alto, à 22 km de Cuatro Caminos (à 35 km de Quetzaltenango), Momostenango est au bout d'une mauvaise route de terre battue. Ce village, célèbre pour ses *chamarras* – de lourdes couvertures de laine – produit également des ponchos et autres vêtements de laine. Après une heure de cahots, vous arrivez sur la place du village ; des enseignes vous invitent à découvrir la fabrication des couvertures et à les acheter. Tâchez de vous y rendre le dimanche, jour de marché, et n'ayez pas peur de marchander ! Une bonne couverture, simple, coûte environ 10 $US et une couverture "matrimoniale extra-lourde", le double.

Vous souhaiterez peut-être marcher 3 km vers le nord jusqu'aux sources chaudes de Pala Chiquito où l'on lave les couvertures pour en fixer les teintures. L'endroit comporte une piscine d'eau fraîche et des chambres avec s.d.b. et eau chaude (entrée : 1 $US maximum).

La célébrité de Momostenango tient aussi au respect de l'ancien calendrier maya et à la permanence des rites traditionnels. Ces cérémonies se déroulent dans les collines situées à l'ouest, à 2 km environ de la plaza, et coïncident avec les grandes dates du calendrier maya. Malheureusement, il est plus difficile d'assister à ces cérémonies que de visiter le tombeau de Pascual Abaj à Chichicastenango.

Les pittoresques danses du diablo (diable) se tiennent plusieurs fois par an sur la plaza, notamment la veille de Noël et le jour de l'an. Les costumes du diable, fabriqués localement, sont parfois très élaborés : tous comprennent un masque et des ailes de carton et certains sont fabriqués d'une seule pièce, avec de fausses fourrures et des accessoires recouverts de paillettes. Les groupes de danseurs se rejoignent sur la plaza et dansent au son d'un orchestre de 5 à 13 musiciens, s'accordant des rafraîchissements alcoolisés durant les pauses. Ils sont au meilleur de leur forme vers 15h, mais les festivités se prolongent jusque tard dans la nuit.

La fête annuelle, Octava de Santiago, se déroule du 28 juillet au 2 août.

Cours. La Kuinik Ta'ik Language School (momos@guate.net) propose des cours de langue Quiché (que l'on écrit aussi K'iche'). Le tarif de 75 $US par semaine comprend 12 heures de cours, le logement en pension complète dans une famille Quiché et une journée d'excursion. Le bureau de l'école se trouve à l'Hotel Ixchel.

La Teklib'al Maya Cultural School organise des cours sur la culture et le calendrier maya. Son directeur, Rigoberto Itzep Chanchavac, est à la fois gardien et prêtre maya traditionnel (Sacerdote Maya). Son rôle consiste à informer la communauté sur les jours importants du calendrier maya et sur la médecine naturelle. Le nombre d'élèves est limité à trois ou quatre par cours et une solide connaissance de l'espagnol est requise. Le bureau se situe dans la 2a Calle (ou Calle Morazán), à 300 m à l'est de l'Hotel Paclom. Aucune de ces écoles ne possède le téléphone. Pour les joindre, appelez le bureau de l'ADIFAM.

Bénévolat. L'agence non gouvernementale ADIFAM s'attache à l'éducation des enfants quiché de 46 communautés au sein de la municipalité de Momostenango. Ces enfants travaillent pour la plupart comme ouvriers agricoles saisonniers et ne peuvent aller régulièrement à l'école. Les volontaires de toutes nationalités sont les bienvenus, surtout s'ils possèdent des connaissances en pédagogie ou en agriculture biologique. Les villageois ne tarissent pas d'éloges sur l'ADIFAM, dont les efforts sont récompensés. Le bureau de l'ADIFAM (☎ /fax 736-5036, momos@guate.net) est installé à

l'Hotel Ixchel. L'UNICEF conduit également des projets dans cette région.

Où se loger et se restaurer. Ouvert en 1997, l'*Hotel Ixchel*, 1a Calle 4-15, Zona 1, dispose de 8 chambres partageant deux spacieuses s.d.b. communes à 2,50 $US chacune, et de 2 grandes chambres avec s.d.b. (une avec douche, l'autre avec baignoire) à 3,50 $US. L'établissement se trouve à 150 m à l'ouest de l'Hotel Paclom dans la même rue, de l'autre côté de la rivière.

Les autres hébergements de Momostenango manquent foncièrement d'attrait. Vous trouverez des chambres doubles, spartiates, pour 5 $US à la *Casa de Huéspedes Paclom*. L'eau des toilettes est coupée pendant la nuit, il n'y a pas de douche dans l'hôtel et la nourriture n'est pas très alléchante. L'*Hospedaje Roxana*, sur la plaza, vous réclamera 1 $US, ce qui est encore trop cher. Sur la place, vous trouverez plusieurs *comedores* très simples.

Comment s'y rendre. Tôt le matin, prenez un bus au Terminal Minerva de Quetzaltenango, ou bien à Cuatro Caminos ou encore à San Francisco El Alto. Cinq ou six bus circulent chaque jour. Au retour, le dernier part de Momostenango vers 14h30.

Un bus part du côté ouest de la plaza et traverse Pologua. Il peut intéresser les voyageurs se dirigeant vers Huehuetenango ou La Mesilla. La route est tout aussi cahotique, mais le paysage diffère.

HUEHUETENANGO
20 000 habitants
Séparée de la capitale par des montagnes et une route sinueuse, Huehuetenango (1 902 m) arbore cet air suffisant, commun à bon nombre de villes de montagne. Les principales activités sont la culture du café, l'exploitation minière, l'élevage de moutons, la petite manufacture et l'agriculture.

Le marché indien, des plus animés, accueille quotidiennement des commerçants descendus de la Sierra de los Cuchumatanes, la chaîne de montagnes la plus haute d'Amérique centrale qui domine le département de Huehuetenango. Curieusement, les environs du marché sont à peu près le seul endroit où l'on peut voir des costumes traditionnels, car les habitants de Huehuetenango, métis pour la plupart, s'habillent à l'occidentale.

Bonne entrée en matière pour découvrir la vie dans les Hautes Terres guatémaltèques, Huehuetenango constitue souvent une étape pour ceux qui se rendent ou arrivent du Mexique. Si vous partez de San Cristóbal de las Casas ou de Comitán et que vous traversiez la frontière, c'est probablement à Huehuetenango que vous passerez votre première nuit au Guatemala.

Histoire

La région de Huehuetenango appartint aux Mayas Mam jusqu'au XVe siècle, date à laquelle les Quiché commencèrent à étendre leur domination depuis leur capitale de K'umarcaaj, non loin de l'actuelle Santa Cruz del Quiché. Chassés de leur territoire, de nombreux Mam rejoignirent le Chiapas voisin dont une grande partie de la

Huehuetenango

OÙ SE LOGER
1 Hotel Zaculeu
2 Hotel Central
4 Hospedaje El Viajero
8 Hotel Mary
10 Hotel Vásquez
11 Hotel Lerri Colonial
20 Mansión El Paraíso
21 Hotel Casa Blanca

OÙ SE RESTAURER
1 Hotel Zaculeu
3 Especialidades Doña Estercita Cafetería y Pastelería
6 Steak House/Restaurante Las Brasas
7 Panadería Pan Delis
8 Cafatería Mary
12 Pizzería/Restaurante La Fonda de Don Juan
15 Los Pollos
21 Casa Blanca Restaurants
26 Pan del Trigo

DIVERS
5 Banco G&T
9 Bus pour Zaculeu
13 Municipalidad (Hôtel de ville)
14 Banco del Café (Bancafé)
16 Servicios Sanitarios (toilettes publiques)
17 Gobernación Departamental
18 Bureau de téléphone Guatel
19 Poste
22 Corpobanco
23 Cine Lili
24 Taxis
25 Église
27 Servicios Sanitarios (toilettes publiques)
28 Banco Agrícola Mercantil
29 Consulat du Mexique, Farmacia del Cid
30 Bus pour la gare routière, Chiantla

population frontalière parlait leur langue. Vers la fin du XVe siècle, suite à l'affaiblissement du gouvernement quiché, une guerre civile éclata dans les Hautes Terres, offrant aux Mam l'opportunité d'accéder à l'indépendance. Ces troubles se prolongèrent pendant plusieurs décennies et prirent fin au cours de l'été de 1525 avec l'arrivée de Gonzalo de Alvarado, frère de Pedro, qui conquit Zaculeu, la capitale mam, au nom du roi d'Espagne.

Orientation

Le centre-ville se trouve à 5 km au nord de l'Interamericana, la nouvelle gare routière et le nouveau marché à 3 km de la route, sur la rue qui mène au centre (6a Calle), côté est.

Les services offrant quelque intérêt pour les touristes se situent en majorité dans la Zona 1, sur la plaza. Bordé par les 1a et 2a Avenidas et les 3a et 4a Calles de la Zona 1, l'ancien marché reste, encore aujourd'hui, le plus animé, surtout le mercredi. A quatre pâtés de maisons à l'ouest du marché, sur la 5a Avenida, entre les 2a et 3a Calles, se trouve le parque, place principale, cœur de la ville et principal point de repère. Les hôtels et restaurants sont concentrés autour du parque, à l'exception d'un ou deux petits établissements situés à proximité de la nouvelle gare routière et d'un motel hors de la ville, sur l'Interamericana.

Renseignements

La poste se situe 2a Calle 3-54, près du bureau de téléphone Guatel, face à l'Hotel Mary, à un demi-pâté de maisons de la plaza. Un autre bureau Guatel est installé 4a Avenida 6-54, à quatre pâtés de maisons du Parque Central, au sud. Il s'agit là d'une adresse provisoire, le bureau principal étant en travaux.

Le consulat mexicain, 5a Avenida 4-11, au niveau de la 4a Calle, se trouve dans le bâtiment de la Farmacia Del Cid. Il est ouvert du lundi au vendredi, de 9h à 12h et de 15h à 17h.

Des *servicios sanitarios* (toilettes municipales) ouvrent dans la 3a Calle, entre les 5a

et 6a Avenidas, à quelques pas à l'ouest de la plaza. De nombreuses *Farmacias* (pharmacies) et banques jalonnent le centre-ville.

Parque Central

Autour de la place principale de Huehuetenango, ombragée par de superbes arbres centenaires, se dressent les grands édifices de la ville : la Municipalidad (avec sa terrasse pour orchestre à l'étage) et l'immense église coloniale. La place s'orne d'une intéressante petite carte en relief du département de Huehuetenango.

Zaculeu

Entouré sur trois côtés par les barrières naturelles que forment la rivière et les ravins, l'ancien centre religieux postclassique de Zaculeu occupe un emplacement stratégique. Ses habitants mayas mam y furent à l'abri jusqu'en 1525, lorsque Gonzalo de Alvarado et ses conquistadores décidèrent d'en faire le siège. De bonnes défenses naturelles ne protègent pas de la famine et c'est ce qui entraîna la défaite des Mam. Zaculeu signifie "tierra blanca" (terre blanche) en langue mam.

Les visiteurs habitués à voir les pierres à l'état brut, envahies d'herbes folles, risquent de rester perplexe devant la netteté de Zaculeu. Depuis les travaux de restauration, les pyramides, terrains de jeux de balle et tribunes de cérémonies sont enduits d'une épaisse couche de plâtre gris, qui confère à l'ensemble un aspect sévère et trop propre. Certaines méthodes de restauration ne correspondent pas à celles utilisées lors de la construction initiale, mais les travaux furent poussés plus loin qu'ailleurs dans le but de recréer le site tel qu'il s'offrait aux yeux des prêtres mam et des fidèles à l'époque où le centre religieux était en activité.

Du temps de leur prospérité, les monuments de Zaculeu étaient enduits de plâtre, comme aujourd'hui. Toutefois, il leur manque les peintures décoratives que l'on appliquait avant que le revêtement ne sèche. La conception et la construction de ces bâtiments reflètent une forte influence

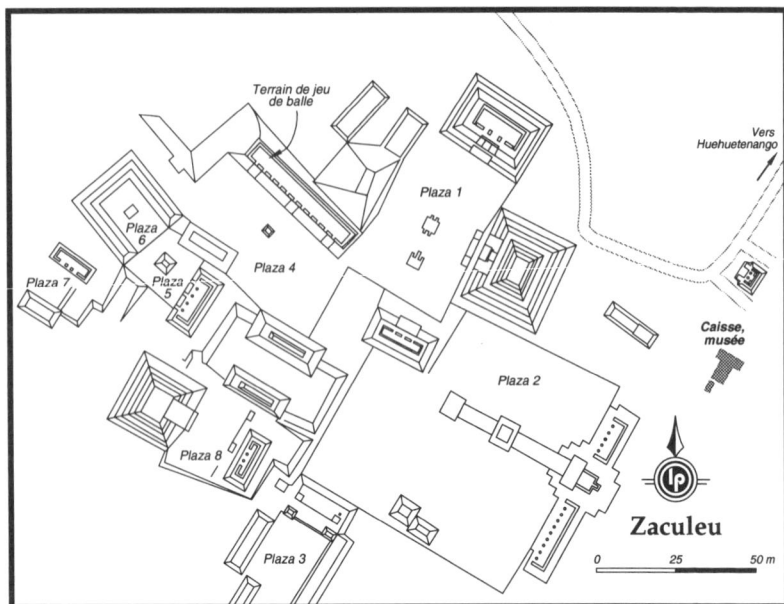

mexicaine et ne furent sans doute guère novatrices à l'origine.

Le site archéologique de Zaculeu, qui ressemble un peu à un parc, se trouve à 4 km au nord de la place de Huehuetenango. Il est ouvert tous les jours de 8h à 18h (entrée : 0,20 $US).

On y vend des rafraîchissements. Vous pouvez monter sur les monuments restaurés, mais pas sur les tumulus couverts de végétation qui n'ont pas encore fait l'objet de fouilles.

Du Parque Central, on peut atteindre Zaculeu de plusieurs façons. Des camions et des camionnettes partent de l'école, 2a Calle, au niveau de la 7a Avenida, toutes les demi-heures (ou toutes les heures), de 7h30 à 19h30 (20 minutes, 0,10 $US). Un taxi depuis la plaza vous reviendra à 5 $US l'aller-retour, avec 30 minutes d'attente sur le site. Comptez 45 minutes pour vous rendre à pied de la plaza aux ruines.

Fêtes et festivals

Les Fiestas Julias (du 13 au 20 juillet) célèbrent la Virgen del Carmen, sainte patronne de Huehue, et les Fiestas de Concepción (5 et 6 décembre) honorent la Virgen de Concepción. La Carrera Maratón Ascenso Los Cuchumatanes, course de 12 km entre la plaza centrale de Huehue et El Mirador, dans les montagnes qui surplombent la ville, a lieu chaque année en octobre ou novembre et attirent des centaines de sportifs.

Cours

La Xinabajul Spanish Academy (☎/fax 964-1518), 6a Avenida 0-69, propose des cours particuliers d'espagnol et un hébergement en pension complète dans des familles locales.

Où se loger

Huhuetenango offre un bon choix d'hôtels. Le mieux est de commencer par la 2a Calle, entre les 3a et 7a Avenidas, juste derrière la place. Vous y trouverez quatre petits hôtels et six restaurants. Deux autres hôtels se situent à un demi-pâté de maisons derrière la 2a Calle.

En face de l'Hotel Zaculeu et tout près du nord-ouest de la plaza, l'*Hotel Central* (☎ 764-1202), 5a Avenida 1-33, possède 11 vastes chambres, vétustes et rudimentaires, à 4 $US pour 1/2 personnes ; certaines disposent de 3 ou 4 lits. Le comedor de l'hôtel sert des repas bon marché (1,70 $US) tous les jours sauf le dimanche. Il ouvre à 7h pour le petit déjeuner, bien plus tôt que la plupart de ses concurrents.

L'*Hotel Lerri Colonial* (☎ 764-1526), 2a Calle 5-49, à deux pas à l'ouest de la plaza, jouit lui aussi d'un emplacement de choix. Ses 21 chambres impeccables sont disposées autour d'une cour et accueillent 1/2 personnes pour 2,50/3,35 $US par personne sans/avec s.d.b. La cour abrite un comedor et un parking.

Juste en face, l'*Hospedaje El Viajero*, 2a Calle 5-30, est moins bien mais meilleur marché avec des chambres à 1,65 $US par personne. Similaire, la *Mansión El Paraíso* (☎ 764-1827), 3a Avenida 2-41, pratique les mêmes tarifs.

L'*Hotel Mary* (☎ 764-1618, fax 764-1228), 2a Calle 3-52, se situe en face de Guatel, à un pâté de maisons à l'est de la plaza. Un peu mieux que les précédents, il dispose de 25 petites chambres bien aménagées à 6/7,50 $US en simple/double, ou 12 $US avec s.d.b. et TV câblée. Au rez-de-chaussée, la Cafetería Mary est pratique, tout comme la Panadería Pan Delis, un café/boulangerie installé juste à côté.

L'*Hotel Vásquez* (☎ 764-1338), 2a Calle 6-67, doté d'un parking et de 20 petites chambres, fades mais très propres, loue ses simples/doubles/triples pour 3,50/5, 70/7,50 $US, ou 4,20/6,65/9,30 $US avec s.d.b.

Au nord-ouest de la plaza, l'*Hotel Zaculeu* (☎ 764-1086, fax 764-1575), 5a Avenida 1-14, est une maison coloniale comportant un joli jardin intérieur, une bonne salle à manger, un service de blanchisserie et 37 chambres avec s.d.b. et TV câblée.

Préférez les chambres anciennes du rez-de-chaussée, près de l'entrée de l'hôtel, qui donnent sur la cour (15/24/32 $US en simple/double/triple) aux simples/doubles récentes de l'étage (31/40 $US).

L'*Hotel Casa Blanca* (☎ /fax 764-2586), 7a Avenida 3-41, est si propre et si agréable qu'on peut le considérer comme le meilleur de la ville. Il propose 15 chambres avec s.d.b. et TV câblée pour 18/26 $US en simple/double. Il possède en outre un parking privé et deux charmants restaurants, ouverts tous les jours de 6h à 22h.

Sur l'Interamericana, à 2 km au nord-ouest de l'embranchement de Huehuetenango et à 7/8 km du centre-ville, s'élèvent plusieurs autres hôtels.

Où se restaurer

L'*Especialidades Doña Estercita Cafetería y Pastelería*, 2a Calle, à quelques mètres à l'ouest de la plaza, est un sympathique établissement, très propre, qui sert des pâtisseries et quelques plats classiques. La *Cafetería Mary* et la *Panadería Pan Delis* jouxtent l'Hotel Mary, 2a Calle 3-52. Autre bonne boulangerie, le *Pan del Trigo*, 4a Calle 3-24, propose des pains complets et, dans sa cafétéria ouverte tous les jours, des petits déjeuners et des repas bon marché (2 $US).

La *Pizzería/Restaurante La Fonda de Don Juan*, 2a Calle 5-35, à quelques pas du Parque Central, est un lieu propre et agréable qui prépare des pizzas et une variété d'autres plats. Elle ouvre tous les jours.

Los Pollos, 3a Calle, entre la 5a et la 6a Avenida, à un demi-pâté de maisons à l'ouest de la plaza, reste ouvert 24h/24. Deux morceaux de poulet accompagnés de salade, de frites et d'une boisson fraîche vous reviendront à 2,85 $US. Les hamburgers et des plats de poulet moins copieux sont encore moins chers.

L'une des meilleures tables de Huehue est le *Steak House/Restaurante Las Brasas*, 4a Avenida, au niveau de la 2a Calle, à quelques mètres du Parque Central. Le repas chinois complet ou un steak (spécialités de la maison) ne coûte guère plus de 7 $US.

L'établissement sert de l'alcool et ouvre tous les jours.

Pour le cadre, les deux restaurants de l'*Hotel Casa Blanca* (voir la rubrique *Où se loger*) restent imbattables. Le premier est en salle, le second dans un jardin. Prévoyez 3,35 $US environ pour un petit déjeuner, 1,65 $US pour un hamburger ou un sandwich et moins de 6 $US pour un steak (essayez le filet mignon ou le cordon bleu). Ces deux restaurants ouvrent tous les jours de 6h à 22h.

Comment s'y rendre

Bus. La gare routière se trouve dans la 6a Calle, Zona 4, à 2 km au sud-est de la plaza.

Cuatro Caminos – 74 km, 1 heure 45/2 heures, 1 $US ; prenez un bus pour Guatemala Ciudad ou Quetzaltenango.

Guatemala Ciudad – 270 km, 5 heures, 4,20 $US ; bus à 2h, 3h, 8h30, 9h30 et 10h.

La Mesilla (frontière mexicaine) – 84 km, 1 heure 30/2 heures, 1 $US ; bus toutes les demi-heures de 6h à 17h.

Quetzaltenango – 90 km, 2 heures, 1 $US ; bus toutes les heures de 4h à 18h.

Sacapulas – 62 km, 4 heures, 2 $US ; bus à 11h30 et 13h.

Todos Santos Cuchumatán – 40 km, 2 heures 30, 1,20 $US ; 11h30, 12h30, 13h et 16h.

Les bus qui relient la gare routière au centre-ville partent de la 4a Calle, à l'angle de la 4a Avenida, à peu près toutes les 5 minutes le jour et toutes les demi-heures la nuit, entre 2h et 23h. Le trajet coûte 0,10 $US. Le même parcours en taxi revient à 1,65 $US.

Voiture. Tabarini Rent A Car (☎ 764-1951) est représenté à Huehuetenango.

LES ENVIRONS DE HUEHUETENANGO

El Mirador est un point élevé des Cuchumatanes d'où l'on aperçoit Huehuetenango, située à 12 km. Par beau temps, il offre un panorama superbe sur la région et ses nombreux volcans. Sur des stèles, est gravé un magnifique poème intitulé *A Los Cuchumatanes*. C'est ici que se situe la ligne d'arrivée de la course annuelle (voir la rubrique *Fêtes et festivals* ci-dessus). Il est plus facile de parvenir à El Mirador avec son propre véhicule. En taxi, la course aller-retour revient à 30 $US environ.

LA MESILLA

Les bureaux d'immigration guatémaltèque et mexicain de La Mesilla/Ciudad Cuauhtémoc se trouvent à 4 km l'un de l'autre et il faut emprunter un taxi collectif pour les parcourir (1 $US). Il n'y a pas plus de banque du côté guatémaltèque que du côté mexicain, mais des changeurs vous offrent un taux correct pour les dollars américains ; en revanche, le taux est épouvantable pour les pesos ou les quetzales.

Les liaisons par bus depuis Huehuetenango ou Comitán sont assez nombreuses ; à la frontière, prenez le premier bus en partance vers l'une de ces villes.

TODOS SANTOS CUCHUMATÁN

2 000 habitants

Si une excursion dans les Cuchumatanes vous tente, empruntez l'un des quatre bus qui partent chaque jour de Huehuetenango pour rejoindre Todos Santos Cuchumatán, à 40 km de là. La route est pénible, le fond de l'air plutôt frais et le bus très lent, mais le paysage est spectaculaire.

Très pittoresque, Todos Santos Cuchumatán (2 450 m) est l'un des rares villages à conserver dans les mémoires et à observer (en partie) le calendrier maya tzolkin. Hommes et femmes revêtent encore leurs costumes traditionnels. Un grand marché se tient le samedi, un autre, plus réduit, le mercredi.

Du bourg, de sportives randonnées à travers les montagnes s'offrent à vous. Un sauna traditionnel mam vous régénérera. Des excursions d'une journée, à pied ou à cheval, vous conduiront au village de San Juan Atitlán.

Todos Santos est célèbre pour ses courses de chevaux annuelles organisées le 1er novembre au matin, qui viennent clore la semaine de festivités et la nuit de beuverie qui les ont précédées. La journée est dédiée à la dégustation des spécialités locales et aux danses masquées. Les posadas de Noël sont organisées durant les dix jours qui précèdent la fête : les habitants défilent en procession dans les rues pour commémorer les pérégrinations de Joseph et de Marie, puis la naissance de Jésus.

Si vous venez l'hiver à Todos Santos, pensez aux vêtements chauds, car il fait froid à cette altitude, surtout la nuit.

Cours

La Hermandad Educativa, Proyecto Lingüístico, propose des cours d'espagnol à 100 $US par semaine, avec pension complète dans une famille. Présentez-vous directement sur place.

Où se loger et se restaurer

L'*Hospedaje Casa Familiar*, à 30 m au sud de la plaza, date de 1995. C'est un hôtel propre, mais rustique, avec eau chaude et sauna. Les chambres sont équipées de nombreuses couvertures et offrent une belle vue sur les environs (2,50 $US par personne) ; on peut y prendre le petit déjeuner. L'établissement se situe au-dessus d'une boutique d'artisanat voisine du Comedor Katy. Avec le froid très vif qui règne la nuit à Todos Santos, les couvertures ne sont pas superflues.

Vous pouvez encore loger à l'un des deux autres *hospedajes* économiques mais très rudimentaires : *Tres Olguitas* et *La Paz*. Certains habitants proposent des chambres et vous aborderont dès votre descente de bus (1 $US par personne). Essayez la maison attenante au café et au magasin *Ruinas de Tecumanchun*. Parmi les quelques comedores, le meilleur est sans doute le *Comedor Katy*. Sur la plaza, un autre comedor, bon également, est meilleur marché.

Comment s'y rendre

Quatre bus par jour relient Huehuetenango à Todos Santos (40 km, 2 heures 30, 1,20 $US). Ils emmènent les villageois faire leurs courses à Huehue, puis les ramènent. Ils démarrent donc très tôt le matin (vers 4h) et le dernier retour se situe en début d'après-midi. Vous pouvez voyager sur le toit du bus, qui roule lentement, pour mieux jouir de la beauté du paysage.

La côte Pacifique

La côte Pacifique joue un rôle essentiel dans l'économie du pays, notamment dans le domaine de la production agricole : culture du café en altitude qu'un riche sol volcanique favorise, huile de palme et canne à sucre dans les Basses Terres. De vastes *fincas* (plantations) exploitent ce potentiel économique, attirant les travailleurs saisonniers venus des villes et des villages des Hauts Plateaux où le travail se fait trop rare.

Région humide à la végétation tropicale luxuriante, elle prolonge naturellement, au sud-est, la plaine mexicaine du Soconusco. Un liseré de plages de sable volcanique noir borde le littoral. Le long de la côte, la température et le degré d'hygrométrie restent très élevés de nuit comme de jour, quelle que soit la saison. Quelques petites stations balnéaires de la région attirent essentiellement les Guatémaltèques.

Une voie rapide, la Carretera al Pacífico (CA-2), relie les villes frontalières de Ciudad Hidalgo/Tecún Umán et Talismán/El Carmen à Guatemala Ciudad. Elle permet de couvrir en 4 heures de voiture ou 5 heures de bus les 275 km qui séparent Tecún Umán, à la frontière mexicaine, de Guatemala Ciudad.

La Panaméricaine traverse les Hautes Terres de l'Ouest depuis La Mesilla (au Mexique) jusqu'à la capitale guatémaltèque ; cette distance de 342 km représente 7 heures de route. Par conséquent, si la rapidité est votre priorité, choisissez plutôt la route de la côte Pacifique.

Peu animées, la plupart des villes qui jalonnent la Carretera al Pacífico présentent peu d'intérêt du point de vue touristique. Les villages de la côte sont encore moins attrayants, accablés d'une chaleur étouffante qui accentue la sensation d'abandon et de délabrement. Toutefois, on note quelques exceptions. Ainsi, Retalhuleu, halte classique lorsque l'on vient de la frontière mexicaine, est un endroit très agréable à visiter.

Non loin de là, se trouve le site des fouilles archéologiques d'Abaj Takalik. Les sculptures de pierre pré-olmèques de Santa Lucía Cotzumalhuapa, à 8 km à l'ouest de Siquinalá, et celles de La Democracia, à 9 km au sud, revêtent un caractère tout à fait particulier.

Avec sa réserve naturelle et son programme de sauvegarde des animaux, la petite station balnéaire de Monterrico devient une destination de plus en plus populaire. Les touristes viennent y passer le week-end depuis Guatemala Ciudad et Antigua. Les amateurs de plages pourront se rendre à Likín, la station balnéaire de la ville portuaire d'Iztapa. Au sud de Guatemala Ciudad, le Lago de Amatitlán est une version citadine du Lago de Atitlán.

CIUDAD TECÚN UMÁN

Des deux postes frontières de la côte Pacifique, c'est le plus fréquenté et le plus pratique. Un pont relie Ciudad Tecún Umán (Guatemala) à Ciudad Hidalgo (Mexique). La frontière est ouverte 24 h/24. On y trouve des hôtels et des restaurants très rudimentaires, mais vous préférerez certainement, une fois la frontière passée, poursuivre votre route dès que possible.

Des bus et des minibus font fréquemment la navette entre Ciudad Hidalgo et Tapachula, à 38 km au nord. Au départ de Ciudad Tecún Umán, de nombreux bus empruntent la Carretera al Pacífico vers l'est, s'arrêtant à Coatepeque, Retalhuleu, Mazatenango et Escuintla avant de s'engager dans les montagnes en direction de Guatemala Ciudad. Si votre destination n'est pas desservie par une ligne directe, prenez le premier bus pour Coatepeque ou, mieux encore, Retalhuleu ; de là, vous pourrez emprunter une correspondance.

EL CARMEN

Vous pouvez passer la frontière à El Carmen, mais vous éviterez bien des dépenses

GUATEMALA

La Côte pacifique du Guatemala

et des tracasseries en choisissant Tecún Umán.

Un pont à péage sur le Río Suchiate relie Talismán (Mexique) à El Carmen (Guatemala). La frontière ouvre 24 h/24. Des minibus et des camions font fréquemment la navette entre Talismán et Tapachula (20 km, 30 minutes).

El Carmen dispose de quelques commodités très rudimentaires. Un bon service de bus dessert Malacatán, sur la route San Marcos-Quetzaltenango, et Ciudad Tecún Umán, à 39 km au sud.

Des bus de la 1re classe partent de façon régulière pour Guatemala Ciudad en empruntant la Carretera al Pacífico (278 km, 5/6 heures, 6 $US). Transportes Galgos (☎ 232-3661, 253-4868), 7a Avenida 19-44, Zona 1, Guatemala Ciudad, est l'une des nombreuses compagnies à effectuer ce trajet quotidiennement, cinq fois par jour, au départ d'El Carmen avec arrêts à Ciudad Tecún Umán, Coatepeque, Retalhuleu, Mazatenango et Escuintla (où l'on change pour Santa Lucía Cotzumalhuapa).

Un bus de la compagnie Rutas Lima part chaque jour à destination de Quetzaltenango, *via* Retalhuleu et le carrefour d'El Zarco.

COATEPEQUE

Située sur une colline entourée de luxuriantes plantations de café, Coatepeque est un centre de négoce assez laid, bruyant et humide en toute saison.

La ville se trouvant à plusieurs kilomètres au nord de la Carretera al Pacífico, rien ne justifie qu'on s'y arrête.

Le meilleur établissement de la ville est sans doute, l'*Hotel Mansión Residencial* (☎ 775-2018), 0 Avenida 11-49, Zona 2, offre 39 chambres (doubles avec s.d.b. à 8,35 $US par personne). L'*Hotel Virginia* (☎/fax 775-1801), Carretera al Pacífico, dispose de 15 chambres avec clim. à 30/40 $US en simple/double. Ces deux hôtels sont dotés d'un restaurant et d'une piscine.

CARREFOUR EL ZARCO

A 40 km environ à l'est de Coatepeque et à 9 km à l'est de Retalhuleu, El Zarco est le carrefour où se rejoignent la Carretera al Pacífico et la route à péage qui file en direction du nord vers Quetzaltenango. La route serpente le long de la côte, couverte de forêt tropicale, grimpant plus de 2 000 m de dénivelé sur les 47 km qui séparent El Zarco de Quetzaltenango. Au sommet, juste après le poste de péage (moins d'1 $US), la route se divise à Zunil : une branche part sur la gauche vers Quetzaltenango *via* Los Baños et Almolonga (chemin le plus direct), tandis que celle de droite passe par Cantel.

Pour plus de détails concernant ces villes ainsi que le magnifique site des sources chaudes de Fuentes Georginas, près de Zunil, reportez-vous à la rubrique *Les environs de Quetzaltenango*, dans le chapitre *Les Hautes Terres*.

RETALHULEU
40 000 habitants

La prospère région agricole de la côte Pacifique a pour chef-lieu Retalhuleu (240 m). Cette cité, propre et attrayante, en tire d'ailleurs une certaine fierté. Au Guatemala, on la désigne habituellement par son diminutif : Reu (RÉ-ou).

Si les courtiers en café se rendent à Coatepeque pour leur commerce, c'est à Retalhuleu qu'ils viennent se détendre et plonger dans la piscine de la Posada de Don José avant de se rafraîchir au bar. Vous remarquerez leurs gros et chers 4x4 garés devant l'entrée. Le grand plaisir des habitants est de flâner sur la plaza, à l'ombre des immenses palmiers, entre l'église coloniale d'une blancheur immaculée et les bâtiments administratifs dont l'aspect évoque d'énormes gâteaux à la crème.

L'atmosphère tropicale et nonchalante dégage une agréable sensation de repos. Si les touristes suscitent la curiosité, ils font l'objet d'un accueil particulièrement chaleureux.

Orientation et renseignements

Le centre-ville se trouve à 4 km au sud-ouest de la Carretera al Pacífico, sur un grand boulevard bordé de superbes pal-

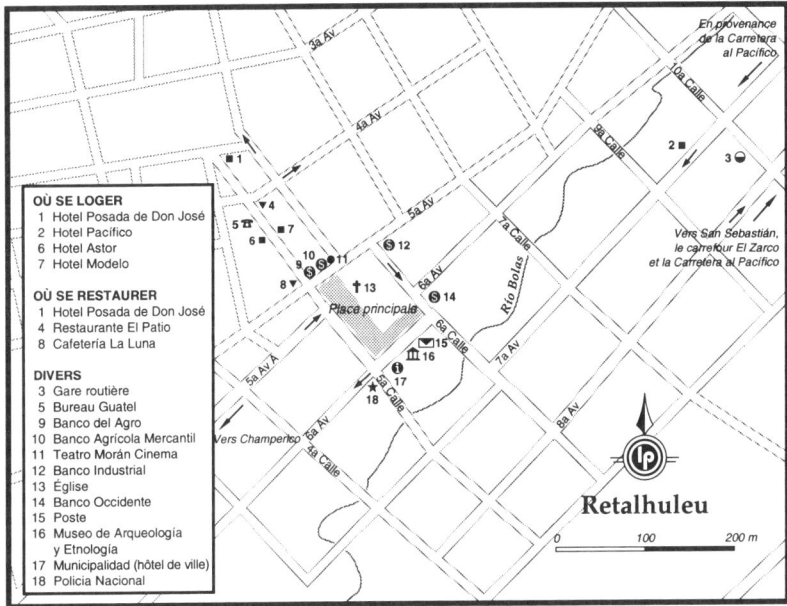

OÙ SE LOGER
1 Hotel Posada de Don José
2 Hotel Pacifico
6 Hotel Astor
7 Hotel Modelo

OÙ SE RESTAURER
1 Hotel Posada de Don José
4 Restaurante El Patio
8 Cafetería La Luna

DIVERS
3 Gare routière
5 Bureau Guatel
9 Banco del Agro
10 Banco Agrícola Mercantil
11 Teatro Morán Cinema
12 Banco Industrial
13 Église
14 Banco Occidente
15 Poste
16 Museo de Arqueología
   y Etnología
17 Municipalidad (hôtel de ville)
18 Policia Nacional

Retalhuleu

GUATEMALA

miers. La gare routière est située dans la 10a Calle, entre les 7a et 8a Avenidas, Zona 1, au nord-est de la plaza. Pour trouver la plaza, repérez-vous sur les tours jumelles de l'église et marchez vers elles.

La plupart des services dont vous pouvez avoir besoin sont regroupés dans deux pâtés de maisons donnant sur la plaza. Ne cherchez pas l'office du tourisme, il n'y en a pas. Les employés de la Municipalidad, dans la 6a Avenida, en face du côté est de l'église, feront de leur mieux pour vous aider.

La poste s'élève 6a Avenida, entre les 5a et 6a Calles et Guatel à un-demi pâté de maisons du parque, 5a Calle 4-50.

Le Banco Occidente, 6a Calle, à l'angle de la 6a Avenida, et le Banco Industrial, 6a Calle, à l'angle de la 5a Avenida, changent tous deux les dollars américains, en espèces ou en chèques de voyage, et délivrent des avances sur cartes Visa. Le Banco del Agro, 5a Avenida, en face du parque, offre les mêmes services de change et accepte la carte MasterCard.

A voir et à faire

Il n'y a pas grand-chose à visiter à Retalhuleu même. En revanche, le site de fouilles archéologiques d'Abaj Takalik (voir ci-dessous), à une trentaine de km, mérite le détour.

Le Museo de Arqueología y Etnología, 6a Avenida, face au côté sud de l'église, est un petit musée de vestiges archéologiques. A l'étage, des photographies et des panneaux muraux localisent les 33 sites de fouilles du département de Retalhuleu. Il ouvre du mardi au dimanche de 9h à 13h et de 14h à 17h (entrée : 0,15 $US).

Vous pourrez vous baigner dans les piscines des hôtels Siboney et Colonial (voir *Où se loger*), ouvertes aux non-résidents (0,65 $US au Siboney, 1,65 $US au Colonial) ; ce dernier offre un bar et un service de restauration près de la piscine.

Où se loger

Il existe divers établissements pour petits budgets à Reu et plusieurs hôtels bon marché dans le centre. Deux des hôtels les mieux situés se trouvent à quelques pas à l'est de la plaza. Le meilleur des deux, l'*Hotel Astor* (☎ 771-2562, fax 771-2564), 5a Calle 4-60, Zona 1, dispose d'un joli patio, d'un parking et de 15 chambres bien tenues avec s.d.b. et TV couleur câblée (simples/ doubles à 10/20 $US).

En face, l'*Hotel Modelo* (☎ 771-0256), 5a Calle 4-53, Zona 1, lui ressemble avec son parking privé et ses 7 chambres proprettes réparties sur deux étages autour d'une cour. De dimensions variables, les simples/doubles avec ventilateur au plafond et s.d.b. reviennent à 8/12 $US.

A l'angle de la gare routière, l'*Hotel Pacífico*, 7a Avenida 9-29, est le plus économique à 2,50 $US par personne.

En face de la gare ferroviaire et à deux pâtés de maisons au nord-ouest de la plaza, l'*Hotel Posada de Don José* (☎ 771-0963, 771-0841, ☎ /fax 771-1179), 5a Calle 3-67, Zona 1, est sans conteste le plus bel établissement de la ville. Le week-end, il est souvent pris d'assaut par les propriétaires de finca qui viennent s'y détendre. Le reste du temps, vous pourrez louer une chambre climatisée avec s.d.b., TV couleur câblée et téléphone pour 23/30/36 $US en simple/double/triple. La direction accorde parfois des réductions. Les 23 chambres, réparties sur deux niveaux, surplombent la piscine autour de laquelle sont installées, sous des arcades, les tables du café et du restaurant.

En dehors de la ville, plusieurs hôtels bordent la Carretera al Pacífico. Ce sont essentiellement des "motels tropicaux" avec bungalows, piscine et restaurant. L'*Hotel Siboney* (☎ 771-0149, fax 771-0711), Cuatro Caminos, San Sebastian, se situe à 4 km à l'est de la ville, à l'intersection de la Calzada Las Palmas et de la Carretera al Pacífico. Il offre 25 chambres avec clim., s.d.b., TV couleur câblée et téléphone pour 34/37/40 $US en simple/double/triple. A 1 km du Siboney,

l'*Hotel La Colonia* (☎ 771-0038, fax 771-0191), Carretera al Pacífico Km 178, assez luxueux, propose des prestations similaires dans ses bungalows répartis autour d'une piscine (22/30 $US en simple/double).

Où se restaurer

Près de la plaza, sont regroupés plusieurs restaurants à petits prix (moins de 3 $US). Très fréquentée, la *Cafetería La Luna*, à l'angle de la 5a Calle et de la 5a Avenida, face à l'angle ouest de la plaza, ouvre tous les jours. Tout à fait semblable, le *Restaurante El Patio* se situe à l'angle de la 5a Calle et de la 4a Avenida. Plusieurs glaciers sont installés autour de la plaza.

La meilleure table de la ville, l'agréable restaurant de la *Posada de Don José* (voir la rubrique *Où se loger*), propose des plats de bœuf ou de poulet pour 4/6 $US et des repas copieux à 7/10 $US. On y sert également le petit déjeuner.

Comment s'y rendre

Bus. A Reu, principale ville sur la Carretera al Pacífico, vous ne rencontrerez aucun problème de transport. La plupart des bus qui empruntent cette route s'arrêtent à la gare routière, 10a Calle, entre les 7a et 8a Avenidas, Zona 1, à 400 m au nord-ouest de la plaza. Parmi les destinations desservies, figurent :

Ciudad Tecún Umán – 78 km, 1 heure 30, 1,65 $US ; bus toutes les 20 minutes, de 5h à 22h.

Guatemala Ciudad – 186 km, 3 heures 30/4 heures, 4,15 $US ; bus toutes les 15 minutes, de 2h à 20h30.

Quetzaltenango – 67 km, 1 heure, 0,85 $US ; bus toutes les 15 minutes, de 3h à 19h.

Des bus locaux partent pour Champerico et El Asintal (correspondance pour Abaj Takalik).

Voiture. Tabarini Rent A Car (☎ 771-1025) possède une agence en ville.

ABAJ TAKALIK

A 30 km de Retalhuleu, se trouvent les fouilles archéologiques d'Abaj Takalik (a-

BAH ta-ka-LIK). Les énormes têtes en pierre de style olmèque et nombre d'objets mis au jour laissent penser qu'il s'agit de l'un des plus anciens sites du royaume maya. Il doit encore faire l'objet de travaux de restauration et d'embellissement afin d'attirer les touristes. Ne vous attendez donc pas à découvrir un second Tikal. Néanmoins, si les fouilles archéologiques vous fascinent, n'hésitez pas, c'est fort intéressant.

Mieux vaut être motorisé pour aller à Abaj Takalik. Autrement, prenez un bus pour El Asintal, à 15 km à l'ouest par la Carretera al Pacífico, puis suivez sur 5 km une route qui descend sur la droite. Vous pouvez encore emprunter, tôt le matin, un bus se dirigeant vers Coatepeque. Après avoir parcouru une quinzaine de kilomètres vers l'ouest sur la Carretera al Pacífico, descendez à hauteur de la bifurcation qui, sur la droite, rejoint El Asintal. Il reste ensuite 5 km à couvrir jusqu'à El Asintal (vous aurez peut-être la chance d'être pris en stop) ; des camionnettes de passagers font le trajet d'El Asintal à Abaj Takalik, à 4 km.

CHAMPERICO

Construite pour l'expédition du café lors de l'expansion économique de la fin du XIXe siècle, Champerico, à 38 km au sud-ouest de Retalhuleu, fait figure de bourgade oppressante et délabrée, peu fréquentée par les touristes. C'est néanmoins la seule plage de l'océan qui puisse faire l'objet d'une excursion d'une journée à partir de Quetzaltenango. La plupart des amateurs de baignade viennent y passer la journée bien que la ville compte plusieurs hôtels et restaurants bon marché.

Lorsque vous atteignez la plage, tournez à droite et passez sous un petit pont. Continuez à marcher 5 minutes environ pour parvenir à l'estuaire, où l'eau est délicieusement chaude. Vous ne trouverez là que quelques rares familles locales. Méfiez-vous toutefois des fortes vagues et des courants.

Si vous ne faites que passer, mieux vaut attendre des sites plus séduisants de La Ruta Maya pour profiter de la plage.

MAZATENANGO
38 000 habitants

Mazatenango (370 m), chef-lieu du département de Suchitepéquez, se trouve à quelque 26 km à l'est de Retalhuleu, sur la Carretera al Pacífico. C'est avant tout un important centre agricole côtier qui attire les agriculteurs, les commerçants et les transporteurs. Vous y trouverez quelques hôtels très simples où vous arrêter si besoin est.

SANTA LUCÍA COTZUMALHUAPA
24 000 habitants

Toujours vers l'est, à 71 km de Mazatenango, Santa Lucía Cotzumalhuapa (356 m) constitue une halte importante pour tous ceux qui s'intéressent à l'art et à la culture maya. Parmi les plantations de canne à sucre et les fincas environnantes, se dressent d'immenses têtes de pierre à la face grimaçante ainsi que de magnifiques stèles ornées de bas-reliefs. Qui a sculpté ces objets rituels et pourquoi ? A ce jour, le mystère demeure.

Bien qu'agréable, la ville en elle-même présente peu d'intérêt. Les habitants alentour descendent des Pipil, Indiens connus pour leurs liens historiques, linguistiques et culturels avec les peuples de langue nahuatl du centre du Mexique. A l'époque classique ancienne, les Pipil de cette région cultivaient le cacao, alors véritable monnaie d'échange. Ils se livraient avec passion au jeu de balle maya et semblaient hantés par les rites et les mystères entourant la mort.

L'art pipil, fort différent du style fleuri, presque romantique des Maya, est sévère, grotesque et, malgré sa grande finesse d'exécution, empreint d'une certaine froideur.

Que faisaient ces "Mexicains" en territoire maya ? Comment y étaient-ils arrivés et d'où venaient-ils ? Les archéologues n'offrent que peu de réponses à ces questions. On trouve d'autres concentrations de Pipil, principalement dans la vallée de Motagua, au sud-est du Guatemala ainsi que dans la partie occidentale du Salvador.

GUATEMALA

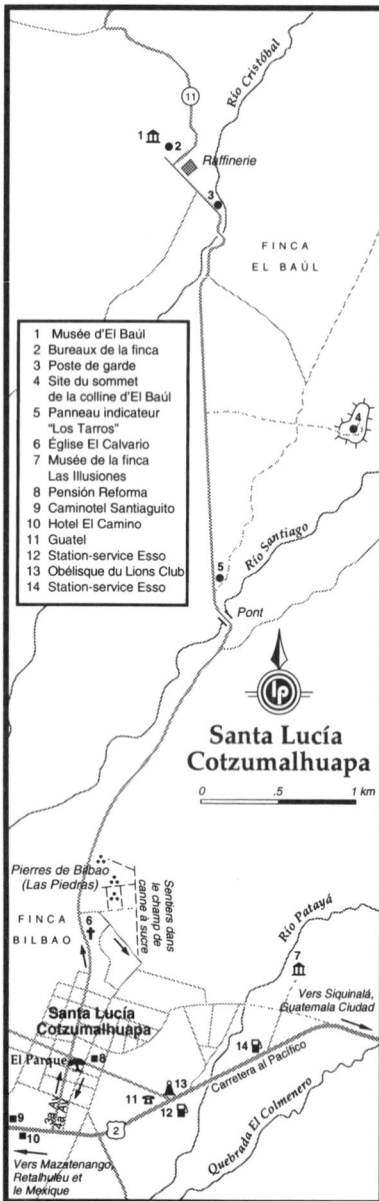

1 Musée d'El Baúl
2 Bureaux de la finca
3 Poste de garde
4 Site du sommet
   de la colline d'El Baúl
5 Panneau indicateur
   "Los Tarros"
6 Église El Calvario
7 Musée de la finca
   Las Illusiones
8 Pensión Reforma
9 Caminotel Santiaguito
10 Hotel El Camino
11 Guatel
12 Station-service Esso
13 Obélisque du Lions Club
14 Station-service Esso

Aujourd'hui, rien dans leur mode de vie ne les distingue des autres groupes ethniques guatémaltèques, si ce n'est l'existence de ce passé mystérieux.

Une halte à Santa Lucía Cotzumalhuapa vous permettra de découvrir cette culture oubliée et si particulière. Si les différents sites sont accessibles à tous les moyens de transport, il est beaucoup plus simple de se déplacer en voiture. Au cours de votre périple, vous aurez peut-être l'occasion de voir une plantation de canne à sucre en pleine activité.

Orientation

Santa Lucía Cotzumalhuapa se situe au nord-ouest de la Carretera al Pacífico. Sur la place principale (El Parque), à quelques pâtés de maisons de la route, vous verrez des copies de certaines des célèbres pierres sculptées mises au jour dans la région.

Les environs comptent trois principaux centres archéologiques : la finca Bilbao qui se trouve juste à la sortie de Santa Lucía, la finca El Baúl, vaste plantation légèrement plus éloignée de la ville, regroupant deux sites (l'un au sommet d'une colline et l'autre près des bureaux de la finca), et enfin, la finca Las Ilusiones dont la plupart des vestiges sont exposés dans un musée, à proximité des bureaux de l'exploitation. Les sites les plus intéressants sont de loin Bilbao et celui du sommet de la colline d'El Baúl.

Si vous n'êtes pas motorisé et que vous vouliez visiter les sites en une journée, adressez-vous à un des taxis garés sur la place principale de Santa Lucía. Le climat est généralement lourd et les sites se trouvent à plusieurs kilomètres les uns des autres. Vous serez ravis de pouvoir effectuer au moins une partie du trajet en voiture. Si vous décidez de tout faire à pied et en bus, emportez de quoi manger ; cela vous évitera de devoir revenir en ville. Le sommet de la colline d'El Baúl est un endroit parfait pour pique-niquer.

Bilbao

Sans doute s'agissait-il d'un grand centre cérémoniel construit vers l'an 600. Le labourage du sol a déterré (et endommagé) des centaines de pierres au cours des siècles derniers. Les voleurs en ont également subtilisé une grande quantité. En 1880, nombre des plus belles pièces furent emportées à l'étranger pour être exposées dans des musées. Neuf de ces pierres se retrouvent ainsi parmi les collections du musée Dahlem de Berlin.

Connu dans la région sous le nom de *las piedras* (les pierres), cet endroit abrite en réalité plusieurs emplacements dissimulés parmi les hautes tiges des cannes à sucre. Les champs viennent affleurer aux limites de la ville. Depuis la place principale de Santa Lucía, montez vers le nord le long de la 3a Avenida en direction des faubourgs. Dépassez l'église d'El Calvario sur la droite et juste après, tournez à angle droit sur la droite. A une centaine de mètres, la route se dirige vers la droite, tandis qu'une piste continue en ligne droite. Prenez la piste. Les champs s'étendent sur votre gauche et vous allez bientôt découvrir un sentier entre les hautes tiges des cannes à sucre.

Lorsque la canne est haute, il est extrêmement difficile de trouver son chemin. Mais c'est sans compter sur l'aide des bandes de gamins qui vous suivent telle une volée de moineaux tout au long de votre trajet en bordure des champs de cannes. Au moindre signe d'hésitation, ils vous crieront : "*las piedras ? las piedras ?*". Votre approbation obtenue, ils vous dirigeront d'un pas sûr au travers de cette ondoyante forêt de cannes, dans un dédale de chemins, jusqu'aux différents sites. Bien sûr, ils espèrent un pourboire et une petite pièce les comblera de joie. Ils sont toujours présents durant les week-ends et les vacances scolaires.

La première pierre, plate, est un bas-relief figurant trois personnages. Les côtes du personnage central sont très saillantes, comme s'il mourait de faim. On peut distinguer un rapace dans le coin supérieur gauche. Les trous à droite de la partie centrale laissent penser que des pillards ont tenté de briser la pierre.

Une autre pierre porte un relief très travaillé représentant des joueurs de balle, des fruits, des oiseaux, des animaux et des fèves de cacao, source de renommée et de prospérité de la région.

Parmi les autres pierres, beaucoup ont subi les méfaits de l'érosion, mais d'autres ont conservé des hiéroglyphes circulaires typiquement mexicains, ainsi que de mystérieux motifs très semblables à ceux de la côte du golfe du Mexique, près de Villahermosa.

Pour rejoindre El Baúl, vous gagnerez du temps en revenant jusqu'à l'endroit où vous avez tourné à droite, peu après l'église d'El Calvario. Les bus pour El Baúl passent régulièrement par ici. Vous pouvez aussi faire du stop. Si vous êtes en voiture, revenez jusqu'au centre-ville par la 4a Avenida puis ressortez par la 3a Avenida, ces rues étant en sens unique.

Un lecteur nous a raconté son expérience sur le site :

J'ai eu un mal fou à trouver las piedras (les pierres de Bilbao). Il était 9h30 ce mardi-là et les enfants qui servent habituellement de guides devaient tous être à l'école. J'ai tout de même fini par y arriver (avec l'aide d'un habitant du coin) et j'ai soigneusement noté l'itinéraire :

A partir de la route non goudronnée dont vous parlez dans le guide, continuez jusqu'à la maison bleue (à 100 m environ). En face de celle-ci, part un chemin parmi les cannes à sucre (il faut escalader la clôture). Le premier glyphe se trouve juste à gauche. De là, continuez vers le nord et prenez le deuxième sentier à droite. Le glyphe en forme d'arche occupe le sommet de la colline. Continuez jusqu'au bout du sentier (20 m environ), tournez à gauche, puis encore à gauche après 50 m de montée. Vous découvrez alors un très grand glyphe.

Après être revenu au sentier précédent, suivez-le jusqu'au bout, puis prenez à gauche pour arriver à la route de la finca El Baúl.

En fait, ces pierres ne sont peut-être pas celles décrites dans le guide !

Finca El Baúl

Le site du sommet de la colline d'El Baúl est tout aussi intéressant que celui de las piedras. En fait, il offre un attrait supplémentaire car les habitants de la région s'y livrent encore à des pratiques païennes. En outre, c'est un endroit idéal pour pique-niquer. A quelque distance du sommet de la colline, sur une autre route et à proximité des bureaux de la finca, vous pouvez visiter le musée privé où sont exposées les pierres découvertes sur la propriété.

La colline d'El Baúl se trouve à 4,2 km au nord-ouest de l'église d'El Calvario. A partir de l'église (ou du croisement situé immédiatement après), parcourez 2,7 km jusqu'à l'embranchement, à la sortie d'un pont, signalé par une pancarte indiquant Los Tarros. Prenez la route de terre sur la droite. Plus loin, à 1,5 km, un chemin poussiéreux traverse la route ; sur votre droite, une "colline" boisée se dresse au centre d'une étendue parfaitement plate. Cette "colline" est en réalité le soubassement d'un temple en ruines qui n'a pas été restauré. Traversez le champ et empruntez le chemin au sud de la colline pour accéder au sommet. Si vous êtes en voiture, vous pouvez continuer jusqu'à une cinquantaine de mètres du sommet.

Si vous venez le week-end, vous apercevrez sans doute des fidèles vénérer leurs idoles. Vous pouvez visiter les lieux en leur présence, cela ne les dérange pas et ils sont généralement ravis de poser devant les photographes aux côtés de ces statues en échange d'une petite "contribution".

La plus étonnante de ces deux pierres est la grosse tête aux traits grotesques, à demi-enfouie. La coiffure élaborée, les yeux "aveugles" très cernés, le nez en forme de bec et le sourire un peu figé contrastent avec son visage noirci et sa position, à demi enfouie dans le sol. La tête est recouverte de la cire des bougies consumées, de liqueurs et autres boissons, noircie par la fumée et les cendres des feux d'encens allumés devant elle selon un rituel immuable, qui perdure depuis plus de 1 400 ans.

La seconde pierre est un relief sculpté représentant un personnage entouré de motifs circulaires, probablement des inscriptions calendaires. Une copie de ce relief orne la place principale de Santa Lucía Cotzumalhuapa.

Pour poursuivre votre visite, revenez 1,5 km en arrière, à l'embranchement signalé par le panneau Los Tarros. Prenez

l'autre bifurcation (celle de gauche en venant de Santa Lucía) et suivez la route goudronnée longue de 3 km menant aux bureaux de la finca El Baúl. Si vous êtes à pied, vous pouvez revenir jusqu'à la route de terre, puis couper tout droit par un chemin poussiéreux. Vous rejoindrez la route goudronnée qui conduit aux bureaux de la finca. En arrivant sur cette route, tournez à droite. Plusieurs fois par jour, des bus bringuebalants font la navette pour les ouvriers entre la raffinerie et le centre-ville.

En approchant des bureaux de la finca (à 6 km de la place principale de Santa Lucía), vous passez un pont plutôt étroit dans un virage. Continuez de monter et vous repèrerez bientôt l'entrée sur votre gauche, signalée par une casemate équipée d'une mitrailleuse. Après cette entrée quelque peu intimidante, vous passerez devant les maisons des ouvriers et une raffinerie de sucre sur la droite, puis vous arriverez devant le bâtiment administratif gardé par plusieurs hommes armés. L'odeur de mélasse est omniprésente. Demandez l'autorisation de visiter le musée. Un garde vous ouvrira le portail qui se trouve juste derrière les bureaux.

A l'intérieur de l'enclos, à l'ombre d'un palapa, se dressent de nombreuses statues ainsi que des reliefs sculptés trouvés sur la plantation, dont certains se caractérisent par une grande finesse d'exécution. Malheureusement, il n'y a aucune indication écrite.

Finca Las Ilusiones

Le troisième site s'étend tout près de Bilbao. En fait, il s'agit de la finca à laquelle appartiennent les champs de canne de Bilbao. Paradoxalement, il est plus difficile d'y accéder, mais vos efforts seront récompensés car vous pourrez y découvrir des centaines d'objets, petits et grands, trouvés au fil des siècles sur les terres de la finca.

Sortez du centre-ville en direction de l'est par la Calzada 15 de Septiembre, boulevard qui relie la route à la station-service Esso. Continuez direction nord-est sur une courte distance puis, juste après avoir dépassé une seconde station-service Esso, prenez la route de terre sur votre gauche. La finca Las Ilusiones et son musée se trouvent à un peu plus d'1 km. Si vous ne trouvez pas la personne qui garde la clé du musée, vous devrez vous satisfaire des nombreuses pierres rassemblées à l'extérieur.

Où se loger et se restaurer

La *Pensión Reforma*, Calzada 15 de Septiembre, à hauteur de la 4a Avenida, n'est sans doute pas très belle, mais elle fera l'affaire pour une nuit (simples/ doubles à 4/6 $US).

A quelques centaines de mètres à l'ouest de la ville, le *Caminotel Santiaguito* (☎ 882-5435 à 5437), Carretera al Pacífico Km 90,4, est un établissement plutôt somptueux pour la région. Il possède un grand terrain ombragé, une belle piscine et un restaurant tout à fait correct. La piscine est ouverte aux non-résidents moyennant un petit droit d'entrée. Les chambres de style motel, avec clim. et s.d.b., se louent 32/39 $US en simple/ double. Cet hôtel, sorte de lieu de villégiature pour les locaux, est souvent complet pendant le week-end. Dans la salle de restaurant agréablement ventilée, vous pouvez commander un cheeseburger, une salade de fruits et une boisson non alcoolisée pour 4 $US, le prix d'un repas plus copieux s'élève à 6,50/8 $US.

De l'autre côté de la route, l'*Hotel El Camino* (☎ 882-5316), dispose de chambres chaudes et bruyantes en raison de la circulation (simples/doubles à 10/14 $US).

Comment s'y rendre

Les bus de 2e classe Esmeralda assurent la liaison Santa Lucía Cotzumalhuapa-Guatemala Ciudad (4a Avenida et 2a Calle, Zona 9) à peu près toutes les demi-heures entre 6h et 17h (1,50 $US, 90 km, 2 heures). Vous pouvez également prendre n'importe quel bus allant de Guatemala Ciudad à Mazatenango, Retalhuleu ou la frontière mexicaine par la Carretera al Pacífico.

Pour aller de Santa Lucía à La Democracia, empruntez un bus à destination de

Siquinalá (8 km), *via* la Carretera al Pacífico, puis attrapez la correspondance pour La Democracia.

De Santa Lucía au Lago de Atitlán, vous devrez sans doute changer de bus au carrefour de Cocales, à 23 km à l'est de Santa Lucía et à 58 km au sud de Panajachel.

LA DEMOCRACIA
4 200 habitants

La Democracia (165 m) se trouve au sud de Siquinalá, à 9,5 km sur la route de Puerto San José. C'est un bourg côtier sans attrait où la chaleur vous oppresse jour et nuit quelle que soit la saison.

Tout comme Santa Lucía Cotzumalhuapa, La Democracia se trouve au cœur d'une région peuplée depuis des temps reculés et ses habitants – aux dires de certains archéologues – présentent de mystérieuses similitudes culturelles avec ceux du golfe du Mexique. D'immenses têtes en basalte ont été découvertes sur le site archéologique de Monte Alto, vers la sortie du bourg. Dans un style plus grossier, elles rappellent celles qui furent sculptées il y a plusieurs millénaires par les Olmèques, près de Veracruz.

Aujourd'hui, elles sont disposées autour de la place principale de La Democracia. Lorsque vous arrivez par la route, suivez les panneaux indiquant le museo. Vous devrez vous placer sur la gauche, puis tourner deux fois à gauche pour arriver sur la place.

A côté de l'église et du modeste Palacio Municipal, le petit Museo Rubén Chévez Van Dorne, renferme d'autres découvertes archéologiques fascinantes, dont un magnifique masque de jade, pièce maîtresse de cette collection composée de petits objets, de liens utilisés pour le jeu de balle, de reliefs sculptés, etc. Sur les murs sont exposées des peintures de style olmèque représentant des scènes extrêmement spectaculaires. Dans une arrière-salle, les véritables passionnés d'archéologie pourront découvrir d'autres peintures du même genre ainsi qu'un grand nombre de vestiges de poteries. Le musée est ouvert de 8h à 12h et de 14h à 17h (entrée : 0,50 $US).

Où se loger et se restaurer

Il est impossible de se loger et plutôt difficile de se restaurer à La Democracia. Les
restaurants sont tout à fait rudimentaires et
très mal approvisionnés. Mieux vaut prévoir son pique-nique et acheter des boissons
dans une boutique de la plaza. Le *Café
Maritza*, proche du musée, est l'image parfaite du bar des tropiques, avec son *rockola*
(juke-box) à plein volume et le petit groupe
de clients accablés par la chaleur qui siro-
tent leur verre en somnolant.

Comment s'y rendre

Les bus de la compagnie Chatia Gomerana,
Muelle Central, Terminal de Buses, Zona 4,
Guatemala Ciudad, assurent la liaison
toutes les demi-heures entre 6h et 16h30
(92 km , 2 heures, 1 $US). Les bus s'arrê-
tent à Escuintla, Siquinalá (correspondance
pour Santa Lucía Cotzumalhuapa), La
Democracia, La Gomera et Sipacate.

LES ENVIRONS DE LA DEMOCRACIA

La route qui part de La Democracia vers le
sud continue sur 42 km jusqu'à Sipacate,
petite localité balnéaire réduite à sa plus
simple expression. La plage s'étire sur
l'autre rive du canal de Chiquimulilla. Vous
y trouverez quelques établissements très
rudimentaires et négligés. Mieux vaut aller
jusqu'à la plage de Puerto San José, à 35 km
à l'est sur la route qui part d'Escuintla.

ESCUINTLA

En pleine végétation tropicale, Escuintla
pourrait être un petit paradis où l'on pares-
serait dans des hamacs tout en dégustant de
délicieuses spécialités exotiques préparées
avec les fruits et légumes de la région.
Malheureusement, ce n'est pas le cas.

Escuintla est une ville commerciale et
industrielle étouffante, miteuse et délabrée.
Vitale pour l'économie de la côte Pacifique,
elle ne présente aucun intérêt pour les touristes. Il s'agit pourtant d'une ville ancienne
où habitaient les Pipil avant la conquête
espagnole ; aujourd'hui elle compte une
forte majorité de ladinos. Elle possède
quelques sordides hôtels et restaurants.

Vous serez peut-être amené à changer de
bus à Escuintla. La principale gare routière
se trouve au sud de la ville. C'est de là que
part le bus pour Puerto San José. Si vous
vous rendez à Guatemala Ciudad, sachez
que des bus partent très régulièrement de la
plaza principale.

Près d'Escuintla, vous pourrez visiter, en
voiture, l'Autosafari Chapin, un parc
d'animaux sauvages africains, très apprécié
des familles de Guatemala Ciudad.

Des bus s'y rendent. Pour plus
d'informations, reportez-vous à la rubrique
Bus du chapitre *Guatemala Ciudad*.

PUERTO SAN JOSÉ, LIKÍN ET IZTAPA

La principale station balnéaire guatémaltèque laisse beaucoup à désirer mais, si
vous ne résistez pas à l'envie de vous jeter
dans les vagues du Pacifique, rendez-vous
à Puerto San José, à 50 km au sud
d'Escuintla, où dans l'une des installations
environnantes.

De la seconde moitié du XIXe siècle au
début du XXe, Puerto San José (14 000
habitants) fut le principal port du Guatemala sur le Pacifique. Détrôné par Puerto
Quetzal, plus moderne et situé à l'est,
Puerto San José semble aujourd'hui totalement endormi. Ses habitants, alanguis, passent leur temps à boire en écoutant de la
musique à plein volume. La plage est située
de l'autre côté du canal de Chiquimulilla et
il faut un bateau pour y accéder.

Mieux vaut suivre la côte vers l'ouest sur
5 km (en taxi ou en voiture) jusqu'à Balneario Chulamar ; la plage est bien plus jolie et
compte un ou deux hôtels convenables.

A 5 km environ à l'est de Puerto San
José, Balneario Likín est la seule station
balnéaire élégante de la côte pacifique guatémaltèque. Son développement planifié,
ses rues et ses canaux propres font la joie
des familles aisées de la capitale qui y possèdent une résidence de bord de mer.

Autre grand port déchu, Iztapa est situé à
12 km à l'est de Puerto San José. Tout premier port du pays sur le Pacifique, il fut
utilisé par Pedro de Alvarado durant le
XVIe siècle. En 1853, la construction de

Puerto San José marqua le déclin d'Iztapa. La ville sombra alors dans une torpeur tropicale dont elle n'est toujours pas sortie. Restée "en friche" pendant près d'un siècle et demi, Iztapa n'a pas connu la dégradation de Puerto San José. En comparaison, c'est un endroit agréable qui compte plusieurs petits hôtels et restaurants très abordables sur le bord de mer. Autre avantage, les bus de Transportes Pacifico rejoignent directement Iztapa depuis le marché de la Zona 4 à Guatemala Ciudad (4 heures). Vous pouvez aussi les emprunter à Escuintla ou à Puerto San José.

MONTERRICO

Rappelant à bien des égards les autres localités de la côte Pacifique, Monterrico est un village côtier doté de petits hôtels bon marché installés sur la plage, d'une réserve naturelle et d'un centre d'éclosion des tortues de mer. Ici, la mer est déchaînée et les vagues déferlent avec violence sur le sable noir. Derrière la plage, de l'autre côté de la ville, un vaste réseau de mangroves et de canaux font partie du Canal de Chiquimulilla, long de 190 km.

Monterrico est parfait pour un week-end à la plage si vous séjournez à Guatemala Ciudad ou à Antigua. Les étrangers sont de plus en plus nombreux à l'apprécier. En semaine, le village est très calme.

A voir et à faire

Près de la plage se situe le principal attrait de Monterrico, le Biotopo Monterrico-Hawaï, une réserve naturelle qui s'étend sur 20 km de côte et de mangroves peuplées de poissons et d'oiseaux. La pensionnaire la plus célèbre est sans nul doute la tortue bâtarde olivâtre, espèce en voie de disparition, qui dépose ses œufs sur la plage à différents endroits de la côte. Les mangroves constituent un réseau de 25 lagons, reliés par des canaux.

Un circuit en bateau de 1 heure 30 à 2 heures à travers les mangroves et plusieurs lagons coûte 8,35 $US pour un à trois passagers. Plus vous partirez tôt, plus vous verrez d'animaux. Pensez à prendre des jumelles pour mieux voir les oiseaux. Pour une promenade en bateau, renseignez-vous au Tortugario Monterrico, sur la plage. Des villageois en proposent

---

Une course vers la mer

De septembre à décembre, un sympathique rituel se déroule le samedi au coucher du soleil devant les hôtels du bord de mer de Monterrico. Des employés du Tortugario Monterrico se rendent à la plage, les bras chargés de grandes bassines de plastique et de deux longues cordes. Ils installent l'une des cordes le long de l'eau et l'autre parallèlement, à une certaine distance. Les clients des hôtels se rassemblent tout autour. Approchez et vous verrez que les bassines sont pleines de bébés-tortues de mer !

Choisissez une tortue, faites un petit don (moins de 2 $US) pour aider le tortugario (élevage de tortues) et allez vous placer derrière la corde la plus éloignée de l'eau. C'est une extraodinaire sensation que de tenir entre ses mains un bébé-tortue ! Quand tout le monde est prêt, on compte jusqu'à trois et chaque participant pose sa tortue sur le sable. Les animaux se lancent alors dans une course effrénée en direction de la mer. Ne quittez pas votre tortue des yeux : si elle parvient la première à la deuxième corde, vous gagnez un repas pour deux dans un hôtel de Monterrico. Enfin, toutes les tortues atteignent l'eau et se lancent dans les vagues, au moment où le soleil se couche sur la mer.

Cette course représente bien plus qu'une occasion de gagner un bon repas. Elle est riche en émotions, surtout si vous imaginez le sort de cette petite tortue que vous teniez dans la main. Toutes les tortues ont éclos deux ou trois jours plus tôt et sont libérées en groupe, ce qui accroît leurs chances de survie. Au moment où elles courent vers la mer, elles auraient, selon les spécialistes, la conscience précise du lieu de leur naissance (à travers les composants du sable, de l'eau, etc.), ce qui leur permettra, une fois adultes, de revenir pondre leurs œufs à cet endroit précis. Certes, la plupart d'entre elles n'atteindront pas l'âge de procréer. Mais les efforts louables que font ces groupes de protection donnent à cette espèce menacée une chance de survie. ∎

également, mais les guides qui travaillent au centre sont particulièrement compétents en matière de vie sauvage. Vous pouvez aussi vous renseigner à votre hôtel.

Le Tortugario Monterrico n'est qu'à quelques pas des hôtels, à l'est sur la plage (à gauche en regardant la mer). Plusieurs espèces animales en danger, dont trois espèces de tortues de mer y sont élevées.

La Reserva Natural Hawaii, une réserve naturelle gérée par l'Asociación de Rescate y Conservación de Vida Silvestre (ARCAS; Association pour la sauvegarde et la conservation de la faune), possède un élevage à 8 km de Monterrico, à l'est sur la plage. Elle accueille les bonnes volontés à bras ouverts tout au long de l'année ; la saison des tortues s'étend de juin à novembre, avec des pics d'activité en août et en septembre. Voir *Travailler au Guatemala*, au chapitre *Renseignements pratiques* pour mieux connaître l'ARCAS.

Cours

L'ALM Language School, installée à Antigua et à Quetzaltenango, dispense des cours de langue espagnole et possède une antenne à Monterrico.

Où se loger et se restaurer

Monterrico compte quatre hôtels simples, installés en bord de mer à proximité les uns des autres et tous dotés d'un restaurant et d'un parking. Du bateau qui vous amène de La Avellana, il faut marcher 15 minutes pour atteindre la plage et les hôtels.

Tous ces hôtels se valent, mais l'*Hotel Baule Beach* (☎ 473-6196), tenu par Nancy Garver, ex-volontaire du Peace Corps, représente le meilleur rapport qualité/prix. C'est le moins cher mais il n'en est pas moins agréable et confortable. De nombreux jeunes venus du monde entier y séjournent. Comptez 3,60/7,50 $US par personne (selon le nombre d'occupants) pour une chambre avec s.d.b. donnant sur la plage. Les 17 chambres peuvent accueillir jusqu'à six personnes. Les prix du restaurant sont également très corrects. Les horaires des

transports en commun desservant Monterrico sont affichés dans l'hôtel.

L'*Hotel Pez de Oro* (☎ 331-5620) est le plus séduisant des quatre. Outre une piscine et un restaurant italien, il possède 9 bungalows propres et plaisants équipés de s.d.b., ventilateur, moustiquaires et d'un hamac sous le porche. Les prix s'élèvent à 29/40/50 $US pour deux/trois/quatre personnes (le prix est le même en simple qu'en double).

La *Kaiman Inn* (☎ 202-6513, 369-1258) abrite 8 chambres avec s.d.b., ventilateur et moustiquaire à 10 $US par personne ; chacune peut accueillir jusqu'à cinq occupants. Le restaurant, installé sur la plage, sert une excellente cuisine italienne et des produits de la mer.

Le *Johnny's Place* (☎ 337-4191, fax 365-8072) propose des chambres à 6/12,50 $US par personne en semaine/le week-end, ainsi que 7 bungalows de trois pièces avec s.d.b. et cuisine équipée à 60 $US pour 4 personnes (30 $US en semaine si vous n'êtes que deux). Deux bungalows partagent un barbecue et une petite piscine. Le Johnny's Place dispose d'un restaurant et d'une piscine.

Un ou deux hôtels s'élèvent à distance de la plage.

A quelques pas des hôtels du bord de mer, le *Pig Pen Pub* a installé ses tables sur la plage. Il ouvre à 20h jusque tard dans la nuit.

Comment s'y rendre

Pour atteindre Monterrico, il faut d'abord aller à La Avellana et prendre une *lancha* (petit bateau de passagers) ou un ferry. Des bus directs relient Guatemala Ciudad à La Avellana environ dix fois par jour (124 km, 4 heures, 2,10 $US). Vous pouvez également changer de bus à Taxisco, sur la CA-2. Des bus font le trajet Guatemala Ciudad-Taxisco toutes les heures (106 km, 3 heures 30, 1,65 $US). C'est aussi toutes les heures que des bus desservent La Avellana depuis Taxisco (18 km, 20 minutes, 0,40 $US).

Des minibus rallient également La Avellana. Vous pouvez partir d'Antigua et revenir le jour suivant pour 25 $US (aller simple : 12 $US, 2 heures 30). L'Adventure Travel Center d'Antigua (voir la section *Antigua*) arrive chaque samedi et repart le dimanche. D'autres agences offrent le même service. Au départ de La Avellana, des minibus partent vers Antigua à 14h les samedi et dimanche (12 $US), et vers Guatemala Ciudad le lundi matin à 9h (7 $US). En cas de besoin, appelez l'Hotel Baule Beach à Monterrico pour vérifier les horaires des bus et des minibus.

De La Avellana, des bateaux de passagers et des ferries gagnent Monterrico. En *colectivo*, la traversée le long du Canal de Chiquimulilla, bordé de mangroves, dure 30 minutes et coûte 0,40 $US.

LAGO DE AMATITLÁN

Amatitlán est un lac paisible situé au pied d'un imposant volcan, à 25 km au sud de Guatemala Ciudad. Ce lieu aurait pu devenir une villégiature charmante et paisible. Malheureusement, le lac en forme de sablier est divisé par une voie de chemin de fer et ses rives comptent un certain nombre d'installations industrielles.

Le week-end, les habitants de Guatemala Ciudad viennent faire de l'aviron (les eaux du lac sont trop polluées pour la baignade) ou louer un jacuzzi privé. Nombre d'entre eux y possèdent une résidence secondaire.

Il n'y a guère de raisons de s'attarder au Lago de Amatitlán. Si vous tenez absolument à le voir, allez jusqu'au village d'Amatitlán, tout proche de la route d'Escuintla à la capitale. Les abords de la plage publique sont plutôt délabrés. Si vous disposez d'une voiture et d'un peu de temps, le tour du lac offre quelques beaux paysages. Un jour, peut-être, ce site retrouvera-t-il sa beauté d'origine ?

GUATEMALA

Le Centre et l'Est

Au nord et à l'est de la capitale, s'étend une région aux paysages très diversifiés, passant très rapidement des montagnes tapissées de pins et enveloppées de brumes d'Alta Verapaz aux terres tropicales, chaudes et sèches, de la vallée du Río Motagua, autrefois peuplée de dinosaures.

La Carretera al Atlántico (CA-9) part de Guatemala Ciudad en direction du nord-est, traversant ces différents climats. Elle dessert de nombreuses destinations, dont les splendides hauts plateaux des environs de Cobán, le musée de paléontologie d'Estanzuela, la basilique d'Esquipulas, célèbre à travers toute l'Amérique centrale, les exceptionnelles ruines mayas de Copán, juste de l'autre côté de la frontière avec le Honduras, les merveilleuses stèles et sculptures zoomorphes de Quiriguá, sans oublier le lac tropical d'Izabal et le Río Dulce, voie navigable traversant la jungle. Elle se termine à Puerto Barrios, port guatémaltèque des Caraïbes, d'où partent les bateaux pour la paisible Lívingston, où vivent les Garifuna.

Avant l'arrivée des Espagnols, les hautes terres montagneuses des départements de Baja Verapaz et d'Alta Verapaz étaient peuplées de Mayas Rabinal, connus pour leurs impitoyables méthodes guerrières. Ils combattirent un siècle durant les puissants Mayas Quiché sans jamais être conquis.

Les conquistadores eurent bien des difficultés à les vaincre. Ce fut Fray Bartolomé de las Casas qui réussit à convaincre les autorités espagnoles de tenter une démarche pacifique là où la guerre avait échoué. Armé d'un édit interdisant aux soldats espagnols de pénétrer dans la région pendant cinq ans, ce moine et sa congrégation parvinrent à pacifier les Rabinal et à les convertir au catholicisme.

Rebaptisée Verapaz (vraie paix), la région est aujourd'hui divisée en deux départements : Baja Verapaz, dont le chef-lieu est Salamá, et Alta Verapaz, qui dépend de Cobán.

Ces deux chefs-lieux de département sont aisément accessibles par une bonne route goudronnée qui serpente de la vallée écrasée de chaleur vers de merveilleux paysages de montagne, traversant de vastes plantations de café. Sur la route de Cobán, on rencontre l'une des plus belles réserves naturelles du Guatemala, le Biotopo del Quetzal. Au-delà de Cobán, les plus célèbres grottes du pays longent des pistes cahoteuses.

SALAMÁ
11 000 habitants

La route nationale 17, ou CA-14, croise la Carretera al Atlántico à El Rancho, à 84 km de Guatemala Ciudad. En direction de l'ouest, elle traverse une zone plate, quasi-désertique, puis bifurque vers le nord et monte à l'assaut de collines boisées. Au terme de 47 km de route, vous arrivez à l'embranchement de Salamá. Sur l'autre versant, la route sinueuse redescend vers la grande vallée du Río Salamá jusqu'au chef-lieu du département de Baja Verapaz, à 17 km de la Carretera al Atlántico.

Salamá (940 m d'altitude), est un gros bourg attrayant qui porte encore quelques traces de l'époque coloniale. Sur la place principale, l'église, richement décorée, s'orne d'anciens autels dorés. Si vous arrivez un dimanche, vous découvrirez un marché débordant d'activité.

Où se loger et se restaurer

À quelques pas derrière l'église, l'*Hospedaje Juárez* (☎ 940-0055), 10a Avenida 15-55, Zona 1, agréable, propre et sympathique, possède 15 chambres avec s.d.b. et eau chaude à 6/8,50 \$US en simple/double. Aucune pancarte ne signale l'hôtel.

Tout près de la grande place, derrière la station-service Texaco, l'*Hotel Tezulutlán* (☎ /fax 940-0141), propose 15 chambres avec TV câblée, réparties autour d'un jardin plaisant. Comptez 5/8 \$US en

GUATEMALA

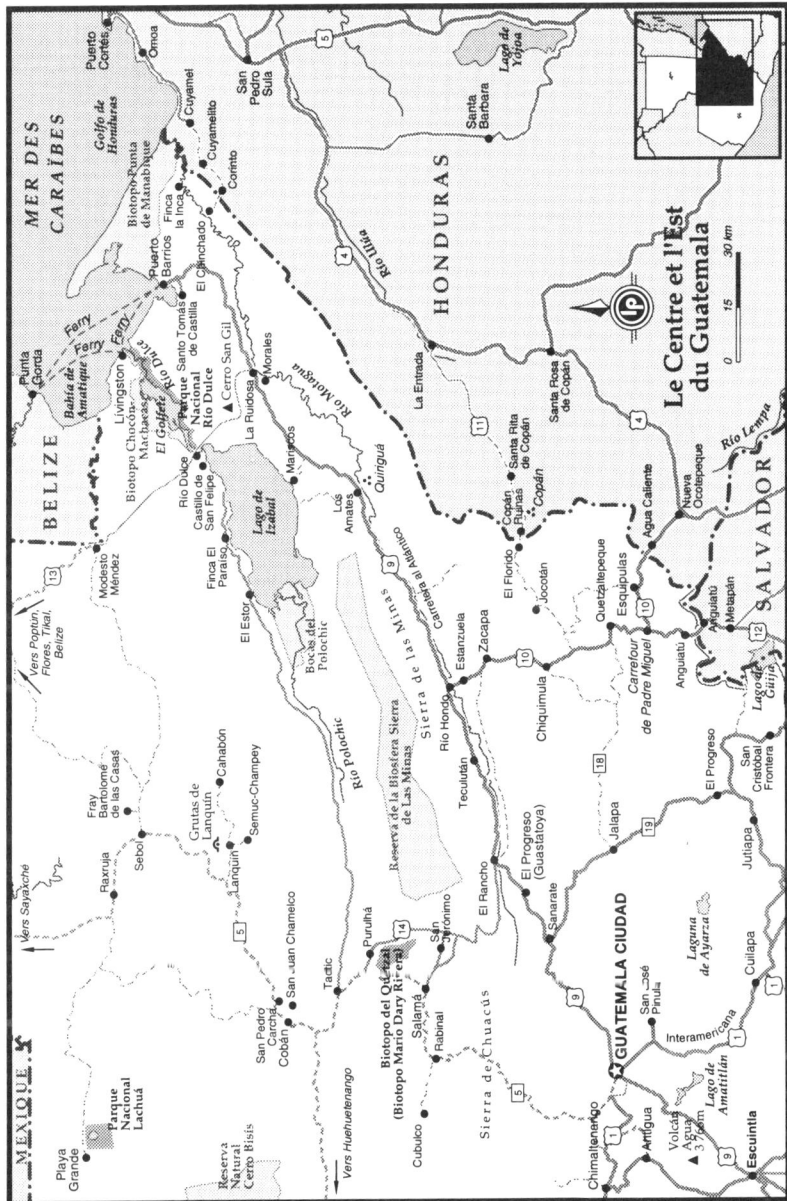

simple/double, ou 13/18 $US avec s.d.b. (4 chambres bénéficient de l'eau chaude). Très propre, l'*Hotel San Ignacio* (☎ 940-0186) est tenu par une famille et dispose de simples/doubles à 4/5 $US, ou 5/7 $US avec s.d.b. (eau froide). La *Cafetería Apolo XI* est installée dans le même bâtiment.

Tous ces hôtels mettent un parking à la disposition de leurs clients.

Près de la plaza, les restaurants abondent. A quelques pas de la place, le *Café Deli-Donas*, propre et agréable, offre tous les jours repas légers et pâtisseries. A deux pas de la place principale, sur la route qui sort de la ville, le *Restaurante El Ganadero* sert un déjeuner complet à 4/6 $US et des sandwiches pour beaucoup moins. On peut encore citer le *Restaurante Caña Vieja*, sur la plaza.

Comment s'y rendre

Chef lieu de département, Salamá est fréquemment reliée à Guatemala Ciudad. Les bus partent d'une petite gare routière située à un demi-pâté de maisons de la plaza centrale. Les départs pour Guatemala Ciudad ont lieu toutes les heures de 2h30 à 16h (151 km, 3 heures, 2 $US). Les bus en provenance de Guatemala Ciudad continuent vers l'ouest jusqu'à Rabinal (19 km, 1 heure, 1 $US), puis Cubulco, 15 km plus loin.

A Guatemala Ciudad, les bus pour Salamá partent toutes les heures, de 5h à 17h, devant l'agence de Transporte Dulce María (☎ 250-0082), 9a Avenida 19-20, Zona 1.

LES ENVIRONS DE SALAMÁ

A 10 km de la route de Cobán, sur l'embranchement pour Salamá, se trouve la bifurcation pour **San Jerónimo**, située à 5 km au nord de la RN 5. Derrière la magnifique église du village, vous découvrirez un vieux moulin à sucre qui abrite désormais un musée. Sur la plaza, quelques larges pierres portent des inscriptions anciennes.

A 9 km à l'ouest de Salamá, sur la RN 5, se trouve le village de **San Miguel Chicaj**,

Le quetzal, emblème du Guatemala

renommé pour ses tissages. Poursuivez votre chemin sur 10 km pour arriver à **Rabinal**, ancienne mission fondée en 1537 par Fray Bartolomé de las Casas. Aujourd'hui, Rabinal est un célèbre centre de poterie (admirez les tasses à chocolat peintes à la main), également connu pour sa récolte d'agrumes (novembre et décembre). Le marché se tient le dimanche. Deux petits hôtels peuvent vous accueillir : la *Pensión Motagua* et l'*Hospedaje Caballeros*.

En continuant cette route, on parvient au village de **Cubulco**, à 15 km de Rabinal. De là, vous pouvez, si vous êtes en 4x4, suivre la RN 5 sur 100 km jusqu'à Guatemala Ciudad, traversant ainsi de nombreux villages. Quelques bus, très lents, empruntent cette route. En chemin, arrêtez-vous aux **ruines de Mixco Viejo**, près de **San Juan Sacatepéquez**, à 25 km environ de Guatemala Ciudad.

BIOTOPO DEL QUETZAL

Sur la route principale (CA-14), à 34 km de l'embranchement pour Salamá, vous arriverez à la réserve naturelle du Biotopo Mario Dary Rivera, communément appelée Biotopo del Quetzal. Elle se trouve au Km 161, à l'est du village de Purulhá (où n'existe aucune commodité).

Ne comptez pas trop apercevoir un quetzal, emblème du Guatemala ; ces oiseaux sont rares et farouches. La meilleure période pour les apercevoir s'étend de février à septembre.

Même si vous ne croisez pas le bel oiseau, vous ne perdrez pas votre temps en explorant cette luxuriante forêt tropicale d'altitude et son écosystème.

Des cartes des sentiers, en espagnol et en anglais, comportent la liste des 87 oiseaux qui peuplent la réserve (0,50 $US). Parmi les autres animaux, figurent les singes-araignées et les *tigrillos*, félins proches des ocelots.

Deux excellentes pistes, bien entretenues, traversent la réserve : le Sendero los Helechos (sentier des fougères), long de 1 800 m et le Sendero los Musgos (sentier des mousses), deux fois plus étendu. En vous promenant à travers l'épaisse végétation, tapissée d'un riche humus, dense et spongieux, vous découvrirez de nombreuses variétés d'épiphytes (plantes grimpantes) qui prospèrent dans l'atmosphère humide de cette jungle.

Ces deux parcours passent par des chutes d'eau, dont la plupart emplissent des petits bassins où vous pourrez vous baigner. D'innombrables torrents prennent leur source dans la région. Le Río Colorado cascade à travers la forêt le long d'une faille géologique. Au plus profond de la réserve se cache le Xiu Ua Li Che (arbre grand-père) ; vieux de 450 ans, il existait à l'époque où, dans ces montagnes, les conquistadores combattirent les Rabinal.

La réserve ouvre tous les jours de 7h à 16h (une fois à l'intérieur, vous pouvez vous attarder plus longtemps). L'entrée coûte 5 $US. Sur le site, se trouvent un centre d'information et une buvette (qui ne vend que des boissons).

Où se loger

Le camping, jadis autorisé, est désormais interdit.

Deux hôtels vous accueillent à courte distance de la réserve. En remontant 200 m en direction de Purulhá et Cobán, l'*Hotel y Comedor Ranchito del Quetzal* (☎ 331-3579 à Guatemala Ciudad), est un hospedaje très rustique avec des chambres à 5/8/11 $US en simple/double/triple, ou 8/11/14 $US avec s.d.b. et eau chaude. Le Comedor propose des petits-déjeuners à 1,35 $US, des déjeuners et dîners à 2,50 $US (1,65 $US pour un repas végétarien).

Plus confortable, la *Posada Montaña del Quetzal* (☎ 335-1805 à Guatemala Ciudad), Carretera a Cobán Km 156,5, Purulhá, Baja Verapaz, se situe à 5 km avant la réserve en venant de la Carretera al Atlántico. Cette séduisante auberge possède 18 bungalows de stuc blanc aux toits de tuiles, comportant un séjour avec cheminée, une chambre à trois lits et une s.d.b. avec eau chaude. Comptez 20/26 $US en simple/double, ou 28/35 $US pour un plus grand bungalow de trois pièces. Le complexe abrite un restaurant, une grande piscine et un petit bassin pour les enfants. Pour rejoindre le Biotopo à partir de l'auberge, vous pouvez emprunter un bus ou faire du stop.

COBÁN
20 000 habitants

Bien que sinueuse, la route goudronnée entre le Biotopo et Cobán est en bon état ;

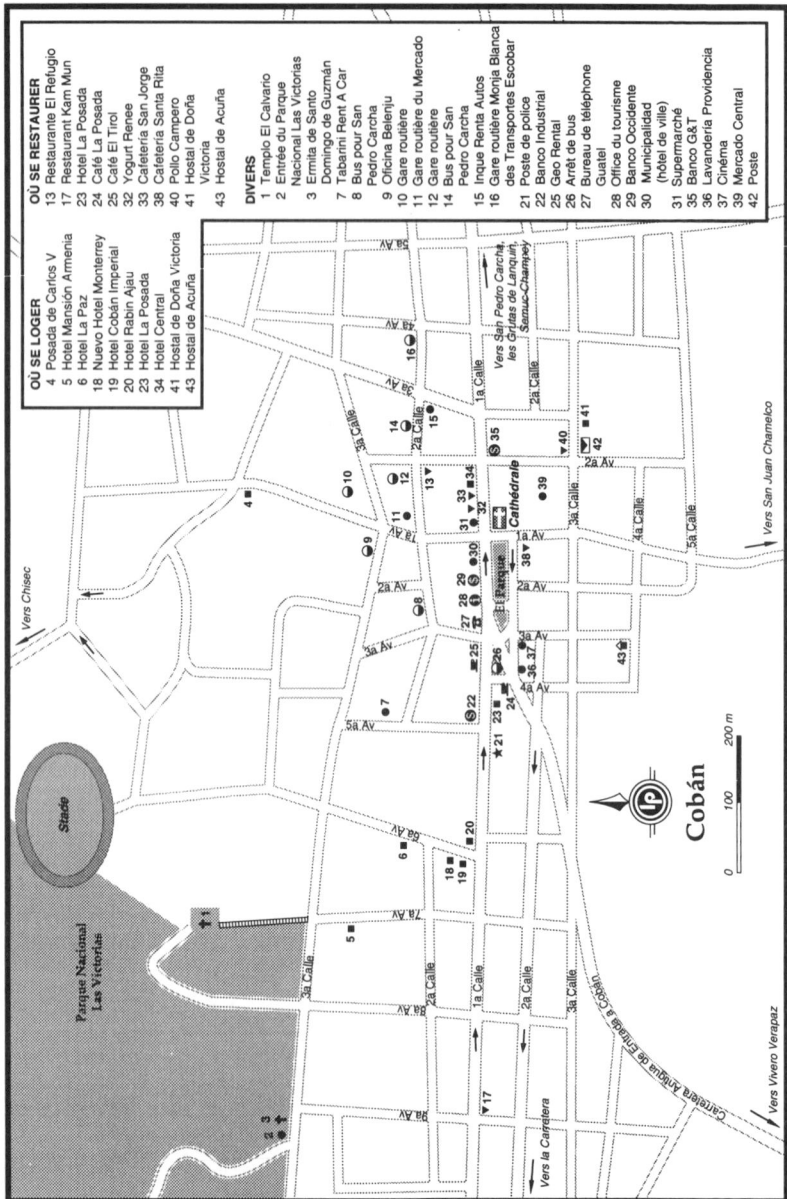

GUATEMALA

OÙ SE LOGER
4 Posada de Carlos V
5 Hotel Mansión Armenia
6 Hotel La Paz
18 Nuevo Hotel Monterrey
19 Hotel Cobán Imperial
20 Hotel Rabin Ajau
23 Hotel La Posada
34 Hotel Central
41 Hostal de Doña Victoria
43 Hostal de Acuña

OÙ SE RESTAURER
13 Restaurante El Refugio
17 Restaurant Kam Mun
23 Hotel La Posada
24 Café La Posada
25 Café El Tirol
32 Yogurt Renee
33 Cafetería San Jorge
38 Cafetería Santa Rita
40 Pollo Campero
41 Hostal de Doña
     Victoria
43 Hostal de Acuña

DIVERS
1 Templo El Calvario
2 Entrée du Parque
    Nacional Las Victorias
3 Ermita de Santo
    Domingo de Guzmán
7 Tabarini Rent A Car
8 Bus pour San
    Pedro Carcha
9 Oficina Belenju
10 Gare routière
11 Gare routière du Mercado
12 Gare routière
14 Bus pour San
    Pedro Carcha
15 Inque Renta Autos
16 Gare routière Monja Blanca
    des Transportes Escobar
21 Poste de police
22 Banco Industrial
25 Geo Rental
26 Arrêt de bus
27 Bureau de téléphone
    Guatel
28 Office du tourisme
29 Banco Occidente
30 Municipalidad
    (hôtel de ville)
31 Supermarché
35 Banco G&T
36 Lavandería Providencia
37 Cinéma
39 Mercado Central
42 Poste

Cobán

Stade

Parque Nacional
Las Victorias

Vers Chisec
Vers San Pedro Carcha,
les Grutas de Lanquín,
Semuc-Champey
Vers San Juan Chamelco
Vers Vivero Verapaz
Vers la Carretera
Carretera Antigua de Entrada de Cobán

0 100 200 m

sa faible circulation permet de rouler assez vite. En montant à travers la forêt d'épineux, vous pourrez encore apercevoir çà et là quelques fleurs tropicales.

A l'entrée de Cobán, un panneau annonce "Bienvenidos a Cobán, Ciudad Imperial", faisant par là référence à la charte octroyée par l'empereur Charles Quint en 1538. A 126 km environ de la Carretera al Atlántico, vous arrivez sur la place principale de Cobán (1 320 m).

Cette petite ville fut autrefois le centre de Tezulutlán (Tierra de Guerra en espagnol, Terre de Guerre) et une forteresse des Mayas Rabinal.

L'arrivée d'immigrants allemands au XIXe siècle entraîna une nouvelle forme de conquête. Ces derniers fondèrent d'immenses fincas de café et Cobán prit des airs de ville de montagne allemande lorsque les propriétaires de fincas y construisirent leurs résidences. Cette période de domination culturelle et économique prit fin avec la Seconde Guerre mondiale, quand les États-Unis persuadèrent le gouvernement guatémaltèque d'extrader les puissants propriétaires de plantations dont bon nombre avaient activement soutenu les nazis.

Aujourd'hui, Cobán est agréable à visiter, lorsque la saison s'y prête. Pendant la majeure partie de l'année, le temps est couvert, humide et froid. Seules une vingtaine de journées d'avril jouissent à coup sûr du soleil. Au cœur de la saison "sèche" (de janvier à mars), brouillards et pluies alternent avec un temps clair, pur et ensoleillé.

La fête indienne traditionnelle la plus impressionnante du Guatemala est le festival de folklore de Rabin Ajau, avec ses spectacles de danse du Paabanc. Elle se déroule fin juillet ou la première semaine d'août.

Il n'y a pas grand-chose à faire à Cobán, si ce n'est profiter du paysage de montagne en se mêlant à la population locale. La ville constitue une bonne base d'excursions vers les Grutas de Lanquín et les Cuevas Semuc-Champey (reportez-vous à *Les environs de Cobán*, ci-dessous).

Orientation et renseignements

Sur la place centrale (*el parque*) se dresse un kiosque à musique en béton, plutôt déconcertant. La plupart des services utiles sont regroupés dans les alentours de la place et de la cathédrale. Le quartier commerçant s'étend derrière et autour de la cathédrale.

A côté du bureau de Guatel, sur la plaza, l'office du tourisme affiche des horaires d'ouverture qu'il ne respecte pas toujours. Si vous trouvez porte close, renseignez-vous à l'Hostal de Acuña ou à l'Hostal de Doña Victoria.

La poste se trouve à un pâté de maisons de la plaza, à l'angle de la 2a Avenida et de la 3a Calle. Devant le bureau de téléphone Guatel, sur la plaza, sont installées plusieurs cabines à pièces.

Le Banco Occidente, sur la plaza, change les dollars US en espèces ou en chèques de voyages et accorde des avances sur les cartes Visa. Outre le change, le Banco G&T, derrière la cathédrale, accepte les cartes MasterCard. En face du poste de police, le Banco Industrial effectue des opérations de change ; son distributeur automatique, ouvert 24h/24, accepte les cartes Visa.

Pour la blanchisserie, vous avez le choix entre la Lavandería Providencia, sur la plaza, et l'Hostal de Acuña.

Templo El Calvario

Pour jouir d'une belle vue sur la ville, montez par temps clair au Templo El Calvario. Cette église s'élève au sommet d'un long escalier, à l'extrémité nord de la 7a Avenida. Des Indiens déposent des offrandes de produits naturels devant les sanctuaires et les croix du parvis. En contournant l'église, on pénètre dans le Parque Nacional Las Victorias par une entrée secondaire.

L'Ermita de Santo Domingo de Guzmán, une chapelle consacrée au saint patron de Cobán, se trouve à 150 m à l'ouest du bas des marches.

Parque Nacional Las Victorias

Situé en plein cœur de la ville, ce parc national forestier de 82 ha comporte des sentiers, des étangs, des aires de pique-nique avec barbecues, des espaces de jeux pour les enfants et un point d'observation panoramique. On peut y camper librement. Il ouvre tous les jours de 8h à 16h30 (entrée gratuite). L'accès principal se trouve à l'angle de la 11a Avenida et de la 3a Calle, Zona 1, et une entrée secondaire à l'arrière du Templo El Calvario.

Vívero Verapaz

Si vous êtes amateur d'orchidées, ne manquez pas cette célèbre plantation qui abrite plusieurs milliers d'espèces. Vous verrez la très rare *monja blanca*, ou "nonne blanche", fleur nationale du Guatemala, ainsi que des centaines d'espèces miniatures, si petites que l'on vous prêtera une loupe pour les apercevoir. Les propriétaires vous feront visiter leur domaine et découvrir toutes ces espèces moyennant 0,85 $US.

Le Vívero Verapaz se trouve sur la Carretera Antigua de Entrada a Cobán, à environ 2 km du centre-ville. C'est une merveilleuse promenade de 20 minutes depuis la plaza. Il ouvre du lundi au samedi de 9h à 12h et de 14h à 17h.

Circuits organisés

L'Hostal de Acuña et l'Hostal de Doña Victoria proposent tous deux des excursions à Semuc-Champey, aux Grutas de Lanquín et vers d'autres sites, plus éloignés.

Où se loger

Vous pouvez camper au Parque Nacional Las Victorias, en ville, équipé d'eau et de toilettes, mais dépourvu de douches.

L'*Hostal de Acuña* (☎ /fax 952-1547, fax 952-1268), 4a Calle 3-11, Zona 2, est une auberge à l'européenne, propre et agréable. Comptez 4,15 $US par personne dans des chambres à deux ou quatre lits. L'établissement abrite un bon restaurant, un salon et une boutique de souvenirs. Il propose un service de blanchisserie et des excursions à prix raisonnables.

A 250 m de la plaza, l'*Hotel Cobán Imperial* (☎ 952-1131), 6a Avenida 1-12,

Zona 1, est géré par les mêmes patrons que son voisin, le *Nuevo Hotel Monterrey*. Vieillot, mais propre, il est très apprécié des familles guatémaltèques et dispose d'un parking dans la cour. Il loue ses simples/doubles pour 2,50/5 $US, 3,35/6,65 $US avec s.d.b. (eau froide), ou 7,50/15 $US avec s.d.b. (eau chaude) et TV.

A quelques pas au nord de la place, l'*Hotel La Paz* (☎ 952-1358), 6a Avenida 2-19, Zona 1, propre, accueillant et très fleuri, est d'un excellent rapport qualité/prix avec des simples/doubles à 4/8 $US, ou 5/8 $US avec s.d.b., et un parking dans la cour.

Vieillot, mais bien situé, l'*Hotel Rabin Ajau* (☎ 952-2296), 1a Calle 5-37, Zona 1, possède un restaurant, un parking et... une discothèque bruyante. Prévoyez 11/14/17 $US pour une simple/double/triple avec s.d.b.

L'*Hotel Central* (☎ 951-1442), 1a Calle 1-79, Zona 4, propose d'impeccables chambres avec s.d.b. réparties autour d'une cour fleurie. Les simples/doubles/triples remises à neuf valent 8/10/12 $US, celles qui ne sont pas rénovées, 6/8/10 $US. La Cafetería San Jorge se trouve dans l'établissement.

A un pâté de maisons du Templo El Calvario, l'*Hotel Mansión Armenia* (☎ 952-2284), 7a Avenida 2-18, Zona 1, est un nouvel hôtel confortable, calme, propre et moderne avec parking et cafétéria. Il offre des simples/doubles avec s.d.b. et TV pour 14/19 $US.

Encore plus récente, la *Posada de Carlos V* (☎/fax 952-1780), 1a Avenida 3-44, Zona 1, demande 14/24/31 $US pour des simples/doubles/triples avec s.d.b. et TV câblée.

L'*Hotel Oxib Peck* (☎ 952-1039, ☎ /fax 951-3224), 1a Calle 12-11, Zona 1, se situe à 750 m à l'ouest de la plaza, sur la route qui quitte la ville. Il est doté de chambres propres et agréables, d'une salle à manger, d'un service de blanchisserie et d'un parking (15/22/29 $US en simple/double/triple avec s.d.b. et TV câblée).

L'*Hostal de Doña Victoria* (☎ 952-2213/4), 3a Calle 2-38, Zona 3, est installé dans une demeure restaurée de plus de 400 ans. Les chambres confortables, avec s.d.b., entourent une cour centrale verdoyante et un bar-restaurant. Les prix s'élèvent à 17/26/34/39 $US pour une à quatre personnes.

Le meilleur établissement de la ville est l'*Hotel La Posada* (☎/fax 952-1495), 1a Calle 4-12, Zona 2, juste derrière la place, en plein centre-ville. De style colonial, ses vérandas à colonnades donnant sur les montagnes sont décorées de fleurs tropicales et équipées de fauteuils et de hamacs. Les chambres, meublées à l'ancienne, s'ornent de cheminées et de tissages muraux réalisés dans la région (26/32/39 $US en simple/double/triple avec s.d.b.).

A Santa Cruz Verapaz, au Km 196,5 et à 14 km de Cobán sur la route de Guatemala Ciudad, le *Park Hotel* (☎ /fax 950-4539), comporte des petits bungalows modernes et un restaurant, disséminés dans un parc, au cœur de la forêt tropicale. Les 54 chambres standard, installées dans des bungalows duplex en préfabriqué, se louent 16/26/34 $US en simple/double/triple. Les suites, plus séduisantes avec leur salon, leur cheminée et leur TV câblée, valent 42/55 $US en simple/double.

Où se restaurer

La plupart des hôtels de Cobán possèdent leur propre restaurant. L'*Hostal de Acuña* abrite l'un des meilleurs de la ville, avec une bonne cuisine italienne et européenne à prix raisonnables servie dans un cadre charmant. Un repas revient à 5 $US environ. Le restaurant de l'*Hostal de Doña Victoria* est également plaisant.

Le *Café El Tirol*, près de l'Hotel La Posada, indique en quatre langues qu'il sert le "meilleur café" et plusieurs sortes de chocolats chauds. C'est un endroit douillet où l'on se régale de pâtisseries et de café pour 1/2 $US. On peut y prendre le petit-déjeuner ou un repas léger. L'établissement ferme le lundi.

Le *Café La Posada*, à l'ouest de la plaza, a réparti ses tables entre la véranda donnant sur la place et un confortable salon équipé de sofas et d'une cheminée. Dans le même bâtiment, l'*Hotel La Posada* dispose d'une agréable salle à manger et d'une bonne cuisine, mais le service est lent.

Faisant face à la place, la *Cafetería Santa Rita*, petite mais impeccable, est surtout fréquentée par des habitués. Elle sert de bons petits-déjeuners, déjeuners et dîners pour 2 $US environ.

La *Cafetería San Jorge*, 1a Calle, entre les 1a et 2a Avenidas, près de la cathédrale, propose une carte variée. Dans une salle à manger aux vastes baies vitrées, on déguste de substantiels plats de viande à 3 $US, ou des sandwiches à 1/2 $US. A côté, le *Yogurt Renee* fabrique des yaourts et des glaces aux fruits délicieux.

La chaîne *Pollo Campero* possède un restaurant en face de la poste, 2a Avenida, au niveau de la 2a Calle.

Dans un décor rustique en bois, le *Restaurante El Refugio*, à l'angle de la 2a Avenida et de la 2a Calle, Zona 4, sert toutes sortes de viandes (steaks à 3/8 $US), plats mexicains, burgers, hot-dogs, etc.

A près de 500 m de la plaza, le *Restaurant Kam Mun*, 1a Calle 8-12, Zona 2, se trouve sur la route qui quitte la ville. Un repas chinois complet, servi dans un cadre propre et agréable, revient à 5/8 $US.

Chaque soir, des camionnettes (cuisines ambulantes) se garent autour de la plaza et proposent les dîners les moins chers de la ville. Certains servent une nourriture saine, mais pas tous.

Comment s'y rendre

Bus. La route nationale reliant Cobán à Guatemala Ciudad et à la Carretera al Atlántico représente l'itinéraire le plus fréquenté entre Cobán et le monde extérieur ; il en existe d'autres, moins connus et desservis par les bus (si vous êtes motorisé, divisez par deux les temps de trajets indiqués).

De Cobán, il faut six heures de bus pour atteindre Fray Bartolomé de las Casas. De là, vous mettrez sept heures pour rejoindre Poptún, au sud de Flores. Un hospedaje permet de passer la nuit à Fray Bartolomé de las Casas. De cette localité, des camionnettes rejoignent Raxrujá, à 20 km, d'où un bus vous conduira à Sayaxché (4 heures). Ensuite, vous vous rendrez en bus à Flores (voir la rubrique *Sayaxché*, dans le chapitre d'*El Petén*). Raxrujá possède elle aussi un hébergement.

Un autre itinéraire relie Cobán à Uspatán en 8 heures de bus. A Uspatán, vous trouverez un toit pour la nuit avant de reprendre la route en direction d'Huehuetenango (6 heures) ou de Santa Cruz del Quiché (6 heures). A Santa Cruz del Quiché, les correspondances pour Chichicastenango ou Guatemala Ciudad sont fréquentes.

Une autre façon de sortir des sentiers battus consiste à aller de Cobán à El Estor, sur le Lago de Izabal (9 heures). A El Estor, prenez un bateau pour Mariscos, puis rejoignez en bus la Carretera al Atlántico.

A Cobán, la plupart des bus partent de la gare routière (☎ 951-3043), vaste zone qui s'étend des deux côtés de la 3a Calle, entre les 1a et 2a Avenidas. Les bus pour Guatemala Ciudad partent d'une autre gare. Parmi les destinations desservies au départ de la ville, figurent :

Biotopo del Quetzal – 58 km, 1 heure, 1 $US ; tout bus à destination de Guatemala Ciudad vous déposera à l'entrée du Biotopo.
Cahabón – 85 km, 4 heures 30, 2 $US ; mêmes bus que pour Lanquín.
El Estor – 168 km, 9 heures, 4 $US ; des bus Brenda Mercedes et Valenciana partent plusieurs fois par jour de la gare routière.
Fray Bartolomé de las Casas – 110 km, 6 heures, 3 $US ; plusieurs bus par jour.
Guatemala Ciudad - 219 km, 4 heures, 2/3 $US ; les Transportes Escobar Monja Blanca (☎ 952-1536, 952-1952), 2a Calle 3-77, Zona 4, proposent des bus pour Guatemala Ciudad toutes les demi-heures de 2h à 6h, puis toutes les heures de 6h à 16h.
Lanquín – 61 km, 3 heures, 1,15 $US ; bus à 6h, 12h, 13h et 15h devant l'Oficina Belenju, 3a Calle. Pour le retour, départs de Lanquín à 5h, 7h et 15h.
San Pedro Carcha – 6 km, 20 minutes, 0,10 $US ; bus toutes les 10 minutes de 6h à 19h.
Uspantán – 94 km, 8 heures, 4 $US ; deux bus par jour.

Voiture. Point de départ idéal pour les excursions dans la montagne environnante, Cobán compte plusieurs loueurs de voitures. Il ne s'agit que de petites entreprises, qui ne disposent pas à tout moment du type de véhicule que vous recherchez. Mieux vaut donc réserver à l'avance. Si vous partez pour les Grutas de Lanquín ou pour Semuc-Champey, il vous faut un 4x4.

Parmi les loueurs de voitures de Cobán, figurent :

Geo Rental (☎ 952-2059), 1a Calle 3-13, Zona 1, dans le même bâtiment que le Cafe El Tirol, au fond de la cour à droite.
Inque Renta Autos (☎ 952-1994, 952-1172), 3a Avenida 1-18, Zona 4.
Ochoch Pec Renta Autos (☎ 951-3474, 951-3214), en face de La Carrita el Viaje, à l'entrée de la ville.
Tabarini Rent A Car (☎ /fax 951-3282), 5a Avenida 2-43, Zona 1.

LES ENVIRONS DE COBÁN

Cobán est en passe de devenir un véritable centre d'excursions organisées. Plusieurs petites sociétés ont d'ailleurs déjà été créées dans ce but. C'est le cas notamment de Marcio et Ashley Acuña de l'Hostal Acuña qui organisent des circuits peu onéreux à destination de Grutas de Lanquín, Semuc-Champey et de nombreux autres sites mayas de la forêt tropicale, comme La Candelaria, Ceibal, Aguateca, Dos Pilas, Yaxchilán, Yaxhá, Nakum, Tikal, Uaxactún et Río Azul, ainsi que des descentes en rafting sur le Río Cahabón. L'Hostal de Doña Victoria propose les mêmes excursions. D'autres tour-opérateurs auront sans doute vu le jour lorsque vous arriverez sur place.

Balneario Las Islas

A San Pedro Carcha, petite ville située à 6 km à l'est de Cobán, sur la route de Lanquín, on se baigne au Balneario Las Islas. Ici, la rivière, après avoir traversé des zones rocheuses, se jette dans un bassin naturel. L'endroit se trouve à 5 ou 10 minutes de marche de l'arrêt de bus de Carcha. Tout le monde pourra vous indiquer le chemin. Des bus fréquents relient Cobán à Carcha en 20 minutes.

San Juan Chamelco

A 16 km environ au sud-est de Cobán se trouvent le village de San Juan Chamelco et le Balneario Chio où l'on peut se baigner. A l'Aldea Chajaneb, Jerry Makransky (surnommé "Don Jeronimo") loue des bungalows simples mais confortables à 15 $US par personne (25 $US par couple) et par jour en pension complète. Les copieux repas, tous végétariens, sont composés à partir des productions du jardin. Le propriétaire propose en outre de nombreuses activités : visites de grottes, excursions dans la montagne, tubing dans le Río Sotzil, etc. Jerry chouchoute ses clients et l'atmosphère est chaleureuse.

Pour venir, prenez à Cobán un bus à destination de San Juan Chamelco, puis une correspondance pour Chamil et demandez au chauffeur de vous déposer au Don Jeronimo's. Suivez sur 300 m le sentier qui part sur votre gauche, puis traversez le pont. L'hôtel est la première maison sur votre droite.

Grutas de Lanquín

Si vous n'avez peur ni des cahots de la route ni de la circulation, la plus belle excursion à faire depuis Cobán est la visite des grottes des environs de Lanquín, un joli village situé à 61 km à l'est.

Les Grutas de Lanquín, proches de la ville, en direction du nord-ouest, s'enfoncent dans la terre sur plusieurs kilomètres. Faites d'abord un tour au poste de police de la Municipalidad (hôtel de ville) de Lanquín, réglez les 2 $US de droit d'entrée et demandez aux policiers de vous ouvrir les grottes, qui ne sont pas gardées. Les grottes sont éclairées, mais mieux vaut apporter une torche puissante. Pensez également aux chaussures à semelles anti-dérapantes, car le sol est glissant.

Seules les premières centaines de mètres des grottes sont aménagées, avec un passage éclairé par des ampoules électriques alimentées par un moteur Diesel. Si vous n'êtes pas un spéléologue averti, réfléchissez à deux fois avant de vous aventurer trop loin.

Si vous êtes équipé pour le camping, vous pouvez passer la nuit à proximité de l'entrée des grottes. Dans la ville même, *La Divina Providencia* propose des chambres très simples à 2/3 $US par personne. *El Recreo*, entre la ville et les grottes, est plus séduisant, mais plus cher à 14/25 $US la simple/double. Le *Comedor Shalom* sert de bons repas.

Semuc-Champey

A 10 km au sud de Lanquín, sur une mauvaise route, se trouve Semuc-Champey, réputée pour sa merveille naturelle : un

---

La cardamome

Les buveurs de café du monde entier connaissent l'importance du café de qualité pour le commerce extérieur du Guatemala, mais rares sont ceux qui savent que ce pays est le premier exportateur mondial de cardamome. Dans la région d'Alta Verapaz, cette plante joue un rôle plus important dans l'économie locale que le café puisqu'elle fait vivre quelque 200 000 personnes.

Herbacée de la famille du gingembre, la cardamome (*Flettaria cardamomum*) est originaire de la côte de Malabar, en Inde, et fut introduite dans l'Alta Verapaz par les riches planteurs de café allemands. Cette plante atteint 1,5 à 6 m de haut et se caractérise par d'épaisses feuilles velues sur la face inférieure dont la longueur peut avoisiner 75 cm. Les fleurs sont blanches et les fruits, de couleur verte, ont la forme de capsules ovales et triangulaires contenant 15 à 20 graines dures dont la teinte varie du brun-rouge au brun-noir.

Bien que la cardamome pousse facilement, elle est délicate à cultiver, récolter et sélectionner, ce qui explique le prix élevé de ses graines parfumées. Cela ne semble en rien gêner les habitants d'Arabie Saoudite et des États du Golfe qui achètent plus de 80% de la production mondiale. Ils utilisent la poudre de cardamome pour parfumer le café épais et savoureux qui, dans cette région du monde, participe d'une ancienne tradition. ■

grand pont calcaire de 300 m de long dans lequel sont creusés plusieurs bassins d'eau douce et fraîche, dans lesquels il fait bon se baigner. L'eau provient du Río Cahabón et la plus grande partie de la rivière est souterraine. Malgré la difficulté d'accès à ce coin de paradis, la beauté du site, avec ses bassins dont l'eau varie du turquoise au vert émeraude, récompenseront vos efforts. Pour certains, c'est le plus bel endroit du Guatemala.

Vous pouvez camper à Semuc-Champey ; plantez votre tente dans les zones les plus hautes, car les inondations soudaines ne sont pas rares. Ne laissez pas vos objets sans surveillance : des voleurs rôdent.

Les circuits organisés depuis Cobán sont la façon la plus simple de découvrir les Grutas de Lanquín et Semuc-Champey. Si vous préférez y aller par vos propres moyens, il vous faut un véhicule 4x4.

Des bus effectuent plusieurs fois par jour la liaison entre Cobán et Lanquín, puis continuent vers Cahabón. Au retour, ils partent de Lanquín à 5h, 7h et 15h. Le dernier départ ayant lieu relativement tôt, mieux vaut passer une nuit sur place. Quelques rares bus et camionnettes circulent entre Lanquín et Semuc-Champey. A pied, préparez-vous à une longue et chaude randonnée. Si vous êtes motorisé, sachez que la progression sera lente et cahoteuse !

RÍO HONDO

A 126 km de Guatemala Ciudad et à 42 km de l'embranchement pour El Rancho, Río Hondo borde la CA-9, au sud-est de Cobán. Au delà de Chiquimula, se trouvent les bifurcations pour Copán, de l'autre côté de la frontière du Honduras, pour Esquipulas et Nueva Ocotepeque (Honduras), et pour Anguiatú, point de passage reculé de la frontière salvadorienne, à 12 km au nord de Metapán (El Salvador).

La ville de Río Hondo (Rivière Profonde), également appelée Santa Cruz Río Hondo ou Santa Cruz Teculután, s'étend au nord-est de ce carrefour. A 9 km à l'ouest de ce dernier, plusieurs motels agréables longent la CA-9 ; si vous disposez d'un

véhicule, cela peut être un bon point de départ pour explorer la région. En voiture, Río Hondo est à 1 heure de Quiriguá, 30 minutes de Chiquimula et 1 heure 30 d'Esquipulas.

Le parc aquatique et centre touristique Valle Dorado attire nombre de visiteurs.

Où se loger et se restaurer

Les motels de Río Hondo sont très fréquentés le week-end par les habitants de la région et de Guatemala Ciudad. Ils servent de base pour visiter la région et le parc aquatique Valle Dorado ; de surcroît, ils attirent une clientèle séduite par leurs bungalows modernes, agréables et bien équipés (avec TV câblée et s.d.b.), disséminés dans de grands parcs, et par leurs bons restaurants. A l'exception de l'Hotel Santa Cruz, tous possèdent une piscine de dimensions impressionnantes. En semaine, ils hébergent les journaliers qui travaillent dans les environs.

Les quatre motels suivants se situent dans le même secteur, au Km 126 de la Carretera al Atlántico, à 126 km de Guatemala Ciudad.

Le moins cher, l'*Hotel Santa Cruz* (☎ 934-7112, ☎ /fax 934-7075), propose des simples/doubles en bungalows duplex à 8,35/10 $US avec ventil. ou 10/20 $US avec clim. Très apprécié, son restaurant est meilleur marché que la plupart de ses concurrents. L'établissement dispose en outre de quatre appartements neufs avec cuisine.

L'*Hotel El Atlántico* (☎ 934-7160, fax 934-7041), Carretera al Atlántico Km 126, demeure le plus séduisant avec une immense piscine, de beaux jardins et un restaurant de qualité. Les bungalows, spacieux et bien aménagés, se louent 20/36/46 $US en simple/double/triple. Étant donné la popularité de l'endroit, mieux vaut réserver.

De l'autre côté de la route, au nord, l'*Hotel Nuevo Pasabién* (☎ /fax 934-7201, 934-7073/4), moins récent, paraît plus rustique. Il offre des simples/doubles à 10/20 $US, des chambres plus récentes et plus spacieuses avec ventil. à 13/25 $US, ou 15/29 $US avec la clim.

Juste en face de l'Hotel Santa Cruz et derrière la station-service Shell ouverte 24h/24, l'*Hotel Longarone* (☎ 934-7126, fax 934-7035) représente une institution dans la région. Quelques chambres sont disposées en enfilade, d'autres occupent des bungalows en duplex. Comptez 18/24/30 $US en simple/double/triple, ou 24/30/36 $US avec TV câblée et réfrigérateur. Toutes sont climatisées. L'établissement comporte deux grandes piscines, deux petits bassins pour les enfants et un court de tennis.

Les restaurants de ces hôtels ouvrent tous les jours de 6h à 22h environ. Non loin, plusieurs petits restaurants bon marché bordent la nationale.

A 9 km à l'est de ces motels, au niveau de l'intersection avec la CA-10 qui part vers le sud en direction de Chiquimula et Esquipulas, s'élève l'*Hotel Río* (☎ 941-1267), Carretera al Atlántico Km 135. En très mauvais état, il dispose de doubles/triples avec s.d.b. à 6/7 $US.

Au Km 149 de la Carretera al Atlántico, à 14 km de l'intersection avec la CA-10 et à 23 km des autres hôtels de Río Hondo, le *Valle Dorado* (☎ 941-2542, fax 941-2543) est un gigantesque complexe comprenant un parc aquatique doté d'immenses piscines, de toboggans géants et de toutes sortes d'attractions aquatiques. Prévoyez 46 $US par chambre d'une à trois personnes, 55 $US pour quatre et 78 $US pour six. Réservez si vous venez en week-end, car l'endroit est très fréquenté par les familles.

Beaucoup préfèrent résider dans un autre hôtel de Río Hondo et venir à Valle Dorado dans la journée. Le parc aquatique ouvre de 8h à la tombée de la nuit (entrée : 6/5 $US par adulte/enfant en week-end, 4/3 $US en semaine).

ESTANZUELA

10 000 habitants

Au sud de Río Hondo, la CA-10 mène au cœur de la vallée du Río Motagua, chaude

plaine où vécurent autrefois de nombreuses variétés de dinosaures. A 3 km au sud de la Carretera al Atlántico, vous apercevrez un petit monument sur la droite (ouest) de la route. Il commémore le terrible tremblement de terre du 4 février 1976.

A moins de 2 km au sud de ce monument, s'étend la petite ville d'Estanzuela, avec son *Museo de Paleontología, Arqueología y Geología Ing Roberto Woolfolk Sarvia*. Cet intéressant musée expose des os de dinosaures ; il ouvre tous les jours de 8h à 12h et de 13h à 17h (entrée gratuite). Pour le trouver, prenez à l'ouest de la route et traversez la ville (1 km), puis suivez les petites pancartes bleues indiquant le "museo". Demandez votre chemin au besoin : tout le monde le connaît. A côté du musée, une petite boutique vend boissons fraîches et en-cas.

A l'intérieur du musée, vous pourrez voir les squelettes quasiment complets de trois grands dinosaures, celui d'un paresseux géant, vieux de quelque 30 000 ans, ainsi que celui d'une baleine préhistorique. Parmi les autres pièces exposées se trouvent des objets primitifs mayas.

ZACAPA

18 000 habitants

Chef-lieu du département du même nom, Zacapa (230 m), se trouve à plusieurs kilomètres à l'est de la route. On y fabrique du fromage, des cigares et un rhum délicieux.

Les quelques hôtels de la ville sont plutôt rudimentaires mais ils peuvent faire l'affaire en cas d'urgence. Néanmoins, vous trouverez mieux à Río Hondo et à Esquipulas.

CHIQUIMULA

24 000 habitants

Autre chef-lieu de département, installé dans une région minière et productrice de tabac, Chiquimula (370 m) se situe sur la CA-10, à 32 km au sud de la Carretera al Atlántico. Bourg commerçant majeur de l'est du Guatemala, où se pressent chaque jour acheteurs et vendeurs, c'est également un nœud routier et une étape sur la route de

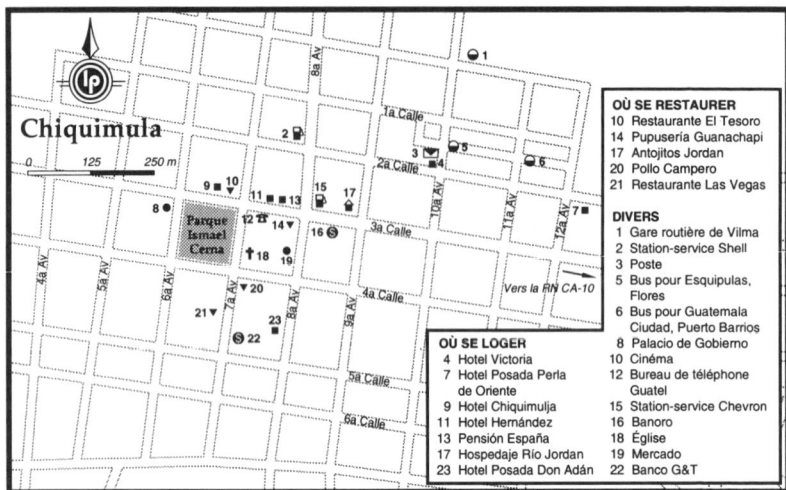

OÙ SE RESTAURER
10 Restaurante El Tesoro
14 Pupusería Guanachapi
17 Antojitos Jordan
20 Pollo Campero
21 Restaurante Las Vegas

DIVERS
1 Gare routière de Vilma
2 Station-service Shell
3 Poste
5 Bus pour Esquipulas, Flores
6 Bus pour Guatemala Ciudad, Puerto Barrios
8 Palacio de Gobierno
10 Cinéma
12 Bureau de téléphone Guatel
15 Station-service Chevron
16 Banoro
18 Église
19 Mercado
22 Banco G&T

OÙ SE LOGER
4 Hotel Victoria
7 Hotel Posada Perla de Oriente
9 Hotel Chiquimulja
11 Hotel Hernández
13 Pensión España
17 Hospedaje Río Jordan
23 Hotel Posada Don Adán

Copán, au Honduras ; c'est d'ailleurs la seule raison qui oblige les voyageurs à s'y arrêter. Entre autres choses, Chiquimula est réputé pour la chaleur de son climat.

Orientation et renseignements

Il est facile de visiter Chiquimula à pied.

La poste, 10a Avenida, entre les 1a et 2a Calles, se trouve dans la petite allée qui longe le bâtiment situé face à la gare routière. Des cabines à pièces sont installées devant le bureau de téléphone Guatel, 3a Calle, à quelques mètres en contrebas de la plaza. De l'Hotel Hernández (près de la plaza) et de l'Hotel Victoria (près de la gare routière), on peut aussi obtenir des communications locales ou internationales. Le marché, très animé, se tient à côté de Guatel.

La plupart des banques changent les dollars américains, en espèces ou en chèques de voyage. Le Banco G&T, à quelques pas de la plaza, 7a Avenida 4-75, Zona 1, accorde en outre des avances sur les cartes Visa et MasterCard. Il ouvre du lundi au vendredi de 9h à 20h, le samedi de 10h à 14h. Les banques de la ville pratiquent les

mêmes horaires, sauf le Banoro, 3a Calle 8-30, ouvert le samedi de 9h à 18h.

Où se loger

L'*Hotel Chiquimulja* (☎ 942-0387), 3a Calle 6-51, s'élève du côté nord de la plaza. A part le vert fluo qui revêt les murs des chambres, rien ne le distingue particulièrement. Il offre des simples/doubles avec s.d.b. et ventilateur à 4/6 $US, ou 12/16 $US avec clim. et TV câblée. Celles donnant sur la rue disposent de larges balcons qui surplombent la plaza. Comme la plupart des hôtels, il est doté d'un parking.

Un peu plus bas dans la même rue, sont regroupés plusieurs autres établissements. L'*Hotel Hernández* (☎ /fax 942-0708), 3a Calle 7-41, Zona 1, est propre, agréable et chaleureux. Le propriétaire parle anglais, espagnol et un peu français. Il propose une piscine, un parking, un service de téléphone et des chambres équipées de ventilateurs et d'une literie de qualité. Comptez 4/6,65 $US en simple/double, 8/12 $US avec s.d.b. et TV câblée, ou 15 $US avec clim.

Un peu plus bas, la *Pensión España*, 3a Calle 7-81, Zona 1, est plus rudimentaire avec ses jardins et des chambres minuscules, mais très abordables, à 2,50/3,35 $US la simple/double. A quelques pas, l'*Hospedaje Río Jordan* (☎ 942-0887), 3a Calle 8-91, Zona 1, possède un parking et des chambres sans/avec s.d.b. à 2/4 $US par personne, d'un meilleur rapport qualité/prix que les précédentes. L'*Antojitos Jordan*, à la même adresse, sert des repas et des en-cas.

L'*Hotel Victoria* (☎ 942-2179), 2a Calle au niveau de la 10a Avenida, est proche de la gare routière, mais c'est son unique avantage. Les petites chambres avec ventilateur, TV câblée, téléphone et s.d.b. se louent 6/10/14/19 $US en simple/double/triple/quadruple. Le restaurant, bon et raisonnable, sert de copieux petits-déjeuners à 2 $US et offre un service de téléphone.

L'*Hotel Posada Perla de Oriente* (☎ 942-0014, fax 942-0534), 12a Avenida 2-30, Zona 1, abrite une petite piscine, une aire de jeux pour enfants et un restaurant. Les chambres, assez simples avec s.d.b., ventilateur et TV câblée, valent 10/15 $US en simple/double.

L'impeccable *Hotel Posada Don Adán* (☎ 942-0549), 8a Avenida 4-30, Zona 1, tout récent, est tenu par une señora affable et efficace qui demande 17/23/29 $US pour des simples/doubles/triples avec s.d.b., téléphone, TV câblée, ventilateur et clim.

Où se restaurer

De nombreux petits restaurants bon marché permettent de se restaurer facilement à Chiquimula. Essayez la *Pupusería Guanachapi*, en face de la *Pensión España*, où vous pourrez vous rassasier pour quelques quetzales.

Sur la place principale, le *Restaurante El Tesoro* sert une cuisine chinoise à prix raisonnables. Près de l'angle sud-est de la plaza, le *Pollo Campero*, 7a Avenida, au niveau de la 4a Calle, propose du poulet grillé, des burgers et des petits-déjeuners. Il ouvre tous les jours et sa climatisation est un délice !

Bien mieux et à quelques pas de la plaza, le *Restaurante Las Vegas*, 7a Avenida 4-40, est sans doute la meilleure adresse de Chiquimula. Orné de jolies plantes, il offre de la musique de jazz, un bar bien approvisionné et des repas complets à environ 6 $US. Il ouvre tous les jours de 7h à 24h.

Comment s'y rendre

Chiquimula n'est pas une destination, mais un lieu de passage. On y séjourne pour visiter les fameuses ruines de Copán, au Honduras, juste après le poste-frontière d'El Florido.

Plusieurs compagnies de bus relient la ville à Guatemala Ciudad et à Puerto Barrios. Les départs et les arrivées s'effectuent à la gare routière, 11a Avenida, entre les 1a et 2a Calles. Les bus pour Esquipulas et Flores circulent depuis une autre gare, un pâté de maisons plus loin, 10a Avenida, entre les 1a et 2a Calles. Vilma (☎ 942-2253), qui assure les liaisons pour El Florido, poste-frontière pour Copán, possède sa propre gare routière à quelques pâtés de maisons plus au nord.

Anguiatú (frontière du Salvador) – 54 km, 1 heure, 1 $US ; fréquents minibus de 5h à 16h.

El Florido (frontière du Honduras) – 58 km, 2 heures 30, 1,20 $US ; départs de la gare routière de Vilma à 6h, 9h, 10h30, 11h30, 12h30, 13h30, 14h30 et 15h30. Au retour, les bus partent d'El Florido à 5h30, 6h15, 7h15, 8h30, 10h30, 12h, 13h30 et 15h30.

Esquipulas – 52 km, 1 heure, 1 $US ; minibus toutes les 10 minutes, de 4h à 20h.

Flores – 385 km, 12 heures, 10 $US ; les bus de Transportes María Elena partent à 6h et 14h30.

Guatemala Ciudad – 169 km, 3 heures, 2,50 $US ; Rutas Orientales, Transportes Guerra et Guatesqui proposent des départs toutes les demi-heures de 5h30 à 14h.

Puerto Barrios – 192 km, 4 heures 30, 2,50 $US ; bus toutes les 15 minutes, de 4h à 15h.

Río Hondo – 32 km, 35 minutes, 1 $US ; minibus toutes les demi-heures de 5h à 18h. Ou prenez un bus pour Guatemala Ciudad, Flores ou Puerto Barrios.

CARREFOUR DE PADRE MIGUEL ET ANGUIATÚ

Entre Chiquimula et Esquipulas, à 35 km de la première et à 14 km de la seconde, c'est au carrefour de Padre Miguel qu'il faut prendre l'embranchement pour Anguiatú, poste-frontière avec le Salvador ; la frontière se situe à 19 km du carrefour (30 minutes de route). De fréquents minibus en provenance de Chiquimula, Quetzaltepeque et Esquipulas empruntent cet itinéraire. Rien de particulier ne distingue ce carrefour, si ce n'est la présence d'un poste de garde et d'un abribus.

La frontière d'Anguiatú ouvre tous les jours de 6h à 18h, mais vous devez pouvoir bénéficier d'un "service extraordinaire", jusqu'à 21h. Après la frontière, des bus partent toutes les heures vers San Salvador *via* Metapán, à 12 km, et Santa Ana, 47 km plus loin.

ESQUIPULAS

Après Chiquimula, la CA-10 s'enfonce dans les montagnes où le climat est nettement plus frais. Après une heure de trajet à travers une belle région, la route descend dans une vallée entourée de montagnes. A mi-chemin, à environ 1 km du centre-ville, un belvédère domine le panorama. La vue de l'immense et superbe Basílica de Esquipulas, éclatante de blancheur sous le soleil, justifie à elle seule cette excursion. Elle a peu changé depuis cette description qu'en a faite l'explorateur John L. Stephens, il y a environ 150 ans :

Durant la descente, les nuages se dissipèrent, découvrant une plaine sans fin au pied de la Sierra et au loin je vis, se détachant dans ce cadre sauvage, l'immense église d'Esquipulas, telle l'église du Saint Sépulcre de Jérusalem ou la Ka'ba de La Mecque, le plus sacré des temples… La superbe descente se poursuivit lentement jusqu'au pied de la Sierra.

Histoire

Cette ville fut-elle un lieu de pèlerinage avant même la conquête espagnole ? Selon la légende, Esquipulas tirerait son nom de celui d'un seigneur maya, cacique de la

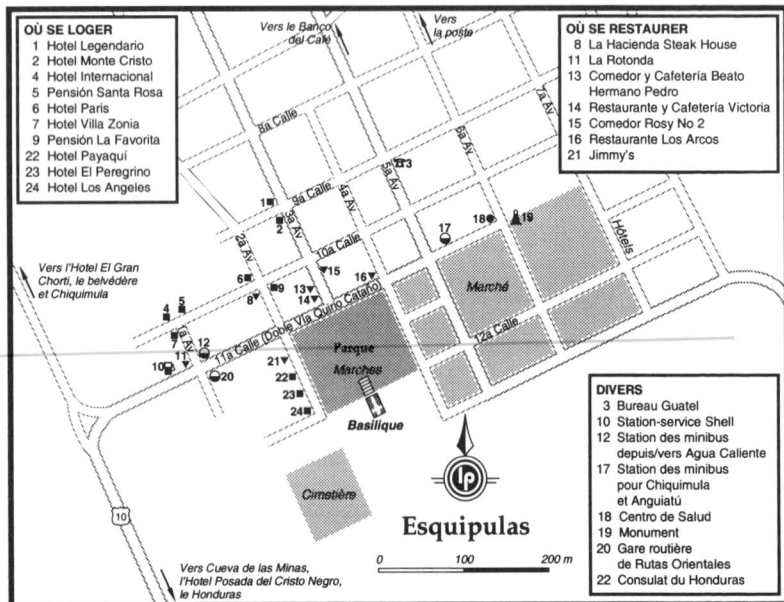

OÙ SE LOGER
1 Hotel Legendario
2 Hotel Monte Cristo
4 Hotel Internacional
5 Pensión Santa Rosa
6 Hotel Paris
7 Hotel Villa Zonia
9 Pensión La Favorita
22 Hotel Payaquí
23 Hotel El Peregrino
24 Hotel Los Angeles

OÙ SE RESTAURER
8 La Hacienda Steak House
11 La Rotonda
13 Comedor y Cafetería Beato Hermano Pedro
14 Restaurante y Cafetería Victoria
15 Comedor Rosy No 2
16 Restaurante Los Arcos
21 Jimmy's

DIVERS
3 Bureau Guatel
10 Station-service Shell
12 Station des minibus depuis/vers Agua Caliente
17 Station des minibus pour Chiquimula et Anguiatú
18 Centro de Salud
19 Monument
20 Gare routière de Rutas Orientales
22 Consulat du Honduras

Vers le Banco del Café
Vers la poste
8a Calle
9a Calle
1a Av.
4a Av.
5a Av.
3a Av.
2a Av.
10a Calle
11a Calle (Doble Via Quirio Cataño)
12a Calle
Hotels
Marché
Parque
Marches
Basilique
Cimetière
Vers l'Hotel El Gran Chorti, le belvédère et Chiquimula
Vers Cueva de las Minas, l'Hotel Posada del Cristo Negro, le Honduras

Esquipulas

0   100   200 m

région à l'arrivée des Espagnols et qui, loin de leur faire la guerre, leur réserva un accueil pacifique.

Avec l'implantation des missionnaires, une église fut bâtie et, en 1595, on y installa une statue du Christ en bois noir.

A partir de 1737, le flot constant des pèlerins se mit à grossir considérablement à la suite de la guérison "miraculeuse" de l'archevêque du Guatemala, Pedro Pardo de Figueroa, atteint d'une affection chronique. Afin de célébrer l'événement, le prélat ordonna la construction d'une nouvelle basilique sur le même emplacement. Elle fut terminée en 1758 et depuis, le pèlerinage constitue la principale source de revenus de la ville.

Orientation et renseignements
La basilique est au centre de tout. La plupart des hôtels bon marché et des petits restaurants se regroupent à proximité. Le seul hôtel de luxe de la ville est situé dans les faubourgs, sur la route de Chiquimula. La route nationale ne traverse pas la ville, dans laquelle on entre par la 11a Calle, ou Doble Vía Quirio Cataño, la principale artère d'Esquipulas.

La poste se trouve 6a Avenida 2-15, à environ dix pâtés de maisons au nord du centre. Le bureau de téléphone Guatel, 5a Avenida, à l'angle de la 9a Calle, ouvre tous les jours. Des cabines à pièces sont installées à l'extérieur.

Plusieurs banques changent les dollars américains en espèces ou en chèques de voyage. Le Banco del Café, 3a Avenida 6-68, Zona 1, accorde en outre des avances sur les cartes Visa et MasterCard et représente l'American Express.

Le consulat du Honduras (☎ 943-2027, 943 1547, fax 943-1371) est installé à l'Hotel Payaquí, en face du parc. Il ouvre du lundi au samedi, de 8h30 à 12h et de 14h à 17h.

Basilique
Impressionnante construction en pierre qui a, durant près de 250 ans, résisté aux tremblements de terre, la basilique se dresse au sommet d'une volée de marches, dans un parc charmant. La nuit, la façade et les tours sont illuminées.

A l'intérieur, les pèlerins se prosternent devant El Cristo Negro et certains s'en approchent à genoux. L'encens, le murmure des prières et le glissement des sandales sur le sol imprègnent l'atmosphère.

Pour voir de près ce célèbre Christ Noir, entrez par la porte latérale et approchez-vous rapidement ; vous pourrez admirer la statue avant d'être délogé par la foule.

Les fidèles sont particulièrement nombreux le dimanche, lors des fêtes religieuses et surtout à l'occasion de la fête de la ville (autour du 15 janvier).

A la sortie, le long des marches menant vers le parc, des vendeurs proposent des chapeaux de paille décorés de fleurs artificielles et sur lesquels on a cousu "Esquipulas". Ce sont les souvenirs favoris des pèlerins qui veulent faire savoir à tous qu'ils sont venus à Esquipulas.

Cueva de las Minas
Le Centro Turístico Cueva de las Minas comporte une grotte de 50 m de profondeur (apportez une torche), des espaces verts et des aires de pique-nique, ainsi que le Río El Milagro où la baignade est réputée miraculeuse. La grotte et la rivière se trouvent à 500 m de la grille d'entrée, elle-même située derrière le cimetière de la basilique, à 300 m au sud de l'embranchement vers la ville, sur la route du Honduras. Le centre est ouvert tous les jours de 6h30 à 16h (entrée : 0,35 $US).

Où se loger
Les hébergements sont fort nombreux à Esquipulas. Les jours fériés et lors de la fête annuelle, tous les hôtels de la ville sont complets. Les week-ends, ils sont également très fréquentés et les tarifs augmentent de façon sensible. En semaine, s'il n'y a pas de jour férié, demandez un *descuento* (une ristourne) que vous obtiendrez fort probablement.

Où se loger – petits budgets. La plupart des établissements bon marché sont regroupés dans les rues situées au nord de la basilique.

Tenue par une famille, la *Pensión Santa Rosa* (☎ 943-2908), 10a Calle, au niveau de la 1a Avenida, Zona 1, est typique des petits hôtels de ce quartier avec des chambres sans/avec s.d.b. à 5/7 $US. Voisin, l'*Hotel Paris* est similaire, tout comme la *Pensión La Favorita* et plusieurs autres établissements de la rue.

L'*Hotel Monte Cristo* (☎ 943-1256), 3a Avenida 9-12, Zona 1, propre et correct, possède un parking, un restaurant et des simples/doubles à 7/9 $US, ou 17/21 $US avec s.d.b.

A l'angle sud-ouest du parc, l'*Hotel El Peregrino* (☎ 943-1054, 943-1859), 2a Avenida 11-94, Zona 1, dispose de chambres correctes avec s.d.b. à 7/14 $US. A l'arrière, une aile récente abrite des chambres plus spacieuses et mieux aménagées avec TV câblée à 13/25 $US. A côté, l'*Hotel Los Angeles* (☎ 943-1254), 2a Avenida 11-94, Zona 1, compte 20 chambres disposées autour d'une cour ensoleillée, toutes avec s.d.b., ventilateur et TV câblée, à 9/17 $US. Ces deux établissements dont dotés d'un restaurant et d'un parking.

Dans le même pâté de maisons, l'*Hotel Payaquí* (☎ 943-2025, fax 943-1371) est un bel édifice de 55 chambres avec s.d.b., TV câblée, téléphone et réfrigérateur. Le tarif reste le même avec ou sans clim. : 12/24 $US en simple/double. A l'arrière, un restaurant borde la piscine ; l'àutre, à l'avant donne sur le parc.

Flambant neuf, l'*Hotel Villa Zonia* (☎ 943-1304), 1a Avenida, à l'angle de la 10a Calle, Zona 1, propose 15 chambres avec s.d.b. et TV câblée à 17/25 $US avec un/deux lits doubles, et un parking.

Où se loger – catégorie moyenne.

L'*Hotel Internacional* (☎ 943-1131, 943-1530), 10a Calle 0-85, Zona 1, est récent, propre et très agréable avec sa piscine, son sauna, son restaurant et son parking. Les 49 chambres, toutes avec s.d.b., TV câblée et téléphone, valent 25 $US avec ventilateur, ou 37,50 $US avec clim.

A l'angle de la 3a Avenida et de la 8a Calle, Zona 1, l'*Hotel Legendario* (☎ 943-

1824/5, ☎ /fax 943-1022), comporte 40 chambres modernes et confortables avec s.d.b., ventilateur, TV câblée et de larges fenêtres donnant sur une jolie cour verdoyante dotée d'une piscine. Comptez 25/42 $US en simple/double. Un restaurant et un parking complètent les équipements.

L'*Hotel Posada del Cristo Negro* (☎ 943-1482, fax 943-1829), Carretera Internacional a Honduras Km 224, se trouve à 2 km de l'église, à l'extérieur de la ville sur la route du Honduras. Ses grandes pelouses verdoyantes, son élégante piscine, sa vaste salle de restaurant et d'autres services en font un établissement recherché. Il demande 18/26/34/42 $US pour ses simples/doubles/triples/quadruples confortables avec s.d.b., réfrigérateur et TV. Deux ou trois enfants de moins de 8 ans sont admis gracieusement dans chaque chambre.

Où se loger – catégorie supérieure.

L'*Hotel El Gran Chortí* (☎ 943-1148, 943-1560, fax 943-1551), Km 222, se trouve à 1 km à l'ouest de l'église, sur la route de Chiquimula. Son vaste hall, dallé de marbre noir, précède une piscine qui serpente entre des tables et leurs parasols, des pelouses et des jardins. Une salle de jeux accueille les enfants ; un bon restaurant, un bar et une cafétéria complètent les équipements. Le prix des chambres reflètent le confort proposé : 45/60 $US en simple/double, 80 $US pour une petite suite (4 personnes) et 110 $US pour une grande (6 personnes).

Où se restaurer

Les restaurants sont plus chers ici que partout ailleurs au Guatemala. Les plus économiques sont concentrés à l'extrémité nord du parc. N'hésitez pas à demander le prix des plats avant de commander.

La 3a Avenida, qui part vers le nord en face de l'église, compte plusieurs petits établissements. Le *Comedor Rosy No 2*, propre et accueillant, sert des repas à 2,50 $US environ. Sur toutes les tables, trônent de grands bocaux de condiments.

En face, le *Restaurante y Cafetería Victoria* est un peu plus élégant, avec nappes et plantes vertes, mais plus cher.

Dans le même pâté de maisons, le *Comedor y Cafetería Beato Hermano Pedro* affiche : *"Coma bien y pague menos!"* ("mangez bien et payez moins"). Il propose des menus complets à prix fixes, aux environs de 2 $US.

A l'ouest du parc, le *Jimmy's* est une agréable cafétéria propre et lumineuse, entourée de grandes baies vitrées donnant sur le parc. Les tarifs sont raisonnables et la carte variée. Le poulet rôti fait partie des spécialités de la maison. Un poulet entier "à emporter" coûte 6 $US ; sur place, un quart de poulet avec frites, salade et tortillas revient à 2 $US.

En face de la gare routière de Rutas Orientales, *La Rotonda*, 11a Calle, est un bâtiment rond avec des chaises disposées autour d'un comptoir arrondi en plein air, abrité d'un immense auvent. Propre et frais, l'établissement ne manque pas d'attrait. Pour 4 $US, le menu du jour offre une soupe, un plat de viande avec riz et légumes, un dessert, des tortillas et un café ou une limonade. On peut aussi choisir sur la carte qui comporte, entre autres, des pizzas, des pâtes et des burgers.

Tous ces restaurants ouvrent tous les jours, de 6h à 18h30 environ et parfois jusqu'à 21h ou 22h.

Plus onéreuse, *La Hacienda Steak House*, 2a Avenida, à l'angle de la 10a Calle, est un endroit plaisant où savourer steak, poulet ou poisson tous les jours de 8h à 22h. En face du parc, le *Restaurante Los Arcos*, 11a Calle, compte également parmi les établissements plus élégants. Il ouvre tous les jours de 7h à 22h.

Tous les hôtels de catégories moyenne ou supérieure possèdent leur propre restaurant.

Comment s'y rendre

Les bus depuis/vers Guatemala Ciudad arrivent et partent de la gare routière de Rutas Orientales (☎ 943-1366), à l'angle de la 11a Calle et de la 1a Avenida, près de l'entrée de la ville. La station des minibus depuis/vers Agua Caliente se trouve en face. Des taxis stationnent également à cet endroit et pratiquent les tarifs des minibus à condition d'avoir cinq passagers.

Les minibus pour Chiquimula et Anguiatú partent de l'extrémité est de la 11a Calle. Vous les verrez sans doute arpenter la rue principale en quête de clients. Les Transportes María Elena desservent Flores.

Agua Caliente (frontière du Honduras) – 10 km, 30 minutes, 0,70 $US ; minibus toutes les demi-heures de 6h à 17h.

Anguiatú (frontière du Salvador) – 33 km, 1 heure, 1 $US ; minibus toutes les demi-heures de 6h à 16h.

Chiquimula – 52 km, 1 heure, 1 $US ; minibus toutes les 10 minutes de 5h à 17h.

Flores – 437 km, 14 heures, 12 $US ; les bus des Transportes María Elena partent à 4h30 et 13h.

Guatemala Ciudad – 222 km, 4 heures, 3,50 $US ; les bus *"servicio especial"* de Rutas Orientales partent à 6h30, 7h30, 13h30 et 15h30. Les bus ordinaires partent à 3h30, 5h, 8h15, 11h30, 13h, 15h et 17h30.

SITE ARCHÉOLOGIQUE DE COPÁN (HONDURAS)

La cité historique de Copán, à 13 km de la frontière guatémaltèque, sur le territoire du Honduras, est l'une des plus spectaculaires réalisations mayas, d'une splendeur comparable à celles de Tikal, de Chichén Itzá ou d'Uxmal. S'il est tout à fait possible de faire l'excursion dans la journée en voiture, en bus ou en circuit organisé, il est préférable d'y consacrer au moins deux jours, voire plus, en passant la nuit à Copán Ruinas.

Il existe deux Copán : la ville et les ruines. La ville se situe à 12 km environ à l'est de la frontière entre le Guatemala et le Honduras. De façon quelque peu trompeuse, la ville porte le nom de Copán Ruinas, alors que les véritables ruines se trouvent à plus d'1 km à l'est.

Des camionnettes vous emmèneront de la frontière aux ruines, après une halte en ville. Si vous n'en trouvez pas, le *sendero peatonal* (sentier piétonnier) qui longe la route offre une belle promenade, passant

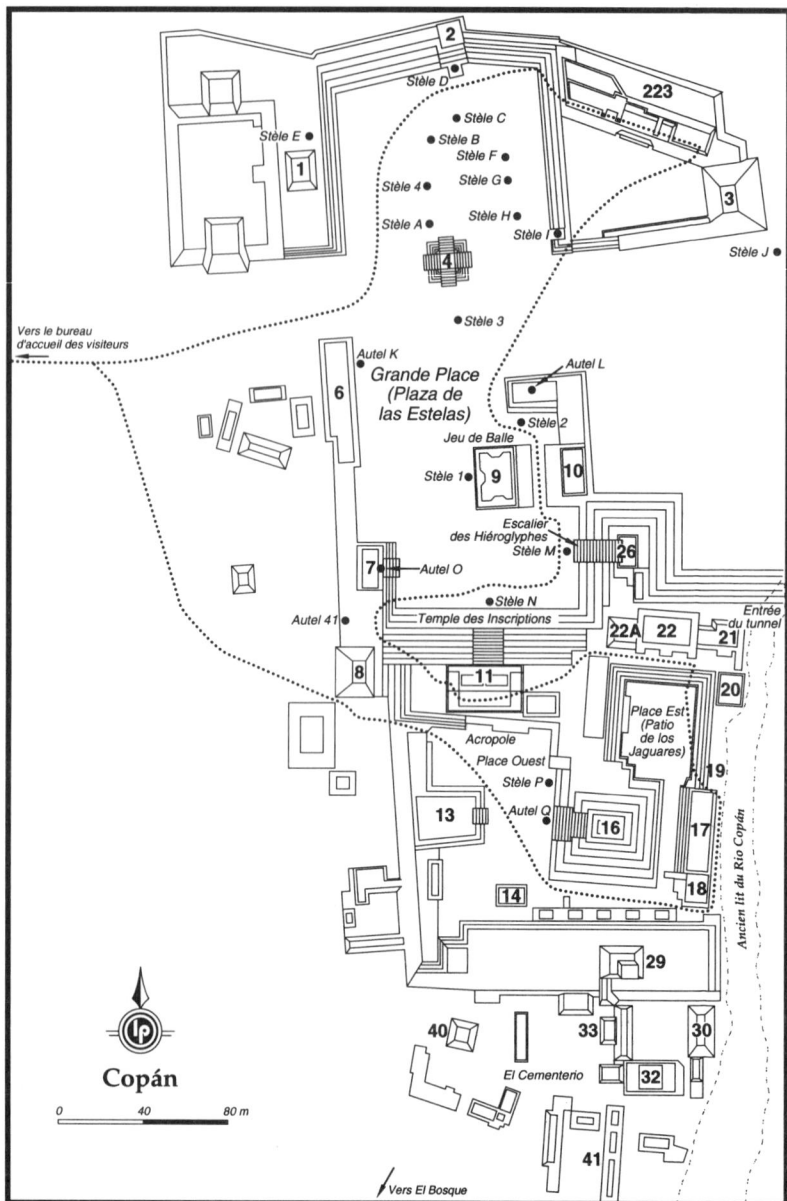

GUATEMALA

2

Stèle D

223

Stèle E ●

Stèle C ●

1

Stèle B ●

Stèle F ●

Stèle 4 ●

Stèle G ●

3

Stèle A ●

Stèle H ●

Stèle I ●

Stèle J ●

4

Vers le bureau
d'accueil des visiteurs

● Stèle 3

Autel K ●

Grande Place
(Plaza de
las Estelas)

Autel L

6

● Stèle 2

Jeu de Balle

10

Stèle 1 ●

9

Escalier
des Hiéroglyphes
Stèle M ●

26

7

Autel O

Autel 41 ●

● Stèle N

Temple des Inscriptions

22A   22

21

Entrée
du tunnel

8

11

20

Acropole

Place Est
(Patio
de los
Jaguares)

19

Place Ouest

Stèle P ●

Autel Q

13

16

17

18

14

29

40

33

30

Copán

El Cementerio

32

0   40   80 m

41

Vers El Bosque

Ancien lit du Río Copán

devant diverses stèles et buttes non encore explorées. Le site archéologique de Las Sepulturas se trouve à deux ou trois kilomètres.

Histoire
Ère pré-colombienne. La vallée de Copán s'est peuplée en 1 200 avant notre ère et peut-être bien plus tôt ; des céramiques datant de cette époque ont été retrouvées sur place. Dès les premiers temps, Copán fut le lieu d'une activité commerciale importante. Des pierres tombales, datant de 900 à 600 av. J.C., témoignent d'une influence olmèque significative.

Vers l'an 426 de notre ère, le pouvoir se trouva entre les mains d'une famille royale, dominée par un mystérieux souverain, Mah K'ina Yax K'uk' Mo' (Grand Seigneur Soleil Ara Quetzal), qui régna de 426 à 435. Des vestiges archéologiques révèlent qu'il s'agissait d'un grand shaman. Les rois qui lui succédèrent le révérèrent au titre de semi-divinité, fondatrice de la ville. Cette dynastie conserva le pouvoir tout au long de l'apogée de Copán, durant la période classique (250-900).

Nous ne savons presque rien des monarques qui se succédèrent de 435 à 628, même si quelques noms ont pu être déchiffrés : Mat Head, le second roi, Cu Ix, le quatrième, Jaguar Nénuphar, le septième, Jaguar Lune, le dixième et Butz'Chan, le onzième.

Parmi les plus importants rois de Copán, figura Imix Fumée (Jaguar Fumée), le douzième, qui régna de 628 à 695. Ce souverain fit de la ville une grande puissance militaire et commerciale. Sans doute même conquit-il Quiriguá, la principauté voisine, comme l'indiquerait l'une des fameuses stèles qui portent son nom et son image. A sa mort, en 695, la population de Copán s'était fortement accrue.

Uaxaclahun Ubak K'awil (Lapin XVIII) (695-738), treizième roi, prit alors résolument les rennes du pouvoir et poursuivit la conquête militaire. Dans une guerre contre son voisin, le roi Ciel Cauac, Lapin XVIII fut capturé et décapité. Ce fut Singe Fumée

qui lui succéda et régna de 738 à 749 ; son court règne laissa peu de trace.

En 749, Singe Fumée abandonna le pouvoir à son fils, Coquillage Fumée (749-763), l'un des grands bâtisseurs de Copán. Coquillage Fumée entreprit la construction du grand escalier des hiéroglyphes, le monument le plus célèbre et le plus important de la ville, qui immortalise les réalisations de la dynastie, de sa fondation à 755, date de l'inauguration de l'escalier. Ce dernier porte la plus longue inscription de ce type jamais découverte en territoire maya.

Yax Pac (Soleil Levant, ou Première Aurore, 763-820) succéda à Coquillage Fumée et continua d'embellir la ville. Le dernier aspirant au trône, U Cit Tok, arriva au pouvoir en 822, mais la date de sa mort reste inconnue.

Récemment encore, la chute de la civilisation de Copán demeurait un mystère. A présent, les archéologues commencent à découvrir que, vers la fin de l'âge d'or, la population de Copán s'était accrue à un rythme sans précédent, épuisant les ressources naturelles. L'agriculture de la région ne suffisait plus à nourrir toutes les bouches et il fallait importer des denrées d'autres régions. La ville empiétait désormais sur les plaines fertiles du centre de la vallée, obligeant les agriculteurs et les habitants des zones résidentielles à s'installer sur les versants abrupts entourant la vallée. De vastes superficies durent ainsi être déboisées, entraînant une érosion massive qui appauvrit la production agricole et provoqua des inondations à la saison des pluies. Des squelettes datant des dernières années de Copán présentent des signes évidents de malnutrition et de maladies infectieuses.

La vallée de Copán ne fut cependant pas abandonnée du jour au lendemain. Les paysans vécurent sans doute pendant un ou deux siècles dans la vallée dévastée. Cependant, vers l'an 1 200, il ne restait plus personne et la jungle reprit possession de la cité royale de Copán.

Découverte des Européens. Le premier Européen à voir les vestiges fut un repré-

GUATEMALA

sentant du roi espagnol Felipe II, Diego García de Palacios, qui vivait au Guatemala et parcourait la région. Le 8 mars 1576, il écrivit au roi qu'il venait de découvrir des ruines. A l'époque, cinq familles vivaient sur le site, ignorantes de l'histoire de ces vestiges. Cette découverte resta toutefois sans suite. Il fallut attendre près de trois siècles pour qu'un autre Espagnol, le Coronel Juan Galindo, traverse les ruines et en trace la première carte.

Ce rapport de Galindo attira l'attention de John L. Stephens et de Frederick Catherwood, qui vinrent à Copán lors de leur voyage en Amérique centrale, en 1839. En 1841, Stephens publia *Incidents of Travel in Central America, Chiapas, and Yucatán* et révéla au monde entier l'existence du site.

Aujourd'hui. L'histoire de ces ruines continue de s'écrire. Les vestiges de 3 450 édifices ont été mis au jour dans un rayon de 24 km^2 autour du groupe principal, la plupart à moins de 500 m. Dans une zone plus large, 4 509 constructions ont été détectées dans 1 420 sites, sur un rayon de 135 km. Les archéologues en ont déduit qu'à l'apogée de sa civilisation, vers la fin du VIIIe siècle, la vallée de Copán comptait plus de 20 000 habitants, chiffre qui ne fut de nouveau atteint qu'après 1980.

Outre l'étude de ses alentours, le groupe principal fait l'objet d'explorations approfondies et livre peu à peu ses mystères. Ainsi a-t-on dénombré cinq phases successives de construction. C'est la dernière, de l'an 650 à l'an 820, qui s'offre aujourd'hui à nos yeux, mais, sous les ruines visibles, se cachent bien d'autres vestiges que les archéologues étudient en creusant des tunnels. Ainsi fut découvert le temple de Rosalila, dont la réplique est exposée au musée de la Sculpture et qui fut édifié pardessus un autre temple, plus ancien, le Margarita.

Les archéologues travaillent aujourd'hui à ouvrir au public l'un de ces tunnels. Celui-ci part de la cour archéologique et passe sous le temple 22 pour émerger dans le Patio de los Jaguares. Parallèlement, les chercheurs se penchent sur les hiéroglyphes, qu'ils s'efforcent de déchiffrer pour que se dévoilent enfin les origines de la civilisation maya.

Visite des ruines

Le site archéologique ouvre tous les jours de 8h à 17h. Le musée de la Sculpture, situé dans son enceinte, ferme une heure plus tôt. L'entrée aux ruines coûte 10 $US et comprend la visite de Las Sepulturas. Ajoutez 5 $US pour voir le musée.

Le centre d'accueil des visiteurs (*centro de visitantes*), à l'entrée du site, abrite le guichet de vente des billets, ainsi qu'une petite exposition sur le site et les fouilles. A côté, on trouve une cafétéria et des boutiques de souvenirs et d'artisanat. On peut manger à bon prix en face, au *Comedor Mayapán*. Une aire de pique-nique longe le chemin qui mène au groupe principal des ruines. Un sentier (*sendero natural*) pénètre dans la forêt à quelques centaines de mètres de l'accueil et passe devant un petit terrain de jeu de balle.

A l'accueil, procurez-vous le petit livre de William L. Fash et Ricardo Agurcia Fasquelle, intitulé *History Carved in Stone : A guide to the archaeological park of the ruins of Copán* (1,65 $US) ; il vous aidera à comprendre et à apprécier les ruines. Pour la visite, il est tout aussi judicieux de se faire accompagner d'un guide, qui vous fournira des explications propres à ressusciter ces splendeurs endormies.

Groupe principal

Le groupe principal des ruines se dresse à 400 m environ du centre d'accueil. Vous traversez d'abord de belles pelouses, puis franchissez un portail pratiqué dans une solide clôture et descendez le long des allées ombragées.

Stèles de la Grande Place. L'allée mène à la Grande Place où se trouvent les immenses stèles dont les savantes sculptures représentent les rois de Copán. La plupart des plus belles stèles de Copán datent de 613 à 738. Toutes semblent avoir été peintes à l'origine ; on distingue quelques traces de peinture rouge sur la stèle C. Nombre d'entre elles comportaient, au-dessous ou sur le côté, de petits sanctuaires où l'on déposait des offrandes.

Plusieurs stèles de la Grande Place représentent le roi Lapin XVIII, dont les stèles A, B, C, D, F, H et 4. La plus belle est peut-être la stèle A (datant de 731) ; l'original a été transféré au musée de la Sculpture et vous ne verrez sur place que sa copie. Non loin de là et l'égalant presque en beauté se trouvent la stèle 4 (731) et la stèle B (731) qui représentent Lapin XVIII lors de son accession au trône. Devant la stèle C (782), se dresse un autel en forme de tortue. Cette dernière stèle est décorée sur les deux côtés. La stèle E (614), dressée au sommet de la structure 1, sur le côté ouest de la Grande Place, compte parmi les plus anciennes.

La stèle D (736), située à l'extrémité nord de la Grande Place, au pied de la structure 2, représente elle aussi le roi Lapin XVIII. A l'arrière sont érigées deux colonnes de hiéroglyphes ; à la base de la stèle, un autel s'orne de représentations quelque peu effrayantes de Chac, le dieu de la Pluie. Face à l'autel, vous pouvez voir la sépulture du Dr John Owen, archéologue venu dans le cadre de l'expédition du Peabody Museum de Harvard et qui mourut pendant les fouilles en 1893.

Sur le côté est de la place se dresse la stèle F (721), qui se caractérise par un style plus lyrique. La robe du personnage principal flotte autour de lui jusque de l'autre côté de la stèle où figurent des hiéroglyphes. L'autel G (800), sur lequel apparaissent deux têtes de serpent, compte parmi les derniers monuments réalisés à Copán. La stèle H (730) semble représenter une reine ou une princesse plutôt qu'un roi. Quant à la stèle I (692), sur la structure bordant le côté est de la plaza, elle représente un personnage portant un masque. Un peu plus loin vers l'est, la stèle J, couverte de glyphes et sans représentation humaine, ressemble à celles de Quiriguá.

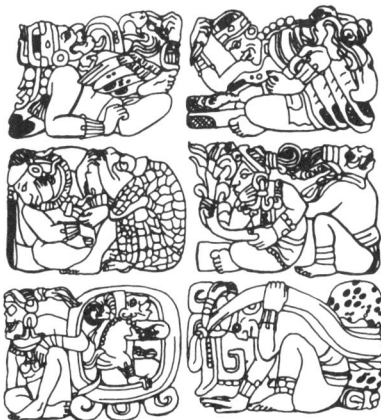

Glyphes sur une stèle à Copán

Jeu de balle. Au sud de la Grande Place, après avoir traversé ce que l'on appelle la place centrale, se trouve le *Juego de Pelota* (jeu de balle), qui date de 731. C'est le deuxième plus grand terrain d'Amérique centrale. Il en recouvre deux autres, de moindres dimensions. Vous remarquerez les têtes d'aras sculptées au sommet des murs inclinés. La marque tracée au centre est l'œuvre du roi Lapin XVIII.

Escalier des hiéroglyphes. Au sud du jeu de balle est érigé le monument le plus célèbre de Copán, l'escalier des hiéroglyphes (743), que l'on doit au roi Coquillage Fumée. Aujourd'hui, un toit le protège des intempéries. Cet escalier de 63 marches retrace sur chaque contremarche – à l'aide de 2 500 glyphes – l'histoire de la maison royale de Copán. Les marches sont bordées de rampes ouvragées portant également des sculptures en relief et des glyphes. L'histoire gravée sur ces marches n'a toujours pas été complètement déchiffrée car des pierres se sont mélangées en se détachant.

Au pied de l'escalier se dresse la stèle M (756) sur laquelle est représenté un personnage (probablement le roi Coquillage Fumée) vêtu d'un manteau de plumes.

Les glyphes racontent l'éclipse solaire qui eut lieu durant cette même année. Sur l'autel qui se trouve en face, on peut voir un serpent à plumes tenant une tête humaine entre ses mâchoires.

A côté de l'escalier, une tunnel mène à la tombe d'un noble, scribe du roi, qui était peut-être le fils du roi Jaguar Fumée. La tombe, découverte en juin 1989, renfermait un trésor composé de poteries peintes et d'objets sculptés dans du jade qui sont désormais exposés dans divers musées du Honduras.

Acropole. L'imposante terrasse qui s'élève au sud de l'escalier des hiéroglyphes est connue sous le nom de temple des inscriptions. Au sommet de l'escalier, les murs sont gravés de séries de hiéroglyphes. Au sud du temple des inscriptions, vous verrez les places Est et Ouest. Sur la place Ouest, ne manquez pas l'autel Q (776), qui compte parmi les ouvrages les plus fameux de Copán ; les sculptures originales sont conservées au musée de la Sculpture. Sur les différentes faces, de superbes reliefs représentent les 16 grands rois de Copán, le dernier étant Yax Pac, créateur de l'ouvrage. Derrière l'autel se trouvait une crypte sacrificielle dans laquelle les archéologues ont découvert les ossements de 15 jaguars et de plusieurs aras, immolés sans doute à la gloire de Yax Pac et de ses ancêtres.

La place Est compte elle aussi des monuments qui témoignent de l'existence de Yax Pac. Sa tombe, située sous la structure 18, fut malheureusement découverte et pillée bien avant l'arrivée des archéologues. Les places Est et Ouest offrent une grande diversité de stèles et sculptures représentant des têtes humaines ou animales, toutes fascinantes. Si vous voulez admirer le relief le plus travaillé, escaladez la structure 22 du côté nord de la place Est. Les fouilles et les travaux de restauration sont toujours en cours de réalisation.

Musée de la Sculpture
En matière de sculpture, Copán n'a pas son pareil dans le monde maya. Dernier ajout

en date aux ruines de la ville, ce superbe musée a ouvert en août 1996. Y entrer constitue déjà une expérience marquante : on pénètre par une bouche de serpent, puis on avance au cœur des entrailles du reptile pour émerger dans un monde fantastique de sculpture et de lumière.

Le clou du musée est une réplique grandeur nature du temple Rosalila, découvert en parfait état en 1989 grâce à un tunnel creusé dans la structure 16, construction centrale de l'acropole. Inauguré en 571 par Jaguar Lune, dixième souverain de Copán, le Rosalila était si sacré, semble-t-il, que, lorsque la structure 16 fut édifiée par-dessus, le temple fut préservé.

Le véritable Rosalila demeure donc dans la structure 16. Au-dessous, s'élève le Margarita, construit 150 ans plus tôt, ainsi que d'autres plates-formes et tombeaux.

Le musée présente également des pierres gravées, conservées ici pour échapper à l'érosion. Bientôt, toutes les stèles importantes y seront regroupées et l'on placera des copies aux emplacements de leur découverte. Ainsi, l'autel Q et les stèles A, N, P et 2 se trouvent à l'intérieur du musée et vous ne verrez à l'extérieur que leurs reproductions.

El Bosque et Las Sepulturas
Les fouilles réalisées à El Bosque et Las Sepulturas ont permis d'en savoir plus sur la vie quotidienne des Mayas de Copán, durant l'âge d'or de cette cité.

Las Sepulturas, qui communiquait autrefois avec la Grande Place par une chaussée, était peut-être la zone résidentielle où vivaient les nobles, riches et puissants. Un immense et luxueux ensemble résidentiel, composé de 40 ou 50 bâtiments disposés autour de 11 cours, semble avoir accueilli quelque 250 personnes. La structure principale, appelée maison des Bacabs (officiels), est entourée de murs sculptés de dix hommes portant de superbes coiffes à plumes, grandeur nature. A l'intérieur se trouvait un banc orné de hiéroglyphes.

Pour vous rendre à Las Sepulturas, retournez sur la route principale, tournez à droite, puis encore à droite au panneau indicateur (2 km).

COPÁN RUINAS

6 000 habitants

La ville de Copán Ruinas, ou Copán, s'élève à 1 km du célèbre site maya du même nom. C'est un merveilleux village aux ruelles pavées, avec des maisons de pisé blanc aux toits de tuiles et une jolie petite église coloniale sur la plaza. Voilà près de deux mille ans que les Mayas peuplent cette vallée empreinte d'une paisible atmosphère, où le temps paraît suspendu. Même si Copán est devenue une destination touristique de premier plan, le calme de la petite ville n'a guère souffert de l'afflux d'étrangers.

La fête annuelle de Copán Ruinas a lieu du 15 au 20 mars. Une foire artisanale, qui présente l'artisanat et la culture locales, se déroule du 15 au 21 décembre.

Orientation

Le Parque Central, où trône l'église, représente le cœur de la ville. Cette dernière

GUATEMALA

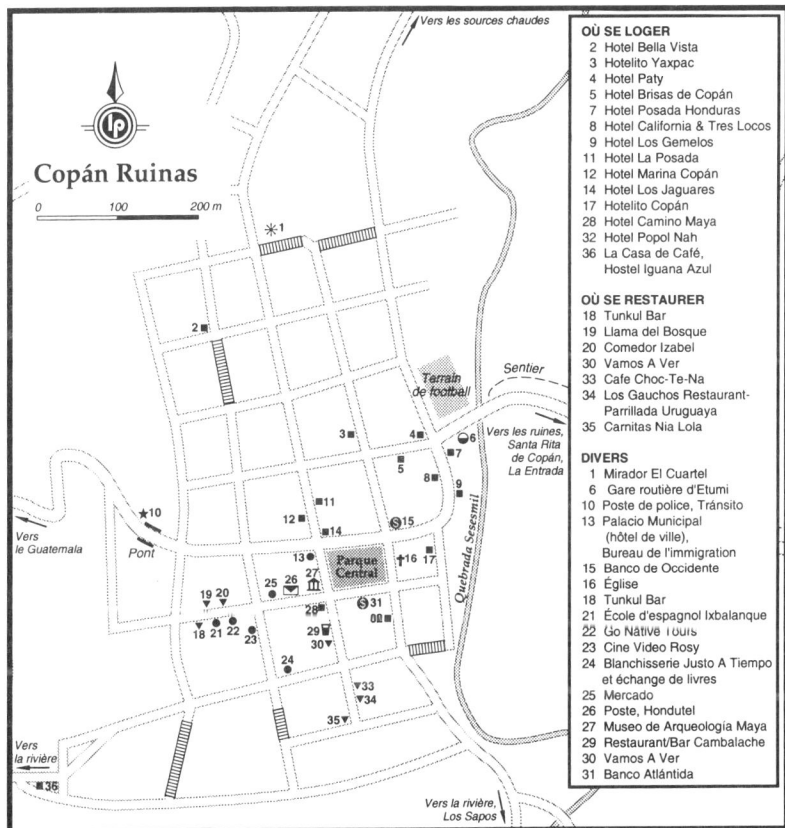

Copán Ruinas

0   100   200 m

OÙ SE LOGER
2 Hotel Bella Vista
3 Hotelito Yaxpac
4 Hotel Paty
5 Hotel Brisas de Copán
7 Hotel Posada Honduras
8 Hotel California & Tres Locos
9 Hotel Los Gemelos
11 Hotel La Posada
12 Hotel Marina Copán
14 Hotel Los Jaguares
17 Hotelito Copán
28 Hotel Camino Maya
32 Hotel Popol Nah
36 La Casa de Café,
    Hostel Iguana Azul

OÙ SE RESTAURER
18 Tunkul Bar
19 Llama del Bosque
20 Comedor Izabel
30 Vamos A Ver
33 Cafe Choc-Te-Na
34 Los Gauchos Restaurant-
    Parrillada Uruguaya
35 Carnitas Nia Lola

DIVERS
1 Mirador El Cuartel
6 Gare routière d'Etumi
10 Poste de police, Tránsito
13 Palacio Municipal
    (hôtel de ville),
    Bureau de l'immigration
15 Banco de Occidente
16 Église
18 Tunkul Bar
21 École d'espagnol Ixbalanque
22 Go Native Tours
23 Cine Video Rosy
24 Blanchisserie Justo A Tiempo
    et échange de livres
25 Mercado
26 Poste, Hondutel
27 Museo de Arqueología Maya
29 Restaurant/Bar Cambalache
30 Vamos A Ver
31 Banco Atlántida

Vers les sources chaudes

Terrain
de football

Sentier

Vers les ruines,
Santa Rita
de Copán,
La Entrada

Quebrada Sesesmil

Vers
le Guatemala

Pont

Parque
Central

Vers
la rivière

Vers la rivière,
Los Sapos

étant de dimensions très réduites, tout se trouve à courte distance de la plaza. Les ruines se situent à 2 km, sur la route de La Entrada. Le site archéologique de Las Sepulturas s'étend quelques kilomètres plus loin.

Renseignements

Le Banco de Occidente, sur la plaza, change les dollars américains en espèces ou en chèques de voyage, les quetzales guatémaltèques et les colones salvadoriens. Il accorde des avances sur les cartes Visa et MasterCard. Outre le change, le Banco Atlántida, sur la plaza également, accorde des avances sur les cartes Visa. Ces deux banques pratiquent des taux de change plus intéressants que les changeurs de la frontière, mais légèrement inférieurs à ceux des autres banques du Honduras. Toutes deux ouvrent du lundi au vendredi de 8h à 12h et de 14h à 16h30, le samedi de 8h à 11h30.

La poste et l'agence Hondutel sont mitoyennes, à quelques mètres de la plaza.

La blanchisserie Justo A Tiempo pratique des tarifs élevés. Celle de l'Hotel Los Gemelos reste plus raisonnable.

A voir et à faire

Si le site archéologique représente le principal attrait de la région, d'autres lieux des alentours méritent une visite (reportez-vous à la rubrique *Les environs de Copán Ruinas*).

En ville, rendez-vous au **Museo de Arqueología Maya** (☎ 98-3437), sur la plaza ; il renferme la stèle B, qui porte une représentation du roi Lapin XVIII, des poteries peintes, du jade sculpté, des glyphes mayas et un calendrier cyclique. Il abrite encore la "Tumba del Brujo", tombeau d'un shaman ou d'un prêtre mort vers l'an 700 et enterré avec de multiples objets à l'angle est de la Plaza de los Jaguares. Le musée ouvre tous les jours de 8h à 16h (entrée : 2 $US).

A quatre pâtés de maisons au nord de la plaza, le **El Cuartel**, ancienne prison, offre une vue magnifique sur la ville. Le bâtiment sert désormais d'école, mais on peut monter pour admirer le panorama.

Vous pourrez faire une agréable promenade sur la route qui quitte la ville par le sud. Vous découvrirez les champs de tabac et de maïs entourant Copán, avant d'atteindre une jolie rivière.

Équitation et Los Sapos

Vous pouvez louer un cheval à Copán Ruinas pour visiter les ruines et les environs. Des promenades équestres sont organisées par les tour-opérateurs de la ville et par la plupart des hôtels. Il existe également un haras aux abords de Copán, en direction des ruines. N'hésitez pas à vous adresser aux habitants de la ville et négociez le prix. L'Hotel Hacienda El Jaral propose également des randonnées équestres.

A 5 km de la ville, dans l'Aldea de San Lucas, **Los Sapos** est une destination très populaire. Les *sapos* (crapauds) sont d'anciennes sculptures mayas réunies dans un site offrant une vue extraordinaire sur la ville.

On s'y rend à cheval en une demi-heure, à pied en 45 minutes (en montée). De Los Sapos, vous pourrez aller admirer une stèle proche.

Cours

L'école de langue espagnole Ixbalanque (☎ 98-3432, fax 98-0004, 57-6215), tout près du Tunkul Bar, propose 20 heures hebdomadaires de cours particuliers pour 150 $US, avec hébergement en pension complète dans une famille. La semaine de cours sans hébergement revient à 95 $US.

Circuits organisés

L'agence Go Native Tours (☎ 98-3432, fax 57-6215), près du Tunkul Bar, propose des visites guidées des environs, ainsi que des circuits orientés sur l'écologie. Elle vous emmènera également observer les oiseaux au Lago de Yojoa.

Jorge Barraza, de Xukpi Tours (☎ 98-3435, ou 98-3503 en soirée), propose lui aussi des circuits "écologiques". Ses visites des ruines et ses sorties d'observation d'oiseaux ont acquis une excellente réputation. Jorge Barraza organise en outre des

excursions écologiques dans tout le Honduras et à Quiriguá (Guatemala).

Où se loger et se restaurer
Camping. L'*Hotel Hacienda El Jaral*,
complexe d'écotourisme situé à 11 km de
Copán Ruinas (voir *Les environs de Copán
Ruinas*) offre d'agréables terrains de cam-
ping.

Auberge. L'*Hostal Iguana Azul* (☎ 52-
7274, fax 52-0523) jouxte La Casa de Café
B&B (voir ci-dessous) et les deux établissements appartiennent aux mêmes sympathiques patrons. Inaugurée en 1997, cette
auberge dispose de 24 lits (4 $US par per-
sonne) répartis dans 4 chambres, avec
s.d.b. commune et eau chaude, installées
dans une maison coloniale. Le jardin est
agréable ; des livres, des magazines, des
guides de voyages et des informations touristiques sont à la disposition des clients.

Hôtels. L'*Hotel Los Gemelos* (☎ 98-3077),
à quelques pas derrière la plaza, a de tout
temps remporté un franc succès auprès des
voyageurs à petits budgets. Tenu par une
très sympathique famille, il abrite un patio,
un endroit où laver son linge et un parking
fermé. Il propose des simples/doubles à
4,15/5 $US et du café à volonté.

Juste en face, l'*Hotel California & Tres
Locos* (☎ 98-3515) date de 1996 et offre
quatre jolies chambres décorées de bam-
bous et de nattes, partageant une s.d.b.
commune avec eau chaude (8,35 $US la
chambre).

Dans le même pâté de maisons, l'*Hotel
Posada Honduras* (☎ 98-3082) compte
13 chambres très simples disposées autour
d'une cour plantée de manguiers, citron-
niers, cocotiers et mammeas. A l'arrière, se
trouve un parking fermé. Il loue des
simples/doubles pour 2,50/5 $US, ou
5/5,85 $US avec s.d.b. et eau froide. Tou-
jours dans la même rue, l'*Hotelito Copán*
(☎ 98-3411) demande 3,35/5/6,25 $US
pour ses simples/doubles/ triples, ou
5/6,65/8,35 $US avec s.d.b. et eau froide.

Parmi les autres adresses bon marché,

figurent l'*Hotelito Yaxpac* (☎ 98-3025),
doté de 4 chambres avec s.d.b. et eau
chaude à 6/5,85 $US, et l'*Hotel La Posada*
(☎ 98-3070, 98-3072), à deux pas de la
plaza (3,35/5 $US la chambre).

Tout nouveau et propre, l'*Hotel Popol
Nah* (☎ 98-3095) dispose de 7 chambres à
15 $US avec s.d.b. et eau chaude ; il en
aura bientôt 12, dont certaines avec clim.
Les chambres de l'*Hotel Paty* (☎ 98-3021),
à l'entrée de la ville, sont disposées autour
d'une cour et comportent toutes une s.d.b.
avec eau chaude (11,65 $US).

Où se loger – catégorie moyenne
Copán compte également des hôtels plus
confortables. L'un des plus séduisants,
l'*Hotel Brisas de Copán* (☎ 98-3018), se
situe à l'entrée de la ville. Les jolies chambres claires de l'étage, avec TV câblée et
terrasses, valent 20,85 $US. D'autres plus
vastes, à deux lits doubles mais sans TV,
coûtent 16,65 $US. Le rez-de-chaussée
compte quelques chambres à 10 $US,
sombres et nettement moins agréables.
Toutes bénéficient d'une s.d.b. avec eau
chaude.

Installé sur une colline dominant la ville,
à quatre pâtés de maisons de la plaza,
l'*Hotel Bella Vista* (☎ 98-3502) a ouvert en
1996. Il offre une vue splendide, des chambres spacieuses et confortables à
13,35 $US avec s.d.b. et eau chaude, TV
câblée et téléphone, ainsi qu'un parking
dans la cour.

Également à quatre pâtés de maisons de
la plaza, *La Casa de Café* (☎ 52-7274,
fax 52-0523), magnifique établissement
installé dans un cadre éblouissant, met à
votre disposition un jardin avec tables et
hamacs donnant sur les champs de maïs et
les montagnes du Guatemala, au loin. Elle
possède 5 chambres avec s.d.b. et eau
chaude à 38 $US pour 1/2 personnes et
3 chambres à 20/28 $US. Un solide petit-
déjeuner est inclus.

Parmi les beaux hôtels luxueux qui bordent la plaza, citons l'*Hotel Los Jaguares*
(☎ 98-3451) avec ses simples/doubles à
30/34 $US, l'*Hotel Camino Maya* (☎ 98-

3446, 98-3517, fax 39-3056) et ses chambres à 35/44 $US et le grand *Hotel Marina Copán* (☎ 98-3070, 98-3071) qui offre une piscine, un bar-restaurant et des simples/doubles à 70/81 $US.

L'*Hotel Hacienda El Jaral*, un superbe complexe hôtelier d'écotourisme, propose de multiples activités. Il se trouve à 11 km de la ville, sur la route de La Entrada (voir plus loin, *Les environs de Copán Ruinas*).

Où se restaurer

C'est essentiellement au *Tunkul Bar*, à deux pâtés de maisons de la plaza, que l'on se donne rendez-vous. Ce charmant bar-restaurant, installé dans un patio couvert, réunit bonne musique, bonne cuisine et bonne compagnie, ainsi qu'un service d'échange de livres. Les plats, végétariens ou non, valent environ 2,50 $US. Il ouvre tous les jours de 7h à 23/24h. Les "happy hours" (consommations à moindre prix) s'étendent de 19h à 20h pour la bière, de 20h à 21h pour les autres boissons.

En face, le *Llama del Bosque* attire lui aussi une clientèle nombreuse et offre une bonne variété de plats et de snacks. Son *anafre* (fondue) est particulièrement réussie. Tout près, le *Comedor Izabel* est un petit restaurant classique qui sert une cuisine correcte. Ces deux établissements ouvrent tous les jours de 6h30 à 21h.

À deux pas de la plaza, le *Vamos A Ver* est une cafétéria/restaurant/cinéma installée dans un agréable petit patio couvert. On y déguste à bon marché des mets rares en Amérique centrale : de bons pains faits maison, des fromages de tous pays, de délicieux potages, des salades de légumes et de fruits, un excellent café, des licuados de fruits, un large choix de thés et des plats végétariens. Il ouvre tous les jours de 7h à 22h et programme un film chaque soir à 19h.

Dans le pâté de maisons suivant, le *Cafe Choc-Te-Na* est un petit café à l'ambiance simple et chaleureuse.

Plus loin, le *Carnitas Nia Lola*, un restaurant de plein air spécialisé dans les grillades au feu de bois, jouit d'une superbe vue sur les champs de tabac et de maïs et les montagnes. L'ambiance est détendue et la cuisine simple et économique. Il ouvre tous les jours de 7h à 22h.

Superbement décoré, *Los Gauchos Restaurant-Parrillada Uruguaya* est l'endroit chic de la ville, idéal pour ceux qui aiment la bonne viande. Un plat de viande ou de poisson revient à 6,25/11 $US et la gigantesque Parrillada Especial à 20 $US pour quatre personnes. Des tables sont installées dans la véranda qui jouit d'une belle vue.

Distractions

Le *Tunkul Bar* est toujours animé en soirée. Des films vidéo (souvent en anglais) sont programmés au *Vamos a Ver* tous les soirs à 19h. Le *Cine Video Rosy*, à deux pas de la plaza, en projette également. À côté du Vamos a Ver, le bar-restaurant *Cambalache* attire lui aussi une clientèle nombreuse.

Comment s'y rendre

Si vous souhaitez obtenir à l'avance un visa pour le Honduras, rendez-vous au consulat hondurien d'Esquipulas ou de Guatemala Ciudad.

Plusieurs agences de voyages d'Antigua proposent des week-ends à Copán, incluant parfois la visite des ruines de Quiriguá et autres sites.

Bus. Guatemala Ciudad se trouve à 280 km (7 heures) d'El Florido, le village guatémaltèque situé à la frontière du Honduras. De la capitale, prenez un bus pour Chiquimula, puis une correspondance jusqu'à la frontière. Consultez les sections *Guatemala Ciudad* et *Chiquimula* pour en savoir plus sur ces itinéraires.

En venant d'Esquipulas, descendez à Vado Hondo, carrefour entre la CA-10 et la route d'El Florido, puis prenez une correspondance. Ce dernier bus risque fort d'être complet. Il est sans doute plus simple d'aller jusqu'à Chiquimula, à 8 km de là, et de monter dans le bus à son point de départ.

Voiture. Les déplacements se révèlent nettement plus rapides en circuits organisés ou avec une voiture personnelle qu'en bus. Vous pouvez visiter les ruines lors d'une excursion d'une journée au départ de Guatemala Ciudad, au pas de charge et à un rythme épuisant. Au départ de Río Hondo, Chiquimula ou Esquipulas, l'excursion à Copán dans la journée s'avère moins précipitée. L'idéal consiste néanmoins à passer au moins une nuit à Copán.

Si vous partez de Chiquimula, parcourez 10 km vers le sud, ou 48 km en direction du nord depuis Esquipulas, puis prenez à l'est à Vado Hondo (Km 178,5 sur la CA-10). En face de la bifurcation que vous devez emprunter, un petit motel vous accueillera en cas de besoin. Un panneau mentionnant "Vado Hondo Ruinas de Copán" vous indique la direction et vous atteindrez El Florido, à 50 km de là (2 heures)).

La route n'est pas goudronnée, mais elle est généralement en bon état et permet une moyenne de 40 km/h. A 20 km au nord-est de Vado Hondo on rencontre les villages mayas chorti de Jocotán et Camotán, construits dans une région montagneuse tropicale dont les luxuriantes vallées sont jalonnées de huttes aux toits de chaume. Jocotán dispose d'un petit Centro de Salud (centre médical) et vous pouvez loger à l'*Hotel/Pensión Ramírez*, au nord de l'église et de la place principale. Il dispose d'un petit restaurant et de chambres avec s.d.b. à 4 $US par personne ; les chambres avec s.d.b. commune sont moins chères.

Sur la route, vous devrez peut-être passer à gué plusieurs petits cours d'eau. Cela ne pose généralement aucun problème, à moins qu'il ait plu de façon anormale au cours des jours précédents.

Passer la frontière. Le village d'El Florido ne dispose d'aucun service, hormis quelques petits débits de boissons. Il se situe à 1,2 km à l'ouest de la frontière. Au poste-frontière, vous trouverez quelques échoppes ainsi que le très rudimentaire *Hospedaje Las Rosas*, qui vous dépannera en cas d'urgence. La frontière est ouverte tous les jours de 7h à 18h.

De chaque côté de la frontière, des changeurs vous proposeront de changer des quetzales guatémaltèques contre des lempiras honduriens ou même des dollars US. Certains proposent un cours très médiocre, aussi vaut-il mieux connaître le taux officiel avant d'arriver. Même si le quetzal et le dollar US sont acceptés dans quelques établissements de Copán Ruinas, vous avez tout intérêt à disposer de monnaie hondurienne. Les banques de Copán Ruinas offrent un meilleur cours que les changeurs de la frontière.

Vous devez présenter votre passeport et votre carte de touriste au bureau guatémaltèque de l'immigration ainsi qu'aux autorités douanières, payer 6 $US de taxes (qui ne sont pas totalement légales) puis franchir la frontière et répéter ces mêmes démarches auprès des autorités honduriennes. Si vous souhaitez simplement un permis de courte durée pour vous rendre à Copán, précisez-le à l'employé du bureau hondurien de l'immigration qui ne vous fera payer que 3 $US. Avec ce permis, vous ne pourrez pas dépasser les ruines et devrez quitter le Honduras par la même route. Si vous souhaitez aller plus loin à l'intérieur du Honduras, vous aurez sans doute besoin d'une carte de touriste, ce qui vous prendra un peu plus de temps et vous coûtera 10 $US.

Lorsque vous repasserez par ce poste-frontière, vous devrez à nouveau vous présenter aux autorités et régler des taxes moindres. L'employé du bureau guatémaltèque de l'immigration devrait vous restituer votre ancienne carte de touriste et ne pas exiger les frais d'une nouvelle carte.

Si vous êtes au volant d'une voiture de location, vous devrez présenter aux autorités douanières guatémaltèques une lettre spéciale vous autorisant à entrer au Honduras ; celle-ci doit être rédigée sur le papier à en-tête de l'agence, signée et cachetée par un employé habilité. Sans ce document, vous devrez laisser la voiture à El Florido et aller jusqu'à Copán en camionnette.

Du côté hondurien de la frontière, vous trouverez plusieurs petites échoppes où vous restaurer et vous désaltérer en attendant le départ d'une camionnette. Ces dernières relient la frontière à Copán Ruinas toutes les 40 minutes tout au long de la journée (1,25 $US, 14 km, 45 minutes).

Lors de notre dernier séjour à Copán, un système de racket s'était mis en place depuis plusieurs mois : les chauffeurs des camionnettes exigeaient des touristes un prix démesuré pour les emmener à Copán. Le mauvais état de la route reliant Copán à la frontière avait conduit à la suspension des liaisons par bus. A présent, des travaux de réfection ont été réalisés (la route n'est toujours pas goudronnée, mais elle est en bon état), mais le service des bus n'a pas repris. S'il en est toujours ainsi au moment de votre visite, exigez de payer le juste prix ; les chauffeurs finiront par céder si vous êtes ferme.

De Copán Ruinas au Guatemala. Les bus et camionnettes qui desservent Copán Ruinas partent de la minuscule gare routière d'Etumi, à l'entrée de la ville (à l'exception de l'express GAMA à destination de San Pedro Sula, qui part de l'Hotel Paty).

Toutes les 40 minutes, de 6h à 18h, des camionnettes de passagers quittent la gare routière d'Etumi en direction de la frontière (1,25 $US par personne). Informez-vous sur le tarif en vigueur avant le départ. Côté guatémaltèque, des bus pour Chiquimula (58 km, 2 heures 30, 1,20 $US) partent de la frontière à 5h30, 6h15, 7h15, 8h30, 10h30, 12h, 13h30 et 15h30.

LES ENVIRONS DE COPÁN RUINAS
Hacienda El Jaral

L'*Hotel Hacienda El Jaral* (☎ 52-4457, ☎ /fax 52-4891), à 11 km de la ville sur la route nationale menant à La Entrada, est un complexe d'écotourisme proposant toutes sortes d'activités : visite d'un lagon, réserve ornithologique où résident des milliers de hérons de novembre à mai, excursions à cheval, à bicyclette ou à pied, baignades en rivière, tubing, canoë et rafting facile sur le Río Copán. L'hôtel comporte une piscine, une aire de jeux pour enfants et deux restaurants.

Hormis la piscine, ces prestations sont accessibles aux non-résidents. Si vous souhaitez séjourner à l'Hacienda El Jaral,

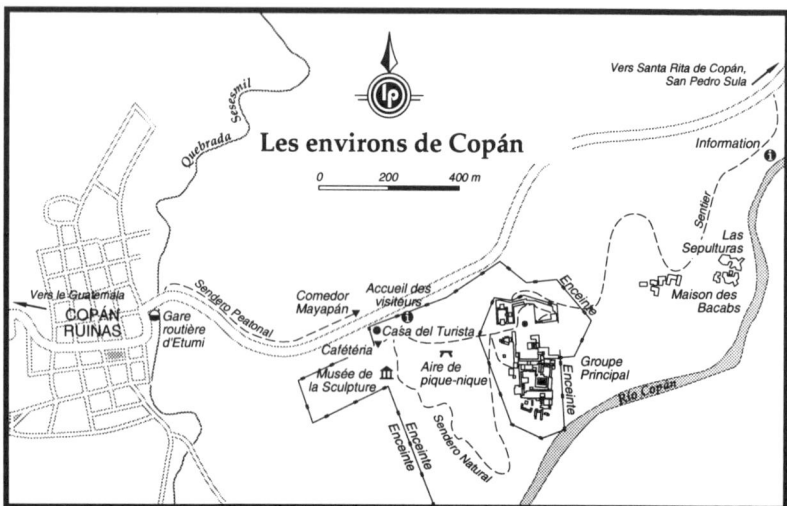

Les environs de Copán

comptez 55/60 \$US pour une luxueuse simple/double dans une maisonnette en duplex avec terrasse, clim., s.d.b. et eau chaude, TV câblée et réfrigérateur. Certaines chambres sont plus spacieuses encore. Des emplacements de camping avec accès à la rivière, aux pelouses et aux sanitaires se louent 6,25 \$US chacun.

Santa Rita de Copán et chute d'El Rubí

A quelques kilomètres de la ville (20 minutes en bus), sur la route de La Entrada, Santa Rita de Copán est un charmant village construit au confluent de deux rivières. Toute proche, la chute d'El Rubí se prête à la baignade. On y parvient après 30 minutes de marche sur le sentier qui part en face de la station-service Esso, près du pont de la route nationale. Demandez votre chemin.

QUIRIGUÁ

Quiriguá se situerait à quelque 50 km à vol d'oiseau de Copán. Cependant, la topographie, les formalités douanières et l'état des routes en font un voyage de 175 km. A l'instar de Copán, Quiriguá est connue pour ses stèles ouvragées, qui présentent la particularité de mesurer 10,5 m de hauteur, telles des sentinelles postées dans un paisible parc tropical.

Il est commode de visiter Quiriguá si vous disposez d'une voiture. Cela devient plus compliqué, sans pour autant être impossible, si vous vous déplacez en bus. Le village de Los Amates, qui compte quelques hôtels et un restaurant, se trouve à 67 km du carrefour de Río Hondo sur la Carretera al Atlántico. Quiriguá est à 1,5 km à l'est de Los Amates et la bifurcation vers les ruines à 1,5 km plus loin à l'est. En suivant la route d'accès en direction du sud à partir de la Carretera al Atlántico, vous traverserez 3,4 km de bananeraies avant d'atteindre le site archéologique.

Histoire

L'histoire de Quiriguá est inséparable de celle de Copán, dont elle fut dépendante pendant une bonne partie de l'époque

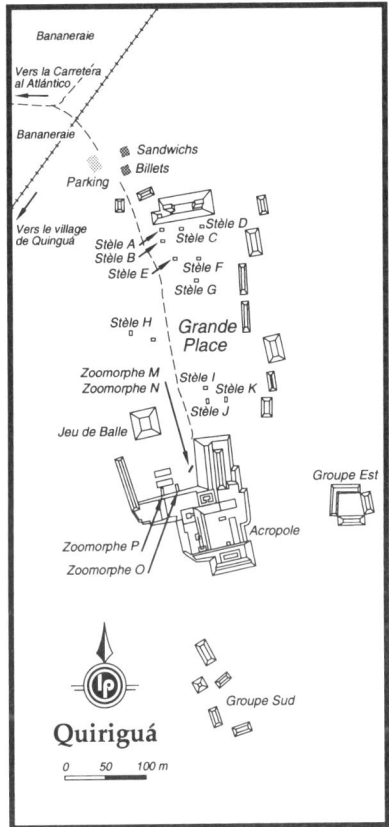

Quiriguá

0   50   100 m

classique. Sur les trois sites des environs, seul l'actuel parc archéologique présente un réel intérêt.

Le site se prêtait en lui-même à la sculpture de stèles géantes. Les couches de grès brun du lit du Río Motagua, tout proche, offraient différents niveaux, ce qui permettait d'en découper de grandes surfaces. Cette pierre, tendre lors de la découpe, devenait très dure en séchant au contact de l'air. Guidés par les experts de Copán, les tailleurs de pierre de Quiriguá étaient prêts à réaliser de grandes œuvres. Il ne leur manquait qu'un grand chef pour les inspirer.

Ce chef fut Ciel Cauac (725-784), qui décida de soustraire Quiriguá à la domination de Copán. En 737, durant la guerre qui l'opposa à son ancien suzerain, il fit prisonnier puis décapita le roi de Copán, Lapin XVIII. Enfin indépendant, Ciel Cauac ordonna à ses tailleurs de pierre de se mettre à l'œuvre et, pendant les 38 années qui suivirent, ces derniers sculptèrent des stèles géantes et autres monuments zoomorphes à la gloire de leur souverain.

Son fils, Ciel Xul (784-800), lui succéda mais perdit son trône au profit de l'usurpateur Ciel Jade. Ce dernier grand monarque de Quiriguá poursuivit les travaux entrepris par Ciel Cauac, reconstruisant l'acropole de Quiriguá à plus grande échelle.

Quiriguá demeura inconnue des Européens jusqu'à l'arrivée de John L. Stephens en 1840. Impressionné par ses immenses monuments, celui-ci s'interrogea sur le manque d'intérêt dont avait fait preuve le reste du monde :

Une chose ne fait aucun doute : ce site abritait autrefois une importante cité. Son nom s'est perdu, son histoire demeure mystérieuse… et aucun document ne mentionne son existence. Pendant des siècles, elle est restée totalement ensevelie, comme recouverte par la lave du Vésuve. Tous les voyageurs qui se sont rendus d'Izabal à Guatemala Ciudad sont passés à moins de trois heures de là. Nous avons fait de même. Et pourtant, elle était là, telle la cité de pierre d'Édom, secrète et totalement ignorée.

Stephens tenta d'acheter cette cité en ruines afin d'en expédier les stèles à New York. Mais son propriétaire, Sr Payes, supposa qu'en sa qualité de diplomate, Stephens négociait pour le compte du gouvernement des États-Unis. Pensant que ce dernier allait payer, il en demanda un prix extravagant et l'affaire ne fut jamais conclue.

Des fouilles furent entreprises entre 1881 et 1894 par Alfred P. Maudslay, mais au début du XXe siècle, les terres des environs de Quiriguá furent vendues à la United Fruit Company et transformées en bananeraies. La compagnie est désormais partie, mais les bananes et Quiriguá demeurent. Le site a été restauré dans les années 30 sous l'égide de l'université de Pennsylvanie.

Ruines

Ce magnifique parc archéologique est ouvert tous les jours de 7h à 17h (entrée : 0,20 $US). Près de l'accueil, une petite échoppe vend des boissons fraîches et des en-cas, mais il vaut mieux emporter son pique-nique.

Malgré la chaleur moite et (parfois) les moustiques, Quiriguá est un site merveilleux. Les stèles géantes érigées sur la Grande Place sont en moins bon état que celles de Copán. Pour empêcher qu'elle ne se détériorent davantage, des toits de chaume les protègent. L'ombre portée par ces derniers rend difficile l'observation des détails et presque impossible les bonnes photos.

Les sept stèles, désignées par les lettres A, C, D, E, F, H et J, furent érigées sous le règne de Ciel Cauac et sculptées à son image. La stèle E, qui se dresse à 8 m du sol et s'enfonce sous terre sur une longueur de 3 m, est la plus grande stèle maya connue ; elle pèse près de 60 tonnes. Vous remarquerez les riches coiffes et les barbes de certains personnages (il est étonnant de trouver des personnages barbus dans l'art maya), le sceptre que tient le roi et les glyphes qui ornent les faces latérales des stèles.

A l'extrémité de la place se trouve l'acropole, beaucoup moins impressionnante que celle de Copán. A sa base, on peut voir plusieurs sculptures zoomorphes, blocs de pierres sculptés à l'image de créatures réelles ou mythiques. Les sujets les plus répandus sont les grenouilles, les tortues, les jaguars et les serpents. Ces sculptures ne suscitent peut-être pas une émotion aussi intense que les stèles dressées, mais ce sont néanmoins de superbes œuvres d'art, imaginatives et chargées de signification mythique.

Où se loger et se restaurer

Au centre du village de Quiriguá, à 700 m au sud de la Carretera al Atlántico, l'*Hotel y Restaurante Royal* est simple, propre et calme. Il offre des simples/doubles à 4/6 $US et des chambres plus grandes, avec 5 lits et s.d.b., à 6/9/13/17/20 $US pour une à cinq personnes. Le restaurant sert des repas végétariens ou non. La clientèle est essentiellement internationale.

A Los Amates, sur la Carretera al Atlántico, à 3 km à l'ouest du village de Quiriguá, se trouve une station-service Texaco ouverte 24h/24. Derrière, l'*Hotel y Restaurante Santa Mónica* propose des simples/doubles/triples avec s.d.b. à 6/12/18 $US. Environ 100 m plus loin à l'est, le *Ranchón Chileño* est le meilleur restaurant de la région. Un repas copieux vous reviendra à 6 $US environ et un repas léger, à la moitié.

Le *Comedor y Hospedaje Doña María*, Carretera al Atlántico Km 181, s'élève à l'extrémité du pont Doña María, à 20 km de Los Amates. Ses 10 chambres avec s.d.b. ont vécu, mais restent propres. Elles sont disposées en enfilade le long d'un sentier, près de la rivière (6 $US par personne). Sur l'autre rive, s'étend un vaste terrain de camping verdoyant, planté de cocotiers et d'arbres fruitiers, et jalonné de tables de pique-nique ombragées et d'emplacements de camping (4 $US par groupe, véhicule ou tente). Demandez à l'hôtel de vous ouvrir la grille. Le restaurant de plein air, ouvert tous les jours de 6h à 21h, jouit d'une belle vue sur la rivière où l'on peut se baigner. Vous avez tout loisir de franchir le pont pour aller pique-niquer en face, à condition d'en demander la permission.

Comment s'y rendre
La bifurcation à destination de Quiriguá se trouve à 205 km (4 heures) au nord-est de Guatemala Ciudad, à 70 km au nord-est du carrefour de Río Hondo, à 43 km au sud-ouest de la route vers Flores, dans le Petén, et à 90 km au sud-ouest de Puerto Barrios.

Les bus effectuant les liaisons Guatemala Ciudad-Puerto Barrios, Guatemala Ciudad-Flores, Esquipulas-Flores ou Chiquimula-Flores pourront vous déposer ou vous laisser monter à ce carrefour. Ils s'arrêtent sur demande.

A 40 km au nord-est de Quiriguá, Morales est le centre routier de la région et vous y trouverez facilement un bus pour Río Dulce.

Comment circuler
La route nationale se trouve à 3,4 km du site archéologique. Des bus et des camionnettes assurent ce trajet pour 0,15 $US. Si vous n'en trouvez pas, vous ferez une agréable promenade à travers les bananeraies.

Si vous logez au village de Quiriguá ou à Los Amates et marchez jusqu'au site archéologique, empruntez le raccourci qui longe la voie ferrée depuis le village, traverse les bananeraies et rejoint la route tout près de l'entrée des ruines.

LAGO DE IZABAL
Ce vaste lac, qui s'étend au nord-ouest de la Carretera al Atlántico, s'ouvre à peine au tourisme. La plupart des visiteurs séjournent à Río Dulce, un village situé au nord du pont de la CA-13, la route qui mène à Flores et Tikal et traverse l'extrémité est du lac. A l'est de ce pont, se trouvent El Golfete et le magnifique Río Dulce, qui se jette dans la mer des Caraïbes à Lívingston. Ne manquez pas une promenade en bateau sur cette rivière ! Autour du lac, vous pourrez loger à San Felipe, Mariscos, El Estor ou à la Finca Paraíso.

Parmi les lieux à visiter dans la région, figurent El Castillo de San Felipe (ancien fort espagnol), le refuge animalier de Cerro San Gil et l'embouchure de la rivière, les Bocas del Polochic.

Río Dulce
Au Km 245 de la Carretera al Atlántico, à l'embranchement pour Morales et La Ruidosa, prenez la direction de Flores, El Petén, au nord-ouest. Après 34 km, vous parviendrez à Río Dulce, parfois appelé El Relleno ou Fronteras, village au nord du pont qui traverse le lac, El Relleno est le village situé au sud du pont. Outre ses habitants, Río Dulce accueille une importante population de plaisanciers étrangers.

GUATEMALA

Descendez du bus au nord du pont, au-dessus du Hollymar Restaurant, qui sert d'office du tourisme, de salle à manger, de salon et d'embarcadère pour les bateaux à moteur qui descendent le Río Dulce. Il loue également des canoës et des kayaks, vous renseignera sur les croisières ou le tubing sur le Río Ciénega, ou vous accueillera simplement pour quelques jours de détente. Si vous devez changer de l'argent, le village comporte deux banques.

Dès votre descente du bus, vous serez accosté par des jeunes gens qui vous proposeront de vous emmener à Lívingston en bateau à moteur. Même si cela fait partie de vos projets, sachez que vous pouvez passer d'agréables journées de farniente au bord du lac avant de repartir.

Pour plus d'informations sur les promenades en bateau sur le Río Dulce, consultez la rubrique *Lívingston*.

Où se loger et se restaurer. A deux minutes de bateau de la crique du Hollymar Restaurant, l'*Hacienda Tijax* (☎ 902-7825) est une propriété de 250 ha pleine de charme. Elle propose une multitude d'activités : randonnées à cheval ou à pied, observation d'oiseaux, promenades en bateau et visite de la plantation de caoutchouc. Elle loue des lits en dortoir à 5 $US dans de petites maisons ouvertes aux toits de chaume, équipées d'une cuisine au rez-de-chaussée (ou 25 $US la maison entière). Au-dessus du restaurant de l'hacienda (ouvert en haute saison), les petites chambres valent 3,35 $US par personne, 1,65 $US si vous dormez dans un hamac. Enfin, des emplacements de camping valent 1,65 $US par tente, plus 3,35 $US par véhicule. Par la route, l'hacienda se trouve à 1 km au nord du village. Eugène, le propriétaire, parle espagnol, français, anglais et italien.

Parmi les autres hébergements du village, le *Riverside Motel*, situé en bord de route, propose de rudimentaires simples/doubles ventilées à 4/5 $US. L'*Hotel Don Paco*, bâtiment jaune sans pancarte, également simple, dispose de chambres à 4/7 $US. L'*Hotel Portal del*

Río, le meilleur du lieu, possède des chambres avec s.d.b. à 9/13 $US.

Au nord du pont, le *Hollymar* (hollymarg@aol.com) demeure le plus agréable restaurant de Río Dulce. Asseyez-vous sur le pont surplombant le lac et dégustez des plats aussi succulents que bon marché dans une ambiance internationale détendue.

A côté, le *Bruno's*, bar-restaurant avec TV satellite et vidéo, offre lui aussi une terrasse au bord de l'eau. Son pont flottant plaît beaucoup aux plaisanciers. La *Cafetería La Carreta*, en retrait de la route de San Felipe, est très appréciée des locaux. L'*Hacienda Tijax* ouvre son restaurant en haute saison.

En dehors de la ville, des hôtels plus luxueux sont installés au bord de l'eau. Accessibles en bateau seulement, ils disposent tous d'un restaurant. L'*Hotel Catamaran* (☎ 361-1937 à Guatemala Ciudad, fax 331-8450) compte des chambres à 36/41 $US, des bungalows à 44/51 $US, un restaurant de qualité et un bar. Également en bordure de lac, le *Mario's Marina*, rendez-vous des plaisanciers, sert une bonne cuisine.

Comment s'y rendre. Vers le nord, des bus desservent Poptún (95 km, 3 heures 30/4 heures, 2,50 $US), puis Flores (208 km, 7 heures, 5 $US) par une très mauvaise route. Dans la direction opposée, des bus rejoignent Guatemala Ciudad (488 km, 5 heures, 6 $US). Pour gagner Puerto Barrios, prenez un bus pour Guatemala Ciudad et changez à La Ruidosa. Les minibus d'Atitlán partent d'un bureau situé sur la route nationale, près du Hollymar.

Des bateaux à moteur descendent le Río Dulce jusqu'à Lívingston dès qu'ils ont un minimum de six à huit passagers. Les arrêts sont nombreux, si bien que le trajet dure 3 heures. Comptez environ 12,50 $US par personne (négociez). Les départs ont généralement lieu le matin, mais certains bateaux peuvent démarrer plus tard.

San Felipe et El Castillo de San Felipe
La forteresse et le château de San Felipe de Lara, à environ 3 km à l'ouest du pont,

furent construits en 1652 afin de protéger les villages et les caravanes commerciales d'Izabal des pirates. Ils éloignèrent les boucaniers, mais un groupe de pirates prirent et brûlèrent la forteresse en 1686.

Vers la fin du siècle suivant, les pirates disparurent des Caraïbes et les solides murs du fort servirent alors de prison. Puis la forteresse finit par être livrée à l'abandon. Le bâtiment actuel est le fruit d'une restauration de 1956.

Désormais protégé, le château représente l'un des grands attraits touristiques de la région. Il est entouré d'un parc verdoyant, doté d'aires de pique-nique et de barbecues et de plages aménagées pour la baignade dans le lac. Le site ouvre tous les jours de 8h à 17h (entrée : 1 $US).

Où se loger et se restaurer. Près du Castillo, l'*Hotel Don Humberto* vous héberge pour 6/11/16 $US en simple/double/triple dans des chambres avec s.d.b., rudimentaires mais propres. Il comporte un restaurant, mais rien ne vous empêche d'essayer la *Cafetería Selva Tropical*. A côté, le *Viñas del Lago* est un hôtel plus luxueux et plus cher.

A 10 minutes de marche du Castillo, sur la rive, le *Rancho Escondido* (☎ /fax 369-2681 à Guatemala Ciudad) est un agréable hôtel-restaurant. Il dispose, au rez-de-chaussée, de simples/doubles à 5/9 $US et, à l'étage, de chambres avec s.d.b., plus jolies, à 7/13 $US. Vous pouvez encore dormir dans un hamac pour 2,50 $US la nuit. L'établissement propose un service de blanchisserie, une excellent restaurant, des baignades dans le lac et diverses autres activités. Les propriétaires viendront vous chercher à votre arrivée à Río Dulce. Demandez au Hollymar de les prévenir.

Comment s'y rendre. San Felipe est installé au bord du lac, à 3 km à l'ouest de Río Dulce. Une agréable promenade de 45 minutes sépare les deux villages. Toutes les demi-heures, des camionnettes de passagers font la navette (0,35 $US par personne). A Río Dulce, elles s'arrêtent à

l'angle de la nationale et de la route pour San Felipe (voir la carte). A San Felipe, elles partent de l'Hotel Don Humberto, à l'entrée d'El Castillo.

A la demande, les bateaux en provenance de Lívingston vous déposeront à San Felipe. Les excursions en bateau organisées à Río Dulce prévoient presque toujours une escale à El Castillo et la visite du château. Vous pouvez aussi venir de Río Dulce en barque particulière pour 5 $US.

Finca El Paraíso et Río Agua Caliente

Au nord du lac, entre San Felipe et El Estor, la Finca El Paraíso représente un but d'excursion très apprécié, que l'on réside à Río Dulce ou dans tout autre village bordant le lac. La finca est un élevage de chevaux où vous vous promènerez à travers une jungle magnifique dans laquelle un large torrent d'eau chaude chute sur plus de 10 m dans un profond bassin d'eau claire. On peut se baigner dans l'eau chaude, nager dans l'eau fraîche du bassin ou encore plonger sous le promontoire et profiter de ce sauna naturel. La finca comporte en outre d'intéressantes grottes et offre de belles randonnées.

El Estor

Principale agglomération de la rive nord-ouest, El Estor est une ancienne ville minière vouée à l'exploitation du nickel. Elle acquiert désormais une popularité grandissante auprès des intrépides voyageurs qui se risquent à traverser la merveilleuse vallée de Panzós entre Cobán et le Lago de Izabal.

Où se loger et se restaurer. Comme son nom l'indique, l'*Hotel Vista al Lago* (☎ 949 7205), 6a Avenida 1-13, Zona 1, surplombe le lac. Ce bâtiment de 1825-1830 était à l'origine un grand magasin, détenu par un Anglais et un Hollandais. "The store" donna son nom à la ville. Il dispose de 21 chambres avec s.d.b. et ventil., propres et accueillantes, à 8/10/15 $US en simple/double/triple.

L'*Hotel Santa Clara*, 5a Avenida 2-11, propose également des chambres propres avec s.d.b. L'*Hotel Villela*, 6a Avenida 2-06, ne manque pas d'attrait non plus.

Au *Hugo's Restaurant*, vous obtiendrez des informations sur les excursions organisées autour du lac et aux cabañas du Río Sauce.

Comment s'y rendre. Des bus relient El Estor à Cobán en neuf heures. La route de terre traverse, lentement, un paysage magnifique. Des bus desservent El Estor depuis Guatemala Ciudad.

Le ferry El Estor-Mariscos assure chaque jour la liaison entre El Estor et la Carretera al Atlántico. Il part d'El Estor à 6h et, au retour, quitte Mariscos à 12h. La traversée du lac dure une heure. Des bus rejoignent la route nationale depuis Mariscos.

Mariscos

Mariscos est la plus grosse agglomération de la rive sud du lac. Le *Denny's Beach* se trouve à 10 minutes de la ville en bateau. Il offre des cabañas, des excursions, des randonnées et des baignades, ainsi qu'une grande fête à chaque pleine lune. A votre arrivée à Mariscos, vous pouvez contacter Dennis Gulck et sa femme Lupe, les propriétaires, par radio VHF sur la fréquence 9 (les habitants de Mariscos ont l'habitude de communiquer par radio) ; ils viendront vous chercher. Le *Karlinda's* et le *Marinita*, deux autres hôtels de Mariscos, disposent tous deux d'un restaurant et organisent des excursions sur le lac. Pour les moyens de transport, reportez-vous à la rubrique *El Estor*, ci-dessus).

LA ROUTE JUSQU'A FLORES

La route qui file en direction du nord, de l'autre côté du pont, mène au Petén, immense province couverte de forêt tropicale. Il faut couvrir 208 km pour atteindre Santa Elena et Flores et 65 km de plus pour rejoindre Tikal.

Entre la Carretera al Atlántico et Modesto Méndez, la route n'est pas mauvaise, mais elle est ensuite déplorable jusqu'à Santa Elena. Comptez au moins

6 heures d'épreuve avant d'arriver à Flores.

La forêt disparaît ici à un rythme alarmant, tombant sous les coups de machette des paysans. De grands pans de forêt sont ainsi abattus et brûlés : la terre défrichée est cultivée pendant quelques années, jusqu'à épuisement. Ensuite, l'agriculteur avance et recommence la même opération sur de nouvelles étendues. Les éleveurs de bétail ne sont pas en reste et contribuent à cette destruction en pratiquant une méthode équivalente pour créer des pâturages.

POPTÚN

8 000 habitants

La petite ville de Poptún (540 m d'altitude) s'étend à mi-chemin entre Río Dulce et Flores. On y vient surtout pour la Finca Ixobel, mais le village comporte d'autres hôtels et restaurants. Hormis cette finca, il ne présente guère d'intérêt.

Où se loger et se restaurer

Les meilleures prestations sont offertes au sein des 200 ha de la *Finca Ixobel* (☎ /fax 927-7363). Voilà plusieurs décennies que Carole DeVine offre aux voyageurs des emplacements pour planter leurs tentes, des palapas pour fixer leurs hamacs, des lits et de bons repas faits maison avec ou sans viande. La Finca Ixobel est un lieu particulier, apprécié pour l'esprit bon enfant qui y règne. Rendez-vous de voyageurs de tous pays, elle propose des promenades à cheval, des randonnées de plusieurs jours, du tubing sur la rivière et la visite d'une grotte renommée. Ces activités ont lieu tous les jours moyennant un prix raisonnable.

Camper revient à 2/3 \$US par personne, un lit en dortoir ou dans une cabane en bois à 4 \$US, une chambre simple/double à 6/8 \$US, ou encore un bungalow avec s.d.b. à 12,50 \$US. Les repas sont d'un excellent rapport qualité/prix et le dîner, servi en buffet, coûte 5 \$US. On peut aussi faire sa propre cuisine sur le terrain de camping, à condition d'avoir apporté tout le nécessaire, car la finca ne comporte pas de magasin.

L'embranchement qui mène à la finca est indiqué sur la route nationale, à 5 km au sud de Poptún. Dans la journée, vous pouvez demander au chauffeur du bus de vous y déposer et effectuer à pied les 15 minutes de trajet jusqu'à la finca. La nuit, ou si vous n'avez pas envie de marcher, rendez-vous au restaurant Fonda Ixobel II, près de l'arrêt du bus, qui appellera un taxi (1,50 $US par personne). Il est dangereux d'aller à pied à la finca après la tombée de la nuit, car l'endroit est isolé et les cas d'agressions nombreux.

Poptún compte d'autres hébergements. A 7 km au nord de la ville, puis à 700 m de la nationale, le *Camping Cocay*, aménagé dans la forêt tropicale, au bord de la rivière, est très rudimentaire. On peut néanmoins s'y baigner, faire du tubing ou pêcher. Les tarifs s'élèvent à 2,50 $US par personne en tente ou hamac, 3,35 $US pour un lit en dortoir, petit-déjeuner compris. Un repas revient à 2,50 $US. L'établissement organise des activités dans la région. L'endroit est à l'état sauvage, loin de tout et en plein cœur de la jungle ; prévoyez quantité d'anti-moustique !

Bien plus élégant, l'*Hotel Ecológico Villa de los Castellanos* (☎ 927-7222, 927-7518, fax 927-7365) se trouve près de la route, à 7 km au nord de Poptún. En bordure de rivière, il plaira aux amateurs de baignade et de tubing. Il loue des cabanes au toit de chaume, dotées d'électricité, de s.d.b. avec eau chaude et de 2 ou 3 lits doubles, pour 20/30/40 $US en simple/double/triple. Il possède un restaurant et plusieurs hectares de jardin planté de toutes sortes de plantes comestibles et médicinales.

Comment s'y rendre

Bus. Tous les bus reliant Guatemala Ciudad à Flores s'arrêtent à Poptún. Pour plus d'informations, consultez les rubriques consacrées à ces deux villes.

Certains bus empruntent en outre la petite route reliant Poptún à Fray Bartolomé de las Casas (appelée habituellement Las Casas), puis à Cobán. Après 6 heures

de route, vous pourrez passer la nuit dans la petite pension de Las Casas avant d'entreprendre les 5 heures de voyage pour Cobán.

Flores – 113 km, 4 heures 30/5 heures, 2,50 $US ; plusieurs bus par jour.
Fray Bartolomé de las Casas – 100 km, 6 heures, 4,20 $US ; un ou deux bus par jour.
Guatemala Ciudad – 393 km, 7/9 heures, 10 $US ; plusieurs bus par jour.
Río Dulce – 95 km, 3 heures 30/4 heures, 2,50 $US ; prenez un bus à destination de Guatemala Ciudad.

Voiture. Si vous êtes motorisé, faites le plein avant de quitter Flores ou Río Dulce et prévoyez de quoi manger et boire, ainsi qu'une roue de secours. Mieux vaut partir de bonne heure car la route est mauvaise quelle que soit la direction choisie. Les innombrables ornières obligent à conduire très lentement. S'il vaut mieux disposer d'une 4x4, le trajet peut néanmoins être réalisé en voiture normale, à condition de redoubler de prudence.

PUERTO BARRIOS

35 000 habitants

Lorsque vous allez vers Puerto Barrios, à l'est du carrefour de La Ruidosa, le paysage devient plus luxuriant à mesure que le climat se fait plus tropical et humide.

Après avoir acquis de vastes plantations dans la vallée du Río Motagua ainsi que dans de nombreuses autres régions du pays, la puissante United Fruit Company construisit des lignes de chemin de fer afin de transporter ses produits jusqu'à la côte et créa, à l'orée du siècle, le port de Puerto Barrios pour les expédier à La Nouvelle-Orléans et à New York.

Dessinée comme une ville industrielle, Puerto Barrios est quadrillée de larges rues se croisant à angle droit. La plupart de ses maisons à charpente de bois sont montées sur pilotis.

Lorsque, dans les années 60, le pouvoir et l'influence de la United Fruit commencèrent à décliner, la compagnie Del Monte reprit ses intérêts. Mais l'âge d'or des toutes puissantes compagnies étrangères était révolu, tout comme celui de Puerto Barrios. Un nouveau port, moderne et efficace, fut construit à quelques kilomètres au sud-ouest, à Santo Tomás de Castilla, et Puerto Barrios sombra dans la torpeur tropicale.

Pour les visiteurs étrangers, Puerto Barrios ne représente guère plus que l'embarcadère des bateaux pour Punta Gorda (Belize) ou pour Lívingston, la fascinante enclave Garifuna de la rive nord-ouest du Río Dulce. Les bateaux pour Lívingston partant suivant un horaire fluctuant, vous serez peut-être amené à passer la nuit à Puerto Barrios.

Orientation et renseignements

De par l'étendue de la ville, les distances d'un point à un autre sont importantes. Ainsi, la gare routière, située près du marché, se trouve à 800 m du Muelle Munici-pal (embarcadère municipal), au bout de la 12a Calle, d'où partent les bateaux pour Lívingston et Punta Gorda.

Au croisement de la 8a Avenida, de la 14a Calle et de la Calzada Justo Rufino Barrios, s'élève El Muñecón, la statue d'un *bananero* (ouvrier agricole des banane-raies). Ce monument est le plus célèbre de la ville.

La poste occupe l'angle de la 6a Calle et de la 6a Avenida. Guatel se trouve 8a Avenida, près de la 10a Calle.

De nombreuses banques changent les dollars américains en espèces ou en chèques de voyage. Le Banco G&T, 7a Calle, entre les 5a et 6a Avenidas, accorde en outre des avances sur les cartes MasterCard et Visa. Il ouvre du lundi au

---

La United Fruit Company

En 1870, lorsque les premières bananes furent importées aux États-Unis, rares étaient les Américains à avoir déjà vu ou mangé l'un de ces fruits exotiques. En 1898, ils en consom-maient pourtant déjà 16 millions de régimes par an.

La fusion de la Boston Fruit Company avec la société de chemin de fer d'Amérique cen-trale, dirigée par le magnat Minor C. Keith, donna naissance en 1899 à la United Fruit Com-pany. Celle-ci entendait acquérir de vastes étendues de terre en Amérique centrale pour y cultiver, grâce à des méthodes modernes, des bananes dont les récoltes seraient planifiées. Keith, qui contrôlait l'ensemble du réseau de chemin de fer local, pourrait ensuite les ache-miner jusqu'à la côte d'où elles seraient expédiées vers les États-Unis.

Les gouvernements d'Amérique centrale ne firent aucune difficulté pour céder à bas prix à la United Fruit de vastes étendues de jungle non exploitées. La compagnie aménagea des axes routiers et/ou ferroviaires, défricha et cultiva ces terres, construisit de grandes installa-tions portuaires en vue de l'exportation des fruits et offrit un emploi à un grand nombre de travailleurs de la région.

Vers 1930, la United Fruit, premier employeur de toute l'Amérique centrale, disposait d'un capital de 215 millions de dollars. La Great White Fleet, sa flotte commerciale, comptait parmi les plus importantes compagnies maritimes du monde. Contrôlant Puerto Barrios et les voies de chemin de fer qui y menaient, toutes construites par ses propres soins, la Uni-ted Fruit détenait un réel monopole, non seulement sur le marché de la banane mais sur l'ensemble du commerce extérieur guatémaltèque.

Bientôt, la compagnie fut surnommée *El Pulpo*, la Pieuvre, par les journalistes locaux qui l'accusèrent de soudoyer les représentants du gouvernement, d'exploiter ses employés et, de façon plus générale, d'exercer une influence dépassant largement le rôle qu'elle avait à jouer au Guatemala en tant que société étrangère.

La United Fruit traitait ses employés avec un certain paternalisme. Ils travaillaient dur en échange de bas salaires, néanmoins plus élevés qu'ailleurs. Ils bénéficiaient de logements, de soins médicaux et même d'écoles dans certains cas. Cependant, les Guatémaltèques étaient tenus de "céder le passage aux Blancs et d'enlever leur chapeau avant de leur adresser la parole". En fait, la compagnie tira de ce pays un profit nettement supérieur à ses investissements : entre 1942 et 1952, elle versa à ses actionnaires près de 62 cents de divi-dendes pour chaque dollar investi.

vendredi de 9h à 20h, le samedi de 10h à 14h. Le Banco de Quetzal se situe à l'étage de la gare routière de Litegua.

Le bureau de l'immigration (☎ 948-0802, 948-0327) est au croisement de la 9a Calle et de la 2a Avenida, à deux pâtés de maisons de l'embarcadère. Assurez-vous que le visa d'entrée ou de sortie a bien été apposé si vous arrivez ou sortez du pays.

Dès la tombée de la nuit, les bars et les maisons de tolérance de la 9a Calle commencent à s'animer bruyamment.

Où se loger

Entre les 11a et 12a Calles, la 3a Avenida compte deux bons hôtels assez propres qui proposent des chambres avec s.d.b. et ventilateur, réparties autour d'une cour centrale qui sert de parking. L'*Hotel Europa 2* (☎ 948-1292), peut-être un peu plus séduisant, loue ses simples/doubles pour 6/10 $US ; l'*Hotel Miami* (☎ 948-0537) demande 9/13 $US, ou 15 $US avec clim. Si vous souhaitez laisser votre voiture dans un de ces parkings le temps d'une excursion à Livingston, il vous en coûtera 2,50 $US par jour.

L'*Hotel Europa 1* (☎ 948-0127), 8a Avenida, entre les 8a et 9a Calles, se situe à quelques pas de la cathédrale et de l'agence Guatel (cherchez la croix à claire-voie, au sommet du clocher, et la tour Guatel). Assez propre, agréable et calme, il dispose de simples/doubles avec s.d.b. à 6/12 $US. A côté, 9a Calle, entre les 6a et 7a Aveni-

---

Afin de satisfaire ses riches et puissants électeurs, le gouvernement américain décida que son rôle était de soutenir et de défendre les intérêts de la United Fruit.

Le 20 octobre 1944, un coup d'État militaire ouvrit la voie aux premières élections libres. Le président élu fut le Dr Juan José Arévalo Bermejo, un professeur qui, s'inspirant de la politique du New Deal de Franklin Roosevelt, entendait faire du Guatemala une nation libérale et démocratique, guidée par un "socialisme spirituel". Son successeur, Jacobo Arbenz se montra encore plus attaché au programme de réformes. Parmi ses nombreux partisans figurait le petit Parti communiste du Guatemala.

Enfin libérés de la répression exercée par les dictateurs militaires, les syndicats réclamèrent de meilleures conditions de vie et menèrent de façon quasi permanente des actions contre *La Frutera* (United Fruit). Le gouvernement guatémaltèque, refusant désormais d'être acheté, exigea de la compagnie le paiement de ses impôts ainsi que la restitution des vastes terrains qu'elle n'exploitait pas.

La sonnette d'alarme résonna au siège de la compagnie à Boston ainsi qu'à Washington, où de puissants membres du Congrès et du gouvernement Eisenhower – y compris le secrétaire d'État John Foster Dulles – avaient acquis la conviction qu'Arbenz tentait de faire du Guatemala un pays communiste. Plusieurs hauts fonctionnaires américains entretenaient déjà des liens étroits avec la United Fruit, les autres furent convaincus par son efficace campagne de relations publiques de la menace que constituait effectivement le président Arbenz.

Au cours de l'été 1954, la CIA fut chargée d'organiser le retour au Guatemala des "anticommunistes" guatémaltèques exilés au Honduras. Ce soulèvement entraîna la démission et le départ en exil du président Arbenz. Le "libérateur" installé par la CIA, Carlos Castillo Armas, un militaire de la vieille garde, rétablit une dictature militaire de droite. Le terrible pouvoir de la United Fruit Company retarda la démocratie de cinquante ans.

Quelques années plus tard, le ministère de la Justice américain poursuivit la United Fruit pour monopole. En 1958, la compagnie signa une ordonnance de confirmation et, dans les années qui suivirent, elle céda une partie de ses activités commerciales locales à des sociétés guatémaltèques et certaines de ses terres à des propriétaires de la région. Elle renonça également à son monopole sur les chemins de fer. Prise par la fièvre des fusions commerciales qui marqua les années 60, la United Fruit s'allia à la United Brands qui fit faillite au début des années 70 lorsque le panorama financier s'assombrit. En 1970, la United Fruit vendit les dernières terres qu'elle conservait encore au Guatemala à la société Del Monte. ■

GUATEMALA

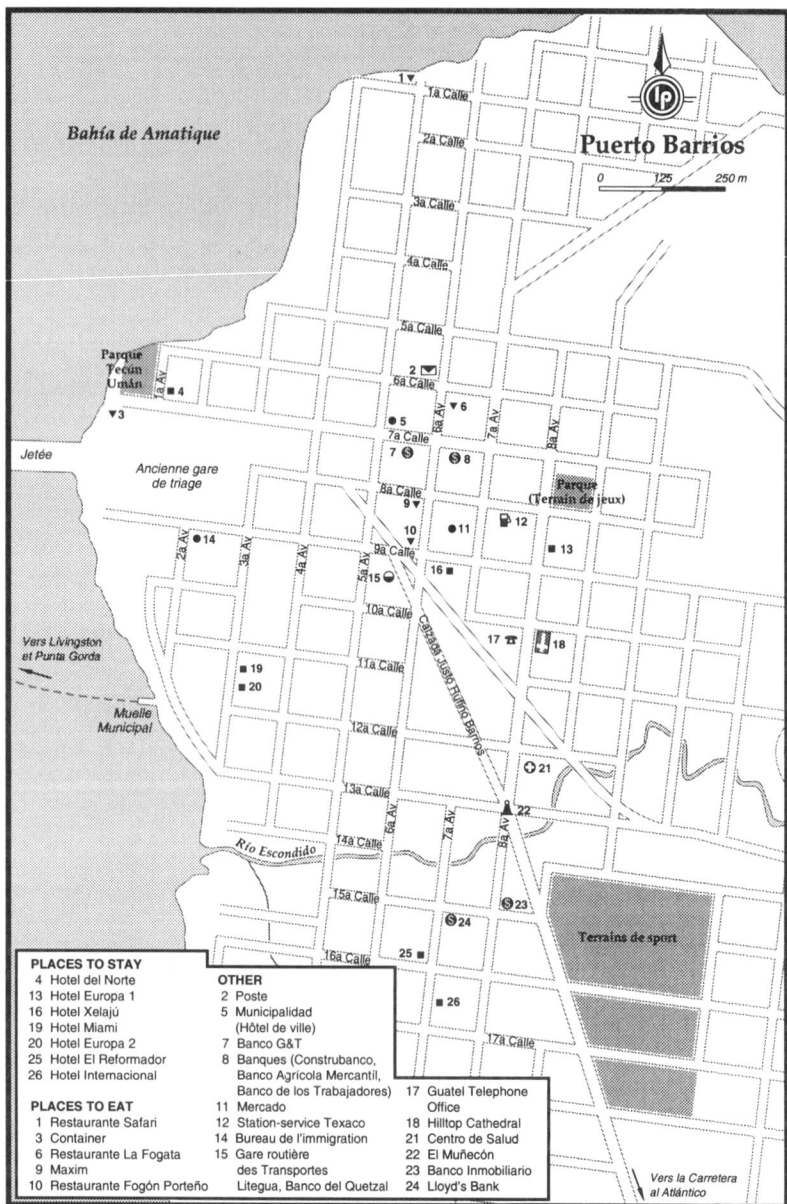

Bahía de Amatique

Puerto Barrios

0   125   250 m

1a Calle
2a Calle
3a Calle
4a Calle
5a Calle

Parque
Tecún
Umán

6a Calle
7a Calle

Jetée

Ancienne gare
de triage

8a Calle
9a Calle
10a Calle

Parque
(Terrain de jeux)

Vers Livingston
et Punta Gorda

11a Calle

Muelle
Municipal

12a Calle
13a Calle
14a Calle

Río Escondido

15a Calle
16a Calle

Terrains de sport

17a Calle

Vers la Carretera
al Atlántico

PLACES TO STAY
4   Hotel del Norte
13 Hotel Europa 1
16 Hotel Xelajú
19 Hotel Miami
20 Hotel Europa 2
25 Hotel El Reformador
26 Hotel Internacional

PLACES TO EAT
1   Restaurante Safari
3   Container
6   Restaurante La Fogata
9   Maxim
10 Restaurante Fogón Porteño

OTHER
2   Poste
5   Municipalidad
    (Hôtel de ville)
7   Banco G&T
8   Banques (Construbanco,
    Banco Agrícola Mercantil,
    Banco de los Trabajadores)
11 Mercado
12 Station-service Texaco
14 Bureau de l'immigration
15 Gare routière
    des Transportes
    Litegua, Banco del Quetzal

17 Guatel Telephone
    Office
18 Hilltop Cathedral
21 Centro de Salud
22 El Muñecón
23 Banco Inmobiliario
24 Lloyd's Bank

das, l'*Hotel Xelajú* (☎ 948-0482) est moins cher et plus rudimentaire, mais correct. Comptez 4/6/8 $US en simple/double/triple et 1,65 $US pour une place de parking dans la cour.

Dans une catégorie à part, le vieil *Hotel del Norte* (☎ 948-2116, ☎ /fax 948-0087), 7a Calle, au niveau de la 1a Avenida, se trouve près de la mer et à 1,2 km de l'embarcadère (il faut contourner les dépôts de la gare). Aujourd'hui délaissé, simple et joliment délabré, il fait figure de pièce de musée et offre des simples/doubles/triples/quadruples à 11/17/23/27 $US, ou 17/25/31/37 $US avec vue sur la mer et s.d.b. Une lumineuse salle à manger surplombe la Bahía de Amatique, conservant l'ambiance du début du siècle. Le service est raffiné, prévenant et désuet, mais la cuisine laisse à désirer. L'établissement comporte en outre un bar et deux piscines en bord de mer.

A l'est de la rivière et au sud de la Calzada Justo Rufino Barrios, la rue principale, se trouvent deux hôtels élégants et plus confortables. Le moderne *Hotel El Reformador* (☎ 948-0533), 16a Calle et 7a Avenida n°159, possède un restaurant et 48 chambres avec ventilateur, TV et s.d.b. à 17/33/44 $US, ou 30/38/48 $US avec clim.

Tout près, l'*Hotel Internacional* (☎ /fax 948-0367), 7a Avenida, entre les 16a et 17a Calles, abrite une piscine, un restaurant et un parking. Ses simples/doubles avec s.d.b. et TV valent 9/14 $US avec ventilateur, 14/25 $US avec clim.

Le plus bel établissement de Puerto Barrios, l'*Hotel Puerto Libre* (☎ 948-3066, fax 948-3513), se situe au croisement de la Carretera al Atlántico, qui traverse la ville, et de la route de Santo Tomás de Castilla, à 5 km de l'embarcadère. Reconstruit en 1992 après un incendie, il compte 44 chambres avec s.d.b., clim., TV câblée et téléphone, ainsi qu'une piscine, un restaurant et un parking (46/53 $US en simple/double).

Où se restaurer

A l'ouest de la 5a Avenida et à 1 km du centre, le *Restaurante Safari* est le plus

agréable de la ville. Installé au bord de l'eau, sur un quai, et abrité d'un toit de chaume, il attire autant les locaux que les touristes, venus profiter de la brise marine. Tandis que les mariachis passent de table en table, vous dégusterez des produits de la mer, la spécialité du lieu (6/10 $US), ou encore des burgers, des sandwiches ou du poulet. Il ouvre tous les jours de 10h à 21h.

Également élégant, le *Restaurante La Fogata*, 6a Avenida, entre les 6a et 7a Calles, sert essentiellement des grillades au feu de bois. Des orchestres animent presque toutes les soirées ; à midi, le menu du jour vaut 3,50 $US.

Plus simple, le *Restaurante Fogón Porteño*, face à la gare routière, propose, lui aussi, des grillades au feu de bois. Le *Maxim*, un restaurant chinois, se situe à l'angle de la 6a Avenida et de la 8a Calle.

Très original, le *Container*, au début de la 7a Calle, près de l'Hotel del Norte, est un café construit à partir de deux conteneurs d'acier. Les tables disposées à l'extérieur permettent de jouir d'une magnifique vue sur la baie.

Comment s'y rendre

Bus. La gare routière des Transportes Litegua (☎ 948-1172, 948-1002) se trouve près de l'angle de la 6a Avenida et de la 9a Calle. Les bus express pour Guatemala Ciudad (307 km, 5 heures, 6 $US) partent à 1h, 1h30, 3h, 7h30, 10h, 12h et 16h. Les bus ordinaires mettent quelques heures de plus.

Vous pouvez entreposer vos bagages à la consigne (0,20 $US par jour).

Bateau. Les bateaux pour Lívingston partent du Muelle Municipal, au début de la 12a Calle. Arriver 30/45 minutes avant le départ pour obtenir une place assise.

Un ferry part chaque jour pour Lívingston à 10h30 et à 17h (1 heure 30, 1,35 $US). De Lívingston, les départs pour Puerto Barrios ont lieu à 5h et 14h. Dans les deux sens, des *Colectivo lanchas* (vedettes collectives) partent dès qu'elles trouvent 12 passagers (45 minutes, 2,50 $US).

La plupart des bateaux partent de Lívingston le matin et de Puerto Barrios l'après-midi. De Lívingston, après le dernier ferry, il faut presque toujours attendre le lendemain, car il est rare de rassembler 12 passagers pour un colectivo. Le ferry de 14h accoste à Puerto Barrios à 15h30 et le dernier bus express pour Guatemala Ciudad part à 16h.

Un bateau de 100 passagers relie Puerto Barrios à Punta Gorda (voir le chapitre *Belize*) les mardi et vendredi à 7h. Au retour, il quitte Punta Gorda à 12h (2 heures 30, 5,50 $US). Des *lanchas*, plus petites, partent de Punta Gorda tous les jours à 8h30 ou 9h, et de Puerto Barrios à 13h ou 14h (50 minutes, 9 $US).

Les bateaux à destination de Punta Gorda ne font plus escale à Lívingston et vous devez passer par la douane et le bureau de l'immigration guatémaltèques avant d'embarquer. Prévoyez le temps nécessaire et préparez passeport et carte de touriste.

Voie terrestre – de Puerto Barrios à Puerto Cortés (Honduras)

Ces indications nous ont été fournies par les courriers de Camille Geels et Anja Boye (Danemark), Peter Kügerl (Autriche) et Matthew Willson (Royaume Uni).

Le trajet dure environ six heures, aussi faut-il partir de bonne heure. Passez d'abord au bureau de l'immigration guatémaltèque de Puerto Barrios pour obtenir un visa de sortie. Cette formalité peut s'accomplir la veille du départ.

Au mercado de Puerto Barrios, prenez un bus pour la finca La Inca, terminus de la ligne. Les départs ont lieu toutes les heures à partir de 7h. Descendez juste avant la finca La Inca. Quelques minutes de marche vous mènent au Río Motagua, où vous empruntez un petit bateau pour El Límite (3 $US), situé à la frontière. De là, un autre bateau vous fait traverser la jungle et les marécages pour parvenir au petit village de Cuyamelito (45 minutes, 1,50 $US). Il faut alors marcher 30 minutes (ou faire du stop) pour rejoindre la route nationale, où passent bus et camionnettes à destination de

Puerto Cortés. N'oubliez pas de faire tamponner votre passeport dès que possible (Puerto Cortés et Omoa possèdent un bureau de l'immigration).

A priori, le trajet inverse peut être suivi, du Honduras au Guatemala.

LÍVINGSTON
5 500 habitants

En débarquant à Lívingston, vous serez surpris de découvrir des Guatémaltèques noirs s'exprimant aussi bien en espagnol qu'en Garifuna, leur langue traditionnelle. Certains parlent même l'anglais chantant du Belize et des îles. Intéressante "anomalie", Lívingston jouit d'un mode de vie à l'ancienne, très bélizéen, de plantations de cocotiers, de maisons de bois peintes de couleurs gaies, et d'une économie reposant sur la pêche et le tourisme.

Les Garifuna (Garinagu, ou Noirs des Caraïbes) de Lívingston et du Belize sud descendent des Africains emmenés vers le Nouveau Monde par les esclavagistes. Ils sont originaires de l'île hondurienne de Roatán, où les Britanniques déportèrent leurs ancêtres après la révolte garifuna de 1795, sur l'île de St Vincent. De là, les Garifuna se sont disséminés le long de la côte des Caraïbes d'Amérique Centrale, entre le Belize et le Nicaragua. Les nombreuses unions avec les Indiens des Caraïbes à St Vincent, avec les habitants locaux (les Mayas au Guatemala) et avec des marins venus d'autres horizons ont donné naissance à une culture originale et à une langue constituée d'éléments africains, indiens et européens.

Parmi les autres habitants de Lívingston, citons les Mayas Kekchi, qui vivent à 1 km en amont de l'embarcadère principal, les Métis et quelques voyageurs.

Les plages de Lívingston se révèlent décevantes : presque partout, la jungle descend jusqu'en bord de mer. Les quelques plages existantes sont envahies par la végétation et ne se prêtent guère à la baignade, car l'eau est polluée. Pour nager en toute sécurité, il faut se rendre à Las Siete Altares. Voir ci-dessous *Les environs de Lívingston*.

Orientation et renseignements

Une demi-heure suffit pour se familiariser avec Lívingston. Depuis l'embarcadère, remontez la rue principale jusqu'au sommet de la colline. Au passage, vous verrez le bel Hotel Tucán Dugú sur votre droite et quelques restaurants sur la gauche. La rue partant sur la gauche au pied de la colline mène à la Casa Rosada et à plusieurs autres hôtels, puis à la communauté maya Kekchi. Au sommet de la colline, une autre rue, sur la gauche, conduit à quelques hôtels et restaurants.

Lívingston ne possède pas d'office du tourisme. Au centre-ville, dans la rue principale, l'agence Exotic Travel (☎ 902-7109), installée dans le restaurant Bahía Azul, fournit gracieusement des plans de la ville et vous renseignera (voir la rubrique *Circuits organisés*).

La poste se trouve à un pâté de maisons de l'artère principale. Le bureau de Guatel est mitoyen.

Le Banco de Comercio change les dollars américains en espèces ou en chèques de voyage, tout comme plusieurs établisse-

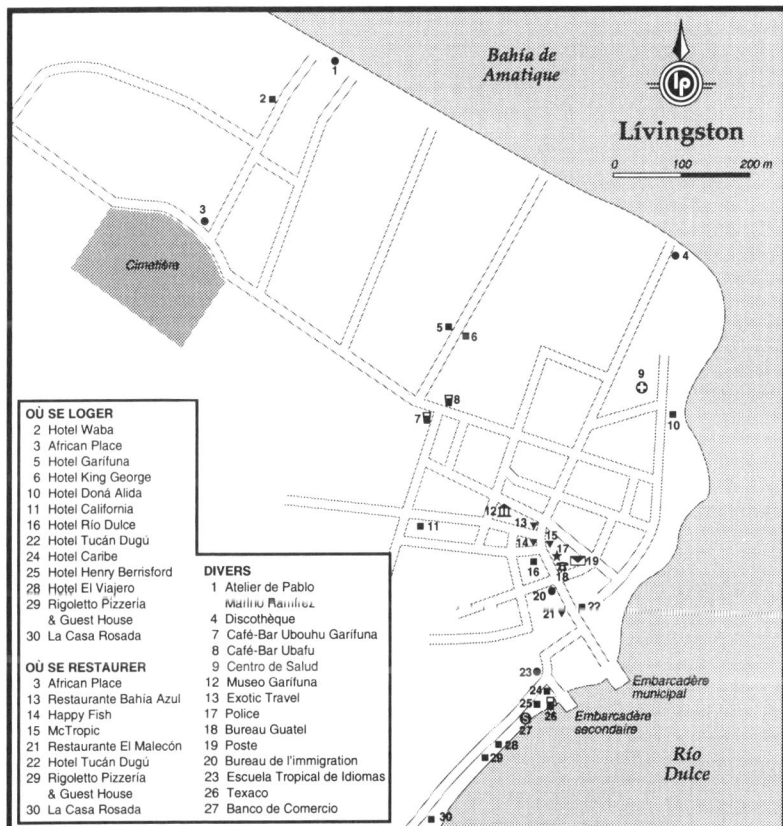

OÙ SE LOGER
2 Hotel Waba
3 African Place
5 Hotel Garifuna
6 Hotel King George
10 Hotel Doña Alida
11 Hotel California
16 Hotel Río Dulce
22 Hotel Tucán Dugú
24 Hotel Caribe
25 Hotel Henry Berrisford
28 Hotel El Viajero
29 Rigoletto Pizzeria & Guest House
30 La Casa Rosada

OÙ SE RESTAURER
3 African Place
13 Restaurante Bahía Azul
14 Happy Fish
15 McTropic
21 Restaurante El Malecón
22 Hotel Tucán Dugú
29 Rigoletto Pizzeria & Guest House
30 La Casa Rosada

DIVERS
1 Atelier de Pablo Marino Ramírez
4 Discothèque
7 Café-Bar Ubouhu Garifuna
8 Café-Bar Ubafu
9 Centro de Salud
12 Museo Garifuna
13 Exotic Travel
17 Police
18 Bureau Guatel
19 Poste
20 Bureau de l'immigration
23 Escuela Tropical de Idiomas
26 Texaco
27 Banco de Comercio

ments privés. Le Restaurante Bahía Azul, outre les dollars US, change les devises du Belize et du Honduras.

La Rigoletto Pizzería & Guest House offre un service de blanchisserie, tout comme l'Hotel La Casa Rosada, mais ce dernier est plus cher.

Le bureau de l'immigration, dans la rue principale en venant de l'embarcadère, ouvre tous les jours de 7h à 21h.

Faites une grande consommation d'antimoustique, surtout si vous entrez dans la jungle. N'oubliez pas que les moustiques de la côte sont porteurs du paludisme et de la dengue.

Museo Garifuna

Le Museo Garifuna présente des objets d'art et des outils de la vie quotidienne garifuna. Les commentaires sont rédigés en espagnol et en anglais. Quelques objets d'artisanat et des cassettes de musique garifuna sont en vente. Pablo Marino Ramírez possède une boutique en bord de mer où il fabrique des tambours et sculpte le bois. Il sera ravi de vous montrer ses créations.

Cours

L'Escuela Tropical de Idiomas (☎/Fax 948-1544) propose des cours de langue espagnole et peut organiser votre séjour dans une famille d'accueil, (50 $US par semaine, en pension complète).

Fêtes et festivals

Tous les hôtels de Livingston affichent complet durant la Semana Santa. La San Isidro Labrador – un cultivateur – est célébrée le 15 mai ; les paysans apportent leurs produits à la messe du matin, puis défilent en procession dans les rues en portant l'effigie du saint. La fête nationale des Garifuna se tient le 26 novembre et donne lieu à toutes sortes de manifestations culturelles. La Vierge de Guadalupe, sainte patronne du Mexique, est célébrée le 12 décembre.

Circuits organisés

L'agence Exotic Travel, installée dans le Restaurante Bahía Azul, propose plusieurs circuits qui vous feront découvrir les environs et les merveilles de la nature. Leur "circuit écologique" commence par une visite à pied de la ville, jusqu'au panorama et au Río Quequëeche ; après une demi-heure de canoë, vous marchez dans la jungle jusqu'à Las Siete Altares (les Sept Autels, voir ci-dessous), puis vous gagnez la plage où vous pouvez vous reposer avant de repartir à pied jusqu'à Livingston. Cette excursion part du restaurant Bahía Azul tous les jours à 9h, avec retour prévu à 16h (6,65 $US). C'est une excellente façon de découvrir la région, d'autant que les guides, sympathiques, vous initient à la culture garifuna.

Le circuit de La Playa Blanca s'effectue en bateau. Il commence par la visite des Sept Autels, puis rejoint le Río Cocolí, où vous pourrez vous baigner, et enfin la Playa Blanca, la meilleure plage de la région où vous pourrez paresser deux ou trois heures. Un minimum de six participants est requis pour cette excursion (8,50 $US). L'hôtel Casa Rosada propose le même circuit pour 12,50 $US, pique-nique compris.

Exotic Travel organise aussi des excursions d'une journée aux Cayos Sapodillas, au large de la côte du Belize sud, pour y pratiquer pêche et plongée. Le prix dépend du nombre de participants (19 $US par personne, pour 8 participants). Ajoutez à cela 10 $US de droit d'entrée aux Cayos. Cette même agence vous fera découvrir la réserve biologique de Punta de Manabique pour 12,50 $US.

Enfin, l'Hotel La Casa Rosada offre une excursion à la Finca Paraíso sur le Lago de Izabal (voir *Lago de Izabal*). Le trajet est assez long : départ vers 6h et retour vers 19h (25 $US, déjeuner compris).

Tous les circuits présentés ci-dessus sont également programmés par le restaurant Happy Fish (☎ 902-7143), en fonction de la demande.

Où se loger

A votre descente du bateau, vous serez sans doute abordé par de jeunes garçons qui vous proposeront de vous conduire à un hôtel et vous aideront à porter vos bagages (il n'y a pas de taxi à Lívingston). Ils vous feront voir les hôtels les uns après les autres jusqu'à ce que vous en trouviez un à votre goût. Ils attendent de vous un petit pourboire.

Il est très dangereux de dormir sur la plage de Lívingston.

Où se loger – petits budgets. Plusieurs hôtels bordent la rivière, à gauche du débarcadère. L'*Hotel Caribe*, à une minute à pied le long de la rive, figure parmi les moins chers de la ville : simples/doubles à 2,50/4 $US, ou 5,50 $US avec s.d.b. Visitez la chambre avant de la louer. L'*Hotel El Viajero*, rudimentaire lui aussi, offre des chambres à 4/5 $US sans/avec s.d.b.

Sur la colline, l'*Hotel Río Dulce* est installé dans authentique bâtiment caraïbéen en bois. Très abordable, il loue 3,35 $US les chambres en l'étage. La s.d.b. se trouve dans la cour, à l'arrière. Il possède en outre trois chambres avec s.d.b. à 6,65 $US. Maniaques de la propreté, s'abstenir ! Les souris s'agitent la nuit, mais cela n'empêche pas les voyageurs à petits budgets d'apprécier ce lieu. Un large balcon surplombe la rue.

L'*Hotel California*, propre et très plaisant, dispose de 10 simples/doubles avec s.d.b. à 5/8 $US.

A quelques pâtés de maisons du centre-ville, l'*Hotel King George*, récent, propre et agréable, compte des simples/doubles à 4/7 $US, ou 6/8 $US avec s.d.b. En face, l'*Hotel Garifuna* (☎ /fax 948-1581) lui ressemble (simples/doubles/triples/ quadruples avec s.d.b. à 6/8/13/15 $US).

L'*African Place*, grand bâtiment blanc aux arcades mauresques, est apprécié depuis toujours. Orné, à l'arrière, d'un grand jardin fleuri, il offre 25 chambres propres et agréables à 4/6/8 $US en simple/double/triple. Les chambres avec s.d.b. reviennent à 8,50 $US en simple, 12,50 $US en double/triple et à 20 $US pour 4/5 personnes. Si l'établissement comporte un restaurant de qualité, il présente quelques inconvénients. Il se situe à 10/15 minutes à pied du centre-ville par une route mal éclairée où des voleurs rôdent dès la tombée de la nuit. Par ailleurs, il semble que la sécurité laisse à désirer à l'intérieur même de l'hôtel : certains clients se sont plaints de vols dans leur chambre.

Tournez à droite en parvenant à l'African Place et vous parviendrez à l'*Hotel Waba* (réservations ☎ 948-2065, 948-1367). Inauguré en 1996, il propose des simples/doubles impeccables avec s.d.b. à 7/10 $US. Le balcon donne sur la mer et, dans la cour, se trouve un restaurant de plein air.

Pour une atmosphère sympathique, chaleureuse, rendez-vous à la *Rigoletto Pizzería & Guest House*, près de la rivière, à 300 m à gauche de l'embarcadère. Elle abrite deux chambres propres et bien aménagées à 7/11 $US en simple/double. On peut y prendre ses repas (la propriétaire est un cordon-bleu), bénéficier d'un service de blanchisserie et profiter du jardin au bord de la rivière, où tables et chaises sont installées. Les bateaux vous y déposeront sur demande.

L'*Hotel Henry Berrisford* (☎ /fax 948-1568), en bordure de rivière, est doté de chambres propres et confortables avec s.d.b. et TV. Des coupures d'eau surviennent fréquemment et la piscine manque d'entretien. Une chambre avec ventilateur vous reviendra à 7,50 $US par personne (10 $US avec le petit-déjeuner), ou 14 $US avec clim. et petit-déjeuner.

En bord de mer et à quelques pâtés de maisons du centre, l'*Hotel Doña Alida* (☎ 948-1567), possède une jolie plage, un restaurant et des terrasses avec vue sur la mer. Comptez 14 $US pour une simple/double, ou 24 $US avec s.d.b., 49 $US pour une triple très spacieuse et 29 $US pour un bungalow double.

La Casa Rosada (fax auprès de Guatel 948-2395) est sans doute le séjour le plus charmant de Lívingston. Elle se situe au bord de la rivière, à 800 m à gauche du débarcadère (demandez au bateau de vous y déposer). Les vastes jardins, l'embarcadère où trône un belvédère et les rafraîchissements offerts à volonté à tout moment de la journée confèrent à ce lieu une atmosphère chaleureuse et décontractée. Moyennant 6 $US la nuit, vous logerez dans un des 16 jolis bungalows indépendants à toit de chaume avec ventilateur et moustiquaires. Les trois s.d.b. communes sont très propres. L'établissement propose un service de blanchisserie, des excursions d'une journée et des circuits, ainsi que l'une des meilleures tables de la ville.

Où se loger – catégorie supérieure.

Dans cette ambiance décontractée et peu chère, le luxe de l'*Hotel Tucán Dugú* (☎ /fax 948-1588, à Guatemala Ciudad 334-7813, fax 334-5242) paraît saugrenu. Situé sur la colline en venant du débarcadère, cet hôtel moderne, mais fidèle à l'architecture de la région, comporte 45 chambres de grand standing, de beaux jardins tropicaux, une piscine et un bar aménagé dans la jungle où l'on ne serait pas surpris de croiser Hemingway ou Bogart. Les chambres sont spacieuses, avec des s.d.b. modernes, des ventilateurs au plafond et de petits balcons donnant sur les jardins et la piscine (simples/doubles à 78/84 $US).

Où se restaurer

La nourriture est légèrement plus chère à Lívingston que dans le reste du Guatemala, car elle vient en majeure partie (à l'exception du poisson et des noix de coco) de Puerto Barrios. La spécialité locale est le *Tapado*, ragoût très riche à base de poissons, crevettes, crabes et autres fruits de mer, coco, banane, plantain et coriandre.

La rue principale est bordée de petits comedores, de *tiendas* (boutiques) et d'*almacenes* (épiceries). Choisissez les lieux les plus fréquentés.

Lors de notre dernière visite, le *Restaurante Bahía Azul* ne désemplissait pas. Il offre un cadre agréable, une bonne cuisine à prix raisonnable et des musiciens s'y produisent certains soirs. Il ouvre tous les jours de 7h à 22h.

Parmi les autres établissements très prisés de la rue principale, citons le *Restaurante El Malecón*, non loin du débarcadère, à gauche sur la colline. Rustique et très aéré, l'endroit attire une clientèle fidèle et jouit d'une belle vue sur la mer. Un repas composé de spécialités des Caraïbes revient à 4/7 $US. Un peu plus haut, le *McTropic*, à droite, est un restaurant-boutique très apprécié des petits-budgets. Dans la rue principale, le *Happy Fish* est également une bonne adresse.

A quelques pâtés de maisons du centre-ville, l'*African Place* (voir la rubrique *Où se loger*) propose un grand choix de spécialités locales et exotiques. Un repas complet revient à 6 $US, voire moins.

Sur la route qui borde la rivière, s'élèvent quelques bons restaurants. A la *Rigoletto Pizzería* (voir la rubrique *Où se loger*), c'est la talentueuse María qui s'affaire aux fourneaux. Ce cordon-bleu, qui a vécu dans plusieurs pays avant de s'installer à Lívingston, prépare des spécialités italiennes, indiennes, chinoises et autres, végétariennes ou non.

Un peu plus loin au bord de la rivière, le restaurant de *La Casa Rosada* ne manque pas d'attrait et sert petit-déjeuner, déjeuner et dîner. Un repas très copieux revient à 6/8 $US. Mieux vaut réserver pour le soir. Son café est sans doute le meilleur de la ville.

La salle à manger de l'*Hotel Tucán Dugú* est la table la plus chère de Lívingston. Pour un bon repas, comptez 10/15 $US, boisson comprise.

Distractions

La musique et la danse garifuna sont très particulières. Les orchestres traditionnels sont constitués de trois grands tambours, d'une carapace de tortue, de quelques maracas et d'un énorme coquillage. L'ensemble produit des mélodies au rythme puissant et envoûtant. Les mots sont chantés comme une litanie à laquelle le public répond. La *punta*, danse garifuna, comporte de nombreux mouvements de hanches.

Lívingston est le seul lieu du Guatemala où la musique et la danse garifuna sont aisément accessibles aux visiteurs. Le *Restaurante Bahía Azul* organise des concerts le week-end et certains soirs de la semaine. Au *Café-Bar Ubafu*, musiciens et danseurs se produisent presque tous les jours, mais les week-ends sont plus animés. En face, le *Café-Bar Ubouhu Garifuna* est lui aussi très apprécié des noctambules.

Au nord de la ville, en bord de mer, une discothèque ouvre le week-end. Plusieurs locaux nous ont dit que l'établissement avait récemment rencontré des problèmes et qu'il n'était guère recommandable pour les voyageurs.

Certains soirs de la semaine, le Templo Evangélico Iglesia del Nazareno (Église évangélique du Nazaréen) s'emplit de musique et devient le lieu le plus animé et le plus bruyant de la ville

Comment s'y rendre

Lívingston n'est accessible que par voie fluviale ou maritime. De fréquents bateaux viennent de Río Dulce par la rivière ou de Puerto Barrios par la baie. Consultez les rubriques correspondantes pour plus de détails. Certains bateaux arrivent du Honduras et du Belize.

Exotic Travel (☎ 902-7109, à Guatemala Ciudad ☎ 477-4090), installé dans le Restaurante Bahía Azul, propose deux destinations internationales : Omoa (Honduras) et Punta Gorda (Belize). Les bateaux partent à des horaires précis, mais ils feront un trajet supplémentaire si vous formez un groupe d'au moins six passagers. N'oubliez pas de faire apposer sur votre passeport un visa d'entrée ou de sortie au bureau de l'immigration de chaque pays.

Les bateaux pour Omoa quittent Lívingston à 7h30 les mardi et vendredi et arrivent vers 10h. A Omoa, ils accostent près de l'arrêt des bus pour Puerto Cortés et San Pedro Sula. Au retour, les bateaux partent vers 12/13h et arrivent à Lívingston vers 15h30. La traversée Lívingston-Omoa coûte 30 $US, le voyage retour 25 $US. Le capitaine vous emmènera au bureau de

l'immigration au départ et à l'arrivée.

Les bateaux pour Punta Gorda (Belize) quittent également Lívingston à 7h30 les mardi et vendredi (45 minutes, 12 $US dans chaque sens). Au retour, le départ a lieu à 10h30. A Lívingston, allez seul au bureau de l'immigration pour obtenir votre coup de tampon. A Punta Gorda, le capitaine du bateau vous accompagnera.

Le restaurant Happy Fish (☎ 902-7143) peut organiser vos traversées vers Punta Gorda, Omoa ou autres destinations.

Le voilier *Osprey* effectue la traversée Utila (l'une des îles de la baie du Honduras)-Lívingston deux fois par mois environ (96 $US par personne, avec un maximum de 12 passagers). Les agences de Lívingston devraient pouvoir vous renseigner sur cette traversée. Sinon, appelez la boutique Gunter's Dive Shop, à Utila (☎ /fax (504) 45-3350).

LES ENVIRONS DE LÍVINGSTON
Croisières sur le Río Dulce

Lívingston est le point de départ de promenades en bateau sur le Río Dulce. Au cours de ces excursions, vous découvrirez la magnifique forêt tropicale, vous pourrez vous baigner, pique-niquer et explorer le Biotopo Chocón-Machacas, à 12 km à l'ouest, le long de la rivière.

Il y a plusieurs façons de remonter le Río Dulce. A Lívingston, tout le monde, ou presque, vous indiquera où vous adresser pour ces promenades au fil de l'eau. Exotic Travel, installée dans le Restaurante Bahía Azul, en propose tous les jours, tout comme l'Hotel La Casa Rosada et le restaurant Happy Fish. Vous pouvez aussi vous rendre à l'embarcadère et louer les services d'un propriétaire de bateau ; vous l'aiderez ainsi à gagner sa vie.

Peu après avoir quitté Lívingston, la rivière traverse une profonde gorge dont les parois sont tapissées d'un enchevêtrement de végétation tropicale et de broméliacées. Elle résonne en permanence des cris d'oiseaux tropicaux. Les eaux sulfureuses de la source chaude qui jaillit au pied des falaises forment une agréable piscine.

A la sortie de la gorge, la rivière s'élargit pour donner naissance à **El Golfete**, une importante pièce d'eau annonçant déjà le vaste Lago de Izabal.

Sur la rive nord d'El Golfete, s'étend le Biotopo Chocón-Machacas. Cette réserve de 7 600 ha a été créée pour préserver un merveilleux paysage, les précieuses mangroves et surtout les lamantins qui peuplent ces eaux à la fois douces et salées. Un réseau de voies navigables au travers des lagunes permet d'observer les oiseaux, la faune et la flore de la réserve. Un sentier aménagé part du Centro de Visitantes et traverse les forêts d'acajou, de palmiers et autres arbres tropicaux au luxuriant feuillage. Si la réserve abrite des jaguars et des tapirs, il y a peu de chance que vous les aperceviez. Les lamantins ressemblent à des morses et sont plus craintifs encore. Ces énormes mammifères peuvent peser jusqu'à une tonne, ce qui ne les empêche pas de glisser sans effort sous la surface calme de la rivière.

Les bateaux continuent au-delà d'El Golfete et de la réserve naturelle jusqu'au village de Río Dulce, où la route menant au Petén traverse la rivière, et jusqu'au Castillo de San Felipe sur le Lago de Izabal (voir la rubrique *Lago de Izabal*).

La même promenade peut se faire au départ de Río Dulce ; renseignez-vous au Restaurant Hollymar. Quel que soit le point de départ, vous avez le choix entre un aller simple (8 $US) ou un aller-retour (12,50 $US) entre Lívingston et Río Dulce (les excursions organisées par l'Hotel La Casa Rosada comprennent un pique-nique et plusieurs escales et coûtent un peu plus cher).

Las Siete Altares

Las Siete Altares (les Sept Autels) forment un ensemble de chutes et de bassins d'eau douce à environ 5 km (1 heure 30 de marche) au nord-ouest de Lívingston, sur la rive de la Bahía de Amatique.

C'est un agréable but de promenade le long de la plage et un endroit idéal pour se baigner et pique-niquer. Suivez le rivage vers le nord jusqu'à l'embouchure d'une rivière. Traversez à gué et suivez la piste qui s'enfonce dans les bois jusqu'aux chutes. Si vous ne souhaitez pas emprunter le gué, des bateaux à l'embouchure de la rivière vous feront traverser moyennant quelques quetzales.

Certains bateaux se proposent de vous emmener aux Siete Altares mais, d'après les locaux, mieux vaut s'y rendre à pied pour admirer la beauté de ce paysage préservé et rencontrer les Garifuna qui vivent le long du chemin. Malheureusement, des vols ont été signalés sur la plage. Que cela ne vous empêche pas de vous mettre en route ; veillez simplement à ne pas emporter d'objets de valeur.

El Petén

Dès qu'on pénètre dans la dense forêt tropicale qui couvre le vaste département du Petén, au nord-est du pays, on est accueillit par un concert de perroquets, de singes et autres animaux que l'on est bien en peine de reconnaître. A ces jacassements, coassements et cris d'oiseaux, se mêle parfois le bruissement provoqué par le déplacement d'un animal dans les buissons ou l'écho

étouffé d'un rugissement lointain. Au niveau climatique, cette province n'a rien de commun avec la fraîche région montagneuse des Hautes Terres ni avec la côte Pacifique.

Le monumental centre cérémoniel de Tikal compte parmi les plus impressionnants sites archéologiques mayas. D'accès difficile, les ruines de Uaxactún et de Ceibal n'en sont que plus passionnantes. Une douzaine d'autres grandes cités, dissimulées au cœur de la jungle du Petén, sont exclusivement fréquentées par les archéologues disposant d'un avion et parfois visitées par les voleurs de pierres.

En 1990, le gouvernement guatémaltèque a créé une vaste réserve d'un million d'hectares, recouvrant la majeure partie du nord du Petén. Ce parc rejoint la vaste biosphère de Calakmul au Mexique et la zone protégée du Río Bravo à Belize, formant un immense territoire multinational de deux millions d'hectares de superficie.

Trois raisons amènent les voyageurs à pénétrer les forêts du Petén : en premier lieu, visiter Tikal, le plus grand centre religieux maya jamais découvert : en second, profiter de la très grande variété d'oiseaux, et enfin, voir le Guatemala des villages paysans et des hameaux perdus de la jungle, sans route goudronnée ni architecture coloniale.

Certes, avec l'avion, une journée suffit pour visiter Tikal, de Guatemala Ciudad. Nous vous encourageons toutefois à rester au moins une nuit sur place, à Flores, El Remate ou Tikal en raison de l'intérêt du site.

Comment circuler

Les routes menant au Petén sont en très mauvais état, par manque de fonds, mais aussi parce que l'amélioration du réseau routier attirerait les fermiers et les éleveurs d'autres régions du pays. Le déboisement ayant causé la disparition d'une bonne partie de la forêt tropicale, la création de bonnes routes pourrait s'avérer désastreuse. Les transports routiers sont donc lents, inconfortables et parfois dangereux.

Plusieurs bus circulant sur les routes entre Río Dulce, Flores et Melchor de Mencos/Benque Viejo del Carmen, à la frontière du Belize, ont été victimes d'arrêts forcés. Arrêts à la faveur desquels les touristes ont été dévalisés. Pour plus de renseignements concernant la situation actuelle, contactez votre ambassade ou votre consulat à Guatemala Ciudad.

Seule la route reliant Flores/Santa Elena et Tikal fait exception à la règle ; c'est une

bonne route goudronnée et rapide qui permet aux touristes arrivant par avion à Santa Elena de se rendre rapidement et confortablement à Tikal, à 71 km au nord-est.

Le gouvernement guatémaltèque a décidé depuis longtemps de favoriser le développement des communes voisines de Flores, Santa Elena et San Benito, sur les rives du lac de Petén Itzá, afin d'en faire le centre touristique de la région. L'aéroport, les hôtels, et tous les services sont concentrés là mais les équipements liés au tourisme restent limités.

FLORES ET SANTA ELENA

La ville de Flores (2 000 habitants) est bâtie sur une île du lac de Petén Itzá. Une chaussée de 500 m relie Flores à Santa Elena (110 m, 17 000 habitants), sur les bords du lac. A l'ouest de cette dernière se trouve San Benito (22 000 habitants).

Chef-lieu du département, Flores possède une église, un petit bâtiment administratif et un terrain municipal de basket-ball installés autour de la place principale, au sommet de la colline située au centre de l'île. Les ruelles étroites, pavées de blocs de ciment, comptent d'innombrables petits hôtels et restaurants.

Plus confuse, Santa Elena est une ville aux rues non pavées, poussiéreuses ; on y trouve quelques petits hôtels et restaurants. Si San Benito est plus négligée encore, ses petites guinguettes la rendent bien plus avenante.

Ces trois communes forment une vaste agglomération que l'on appelle Flores.

Histoire

Lorsqu'ils furent contraints de quitter Chichén Itzá, les Itzá fondèrent une nouvelle cité sur une île (*petén*), qu'ils baptisèrent Tayasal. Cortés y fit halte en 1524 alors qu'il se rendait au Honduras. Sa rencontre avec le roi Canek fut des plus paisibles. Ce fut seulement en mars 1697 que les Espagnols investirent la cité maya.

A l'époque de sa Conquête, Flores restait probablement le dernier centre cérémoniel maya actif, pourvu d'innombrables pyramides, temples et idoles. Les soldats espagnols s'empressèrent de détruire sans délai ces édifices païens. Aujourd'hui, il n'en reste plus aucun vestige, mais la ville moderne (Flores) est bâtie sur les ruines et les fondations de l'ancienne Tayasal maya.

Les Mayas de Tayasal s'enfuirent dans la jungle, donnant naissance au mythe de la "cité maya perdue"

Orientation

L'aéroport est situé dans les faubourgs est de Santa Elena, à 2 km de la chaussée reliant Santa Elena et Flores. Chaque compagnie de bus possède sa gare routière.

"Grande artère" de Santa Elena, la 4a Calle et ses environs immédiats accueillent tous les grands hôtels, restaurants et banques de la ville.

Renseignements

Office du tourisme. L'INGUAT possède un bureau d'information à l'aéroport (☎ 926-0533). Il est ouvert tous les jours de 7h30 à 10h et de 15h à 18h.

Argent. La Banco Hipotecario de Flores ouvre de 8h30 à 14h30 du lundi au vendredi (jusqu'à 15h30 le vendredi). Mêmes horaires pour la Banco de Guatemala, également à Flores. Il vous est aussi possible de changer vos dollars à l'hôtel.

Poste et communications. La poste (Correos y Telégrafos) est située à l'ouest de l'Hotel del Patio-Tikal à Santa Elena.

Grutas Actun-Can

Les grottes d'Actun-Can, dites également La Cueva de la Serpiente (la grotte du Serpent), sont en calcaire. Après avoir payé les 1,15 $US d'entrée (tous les jours de 8h à 17h), le gardien vous allumera les lumières et vous fournira quelques explications sur la formation des grottes. Vous y distinguerez des représentations humaines, animales, et diverses scènes. Apportez une torche électrique si vous en avez une et chaussez-vous de manière adéquate – le terrain peut être glissant. Les explorations prennent 30 à 45 minutes.

L'entrée de la grotte est agrémentée d'une aire de pique-nique. C'est un excellent but pour une longue promenade à partir de Santa Elena. Pour y aller, prenez la 6a Avenida en direction du sud, après les bureaux de Guatel. A environ 1 km du centre de Santa Elena, tournez à gauche, poursuivez sur 300 m et bifurquez à droite au niveau de la centrale électrique. Le site se trouve 1 km plus loin. Autrement, la course en taxi, de Santa Elena, coûte 2$US.

Organismes à connaître

CINCAP. Le Centro de Información sobre la Naturaleza, Cultura y Artesanía del Petén, au nord de la plaza de Flores, commercialise l'artisanat de la région et organise des expositions sur les ressources naturelles et la protection de la forêt du Petén.

ARCAS. L'Asociación de Rescate y Conservación de Vida Silvestre gère un centre de sauvegarde des animaux sauvages situé à 2 km de l'Hotel Villa Maya, lui-même à 10 km à l'est de Santa Elena. Parmi les animaux protégés, figurent aras, perroquets jaunes et verts, jaguars, singes hurleurs et singes-araignées, kinkajous et coatimundis. Tous ont rescapé aux méfaits de contrebandiers et autres trafiquants. Les visiteurs sont les bienvenus, à condition de téléphoner (tél/fax à Guatemala City 591-4731).

Les volontaires qui souhaitent offrir leurs services tout en payant pour le gîte et le couvert sont acceptés. Contactez l'ARCAS (voir *Travailler au Guatemala*, au chapitre *Renseignements pratiques* du Guatemala).

Circuits organisés

Excursions dans les terres. Les agences de voyages de Flores proposent de nombreux circuits passionnants dans les zones reculées du Petén. Renseignez-vous sur le "Scarlet Macaw Trail", un circuit de six jours qui permet de visiter le Centro Campesino, El Eprú, Paso Caballos, Buena Vista, El Cruce a Dos Aguadas, San Andrés et Tikal.

GUATEMALA

Islote
Santa
Bárbara

FLORES

Voir la carte de Flores

*Lago de
Petén Itzá*

SAN
BENITO

Aéroport

1a Calle
2a Calle
3a Calle
4a Calle
4a Calle A
5a Calle
Calzada Virgilio Rodríguez Macal

Parque

Cimetière

Vers l'entrée
de l'aéroport,
Tikal et le Belize

SANTA
ELENA

Santa Elena

0   200   400 m

Vers Grutas
Actun-Can

OÙ SE LOGER
2 Hotel Sac-Nicté
3 Hotel Leo Fu Lo
4 Hotel San Juan
5 Hotel Maya Internacional
10 Hotel del Patio-Tikal
16 Hotel Posada Santander
24 Hotel Jaguar Inn
28 Hotel Continental

OÙ SE RESTAURER
2 Hotel Sac-Nicté
6 Restaurante Petenchel,
   La Fonda de Don Diego
7 Restaurante El Rodeo
16 Hotel Posada Santander
21 Restaurante Mijaro
28 Hotel Continental

DIVERS
1 Bateaux-promenade du lac
3 Lavandería Emanuel
4 Bus des Transportes
   Pinita, San Jaun Travel
8 Parque Central
9 Poste
11 Station-service Texaco
12 Base militaire
13 Banoro
14 Banco del Cafe
15 Gare routière des
   Transportes María Elena,
   Banco Industrial
17 Gare routière des
   Transportes Linea Dorada
18 Fuente del Norte
19 Mercado
20 Gare routière des
   Autobuses Máxima
22 Super 24 (supermarché
   ouvert 24h/24)
23 Educomsa Petén
25 Centro Universitario
26 Bureau Guatel
27 Station-service Esso
29 Bureau de l'ARCAS
30 Station-service Texaco
31 Centrale électrique

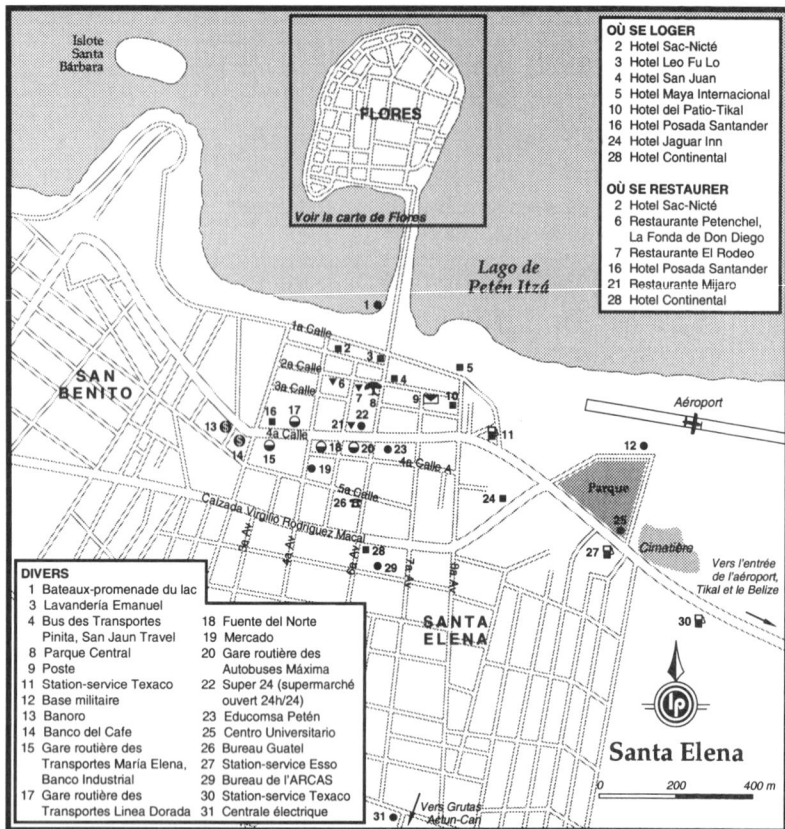

Monkey Eco Tours (☎ 928-8132, fax 928-8113), installée à l'Hotel Ni'tún, au nord-ouest du lac, et Epiphyte Adventures (☎ /fax 926-0775), basée à Flores, proposent ce même circuit et plusieurs autres. Ces agences très professionnelles emploient des guides bilingues.

Lago de Petén Itzá. Les habitants abordent souvent les visiteurs qui déambulent dans les rues de la ville, surtout à Flores, pour leur proposer des promenades en bateau sur le lac. Beaucoup sont des intermédiaires indépendants qui

travaillent à la commission. Vous avez donc tout intérêt à discuter directement avec les propriétaires de bateaux. N'ayez aucun scrupule à discuter les prix et à examiner les bateaux. Carlos, du Restaurante/Bar Las Puertas, à Flores, propose des promenades sur le lac et des traversées jusqu'à l'autre rive, où il possède un lopin de terre et un embarcadère privé pour la baignade et les bains de soleil. Les agences de voyages organisent également ce type d'excursions.

On peut observer de multiples oiseaux sur le Río Ixpop, qui se jette dans le lac, à

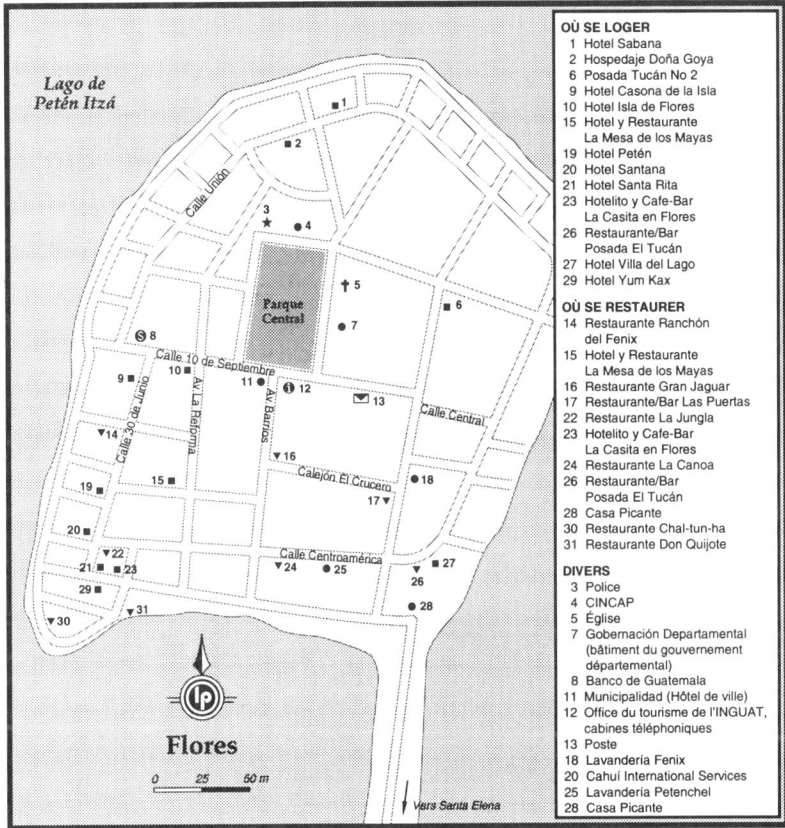

OÙ SE LOGER
1 Hotel Sabana
2 Hospedaje Doña Goya
6 Posada Tucán No 2
9 Hotel Casona de la Isla
10 Hotel Isla de Flores
15 Hotel y Restaurante
   La Mesa de los Mayas
19 Hotel Petén
20 Hotel Santana
21 Hotel Santa Rita
23 Hotelito y Cafe-Bar
   La Casita en Flores
26 Restaurante/Bar
   Posada El Tucán
27 Hotel Villa del Lago
29 Hotel Yum Kax

OÙ SE RESTAURER
14 Restaurante Ranchón
   del Fenix
15 Hotel y Restaurante
   La Mesa de los Mayas
16 Restaurante Gran Jaguar
17 Restaurante/Bar Las Puertas
22 Restaurante La Jungla
23 Hotelito y Cafe-Bar
   La Casita en Flores
24 Restaurante La Canoa
26 Restaurante/Bar
   Posada El Tucán
28 Casa Picante
30 Restaurante Chal-tun-ha
31 Restaurante Don Quijote

DIVERS
3 Police
4 CINCAP
5 Église
7 Gobernación Departamental
   (bâtiment du gouvernement
   départemental)
8 Banco de Guatemala
11 Municipalidad (Hôtel de ville)
12 Office du tourisme de l'INGUAT,
   cabines téléphoniques
13 Poste
18 Lavandería Fenix
20 Cahuí International Services
25 Lavandería Petenchel
28 Casa Picante

l'est. Des promenades en bateau consacrées à l'ornithologie débutent à El Remate, sur la rive est du lac.

Où se loger – petits budgets

Santa Elena. Très rudimentaire, l'*Hotel Posada Santander* (☎ 926-0574), 4a Calle, est une auberge propre et bien située, à l'atmosphère chaleureuse. Les vastes chambres avec s.d.b. et deux bons lits doubles coûtent 6,65/8,35 $US en simple/double. A l'étage, un restaurant en plein air sert les trois repas. La famille qui tient l'auberge gère également les

Transportes Inter Petén, minibus économiques pour Tikal et quelques autres sites.

Plus près du lac, l'*Hotel Sac-Nicté* (☎ 926-0092) propose en étage des chambres propres et spacieuses avec s.d.b., balcon et vue sur le lac et sur Flores à 12 $US. Les clients du rez-de-chaussée paient moins cher (8,35 $US), mais ne profitent pas de la vue. L'établissement comporte restaurant, parking et service de transport. Une piscine est prévue.

L'*Hotel Continental* (☎ 926-0095), 6a Avenida, au niveau de la Calle Virgilio

Rodríguez Macal, est un imposant édifice construit en 1995. On paie 2,50 $US par personne, ou 5/8,35 $US pour une simple/double avec s.d.b. L'hôtel abrite un restaurant et un parking dans la cour.

Santa Elena compte d'autres hôtels aussi bon marché, mais moins séduisants, comme l'*Hotel Leo Fu Lo* (2,50 $US par personne) et l'*Hotel San Juan* (4/6 $US, ou 10/12 $US avec s.d.b.).

Flores. Ne vous fiez pas à son aspect extérieur : l'*Hotel Villa del Lago* (☎ 926-0629/0508), situé au bord du lac, est accueillant, propre et agréable. Les cinq chambres qui se partagent trois s.d.b. sont à 6,65/8,35 $US en simple/double. Les autres, avec s.d.b., coûtent 17 $US. Juste à côté, le *Restaurante/Bar Posada El Tucán* propose des chambres nettement moins attrayantes avec s.d.b. commune à 7 $US.

Simple, propre et chaleureux, l'*Hotelito y Cafe-Bar La Casita en Flores*, près du grand Hotel Yum Kax, est une autre bonne adresse. Tenu par une famille mi-allemande, mi-guatémaltèque, il compte quatre chambres avec s.d.b. à 6,65/13,35 $US en simple/double. Sur le toit, le restaurant-grill jouit d'une belle vue sur le lac et Santa Elena.

L'*Hospedaje Doand Hot*, parfait pour les budgets serrés, abrite des chambres avec s.d.b. commune/individuelle à 3,35/4,20 $US par personne.

Rudimentaire, mais propre, la *Posada Tucán n° 2* (☎ 926-1467) est correcte. Les simples/doubles coûtent 6/7 $US avec s.d.b. commune, ou 8,35/11 $US avec s.d.b. individuelle. Certaines donnent sur le lac.

L'*Hotel Santa Rita* (☎ 926-0710), propre et familial, offre un excellent rapport qualité/prix à 9/12 $US en simple/double avec s.d.b.

L'*Hotel Yum Kax* (☎ /fax 926-0686) se trouve sur la gauche lorsqu'on arrive sur l'île par la chaussée. Il abrite des chambres avec ventil. à 15/20/25 $US en simple/double/triple, et un supplément de 5 $US avec la clim.

Propret et bien entretenu, l'*Hotel y Restaurante La Mesa de los Mayas* (☎ /fax 926-1240) est un lieu très agréable. Les chambres avec s.d.b. et ventil. coûtent 15/22/24 $US en double/triple/quad., celles qui bénéficient de la clim. sont un peu plus chères.

Où se loger – catégorie moyenne

Santa Elena. L'*Hotel Jaguar Inn* (☎ 926-0002), Calzada Rodríguez Macal 8-79, Zona 1, offre un bon niveau de confort sans être luxueux, mais sa situation, à 150 m de la grand route et tout près de l'aéroport, reste un défaut majeur et impose d'être motorisé. Les chambres avec s.d.b. coûtent 18/24 $US en simple/double avec ventil., 24/30 $US avec la clim. L'*Hotel Maya Internacional* (☎ 926-1276, fax 926-0087), au bord de l'eau, propose des simples/doubles/triples à 30/36/42 $US.

Flores. Au nord de l'île, l'*Hotel Sabana* (☎ /fax 926-1248) comporte un restaurant et un solarium au-dessus de l'eau. Pour une simple/double/triple avec s.d.b., ventilateur, climatisation et TV câblée, comptez 20/25/30 $US.

L'*Hotel Casona de la Isla* (☎ 926-0523, fax 926-0593) est un établissement romantique doté d'une piscine avec une cascade et un bar-restaurant en plein air, au bord du lac. Les 27 chambres avec s.d.b., TV câblée, clim. et balcon avec chaises coûtent 25/30/40 $US en simple/double/triple.

La petite cour de l'*Hotel Petén* (☎ 926-0692, fax 926-0593) regorge de plantes tropicales. La très agréable terrasse et le restaurant donnent sur le lac, la piscine est couverte. Simples, mais confortables, les 19 chambres climatisées avec ventil. disposent toutes d'une s.d.b. et coûtent 20/30/40 $US en simple/double/triple. Demandez-en une au dernier étage avec vue sur le lac.

A l'*Hotel Santana* (☎ 926-0491, ☎ /fax 926-0662), la plupart des chambres donnent sur le lac et sont dotées de larges balcons individuels avec chaises. La simple/double/triple avec s.d.b., TV câblée, clim. et ventil. revient à 30/45/50 $US.

En haut : la place principale à La Democracia, avec des têtes de basalte olmèques, Guatemala (TB)

En bas : bas-relief typique de la culture Cotzumalhuapa à Santa Lucìa Cotzumalhuapa, Guatemala (TB)

En haut :   la basilique d'Esquipulas, Guatemala (TB)
A gauche :   ouvriers construisant un *palapa* au-dessus d'une stèle à Quiriguá (TB)
A droite :   ruines de Ceibal, El Petén, Guatemala (TB)

L'établissement comporte un restaurant en terrasse sur le lac.

L'*Hotel Isla de Flores* (☎ 926-0614, à Guatemala Ciudad 476-8775, fax 476-0294) date de 1996. Propre et bien décoré, il comporte de vastes chambres confortables avec TV câblée, clim., ventilateur au plafond, téléphone et s.d.b. avec baignoire. La plupart bénéficient en outre d'un balcon sur le lac. Comptez 35/40/45 \$US en simple/double/triple.

Où se loger – catégorie supérieure

D'aspect extérieur, l'*Hotel del Patio-Tikal* (☎ /fax 926-0104, 926-1229, à Guatemala Ciudad 331-5720), de Santa Elena, paraît bien austère, mais l'intérieur est aménagé dans un joli style colonial, avec une belle cour centrale. Les 22 chambres, toutes avec clim. et ventil. au plafond, TV câblée, téléphone et s.d.b., coûtent 40/50 \$US en simple/double.

L'*Hotel Villa Maya* (☎ /fax 926-0086, à Guatemala Ciudad 334-8136), sur la Laguna Petenchel, à 10 km à l'est de Santa Elena, est un ensemble de bungalows comportant 40 doubles avec s.d.b., ventil. au plafond, eau chaude, magnifique vue sur le lac et quiétude absolue. Outre le restaurant du patio, l'établissement abrite aussi trois courts de tennis, deux piscines, deux lagons privés et un refuge animalier. Ces privilèges se paient : 93/99 \$US en simple/double.

Où se restaurer

Comme les hôtels, les restaurants de Santa Elena sont un peu moins chers que ceux de Flores. Assez simples et ouverts toute la journée, ils servent bière, alcools, et parfois même du vin. Sur leurs cartes, figurent souvent du gibier local, comme le tepezcuintle (rongeur des forêts de la taille d'un lapin), le venado (chevreuil), l'armadillo, le pavo silvestre (dindon sauvage) et le pescado blanco (poisson blanc).

Santa Elena. L'Hotel Posada Santander, l'Hotel Sac-Nicté et l'Hotel Continental ont tous leur restaurant.

Le *Restaurante El Rodeo*, à l'angle de 2a Calle et 5a Avenida, est souvent recommandé par les habitants de la ville. Il ouvre tous les jours de 11h à 21h. Le même pâté de maisons abrite un supermarché, le *Super 24*, ouvert 24h/24. Non loin, dans la même rue, le *Restaurante Petenchel* et *La Fonda de Don Diego* ont tous deux acquis une bonne réputation. Le *Restaurante Mijaro* semble lui aussi une bonne adresse : beaucoup de locaux recommandent ce comedor simple, mais bon, ouvert tous les jours de 7h à 21h.

Flores. Le *Restaurante/Bar Las Puertas* sert une bonne cuisine dans un cadre agréable. Il ouvre du lundi au samedi de 8h à 1h du matin. La *Casa Picante*, pizzeria appréciée et mine de renseignements pour le voyageur, se situe à proximité de la chaussée.

De dimensions réduites, le *Restaurante Chal-tun-ha* offre une atmosphère sympathique, un joli décor, une terrasse surplombant l'eau et une belle vue sur le lac. Vous pouvez profiter de son vaste choix de plats à petits prix tous les jours de 9h à 19h30. Le *Restaurante Don Quijote*, guère plus spacieux, mais tout aussi agréable, est aménagé sur un petit bateau amarré près de l'Hotel Yum Kax.

Le *Restaurante/Bar Posada El Tucán*, voisin de la Villa del Lago, séduit par son toit de chaume et sa terrasse aérée donnant sur le lac. Il sert plusieurs formules de petits-déjeuners pour 2 à 3 \$US, des déjeuners et des dîners pour 5 à 8 \$US. La terrasse avec vue sur le lac du *Restaurante Ranchón del Fénix*, près de l'Hotel Casona de la Isla, ne manque ni d'attrait ni d'ambiance.

Le *Restaurante La Canoa* est moins cher et plus simple, mais sa salle à manger sombre à hauts plafonds séduira les voyageurs à petits-budgets, puisqu'on y mange correctement à tout petits prix. Le *Restaurante La Jungla* dispose pour sa part d'une minuscule terrasse sur la rue.

Très populaire, l'*Hotel y Restaurante La Mesa de los Mayas* mitonne de bons plats traditionnels, ainsi que du gibier local. L'assortiment de viandes coûte 9 $US, l'assiette végétarienne 5 $US. Le poulet est encore moins cher. Le restaurant ouvre tous les jours de 7h à 23h.

Les locaux recommandent souvent le *Restaurante Gran Jaguar* pour son large choix de plats bon marché, son joli cadre et son bar. Vous pouvez vous y attabler du lundi au samedi de 11h à 22h.

Comment s'y rendre

Avion. L'aéroport de Santa Elena (que l'on appelle "aéroport de Flores") accueille désormais un trafic aérien assez intense. Parmi les villes étrangères qui lui sont reliées, figurent Belize City avec Tropic Air, Island Air et Aerovías, Palenque, Chetumal et Cancún avec Aerocaribe. Aviateca assure également quatre liaisons par semaine avec Cancún.

Le prix du vol Flores-Guatemala Ciudad fluctue de 60 à 90 $US. Les formules avion-hôtel proposées par les agences de voyages se révèlent parfois plus intéressantes. Consultez *Tikal*, ci-dessous, pour les détails.

D'autres lignes régionales devraient bientôt desservir Flores. Renseignez-vous auprès des agences de voyage de Cancún, Mérida, Belize City, Guatemala Ciudad. Il est possible que les agences de votre pays ne disposent pas d'informations récentes sur ces petites compagnies régionales. Par ailleurs, les agences de voyage de Flores et Santa Elena peuvent vous faire payer votre billet plus cher que si vous l'achetiez à l'aéroport.

A votre arrivée à l'aéroport de Flores, vous ferez peut-être l'objet d'une brève vérification de la part des officiers de la douane et de l'immigration, car il s'agit d'un district spécial.

Bus. Les liaisons par bus avec Flores sont lentes et inconfortables, à l'exception de la route de Tikal. Chaque société de bus possède sa propre gare routière. Celle des Transportes Pinita se situe devant l'Hotel San Juan, à Santa Elena (☎ 926-0041/2).

Les bus des Transportes María Elena partent de l'Hotel Santander, à Santa Elena (☎ 926-0574). Autres compagnies de bus de Santa Elena : Fuente del Norte (☎ 926-0517), Línea Dorada (☎ 926-0070), Autobuses Máxima (☎ 926-0676) et Transportes Rosío.

Belize City – 222 km, 5 heures et demie, 20 $US ; des bus de première classe partent tous les jours à 5h de l'Hotel San Juan et de l'Hotel Continental, à Santa Elena, et atteignent Belize City vers 10h30, ce qui permet de prendre ensuite le bateau pour Caye Caulker et San Pedro, Ambergris Caye. Bethel (frontière mexicaine) – 127 km, 4 heures, 3 $US ; Transportes Pinita, 5h et 13h.

Ceibal – voir Sayaxché.

Chetumal (Mexique) – 350 km, 9 heures, 35 $US ; direct, un bus de première classe de la société Servicio San Juan part tous les jours à 5h de l'Hotel San Juan et de l'Hotel Continental, à Santa Elena, traverse Belize City et continue sur Chetumal. A Chetumal, la correspondance est assurée par le bus ADO de 14h qui suit la côte Nord et dessert Tulum, Playa del Carmen et Cancún. En sens inverse, le bus pour Flores part de la grande gare routière de Chetumal à 14h30.

El Naranjo – voir *Du Petén au Chiapas*, plus bas dans ce chapitre.

El Remate/Puente Ixlú – 35 km, 45 minutes ; c'est ici que vous déposeront les bus et minibus pour Tikal (voir *Tikal*). Les bus en provenance ou à destination de Melchor de Mencos s'arrêtent à Puente Ixlú/El Cruce, soit moins de 2 km au sud d'El Remate.

Guatemala Ciudad – 506 km, 11 à 12 heures, 12 à 15 $US ; Fuente del Norte (☎ 926-0517) propose des bus Especial à 9h30, 11h30, 13h30 et 15h30 et des bus Pullman à 17h, 19h et 20h. Les luxueux véhicules de Línea Dorada (☎ 926-0070) partent à 20h et coûtent 18,35 $US. Les bus Pullman de la société Autobuses Máxima (☎ 926-0676) quittent la ville à 19h et 20h.

La Ruidosa (embranchement pour Puerto Barrios) – 242 km, 8 heures, 6 $US ; prenez n'importe quel bus pour Guatemala Ciudad.

Melchor de Mencos (frontière du Belize) – 101 km, 3 heures, 2 $US ; les bus de seconde classe des Transportes Pinita démarrent à 5h, 8h et 10h, les bus de Rosita à 5h, 7h, 9h30, 11h, 14h, 15h et 18h. Une fois au Belize, des bus (0,50 $US) et des taxis collectifs (2 $US) vous emmènent à Benque Viejo et à San Ignacio à peu près toutes les heures.

Palenque (Mexique) – voir *Du Petén au Chiapas*, plus bas dans ce chapitre.

Poptún – 113 km, 4h30 à 5h, 2,50 $US ; prenez n'importe quel bus pour Guatemala Ciudad.

Río Dulce – 208 km, 7 heures, 5 $US ; prenez n'importe quel bus pour Guatemala Ciudad.

San Andrés (sur l'autre rive du lac) – 20 km, 40 minutes, 0,65 $US ; les bus des Transportes Pinita partent à 5h30 et 12h. Pour le retour, ils quittent San Andrés à 7h et 13h30. On peut également rejoindre San Andrés en bateau à partir de San Benito, à l'ouest de Santa Elena.

Sayaxché – 61 km, 2 heures ; les bus de seconde classe des Transportes Pinita (2 $US) démarrent à 6h, 9h, 10h, 13h et 16h. Au départ de Santa Elena, il existe également des circuits organisés qui passent par Sayaxché pour la visite des ruines mayas de Ceibal. On les prend devant l'Hotel San Juan ou l'Hotel Continental à 8h15. Le retour est prévu à 16h (30 $US).

Tikal – 71 km, 2h30, 2,50 $US ; les bus des Transportes Pinita partent tous les jours à 13h et poursuivent leur route jusqu'à Uaxactún. Pour le retour vers Tikal, départ à 6h. Il est néanmoins plus rapide et plus pratique de prendre une navette (voir plus bas).

Uaxactún – 96 km, 3 heures, 2,50 $US ; les bus des Transportes Pinita partent à 13h pour l'aller, à 5h pour le retour d'Uaxactún.

Minibus-navettes. Des minibus pour Tikal partent chaque matin de divers hôtels de Santa Elena et Flores (4h, 6h, 8h et 10h), et de l'aéroport à chaque arrivée d'avion. Votre hôtel peut s'occuper de la réservation. Le tarif s'élève à 3,35 $US par personne (aller simple), le double pour l'aller-retour. Prévoyez 1 heure 30 de route.

Pour le retour, les minibus partent de Tikal à 14h, 16h et 17h. Signalez au chauffeur que vous rentrez à Flores dans l'après-midi. Si vous pouvez fixer votre horaire, il vous réservera une place dans son minibus ou dans celui d'un collègue. Si vous avez passé la nuit à Tikal et souhaitez reprendre un minibus dans la soirée pour regagner Flores, réservez votre place le matin auprès d'un chauffeur qui arrive à Tikal. N'espérez pas trouver de place assise au dernier moment.

Le taxi (jusqu'à 4 passagers) de Flores/Santa Elena ou de l'aéroport jusqu'à Tikal coûte 40 $US l'aller-retour.

Comment circuler

Bus. Les bus et minibus à destination des petits villages du lac et de ses environs

immédiats se prennent sur la place du marché de Santa Elena.

Voiture. Plusieurs hôtels, loueurs de voitures et agences de voyages proposent des locations de voitures simples, 4X4, camionnettes et minibus. Les sociétés spécialisées ont toutes leur guichet à l'aéroport de Flores, notamment :

Garrido	☎ 926-0092
Hertz	☎ 926-0332, 926-0415
Koka	☎ 926-0526, 926-1233
Los Compadres	☎ 926-0444
Los Jades	☎ 926-0734
Nesa	☎ 926-0082

La location d'une voiture en kilométrage illimité revient à environ 50 $US par jour. L'agence de voyages de l'Hotel San Juan à Santa Elena (☎ /fax 926-0041/2) assure cette prestation.

Bicyclette. Cahuí International Services, à Flores (☎ /fax 926-0494), loue des bicyclettes à 0,85 $US l'heure, ou 6,65 $US la journée. Casa Roja (☎ 926-0269, à Antigua ☎ 832-0162) dispose de VTT.

Bateau. Des vedettes réalisent des promenades et des circuits sur le Lago de Petén Itzá. Ils partent de l'extrémité de la chaussée de Santa Elena (voir la carte). Les Colectivo pour San Andrés et San José, deux villages situés de l'autre côté du lac, se prennent à San Benito, à l'ouest de Santa Elena. Vous pouvez aussi louer un bateau particulier, à condition de savoir négocier.

EL REMATE

Le tourisme a transformé en véritable ville le petit hameau constitué de quelques huttes aux toits de chaume qu'était El Remate. Au bord du lac, à 35 km au nord-est de Santa Elena, sur la route de Tikal, El Remate peut désormais revendiquer le statut de centre touristique, ne serait-ce que pour sa situation privilégiée, à mi-chemin entre Flores et Tikal. En séjournant ici,

GUATEMALA

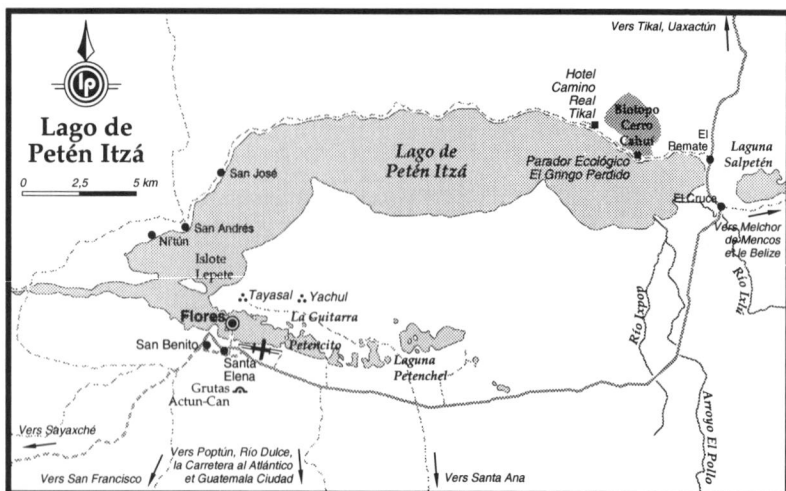

vous profitez du lac tout en vous rapprochant de Tikal.

Une route non goudronnée part d'El Remate et contourne la rive nord-est du lac pour atteindre le Biotopo Cerro Cahuí, le luxueux Hotel Camino Real Tikal et les villages de San José et San Andrés, sur la rive nord-ouest du lac. Il est possible d'effectuer le tour du lac par la route.

Grâce à leur récente prospérité, les habitants d'El Remate ont pu aménager un *balneario municipal* (plage municipale), non loin de la route, et ouvrir plusieurs petits hôtels et pensions bon marché.

Biotopo Cerro Cahuí

A l'extrémité nord-est du Lago de Petén Itzá, à environ 43 km de Santa Elena et à 3 km de la route Flores-Tikal, le Biotopo Cerro Cahuí couvre 651 hectares de forêt subtropicale humide. On y trouve acajous, cèdres, ramón, genêts, sapotiers et palmiers cohune ainsi que de nombreuses espèces de lianes et autres plantes épiphytes, sans oublier les broméliacées, fougères et orchidées. Le ramón fournissait du fourrage aux anciens Mayas et le bois dur du sapotier était utilisé pour fabriquer les linteaux de

portes des temples de la période Classique qui ont survécu jusqu'à notre ère.

Parmi les animaux qui cohabitent dans cette réserve : singes-araignées et singes hurlants, ocelots, ours, daims à queue blanche, ratons-laveurs, tatous et quelque 21 autres espèces. Ses eaux abritent 24 sortes de poissons, tortues et serpents ainsi que le *Crocodylus moreletti*, crocodile du Petén. Naturellement, les oiseaux sont innombrables et variés. En fonction de la saison et des migrations, vous pourrez voir des martins-pêcheurs, des canards, des hérons, des faucons, des perroquets, des toucans, des pics ainsi que le fameux dindon ocellé, ce magnifique volatile qui ressemble au paon.

Plusieurs petits sentiers tortueux débutent au bord de la route pour monter à l'assaut de la colline et vous faire profiter de la splendide vue sur le lac, la Laguna Salpetén et la Laguna Petenchel. Vous trouverez un plan détaillé à l'entrée.

Lors de notre dernière visite, la réserve était ouverte 24h/24 et l'entrée gratuite, mais le projet de faire payer 5 \$US était dans l'air. Soit vous trouverez la grille toujours ouverte, soit les horaires seront limités de 7h à 16h (mais une fois entré, vous pourrez rester aussi longtemps que vous le souhaitez). Si vous arrivez avant l'ouverture, frappez au bureau de l'administration : on vous fera entrer.

Où se loger et se restaurer

La Casa de Don David (laissez un message au ☎ 926-0227), au bord du lac à une dizaine de mètres de la route Flores-Tikal, est tenue par David Kuhn, un Américain et sa sympathique femme guatémaltèque. Les chambres avec s.d.b. coûtent 5 $US par personne, celles situées dans des bungalows indépendants avec s.d.b. individuelle 7,50 $US par personne. Des repas très bon marché sont servis sur la grande terrasse qui surplombe le lac. L'établissement organise des promenades à cheval ou en bateau : en début de soirée, on traverse le lac en deux à trois heures et l'on remonte le Río Ixpop pour aller voir crocodiles, oiseaux et autre vie sauvage.

De l'autre côté de la route Flores-Tikal par rapport au lac, s'élèvent des établissements agréables avec vue sur le lac. Au *Mirador del Duende* (☎ 926-0269, fax 926-0397), vous pourrez planter votre tente ou accrocher votre hamac pour 2,50/4,20 $US en simple/double, dormir dans une sorte de tente permanente pour 3,35 $US par personne ou séjourner en bungalow pour 4,20 $US par personne. La cuisine est saine, végétarienne et économique. Il propose des randonnées à travers la forêt.

Juste à côté, *La Mansión del Pájaro Serpiente* (tél/fax 926-0065) abrite 10 chambres très séduisantes avec s.d.b. (eau chaude) à 75 $US, entourées de beaux jardins avec piscine et bar-restaurant à prix raisonnables.

A 3 km à l'ouest d'El Remate, sur la route qui longe le nord du lac, près du Biotopo Cerro Cahuí, le *Parador Ecológico El Gringo Perdido* (auberge écologique du gringo perdu ; ☎ /fax à Guatemala Ciudad 236-3683) borde le lac. Ses jardins ombragés à flanc de colline comportent un restaurant, un camping idyllique et des bungalows et dortoirs

simples, mais agréables. Par personne, on paie 3 $US en camping, 6 $US en bungalow rudimentaire avec moustiquaire, 10 $US en dortoir ou 14 $US en chambre avec s.d.b. Les bungalows pour quatre dotés d'un patio avec hamacs et chaises, ainsi que d'un petit embarcadère particulier pour la baignade et les bains de soleil sont à 25 $US par personne, petit déjeuner et dîner compris. Il existe également deux bungalows de luxe climatisés à 50 $US. Les tarifs avec repas sont plus intéressants. Parmi les activités praticables, citons la baignade, la pêche, la planche à voile, le volley, le basket, les promenades en bateau ou en bicyclette.

A côté, la *Casa Roja* (☎ 926-0269, à Antigua ☎ 832-0162), de l'autre côté de la route par rapport au lac, propose des bungalows très rudimentaires avec s.d.b. à l'extérieur à 7/12/15 $US en simple/double/triple. Le tarif en demi-pension est intéressant, à 13 $US par personne. L'établissement dispose d'un embarcadère pour la baignade et loue des VTT.

Plus loin en bordure du lac, le luxueux *Hotel Camino Real Tikal* (☎ 926-0206) reste l'hôtel le plus chic du Petén. Situé dans le Biotopo Cerro Cahuí, à 5 km à l'ouest d'El Remate, il compte 120 chambres climatisées jouissant de toutes les prestations de luxe. Ici, le client est roi, avec deux restaurants et deux bars, courts de tennis, piscines, sports nautiques sur le lac... Les tarifs s'élèvent à 100/110 $US en simple/double, repas non compris. (Cet hôtel, assez isolé, est difficile d'accès si l'on n'est pas motorisé).

Comment s'y rendre

Les bus et minibus reliant Santa Elena à Tikal vous déposent à El Remate. En taxi, le trajet revient à 20 $US au départ de l'aéroport ou de Santa Elena. Une fois à El Remate, faites signe aux bus qui passent sur la route Flores-Tikal.

AUTOUR DU LAC

San Andrés, petite ville située sur la rive nord-ouest du lac, abrite l'Eco-Escuela de

Español (☎ 928-8106, 926-1370). Cette école d'espagnol inspire de chaleureux commentaires à tous ceux qui y ont étudié. On paie 60/70/80/95 $US par semaine pour 4/5/6/7 heures de cours par jour, plus 50 $US par semaine pour le gîte et le couvert dans une famille locale.

A quelques kilomètres à l'ouest, l'*Hotel Ni'tún* (☎ 928-8132, fax 928-8113) est un très bel établissement en bordure du lac doté d'un parc de 30 ha. Quatre jolies maisons très spacieuses, avec toit de chaume, murs de pierres et patio particulier abritant 3 lits doubles chacune, sont proposées à 40 $US en simple ou double, 50 $US en triple. Le restaurant est ravissant lui aussi. Le forfait en pension complète, avec boissons à volonté, revient à 79 $US par personne, avec un trajet en bateau jusqu'à Flores par jour. Bernie, qui a construit l'hôtel de ses mains et le gère, est un aventurier. Il dirige également Monkey Eco Tours (voir *Circuits organisés*, à *Flores*).

TIKAL

Les immenses pyramides de Tikal s'élèvent au-dessus de la voûte sylvestre, dans laquelle les singes hurleurs se balancent bruyamment de branche en branche tandis que l'on aperçoit des rutilantes couleurs des perroquets et des toucans à travers le feuillage de ces arbres millénaires. Lorsque le chant mélodieux et complexe de quelque oiseau mystérieux s'amenuise, la litanie entêtante des grenouilles s'installe en arrière-plan.

C'est précisément parce qu'elle est située au fin fond de la jungle que l'ancienne cité de Tikal se distingue des autres grands sites mayas tels que Chichén Itzá, Uxmal et Copán. Ses temples fortement pentus se dressent jusqu'à 44 m de hauteur. Sils ont été partiellement restaurés et les nombreuses plazas dégagées, vous devrez traverser la dense forêt tropicale pour vous rendre d'un édifice à l'autre. Les riches parfums que dégagent le sol et la végétation, le calme ambiant et la vie animale qui s'impose à chacun de vos sens confèrent à ce site une atmosphère toute

particulière. Il est ainsi des lieux porteurs d'indicible, des points précis du globe où le mot harmonie retrouve sa signification ; Tikal est l'un d'entre eux, assurément.

Si vous visitez Tikal entre décembre et février, sachez que les nuits et les matins sont frisquets. Mars et avril sont les mois les plus chauds et secs. Les pluies débutent en mai ou juin et, avec elles, arrivent les moustiques – emportez un vêtement de pluie, de l'anti-moustiques et, pour le camping, une moustiquaire. La période qui s'étend entre juillet et septembre est extrêmement humide, c'est le paradis des petites bêtes en tous genres. Octobre et novembre, saison idéale, marquent la fin des pluies et le retour à des températures plus fraîches.

Très prisées, les excursions d'une journée avec vol depuis Guatemala Ciudad (atterrissage à Flores-Santa Elena) vous permettent de jeter un rapide coup d'œil à ces vestiges spectaculaires.Toutefois, le site est si vaste qu'il faut au moins deux jours ne serait-ce que pour véritablement en voir les principaux édifices.

Histoire

Tikal est bâti sur une colline peu élevée, mais son asension depuis la route d'entrée jusqu'à la Grande Plaza peut paraître éprouvante. La colline surplombe en effet légèrement le terrain quelque peu marécageux, et c'est sans doute la raison pour laquelle les Mayas s'y installèrent aux alentours de 700 av. J.-C.

Mais l'abondante présence de silex, utilisé à l'époque pour les massues, les pointes de lances et de flèches ainsi que les couteaux, explique également ce choix. Non seulement le silex permettait de fabriquer de bons outils, mais il servait aussi de monnaie d'échange pour d'autres marchandises.

Deux siècles plus tard, les Mayas de Tikal bâtirent des structures religieuses en pierre et dès 200 av. J.-C., l'ensemble des édifices de l'Acropole Nord existait déjà.

Époque Classique. La Grande Plaza commença à prendre sa forme actuelle à l'aube du Classique ancien, aux environs de 250. Tikal est alors devenue une importante cité religieuse, culturelle et commerciale, fortement peuplée. Le roi Yax Moch Xoc, qui régna vers 230, est considéré comme le fondateur de la dynastie des souverains qui s'y succédèrent ensuite.

Au milieu du IVe siècle, sous le règne du successeur direct de Yax Moch Xoc, le roi Grande Patte de Jaguar, Tikal adopta les méthodes guerrières brutales des seigneurs de Teotihuacán (centre du Mexique). Au lieu d'affronter leurs adversaires en combat singulier, certaines unités de l'armée de Tikal encerclaient l'ennemi qu'elles massacraient à distance à l'aide de lances. C'est ainsi que Grenouille Fumante, le général de Tikal, parvint à vaincre l'armée de Uaxactún et que le royaume étendit sa domination sur l'ensemble du Petén.

Au milieu de l'époque Classique, autrement dit du VIe siècle, les prouesses militaires et l'alliance de Tikal avec Teotihuacán permirent à la cité de se développer et de s'étendre sur plus de 30 km^2, abritant quelque 100 000 habitants.

Seigneur Eau, qui accéda au trône de Caracol (dans le Sud-Ouest de Belize) en 553, vainquit et sacrifia le roi de Tikal en 562, en employant les mêmes méthodes de combat que celles de son adversaire. La cité et les autres royaumes du Petén subirent la domination de Caracol jusqu'à la fin du VIIe siècle.

Renaissance de Tikal. Vers l'an 700, un nouveau roi puissant, Double Rayon de Lune (682-734), également dénommé Ah Cacau (Seigneur Chocolat), 26e successeur de Yax Moch Xoc, monta sur le trône de Tikal. Il restaura la puissance militaire et la splendeur de la cité. Avec ses successeurs, il est à l'origine de la construction de la plupart des temples importants de la Grande Plaza. Le roi Double Rayon de Lune fut enseveli sous l'immense temple 1.

Le rayonnement de Tikal déclina vers l'an 900 ; sa chute ainsi que celle de la civilisation maya des Basses Terres demeurent encore un mystère.

Il ne fait aucun doute que les Itzá, qui occupaient Tayasal (aujourd'hui Flores) connaissaient l'existence de Tikal à l'époque Postclassique récente (1200 à 1530). Peut-être même vinrent-ils y vénérer leurs dieux. Les missionnaires espagnols qui traversèrent le Petén après la Conquête firent quelques références à ces structures dressées au milieu de la jungle mais, au fil des siècles, leurs écrits se délitès dans la moisissure des bibliothèques.

Redécouverte. C'est en 1848 que le gouvernement guatémaltèque envoya une expédition sur le site, dirigée par Modesto Méndez et Ambrosio Tut. Peut-être cette décision s'inspira-t-elle des récits de John L. Stephens publiés en 1841 et 1843 sur les ruines mayas (bien que ce dernier n'ait jamais visité Tikal). Méndez et Tut chargèrent un artiste, Eusebio Lara, de raconter leurs découvertes archéologiques. Le rapport de leurs travaux fut publié par l'académie des Sciences de Berlin.

En 1877, le Suisse Gustav Bernoulli se rendit à son tour dans l'ancienne cité. Suite à ses explorations, les linteaux en bois sculptés des temples I et IV furent acheminés jusqu'au Museum für Völkerkunde de Bâle (Suisse), où ils sont toujours exposés.

Les recherches scientifiques débutèrent avec l'arrivée de l'archéologue anglais, Alfred P. Maudslay, en 1881. Ses travaux furent poursuivis par Teobert Maler, Alfred M. Tozzer et R. E. Merwin. Tozzer travailla inlassablement sur le site du début du siècle jusqu'à sa mort survenue en 1954. Les inscriptions de Tikal furent étudiées et déchiffrées par Sylvanus G. Morley.

Depuis 1956, les fouilles et les travaux de restauration sont menés par le Museum de l'université de Pennsylvanie et l'Instituto de Antropología y Historia guatémaltèque. Au milieu des années 50, une piste d'atterrissage fut aménagée. Au début des années 80, les vols directs prirent fin avec l'achèvement d'une route goudronnée entre Tikal et Flores. (Les avions atterrissent désormais à Flores/ Santa Elena.)

GUATEMALA

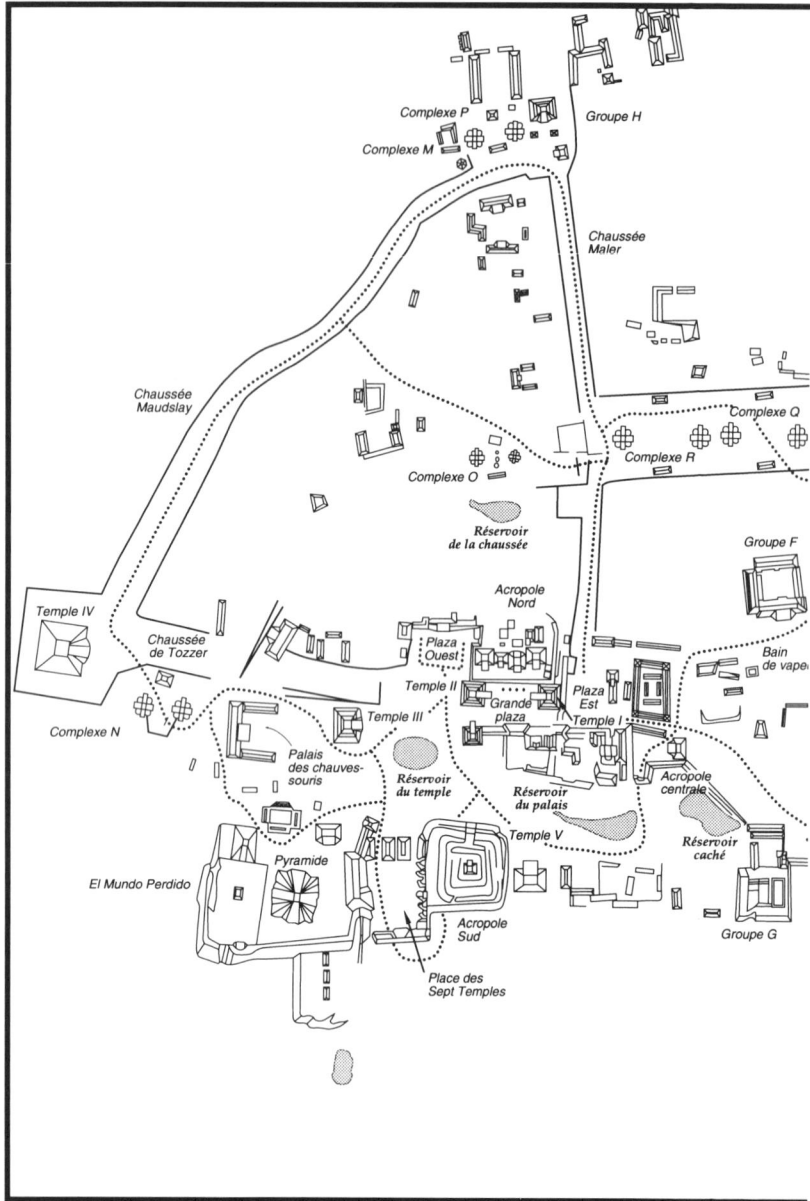

Complexe P

Complexe M

Groupe H

Chaussée
Maler

Chaussée
Maudslay

Complexe Q

Complexe O

Complexe R

Réservoir
de la chaussée

Groupe F

Acropole
Nord

Temple IV

Plaza
Ouest

Chaussée
de Tozzer

Bain
de vapeur

Temple II

Grande
plaza

Plaza
Est

Complexe N

Temple III

Temple I

Palais
des chauves-
souris

Réservoir
du temple

Réservoir
du palais

Acropole
centrale

Temple V

Réservoir
caché

Pyramide

El Mundo Perdido

Acropole
Sud

Groupe G

Place des
Sept Temples

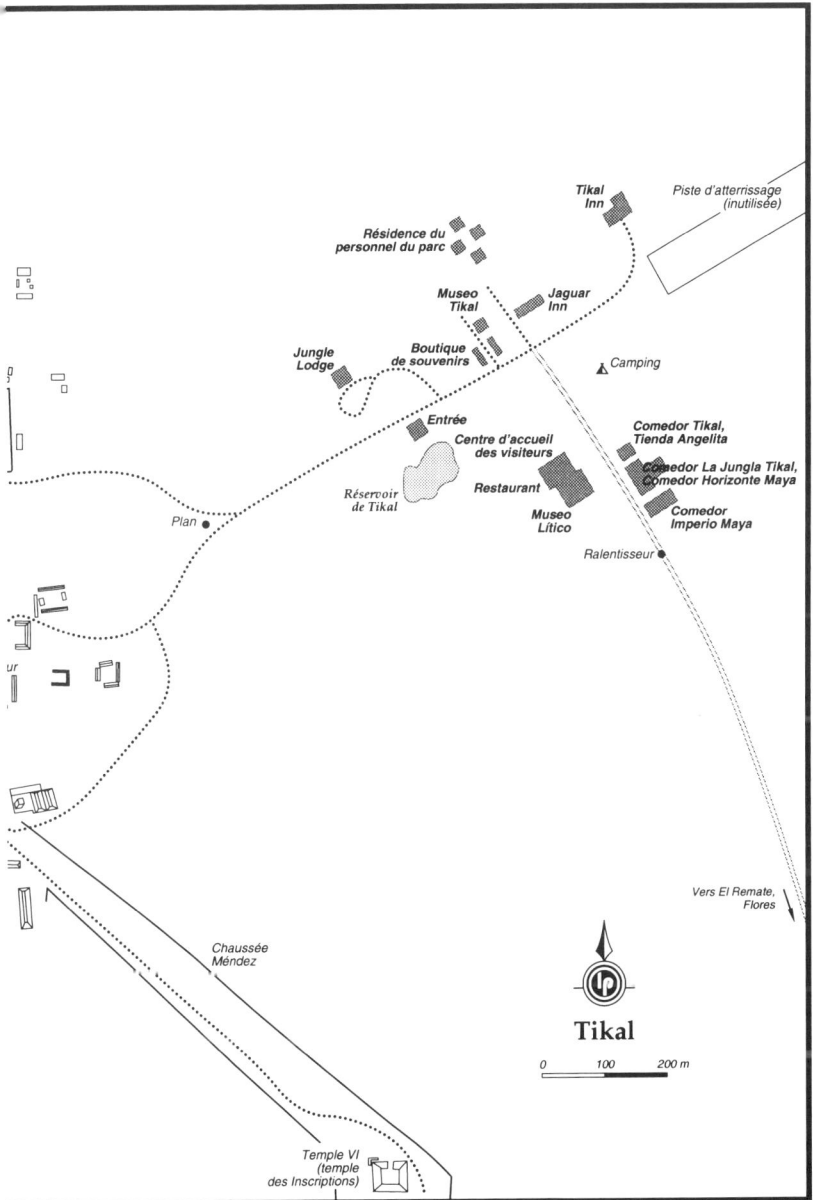

GUATEMALA

Tikal Inn

Piste d'atterrissage (inutilisée)

Résidence du personnel du parc

Museo Tikal

Jaguar Inn

Jungle Lodge

Boutique de souvenirs

▲ *Camping*

Entrée

Centre d'accueil des visiteurs

Comedor Tikal, Tienda Angelita

Comedor La Jungla Tikal, Comedor Horizonte Maya

Réservoir de Tikal

Restaurant

Museo Lítico

Comedor Imperio Maya

Plan ●

Ralentisseur ●

ur

Vers El Remate, Flores

Chaussée Méndez

Ⓛ

Tikal

0   100   200 m

Temple VI (temple des Inscriptions)

Orientation et renseignements

Le site est établi au milieu du vaste parc national de Tikal, une zone préservée de 575 km² dans lesquels sont éparpillés des milliers de vestiges. Le centre de la cité occupait environ 16 km², avec plus de 4 000 édifices.

La route venant de Flores pénètre dans le parc national à environ 15 km au sud des ruines. L'entrée coûte 5 $US ; si vous arrivez après 15h, vous pouvez faire valider votre ticket pour le lendemain.

La zone autour du Centre d'accueil des visiteurs comprend trois hôtels, un terrain de camping, trois petits comedores, un bureau de poste, un poste de police, deux musées et une piste d'atterrissage désaffectée. De là, il faut 20 à 30 minutes pour rejoindre la Grande Plaza au sud-ouest.

Le temple des Inscriptions se trouve à plus d'1 km de la Grande Plaza, le complexe P se situe à la même distance, mais dans la direction opposée. La visite de l'ensemble des principaux complexes représente au minimum 10 km de marche.

Les ruines sont ouvertes de 5h à 17h, mais vous pouvez obtenir l'autorisation de rester jusqu'à 20h en vous adressant à l'Inspectorería, à l'ouest du Centre d'accueil des visiteurs. Si vous restez après le coucher du soleil, emportez une lampe électrique.

Grande Plaza

Suivez les panneaux indiquant la Grande Plaza. Vous contournerez d'abord le temple I, le temple du Grand Jaguar. Il fut construit en l'honneur du roi Double Rayon de Lune, qui y est également enseveli. Il est possible que le souverain eût lui-même imaginé les plans de l'édifice, mais ce dernier fut érigé sur son tombeau par son fils qui lui succéda sur le trône en 734. Parmi les joyaux mortuaires du roi, on a retrouvé 180 objets de jade de toute beauté, 90 pièces d'os ornées de hiéroglyphes, des perles et des pointes en terre utilisées à l'époque pour pratiquer les saignées rituelles. Au sommet du temple, haut de 44 m, est bâtie une petite enceinte de trois salles coiffées d'une voûte à encorbelle-

ment. Les linteaux en bois de sapotier qui surmontent les portes étaient richement sculptés ; l'un d'entre eux se trouve au musée de Bâle. A l'origine, la crête qui couronnait le temple était ornée de reliefs et de peintures colorées. Elle symbolisait, semble-t-il, les treize royaumes célestes mayas.

L'ascension du temple est dangereuse (au moins deux personnes y ont trouvé la mort), mais du sommet, la vue est magnifique.

Le temple II, de l'autre côté de la place, juste en face du temple I, était autrefois aussi haut que le premier, mais il mesure aujourd'hui 38 m sans sa crête. Il semble légèrement plus facile à escalader et la vue d'en haut est tout aussi superbe. On l'appelle aussi le temple des Masques.

Moins impressionnante que ces temples jumeaux, l'Acropole Nord est en réalité un imposant complexe. Les archéologues y ont dénombré pas moins de 100 structures différentes, dont la plus ancienne est antérieure à la naissance du Christ. Certains éléments laissent penser que le site était occupé dès 400 av. J.-C. Les Mayas ne cessèrent de bâtir de nouvelles structures sur les anciennes et ces nombreux ajouts, abritant des tombeaux toujours plus élaborés, renforçaient le caractère sacré des temples. Ne manquez pas les deux énormes masques, à découvert dans une très ancienne structure et abrités aujourd'hui sous des toits. Une fois terminée, en 800 environ, l'Acropole réunissait plus de 12 temples disposés sur une large plate-forme, œuvres pour la plupart du roi Double Rayon de Lune.

Sur la place, à côté de l'Acropole Nord, se dressent deux rangées de stèles. Loin d'être aussi imposantes que les magnifiques stèles de Copán ou de Quiriguá, ces dernières avaient la même fonction : elles illustraient les hauts faits des souverains de Tikal, sanctifiaient leur mémoire et renforçaient la "puissance" des temples et des plazas qui les entouraient.

Acropole centrale

Certains pensent que le labyrinthe de cours, de petites salles et de petits temples situé du côté sud de la Grande Plaza était le palais où vivaient les nobles de Tikal. Pour d'autres, les minuscules pièces servaient aux cérémonies et aux rites sacrés, comme le suggèrent les inscriptions découvertes à l'intérieur. Au fil des siècles, l'agencement de ces salles a été modifié à plusieurs reprises, ce qui laisse penser que ce "palais" était peut-être une ancienne demeure royale ou aristocratique. Elle aurait été transformée afin de pouvoir accueillir différentes familles. Une partie de l'acropole est connue sous le nom de Palais Maler, du nom de l'archéologue allemand qui y séjourna pour ses travaux au siècle dernier.

Plaza Ouest

La plaza Ouest se trouve au nord du temple II. Sur le côté nord s'élève un grand temple de la période Classique récente. A 55 m de hauteur, au sud, de l'autre côté de la chaussée Tozzer, se dresse le temple III. Bien qu'il ne soit pas entièrement dégagé, il permet d'imaginer ce qu'étaient les temples à l'époque des derniers Mayas de Tikal, lorsque les premiers explorateurs blancs les découvrirent. La chaussée menant au temple IV est l'une des nombreuses voies sacrées construites parmi les complexes religieux du site, certainement autant pour des raisons astronomiques qu'esthétiques.

Acropole Sud et temple V

Au sud de la Grande Plaza se trouve l'Acropole Sud. Les fouilles sont à peine entamées sur cette énorme structure qui occupe deux hectares. Les palais du sommet datent sans aucun doute de la période Classique récente (règne du roi Double Rayon de Lune), mais les constructions les plus anciennes remontent probablement au moins à un millénaire. A l'est de l'Acropole Sud, le temple V, construit vers 700, mesure 58 m de hauteur. Contrairement aux autres grands temples, celui-ci se dresse sur un soubassement à angles arrondis. La minuscule pièce du sommet mesure moins d'1 m de profondeur, mais ses murs atteignent 4,5 m

d'épaisseur. La vue magnifique vous permet de découvrir le profil des temples de la Grande Plaza.

Plaza des Sept Temples

De l'autre côté de l'Acropole Sud se trouve la plaza des Sept Temples. Les petits sanctuaires datent de la période Classique récente, mais les terrasses inférieures doivent remonter au moins à un millénaire. Vous remarquerez le crâne et les os croisés sur le temple du centre (précédé d'une stèle et d'un autel). Au nord de la plaza, vous pouvez voir un triple jeu de balle ; il en existe encore un plus grand juste au sud du temple I.

El Mundo Perdido

A environ 400 m au sud-ouest de la Grande Place, El Mundo Perdido (le Monde Perdu) est un vaste complexe comportant 38 structures entourant une immense pyramide. Contrairement aux autres constructions dans lesquelles les structures de la période classique récente recouvrent des bâtiments d'époques antérieures, El Mundo Perdido rassemble des structures de périodes différentes. La grande pyramide semble essentiellement dater de l'époque préclassique (avec quelques traces de restauration ultérieure), le temple Talud-Tablero (ou temple des Trois Pièces) du Classique ancien et le temple des Crânes du Classique récent.

La pyramide, haute de 32 m, se dresse sur un soubassement de 80 m de long avec un escalier, flanqué d'énormes masques, de chaque côté. Il n'y a pas de temple au sommet. Chaque côté de la pyramide présente un style architectural légèrement différent. Les tunnels creusés dessous par les archéologues révèlent la présence de quatre pyramides similaires, la plus ancienne (Structure 5C-54 Sub 2B) datant de 700 av. J.-C. Cette structure est donc la plus vieille construction maya de Tikal.

Temple IV et complexe N

Le complexe N, situé près du temple IV, illustre le style des structures dites "à temples jumeaux" qu'appréciaient particulièrement les souverains de l'époque classique récente. On pense que ces dernières commémoraient la fin d'un katun, soit le cycle de vingt ans du calendrier maya. Le présent complexe fut construit en 711 par le grand bâtisseur Roi Double rayon de Lune pour marquer le 14e katun du Baktun 9. Le roi lui-même est représenté sur la stèle 16, l'une des plus belles de Tikal.

Avec ses 64 m de hauteur, le temple IV, baptisé aussi temple du Serpent à deux têtes, est non seulement l'édifice le plus haut du site, mais aussi la plus haute structure indienne connue dans l'hémisphère ouest. Il fut achevé aux alentours de 741, sous le règne du fils du Roi Double rayon de Lune. Vu de la terrasse inférieure, il ressemble à une petite colline escarpée. Escaladez le long du sentier en vous accrochant aux arbres et aux racines pour atteindre l'échelle métallique qui vous conduira au sommet. Une autre échelle métallique, située de l'autre côté, permet d'accéder au pied de l'ornement de crête. Quasiment aérienne, la hauteur vous offre un magnifique panorama sur la jungle. Si vous restez là jusqu'au coucher du soleil, ne vous attardez pas trop longtemps ensuite car le sentier s'assombrit très rapidement.

Temple des inscriptions (Temple VI)

Comparés à Copán ou à Quiriguá, les édifices de Tikal portent relativement peu d'inscriptions, à l'exception de ce temple situé à 1,2 km au sud-est de la Grande Plaza. L'ornement de crête, haut de 12 m, présente une longue inscription à l'arrière. Les côtés et la corniche portent également des glyphes. Ces inscriptions nous donnent la date de 766 ap. J.-C. La stèle 21 et l'autel 9, érigés devant le temple, datent de 736. La stèle qui était très endommagée (une partie avait été transformée en *metate* pour piler le maïs !) est désormais réparée.

Attention. Le temple des Inscriptions se trouve à l'écart des autres structures et certains touristes, seuls ou en couples, y furent victimes de vol et de viol. Demandez à un garde de vous accompagner ou allez-y en groupe.

Complexes du Nord

A environ 1 km au nord de la Grande Place se trouve le complexe P. Comme le complexe N, ces temples jumeaux qui commémoraient probablement la fin d'un katun datent du Classique récent.

A côté, le complexe M a été partiellement détruit par les Mayas de l'époque classique récente qui se sont servis des pierres afin de construire la chaussée qui porte aujourd'hui le nom d'Alfred Maudslay, au sud-ouest du temple IV. Les temples du groupe H présentent, à l'intérieur, d'intéressantes inscriptions.

Les complexes Q et R, à environ 300 m au nord de la Grande Place, sont des temples jumeaux qui datent de la fin du Classique récent ; des stèles et des autels se dressent devant les temples. Le complexe Q est peut-être le plus représentatif des temples jumeaux car il est en grande partie restauré. La stèle 22 et l'autel 10, dont la construction remonte à 771, illustrent parfaitement les reliefs sculptés du style classique récent de Tikal.

Le complexe O, à l'ouest de ces complexes et de la chaussée Maler, présente une stèle et un autel non sculptés au nord. Une stèle non sculptée ? Les stèles avaient pour fonction d'illustrer les grands événements, la question de savoir pourquoi celle-ci ne porte aucun ornement vient tout naturellement à l'esprit.

Sentiers

Le Sendero Benilj'a'a, chemin de 3 km divisé en 3 sections, débute en face du Jungle Lodge. La Ruta Monte Medio (1 heure) et la Ruta Monte Medio Alto (2 heures) sont accessibles toute l'année. La Ruta Monte Bajo (35 minutes) n'est praticable que l'été.

Musées

Tikal compte deux musées. Le plus grand, le **Museo Lítico**, est installé dans le Centre d'accueil des visiteurs. Il abrite un grand nombre de stèles et de pierres sculptées découvertes sur le site. A l'extérieur, un immense plan en relief présente Tikal à la fin de l'époque classique, vers l'an 800. L'entrée est gratuite.

Plus petit, le **Museo Tikal** se trouve près du Jungle Lodge. On y admire de fascinants vestiges, dont les objets découverts dans le tombeau du roi Double Rayon de Lune, jades sculptés, os gravés, coquillages, stèles, céramiques, etc. L'entrée coûte 1,65 $US.

Ces deux musées sont ouverts du lundi au vendredi de 9h à 17h, les samedi et dimanche de 9h à 16h.

Circuits organisés

Tous les hôtels vous organiseront des visites de site archéologique et autres circuits dans la région, à Uaxactún, Ceibal, Yaxha, Nakum, mais aucun comme le Jungle Lodge.

Où se loger

Certains visiteurs intrépides dorment au sommet du temple IV ; moyennant une rétribution de 5 $US par personne, les gardes ferment les yeux sur cette pratique illégale. Cette solution est fortement déconseillée pour des raison de sécurité et à cause des éventuelles mygales.

Il existe quatre possibilités d'héberge-ment à Tikal, largement réservées par les circuits organisés. Cela, même si la plupart des groupes (et des individuels) logent près du lac Petén Itzá et font la navette pour la journée. Au cours de ces dernières années, nous avons reçu de nombreuses plaintes concernant les prix, l'accueil et les réserva-tions "perdues" dans ces hôtels. Mieux vaut donc loger à Flores ou à El Remate.

D'un autre côté, résider à Tikal vous permettra de vous détendre, de savourer les moments privilégiés que sont l'aube et le crépuscule sur le site, lorsque se montrent les oiseaux et les animaux de la jungle. Si l'expérience vous tente, inutile de vous charger vous-même des réservations (ce qui n'est pas une mince affaire) : inscrivez-vous à un circuit organisé. N'importe quelle agence de voyages propose des forfaits comprenant l'hébergement, un ou deux repas, la visite

guidée des ruines et un vol aller-retour. L'Adventure Travel Center (☎ /fax 832-0162, viareal@guate.net), 5a Avenida Norte n°25-B, près des arcades d'Antigua, en est un exemple, mais il en existe beaucoup d'autres. En revanche, inutile de réserver si vous disposez d'une tente et prévoyez de dormir dans un camping.

Camping. La formule hébergement la moins chère de Tikal est le camping officiel, installé près de la route d'accès au site et de la piste d'atterrissage abandonnée. Cette vaste étendue d'herbe ombragée par quelques arbres comporte des emplacements pour les tentes. On peut aussi s'installer sur des plates-formes abritées sous les toits de palapa. Les problèmes d'eau que posaient autrefois les sanitaires ont été résolus. La nuit coûte 5 $US par personne.

Le *Jaguar Inn* (voir ci-dessous) dispose également d'un terrain de camping, plus petit, avec sanitaires. On paie 4,20 $US par personne si l'on vient avec sa tente ou son hamac, mais on peut aussi louer le matériel, moyennant 6,65 $US pour un hamac avec moustiquaire, 10/16,65 $US en simple/double pour une tente avec draps, oreiller et tapis de sol.

Hôtels. L'hôtel le plus vaste et le plus séduisant est le *Jungle Lodge* (☎ à Guatemala Ciudad 476-8775, 477-0754, fax 476-0294), construit à l'origine pour loger les archéologues. Il propose 34 chambres très agréables réparties dans des bungalows en duplex, avec s.d.b. individuelle et deux lits doubles, à 48/60/70/80 $US en simple/double/triple/quad. Une aile plus ancienne abrite 12 autres chambres moins belles avec s.d.b. commune à 20/25 $US en simple/double. L'établissement comporte une piscine, de grands jardins et un bar-restaurant qui sert des petits-déjeuners à 5 $US, des déjeuners et des dîners à 10 $US.

Le *Tikal Inn* (fax 926-0065), après le Jaguar Inn en venant du petit musée, arrive en deuxième position sur le plan du charme, avec 17 chambres dans le bâtiment principal et plusieurs bungalows, plus jolis, ainsi que des jardins, une piscine, et un restaurant. Simples et propres, les chambres disposent toutes de leur s.d.b. (eau chaude) et de ventilateur au plafond, mais les murs ne parviennent pas jusqu'au toit, ce qui laisse peu d'intimité.

Les simples/doubles du bâtiment principal coûtent 25/35 $US, celles des bungalows 45/55 $US. L'électricité ne fonctionne qu'entre 11h et 22h.

Le *Jaguar Inn* (☎ 926-0002), à droite du musée en allant vers la route d'accès, propose neuf bungalows avec s.d.b. et ventilateur au plafond à 30/48/66/78 $US en simple/double/triple/quad. Le restaurant sert le petit-déjeuner pour 3 $US, le déjeuner et le dîner pour 6 $US.

Où se restaurer

En arrivant à Tikal, vous trouverez trois petits comedores sur le côté droit de la route : *Comedor Imperio Maya*, *Comedor La Jungla Tikal*, *Comedor Tikal* et *Tienda Angelita*. Le plus fréquenté semble être le premier. En-cas et boissons fraîches sont en vente dans le magasin attenant. Les trois autres sont tous rustiques et agréables, tenus par des habitants de la région qui servent des plats très copieux, corrects, à prix modiques. Le plat du jour se compose pratiquement toujours de poulet rôti, de riz, de salade, d'un fruit et d'une boisson fraîche, le tout pour 4 $US. Tous ces établissements sont ouverts quotidiennement de 5h à 21h.

Tout près de la Grande Plaza, vous trouverez également des tables de pique-nique et des marchands ambulants (boissons fraîches uniquement).

Si vous désirez passer toute la journée dans les ruines sans avoir à refaire 20 à 30 minutes de marche pour retourner aux comedores, emportez de quoi vous restaurer sur place.

Le restaurant du Centre d'accueil des visiteurs, en face des comedores, sert des plats plus élaborés à des prix également plus élevés. Le filet de bœuf (*lomito*) et autres morceaux coûtent 10 $US. Les assiettes de fruits sont plus économiques. Tous les hôtels possèdent également des restaurants.

Comment s'y rendre

Pour plus de renseignements sur les moyens de transport entre Tikal et Flores/Santa Elena, reportez-vous à la rubrique *Comment s'y rendre* de Flores.

Si vous arrivez de Belize, vous pouvez descendre du bus à El Cruce/Puente Ixlu. A cet endroit vous attendrez un bus ou un minibus à destination du nord – ou ferez du stop – pour parcourir les 35 derniers kilomètres jusqu'à Tikal.

Sachez qu'il y a peu de circulation après le déjeuner. Si vous arrivez à Puente Ixlu dans l'après-midi, il vaut probablement mieux continuer jusqu'à Flores ou El Remate pour y passer la nuit que prendre le risque de rester bloqué à El Cruce. S'il est inutile d'avoir un véhicule pour se rendre à Tikal, il est plus commode d'aller visiter Uaxactún en 4WD. Dans ce cas, faites le plein à Flores, car on ne trouve de carburant ni à Tikal ni à Uaxactún.

UAXACTÚN

Uaxactún (prononcez oua-chak-TOUN), à 25 km au nord de Tikal, sur une route de terre qui traverse la jungle, était la rivale politique et militaire de Tikal à l'époque préclassique ancienne. Conquise au milieu du IVe siècle par Grande Patte de Jaguar, monarque de Tikal, elle fut ensuite inféodée à sa grande sœur du Sud.

A votre arrivée à Uaxactún, signez le registre dans la hutte du garde (au bord de l'ancienne piste d'atterrissage qui fait désormais office de pâturage). A mi-parcours de la piste, des chemins partent sur la droite et la gauche en direction des ruines.

Les villageois d'Uaxactún habitent de chaque côté de cette même piste. Ils vivent de la cueillette de chicle, de *pimienta* et de xate dans la forêt environnante.

Ruines

Les pyramides d'Uaxactún ont été dégagées et stabilisées de façon à leur

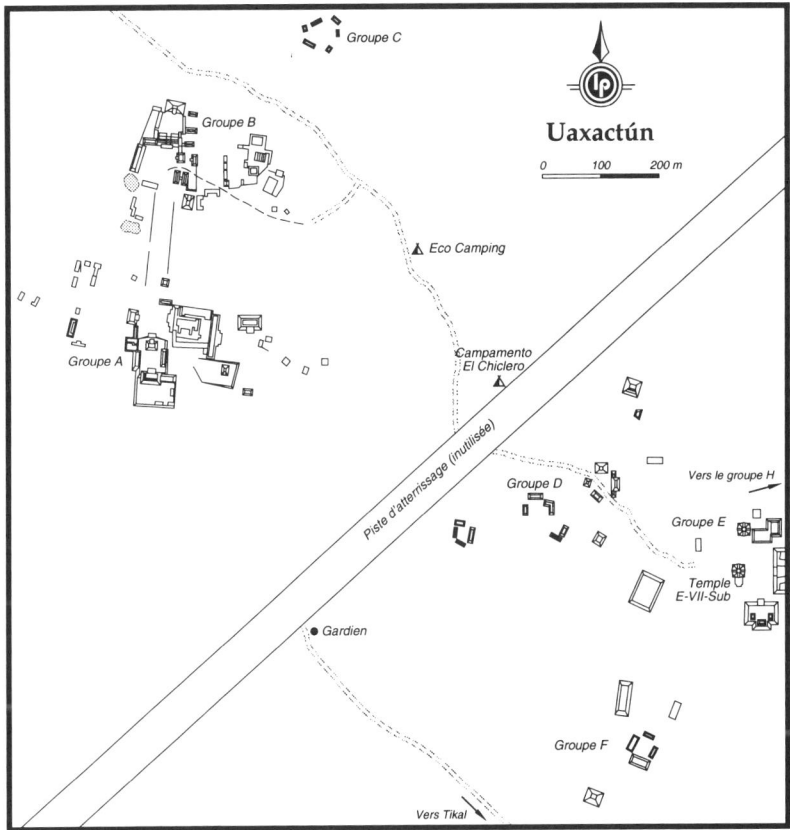

GUATEMALA

éviter toute détérioration supplémentaire, mais elles n'ont pas été restaurées. Le mortier blanc que l'on voit est la trace qu'ont laissée les ouvriers en colmatant les craquelures de la pierre pour empêcher eau et racines d'y pénétrer. La majeure partie du travail réalisé sur le célèbre Temple E-VII-Sub est l'œuvre des bénévoles de l'association Earthwatch en 1974. Parmi eux, se trouvait Jane A Fisher, amoureuse d'Uaxactún, qui a fini par épouser Tom Brosnahan, coauteur de ce guide.

Tournez à droite de la piste d'atterrissage pour atteindre les Groupes E et H (10 à 15 minutes de marche). Le temple le plus important du site est le E-VII-Sub, qui compte parmi les plus anciens temples retrouvés intacts, puisque ses fondations dateraient de 2 000 av. J-C. Il se trouvait au-dessous de structures beaucoup plus grandes, qui ont été enlevées. Sur la plate-forme supérieure, des trous marquent l'emplacement de piliers qui devaient supporter un temple de bois et de chaume.

A environ 20 minutes de marche au nord-ouest du sentier, se trouvent les groupes A et B. Les parois des temples du premier sont endommagées, car les premiers archéologues, financés par Andrew Carnegie, s'intéressaient surtout aux tombeaux et n'ont pas hésité à creuser, voire à utiliser de la dynamite. Leur précipitation a causé la destruction de nombreux temples, qui font maintenant l'objet de travaux de reconstruction.

L'accès est libre et gratuit. Cependant, comme l'embranchement pour Uaxactún se trouve sur le site de Tikal, vous devrez payer 5 $US pour entrer à Tikal.

Circuits organisés

Les hôtels de Tikal organisent des visites d'Uaxactún. Ainsi, le Jungle Lodge propose une excursion quotidienne sur le site, avec départ à 8h et retour à 13h, juste à temps pour ne pas rater le bus de 14h pour Flores. Le tarif s'élève à 60 $US pour 1 à 4 personnes, ou à 15 $US par personne au-delà de 4 participants.

Où se loger et se restaurer

Si vous possédez une tente, vous n'aurez aucun mal à trouver un endroit où la planter. A l'entrée du plus important groupe de ruines, l'*Eco Camping* est un véritable terrain de camping doté de petites cabanes très simples.

La *Posada y Restaurante Campamento El Chiclero*, sur la gauche de la piste d'atterrissage, est un établissement extrêmement rudimentaire constitué de 7 cabanes vétustes. Les murs ne montent pas jusqu'au toit de chaume. La nuit en simple/double coûte 6,65/9 $US, mais vous pouvez aussi planter votre tente et vous bénéficierez des s.d.b. communes. L'établissement n'a pas l'électricité. Situé à 10 minutes à pied des ruines, il propose des excursions dans toute la région, y compris au Parque Nacional El Mirador-Dos Lagunas-Río Azul, à La Muralla, à Nakbé et à Manantial.

Comment s'y rendre

Durant la saison des pluies, qui s'étend de mai à octobre, accéder à Uaxactún est parfois difficile. Aux autres périodes, renseignez-vous sur l'état de la route à

Flores ou à Tikal. On vous déconseillera sans doute d'effectuer ce trajet d'une heure jusqu'au site si vous ne disposez pas d'un véhicule 4x4.

Un bus relie chaque jour Santa Elena à Uaxactún, avec un arrêt à Tikal. Vous paierez 2,50 $US pour trois heures de trajet depuis Santa Elena, 1 $US à partir de Tikal. Le bus part de Santa Elena à 13h et effectue le retour depuis Uaxactún à 5h.

Si vous êtes en voiture, faites le plein avant de quitter Flores. Vous ne trouverez d'essence ni à Tikal ni à Uaxactún. Prévoyez également de quoi boire et manger, même si l'on trouve quelques en-cas au village d'Uaxactún.

D'Uaxactún, il faut rouler encore sur 104 km pour atteindre les ruines de Río Azul, 88 km pour parvenir à San Andrés.

A L'EST VERS LE BELIZE

Melchor de Mencos, la ville frontière guatémaltèque, est située à 101 km à l'est de Flores/Santa Elena.

Si vous venez de Santa Elena, vous pouvez prendre un bus pour Melchor de Mencos, d'où vous passerez ensuite au Belize. Les Transportes Pinita proposent par ailleurs des bus directs pour Belize City, avec départ à 5h. Ensuite, vous n'aurez plus qu'à prendre le bateau pour Caye Caulker et Ambergris Caye. Ce bus de 5h vous évitera de passer une nuit à Belize City. Consultez *Flores/Santa Elena* pour les détails relatifs aux bus.

La route goudronnée de Flores à El Cruce/Puente Ixlu est rapide. Si vous venez de Tikal, partez aux aurores et descendez à El Cruce pour prendre le bus ou faire du stop en direction de l'est. Le moyen le plus rapide et le plus fiable reste toutefois le bus de 5h.

A l'est d'El Cruce, la route redevient très mauvaise. Le trajet jusqu'à Melchor de Mencos dure 3 à 4 heures. Il y a eu des précédents concernant la présence de guérilleros et de bandits sur cette route. On ne peut donc totalement écarter l'éventualité que le bus puisse être arrêté et ses passagers délestés de leurs objets de valeur. (Cela n'est plus arrivé depuis longtemps.)

En haut : vue de Belize City depuis le toit du Fort George Hotel, Belize (TB)
En bas : la jetée et la plage à Caye Caulker, Belize (TB)

En haut : le Tropical Paradise Hotel à Caye Caulker, Belize (TB)
En bas : petit hôtel à Placencia, Belize (TB)

A la frontière, vous devez montrer votre carte de touriste délivrée par le Guatemala pour continuer sur Benque Viejo, au Belize, distant d'environ 3 km. Voir dans la partie *Benque Viejo* les informations concernant les transports pour Benque Viejo, San Ignacio, Belmopan et Belize City. Si vous arrivez tôt à Benque Viejo, vous aurez peut-être le temps de visiter les ruines mayas de Xunantunich avant de vous rendre à San Ignacio.

DU PETÉN AU CHIAPAS (MEXIQUE)

Trois routes relient actuellement Flores (Guatemala) et Palenque (Mexique) à travers la jungle. Quelle que soit celle que vous choisirez, réglez les formalités de douane et demandez que l'on tamponne votre passeport de chaque côté de la frontière.

Via El Naranjo et La Palma

L'itinéraire traditionnel consiste à prendre le bus jusqu'à El Naranjo, puis le bateau sur le Río San Pedro jusqu'à La Palma et enfin un taxi collectif ou un bus pour Tenosique et Palenque.

Les bus à destination d'El Naranjo (sur le Río San Pedro) partent tous les jours à 5h et à 12h30 depuis la place du marché ; le trajet sur cette route pleine de bosses, qui s'étire sur 125 km, dure 6 heures et coûte 4,50 $US.

Les bus des Transportes Pinita pour El Naranjo (sur le Río San Pedro) partent de l'Hotel San Juan de Santa Elena tous les jours à 5h, 8h, 11h, 13h et 14h. Il en coûte 3 $US et cela prend 5 heures pour parcourir les 125 km d'une route cahoteuse à souhait. Les bus Rosío proposent le même trajet, avec départs à 4h45, 8h, 10h30 et 13h30.

El Naranjo est un hameau réunissant quelques huttes aux toits de feuilles, de grands baraquements militaires, un poste d'immigration et quelques hôtels rudimentaires. De là, vous devez prendre le bateau à la mi-journée pour rejoindre, 4 heures plus tard, la ville frontière de La Palma (24$US). Vous prendrez ensuite le bus ou un taxi collectif pour Tenosique (1 heure 30), puis un bus ou un combi jusqu'à Emiliano Zapata (40 km, 1 heure) et de là, un bus ou un combi pour Palenque.

En sens inverse, les agences de voyages de Palenque proposent de vous emmener à La Palma en minibus, juste à temps pour attraper le bateau spécial de 9h à destination d'El Naranjo ; le bus arrive à Flores à 19h le même jour. Le billet coûte environ 55 $US par personne.

Bien que quelque peu onéreuse, cette formule est plus rapide, plus commode et plus sûre ; de plus, elle évite de passer une soirée monotone à El Naranjo.

Dans l'autre sens, les agences de voyages de Palenque se proposent de vous emmener à La Palma en minibus, à temps pour attraper le bateau pour El Naranjo, qui quitte le quai entre 8h et 9h. Reste ensuite à ne pas manquer le bus à bord duquel vous subirez les cinq épouvantables heures de route qui vous séparent encore de Flores. Vous parviendrez ainsi à destination aux environs de 19h. Le coût de ce périple s'élève à 55 $US par personne. Si cela dépasse vos moyens, prenez le bus de 4h30 pour Tenosique à la gare routière de l'ADO, puis un taxi (10 $US) jusqu'à La Palma, d'où part le bateau de 8h. Et si vous ratez le bus de 4h30, sachez qu'il existe de petits hôtels très bon marché à Tenosique, que vous trouverez toujours un endroit où accrocher votre hamac à La Palma.

Via Bethel et Frontera Corozal

Pour perdre moins de temps, vous pouvez aussi prendre le bus qui part de bonne heure de Flores à destination du hameau de Bethel (4 heures, 3 $US), *via* La Libertad et le carrefour d'El Subín. Bethel se situe sur le Río Usumacinta, qui matérialise la frontière entre Guatemala et Mexique.

Avec le premier bus, vous devriez atteindre Bethel avant midi. Sinon, vous pourrez toujours passer la nuit à la *Posada Maya*, près de la rivière, dans la forêt tropicale. Cet établissement bon marché situé à 1 km de Bethel offre la possibilité de prendre les trois repas et de dormir soit dans un petit bungalow, soit dans un hamac à la belle étoile. Les ingrédients des repas poussent dans le jardin potager du lieu. Au rang des activités proposées, la baignade dans la rivière et des promenades dans les environs, notamment à la source naturelle de Yaxchilán, qui offre un magnifique point de vue sur la région. Les propriétaires, sympathiques et serviables, se chargeront de vous procurer un moyen de transport, par exemple un cheval ou un bateau.

De fréquents bateaux descendent la rivière de Bethel à Frontera Corozal, derrière la frontière mexicaine. Ils vous réclameront de 4 à 12 $US pour ce trajet d'une demi-heure, selon vos dons de négociateur.

Frontera Corozal (anciennement Frontera Echeverría) comporte un restaurant et quelques possibilités d'hébergement très rudimentaires, mais mieux vaut prendre l'un des taxis collectifs qui attendent les passagers à destination de Palenque. Le dernier d'entre eux part vers 14 ou 15h.

De Frontera Corozal, la location d'un bateau pour le site archéologique de Yaxchilán peut coûter 60 $US ; en vous joignant à un groupe, vous ne paierez guère plus de 10 $US. De Frontera Corozal, le trajet en bus dure 4 heures à 4 heures 30 jusqu'à Palenque et coûte 5 $US.

Pour le retour, vous trouverez à Palenque un bus pour Frontera Corozal (2 ou 3 heures, 4 $US), puis un bateau remontant la rivière (25 minutes jusqu'à la Posada Maya, 35 minutes jusqu'au village de Bethel). Vous aurez alors le choix entre passer la nuit à la Posada Maya et poursuivre le trajet en bus jusqu'à Flores.

A Palenque, les agences de voyages ont tendance à dissuader les voyageurs d'effectuer cette excursion par leurs propres moyens, affirmant que la seule façon de visiter le site consiste à payer les 30 $US que coûte leur circuit organisé, et qu'il n'existe aucun hébergement à la frontière. N'en croyez rien ! Certes, ces circuits organisés épargnent bien des tourments, mais rien ne vous empêche de

faire la même chose tout seul pour la moitié du prix. Veillez simplement à partir de très bonne heure.

Via Sayaxché, Pipiles et Benemérito
Depuis Sayaxché, vous pouvez négocier votre passage sur l'un des cargos (8 heures, 8 $US) qui descendent le Río de la Pasión *via* Pipiles (poste-frontière guatémaltèque) jusqu'à Benemérito. De là, rendez-vous aux ruines de Yaxchilán et de Bonampak en bus ou en bateau, puis continuez jusqu'à Palenque. Il existe aussi des bus directs Benemérito-Palenque (10 heures, 12 $US).

SAYAXCHÉ ET CEIBAL
Sayaxché, à 61 km au sud de Flores à travers la jungle, est la ville la plus proche d'une demi-douzaine de sites archéologiques, dont : Aguateca, Altar de Sacrificios, Ceibal, Dos Pilas, El Caribe, Itzán, La Amelia et Tamarindito. Ceibal est actuellement le site le mieux restauré et le plus intéressant, non seulement en raison de ses monuments, mais aussi parce qu'on y accède par le fleuve et la jungle.

Dos Pilas, qui fait encore l'objet de fouilles actives, n'est pas équipé pour accueillir des visiteurs dépourvus de matériel de camping. De là, les sites mineurs de Tamarindito et Aguateca sont accessibles à pied ou en bateau, mais ils n'ont bénéficié d'aucun travail de restauration et restent envahis par la jungle, si bien qu'ils n'intéresseront que les plus intrépides.

Sayaxché présente peu d'intérêt, mais on y trouve de quoi se loger et se restaurer.

Orientation
Le bus arrivant de Santa Elena vous dépose sur la rive nord du Río de la Pasión. La plus grande partie de la ville se trouve sur la rive sud. Des bacs, dont les passages sont fréquents, vous permettront de traverser pour un prix modique.

Ceibal
De faible importance durant l'époque classique, Ceibal (ou Seibal) connut ensuite un essor rapide, avec une population qui a très

bien pu atteindre les 10 000 habitants en 900. Ce développement semble lié à une forte immigration en provenance de l'actuel Chiapas mexicain, car l'art et la culture locaux paraissent avoir subi d'importantes influences durant cette même période.

L'époque Postclassique vit le déclin de Ceibal, dont les temples à l'abandon disparurent ensuite rapidement, absorbés par la jungle luxuriante.

Aujourd'hui, Ceibal n'est certes pas le plus impressionnant des sites mayas, mais le trajet pour s'y rendre vous laissera des souvenirs mémorables. Après deux heures de bateau sur le Río de la Pasión qui serpente à travers la jungle, vous arrivez à un débarcadère rudimentaire. Il faut ensuite grimper le long d'un étroit sentier rocailleux à l'ombre d'immenses ceibas et d'enchevêtrements de lianes pour atteindre la zone archéologique.

De petits temples, dont la majorité est encore ensevelie sous la végétation, entourent deux places.

Devant certains sanctuaires, se dressent de magnifiques stèles, éparpillées le long des sentiers qui s'enfoncent sous la voûte sylvestre ; leurs savants ornements sculptés sont en excellent état.

Où se loger et se restaurer

L'*Hotel Guayacán* (☎ 926-6111), proche du débarcadère de Sayaxché, sur la rive sud du fleuve, est rudimentaire mais pratique. La double coûte 8/10 $US, selon que la s.d.b. est commune ou privée. L'*Hotel Mayapan*, un peu plus haut à gauche, dispose de minuscules chambres à 5 $US la double. L'*Hotel Ecológico Posada Caribe* (☎/fax 928-6114, Guatemala Ciudad 230-6588) est plus cher.

Le *Restaurant Yaxkin* est tout à fait représentatif de ceux en ville : simple, familial et peu onéreux.

Comment s'y rendre.

Agences de voyages et chauffeurs de Santa Elena, Flores et Tikal proposent des excursions d'une journée à Ceibal pour environ 30 $US par personne. Bien entendu, vous paierez moins cher en y allant par vos propres moyens, mais vous risquez fort de regretter ce choix, nettement moins confortable.

Des bus de Transportes Pinita partent de Santa Elena pour Sayaxché à 6h, 9h et 10h, et à 13h et 16h (2 heures, 2,50 $US). Là, il faut ensuite marchander l'aller à Ceibal en bateau – 2 heures – et le retour. Le prix du trajet varie de 30 à 60 $US selon le bateau. Du fleuve, le site se trouve à moins d'une demi-heure de marche. Nous vous conseillons de vous faire accompagner par un guide car les plus belles stèles sont dispersées à l'écart des plazas, dans la jungle.

Présentation du Belize

Le Belize est un pays tropical anglophone à la population et aux cultures extrêmement composites. Aujourd'hui "découvert" par les voyageurs, il connaît une évolution rapide.

Le Belize est minuscule : il ne regroupe qu'environ 250 000 habitants (l'équivalent d'une petite ville du Mexique, d'Europe ou des États-Unis) et sa superficie de 23 300 km^2 dépasse à peine celle du pays de Galles ou du Massachussets.

Caractérisée par une rhétorique enflammée et une intense émotivité, la vie politique bélizienne serait, selon les dires, tumultueuse. En fait, le pays est une démocratie qui n'a jamais connu de coup d'État militaire. Du reste, à défaut d'armée, il ne possède qu'une modeste Force de défense.

Accueillant, isolé, beau, fier, pauvre et confiant en l'avenir, le Belize est un pays qu'il est difficile de ne pas aimer. Si quelques visiteurs y ont ressenti une déception, elle est due à des attentes irréalistes. Il convient donc de conserver quelques points présents à l'esprit.

Le Belize n'est pas encore tout à fait prêt à recevoir de nombreux touristes. Dans certaines régions, les services sont rares, éloignés les uns des autres, d'un niveau élémentaire et d'un prix relativement élevé. Le pays compte quelques hôtels, pour la plupart modestes, qui peuvent se révéler complets à votre arrivée. Seules quelques routes sont asphaltées sur l'ensemble du territoire ; les trajets peuvent donc prendre du temps. Les transports publics se limitant aux petits avions et aux vieux autocars scolaires, de nombreux hôtels et pensions proposent à leurs clients des minibus qui permettent d'effectuer des excursions dans des conditions plus confortables.

Plus de la moitié des touristes au Belize se rendent aux *cayes* (îles) dès leur arrivée. Certains y passent tout leur séjour, d'autres ne s'y fixent que pour rayonner vers différentes régions du pays ou même Tikal (Guatemala). De même, beaucoup filent directement de l'aéroport aux montagnes de l'Ouest, où ils ont réservé une chambre dans une petite *lodge*. Lorsqu'ils souhaitent organiser une excursion, ils s'adressent à la direction de l'établissement. Comme le gîte lui-même, cette prestation est modeste, pratique et personnalisée. Par ailleurs, elle est souvent vendue plus cher que sur le marché du tourisme de masse.

Si vous comptez trouver le confort et des commodités à bas prix alors que vous voyagez en indépendant, vous risquez d'avoir une mauvaise opinion du Belize. Souple et ouvert à l'aventure, vous y vivrez une expérience des plus singulières.

HISTOIRE
L'époque coloniale

Dans l'esprit des conquérants espagnols, le Belize était tout juste bon à fournir du bois destiné aux teintures. Il ne possédait ni richesse susceptible d'être exploitée, ni population digne d'être convertie pour la plus grande gloire de Dieu et le plus grand profit des conquistadores. En outre, le pays se révélait dangereux à cause de la barrière de récifs sur laquelle venaient se briser les quilles des navires qui tentaient d'accoster.

Bien que "propriétaire" du Belize, l'Espagne n'exerçait pratiquement aucun pouvoir sur ce pays. Et de fait, sur quoi serait-il exercé ? L'absence de gouvernement et la sécurité qu'offraient les récifs attirèrent les pirates anglais et écossais dans les eaux béliziennes au XVIIe siècle. Ils s'y adonnèrent à leur coupable activité sans rencontrer d'opposition notable, et capturèrent de nombreux galions qui transportaient l'or et les richesses arrachées aux peuples des colonies espagnoles d'Amérique. En 1670, l'Espagne obtint des autorités britanniques qu'elles mettent fin aux agissements des pirates. Ceux-ci se reconvertirent dans les activités liées au bois et de boucaniers, se firent bûcherons.

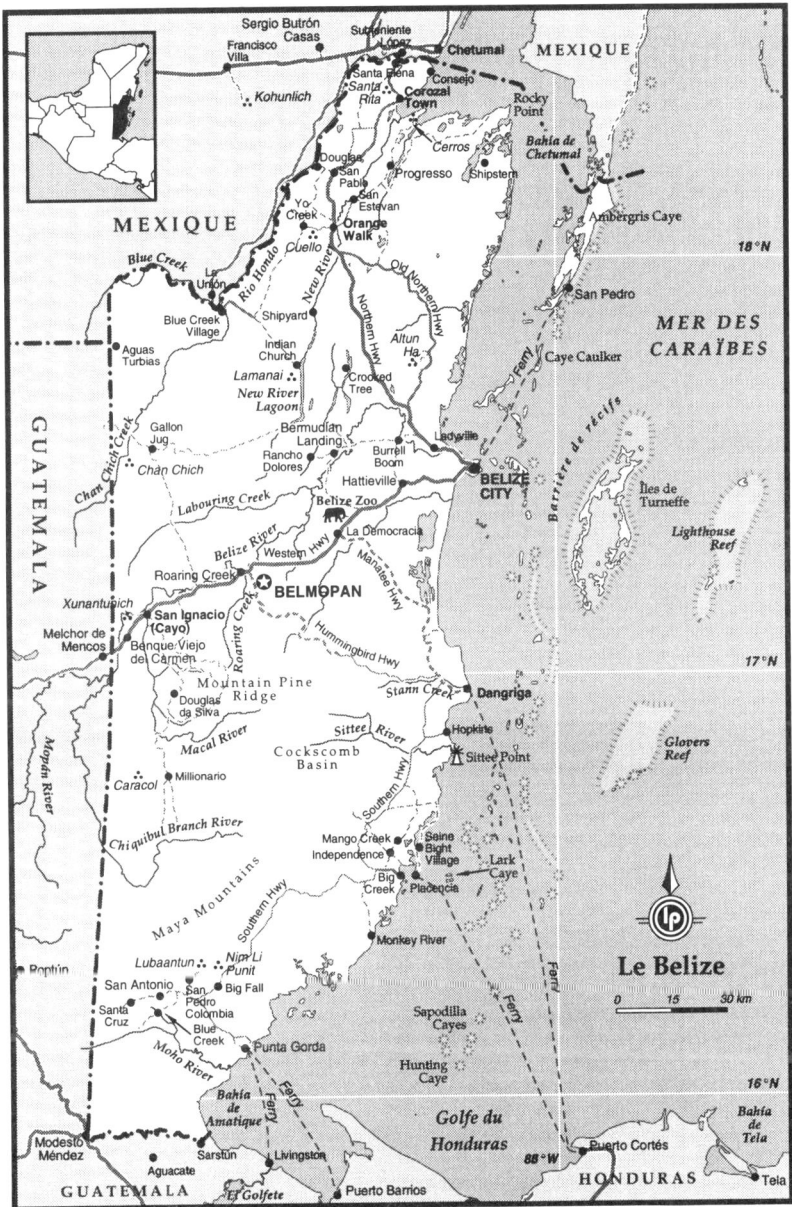

Le Belize

Selon nos critères actuels, ils se comportèrent en piètres gestionnaires des ressources naturelles. En effet, abattant les arbres sans discernement, ils endommagèrent l'écosystème de la jungle.

Au XVIIIᵉ siècle, les Espagnols voulurent expulser ces bûcherons. Pratiquement dénuée de pouvoir dans la région et occupée à régler des questions plus importantes dans d'autres parties de l'empire, l'Espagne ne prêta guère attention au Belize.

Tel ne fut pas le cas des Anglais. L'implication des Britanniques au Belize s'accrut parallèlement au développement de leurs intérêts dans les Caraïbes. Dans les années 1780, ils protégèrent les activités des anciens pirates tout en assurant à l'Espagne que le pays relevait toujours de son autorité. Il s'agissait là d'une illusion, car en réalité le Belize était déjà britannique par tradition et par affinité. Ce fut donc avec soulagement et jubilation que les Béliziens apprirent, le 10 septembre 1798, la victoire des Anglais sur l'armada espagnole, au large de St George's Caye. Le pays se voyait délivré de la domination espagnole, mais il fallut attendre une soixantaine d'années pour que cet état de fait soit établi par un traité.

Malgré son nouveau statut, le Belize ne trouva pas la prospérité. Il se présentait toujours comme un vaste terrain de défrichage, auquel manquait l'équilibre d'une société formée de paysans, d'artisans et de négociants. L'effondrement du commerce du bois provoqué par l'invention des teintures synthétiques entraîna celui de l'économie locale. Celle-ci retrouva sa vigueur au début du XIXᵉ siècle grâce aux exportations d'acajou, mais ne résista pas longtemps à la féroce concurrence des bois africains.

Le Belize connut un autre boom commercial en vendant des armes, des munitions et du matériel divers aux rebelles mayas du Yucatán pendant la guerre des Castes, au milieu du XIXᵉ siècle. Ce conflit suscita également la venue d'un flot de réfugiés. Les premiers furent les Blancs et leurs lieutenants *mestizos*, que la colère des autochtones avait contraints à fuir. Ils furent suivis par les Mayas eux-mêmes, qui durent quitter le Yucatán après que les Blancs y eurent repris le pouvoir. Ces nouveaux venus, qui importèrent des techniques agricoles tout à fait profitables, permirent d'élargir l'horizon et la viabilité économiques de la société bélizienne.

En 1862, alors que les États-Unis déchirés par la guerre de Sécession se montraient incapables d'appliquer la doctrine de Monrœ, la Grande-Bretagne incorpora le Belize à l'empire et baptisa la nouvelle colonie "Honduras britannique". Cette décision encouragea les habitants de nombreuses régions soumises à la Couronne à venir s'installer au Belize. La diversité ethnique qui marque actuellement le pays remonte en partie à cette époque.

L'époque contemporaine

La dégradation de l'économie bélizienne après la Deuxième Guerre mondiale provoqua l'éclatement de troubles assortis de revendications indépendantistes. Au fil des ans, les institutions démocratiques et les partis politiques apparurent, l'autonomie se fit réalité et, le 21 septembre 1981, la colonie du Honduras britannique devint officiellement un pays indépendant qui prit le nom de "Belize". Fort heureusement, l'évolution politique des Béliziens ne suivit pas le schéma général de l'Amérique centrale, où les armes se sont trop souvent opposées aux urnes. Ce pays peuplé à l'origine de pirates est doté d'une vie politique étonnamment dépourvue de violence, encore que non exempte de corruption.

Le Guatemala, qui considérait le Belize comme partie intégrante de son territoire, craignait que cette indépendance récente ne réduise ses espoirs à néant. Les Guatémaltèques menacèrent de déclencher les hostilités, mais les troupes britanniques stationnées au Belize maintinrent le différend au stade de chamailleries diplomatiques. En 1992, le nouveau gouvernement guatémaltèque reconnut l'indépendance et l'intégrité territoriale du Belize. Un traité établit l'abandon des revendications du Guatemala sur son voisin du Nord.

Bien qu'il ait connu un semblant de prospérité à la fin du XVIIIᵉ et au début du XIXᵉ siècles grâce au commerce du bois de coupe et de l'acajou, le Belize n'a jamais été un pays riche. Au XXᵉ siècle, son économie est marquée par l'assistance que lui ont fournie le Royaume-Uni et les États-Unis, la contribution financière de ses ressortissants émigrés, et l'apport de devises étrangères que lui vaut sa faible activité agricole.

Au début des années 90, on a cru que le tourisme relèverait le niveau de vie des Béliziens et injecterait des fonds susceptibles d'assurer la protection et la restauration des importants sites archéologiques mayas du pays. En 1995, la forte dévaluation du peso mexicain a considérablement abaissé le prix des biens et services fournis par le voisin du Nord. Les touristes ont donc délaissé le Belize pour le Mexique, meilleur marché. Les Béliziens eux-mêmes ont déserté les magasins locaux pour ceux de Chetumal (Mexique), où les vêtements, le carburant, l'alimentation — en fait, tout — leur coûtait beaucoup moins cher.

Par souci d'équilibre budgétaire, les États-Unis ont ensuite considérablement restreint leur aide au Belize.

Dans sa grande sagesse, le gouvernement bélizien a choisi ce moment délicat (1996) pour décréter une augmentation substantielle de la TVA (15%) et lever de nouvelles taxes sur les services touristiques. Bien qu'il les ait abaissées plus tard, le mal était fait.

GÉOGRAPHIE

Comme le Yucatán, le Belize se compose principalement de basses terres tropicales. Le soubassement calcaire s'étend sur plusieurs kilomètres à l'est, recouvert par les eaux de la mer des Caraïbes sur une profondeur d'environ cinq mètres. A l'extrémité orientale de ce plateau se dresse la célèbre barrière de récifs, la plus longue de l'hémisphère occidental, que seule dépasse la Grande Barrière australienne. La majeure partie du littoral est bordée de mangroves qui forment une démarcation assez floue entre la terre ferme et la mer. Elles cernent également de nombreuses îles du large appelées *cayes*, qui comportent assez peu de plages de sable.

Le nord du Belize est une région tropicale au relief bas dont la côte est très marécageuse.

A l'ouest et au sud, les monts Mayas s'élèvent à presque 1 000 m. Même à cette altitude, la forêt reste luxuriante et très arrosée. Elle conserve son humidité en saison sèche, mais s'avère plus agréable que dans les basses terres.

CLIMAT

Dans les monts Mayas, le climat est agréablement chaud en journée, plus frais la nuit. Partout ailleurs, chaleur et humidité intenses sévissent de jour comme de nuit pendant la majeure partie de l'année. Les précipitations sont plus faibles au Nord. Dans les forêts tropicales du Sud, l'humidité s'élève considérablement en raison de l'importance des pluies (presque 4 m par an). Sur les cayes, la brise tropicale souffle

BELIZE

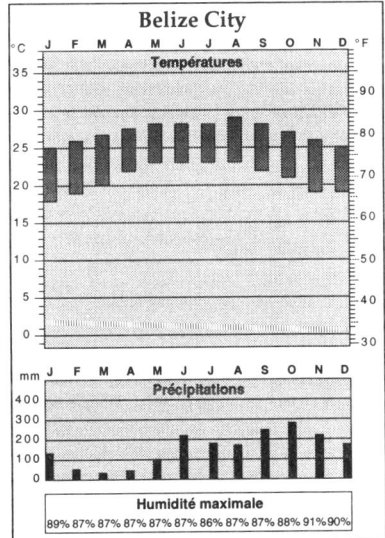

Belize City

Humidité maximale
89% 87% 87% 87% 87% 86% 87% 87% 88% 91% 90%

en permanence dans les palmiers et offre une ventilation parfaitement naturelle. Sur le continent, l'air est étouffant.

INSTITUTIONS POLITIQUES

L'administration coloniale britannique a laissé au Belize une tradition de démocratie représentative qui s'est poursuivie après l'indépendance. Le souverain britannique est le chef de l'État ; il est représenté à l'échelon local par le gouverneur général, qu'il nomme sur avis du Premier ministre bélizien. Le Parlement comporte deux chambres : une Chambre des Députés, élus au suffrage universel, et un Sénat, semblable par ses fonctions à la Chambre des Lords, dont les membres sont nommés.

Le Premier ministre est le vrai chef politique du Belize. Depuis l'indépendance, ce poste a été surtout occupé par George Price, le fondateur du PUP (People's United Parti, "Parti Populaire Uni"). Cette for-

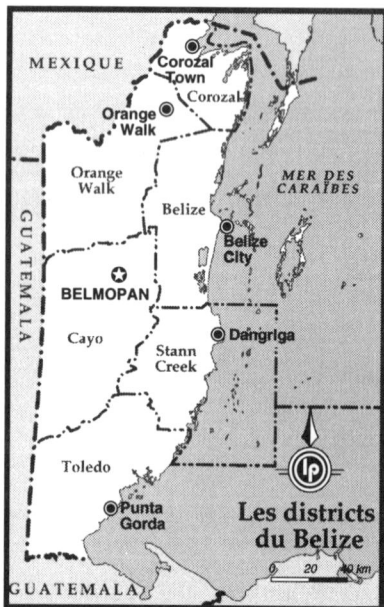

Les districts du Belize

mation a vu le jour dans les années 50, lorsque débutèrent les revendications indépendantistes. Pendant sa première décennie, le PUP était taxé de comportement antibritannique et ses dirigeants harcelés par les autorités coloniales. Toutefois, en 1961, le gouvernement britannique comprit que l'indépendance du Belize était la condition de son avenir. Considéré jusque-là comme une épine plantée dans le pied de la Grande-Bretagne, Price devint le chef potentiel de la nation balbutiante.

En 1964, le Belize se dota d'une nouvelle Constitution destinée à garantir l'autonomie. Mené par Price, le PUP remporta les élections de 1965, 1969, 1974 et 1979, et fut le principal acteur dans l'obtention de l'indépendance conquise en 1981. En dépit de cette réussite, il ne parvint pas à réaliser le rêve des Béliziens : relancer l'économie. Cet échec fut notamment dû aux conditions du marché, sur lesquelles il n'avait aucun contrôle. Par ailleurs, on lui reprochait d'être resté trop longtemps au pouvoir, de se montrer complaisant et d'être touché par la corruption.

La principale opposition au PUP, une coalition multipartite baptisée plus tard UDP (United Democratic Party, "Parti Démocratique Uni"), remporta les élections de 1984 grâce au mot d'ordre suivant : "Il est temps de changer !" Manuel Esquivel remplaça George Price au poste de Premier ministre. Fier de sa maîtrise de l'économie, l'UDP renforça son pouvoir lors des élections municipales qui eurent lieu vers la fin de la décennie. Mais les élections nationales anticipées de septembre 1989 lui réservèrent une surprise : le PUP s'assura quinze sièges à la Chambre des Députés, contre treize seulement pour l'UDP. Le vénérable George Price reprit son ancien siège de Premier ministre à Manuel Esquivel, qui retrouva celui de chef de l'opposition.

Fort de sa popularité, le PUP organisa des élections anticipées en 1993 afin de prolonger son mandat de trois ans. Pour la majorité des Béliziens, la victoire du PUP semblait acquise. De nombreux électeurs qui soutenaient le parti ne se rendirent

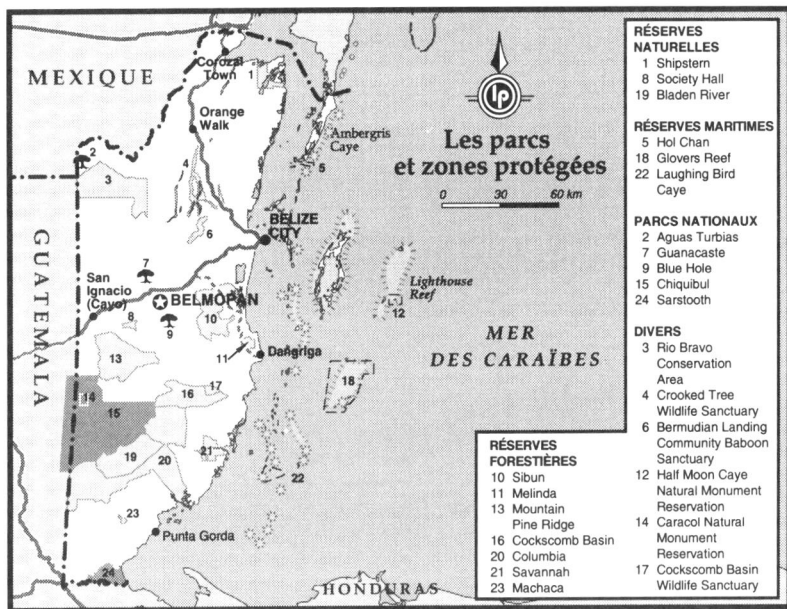

RÉSERVES NATURELLES
1 Shipstern
8 Society Hall
19 Bladen River

RÉSERVES MARITIMES
5 Hol Chan
18 Glovers Reef
22 Laughing Bird
   Caye

PARCS NATIONAUX
2 Aguas Turbias
7 Guanacaste
9 Blue Hole
15 Chiquibul
24 Sarstooth

DIVERS
3 Rio Bravo
  Conservation
  Area
4 Crooked Tree
  Wildlife Sanctuary
6 Bermudian Landing
  Community Baboon
  Sanctuary
12 Half Moon Caye
   Natural Monument
   Reservation
14 Caracol Natural
   Monument
   Reservation
17 Cockscomb Basin
   Wildlife Sanctuary

RÉSERVES FORESTIÈRES
10 Sibun
11 Melinda
13 Mountain
   Pine Ridge
16 Cockscomb Basin
20 Columbia
21 Savannah
23 Machaca

Les parcs et zones protégées

même pas aux urnes. Les partisans de l'UDP, au contraire, s'y pressèrent, et leur formation l'emporta à une très faible majorité (d'une seule voix, dans certaines circonscriptions). Manuel Esquivel fut à nouveau désigné au poste de Premier ministre, sous le regard incrédule des sympathisants du PUP.

En 1996, le vénérable George Price annonça qu'il quittait ses fonctions à la tête du PUP, faisant ainsi naître de bruyantes luttes de pouvoir parmi ses lieutenants. Sous la direction de Said Musa, vainqueur de l'affrontement, le PUP réussit un retournement saisissant lors des élections municipales de mars 1997. Il détient aujourd'hui toutes les villes et espère reconquérir le pouvoir absolu lors des élections générales de 1998.

ÉCONOMIE

L'élevage de bovins, la culture du maïs, des fruits (notamment des agrumes) et des légumes se pratiquent à l'ouest et au sud de Belize City. Les activités forestières se concentrent dans les monts Mayas, tandis que le Nord est réservé aux grandes plantations de canne à sucre et aux raffineries. Les cayes dépendent, elles, du tourisme et de la pêche, mais ces deux activités entrent parfois en conflit. Ainsi pour la grave surexploitation de la langouste et de certaines variétés de poisson.

Le Belize, qui possède une multitude de petites pistes d'atterrissage isolées, une force navale modeste et un certain nombre d'individus complaisants et haut placés, est également devenu un lieu de transbordement des stupéfiants. On prétend que la marijuana pousse en quantités industrielles près d'Orange Walk. Dans les rues de Belize City, on retrouve à l'évidence une bonne partie de cette production, ainsi que du crack.

POPULATION ET ETHNIES

Aussi composites et intéressantes soient-elles, les populations du Mexique et du

Guatemala sont aisément distancées par la fantastique diversité ethnique présentée par les 250 000 habitants que compte le petit Belize.

Les Mayas du Belize appartiennent à trois familles linguistiques. Ceux du Nord, près de la frontière du Yucatán, parlent yucatèque et espagnol. L'usage du maya décroît, celui de l'espagnol augmente, et l'anglais – langue officielle du pays – s'infiltre partout. Les Mayas Mopan vivent dans le Cayo District, à l'ouest, près de la ville-frontière de Benque Viejo del Carmen ; les Kekchi occupent la région de Punta Gorda, à l'extrémité sud du Belize. Les Mayas ne représentent qu'environ 10% de la population. Un tiers des Béliziens est formé de mestizos, dont certains ont émigré du Yucatán au XIXe siècle. Depuis quelques années, les réfugiés politiques guatémaltèques et salvadoriens sont venus grossir les rangs de la population maya du Belize.

La majeure partie des Béliziens se compose de créoles. Ils descendent des esclaves africains et des flibustiers britanniques qui s'étaient établis dans le pays pour exploiter les richesses de ses forêts. Métissés et fiers de l'être, ils parlent un fascinant dialecte anglicisant qui, quoique familier à l'oreille, n'est guère compris par les habitués de l'anglais classique. La plupart des gens auxquels on a affaire à Belize City et Belmopan sont créoles.

Le sud du Belize abrite les *Garifunas* (ou *Garinagus*, également dénommés "Caraïbes noirs"), qui ne dépassent pas 10% de la population. Métis d'Africains et d'Indiens d'Amérique du Sud, ils ressemblent davantage aux premiers qu'aux seconds, parlent une langue plus indienne qu'africaine, et possèdent une culture unique qui associe plusieurs traits des deux peuples.

Outre les Mayas, les mestizos, les créoles et les Garifunas, le Belize compte une petite communauté de Chinois (restaurateurs et commerçants), de Libanais (négociants), de Suisses allemands (paysans), d'Indiens du sous-continent (commerçants), d'Européens et de Nord-Américains.

RELIGION

Les religions du Belize se révèlent aussi variées que son patrimoine ethnique. Les anglicans côtoient les bouddhistes, les catholiques, les hindous, les musulmans, les mennonites et les communautés évangéliques protestantes. Par ailleurs, on y pratique toujours certains rituels mayas traditionnels.

LANGUE

L'anglais est la langue officielle du pays. Les créoles, qui constituent le groupe ethnique majeur (plus de la moitié de la population), parlent tout autant un dialecte en couleur que l'anglais classique. Dans leur bouche, ce dernier prend une musicalité typique des Caraïbes. L'espagnol est la première langue du Nord et de certaines villes de l'Ouest. On peut aussi entendre parler le maya, le chinois, l'allemand mennonite, l'arabe du Liban, l'hindi et le garifuna.

Renseignements pratiques

QUAND PARTIR

L'hiver, saison la plus touristique, dure de mi-décembre à avril. La saison sèche (de novembre à mai) convient mieux au voyage. Cependant, dans les cayes les prix sont inférieurs et il est plus facile de trouver un hébergement en été (de juillet à novembre). Si vous séjournez au Belize à cette période, sachez néanmoins que les ouragans sont fréquents. A Belize City, ils ont provoqué des dégâts considérables et de lourdes pertes humaines en 1931, 1961 et 1978.

OFFICES DU TOURISME

Plusieurs sites Web proposent des informations utiles sur le Belize (voir la rubrique *Internet* dans le chapitre *Renseignements pratiques* en début d'ouvrage). Le pays possède en outre quelques offices du tourisme au Mexique :

Cancún, Quintana Roo, Mexique
    Belize Tourist Board, Hotel Parador Lobby,
    Avenida Tulum 26, Supermanzana 5,
    Cancún
Mérida, Yucatán, Mexique
    Belize Tourist Board, Calle 58 No 488-B
    au niveau de la Calle 43, Mérida 97000

Dans le pays même, deux offices du tourisme sont établis à Belize City (voir le chapitre concerné).

FORMALITÉS ADMINISTRATIVES
Belizean Visitor's Permit

Ce "permis de visite au Belize" est accordé aux étrangers n'ayant pas besoin de visa. Il s'agit des sujets britanniques et des habitants du Commonwealth, des citoyens des États-Unis et des ressortissants allemands, belges, danois, français, finlandais, grecs, hollandais, mexicains, norvégiens, panaméens, suédois, suisses, tunisiens, turcs et uruguayens. Il leur suffit de produire un passeport valide et un billet d'avion aller-retour ou attestant de la poursuite du voyage. Le permis prend la forme d'un cachet apposé sur le passeport par les autorités d'immigration à la frontière ou à l'aéroport. Si vous paraissez jeune, négligé ou sans le sou, l'officier d'immigration exigera certainement de voir votre billet d'avion et/ou une certaine somme en liquide ou en chèques de voyage avant de vous autoriser à pénétrer sur le territoire.

AMBASSADES ET CONSULATS
Ambassades et consulats du Belize à l'étranger

Le Belize étant un pays de petite taille et de petits moyens, ses affaires diplomatiques sont d'ordinaire traitées par les ambassades et consulats britanniques.

Parmi les adresses indiquées ci-dessous, certaines sont celles de consulats honoraires ou d'agences consulaires. Ces organismes peuvent délivrer des visas, mais ils renvoient les questions plus complexes au véritable consulat ou à la section consulaire de l'ambassade du Belize.

Les représentations diplomatiques du Belize à l'étranger sont les suivantes :

Canada
    Consulat honoraire, 1080 Beaver Hall Hill,
    Suite 1720, Montréal, QC H2Z 1S8
    (☎ (514) 871-4741, fax (514) 397-0816)
    Consulat honoraire, Suite 3800, South Tower,
    Royal Bank Plaza, Toronto, ON M5J 2J7,
    (☎ (416) 865-7000, fax (416) 865-7048)
Guatemala
    Ambassade, Avenida La Reforma 1-50, Zona
    9, Edificio El Reformador, Suite 803
    (☎ 334-5531, 331-1137, fax 334-5536)
Mexique
    Ambassade, Calle Bernardo de Gálvez 215,
    Colonia Lomas de Chapultepec,
    Mexico, DF 11000
    (☎ (5) 520-1274, fax (5) 520-6089)

Ambassades et consulats au Belize

La quasi-totalité des ambassades et consulats du Belize se concentre à Belize City ; voir cette section.

DOUANE

En général, les douaniers procèdent à une inspection sommaire. Ne vous risquez pourtant pas à introduire une arme à feu ou des drogues illicites car l'agent ou le chien renifleur ne vous manqueront pas.

QUESTIONS D'ARGENT

Coût de la vie

Bien que pauvre, le Belize se révèle plus cher qu'on ne l'imagine. La faiblesse de l'économie locale et un fort pourcentage d'importations maintiennent des prix élevés. Le plat de poulet frit qui coûte 3 $US au Guatemala en vaut 5 au Belize, sans être meilleur. Bon marché au Guatemala et au Mexique, une chambre de pension rudimentaire et sans eau revient entre 7 et 9 $US par personne à Caye Caulker. Vous dépenserez difficilement moins de 15 $US par jour pour une chambre et trois repas. 20 $US représentent un budget plus raisonnable. Avec 25 $US, vous vous faciliterez considérablement la vie.

Cartes de crédit et cartes bancaires

Les cartes de crédit les plus connues (Visa, MasterCard, Eurocard et Access) sont acceptées par les compagnies aériennes, les loueurs de véhicules, les grands hôtels et les restaurants. La carte American Express est plutôt réservée aux infrastructures les plus importantes et les plus chics, encore qu'on puisse parfois s'en servir ailleurs. Les petits établissements qui la prennent peuvent majorer leur facture d'un léger supplément (en général 5%).

Les cartes bancaires qui permettent d'obtenir du liquide dans les distributeurs automatiques viennent de faire leur apparition. Jusqu'à maintenant, les rares machines qui existent fonctionnent uniquement avec les cartes délivrées sur place par la banque qui propose le service. Si vous n'avez que votre carte pour retirer de l'argent au Belize, faites d'abord une provision de liquide au Mexique ou au Guatemala.

Monnaie nationale

Le dollar du Belize ($BZ) s'orne du portrait de la reine Élisabeth II. Il se divise en 100 cents. Il existe des pièces de 1, 5, 10, 25 et 50 cents, ainsi que de 1 dollar. Les billets, de taille unique mais de couleurs différentes, se présentent en coupures de 1, 2, 5, 10, 20, 50 et 100 dollars.

La parité du dollar du Belize est fixée depuis longtemps à : 1 $US = 2 $BZ.

Les prix sont généralement affichés en dollars du Belize. Ils apparaissent ainsi : "30$ BZE" ; mais aussi, à l'occasion, ainsi : "15$ US". Vérifiez si le prix est indiqué en dollars du Belize ou des États-Unis, faute de quoi votre note risque d'être deux fois plus élevée que prévu. Souvent, on vous précisera qu'il s'agit de "20 dollars Belize" ou de "10 dollars US" afin d'éviter tout malentendu.

Changer des devises

La plupart des établissements acceptent les dollars des États-Unis. En général, la monnaie est rendue en dollars du Belize, sauf si on la demande en dollars des États-Unis et à condition que le commerçant en possède en nombre suffisant. La majorité des commerces et services acceptent aussi le paiement par chèques de voyage en dollars des États-Unis. Les distributeurs automatiques de billets ne fonctionnent pas encore avec les cartes étrangères (voir ci-dessus).

Les changeurs établis aux postes-frontières et dans les quartiers d'affaires des centres-villes vous procureront en toute légalité des dollars du Belize contre des dollars des États-Unis sur la base officielle de 1 $US = 2 $BZ. Si vous changez des devises ou des chèques de voyage dans une banque, vous n'obtiendrez parfois que 1,97 $BZ contre 1 $US. L'établissement peut aussi prélever une commission de 5 $BZ (2,5 $US) par chèque de voyage.

Le dollar canadien (1 $CN = 1,46 $BZ) et la livre sterling (1 £ = 3,22 $BZ) sont convertibles dans toutes les banques. Il est difficile, voire impossible, de changer d'autres devises au Belize.

Taxes et remboursement de la TVA

Le Belize a fixé sa TVA à 15%. Une taxe de 7% s'ajoute également au prix des chambres, des repas et des consommations. Si vous descendez dans un petit hôtel ou une pension pour une nuit et si vous n'insistez pas pour obtenir une facture, vous vous en verrez peut-être exempter. La TVA ne fait pas l'objet d'un remboursement.

POSTE ET COMMUNICATIONS
Poste
L'envoi par avion d'une carte postale (0,30 $BZ) ou d'une lettre (0,60 $BZ) à destination du Canada ou des États-Unis peut prendre de quatre à quinze jours. Toujours par avion, une carte postale (0,40 $BZ) et une lettre (0,75 $BZ) prendront d'une à trois semaines pour parvenir en Europe.

Le courrier envoyé en poste restante doit être libellé ainsi : nom, c/o Poste Restante, ville, Belize. Pour le retirer, présentez un passeport ou une autre pièce d'identité. Le service est gratuit.

Téléphone
Le réseau téléphonique est géré par Belize Telecommunications Ltd (BTL), qui possède des bureaux dans les villes principales. Ils sont ouverts du lundi au vendredi de 8h à 12h et de 13h à 16h, et le samedi de 8h à 12h.

Les communications locales sont facturées 0,25 $BZ (environ 0, 13 $US). Il existe des cartes téléphoniques de 10, 20 et 50 $BZ.

Pour appeler à l'intérieur du pays, composez le 0, puis l'indicatif régional à un ou deux chiffres, et enfin le numéro lui-même, de quatre ou cinq chiffres.

Les indicatifs régionaux du Belize sont les suivants :

Ambergris Caye	26
Belize City	2
Belmopan/Spanish Lookout	8
Benque Viejo del Carmen	93
Burrell Boom	28
Caye Caulker	22
Corozal	4
Dangriga	5
Independance/Placencia	6
Ladyville	25
Orange Walk	3
Punta Gorda	7
San Ignacio	92

Les communications directes (sans l'aide d'une opératrice) du Belize vers vers l'Europe coûtent à la minute 6 $BZ (3 $US) ; vers les pays de l'hémisphère ouest 3,20 $BZ (1,60 $US) ; vers les autres pays, 8 $BZ (4 $US). Pour passer un appel international, le mieux est de se rendre dans un central téléphonique et d'appeler en direct, ou de demander un PCV à la réception de l'hôtel. Vérifiez les prix et les éventuelles majorations appliquées par l'hôtel. Voici quelques numéros de téléphone utiles :

Renseignements téléphoniques	113
Appels locaux ou régionaux par opératrice	114
Appels longue distance par opératrice	110
Appels internationaux par opératrice	115
Pompiers et ambulances	90
Police	911

Pour téléphoner en PCV, composez le numéro d'accès à l'international par opératrice (115), indiquez à celle-ci le numéro demandé et celui d'où vous appelez, puis raccrochez pour qu'on vous contacte une fois la communication établie. Le tarif des appels par opératrice est le même que celui des appels directs, avec un minimum de trois minutes.

Fax, Internet et courrier électronique
Quantité d'hôtels et de commerces sont dotés de télécopieurs.

BTL propose des accès Internet aux résidents titulaires d'un compte. Si votre hôtel en est équipé, vous pourrez éventuellement envoyer et recevoir des messages par courrier électronique moyennant paiement. A l'heure où nous mettons sous presse, CompuServe et America Online ne possèdent pas de nœuds au Belize.

Pour connaître les sites Internet consacrés au Belize, reportez-vous à la rubrique *Services Online* du chapitre *Renseignements pratiques* en début d'ouvrage.

BELIZE

JOURNAUX ET MAGAZINES

La presse bélizienne est réduite en termes de dimensions, de distribution et d'intérêt. La plupart des publications étant financées par un parti politique, l'espace réservé au débat reste assez limité.

Il est difficile de se procurer des journaux étrangers tels que *Le Monde*. Un petit nombre d'étals — y compris les hôtels et les complexes de luxe — proposent les revues étrangères les plus connues.

RADIO ET TÉLÉVISION

Radio Belize diffuse des informations locales et du rap sur les bandes AM (ondes moyennes) et FM.

Il existe deux chaînes de télévision. Elles programment surtout des émissions nord-américaines retransmises par satellite et consacrent quelques heures à l'actualité bélizienne, aux cérémonies et aux événements sportifs. Dans la plupart des hôtels dont le salon est équipé d'un téléviseur, on peut capter plusieurs dizaines de chaînes câblées, dont CNN, NBC, CBS, Discovery, Showtime et quelques raretés comme TV Asia ou une chaîne de Dubai.

HEURES D'OUVERTURE

Les banques fixent leurs propres horaires, mais la majorité d'entre elles ouvrent du lundi au jeudi de 8h à 13h30, et le vendredi de 8h à 16h30. La plupart des banques et de nombreux commerces et services ferment le mercredi après-midi. D'ordinaire, les magasins sont ouverts du lundi au samedi de 8h à 12h, et le lundi, le mardi, le jeudi et le vendredi de 13h à 16h. Ces jours-là, certaines boutiques font nocturne de 19h à 21h.

Presque tous les services, bureaux et restaurants ferment le dimanche.

ALIMENTATION

La cuisine bélizienne résulte en grande partie d'emprunts à la gastronomie anglaise, caraïbe, mexicaine et nord-américaine. Le pays étant jeune, petit, assez isolé et relativement pauvre, il n'a jamais pu se doter d'un véritable art culinaire. Chaque communauté possède ses spécialités. Les plats garifunas, mayas, et les mets traditionnels tels que le *boil-up* figurent rarement au menu des restaurants. Même dans ces conditions, on trouvera au Belize une nourriture de qualité.

Pour décrire leurs habitudes alimentaires, les Béliziens ont recours à cette plaisanterie : "Au Belize, on mange beaucoup de riz et de haricots, et quand on en a assez, on mange des haricots et du riz"...

Ce mélange de riz et de haricots rouges s'accompagne d'autres ingrédients (poulet, porc, bœuf, poisson, légumes, voire homard), d'épices et de condiments comme le lait de coco. L'assiette de *stew beans with rice* est remplie pour moitié d'un ragoût de haricots, pour moitié de riz cuit à l'eau, le tout recouvert de morceaux de poulet ou de porc. En garniture, on sert parfois des rondelles de bananes plantain frites.

Parmi les plats plus exotiques, citons le tatou, le gros gibier et le *gibnut* (également appelé *paca*), un petit rongeur à la robe tachetée de marron qui ressemble au cochon d'Inde. Ces mets sont plus servis à titre de curiosités que d'exemples de la nourriture de base.

Comment s'y rendre et circuler

Comment s'y rendre

VOIE AÉRIENNE
American Airlines assure des vols à destination du Belize au départ de Miami, Continental depuis Houston et TACA (la compagnie costaricaine) au départ de Los Angeles. Pour rejoindre Belize City par avion, on passera obligatoirement par ces trois points. C'est sans doute Continental qui offre les meilleures prestations : elle dessert chaque capitale d'Amérique Centrale et propose un vol direct de Houston à Belize City.

American Airlines, New Rd au niveau de Queen St
    (PO Box 1680), Belize City
    (☎ (2) 32522, fax (2) 31730)
Continental, 32 Albert St, Belize City,
    dans un petit "temple" hindouisant
    (☎ (2) 78309, (2) 78463, fax (2) 78114)
TACA, 41 Albert St
    (Belize Global Travel), Belize City
    (☎ (2) 77363, (2) 77185, fax (2) 75213)

De petites compagnies régionales ralliaient autrefois Belize City depuis Cancún, cet itinéraire pourrait reprendre à l'avenir en raison d'un trafic aérien accru.

Plusieurs petites liaisons existent entre Flores (dans la région de Tikal, au Guatemala) et Belize City, avec correspondance depuis/vers Guatemala Ciudad. Tropic Air organise des excursions en avion à partir de San Pedro, à Ambergris Caye (200 $US), du lundi au vendredi à 8h et 14h, avec escale au Goldson International Airport de Belize City (155 $US aller-retour) à 8h30 et 14h30, et retour de Flores du lundi au vendredi à 9h30 et 15h30. Le prix du circuit comprend le transport aérien, l'acheminement terrestre jusqu'à Tikal, le déjeuner et une visite guidée du site ; les taxes de départ sont en sus.

Les voyageurs non béliziens qui embarquent au Goldson International Airport de Belize City sur des vols internationaux doivent régler une taxe de départ et d'aéroport de 30 $BZ (15 $US).

VOIE TERRESTRE
Plusieurs sociétés, dont Batty Brothers et Venus, proposent des liaisons en bus de Chetumal (Mexique) à Belize City. D'autres, dont Batty Brothers, Novelo's et Shaw's, relient Belize City et Benque Viejo del Carmen, à la frontière du Guatemala, où des bus guatémaltèques assurent la poursuite du voyage vers Flores. Sur certaines lignes, on peut organiser les correspondances de sorte que vous puissiez vous rendre de Flores à Chetumal avec juste quelques courts arrêts au Belize. Pour plus de détails sur la question, consultez le chapitre *Flores* de la section *Guatemala*. Pour de plus amples informations sur les bus béliziens, voir *Comment circuler* ci-dessous.

Aux postes-frontières, une taxe de sortie de 7,50 $BZ (3,75 $US) est exigée.

VOIE MARITIME
Parfois, de petits bateaux transportent des voyageurs entre Punta Gorda, dans le sud du Belize, et Lívingston ainsi que Puerto Barrios, dans l'Est du Guatemala. Un autre service circule de Punta Gorda à Puerto Cortés (Honduras), et un troisième de Dangriga, au centre du littoral bélizien, à Roatán (Honduras). Pour plus de renseignements, voir le chapitre *Le sud du Belize*.

D'ordinaire, il est possible de louer ces bateaux pour organiser des traversées entre les trois pays. Cette solution est raisonnable, à condition que le nombre de passagers qui partageront les frais soit élevé.

Comment circuler

Le Belize est un petit pays où le choix d'itinéraires est limité. Les informations qui suivent vous permettront de vous rendre dans la plupart des lieux intéressants.

AVION

Pauvre en routes asphaltées, le pays se parcourt surtout en petit avion (Twin Otters de Havilland, Cessnas, etc.). Il s'agit là du moyen de transport le plus rapide et le plus fiable.

Belize City est dotée de deux aéroports. Situé à Ladyville, 16 km au nord-ouest du centre-ville, le Philip SW Goldson International Airport (BZE) est réservé aux vols internationaux. Le Municipal Airport (TZA) est aménagé sur le rivage, 2,5 km au nord du centre-ville. La plupart des vols intérieurs s'arrêtent pour prendre des passagers dans l'un ou l'autre de ces aéroports. Sachez toutefois que les tarifs sont presque toujours inférieurs au départ du Municipal Airport.

Au départ de Belize City, les petits avions qui assurent le trafic intérieur empruntent deux grands axes : Belize City-Caye Chapel-Caye Caulker-San Pedro-Corozal (aller-retour), et Belize City-Dangriga-Placencia/Big Creek-Punta Gorda (aller-retour). Les appareils ne font escale dans tel ou tel aéroport que s'ils doivent débarquer des passagers ou embarquer ceux qui possèdent une réservation.

Compagnies aériennes

Les principales compagnies aériennes du pays sont les suivantes :

Aerovías – la compagnie intérieure guatémaltèque relie plusieurs fois par semaine Belize City (Goldson International Airport) et Flores (Guatemala, 70 \$US aller simple), et assure la correspondance pour Guatemala Ciudad. Pour de plus amples renseignements, voir *Flores* dans le chapitre *El Petén* de la section *Guatemala* (☎ (2) 75445)

Island Air – dessert San Pedro depuis Belize City *via* Caye Chapel et Caye Caulker et propose deux vols quotidiens entre Corozal et San Pedro (☎ (2) 31140, (26) 2435 à San Pedro, sur Ambergris Caye)

Maya Airways – organise des vols vers différentes destinations du pays à la même fréquence. 6 Fort St (PO Box 458), Belize City (☎ (2) 77215, (2) 72313, fax (2) 30585)

Tropic Air – la plus grande et la plus active des petites compagnies aériennes béliziennes. PO Box 20, San Pedro, Ambergris Caye (☎ (26) 2012, (26) 2117, (26) 2029, fax (26) 2338, à Belize City (2) 45671)

Liaisons aériennes

Vous trouverez ci-dessous le détail des vols de Belize City vers différentes destinations. Les tarifs indiqués sont valables pour un aller simple, au départ du Goldson International Airport ou du Municipal Airport :

Big Creek ; BGK – voir Placencia

Caye Caulker ; CLK/CKR – 10 minutes, 22/39 \$US ; les vols vers San Pedro font escale à Caye Caulker à la demande , voir San Pedro.

Caye Chapel ; CYZ – 10 minutes, 22/39 \$US ; les vols à destination de San Pedro s'arrêtent à Caye Chapel à la demande ; voir San Pedro.

Corozal ; CZL – de une heure à une heure trente, 52/69 \$US ; les vols Tropic Air de 8h30 et 14h30 entre Belize City et Caye Chapel, Caye Caulker et San Pedro poussent jusqu'à Corozal, d'où ils regagnent Belize City à 10h30 et 15h30 *via* San Pedro, Caye Caulker et Caye Chapel. Maya Airays dessert Corozal depuis San Pedro (aller-retour) à 7h15 et 15h30.

Dangriga ; DGA – 20 minutes, 28/41 \$US ; Maya Airways assure des vols de Belize City à Dangriga à 8h30, 10h30, 12h et 16h30 ; Tropic Air propose également quatre vols quotidiens.

Flores (Guatemala) – une heure, 85 \$US ; les vols Tropic Air décollent du Goldson International Airport tous les jours à 8h30 et 14h30.

Placencia ; PLA – de 25 à 35 minutes, 51/61 \$US ; les environs de Placencia comptent trois pistes d'atterrissage : Placencia (PLA), sur la presqu'île de Placencia, 2 km au nord du village du même nom ; Big Creek, sur le front ouest de la lagune de Placencia, au sud d'Independence ; et Savannah, 5 km dans l'arrière-pays à l'ouest de Big Creek. Le transport de Savannah et Big Creek à Placencia peut s'avérer coûteux et difficile, voire impossible, surtout l'après-midi et le soir. Assurez-vous que votre avion atterrit bien à Placencia, sur la presqu'île qui s'étend au sud de la Rum Point Inn. Maya Airways propose cinq vols quotidiens (un seul le dimanche) depuis Belize City *via* Dangriga ; les vols Tropic Air quittent Belize City à 8h30, 11h, 13h30 et 16h30 ; ils regagnent leur point de départ à 7h20, 9h50 et 14h50

Punta Gorda ; PND – 55 minutes, 66/77 $US ; les départs de Belize City sont les mêmes que pour Placencia. Tropic Air possède quatre vols quotidiens, et Maya Airways deux. Tropic Air propose des retours de Punta Gorda à Belize City à 7h, 9h30, 12h et 14h30 ; le dimanche, ils ne se font qu'à 7h et 12h ; par Maya Airways, les retours de Punta Gorda se font à 9h55 et 15h35

San Pedro, Ambergris Caye ; SPR – 20 minutes, 22/39 $US ; les vols Tropic Air décollent toutes les heures à la demi-heure de 7h30 à 17h, et s'arrêtent sur demande à Caye Chapel et Caye Caulker. Les vols de 8h30 et 14h30 se poursuivent de San Pedro à Corozal. Island Air et Maya Airways assurent respectivement neuf et six vols quotidiens entre Belize City et San Pedro

BUS

La majorité des bus béliziens sont d'anciens autocars scolaires nord-américains. Ceux des compagnies principales circulent fréquemment sur les trois grandes routes du pays. Les lignes qui desservent les petits villages quittent la grande ville dans la matinée et y rentrent dans l'après-midi. Certains camions prennent des passagers ; ils gagnent des endroits isolés par des routes difficiles, parfois impraticables après de fortes pluies.

Les grandes compagnies possèdent des terminaux spécifiques. A Belize City, ils se concentrent à proximité du Pound Yard Bridge, le long ou près du Collett Canal, dans West Collett Canal St, East Collett Canal St ou les rues voisines. Ces quartiers peu sûrs sont déconseillés la nuit. Pour s'y rendre, mieux vaut prendre un taxi.

Batty Brothers Bus Service – rallie Orange Walk, Corozal et Chetumal (Mexique) par la Northern Hwy et propose quelques bus pour San Ignacio et Benque Viejo del Carmen, à l'ouest. 54 East Collett Canal St (☎ (2) 77146)

Novelo's Bus Service – la ligne de Belmopan, San Ignacio, Xunantunich, Benque Viejo del Carmen et Melchor de Mencos, à la frontière guatémaltèque. 19 West Collett Canal St (☎ (2) 77372)

Shaw's Bus Service – établie à San Ignacio, la compagnie relie cette ville à Belize City *via* Belmopan

Urbina's Bus Service et Escalante's Bus Service – installées à Orange Walk, elles proposent toutes deux des liaisons entre Belize City et Corozal *via* Orange Walk

Venus Bus Lines – relie également Belize City et Chetumal. Magazine Rd (☎ (2) 73354, (2) 77390)

Z-Line Bus Service – propose des liaisons vers Dangriga, Big Creek, Placencia et Punta Gorda au sud ; les départs ont lieu du terminal des Venus Bus Lines, dans Magazine Rd, à Belize City (☎ (2) 73937)

Les vols de bagages posent problème, notamment sur l'itinéraire de Punta Gorda. Ne confiez vos effets qu'au chauffeur et soyez présents lorsqu'il les dépose en soute. *Idem* lorsqu'il les décharge.

Voici les renseignements concernant les bus qui circulent entre Belize City et les destinations principales. Les temps de transport sont approximatifs car la longueur du trajet dépend de la fréquence des arrêts pour laisser monter ou descendre des passagers :

Belmopan – 84 km, une heure et quart, 1,75 $US ; voir Benque Viejo del Carmen

Benque Viejo del Carmen – 131 km, trois heures, 3 $US ; les bus de Novelo's fonctionnent tous les jours de Belize City à Belmopan, San Ignacio et Benque Viejo del Carmen à 11h, 12h, 13h, 14h, 15h, 16h, 17h et 19h (le dimanche à 12h, 13h, 14h, 15h 16h et 17h). Tous les matins, Batty Brothers propose neuf bus pour l'Ouest de 5h à 10h15. Plusieurs d'entre eux se rendent jusqu'à Melchor de Mencos (Guatemala). Les retours de Benque/Melchor vers San Ignacio, Belmopan et Belize City commencent à 12h ; le dernier véhicule s'en va à 16h

Chetumal (Mexique) – 160 km, quatre heures, 5 $US ; en express, trois heures, 6 $US ; Batty Brothers propose douze bus au départ de Belize City et à destination du nord, jusqu'au Nuevo Mercado de Chetumal, *via* Orange Walk et Corozal, de 4h à 11h15 ; douze bus quittent le Nuevo Mercado de Chetumal pour

BELIZE

le sud à partir de 10h30 et de 18h30. Venus Bus Lines propose des bus entre Belize City et Chetumal, toutes les heures de 12h à 19h : les départs de Chetumal pour Belize City se font toutes les heures également, de 4h à 10h

Corozal – 155 km, trois heures, 4 $US ; pratiquement tous les bus de Batty Brothers et Venus depuis et vers Chetumal s'arrêtent à Corozal. D'autres bus desservent également la ville. Les véhicules à destination du sud sont fréquents le matin et plus rares l'après-midi. Presque tous ceux qui rallient le nord partent de Belize City dans l'après-midi

Dangriga – 170 km, deux heures et demie ou quatre heures, de 3,50 à 5, 50 $US ; Z-line propose cinq bus quotidiens (quatre le dimanche) pour Dangriga, dont au moins un qui emprunte la Coatsal (Manatee) Hwy, moins chère et plus rapide. La plupart des véhicules passent par Belmopan et la Hummingbird Hwy

Flores (Guatemala) – 235 km; cinq heures, 20 $US ; prenez un bus pour Melchor de Mencos (voir Benque Viejo del Carmen), puis un bus guatémaltèque. Quelques hôtels et agences de voyages organisent des trajets en minibus, plus coûteux mais beaucoup plus rapides et confortables

Independence – 242 km, sept heures, 7 $US ; les bus de Punta Gorda s'arrêtent à Independence, d'où vous pouvez prendre un bateau pour Placencia (voir plus bas les informations sur Punta Gorda)

Melchor de Mencos (Guatemala) – 135 km, trois heures et quart, 3 $US ; voir Benque Viejo del Carmen

Orange Walk – 94 km, deux heures, 3 $US ; mêmes horaires que pour Chetumal

Placencia – 260 km, quatre heures, 9 $US ; prendre le matin un bus de Z-Line pour Dangriga, puis un autre bus de Z-Line pour Placencia. Un retour de Placencia à Dangriga a lieu à 6h ; il se peut qu'il y en ait d'autres en fonction de la demande

Punta Gorda – 339 km, huit heures, 11 $US ; trois bus de Z-Line circulent chaque jour à 8h, 12h et 15h. Les retours de Punta Gorda à Belize City *via* Independence se font à 5h, 9h et 12h ; le vendredi et le dimanche, un bus supplémentaire est prévu à 15h30

San Ignacio – 116 km, deux heures trois quarts, 2,50 $US ; voir Benque Viejo del Carmen

VOITURE

Deux bonnes routes asphaltées à deux voies desservent le pays: la Northern Hwy, qui relie la frontière mexicaine, près de Corozal, à Belize City ; et la Western Hwy, qui va de Belize City à Benque Viejo del Carmen, sur la frontière guatémaltèque. Tracée entre Belmopan et Dangriga, la Hummingbird Hwy est brute sur les 29 premiers kilomètres au sud et à l'est de Belmopan, puis asphaltée sur les 58 kilomètres suivants, jusqu'à Dangriga. La plupart des autres routes sont en fait des pistes étroites à une ou deux voies, généralement impraticables après de fortes pluies.

Les Béliziens qui doivent beaucoup rouler possèdent un véhicule de type 4x4 : Jeep, Land Rover, Samuraï, Sidekick, Trooper ou camionnette haute sur roues. Si vous allez au Belize avec votre voiture ou si vous en louez une sur place, n'oubliez pas que les sites situés en dehors des grands axes peuvent n'être accessibles qu'en 4x4, surtout entre mai et novembre.

Ils peuvent aussi se révéler totalement inaccessibles. Faites une croix sur les publicités télévisées qui montrent des 4x4 circulant partout avec facilité. Au Belize, après de grosses averses, ces belles machines peuvent rester coincées dans des eaux en crue ou de la boue. Un remorquage dans de telles conditions atteint des prix exorbitants.

Les stations-service sont regroupées dans les grandes villes et sur les routes principales. L'essence/le gazole avec plomb se vendent d'ordinaire au gallon (3,79 l) pour environ 2,50 $US, soit 0,66 $US le litre. Le carburant sans plomb est actuellement introuvable au Belize.

Les panneaux indicateurs et les bornes kilométriques donnent les distances en miles ; de même, les vitesses autorisées sont signalées en miles/h, bien que la plupart des véhicules soient équipés d'odomètres et de compteurs calibrés en kilomètres.

Le port de la ceinture de sécurité est obligatoire. L'amende prévue en cas d'infraction s'élève à 12,50 $US.

Location de voitures

En général, le conducteur doit être âgé d'au moins vingt-cinq ans et posséder un permis de conduire valide. Il lui faut en outre payer par carte de crédit ou laisser un dépôt de garantie élevé. Les véhicules ne peuvent sortir du territoire, sauf en cas d'accord spécial (à négocier bien avant le jour de la location).

La plupart des grand loueurs sont représentés au Goldson International Airport de Belize City ; pour bon nombre d'entre eux, la mise à disposition et la restitution de la voiture peuvent également se faire au Municipal Airport.

Les meilleures prestations et les tarifs les plus bas sont proposés par Budget Rent-a-Car (☎ (2) 32435, (2) 33986, fax (2) 30237), 771 Bella Vista (PO Box 863), Belize City, en face du Belize Biltmore Plaza Hotel, dans la Northern Hwy, 4,5 km au nord du centre-ville. La majeure partie de ses Suzuki et de ses Vitara sont équipées de 4x4, de radios AM et FM, ainsi que de clim. Leur prix varie de 78 à 113 $US par jour (de 469 à 676 $US par semaine), taxe de 15% comprise, avec kilométrage illimité. Le Loss Damage Waiver (LDW) vous coûtera 14 $US supplémentaires par jour, taxe incluse ; en cas de dommage au véhicule, une franchise de 750 $US restera quand même à votre charge.

National (☎ (2) 31587, (2) 31650, fax (2) 31586), 12 North Front St, Belize City, possède des bureaux à l'aéroport Goldson et au Belize Biltmore Plaza Hotel.

Adressez-vous également à Tour Belize Auto Rental (☎ (2) 71271, fax (2) 71421, tourbelize@btl.net), Central American Blvd, à la hauteur de Fabers Rd, Belize City.

Il n'est pas nécessaire de louer un véhicule pour visiter les cayes. On loue des bicyclettes, des motos et des carts de golf électriques à San Pedro, sur Ambergris Caye, et à Caye Caulker. Ces moyens de locomotion suffisent amplement.

Assurance

L'assurance "responsabilité civile" est obligatoire au Belize. Elle permet à l'officier des douanes d'autoriser l'importation temporaire de votre véhicule. En principe, vous pourrez vous la procurer aux guichets aménagés de l'autre côté de la frontière bélizienne, moyennant 1 $US par jour. Attention ! Les guichets ferment normalement le dimanche. Si vous pénétrez au Belize en voiture, faites-le de préférence le matin en semaine.

Conduire au Belize

Les panneaux directionnels et de kilométrage sont rares, sauf dans le Cayo District, à l'Ouest du pays. Il est par ailleurs fréquent que les sens uniques ne soient pas signalés en ville.

BATEAU

De nombreux canots à moteur sillonnent quotidiennement les eaux qui séparent Belize City, Caye Chapel, Caye Caulker et Ambergris Caye.

Conseils préliminaires

En général, ces traversées sont rapides mais assez inconfortables en raison du vent et des cahots. Elles s'effectuent dans des bateaux ouverts, donc dépourvus d'ombre, et durent 45 minutes. Il est conseillé de s'enduire de crème solaire protectrice et de porter un chapeau et/ou des vêtements destinés à se protéger du soleil et des embruns. Moins touchées par ces derniers, les places situées à la poupe se révèlent de véritables tape-culs lorsque l'embarcation fend une vague. Installé à la proue, on voyage plus confortablement, mais on arrive trempé à destination. En cas d'averse, le matelot déploie une bâche que les passagers doivent parfois soutenir bras en l'air. Peine perdue ! Elle n'est souvent pas imperméable...

Horaires

A Belize City, le Belize Marine Terminal (☎ (2) 31969), dans North Front St, à l'extrémité Nord du Swing Bridge, est le principal point d'embarquement pour les cayes du Nord. Il abrite un petit Musée maritime ouvert de 8h à 17h (fermé le lundi).

Les départs à destination de Caye Caulker ont lieu à 9h, 11h, 13h, 15h et 17h15. L'aller simple coûte 7,50 $US et l'aller-retour dans la journée 12,50 $US. Les arrêts à Caye Chapel sont possibles sur demande. La traversée vent debout prend de 40 minutes à une heure, en fonction de la vitesse du bateau. Les retours se font de Caye Caulker à 6h45, 8h, 10h et 15h.

Les bateaux quittent le Marine Terminal pour San Pedro, à Ambergris Caye, à 9h ; en sens contraire, ils partent de San Pedro à 14h30. Le billet coûte 15 $US pour un aller simple et 25 $US pour un aller-retour dans la journée. Le trajet dure de une heure un quart à une heure et demie.

Triple J Boating Service, (☎ (2) 33464, fax (2) 44375), 5182 Baymen Ave, Belize City, gère une excellente flottille de gros bateaux rapides qui desservent Caye Caulker et San Pedro au départ du Court House Wharf, derrière la Cour suprême. Ses tarifs sont légèrement inférieurs.

BELIZE

Belize City

80 000 habitants

Décrépite, colorée, fascinante, intimidante, accueillante sont autant d'adjectifs qui, entre autres, s'appliquent à l'ancienne capitale bélizienne. Les orages tropicaux qui la détruisaient périodiquement au XIXe et au début du XXe siècle endommagent toujours ses vénérables constructions de bois et font déborder ses égoûts à ciel ouvert. Lorsque les trombes d'eau cessent, la plus grande ville du pays retrouve son animation et sa chaleur suffocante.

Rares sont les étrangers qui viennent pour passer leurs vacances. La plupart des voyageurs se contentent d'y changer de bus ou d'avion. Mais si vous cherchez un hôpital, une pièce détachée ou un sac de couchage, un séjour dans cette ville s'avérera indispensable.

ORIENTATION

La Haulover Creek, un bras de la Belize River, coupe la ville en son milieu et sépare le centre commercial (Albert St, Regent St, King St et Orange St) du Fort George District, au nord-est, dont l'aspect est plus résidentiel. Les pensions et les hôtels se concentrent de part et d'autre du Swing Bridge, qui traverse le fleuve.

Ce même pont relie Albert St (au centre-ville) et Queen St (qui s'étire dans Fort George et King's Park). De toute évidence, chaque habitant doit l'emprunter au moins une fois par jour. Issu des usines sidérurgiques de Liverpool (1923), il s'ouvre à 5h30 et 17h30 afin de laisser passer les bateaux équipés d'un haut mât. Pendant ces manœuvres, la quasi-totalité de la circulation du centre-ville s'interrompt, provoquant des embouteillages.

Le Belize Marine Terminal, d'où partent les canots à moteur qui desservent Caye Caulker et Ambergris Caye, est aménagé à l'extrémité nord du Swing Bridge.

Chaque compagnie de bus possède son propre terminal. La plupart d'entre eux se situent sur le trottoir ouest de West Collett Canal St, non loin de Cemetery Rd. Consultez le chapitre *Comment s'y rendre et circuler*, pour plus de précisions.

RENSEIGNEMENTS
Offices du tourisme

Le Belize Tourist Board (☎ (2) 77213, (2) 73255, fax (2) 77490, btb@btl.net), 83 North Front St (PO Box 325), à deux pas au sud de la poste, est ouvert du lundi au vendredi de 8h à 12h et de 13h à 17h (16h30 le vendredi). Il ferme le week-end.

La Belize Tourism Industry Association (☎ (2) 75717, (2) 78709, fax (2) 78710, btia@btl.net), 10 North Park St (PO Box 62), au nord du Memorial Park, dans le Fort George District, renseigne sur ses adhérents, parmi lesquels figurent la plupart des hôtels, restaurants, agences de voyages et autres professionnels du tourisme. Ses bureaux ouvrent du lundi au vendredi de 8h30 à 12h et de 13h à 16h30 (16h le vendredi).

Ambassades et consulats

Quelques pays disposent d'une représentation au Belize. D'autres nomment des ambassadeurs non résidents qui traitent les questions diplomatiques depuis leur pays d'origine. Ambassades et consulats ouvrent en principe du lundi au vendredi d'environ 9h à 12h. Sauf mention contraire, les adresses ci-dessous se situent à Belize City.

Belgique
    Représentant consulaire, Marelco Ltd,
    Queen St (☎ (2) 45769, fax (2) 31946)
Cuba
    Consulat général, 6048 Manatee Drive
    (☎ (2) 35345, fax (2) 31105)
France
    Consulat honoraire, 9 Barracks Rd
    (☎ (2) 32708, fax (2) 32416)
Guatemala
    Ambassade, 6A St Matthew's St
    (☎ (2) 33150, (2) 33314, fax (2) 35140),
    près du Municipal Airport, ouverte du lundi au
    vendredi de 9h à 13h

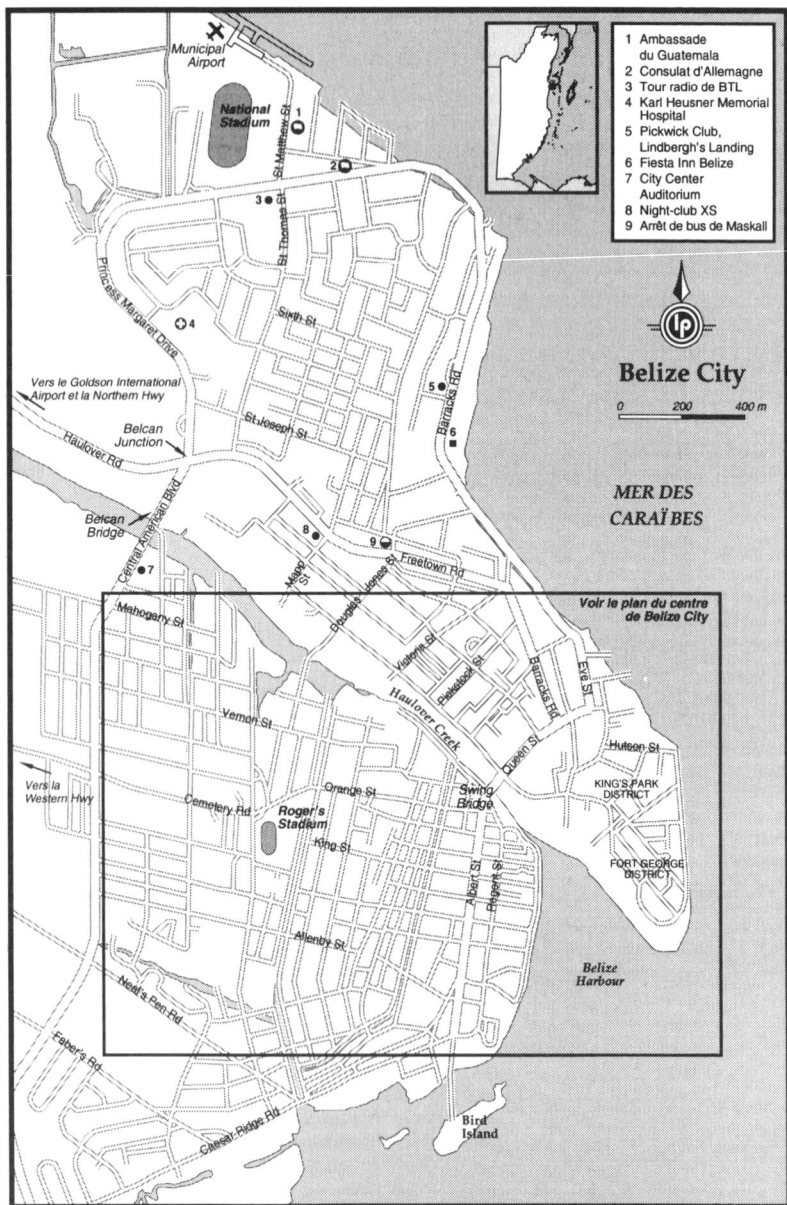

Municipal
Airport

National
Stadium

1 ○
2 ○
3 ●
4 ○

St Matthew St

St Thomas St

Sixth St

Princess Margaret Drive

Vers le Goldson International
Airport et la Northern Hwy

Haulover Rd

Belcan
Junction

Belcan
Bridge

Central American Blvd

7 ●

St Joseph St

5 ●
6 ■

Barracks Rd

8 ●
9 ○ Freetown Rd

Albert St
Douglas Jones St

Mahogany St

Vernon St

Haulover Creek

Queen St

Passion St

Bishop St

Barracks Rd

Eve St

Hutson St

KING'S PARK
DISTRICT

Vers la
Western Hwy

Cemetery Rd

Roger's
Stadium

Orange St

King St

Swing
Bridge

Albert St

Regent St

FORT GEORGE
DISTRICT

Allenby St

Neal's Pen Rd

Faber's Rd

Caesar Ridge Rd

Bird
Island

Belize
Harbour

Voir le plan du centre
de Belize City

Belize City

0   200   400 m

*MER DES
CARAÏBES*

1 Ambassade
   du Guatemala
2 Consulat d'Allemagne
3 Tour radio de BTL
4 Karl Heusner Memorial
   Hospital
5 Pickwick Club,
   Lindbergh's Landing
6 Fiesta Inn Belize
7 City Center
   Auditorium
8 Night-club XS
9 Arrêt de bus de Maskall

BELIZE

Honduras
  Ambassade, 91 North Front St
  (☎ (2) 45889, fax (2) 30562)
Mexique
  20 North Park St (☎ (2) 30194, (2) 31388,
  fax (2) 78742) ; il existe également une
  ambassade du Mexique à Belmopan
Nicaragua
  Consulat honoraire, 50 Vernon St
  (☎ (2) 70621)
Panama
  Consulat, 5481 Princess Margaret Drive
  (☎ (2) 34282, fax (2) 30653)
Union Européenne
  Commission de l'Union Européenne, Eyre St
  au niveau de Hutson St (☎ (2) 72785, (2)
  32070)

Argent

La Bank of Nova Scotia (ScotiaBank, ☎ (2) 77027), dans Albert St au niveau de Bishop St, ouvre du lundi au vendredi de 8h à 13h, et le vendredi de 15h à 18h.

Tout à côté, l'Atlantic Bank Limited (☎ (2) 77124, atlantic@btl.net), 6 Albert St, à la hauteur de King St, ouvre le lundi, le mardi et le jeudi de 8h à 12h et de 13h à 15h, le mercredi de 8h à 13h et le vendredi de 8h à 16h30.

Le premier établissement financier du pays, la Belize Bank (☎ (2) 77132, bbankisd@btl.net), 60 Market Square (en face du Swing Bridge), et la Barclays Bank (☎ (2) 77211), 21 Albert St, sont implantés dans le même secteur.

Poste et communications

La grande poste se dresse à l'extrémité nord du Swing Bridge, au croisement de Queen St et North Front St. Elle ouvre du lundi au samedi de 8h à 12h et de 13h à 17h. Pour retirer votre courrier dans les locaux d'American Express, adressez-vous à Belize Global Travel Service (☎ (2) 77185, fax (2) 75213), 41 Albert St (PO Box 244).

Belize Communications Ltd, ou BTL (☎ (2) 77085), 1 Church St, près du Bliss Institute, gère efficacement le réseau téléphonique bélizien, mais moyennant un coût élevé. La société possède un fax public (fax (2) 45211). Les bureaux ouvrent du lundi au vendredi de 8h à 17h.

Agences de voyages

Belize Global Travel Service (☎ (2) 77257, fax (2) 75213, bzeadventure@btl.net), 41 Albert St, est une agence compétente qui travaille avec les grandes compagnies aériennes. Vous pouvez également essayer Belize Air Travel Service (☎ (2) 73174), 28 Regent St, et Belize International Travel Services (☎ (2) 71701, fax (2) 71700), 18 Bishop St.

Blanchissage/nettoyage

La Belize Laundromat (☎ (2) 31117), 7 Craig St, près de la Marin's Travelodge, est ouverte du lundi au samedi de 8h à 17h15 (fermée le dimanche). Comptez 5 $US par lessive ; le prix du détergent, de l'adoucissant, de l'eau de Javel et du séchage est inclus. Le service est similaire à la Cary's Laundry, 41 Hydes Lane, ouverte du lundi au samedi de 8h à 17h30 et fermée le dimanche.

Services médicaux

Le Karl Heusner Memorial Hospital (☎ (2) 31548) s'étend dans Princess Margaret Drive, au nord du centre-ville. De nombreux habitants préfèrent se rendre à Chetumal ou Mérida (Mexique), pour s'y faire soigner. La Clínica de Chetumal (☎ (983) 26508), Avenida Juárez, Chetumal, proche du vieux marché et des hôpitaux de la ville, est une clinique privée moderne. En cas de problème grave, les Béliziens doivent partir pour Houston, Miami ou la Nouvelle-Orléans.

Heures d'ouverture

N'oubliez pas que certains magasins et services ferment tôt le mercredi ou le jeudi, et qu'ils sont nombreux à ne pas travailler le samedi après-midi. La plupart des établissements observent le repos dominical. Les horaires des transports peuvent être différents le dimanche de la semaine.

Désagréments et dangers

Belize City souffre d'une petite délinquance. Il convient donc de respecter quelques règles élémentaires de prudence.

BELIZE

OÙ SE LOGER

- 3 Freddie's Guest House
- 4 Royal Orchid Hotel
- 5 Marin's Travelodge
- 6 Glenthorne Manor
- 7 North Front Street Guest House
- 8 Mira Rio Hotel
- 9 Bon Aventure Hotel
- 28 Isabel Guest House
- 37 Fort Street Guest House
- 38 Chateau Caribbean Hotel
- 40 Hotel El Centro
- 44 Colton House
- 45 Radisson Fort George Hotel
- 50 Bellevue Hotel
- 51 Sea Side Guest House
- 57 Hotel Mopan

OÙ SE RESTAURER

- 14 Golden Dragon Restaurant
- 15 Pete's Pastries
- 39 Macy's
- 43 Pop 'n' Taco
- 46 Dit's Restaurant
- 49 GG's Café & Patio

DIVERS

- 1 Ghane Clock Tower
- 2 Église méthodiste
- 10 Église catholique
- 11 American Airlines
- 12 Commissariat central
- 13 Consulat de France
- 16 Ambassade des États-Unis
- 17 Gare routière de Venus et Z-Line
- 18 Station-service Esso
- 19 Gare routière de Novelo's
- 20 Arrêt de bus d'Urbina's
- 21 Gare routière de Batty Brothers
- 22 Consulat du Honduras
- 23 Bureau de poste (Paslow Building)
- 24 Terminal maritime de Belize, Musée maritime
- 25 Office du tourisme du Belize
- 26 Belize Tourism Industry Association
- 27 Ambassade du Mexique
- 29 Centre commercial
- 30 Place du marché
- 31 Belize Bank
- 32 Barclay's Bank
- 33 Arrêt des taxis
- 34 Palais de justice
- 35 Bureau téléphonique BTL
- 36 Bliss Institute
- 41 Bank of Nova Scotia
- 42 Atlantic Bank Limited
- 47 Belize Global Travel Service, TACA Airlines
- 48 Agence consulaire d'Italie
- 52 BLASTours
- 53 Belize Air Travel Service
- 54 Église méthodiste
- 55 Continental Airlines
- 56 Baron Bliss Memorial
- 58 Cathédrale anglicane St John
- 59 Government House Museum
- 60 Aire de jeux

BELIZE

MER
DES CARAÏBES

Castle St
Lovely Lane
Frederick St
Victoria St
Cradle Lane
Price Alley
Pinabun St
Picstock St
New Rd
Card Lane
Barracks Rd
Daly St
Craig St
Eye St
Mortuary Lane
Gaol Lane

1
†2
3 ■
5
■6
13
▼15
●16
Hutson St
Handyside St
Bridge Lane
Gabourel Lane
Keyhole Alley

KING'S PARK
DISTRICT

27
26
ⓘ
North Park St
Memorial
Park
South Park St
Eyre St

BELIZE

Patticoat Alley
7
■8
9
Hydes Lane
North Front St
†10
●11
★12
▼14
Queen St
●22
✉23
Front St
24
●25

Richard St
Regent St W
Water Lane
Orange St
Glynn St
Swing
Bridge
28
●29
30
Ⓢ31
32 Ⓢ
33 ■
Battlefield
Park
Church St
●34
35
36●
Bishop St
Ⓢ41
39 ▼
■40
Ⓢ42
King St
▼43
▼46
47●
●48
Prince St
49 ▼
50 ■
51 ■
53●
Dean St
●55
South St
57 ■
Palm Lane
Rector Lane

Pikes St
Canal St
●52
†54
Albert St
Regent St
Southern Foreshore

Belize
Harbour

37
38
Cork St
Dredge St
44
45 ■
Fort St
Marine Parade

FORT GEORGE
DISTRICT

Dredge
56 ★ Phare de
Fort George

Wagner St
Simmons St
Berkeley St
Albert St W
Albert St
†58
🏛59
●60
Vers Bird Island
(passerelle pour piétons)

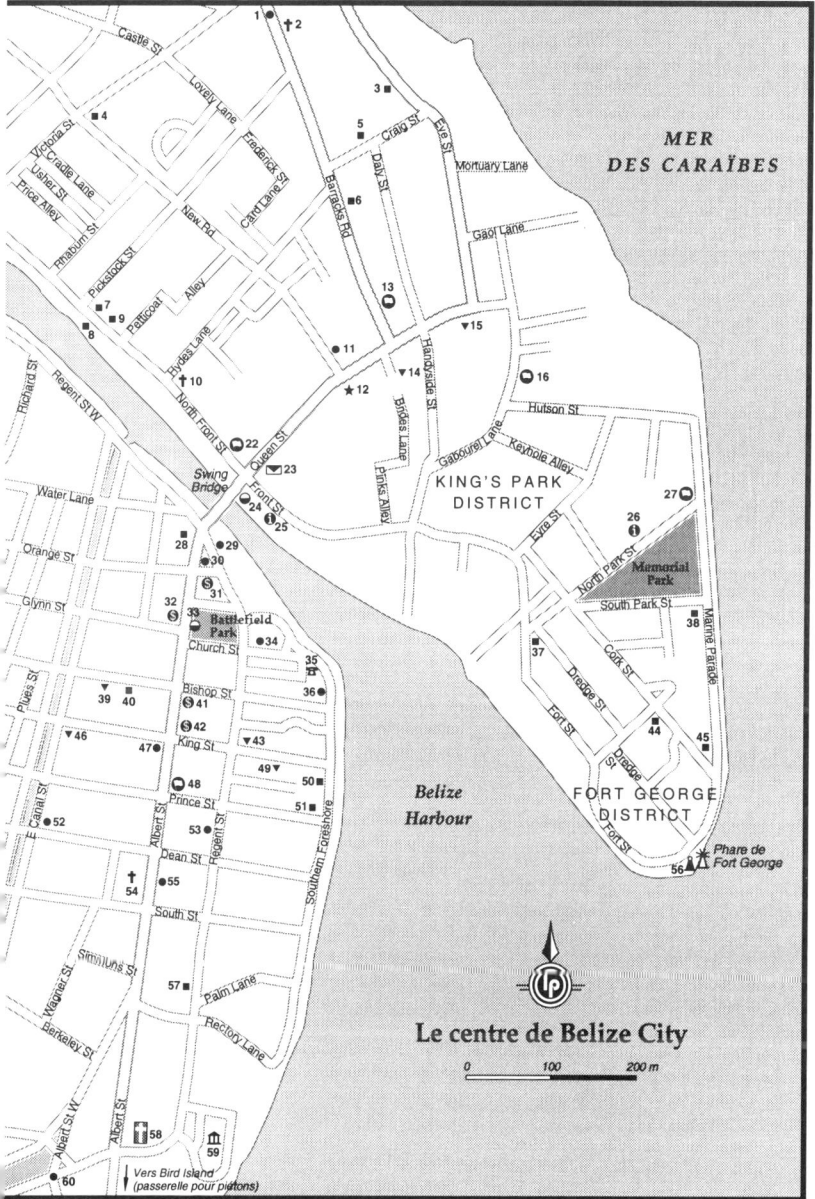

Le centre de Belize City

0   100   200 m

Ne mettez pas en évidence des liasses de billets, un matériel photo coûteux ou tout autre signe extérieur de richesse. Ne changez pas d'argent dans la rue, non que ce soit interdit, mais parce cela vous amène à dévoiler l'endroit où vous conservez votre argent. Les voleurs vous proposeront de changer et s'empareront de votre pécule pour s'enfuir aussitôt. Ne laissez pas d'objets de valeur à l'hôtel. Enfin, n'utilisez et ne vendez aucune drogue illicite.

Ne vous promenez pas seul la nuit. Mieux vaut marcher à deux ou en groupe, et ne pas s'écarter des grands axes du centre-ville, de Fort George et de King's Park. Évitez tout particulièrement Front St, au sud et à l'est du Swing Bridge, secteur célèbre pour ses agressions.

PROMENADES A PIED
Le centre-ville

Bien qu'on ne vienne pas à Belize City pour en apprécier les beautés, il est toujours agréable de s'y promener ; en une heure ou deux, il est possible d'en voir toutes les curiosités.

Si vous voulez éviter de marcher, sachez que BLASTours (Belize Land Air Sea Tours Ltd, ☎ (1) 48777, fax (2) 73897), 27 Dean St, propose tous les jours une visite de la ville en bus découvert. Le circuit s'effectue en deux heures.

Vous commencerez votre promenade au Swing Bridge. Le **Maritime Museum** (☎ (2) 31969), un musée maritime aménagé dans le Belize Marine Terminal, ouvre du lundi au samedi de 8h à 17h et ferme le dimanche ; l'entrée s'élève à 3 $US (2 $US pour les étudiants, 0,50 $US pour les enfants de moins de 12 ans).

Du Marine Terminal, traversez le Swing Bridge et dirigez-vous vers le sud dans Regent St, qu'un pâté de maisons sépare de la plage. Le grand **centre commercial** moderne situé à gauche, juste après le pont, a été construit à l'emplacement d'un marché datant de 1820. Le rez-de-chaussée regroupe les étals d'alimentation. Les bureaux et les magasins sont aménagés à l'étage.

Au début de Regent St, vous ne pouvez manquer l'imposant **palais de justice**. Édifié en 1926 pour abriter les fonctionnaires coloniaux du Belize, il reste fidèle à sa vocation administrative et judiciaire.

Après avoir longé le bâtiment, vous découvrirez **Battlefield Park** à votre droite. Fréquenté par les vendeurs ambulants, les flâneurs, les escrocs et les marginaux de Belize City, ce parc offre une ombre bienfaisante au promeneur accablé de chaleur à la mi-journée.

A votre gauche, traversez Regent St et marchez tout droit sur la longueur d'un pâté de maisons pour rejoindre Southern Foreshore. Aménagée le long de la plage, cette rue abrite le **Bliss Institute**. Le baron Bliss, un Anglais doté d'un nom prometteur (*bliss* signifie "béatitude", "félicité") et d'un titre portugais, était venu pêcher au Belize en bateau de plaisance. Selon toute vraisemblance, il tomba amoureux du pays avant même d'avoir mis le pied à terre. A sa mort – peu après son arrivée –, il légua son immense fortune aux Béliziens. Au fil du temps, cet argent permit la construction de routes, de marchés couverts, d'écoles, de centres culturels et de bien d'autres aménagements.

Le Bliss Institute (☎ (2) 77267) ouvre du lundi au vendredi de 8h30 à 12h et de 14h à 20h, ainsi que le samedi de 8h à 12 (il ferme le dimanche). Cette institution culturelle, la première de la ville, abrite le National Arts Council, qui présente régulièrement des expositions, des concerts et des spectacles d'art dramatique. Une petite collection d'objets provenant du site maya de Caracol y est exposée. La **bibliothèque nationale** occupe l'étage.

Poursuivez votre balade jusqu'à l'extrémité de Southern Foreshore, et prenez Regent St en direction du sud pour gagner **Government House** (1814), le palais du gouverneur général. Le Belize a obtenu son indépendance au sein du Commonwealth en 1981 ; depuis lors, la fonction n'est plus qu'honorifique. Government House est aujourd'hui un musée ouvert du lundi au vendredi de 8h30 à 16h30. L'entrée se monte à 5 $US. Au premier niveau sont présentés des photographies anciennes ainsi qu'un service de table jadis utilisé à la résidence. Le prix du billet s'avère un peu élevé si l'on considère la médiocrité de la collection, mais vous vous rabattrez sur les jardins, où vous pourrez faire une agréable promenade.

Au sud de l'édifice s'étend **Bird Island**, un espace de loisirs accessible uniquement à pied.

A l'ouest de la résidence, à la jonction d'Albert St et de Regent St, s'élève **St John's Cathedral**, le sanctuaire anglican le plus ancien (1847) et le plus important d'Amérique centrale.

Un pâté de maisons au sud-ouest de la cathédrale, les tombes du **Yarborough Cemetery** témoignent de la tumultueuse histoire du pays depuis 1781.

Regagnez le Swing Bridge en remontant Albert St vers le nord. Dans cette artère, la plus commerciale de la ville, vous remarquerez **les bureaux de Continental Airlines**, installés dans un petit temple très vaguement hindouisant.

Les quartiers Nord

Après avoir franchi le Swing Bridge, vous vous trouverez devant **Paslow Building**, un bâtiment en bois occupé par la poste centrale. Remontez Queen St vers le nord pour jeter un œil au **poste de police**, en bois également. A l'extrémité de Queen St, tournez à droite dans Gabourel Lane pour rejoindre l'**ambassade des États-Unis**, nichée parmi de jolies demeures victoriennes dans le Fort George District.

Dirigez-vous ensuite vers le sud et la pointe de la presqu'île. Réservé aux hôtels de luxe, le secteur s'orne du **Baron Bliss Memorial**, élevé à la gloire du bienfaiteur, ce monument voisine avec le phare de Fort George. Du petit parc, on découvre une belle vue de la mer et de la ville.

Contournez la pointe et marchez vers le nord. Laissez le Radisson Fort George Hotel à votre gauche et longez Marine Parade jusqu'à **Memorial Park**, qui s'étend entre le Chateau Caribbean Hotel et l'ambassade du Mexique. Les pelouses vertes du jardin s'offrent au regard comme un véritable soulagement.

CIRCUITS ORGANISÉS

A partir de Belize City, il est possible de rayonner dans tout le pays. La plupart des hôtels de catégories moyenne et supérieure proposent des circuits d'une demi-journée ou une journée complète à destination d'Altun Ha, du Baboon Sanctuary, du Belize Zoo, de Caracol, du Cockscomb Basin Wildlife Sanctuary (également appelé Jaguar Reserve), de Xunantunich, etc., pour un prix qui varie généralement de 60 à 150 $US par personne.

OÙ SE LOGER

Comme pour tous les gîtes mentionnés dans cet ouvrage, les prix indiqués ci-dessous tiennent compte de la taxe d'hébergement de 7%.

Où se loger – petits budgets

Les hôtels les moins chers de la ville sont souvent dangereux car ils font l'objet de cambriolages et abritent le trafic des stupéfiants. Les adresses ci-dessous ont été choisies en fonction de leur relative absence de risque et de leurs prix. Si l'une d'elles se révèle peu sûre ou si vous découvrez un établissement correct, tranquille et bon marché, n'hésitez pas à nous le faire savoir.

La *North Front Street Guest House* (☎ (2) 77595), 124 North Front St, à l'est de Pickstock St, est très rudimentaire, mais propre et sûre. Bruyante en raison de la circulation automobile, elle est pourtant très appréciée des voyageurs à petit budget. Ses huit simples/doubles se louent 8,50/13,50 $US. On sert le petit déjeuner et le dîner sur commande.

Juste à côté, le *Bon Aventure Hotel* (☎ (2) 44248, (2) 44134, fax (2) 31134), 122 North Front Street, possède neuf chambres. Pour une double, comptez 14 $US avec s. d. b. commune et 24 $US avec s. d. b. individuelle. Juste en face, le *Mira Rio Hotel* (☎ (2) 44970), 59 North Front St, propose aux mêmes prix sept chambres avec lavabo et toilettes.

BELIZE

L'*Isabel Guest House* (☎ (2) 73139), PO Box 362, est aménagée au-dessus du Matus Store. Elle donne sur le marché, mais on y accède par un escalier situé à l'arrière : contournez le Central Drug Store et suivez les panneaux. Propre et familiale, elle comporte des doubles avec douche pour 24 $US.

Freddie et Tona Griffith gèrent la *Freddie's Guest House* (☎ (2) 44396), 86 Eve St, qui compte parmi les pensions les plus propres du Belize. Deux chambres se partagent une s. d. b. au prix de 21 $US la double. La chambre avec s. d. b. vaut 23 $US. Les douches sont étincelantes.

La *Sea Side Guest House* (☎ (2) 78339), 3 Prince St, entre Southern Foreshore et Regent St, appartient au réseau de Friends Services International, une organisation quaker. Six chambres propres et simples avec s. d. b. communes sont proposées à 16,50/24 $US la simple/double. Il est possible de prendre un petit déjeuner et d'obtenir des renseignements sur les projets sociaux, culturels et environnementaux menés par les Quakers au Belize.

La *Marin's Travelodge* (☎ (2) 45166), 6 Craig St, occupe l'étage d'une maison construite en bois jaune, dans le style caraïbe, et bien tenue. La véranda s'orne d'une confortable balancelle. Les douches communes sont propres et le prix des sept chambres atteint 8/12 $US pour une simple/double.

Où se loger – catégorie moyenne

La *Colton House* (☎ (2) 44666, fax (2) 30451, coltonhse@btl.net), 9 Cork St, près du Radisson Fort George Hotel, est sans conteste la plus jolie pension de la ville. Cette élégante demeure coloniale de bois (1928) a été restaurée avec goût par Alan et Ondina Colton. Équipées de ventil. et de s. d. b., les chambres vastes, aérées, chaleureuses et d'une propreté immaculée valent 40/48/56 $US la simple/double/triple. Ajoutez 5 $US pour la clim. Un café est proposé le matin, mais on ne sert pas de repas. Un appartement aménagé dans le jardin et pourvu d'une cuisine est disponible pour un prix légèrement supérieur.

Un peu plus haut dans la rue, la *Fort Street Guest House* (☎ (2) 30116, fax (2) 78808, fortst@btl.net), 4 Fort St, est plus connue pour son restaurant que pour ses six chambres, pourtant assez confortables, avec ventil. et s. d. b. commune. Il vous en coûtera 65 $US, petit déjeuner compris.

Le *Glenthorne Manor* (☎ (2) 44212), 27 Barracks Rd (PO Box 1278) est aménagé dans une belle maison victorienne entourée d'un jardinet. Les hauts plafonds abritent un mobilier éclectique. Le manoir ne comporte que quatre chambres : 35/45/50 $ en simple/double/triple, petit déjeuner compris. Si elle est libre, offrez-vous la suite dotée d'une véranda privée.

La façade de marbre de l'*Hotel El Centro* (☎ (2) 75077, (2) 77739, fax (2) 74553), 4 Bishop St (PO Box 2267) cache douze petites doubles impeccables et modernes, équipées de téléphone, TV câblée et clim., le tout pour 45 $US.

L'*Hotel Mopan* (☎ (2) 73356, (2) 77351, fax (2) 75383), 55 Regent St, est un grand établissement ancien, tout en bois dans le style caraïbe. Pour une chambre simple/double/triple/quadruple très rudimentaire, prévoyez 30/40/45/50 $US (avec ventil.) et 40/50/60/70 $US (avec clim.). L'ambiance est typiquement bélizienne. On peut prendre ses repas. Le bar est extrêmement convivial.

Le *Royal Orchid Hotel* (☎ (2) 32783, fax (2) 32789), New Rd, au niveau de Victoria St, est un hôtel moderne dont l'ambiance est différente de celle des pensions. Il dispose toutefois de 22 chambres équipées de clim., de s. d. b., de TV câblées et de ventil. L'établissement comporte un restaurant et un bar. Les simples/doubles se louent 50/60 US.

Le *Chateau Caribbean Hotel* (☎ (2) 30800, fax (2) 30900), 6 Marine Parade (PO Box 947), près de Memorial Park, fut jadis une belle demeure typique, puis un hôpital. Reconverti aujourd'hui en hôtel simple mais confortable, il possède 25 chambres climatisées et une salle à manger. Les prix se montent à 74/84/95/102 $US pour une simple/doube/triple/quadruple.

Le *Bellevue Hotel* (☎ (2) 77501, fax (2) 73253, fins@btl.net), 5 Southern Foreshore (PO Box 428), s'élève près de King St, au centre-ville, non loin du Bliss Institute. Derrière une façade quelconque, il abrite un intérieur propre et moderne. Climatisées et confortables, les 35 chambres avec TV valent 84/88 $US en simple/double. L'hôtel possède un restaurant et un bar.

Où se loger – catégorie supérieure

Depuis longtemps, l'établissement le plus prisé de la ville est le *Radisson Fort George Hotel* (☎ (2) 33333, (2) 77400, fax (2) 73820), 2 Marine Parade (PO Box 321). Ses 76 chambres climatisées sont dotées de tout le confort. Celles de la Club Section sont plus grandes. Outre une piscine, un bon restaurant et un bar, le Fort George possède un embarcadère réservé aux excursions en mer et aux parties de pêche. Le prix d'une simple oscille entre 149 et 181 $US, avec un supplément de 11 $US pour une double.

Le *Fiesta Inn Belize* (☎ (2) 32670, fax (2) 32660), Barracks Rd, Kings Park, au nord-est du centre-ville, s'appelait jadis le Ramada Royal Reef Hotel. Il comporte 120 chambres, une piscine et une marina. Les tarifs varient de 85 à 105 $US.

Le *Belize Biltmore Plaza* (☎ (2) 32302, fax (2) 32301), Mile 3, Northern Hwy, se situe dans le quartier de Bella Vista, 4,5 km au nord du centre-ville en direction de Ladyville et du Goldson International Airport. Les 90 chambres climatisées ne donnent pas sur la mer, ce dont les prix tiennent compte : de 77/88 $US pour une simple/double. La carte de la Victorian Room compte parmi les meilleures de la ville. Le bar possède un karaoke et accueille des musiciens.

OÙ SE RESTAURER

Belize City n'est guère connue pour sa cuisine, mais on y mange relativement bien. Sauf mention contraire, les établissements sont fermés le dimanche.

Le *GG's Café & Patio* (☎ (2) 74378), 2-B King St, est sans doute le plus petit res-

taurant de la ville. Ses fenêtres en ogive et son sol carrelé lui donnent un petit air moderne. Le joli patio situé à gauche du café est idéal pour dîner dehors lorsque le temps s'y prête. Le prix des "meilleurs hamburgers de la ville" tourne autour de 3 ou 4 $US. Une assiettée de riz et de haricots accompagnés de bœuf, de poulet ou de porc vaut à peu près autant. Le GG's ouvre de 11h30 à 14h30 et de 17h30 à 21h (22h le vendredi et le samedi).

Le *Macy's* (☎ (2) 73419), 18 Bishop St, se caractérise par sa cuisine caraïbe correcte, son service sympathique et ses prix abordables. Le filet de poisson au riz et aux haricots revient à environ 4 $US, le tatou ou le sanglier à un peu plus. L'établissement ouvre de 11h30 à 22h.

Le *Dit's Restaurant* (☎ (2) 33330), 50 King St, est un établissement chaleureux équipé de puissants ventilateurs. Ses copieuses portions à bas prix lui ont valu une clientèle d'habitués. Les plats de riz et haricots acompagnés de bœuf, poulet ou porc ne dépassent pas 3 $US ; les burgers ne coûtent que 1,50 $US. Quant aux excellentes pâtisseries, elles valent 1 $US la part. Le Dit's ouvre tous les jours de 8h à 21h.

Le *Pete's Pastries* (☎ (2) 44974), 41 Queen St (près de Handyside St), sert des gâteaux, des tartes, et des tourtes aux fruits ou à la viande, de qualité. Accompagnée d'une boisson non alcoolisée, une part revient à 1 $US. La tarte aux raisins est succulente. Vous pourrez goûter à la célèbre soupe au pied de bœuf, uniquement servie le samedi pour seulement 1,75 $US, ou un sandwich jambon-fromage pour 1,50 $US. Le Pete's ouvre de 8h30 à 19h (de 8h à 18h le dimanche).

Un des restaurant chinois, le *Golden Dragon Chinese Restaurant* (☎ (2) 72817) est situé dans une impasse qui débouche sur Queen St. Il propose une longue carte très axée sur *le chow mein*, le *chop suey*, les soupes et les plats sucrés-salés. Comptez de 6 à 14 $US pour un repas complet.

Le *Pop 'n' Taco*, à l'angle de King St et de Regent St, propose des mets béliziens,

BELIZE

chinois et mexicains simples et bon marché. Il ouvre le dimanche.

Le *Fort Street Restaurant* (☎ (2) 30116), 4 Fort St, est aménagé dans une belle maison ancienne. Les tables sont installées dans les salles de l'étage et sur la véranda. Il sert une cuisine nouvelle d'inspiration californienne, qui met l'accent sur les produits de la mer. Les prix sont élevés : un repas complet arrosé de vin ou de bière peut revenir entre 30 et 40 \$US par personne, mais c'est l'endroit le plus agréable et romantique de la ville. Le petit déjeuner est servi tous les matins, le déjeuner et le dîner tous les jours sauf le dimanche.

C'est peut-être le restaurant du *Radisson Fort George Hotel* (☎ (2) 77400) qui offre le service le plus raffiné de Belize City, avec une cuisine de qualité à des prix raisonnables. Si vous avez envie d'un gros burger et d'une bière (12 \$US), rendez-vous au *Paddles*, juste à côté. Essayez également les restaurants du *Bellevue* et du *Chateau Caribbean*, ouverts sept jours sur sept.

DISTRACTIONS

Ce ne sont pas les distractions nocturnes qui manquent à Belize City. Le seul problème, c'est que la plupart d'entre elles sont soit illégales, soit dangereuses.

Faîtes preuve de discernement lorsque vous choisirez un endroit où passer la soirée. Les clubs et les bars qui vous paraîtront louches le seront probablement. Quand il y a de la drogue dans l'air, il y a aussi quelques problèmes en perspective. De plus, sachez qu'en tant qu'étranger, il vous sera très difficile de vous fondre dans la foule.

Les bars des grands hôtels (*Radisson Fort George*, *Fiesta Inn Belize*) sont calmes, sûrs et bien fréquentés. Le *Belize Biltmore Plaza Hotel* alterne le karaoke et les concerts.

Le *XS*, dans Freetown Rd, à la hauteur de Mapp St, est le dernier lieu branché pour noctambules. Les Béliziens vantent autant son absence de violence et son par-

king gardé que sa musique et ses consommations. Essayez également le *Lindbergh's Landing*, non loin du Pickwick Club, dans King's Park, juste en face du Fiesta Inn Belize. L'endroit préféré des habitants reste le *Lumba Yaad*, 300 m au nord-ouest de Belcan Junction, et au nord-ouest d'une clairière de bois de coupe.

COMMENT S'Y RENDRE

Il est possible de se rendre de Belize City dans n'importe quelle région du pays en bus, en bateau et en avion. Pour de plus amples renseignements, voir la rubrique *Comment circuler* dans le chapitre *Comment s'y rendre et circuler*.

COMMENT CIRCULER

Belize City est une petite ville où la plupart des déplacements se font à pied.

Desserte des aéroports

Le prix d'une course en taxi depuis ou vers l'aéroport international se monte à 15 \$US. Vous pouvez proposer à d'autres voyageurs de partager les frais pour atteindre le centre-ville.

Il faut environ une demi-heure pour rejoindre à pied la Northern Hwy depuis le terminal par la route d'accès (3 km). De là, il est facile d'arrêter un bus qui se rend soit au nord, soit au sud.

Sur le trajet du Municipal Airport, les taxis appliquent les tarifs pratiqués en ville (voir ci-dessous).

Taxi

Les courses en taxi à l'intérieur de la ville (y compris vers et depuis le Municipal Airport) sont facturées 2,50 \$US pour un passager, 6 \$US pour deux ou trois personnes, et 8 \$US pour un groupe de quatre.

Voiture et moto

Pour tout savoir sur la location de véhicules, consultez la partie *Comment circuler* dans le chapitre *Comment s'y rendre et circuler*.

Les cayes

Long de 290 km, le récif bélizien est le plus important du continent américain. Il marque la limite orientale du plateau calcaire qui forme le soubassement de la plupart des terres mayas. A l'ouest de la barrière, les îles appelées "cayes" (prononcer comme dans l'anglais *keys*) baignent dans des eaux qui ne dépassent pas cinq à six mètres de profondeur, donc extrêmement chaudes.

Parmi les dizaines de cayes, grandes ou petites, qui émaillent le bleu profond des Caraïbes au large du littoral bélizien, Caye Caulker et Ambergris Caye sont les deux préférées des voyageurs. La première est connue pour se réserver aux petits budgets. Ses hôtels et ses restaurants sont en effet meilleur marché que sur la seconde, où l'infrastructure touristique est plus développée. Cette distinction s'atténue toutefois en raison de la fréquentation croissante de Caye Caulker.

Les deux îles jouissent d'une atmosphère calme et séduisante. Là-bas, personne ne se presse et la vie ne laisse pas de place au stress. Dans les rues couvertes de sable, on circule à pied au rythme paisible qui caractérise les habitants des Tropiques. Les bicyclettes des enfants sont les véhicules les plus rapides qu'on puisse croiser et les rares voitures restent, pour la plupart, cantonnées au parking.

La population insulaire se compose de Créoles, de Mestizos ainsi que de quelques Nord-Américains et Européens. La pêche au homard et à la conque, l'hôtellerie, la petite restauration et diverses activités insulaires procurent à l'île le peu dont elle a besoin, grâce à son climat tropical si favorable.

CAYE CAULKER
800 habitants

A l'approche de Caye Caulker, le bateau en provenance de Belize City longe la côte orientale bordé de multiples palmiers. Du rivage s'avancent des dizaines d'embarcadères en bois où s'amarrent les navires. Environ deux kilomètres à l'est, on distingue la barrière de récifs à la fine crête blanche des vagues qui viennent s'y briser.

Appelée Hicaco en espagnol et parfois Corker en anglais, Caye Caulker se situe 33 km au nord de Belize City et 24 km au sud d'Ambergris Caye. Elle mesure quelque 7 km de long du Nord au Sud, sur une largeur maximale de 600 m. La mangrove recouvre la majeure partie de la côte où les cocotiers offrent une ombre appréciable. Le village est établi dans la moitié Sud de l'île. Celle-ci est effectivement divisée en deux parties depuis que l'ouragan Hattie a creusé un chenal juste au nord de l'agglomération. Cette faille est tout simplement désignée sous le nom de The Split ou The Cut. Traversée de courants violents, elle abrite une petite plage. Au nord du Split – qu'on traverse désormais en ferry –, s'étendent des terres qui ne resteront sans doute pas vierges longtemps.

Après avoir débarqué, on pénètre dans un village dont les "rues" couvertes de sable ressemblent plutôt à des sentiers. Les autorités ont pris soin de placer des panneaux de ralentissement et des stops aux endroits stratégiques, alors qu'à Caye Caulker tout le monde se déplace lentement et s'arrête pour un rien. Les pauses se font souvent devant les débits de boisson, où l'on passe la majeure partie de la journée à se rafraîchir une main à l'aide d'une cannette de bière. La brise marine assure toutefois en quasi-permanence une fraîcheur qui tranche agréablement sur la touffeur du climat bélizien. Dès qu'elle tombe apparaissent la chaleur, les simulies et les moustiques.

Nombre de jardins et de chemins sont délimités par des conques vides, et chaque maison est équipée d'une grosse citerne baptisée *catchment* (littéralement "capteur"), où l'on recueille l'eau de pluie pour la consommation.

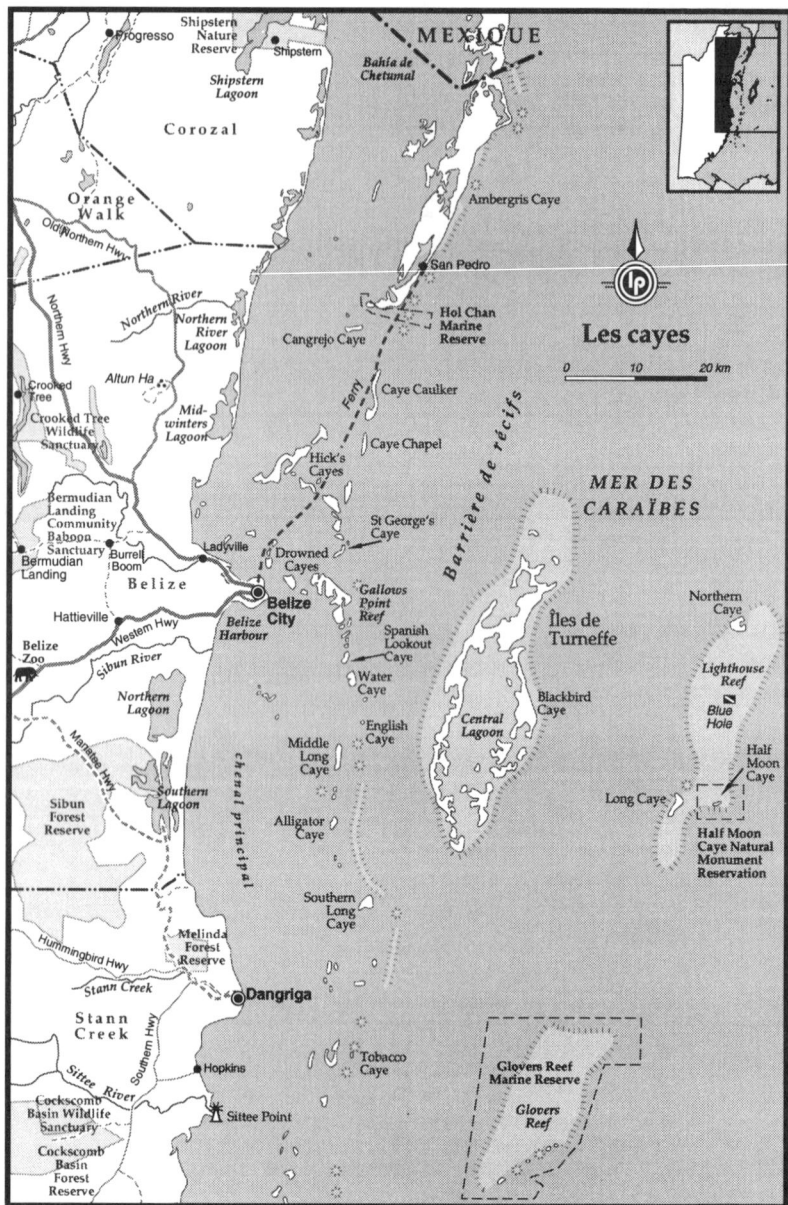

Shipstern
Nature
Reserve
Progresso
Shipstern

MEXIQUE

*Shipstern
Lagoon*

Bahía de
Chetumal

Corozal

Orange
Walk

Old Northern Hwy

Ambergris Caye

San Pedro

Northern Hwy

Northern River

*Northern
River
Lagoon*

Hol Chan
Marine
Reserve

Cangrejo Caye

Les cayes

0   10   20 km

Altun Ha

Crooked
Tree

Crooked Tree
Wildlife
Sanctuary

*Mid-
winters
Lagoon*

Caye Caulker

Ferry

Caye Chapel

Hick's
Cayes

MER DES
CARAÏBES

Bermudian
Landing
Community
Baboon
Sanctuary
Bermudian
Landing

Burrell
Boom

Ladyville

St George's
Caye

Barrière de récifs

Drowned
Cayes

Belize

**Belize
City**

Hattieville

Western Hwy

*Belize
Harbour*

*Gallows
Point
Reef*

Spanish
Lookout
Caye

Îles de
Turneffe

Northern
Caye

Belize
Zoo

Sibun River

*Northern
Lagoon*

Water
Caye

*Lighthouse
Reef*

Blue
Hole

Manatee Hwy

Sibun
Forest
Reserve

*Southern
Lagoon*

chenal principal

Middle
Long Caye

English
Caye

Blackbird
Caye

*Central
Lagoon*

Long Caye

Half
Moon
Caye

Half Moon
Caye Natural
Monument
Reservation

Alligator
Caye

Hummingbird Hwy

Melinda
Forest
Reserve

Stann Creek

Southern
Long
Caye

Stann
Creek

Southern Hwy

Dangriga

Sittee River

Hopkins

Cockscomb
Basin Wildlife
Sanctuary

Sittee Point

Tobacco
Caye

Glovers Reef
Marine Reserve

*Glovers
Reef*

Cockscomb
Basin
Forest
Reserve

BELIZE

Orientation et renseignements

Le village compte deux grandes rues : Front St à l'est et Back St à l'ouest. La distance entre The Split, au nord, et la Shirley's Guest House, située à la limite Sud du village, excède à peine un kilomètre.

Le bureau téléphonique de BTL ouvre du lundi au vendredi de 8h à 12h et de 13h à 16h (de 8h à 12h le samedi). Il ferme le dimanche. Un local BTL équipé d'un fax (fax (22) 2239) couvre les besoins de toute l'île.

Un petit musée est aménagé depuis peu dans l'Island Shopping Center de Barrier Reef Drive, au niveau de Pelican Street.

Sports nautiques

De la côte Est de Caye Caulker, on voit facilement les vagues se briser sur la barrière de récifs. Il est fortement déconseillé de nager au-delà de cette limite car les pilotes poussent leur moteur au maximum sans se soucier des éventuels nageurs. Plusieurs étrangers sont morts de cette façon. Restez donc dans les zones protégées.

Au terme d'une courte traversée, vous atteindrez le récif où vous connaîtrez les meilleurs moments de plongée – avec ou sans bouteille – et de pêche qui se puissent concevoir. Renseignez-vous sur les bateaux auprès des voyageurs qui les ont déjà testés et, en fonction de leur expérience, choisissez le vôtre. Presque tous les insulaires sont des pilotes chevronnés. Il n'en convient pas moins de bien s'entendre sur le prix, la durée de l'excursion, les destinations et la fiabilité de l'embarcation. Il faut que le bateau comme le moteur soient en bon état. Les voiliers doivent posséder un moteur à utiliser en cas d'urgence (le temps peut changer sans prevenir).

Trois sortes d'excursions sont couramment proposées : la balade au récif (de 10 à 30 $US par personne), la visite de la Hol Chan Marine Reserve (25 $US) et la découverte des lamantins (30 $US). Toutes débutent en milieu de matinée et s'achèvent vers 17h.

La visibilité sous-marine atteint 60 m. La végétation, les poissons tropicaux et les coraux présentent une diversité extraordinaire. Évitez de toucher ces derniers afin de ne pas les endommager, ni vous blesser. Le corail est coupant et certaines espèces peuvent piquer ou brûler.

Les grottes sous-marines comptent parmi les endroits les plus intéressants. Situé au large de la côte ouest, leur réseau aussi complexe que fascinant exige du plongeur une certaine dextérité. Il est conseillé de s'abstenir si l'on ne possède ni guide expérimenté ni équipement adéquat (de fortes lampes-torches, etc.). Les magasins de plongée de l'île peuvent vous conseiller sur ce qu'il convient de faire ou ne pas faire.

Il existe bien d'autres destinations, dont Goff's Caye, Sargent Caye, Shark Alley et Stingray Alley.

Une excursion d'une journée comprenant trois plongées revient de 175 à 200 $US par personne, fourniture du matériel comprise. Le coût de la formule de trois jours, gîte et couvert inclus, varie de 325 à 350 US. Comparez les tarifs de plusieurs magasins car ils peuvent présenter des différences importantes. Pour obtenir d'autres renseignements sur les sites où plonger, consultez la rubrique *Ambergris Caye*, plus loin dans ce même chapitre.

Les prestataires répertoriés ci-dessous organisent des excursions de plongée sous-marine libre ou avec des bouteilles, et d'observation de lamantins :

Belize Diving Service	(☎ (22) 2143, fax (22) 2217)
Carlos Ayala	au Cindy's Café
Chocolate's	(☎ (22) 22151)
Frenchie's Diving	(☎ (22) 2234, fax (22) 2074)

La location d'équipement de sports nautiques se pratique dans pas mal d'endroits en ville, notamment au Pattie's Bar & Beach du Split. Le matériel de plongée libre et les matelas pneumatiques sont facturés 5 $US par jour, les kayaks de mer 20 $US à la demi-journée, et les voiliers de type Hobie Cat 20 $US de l'heure ou 50 $US pour une demi-journée.

Les mordus du bord de mer seront comblés par les eaux chaudes, claires et bleues,

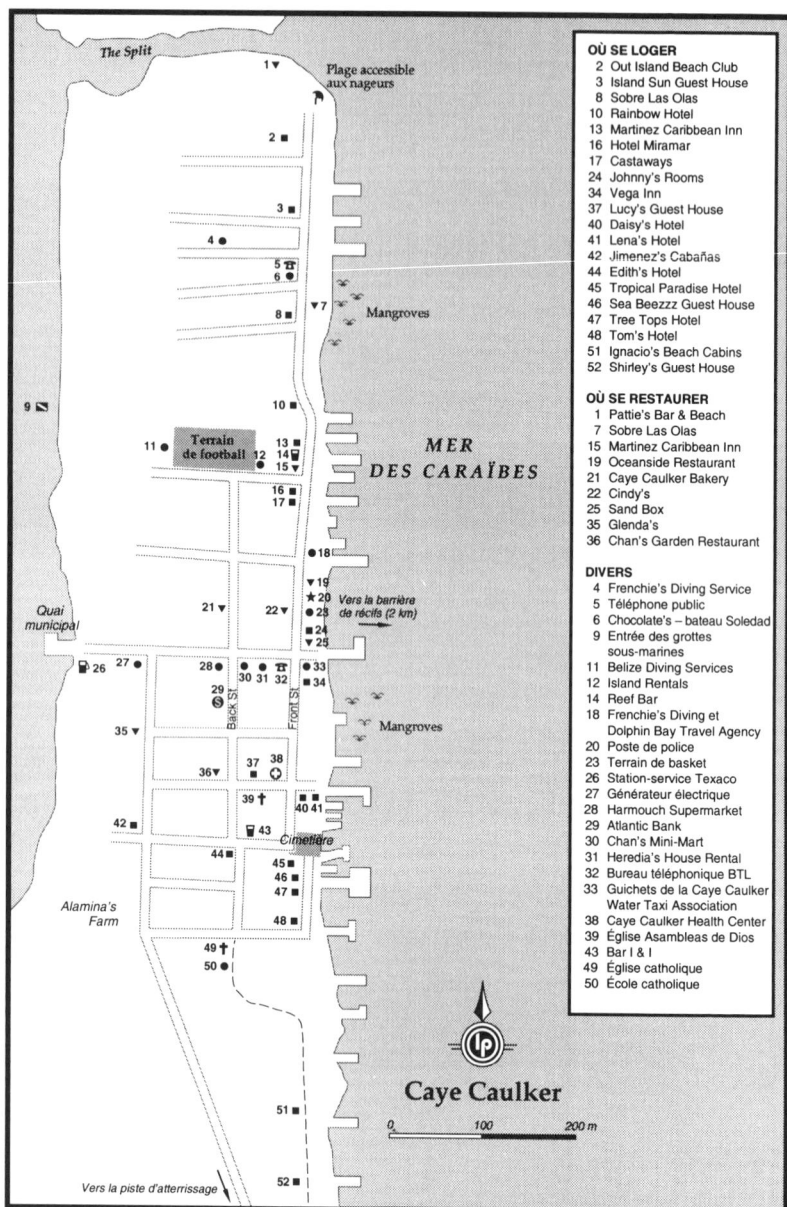

OÙ SE LOGER

2 Out Island Beach Club
3 Island Sun Guest House
8 Sobre Las Olas
10 Rainbow Hotel
13 Martinez Caribbean Inn
16 Hotel Miramar
17 Castaways
24 Johnny's Rooms
34 Vega Inn
37 Lucy's Guest House
40 Daisy's Hotel
41 Lena's Hotel
42 Jimenez's Cabañas
44 Edith's Hotel
45 Tropical Paradise Hotel
46 Sea Beezzz Guest House
47 Tree Tops Hotel
48 Tom's Hotel
51 Ignacio's Beach Cabins
52 Shirley's Guest House

OÙ SE RESTAURER

1 Pattie's Bar & Beach
7 Sobre Las Olas
15 Martinez Caribbean Inn
19 Oceanside Restaurant
21 Caye Caulker Bakery
22 Cindy's
25 Sand Box
35 Glenda's
36 Chan's Garden Restaurant

DIVERS

4 Frenchie's Diving Service
5 Téléphone public
6 Chocolate's – bateau Soledad
9 Entrée des grottes
    sous-marines
11 Belize Diving Services
12 Island Rentals
14 Reef Bar
18 Frenchie's Diving et
    Dolphin Bay Travel Agency
20 Poste de police
23 Terrain de basket
26 Station-service Texaco
27 Générateur électrique
28 Harmouch Supermarket
29 Atlantic Bank
30 Chan's Mini-Mart
31 Heredia's House Rental
32 Bureau téléphonique BTL
33 Guichets de la Caye Caulker
    Water Taxi Association
38 Caye Caulker Health Center
39 Église Asambleas de Dios
43 Bar I & I
49 Église catholique
50 École catholique

The Split

Plage accessible aux nageurs

Mangroves

MER DES CARAÏBES

Terrain de football

Vers la barrière de récifs (2 km)

Quai municipal

Back St

Front St

Mangroves

Alamina's Farm

Cimetière

BELIZE

Caye Caulker

0   100   200 m

Vers la piste d'atterrissage

mais déçus par la quasi-absence de plage. Bien que le sable ne manque pas, il ne forme pas les belles étendues auxquelles on pourrait s'attendre. Les bains de soleil se prennent donc surtout sur les quais ou dans les transatlantiques des hôtels. Située sur le Split, au nord du village, la plage minuscule et surpeuplée de Caye Caulker est tout à fait quelconque.

Où se loger – petits budgets

Les hôtels environnés d'arbres et de pelouses ou situés sur la plage pratiquent des prix légèrement supérieurs à ceux des établissements dépourvus de ces raffinements.

Construite sur deux niveaux en bois et en maçonnerie, la *Martinez Caribbean Inn* (☎ (22) 2113), au centre du village, s'orne d'une galerie où prendre le frais et possède des chambres équipées de douches. Il vous en coûtera 12/20 $US pour une simple/double bien située. Le Reef Bar, juste à côté, peut toutefois être bruyant jusqu'à une heure avancée de la nuit.

Gérée par Sylvano et Kathy Canto, l'*Island Sun Guest House* (☎ (22) 2215) ne propose que deux chambres avec ventil. et s. d. b. La double coûte 17,50 ou 20 $US. Calme et propre, cette pension se trouve près de la plage.

Pratiquement dépourvu de jardin, le *Lena's Hotel* (☎ (22) 2106) est un vieux bâtiment qui donne sur la mer. Il est doté de 11 chambres au prix passablement surévalué de 20/30 $US la double avec/sans douche.

Le *Daisy's Hotel* (☎ (22) 2123) comporte également 11 chambres. Elles sont réparties dans plusieurs constructions bleues et blanches exposées plein soleil la majeure partie de la journée. La double équipée d'un ventil. sur table ou au sol revient à 14 $US et à 21 $US avec douche.

L'*Edith's Hotel* possède des chambres minuscules, mais propres et pourvues de douches. Le tarif est de 18 $US la simple, 21 $US la double (à un lit) et 23 $US la double (avec deux lits).

Édifié face à la mer, l'*Hotel Miramar* (☎ (22) 2157) a aménagé des chambres sur deux niveaux. Celles qui comportent une s. d. b. se louent 25 $US.

Le *Castaways* (☎ (22) 2294) dispose de 6 chambres. Extrêmement propres, elles coûtent la modique somme de 12/16 $US en simple/double. L'hôtel possède un restaurant correct (plat du jour à environ 8 $US) et un bar.

Les *Johnny's Rooms* (☎ (22) 2149) se composent de chambres d'hôtel à 18 $US la double, et de *cabañas* avec s. d. b. à 26 $US.

Les *Ignacio's Beach Cabins*, de très simples chaumières, se regroupent à l'ombre d'une palmeraie. Ignacio, l'excentrique de l'île, défend son territoire à la machette et refuse de vaporiser du produit anti-simulies. Malgré ces inconvénients, la situation devant la plage est agréable et les prix sont corrects : de 15 à 25 $US pour un bungalow avec douche. Les tarifs varient selon la construction et la saison.

Où se loger – catégorie moyenne

Le *Tree Tops Hotel* (☎ (22) 2008, fax (22) 2115), PO Box 1648, Belize City, est la meilleure adresse de cette catégorie. Cet établissement impeccable et chaleureux est géré par Terry et Doris Creasey. Le propriétaire, un ancien militaire de l'armée britannique, a décidé de prendre sa retraite au paradis. Claires, les 5 chambres sont équipées d'un réfrigérateur et d'une TV. Les s. d. b. sont communes. Comptez respectivement 22,50 et 25 $US pour une double sans et avec vue sur la mer, 30 $US pour une chambre avec douche.

Les *Jimenez's Cabañas* (☎ (22) 2175) consistent en petits bungalows à toit de chaume et à murs de branchages, avec douche. Original, paisible, relaxant et d'un charme particulier, l'endroit est tenu par une famille. Le rapport qualité-prix est excellent : la double vaut 22 à 30 $US, la triple 32 $US et la quadruple 36 $US.

La *Lucy's Guest House* ne donne pas sur la plage, mais elle possède un jardin arboré. Les galeries qui précèdent les bungalows permettent d'accrocher des hamacs. Les tarifs sont corrects : pour une double avec s. d. b. commune, prévoyez 15 \$US en été et 22 \$US en hiver. Avec s. d. b., la même double vaut 25 \$US en été et 32 \$US en hiver.

Sur la plage, le *Tom's Hotel* (☎ (22) 2102) se divise en plusieurs constructions blanches, propres et agréables. Modestes et sans eau, les 20 chambres les moins chères valent 10/12 \$US en simple/double. Plus grandes, celles du nouveau bâtiment se louent 19/22 \$US. Les confortables bungalows pourvus de douches sont proposés à 30 \$US.

Le *Sobre Las Olas* (☎/fax (22) 2243) est avant tout un bar-restaurant. Il compte cependant quelques belles chambres à louer : 33 \$US pour une double avec ventil. et douche, 50 \$US pour une triple avec clim. et douche.

Situé au sud du Split, l'*Out Island Beach Club* (☎ (22) 2156) regroupe des bungalows et une construction moderne. Les premiers valent 30 \$US et présentent l'avantage d'être à deux pas de la plage du Split, où l'on peut nager en toute sécurité. Les chambres classiques sont plus chères.

Le long bâtiment en bois du *Tropical Paradise Hotel* (☎ (22) 2124, fax (22) 2225) comporte 6 impeccables chambres lambrissées (28/32 \$US la simple/double avec douche et ventil. au plafond). L'établissement possède en outre 6 bungalows individuels de couleur jaune, équipés de ventil. au plafond et de s. d. b. (dont certaines avec baignoire), de 36 à 42 \$US. On y trouve aussi un restaurant correct, un bar et un grand embarcadère où il est possible de prendre un bain de soleil.

La *Shirley's Guest House* (☎ (22) 2145, fax (22) 2264), aligne sur la côte sud-est plusieurs beaux bungalows à quatre chambres (deux à l'étage et deux au rez-de-chaussée), dotées d'un plancher d'acajou, d'une bonne aération et de ventil.. Chaque niveau se partage une s. d. b. La simple vaut 36 \$US, et la double de 40 à 50 \$US.

La *Sea Beezzz Guest House* (☎ (22) 2176) est une robuste maison de deux niveaux, construite sur la plage et ornée d'un joli patio fleuri. Sûre et confortable,

elle possède des douches avec eau chaude et une salle à manger où l'on sert les trois repas. Seul inconvénient, elle ferme en été... Comptez de 40 à 60 \$US par chambre.

Le *Rainbow Hotel* (☎ (22) 2123, fax (22) 2172) est un bâtiment de béton sur deux étages qui se dresse juste au nord de l'embarcadère. Les doubles, propres et quelque peu monacales, se louent de 35 \$US (au rez-de-chaussée) à 40 \$US (à l'étage), avec douche carrelée et clim.

Aménagée dans une maison de bois, la *Vega Inn* (☎ (22) 2142, fax (22) 2269), propriété de la très conviviale famille Vega – Antonio, dit "Tony", Lidia et María –, compte plusieurs chambres impeccables, mais sans eau, à l'étage. Propres, les douches sont installées au rez-de-chaussée. Il vous en coûtera 20/25 \$US pour une simple/double. Situées dans un bâtiment en béton, d'autres chambres, plus grandes et équipées de douches, sont disponibles au prix de 50/60 \$US. Toutes disposent de ventilateurs muraux. Des sièges sont disposés à l'ombre de la maison. Également ombragée, l'aire de camping attenante permet de planter sa tente moyennant 7,50 \$US par personne. Les propriétaires louent du matériel pour faire de la plongée libre et des petits voiliers (Sunfish). Ils organisent des excursions sous-marines et des parties de pêche. Pour réserver, écrivez-leur à l'adresse suivante : PO Box 701, Belize City.

L'*Heredia's House Rental* (☎ (22) 2132) propose des chambres ou des maisons à louer pour une durée minimale de deux jours. Téléphonez, ou écrivez à : PO Box 1018, Belize City.

Où se restaurer

Bien qu'ils servent des mets aussi recherchés que le homard ou la conque, les restaurants de Caulker ne sont guère élégants. Même ainsi, leurs prix restent élevés car une grande partie des ingrédients proviennent du continent.

Veillez à ne pas commander de homard lorsque la pêche est interdite (de mi-mars à mi-juillet) et n'hésitez pas à vous plaindre si l'on vous en apporte un "petit" (en deçà de la taille réglementaire).

Le *Glenda's*, dans l'ouest de l'île, est apprécié pour ses petits déjeuners (de 7h à 10h). Pour 3 $US, vous avez droit à des œufs au bacon ou au jambon, du pain et du café. Le grand verre de jus d'orange fraîchement pressé revient à 1 $US. Le déjeuner est servi de 12h à 15h. Autre bonne adresse où prendre le petit déjeuner et un bon café : le *Cindy's Café*, en face du terrain de basket-ball de Front St.

La *Caye Caulker Bakery*, dans Back St, vend du pain frais, des *rolls* et autres douceurs. On peut faire des provisions en vue d'un pique-nique au *Harmouch Supermarket* et au *Chan's Mini-Mart*.

Situé près de l'eau dans le nord du village, le *Sobre Las Olas* (☎/fax 2243) est un établissement propre appartenant à des Belges. Aménagé à ciel ouvert, il est doté d'un bar et de tables protégées par des parasols. Des plats béliziens ou européens sont servis de 7h à 22h tous les jours sauf le lundi. Prévoyez de 8 à 12 $US pour un repas complet.

Le *Sand Box* est sans doute l'endroit le plus fréquenté pour dîner ou juste prendre un verre. On y sert les trois repas (et des litres de Belikin). Le soir, essayez le poisson accompagné de chutney à la banane (6 $US) ou le poulet grillé au barbecue (légèrement moins cher). Comptez à peu près la même somme pour un plat de pâtes (dont des lasagnes végétariennes).

Le *Pattie's Bar & Beach*, sur le Split, propose aux nageurs et aux promeneurs une carte très complète où voisinent burgers, *fajitas*, soupes de légumes, etc. Un déjeuner substantiel peut atteindre de 5 à 8 $US. Les habitués s'attardent après la tombée de la nuit.

Le restaurant de la *Martinez Caribbean Inn* propose des sandwiches, des burgers et des *antojitos* (*garnaches, tacos, panuchos*, etc.), ainsi que du homard ou du poulet au riz et aux haricots. Au petit déjeuner, un café et une assiette de fruits n'atteignent pas 4 $US. Un déjeuner ou un dîner peuvent coûter de 4 à 10 $US. Le punch vendu

à la bouteille ou au verre est particulièrement goûteux.

Le *Chan's Garden Restaurant* sert des plats chinois relativement authentiques (le propriétaire vient de Hong-Kong) à prix modérés.

L'*Oceanside Restaurant* affiche tous les jours des plats différents sur le tableau réservé à cet effet.

Le restaurant du *Tropical Paradise Hotel* travaille toute la journée car il propose la meilleure cuisine de l'île à des prix raisonnables. Dans une salle à manger claire et accueillante, on prend le petit déjeuner de 8h à 12h, le déjeuner de 11h30 à 14h et le dîner de 18h à 22h. Pour 12 $US, vous commanderez des crevettes ou du homard au curry, et pour moins cher de nombreux autres mets.

Distractions
En une soirée dans l'île, vous aurez fait le tour des lieux réservés aux noctambules. La seule originalité du *Reef Bar*, près du Martinez Caribbean Hotel, est de posséder un sol couvert de sable. Les insulaires s'y retrouvent pour bavarder en sirotant quelques bières. Plus recherché, l'*I & I* résonne constamment des rythmes du reggae ; l'ambiance correspond bien à ce qu'on attend d'une île des Caraïbes.

Comment s'y rendre
Avion La plupart des vols de Belize City (Goldson International et Municipal) et San Pedro, à Ambergris Caye, font escale à Caye Caulker sur demande. Voir le chapitre *Comment s'y rendre et circuler* pour de plus amples informations.

Bateau
La Caye Caulker Water Taxi Association possède des bateaux qui relient Caulker à Belize City. Les départs ont lieu à 6h45, 8h, 10h et 15h. Le trajet (aller simple) coûte 7,50 $US. Les enfants de cinq à dix ans paient demi-tarif, et ceux de moins de cinq ans voyagent gratuitement. Un autre bateau-taxi quitte Caulker pour San Pedro, à Ambergris Caye, à 10h (7,50 $US) et rentre de San Pedro à 14h30.

Comment circuler

Caulker est si petite que la plupart des gens se déplacent à pied. Il n'existe que quelques bicyclettes, auxquelles les insulaires préfèrent les carts de golf électriques s'ils ont quelque chose à transporter. Comme il s'agit d'une île, le moyen de transport le plus répandu reste le bateau...

AMBERGRIS CAYE ET SAN PEDRO

2 000 habitants

Ambergris, la plus grande des cayes, s'étend 58 km au nord de Belize City. L'île est longue de plus de 40 km, et son extrémité nord touche presque le Mexique.

La majorité de la population habite San Pedro, située près de la pointe Sud. La barrière de récifs n'en est distante que d'un kilomètre. Le matin, quand tout est encore silencieux sur les quais situés à l'est de la ville, on perçoit le grondement sourd des vagues qui viennent se briser sur le récif.

Cet ancien port de pêche est devenu le premier centre touristique du Belize. Plus de la moitié des voyageurs atterrissent directement à San Pedro, d'où ils rayonnent dans le pays. Même dans ces conditions, la ville n'a rien de commun avec Cancún. Depuis quelque temps, elle a toutefois connu un certain développement (à petite échelle).

Comme celle de Caye Caulker, l'atmosphère d'Ambergris est séduisante et détendue. Un panneau apposé dans un restaurant du cru la décrit avec justesse : "Sans chemise, sans chaussures – sans problèmes !" San Pedro, ce sont des rues couvertes de sable qui connaissent une faible circulation, des maisons caraïbes en bois (parfois construites sur pilotis) et une population qui ne s'embarrasse guère de souliers. Uniformément sympathiques, les insulaires ne considèrent pas les étrangers comme des touristes ou des pourvoyeurs de dollars, mais tout simplement comme des êtres humains.

Orientation

Le Paradise Resort Hotel (dans les quartiers Nord de la ville) n'est séparé de l'aéroport (au sud) que par environ un kilomètre. Tout trajet peut donc se faire à pied, sauf si l'on est surchargé de bagages. Les taxis ne sont indispensables que pour rejoindre les complexes hôteliers établis quelques kilomètres au sud de l'aéroport.

San Pedro compte trois grandes rues orientées nord-sud. Jadis appelées Front St (à l'est), Middle St (au centre) et Back St (à l'ouest), elles portent désormais des noms plus touristiques : Barrier Reef Drive, Pescador Drive et Angel Coral Drive. Certains habitants les désignent encore à l'ancienne manière.

Renseignements

Ambergris Caye possède un site Internet : www.ambergriscaye.com.

Argent. Il est facile de changer à San Pedro. La plupart des établissements acceptent le paiement en dollars des États-Unis, sous forme de billets ou de chèques de voyage.

L'Atlantic Bank Limited (☎ (26) 2195), dans Barrier Reef Drive, ouvre le lundi, le mardi et le jeudi de 8h à 12h et de 13h à 15h, le mercredi de 8h à 13h, le vendredi de 8h à 13 h et de 15h à 18h, et le samedi de 8h30 à 12h. La Belize Bank, située juste à côté, ouvre du lundi au jeudi de 8h à 15h, le vendredi de 8h à 13h et de 15h à 18h, le samedi de 8h30 à 12h.

Poste et communications. La poste se trouve dans Bucaneer St, au niveau de Barrier Reef Drive, non loin des Alijua Hotel Suites. Elle ouvre de 8h à 12h et de 13 h à 17h en semaine (16h30 le vendredi), ferme le samedi et le dimanche.

Le bureau téléphonique BTL aménagé dans le nord de Pescador Drive ouvre du lundi au vendredi de 8h à 12h et de 13h à 16h, ainsi que le samedi de 8h à 12h. Il ferme le dimanche.

Blanchissage/nettoyage. Il existe plusieurs laveries automatiques à l'extrémité sud de Pescador Drive. Parmi elles, citons J's Laundromat et Belize Laundry & Dry Cleaning.

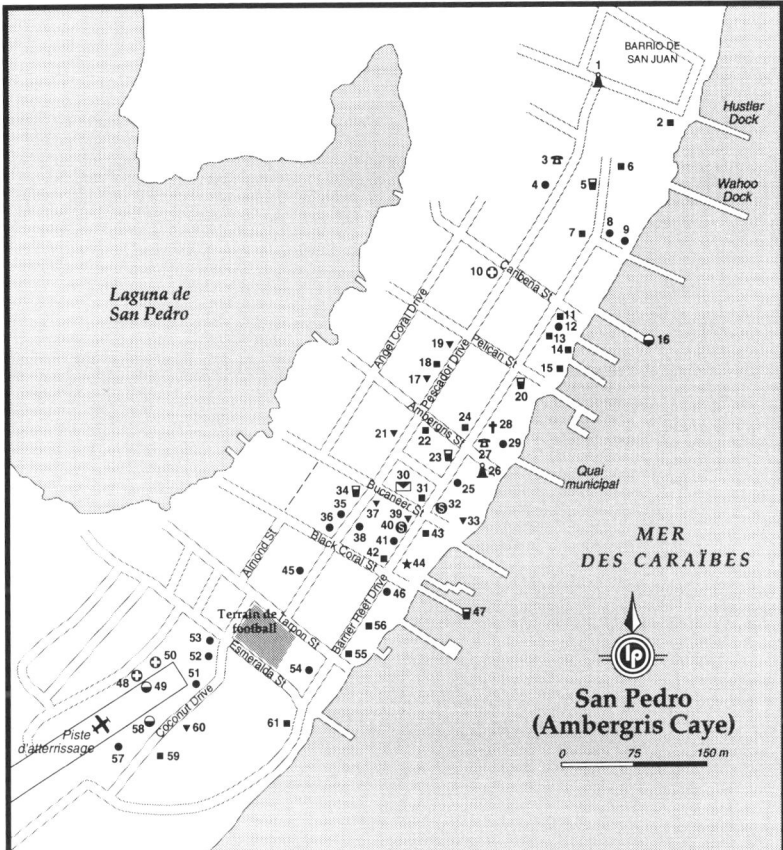

BELIZE

BARRIO DE
SAN JUAN

Hustler
Dock

Wahoo
Dock

Laguna de
San Pedro

Caribeña St

Angel Coral Drive

Pelican St

Pescador Drive

Ambergris St

Bucaneer St

Black Coral St

Barrier Reef Drive

Almond St

Tarpon St

Esmeralda St

Coconut Drive

Terrain de
football

Piste
d'atterrissage

Quai
municipal

MER
DES CARAÏBES

San Pedro
(Ambergris Caye)

0   75   150 m

OÙ SE LOGER

2 Rock's Inn
6 Paradise Resort Hotel
7 Milo's Hotel
11 Hotel San Pedrano
13 Tomas Hotel
14 Lily's Caribbean Lodge
15 Mayan Princess Resort Hotel
18 Hotel Casablanca
22 Martha's Hotel et magasin d'alimentation
24 Barrier Reef Hotel et restaurant
31 Alijua Hotel Suites
42 Coral Beach Hotel
43 Spindrift Hotel
55 Ruby's (Rubie's) Hotel
56 San Pedro Holiday Hotel
59 Ramon's Village
61 Sun Breeze Beach Hotel

OÙ SE RESTAURER

14 Lily's Restaurant
17 Island Style Food Palace
18 Lagoon Restaurant
19 Ambergris Delight
21 Elvi's Kitchen
24 Barrier Reef Hotel
33 Estel's Dine by the Sea
37 Panaderia El Centro
39 Casa de Café
43 Little Italy Restaurant
55 Rubie's Caffe
56 Celi's Restaurant, The Deli
60 Tropical Take-Out

DIVERS

1 Statue
3 Bureau téléphonique BTL
4 Générateur électrique
5 Sandals Bar
8 Polo's EZ-Go Rentals
9 Cimetière
10 San Carlos Medical Clinic
12 Amigos del Mar Dive Shop
16 Bateaux d'Andrea et Triple J pour Belize City
20 Fido's Courtyard
23 Tarzan Club & Cheetah's Bar
25 Terrain de basket
26 Statue maya
27 Téléphone public
28 Église catholique
29 Big Daddy's Disco
30 Bureau de poste
32 Atlantic Bank
34 Bar Marinos
35 J's Laundromat
36 Rock's Store
38 Belize Laundry & Dry Cleaning
40 Belize Bank
41 Amigo Travel
44 Mairie, poste de police
45 Aqua Fresh Drinking Water
46 Adventures in Water Sports
47 Tackle Box Bar
48 Caisson de décompression
49 Island Air
50 Lion's Club Medical Clinic
51 Maya Airways, Ramon's Wheel Rentals
52 Travel & Tour Belize
53 Hustler Tours
54 École primaire catholique
55 Rental Center
58 Terminal Tropic Air

Services médicaux. Le centre baptisé San Carlos Medical Clinic, Pharmacy & Pathology Lab (☎ (26) 2918, (26) 3649, et en cas d'urgence (014) 9251), se trouve dans Pescador Drive, juste au sud de Caribeña St. Il assure les soins et les analyses sanguines.

La Lion's Club Medical Clinic se dresse en face du terminal Island Air de l'aéroport. Une chambre de décompression réservée aux plongeurs accidentés est aménagée tout à côté.

Agences de voyages et de plongée. La plupart des hôtels, des agences de voyages et des magasins de plongée de San Pedro organisent plusieurs types d'excursions : plongées avec ou sans bouteilles, à la journée, et visites de sites sur le continent, de un à plusieurs jours. Voici quelques-unes des principales agences :

Adventures in Watersports – propose toutes sortes d'activités liées aux sports nautiques (dont des préparations à la certification de plongée) et des excursions à terre. Barrier Reef Drive, à la hauteur de Black Coral St (☎ (26) 3706, fax (26) 3707, advwtrspts@btl.net)

Amigo Travel – cette agence de voyages peut organiser des vols et des excursions avec guide sur le continent. Barrier Reef Drive (☎ (26) 2180, fax (26) 2192, amigotrav@btl.net)

Amigos Del Mar Dive Shop –loue des équipements pour plongée libre et avec bouteilles et propose des excursions sous-marines ou des parties de pêche. Sur le quai, à l'est du Lili's Restaurant (☎ (26) 2706, (26) 3239, fax (26) 2648)

Belize Dive Connection – organise des excursions de plongée avec ou sans bouteilles. Coconut Drive, PO Box 66, (☎ (26) 2797, fax (26) 2892)

Blue Hole Dive Center – propose un éventail d'excursions pour tous types de plongées, dont certaines de nuit, et est connue pour la compétence et le professionnalisme de son équipe. Spindrift Hotel, dans Barrier Reef Drive (☎ (26) 2982, bluehole@btl.net)

Coral Beach Hotel & Dive Club – organise toutes sortes d'excursions en bateau, dont certaines de nuit ; elle est très appréciée des plongeurs confirmés (☎ (26) 2013, fax (26) 2864, forman@btl.net)

Travel & Tour Belize – cette agence de voyages est installée dans le bâtiment des Alijua Hotel Suites (☎ (26) 2535, fax (26) 2185). PO Box 42, Barrier Reef Drive, au niveau de Bucaneer St

Sports nautiques

Ambergris convient à la pratique de tous les sports nautiques : plongée libre ou avec des bonbonnes, voile, natation, pêche au gros et bains de soleil... Bon nombre d'hôtels possèdent une boutique de plongée qui loue du matériel, délivre des conseils d'utilisation et organise des excursions. En fait, n'importe quel insulaire peut vous mettre en rapport avec une personne qui propose ce type de prestations.

La location d'un bateau de pêche revient à 135 \$US par jour (pour la pêche au gros à 350 \$US) et celle d'un bateau et d'un guide pour une plongée avec deux bouteilles à 45 \$US (avec un supplément d'environ 36 \$US pour l'équipement). La préparation à la certification coûte 350 \$US et l'excursion d'une journée sur une plage isolée (déjeuner-barbecue compris) 40 \$US. A la journée, un canot se loue 30 \$US et un tuba, un masque, des palmes 8 \$US. Le prix de la croisière d'observation d'oiseaux s'élève à 20 \$US et celui d'une journée de voile et de plongée à 35 \$US (boissons comprises).

Proches ou lointains, les sites suivants comptent parmi les plus appréciés :

- Blue Hole – dans ce profond trou d'un bleu intense, vous pourrez plonger à 40 m et observer les grottes au moyen de torches
- Caye Caulker North Island – presque inhabité, le nord de Caulker regroupe de beaux sites où pratiquer la natation, faire de la plongée sous-marine ou en surface, ainsi que des coins idéaux pour un barbecue
- Glover's Reef – une cinquantaine de kilomètres à l'est de Dangriga, c'est l'un des trois atolls de corail du continent américain
- Half Moon Caye – cet îlot se situe sur le Lighthouse Reef, 113 km à l'est de Belize City. Il possède un phare, de très belles plages et d'étonnantes murailles sous-marines qui abritent une faune et une flore superbes (la visibilité peut dépasser 60 m) ; le caye est une réserve ornithologique où vit le très rare *booby* à pattes roses.
- Hol Chan Marine Reserve – profondes de 30 m, ses failles regorgent de gros poissons ; les parois sont couvertes d'éponges multicolores
- Lighthouse Reef (qui comprend Half Moon Caye) – un autre atoll parmi les trois de l'hémisphère ouest ; il s'étend 100 km à l'est de Belize City

- Mexico Cave – abrite quantité d'éponges multicolores, des homards et des crevettes
- Palmetto Reef – percé de nombreuses failles, de chenaux de résurgence et peuplé de plusieurs sortes de coraux (durs et tendres), d'éponges et de poissons
- Punta Arena – zone de failles et de grottes sous-marines où vivent des tortues, des éponges, des coraux et divers poissons, dont des raies
- San Pedro Cut – cette grande trouée naturelle pratiquée dans la barrière permet aux gros bateaux de plaisance et de pêche d'accéder au large
- Tres Cocos Cut – cette autre trouée de la barrière attire une faune marine très variée
- Turneffe Islands – le troisième atoll de corail du continent américain se situe 30 km à l'est de Belize City ; il est peuplé d'innombrables coraux et de poissons, dont de grandes raies

Le meilleur endroit où nager se situe devant le ponton du Paradise Resort Hotel. Toutes les plages sont publiques. Vous pourrez vous reposer dans une chaise longue si le cœur vous en dit. A l'extrémité du débarcadère du Ramon's Village, une cabaña au toit de chaume permet de contempler le coucher du soleil.

Circuits organisés
Circuits en bateau. Plusieurs bateaux se proposent de vous conduire aux meilleurs sites de plongée. L'*Off-Shore Express* est équipé afin qu'on puisse se restaurer et dormir à bord pendant les excursions sous-marines à Blue Hole, Half Moon Caye et aux Turneffe Islands. Le *Manta IV*, long de 55 pieds, dessert les mêmes destinations, tout comme le *Blue Hole Express*, long de 38 pieds. Vous pouvez réserver votre place par l'intermédiaire du Blue Hole Dive Center ou du Coral Beach Hotel & Dive Club (voir plus haut).

Le *Winnie Estelle* (☎ (26) 2394, fax (26) 2576), 15 Barrier Reef Drive, un navire long de 66 pieds, est amarré au ponton du Paradise Resort Hotel. Il effectue des excursions quotidiennes de plongée libre à Caye Caulker.

Le *Reef Seeker*, un bateau à fond transparent, est à quai devant le San Pedro Holiday Hotel. Il gagne le récif tous les jours

(12,50 $US par adulte, demi-tarif pour les enfants), et remonte parfois la Belize River dans le cadre de circuits intégrant la visite des ruines d'Altun Ha (60 $US par personne).

Excursions sur le continent. Bon nombre de voyageurs se fixent à Ambergris, d'où ils rayonnent en avion ou en bateau vers les autres sites de ce petit pays. Des excursions sont organisées à destination des ruines mayas d'Altun Ha et de Xunantunich, du Belize Zoo, du Crooked Tree Bird Sanctuary, du Baboon Sanctuary, du Mountain Pine Ridge, voire de Tikal (Guatemala). Les hôtels et les agences de voyages peuvent vous proposer une ou plusieurs d'entre elles.

Où se loger – petits budgets
Où que vous logiez, vous n'aurez à marcher qu'une minute pour atteindre la mer. A l'exception des moins chers, tous les hôtels acceptent le paiement par carte de crédit. Les prix indiqués ci-dessous tiennent compte de la taxe de 7%.

Le *Ruby's* (ou *Rubie's*) *Hotel* (☎ (26) 2063, fax (26) 2434), PO Box 56, à l'extrémité sud de Barrier Reef Drive, est proche de l'aéroport et donne sur l'eau. Sur les 9 chambres, cinq possèdent une douche. Toutes ne jouissent pas d'une vue sur la mer. Les simples/doubles valent 15/20 $US avec s. d. b. commune, et 38 $US avec s. d. b. particulière.

Le *Thomas Hotel* (☎ (26) 2061), Barrier Reef Drive, offre un bon rapport qualité-prix. Géré familialement, cet établissement demande 21 $US (en été) et 28 $US (en hiver) pour chacune de ses 8 chambres aérées et dotées de s. d. b. (dont certaines avec baignoire). Deux d'entre elles possèdent des lits doubles. Les autres comportent en outre un lit simple, ce qui convient parfaitement à une famille.

Le *Milo's Hotel* (☎ (26) 2033), PO Box 21, dans Barrier Reef Drive, au nord du centre-ville, est aménagé au premier étage d'une maison blanche et bleue de style caraïbe. Situées au-dessus d'un magasin, les 9 petites chambres sombres et assez déprimantes sont pourtant calmes. L'établissement est calme et bon marché, ce qui explique qu'il soit souvent complet. Avec douche commune, les chambres coûtent 11/14/19 $US en simple/double/triple. Les chambres neuves équipées de douches et de clim. se louent 22 $US.

Le *Martha's Hotel* (☎ (26) 2053, fax (26) 2589), dans Ambergris St, à la hauteur de Pescador Drive, compte 16 chambres. Toutes sont pourvues de s. d. b., mais il arrive que le lavabo soit posé dans la chambre lorsque les sanitaires sont trop petits. La 11 et la 12 sont plus lumineuses et aérées que les autres. De novembre à avril, le tarif est fixé à 24/35/47/59 $US la simple/double/triple/quadruple. En été, les prix descendent un peu.

L'*Hotel San Pedrano* (☎ (26) 2054, fax (26) 2093), Barrier Reef, à la hauteur de Caribeña St, regroupe un appartement et 7 chambres, le tout avec ventil. et s. d. b. La plupart des chambres ne donnent pas sur la mer, qu'on verra pourtant de la galerie. Pour une simple/double/triple/quadruple, comptez 29/35/43/49 $US en hiver. Déduisez de 17 à 20% pour obtenir le prix d'été. Ajoutez en revanche 10 $US par chambre pour la clim.

La *Lily's Caribbean Lodge* (☎ (26) 2059), à la hauteur de l'extrémité nord de Caribeña St, face à la mer, comporte 10 chambres propres et agréables. Plusieurs d'entre elles (en particulier celles de l'étage) jouissent d'une belle vue sur la mer. Les doubles climatisées coûtent de 35 à 40 $US en hiver. Un restaurant impeccable est aménagé au rez-de-chaussée.

Où se loger – catégorie moyenne
Bon nombre de ces hôtels possèdent une clientèle de plongeurs. Ces derniers sont en effet prêts à payer une chambre (n'importe laquelle) plus cher si les possibilités de plongée s'avèrent intéressantes. Parmi ces établissements, certains comptent 10 ou 15% de service en sus des 7% de la taxe officielle. Ces deux surcoûts sont compris dans les tarifs indiqués ci-dessous.

Le *Barrier Reef Hotel* (☎ (26) 2075, fax (26) 2719, barriereef@btl.net), dans Barrier Reef, au centre-ville, fait partie des hauts lieux architecturaux de San Pedro. Ce bel édifice de bois, typique des Caraïbes, est photographié tous les jours par d'innombrables touristes. Toutefois, la plupart de ses 10 chambres se trouvent dans la nouvelle structure de béton ajoutée à l'arrière, et qui présente moins de charme. La clim. constitue le principal atout du lieu, notamment lorsque le temps est à l'orage. La simple/double/triple vaut 52/70/80 $US en hiver.

Le *Spindrift Hotel* (☎ (26) 2018, (26) 2174, fax (26) 2251), dans Bucaneer St, au niveau de Barrier Reef Drive, est particulièrement bien situé, à la fois au centre-ville et sur la plage. Cette construction moderne en béton comporte 30 chambres. Avec un lit, une ventil. au plafond et vue sur la rue, les petites doubles valent 53 $US. Équipées de deux lits doubles, de la clim., avec vue sur la mer, d'autres valent 93 $US. Il existe aussi quelques appartements à louer (de 123 à 186 $US).

L'*Hotel Casablanca* (☎ (26) 2327, fax (26) 2992), dans Pescador Drive, au-dessus du Lagoon Restaurant, demande 25 $US pour une petite double avec ventil. et s. d. b. commune, et 50 $US pour une grande double avec clim. et petit déjeuner.

Le *San Pedro Holiday Hotel* (☎ (26) 2014, fax (26) 2295), PO Box 1140, Belize City, se situe dans Barrier Reef Drive, au sud de la ville. Moderne et confortable, cet établissement construit face à la mer propose plusieurs types de services. Comptez de 95 à 140 $US pour une double, un bungalow ou un appartement. Tous sont climatisés et bon nombre d'entre eux possèdent un réfrigérateur.

Le *Changes in Latitude B&B* (☎/fax (26) 2986), est une pension bien tenue, située au sud de l'aéroport, dans Coconut Drive, juste au nord du Belize Yacht Club. Les 6 chambres regroupées au rez-de-chaussée possèdent une s. d. b. Avec ventil., elles coûtent 65 $US, 10 $US de plus avec clim. On n'est séparé de la plage que par un pâté de maisons. Juste en face, la *Seychelles Guest House* (☎ (26) 3817) est un peu plus modeste et meilleur marché.

Le *Coral Beach Hotel* (☎ (26) 2013, fax (26) 2864), PO Box 16, dans Barrier Reef Drive, est un simple hôtel pour plongeurs. Il demande 53/76/90 $US pour une simple/double/triple climatisée.

Où se loger – catégorie supérieure

Ambergris compte de nombreux complexes hôteliers. Ils se caractérisent toutefois par des dimensions plus humaines que ceux de Cancún. Sur l'île, ils se présentent souvent sous forme de bungalows qui peuvent abriter en tout une vingtaine de personnes. Les chambres dont il est question plus bas sont toutes équipées d'une s. d. b., et pour la plupart, d'un clim. De nombreux hôtels de cette catégorie offrent à leurs clients de les conduire gratuitement à l'aéroport en taxi.

Le *Sun Breeze Beach Hotel* (☎ (26) 2191, fax (26) 2346), PO Box 14, à l'extrémité sud de Barrier Reef Drive, est un bâtiment en béton de style mexicain, construit sur deux niveaux autour d'une cour ouverte sur la plage. Les galeries ombragées où sont disposés de confortables sièges sont idéales lorsqu'on souhaite se délasser. Les 34 chambres climatisées possèdent toutes deux lits doubles, une TV câblée et une s. d. b. L'hiver, les prix varient de 101 à 140 $US en simple, de 115 à 150 $ en double, et de 125 à 160 $US en triple.

Édifiée devant la plage, à la limite nord de la ville, la petite *Rock's Inn* (☎ (26) 2326, fax (26) 2358), PO Box 50, se compose de suites réparties sur trois niveaux. Elles comportent une cuisine équipée et coûtent de 111 à 146 $US pour une double. La meilleure atteint le prix de 170 $US pour quatre personnes.

Les *Alijua Hotel Suites* (☎ (26) 2791, fax (26) 2362), 41 Barrier Reef Drive, se trouvent au centre-ville, à deux pas de la plage. Comparables à celles de l'adresse précédente, les suites simples/doubles/triples/quadruples se louent 88/105/117/129 $US.

Le *Mayan Princess Resort Hotel* (☎ (26) 2778, fax (26) 2784, mayanprin@btl.net), PO Box 1, est une résidence moderne construite sur la plage au niveau du centre-ville. En l'absence de leurs propriétaires, les suites (avec kitchenette) sont proposées aux touristes moyennant 135/146/158/170 $US pour une simple/double/triple/quadruple.

Le *Ramon's Village* (☎ (26) 2071, fax (26) 2214), dans Coconut Drive, au sud du terminal Tropic Air, possède 60 chambres réparties dans des cabañas à deux niveaux, semblables à des paillotes tahitiennes et situées devant une belle plage. Très bien tenu, l'établissement s'agrémente d'une boutique de plongée, de bateaux réservés aux excursions, de jet-skis, de planches à voiles, mais aussi de transats destinés aux bains de soleil, d'une piscine et d'un bar entourés de cocotiers... Il ne lui manque rien. Quelques cabañas jouissent d'une belle vue sur la mer, la plupart possèdent une galerie où l'on peut s'asseoir, toutes comportent au moins un immense lit ou deux lits doubles. Les tarifs s'échelonnent entre 143 et 200 $US en double. Ce gîte compte parmi les meilleurs de l'île.

La *Victoria House* (☎ (26) 2067, fax (26) 2429), PO Box 22, est un petit complexe idyllique aménagé devant la mer, 3 km au sud de l'aéroport. La plage, les pelouses et les 31 chambres sont magnifiquement entretenues. Il existe une salle à manger, un bar et une boutique de plongée. Ici, on est en dehors de tout, alors que San Pedro ne se trouve qu'à 10 minutes de route en bicyclette et en minibus (gratuits), ou en cart de golf (à louer). Il vous en coûtera de 150 à 230 $US pour une double de mi-décembre à mi-avril. Les tarifs baissent en dehors de cette période.

Le *Paradise Resort Hotel* (☎ (26) 2083, fax (26) 2332), à l'extrémité nord de Barrier Reef Drive, compte 25 chambres, cabañas et villas (dont certaines équipées de kitchenettes), toutes vastes, aérées et confortables. Ajoutez à cela un embarcadère privé et une boutique de plongée. En hiver, les tarifs des doubles varient de 60 à 125 $US.

BELIZE

Le *Belize Yacht Club* (☎ (26) 2777, fax (26) 2768), dans Coconut Drive, moins d'un kilomètre au sud de l'aéroport, se compose de plusieurs bâtiments à deux niveaux, de style espagnol, répartis autour d'une piscine sur une pelouse qui s'étend jusqu'à la plage. Les suites climatisées de une à trois chambres avec cuisine équipée valent de 175 à 375 $US en hiver.

Où se restaurer

Plusieurs petits cafés du centre-ville servent une cuisine simple et peu coûteuse, ainsi qu'un bon café.

La *Casa de Café*, dans Barrier Reef Drive, juste au nord de la Belize Bank, propose des pâtisseries et des repas légers en accompagnement de son café d'excellente qualité.

Le minuscule *Ruby' Caffe*, à côté du Ruby's Hotel, dans Barrier Reef Drive, sert de bonnes pâtisseries à des horaires imprévisibles. Si vous voulez acheter des gâteaux ou du pain à emporter, adressez-vous à la *Panadería El Centro*, dans Bucaneer St, au niveau de Pescador Drive.

The Deli, dans Barrier Reef Drive, juste au nord du San Pedro Holiday Hotel, vend des plats à emporter : poulet frit, sandwiches et pain à la banane coûtent de 1,50 à 5 $.US.

Le *Tropical Take-Out*, en face du terminal Tropic Air, à l'aéroport, propose des plats du jour en plus des sandwiches et des repas légers habituels.

L'*Elvi's Kitchen* (☎ (26) 2176, fax (26) 3056), dans Pescador Drive, près d'Ambergris St, est un établissement vénérable qui s'est nettement amélioré depuis quelques années. Le sol reste parsemé de sable, mais les serveurs sont désormais vêtus en noir et blanc et s'expriment posément. Le menu propose aujourd'hui autre chose que le *fish and chips* (7 $US) et le poisson au riz et aux haricots (5 $US). Les plats du jour relèvent ouvertement de la cuisine nouvelle. On peut ne dépenser que 2,50 $US pour un sandwich jambon-fromage, ou jusqu'à 30 $US pour un homard entier arrosé d'un bon vin. Essayez les *licuados* à la banane, au melon, à la papaye, à l'ananas, à l'anone ou à la pastèque. Déjeuner et dîner sont servis tous les jours sauf le dimanche.

Le *Celi's Restaurant* (☎ (26) 2014), à côté du San Pedro Holiday Hotel, possède une salle à manger donnant sur la mer et protégée par des stores. Sur la longue carte du petit déjeuner, choisissez les rolls à la cannelle ou le pain à la banane (1,75 $US). Les plats principaux du déjeuner et du dîner sont faits à base de produits de la mer. Comptez de 10 à 17 $US. Le *dejonghe* à la crevette est délicieux.

L'*Estel's Dine by the Sea*, sur la plage à l'est des Alijua Hotel Suites, est plutôt cher, mais il jouit toutefois d'un emplacement magnifique et propose un menu éclectique. Le riz aux haricots vaut 7 $US et l'assiette mexicaine 14 $US. Il ferme le mardi.

Le *Jade Garden* (☎ (26) 2126), dans Coconut Drive, 10 minutes à pied au sud de l'aéroport, est le meilleur chinois de San Pedro. Le menu est varié et les prix restent modérés. Le riz frit et les plats de chow mein valent de 5 à 9 $US, les mets aigres-doux de 7 à 10 $US, les steaks et les poissons de 10 à 18 $US. On peut faire emballer la commande pour l'emporter. Il ouvre tous les jours de 11h à 14h et de 18h à 22h.

Le *Lily's* (☎ (26) 2059), aménagé dans la Lily's Caribbean Lodge, à l'extrémité Est de Caribeña St, est géré par une famille et spécialisé dans les produits de la mer. Un déjeuner ou un dîner peuvent atteindre de 12 à 18 $US. Les petits déjeuners coûtent environ 5 $US.

Au *Barrier Reef Hotel*, dans Barrier Reef Drive, le petit restaurant du rez-de-chaussée est spécialisé dans les pizzas. Le prix d'une petite/moyenne/grosse varie de 9 à 22 $US en fonction des ingrédients. On sert également des cocktails de crevettes, quelques sandwiches et des *nachos*. Il ferme le lundi hors saison.

A l'*Island Style Food Palace*, dans Pescador Drive, au nord du centre-ville, on déjeune et on dîne dans une ambiance familiale. Le prix des "burgers" au bœuf, au poulet, aux crevettes ou au homard oscille entre 2 et 5 $US, celui du fish and chips est un peu plus élevé.

Le *Little Italy Restaurant* (☎ (26) 2866), qui fait partie du Spindrift Hotel, se situe un cran plus haut dans la qualité et le confort. On peut dîner à l'intérieur, mais aussi dans le patio et sur la plage. Les assiettées de spaghettis ou les plats du jour coûtent de 6 à 20 $US, et les sandwiches un peu moins. Il ferme de 14h à 17h30.

Le *Lagoon Restaurant*, à l'intérieur de l'Hotel Casablanca, dans Pescador Drive, est mené par un chef polyvalent qui peut aussi bien préparer le *satay* de porc à la thaïlandaise que le coq au vin, le *chayote* maya ou les lasagnes végétariennes aux haricots noirs. Le rapport qualité-prix est excellent : d'environ 16 à 22 $US pour un dîner complet. En saison, le petit déjeuner et le déjeuner sont également servis. Le Sunset Bar installé sur le toit en terrasse est idéal pour observer le coucher du soleil.

L'*Ambergris Delight*, dans Pescador Drive, près de Pelican St, propose du poulet frit, des burgers et des tartes, ainsi que l'inévitable riz aux haricots, le tout à prix modérés. Il ouvre tous les jours sauf le mercredi.

Distractions
Boire un verre, se relaxer, discuter et danser sont des activités quotidiennes sur l'île. De nombreux hôtels disposent d'un bar à toit de chaume, souvent aménagé sur le sable, où l'on joue du reggae.

Le *Tackle Box Bar*, sur le quai qui marque l'extrémité est de Black Coral Drive, est une véritable institution. Très fréquenté par les plongeurs et les propriétaires d'embarcations, il permet de s'informer sur les excursions de plongée et les locations de bateaux.

Le *Fido's Courtyard*, dans Barrier Reef Drive, près de Pelican St, est le lieu de prédilection des apprentis navigateurs. *Idem* pour le *Sandals*, près de l'extrémité Nord de Barrier Reef Drive.

La *Big Daddy's Disco*, juste à côté de l'église de San Pedro, est l'établissement le

plus chaud de la ville. Il accueille des groupes de reggae, notamment en hiver. De l'autre côté de Barrier Reef Drive, le *Tarzan Club & Cheetah's Bar* est souvent fermé hors saison. En revanche, l'ambiance est survoltée en hiver.

Si vous voulez prendre un verre pour presque rien au milieu des insulaires, rendez-vous au *Marinos*, dans Pescador Drive, à la hauteur de Bucaneer St. N'attendez pas trop de l'esthétique : il s'agit d'une vraie *cantina* à la mexicaine, où les femmes risquent de ne pas se sentir à l'aise.

Comment s'y rendre
Tous les jours à 15h, le *Triple J* relie San Pedro à Caye Caulker (6 $US par personne) et à Belize City (10 $US). Le *Banana Boat* quitte le Wahoo ! Dock (près du Hustler Dock, à la limite nord de la ville), à 8h du lundi au vendredi pour gagner Belize City, d'où il repart pour San Pedro à 16h. Pour plus d'informations sur la façon de se rendre à Ambergris Caye, reportez-vous au chapitre *Comment s'y rendre et circuler*

Comment circuler
Pour atteindre n'importe quel endroit, il ne faut pas plus de 10 minutes de marche depuis l'aéroport, et encore moins depuis les quais où s'amarrent les bateaux. Si vos bagages sont lourds, vous pouvez prendre un taxi entre l'aéroport et la ville (3 $US) ou les hôtels établis au sud de San Pedro (6 $US).

Les San Pedranos se déplacent à pied ou en bicyclette, en cart de golf ou en camionnette. On peut se procurer des vélos, des motos ou des carts de golf chez plusieurs loueurs, dont *Polo's EZ-Go Rentals* (☎ (26) 2080, (26) 3542), à l'extrémité nord de Barrier Reef Drive, ainsi que *Rental Center* et *Ramon's Wheel Rentals* (☎ (26) 2790, fax (26) 3236), dans Coconut Drive, juste au sud du terminal Tropic Air. Pour louer une bicyclette, prévoyez environ 2,50 $US de l'heure, 9 $US pour quatre heures ou 14 $US pour huit heures. La location d'un cart de golf vous revien-

BELIZE

Des tortues menacées

Les tortues marines se divisent en huit espèces, toutes menacées. Trois d'entre elles vivent sur les côtes du Belize.

La tortue verte (*Chelonia mydas*), ainsi nommée à cause de la couleur de sa graisse, est appréciée pour sa chair, qui entre dans la composition de la soupe de tortue. A l'état sauvage, sa longueur peut dépasser 1,20 m et son poids 300 kg. La population de tortues vertes a diminué en raison de la chasse et de la disparition des algues qui constituent sa principale source d'alimentation.

La tortue caret (*Caretta caretta*) se caractérise par une grosse tête, un petit cou et une carapace en forme de cœur dont la couleur varie du rouge au brun. Les femelles reviennent fidèlement pondre sur la plage où elles sont nées, d'ordinaire en juin, juillet ou en août. Elles rampent lentement vers un endroit inaccessible à la mer par marée haute et y creusent un trou où elles pondent jusqu'à cent œufs blancs. Après les avoir recouverts de sable, elles retournent à la mer et laissent leur progéniture à leur destin. S'ils ne sont pas engloutis par des animaux, volés par des braconniers ou piétinés par des imprudents, les œufs éclosent après environ deux mois. Les petits se fraient un passage jusqu'à la surface du sol, attendent la tombée de la nuit et se précipitent vers la mer. Bon nombre d'entre eux sont dévorés par les oiseaux, les crabes et les lézards avant d'atteindre l'eau, ou par des poissons lorsqu'ils y sont parvenus. Seuls quelque 5% survivent et parviennent à l'âge adulte.

La tortue imbriquée (*Eretmochelys imbricata*) possède un bec étroit et pointu. Peu solide, sa carapace est constituée d'une imbrication d'écailles osseuses aux splendides tons orangés, bruns et ambrés. Sa beauté lui vaut d'être aujourd'hui menacée : recherchée par les chasseurs, elle est capturée aux fins d'être empaillée, exposée comme trophée, à moins qu'on ne lui arrache ses écailles pour en faire des peignes, des bijoux, des montures de lunettes et autres articles.

Que faire pour aider les tortues à survivre ?
• Ne pas approcher, déranger ou effrayer une tortue de mer sur la plage en période de ponte (de juin à août).
• Ne pas consommer les œufs, la soupe ou tout met à base de tortue.
• Ne pas acheter ou utiliser de produits confectionnés à partir d'écaille de tortue.
• Ne pas souiller la plage ou les fonds marins avec des sacs en plastique.
• Encourager les efforts qui visent à transformer les lieux de ponte des tortues en réserves naturelles où toute structure hôtelière sera interdite.

dra à 10 $US de l'heure, 30 $US pour quatre heures, 40 $US pour huit heures, 60 $US pour 24 heures et 250 $US par semaine.

LES AUTRES CAYES

Bien qu'Ambergris et Caulker soient les îles les plus accessibles et les plus courues, il est possible de visiter leurs voisines. Les campements et les structures hôtelières des petites cayes sont particulièrement fréquentés par les bons plongeurs. Il est souvent nécessaire d'affréter un avion ou un bateau pour atteindre ces sites. Vous pouvez accomplir ces formalités lorsque vous réservez votre hébergement. La plupart des bureaux de réservation se concentrent à Belize City car les petites cayes sont irrégulièrement desservies par la poste et totalement privées de téléphone (on ne les joint que par radio).

Caye Chapel

Caye Chapel s'étend juste au sud de Caye Caulker. Elle abrite le *Pyramid Island Resort* (☎ (2) 44409, fax (2) 32405), PO Box 192, Belize City.

St George's Caye

Située 14 km à l'est de Belize City, St George's Caye était la première capitale de la petite colonie bélizienne entre 1650 et 1784. Elle fut le théâtre de la bataille décisive qui opposa en 1798 les colons britanniques à une armée d'invasion espagnole.

On peut descendre à la *St George's Lodge* (☎ (2) 44190, fax (2) 30461), PO Box 625, Belize City, un établissement de 16 chambres à prix modérés. Un autre choix est possible : le *Cottage Colony Resort* (☎ (2) 77051, fax (2) 73253), PO Box 428, Belize City.

Spanish Lookout Caye

Le *Spanish Bay Resort* (☎ (2) 77288, (2) 72725, fax (2) 72797), 71 North Front St (PO Box 35), Belize City, est implanté sur cette île située entre Belize City et les Turneffe Islands. Géré en famille, l'établissement se compose de 5 cabañas. Il conviendra à ceux qui veulent tout oublier.

Îles de Turneffe (Turneffe Islands)

L'atoll de corail baptisé Turneffe Islands s'étire une trentaine de kilomètres à l'est de Belize City. On y trouve de nombreux gîtes, dont des campements bon marché comme les *Turneffe Flats* (☎ (2) 45634), 56 Eve St, Belize City, qui comportent 6 chambres, ou la luxueuse *Turneffe Islands Lodge* (☎ (1) 49564, fax (03) 0276), PO Box 480, Belize City.

Half Moon Caye

Incluse au Lighthouse Reef, cette île protégée porte aussi le nom de Half Moon Caye Natural Monument. A peine élevée de 3 m au-dessus du niveau de la mer, elle couvre 18 ha et compte deux écosystèmes distincts. A l'ouest, une végétation dont la luxuriance est due aux déjections de milliers d'oiseaux marins, dont 4 000 boobies à pattes rouges, des frégates dites "magnifiques" (au nom particulièrement bien choisi), et quelque 98 autres espèces. A l'est, la flore, moins abondante, comporte davantage de cocotiers. La tortue caret et la tortue imbriquée, toutes deux menacées, pondent sur les plages du Sud.

L'île est dépourvue d'hébergement, mais le camping est autorisé dans les zones prévues à cet effet. Les excursions en bateau s'y arrêtent, ainsi qu'au Blue Hole, non loin de là.

Gallows Point Caye

Au large de Belize City, Gallows Point Caye possède une pension de 6 chambres : *The Wave* (☎ (2) 73054), 9 Regent St, Belize City.

Southern Cayes

Pour de plus amples renseignements sur les îles situées au large de la côte sud du Belize, consultez le chapitre *Le sud du Belize*.

BELIZE

Le Nord du Belize

Formé de basses terres souvent marécageuses, sillonné de cours d'eau et ponctué de lagunes, Le Nord du Belize se couvre d'une végétation variée où alternent les feuillus et les pins, les savannes et les forêts tropicales envahies de plantes grimpantes et d'épiphytes. Essentiellement marécageux, le littoral est en grande partie bordé d'une mangrove dense.

Cette région est également vouée à l'agriculture. La canne à sucre en constitue la première ressource, mais de nombreux paysans s'orientent vers d'autres productions afin de ne plus être pris en otages par les fluctuations du marché.

Le Nord abrite plusieurs réserves naturelles. Parmi elles, la Río Bravo Conservation Area est la plus vaste et la plus riche.

BELIZE

Le Nord
du Belize

0   10   20 km

MEXIQUE

Francisco
Villa

Kohunlich

Subteniente López

Santa
Elena

Santa
Rita

Cerros

Louisville

Douglas

Nohmul

San
Antonio

San
Pablo

Yo
Creek

Cuello

Buena
Vista

San
Esteван

Blue Creek

La
Unión

Aguas
Turbias
National
Park

Aguas Turbias

Blue Creek
Village

San
Felipe

Shipyard

Río Bravo
Conservation
Area

Indian
Church

Lamanai

Orange
Walk

New River
Lagoon

Hill
Bank

Gallon
Jug

Chan
Chich

GUATEMALA

Labouring Creek

Chan Chich Creek

Río Hondo

New River

Old Northern Hwy

Crooked Tree
Wildlife Sanctuary

Crooked
Tree

Maskall

Northern
River
Lagoon

Northern Hwy

Belize

Altun Ha

Rockstone
Pond

Midwinters
Lagoon

Burrell
Boom

Bermudian
Landing

Ranchó
Dolores

Bermudian Landing
Community
Baboon Sanctuary

Hattieville

Western Hwy

Belize River

Sibun River

Ladyville

Belize
Harbour

Belize
City

Chetumal

Bahía de
Chetumal

Consejo

Corozal Town

Rocky
Point

Sarteneja

Shipstern
Nature
Reserve

Progresso

Shipstern
Lagoon

Shipstern

Corozal

Orange
Walk

Ambergris
Caye

Caye
Caulker

Santana

Hick's
Cayes

Drowned
Cayes

Située dans la moitié ouest de l'Orange Walk District, elle regroupe sur 1 000 km^2 forêts tropicales, dcours d'eau, étangs et sites mayas. Elle atteint au nord la frontière du Mexique où elle rejoint la réserve de Calakmul, et à l'ouest celle du Guatemala où elle se fond dans la réserve biosphérique maya. Une immense zone de protection naturelle est ainsi répartie sur trois pays.

Parmi les autres réserves figure la Shipstern Nature Reserve, située au sud de Sarteneja, sur la grande presqu'île qui s'avance au sud-ouest de Corozal. Elle comblera les amateurs d'ornithologie, tout comme le Crooked Tree Wildlife Sanctuary, à mi-chemin d'Orange Walk et de Belize City. Le Bermudian Landing Community Baboon Sanctuary, à l'ouest de Belize City, abrite des singes hurleurs noirs, une espèce protégée.

Les anciens Mayas connurent la prospérité dans Le Nord du Belize. Ils prélevaient le terreau fertile dont ils formaient des champs surélevés, autour desquels ils creusaient des canaux de drainage. Ces *chinampas* (bandes de terre cultivable entourées d'eau) assuraient l'approvisionnement des marchés de nombreuses villes côtières.

Singe hurleur

A Cerros, sur l'autre rive de la baie de Corozal, un petit village de pêcheurs devint un puissant royaume au préclassique récent. Une dizaine de cités de la région furent elles aussi florissantes. Comme celles de Cerros, leurs ruines sont d'un accès difficile. Par ailleurs, pour qui a vu Tikal, Chichén Itzá, voire Tulum, leurs temples non restaurés semblent insignifiants. Tel n'est pas le cas de Lamanai, l'un des plus beaux sites du Belize.

BERMUDIAN LANDING COMMUNITY BABOON SANCTUARY

On ne trouve pas de vrais babouins (*baboons*) dans le pays. Par endroits, on donne ce nom au singe hurleur noir. Toute la région maya abrite des singes hurleurs, mais le noir, une espèce protégée, ne vit qu'au Belize. Comme tant d'autres animaux de cette contrée au développement rapide, il voit son existence menacée.

En 1985, on a poussé les paysans à s'organiser afin qu'ils contribuent à protéger le singe dans son milieu en harmonisant leurs besoins et les siens. On s'attache à préserver la forêt qui borde la Belize River, où le hurleur noir se nourrit, dort et – à l'aube comme au crépuscule – pousse son cri reconnaissable entre mille. Le Visitor's Center (☎ (2) 44405) du village de Bermudian Landing vous permettra de tout savoir sur cette créature et sur les 200 espèces animales que compte la réserve.

Les hurleurs noirs sont végétariens. Ils passent l'essentiel de la journée à se déplacer au sommet des arbres en groupes de quatre à huit individus conduits par un mâle dominant. Ils se nourrissent de fruits, de fleurs, de feuilles et d'autres mets de choix, sans paraître se soucier des êtres humains qui les observent du sol.

La visite doit se faire avec un guide (4 $US de l'heure, 12 $US à la demi-journée). Pour obtenir de plus amples renseignements, adressez-vous à la Belize Audubon Society (☎ (2) 35004, fax (2) 34985, base@btl.net), 12 Fort St (PO Box 1001), Belize City. Pour réunir des informations écologiques complètes, procurez-vous le guide du sanctuaire (15 $US).

BELIZE

Où se loger et se restaurer

Le camping est autorisé (5 $US par personne) au *Visitor's Center* et à la *Jungle Drift Lodge* du village (☎ (2) 32842, fax (2) 78160), PO Box 1442, Belize City. La lodge compte 5 bungalows au prix de 22 $US le double. On y sert des repas bon marché. L'établissement, qui organise des excursions, loue des canoës et des kayaks.

Comment s'y rendre

A Belize City, les bus Russel partent de l'angle d'Orange St et Euphrates Ave à 12h30 (12 h le samedi). Ils ne circulent ni le mardi ni le dimanche. Le trajet d'une heure jusqu'à Bermudian Landing revient à 2 $US. Du site, les départs pour Belize City ont lieu à 5h30. Pour rentrer en bus, il est donc nécessaire de passer la nuit sur place. Le prix de l'aller-retour se monte à 3,50 $US.

ALTUN HA

Altun Ha, 55 km au nord de Belize City par la Old Northern Hwy, regroupe les vestiges mayas les plus célèbres de la région. Le complexe s'étend à proximité du village de Rockstone Pond, 16 km au sud de Maskall.

La Northern Hwy forme une fourche au niveau de la ville de Sand Hill. Le nouveau tronçon s'enfonce vers le nord, et l'ancien vers le nord-est. Traversant la jungle et quelques hameaux, ce dernier est étroit, truffé de nids de poules et parfois interrompu. Les ruines s'étendent à quelques minutes de marche de la route.

Altun Ha ("l'Étang au rocher" en maya) était sans doute une bourgade commerçante de petite dimension (elle ne comptait que quelque 3 000 habitants), mais assez riche. L'agriculture jouait un grand rôle dans son économie. Altun Ha existait déjà en 600 av. J.-C., voire plusieurs siècles auparavant. La ville resta prospère jusqu'aux environs de 900, date qui marqua le mystérieux effondrement de la civilisation classique maya. La plupart des temples d'Altun Ha datent du classique récent. Des fouilles effectuées dans certaines tombes révèlent

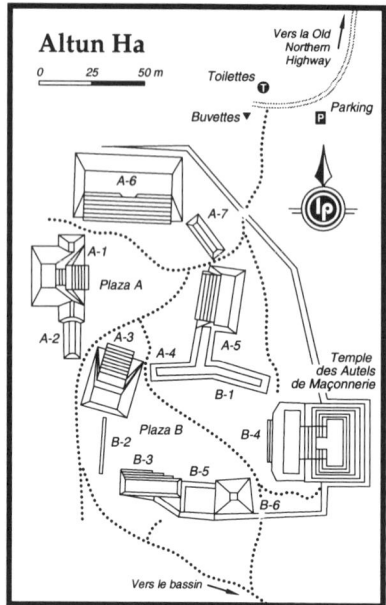

pourtant que les négociants de la ville étaient en contact avec Teotihuacán dès le préclassique.

Altun Ha ouvre tous les jours de 9h à 17h. Le billet d'entrée coûte 5 $US. Équipé de toilettes et d'une buvette, le site ne comporte pas d'hébergement.

Les temples couverts d'herbe se répartissent autour de deux *plazas*. Le temple des Autels de Maçonnerie (structure B-4), le plus grand et le plus important, se dresse sur la plaza B. Cette construction restaurée date de la première moitié du VIIᵉ siècle. Elle tire son nom des autels où l'on brûlait la résine de copal et où l'on brisait, en guise de sacrifice, des objets de jade magnifiquement sculptés. En 1968, l'excavation du temple a permis la découverte de nombreuses tombes où reposaient des personnages importants. La plupart d'entre elles avaient été pillées ou profanées, mais deux demeuraient intactes. L'une d'elles recelait, entre autres objets sculptés, un masque du dieu solaire Kinich Ahau. Cette pièce de jade est la plus grande qu'on aît jamais trouvée en terre maya.

La structure A-1 de la plaza A est parfois désignée sous le nom de temple de la Tombe Verte. On y a découvert le tombeau d'un roi-prêtre qui vécut aux environs de 600. L'humidité avait détruit les vêtements du souverain ainsi que le papier du "livre peint" enterré avec lui. En revanche, de nombreux trésors sont restés intacts : des colliers de coquillages, des poteries, des perles, des épines de raie utilisées pour les saignements rituels, des perles de jade, des pendentifs et des silex cérémoniels.

Où se loger et se restaurer

Bien qu'illégal, le camping est parfois autorisé ; vérifiez auprès de l'administration du site.

Le Luxueux Maruba Resort (☎ (3) 22199), Mile 40.5, Old Northern Hwy, se situe 3 km au nord de Maskall. Cette "station thermale de la jungle" a été conçue dans un goût exquis. Les pelouses sont parfaitement entretenues et le personnel est extrêmement accueillant. "C'est" l'endroit idéal pour qui souhaite s'évader dans une oasis tropicale. L'établissement propose des excursions d'une journée vers les curiosités de la région. Comptez 266 \$US pour une double en pension complète, service de 15% et taxe de 7% compris. Si votre budget vous le permet, vous pouvez également vous y arrêter pour déjeuner (environ 20 \$US) lorsque vous visiterez Altun Ha.

Comment s'y rendre

Assez éloigné d'Altun Ha, le "nouvel alignement" de la Northern Hwy concentre le gros de la circulation routière, ne laissant sur l'Old Northern Hwy qu'un trafic restreint. La meilleure manière de visiter le site reste l'excursion organisée. De nombreuses agences en organisent quotidiennement au départ de Belize City et de San Pedro, à Ambergris Caye. L'autostop s'avère décevant, mais il existe des bus qui partent de Douglas Jones St (voir la carte

de Belize City) pour la ville de Maskall, au nord d'Altun Ha.

CROOKED TREE WILDLIFE SANCTUARY

A mi-distance de Belize City et d'Orange Walk, 5,5 km à l'ouest de la Northern Hwy, s'étend la réserve de Crooked Tree. En 1984, la Belize Audubon Society est parvenue à faire classer "sanctuaire naturel" les 12 km^2 qui entourent ce village de pêcheurs et d'agriculteurs. En saison sèche (de novembre à mai), de nombreux oiseaux migrateurs se rassemblent au bord des cours d'eau, des marais et des lagunes du secteur. On y observe régulièrement 70 espèces d'oiseaux, dont plusieurs variétés de hérons, de canards, de milans, d'aigrettes, de balbuzards, de martins-pêcheurs et de faucons.

Le sanctuaire accueille notamment une grande colonie de jabirus qui viennent nicher en hiver. Doté d'une envergure de 2,50 m, cet échassier est l'oiseau le plus grand du continent américain. Des singes hurleurs noirs, des crocodiles de Morelet, des coatis, des iguanes et des tortues peuplent également les fourrés de manguiers et d'anacardiers de Crooked Tree.

Pour de plus amples renseignements sur ce site, consultez la Belize Audubon Society (☎ (2) 77369, base@btl.net), 49 Southern Foreshore (PO Box 1001), Belize City.

Où se loger et se restaurer

L'hébergement le moins cher est proposé aux *Molly's Rooms*, dont les chambres très modestes et sans eau valent 10/15 \$US en simple/double. Le *Sam Tillett's Hotel* (☎ (2) 44333) demande un peu plus pour chacune de ses 3 chambres avec s. d. b.

La *Bird's Eye View Lodge* (☎ (2) 44101), PO Box 1976, Belize City, est aménagée au village de Crooked Tree, à proximité de la lagune. Sur les cinq chambres du bâtiment en béton, quatre sont dotées de deux lits doubles et une n'en possède qu'un. Toutes sont équipées d'une s. d. b. La simple/double se loue 60/75 \$US. L'établissement

BELIZE

sert des repas et propose des emplacements de camping.

Également située dans le village, la *Paradise Inn* (☎ (25) 2535, fax (25) 2534) se compose de simples cabañas à 38/50 $US la simple/double. Elle aussi comporte un restaurant.

Comment s'y rendre

Jex Bus, 34 Regent St, à Belize City, propose trois bus quotidiens entre le village de Crooked Tree et Belize City. Les départs se font tôt le matin, les retours en milieu de journée et en fin d'après-midi. Il faut donc passer la nuit à Crooked Tree pour profiter de ce moyen de transport.

En partant de bonne heure de Belize City, de Corozal ou d'Orange Walk, vous pouvez gagner Crooked Tree Junction en bus, puis parcourir les 5,5 km qui vous séparent du village (environ une heure de marche). Vous vous renseignerez ensuite sur la faune et la flore de la réserve au Visitor's Center, passerez quelque temps à observer les oiseaux, et reprendrez le même chemin en sens inverse.

Il serait bon de contacter la Belize Audubon Society pour savoir si de nouveaux moyens de transport ont été récemment aménagés.

Une autre possibilité existe, plus rapide et confortable, mais aussi plus coûteuse : l'excursion au départ de Belize City. Plusieurs agences de voyages s'en chargent, moyennant un prix d'environ 75 $US par personne.

CHAN CHICH LODGE

La *Chan Chich Lodge* (☎ (2) 75634, fax (2) 76961, info@chanchich.com), 1 King St (PO Box 37), Belize City, compte parmi les lodges les plus luxueuses de la jungle bélizienne. Elle occupe un emplacement unique : ses cabañas à toit de chaume sont en effet construites sur la plaza centrale d'un site archéologique maya dans lequel les ornithologues locaux ont répertorié plus de 260 espèces d'oiseaux. Chacunes des 12 cabañas possède sa s. d. b., son ventil., deux immenses

lits et une véranda. Il vous en coûtera 169/231 $US (taxes comprises) pour une simple/double en pension complète.

Chan Chich se situe dans l'Orange Walk District, entre Gallon Jug et la frontière guatémaltèque. Pour s'y rendre, le mieux est de louer un avion depuis Belize City. Au départ de cette même ville, il existe toutefois une route praticable par tous les temps (210 km, trois heures et demie de trajet).

LAMANAI

Lamanai est de loin le site le plus impressionnant de la région. Il se niche dans une réserve archéologique aménagée dans le New River Lagoon, près de la bourgade d'Indian Church. Bien que la plupart des vestiges ne soient ni excavés ni restaurés, l'excursion qui vous fera remonter la New River en bateau jusqu'à Lamanai se révélera une aventure en soi.

Cette excursion prend presque la journée : comptez trois heures de bateau aller-retour et un peu plus de deux heures pour visiter les ruines.

Histoire

Comme la majorité des sites du nord du Belize, Lamanai ("Crocodile submergé" en maya) était occupée dès 1500 av. J.-C. Ses premières constructions de pierre apparurent entre 800 et 600 av. J.-C. La ville connut son apogée au préclassique récent, époque où elle devint un centre cérémoniel prépondérant. Elle s'ornait d'immenses temples bien avant la plupart des autres cités.

Contrairement à bon nombre d'entre elles, Lamanai resta peuplée de Mayas jusqu'à l'arrivée des conquistadores, au XVIe siècle. Comme l'attestent les vestiges des deux églises qui subsistent aux abords du site, les frères espagnols trouvèrent de nombreux Indiens à convertir aux alentours. En 1640, les nouveaux chrétiens revinrent toutefois à leur anciennes croyances. Plus tard, les Britanniques édifièrent une raffinerie sucrière, aujourd'hui en ruines, à Indian Church. Dans les années

70 et 80, David Pendergast entreprit l'excavation du site archéologique.

Promenade sur la New River

La remontée de la New River s'effectue au départ du pont à péage de Tower Hill, au sud d'Orange Walk. Pendant une heure et demie, le bateau circule entre les rives couvertes d'une épaisse végétation. Sur le trajet, le pilote-guide vous montre de nombreux oiseaux et presque certainement un ou deux crocodiles. Vous passerez devant la communauté mennonite de Shipyard et déboucherez enfin sur le New River Lagoon, une vaste étendue d'eau qui peut devenir agitée lors des fréquentes averses.

Visite de Lamanai

Après avoir débarqué à Lamanai (ouvert tous les jours de 9h à 17h), vous signerez le registre des visiteurs et payerez un droit d'entrée de 5 $US. Vous pourrez alors parcourir la jungle et admirer sa splendide flore : le *guanacaste*, le *ceiba* et le *ramón*, le figuier banian, l'arbre aux quatre épices, les épiphytes et l'orchidée noire, emblème du Belize. Dans les frondaisons, vous apercevrez peut-être les représentants de cinq groupes de singes hurleurs qui peuplent la forêt.

Les ruines se visitent en 90 minutes minimum. Pour prendre son temps, mieux vaut prévoir de deux à trois heures.

La structure N10-43 est la plus imposante des soixante constructions principales du site. Haut de 34 m, cet énorme édifice du préclassique récent dépasse le faîte des arbres. Moins grand que d'autres monuments de la Ruta Maya, il est toutefois beaucoup plus ancien. Il a été en partie dégagé et restauré.

Non loin de là s'étend un petit jeu de balle, lui aussi en partie dégagé.

Par un sentier qui s'enfonce vers le nord, on rejoint la structure P9-56, construite quelques siècles plus tard, dont la face sud-ouest s'orne d'un masque stylisé haut de 4 m. Il représente un homme portant une coiffure en forme de tête de crocodile. Les archéologues ont fouillé l'édifice (à partir

de la plate-forme du côté Est) dans l'espoir d'y découvrir des tombes et de réunir des informations sur les structures antérieures au-dessus desquelles il est bâti.

A proximité de ces vestiges s'élèvent un petit temple ainsi qu'une grande et belle stèle de calcaire. Jadis érigée devant la façade du sanctuaire, elle s'orne d'un magnifique bas-relief représentant un personnage majestueux. Il semble que des fidèles aient allumé à sa base un feu puis l'auraient étouffé en jetant de l'eau. Passant brusquement du chaud au froid, la stèle se serait alors brisée.

Un petit musée voisine avec le débarcadère. Il abrite d'intéressantes poteries au décor figuratif et de gros outils de silex.

Où se loger et se restaurer

La *Lamanai Outpost Lodge* (☎/fax (2) 33578), PO Box 63, Belize City, se trouve à cinq minutes en bateau et à un quart d'heure de marche au sud de la zone archéologique. Construits à flanc de colline et dominant la lagune, ces bâtiments modernes et bien tenus offrent une vue panoramique des environs. Les clients résident dans des bungalows équipés de ventil. et de s. d. b. Dans l'accueillante salle à manger, on sert des repas à prix modéré. L'établissement comporte aussi un bar. Taxe et service compris, la simple/double revient à 94/115 $US. Le petit déjeuner vaut 7 $US, le déjeuner 10 $US et le dîner 18 $US. On peut effectuer des excursions de trois à quatre jours qui comprennent les transferts depuis/vers Belize City ou le Goldson International Airport, des promenades sur le fleuve, des balades en forêt et des visites de Lamanai.

A Indian Church, le village voisin, le *Doña Blanca* (☎ (3) 23369) propose des bungalows fonctionnels à 25 $US la chambre double, petit déjeuner inclus.

Comment s'y rendre

Lamanai est accessible par la route (58 km) depuis Orange Walk *via* Yo Creek et San Felipe. Les bus au départ d'Orange Walk (départs le mardi à 15h et le jeudi à 16h) ne sont utiles qu'aux villageois qui veulent se rendre au marché. Pour un touriste, le trajet en bateau sur le fleuve s'avère bien plus pratique et agréable.

Munissez-vous d'un chapeau, de crème solaire protectrice, de lotion anti-insecte, de chaussures (plutôt que de sandales), de provisions de bouche et de boissons (à moins que vous n'ayez l'intention de faire une excursion organisée). De mai à octobre, un imperméable ou un K-way permettent d'affronter les averses qui s'abattent en fin d'après-midi.

Le pont à péage de Tower Hill sert de point de départ à la plupart des balades en bateau. Il se situe 7 km au sud d'Orange Walk par la Northern Hwy. Plusieurs excursions en bateau accompagnées de guides y sont proposées.

Les frères Novelo (Antonio et Herminio) gèrent Jungle River Tours (☎ (3) 22293, fax (3) 23749), 20 Lovers' Lane (PO Box 95), Orange Walk. Ils jouissent d'une excellente réputation de guides et de naturalistes. Prenez contact avec eux au pont ou à leur bureau, près de l'angle sud-est du parc central d'Orange Walk. Les réservations se font par téléphone ou fax. Pour effectuer l'excursion d'une journée, présentez-vous à 9h à leur embarcadère, sur le côté nord-ouest du pont de Tower Hill. La balade comprend un déjeuner, des boissons ainsi qu'une visite guidée le long du fleuve et à Lamanai. Le retour a lieu à 16h. Comptez 50 $US par personne (4 personnes minimum).

Reyes & Sons (☎ (3) 23327) proposent des excursions au départ de la Jim's Cool Pool, au nord du pont (près des frères Novelo). Le bateau part tous les jours à 9h pour Lamanai. Le voyage et la visite guidée reviennent à 30 $US par personne, auxquels vous ajouterez 8 $US si vous souhaitez déjeuner.

Donald "Jack" Rhaburn, le propriétaire de Crocodile Jack's Jungle River Adventures (☎ (3) 22142) compte parmi les guides les plus expérimentés de la région. Il organise des excursions au départ de son bungalow, à l'ouest de la Northern Hwy,

légèrement au sud du pont. C'est lui qui vous fera faire les plus belles promenades sur le fleuve. Son âge lui interdit cependant de vous guider à Lamanai. Il demande 50 $US par personne (déjeuner en sus).

Il est possible de prendre à 6h le bus de Batty Brothers entre Belize City et Orange Walk, de descendre au pont à péage de Tower Hill et d'arriver à 9h pour le départ des bateaux à destination de Lamanai. Ils sont de retour au pont avant 16h, ce qui vous permet de prendre le bus de Batty Brothers qui retourne à Belize City à cette heure-là.

ORANGE WALK
10 000 habitants

Située 94 km au nord de Belize City, cette ville est le grand centre de la région pour ce qui touche aux secteurs de l'agriculture et du social. Les paysans (dont beaucoupe de mennonites) établis aux environs cultivent la canne à sucre et les agrumes. On prétend que la marijuana ferait également l'objet de leurs soins. Orange Walk ne présente guère d'intérêt aux yeux des visiteurs. Seuls les sites archéologiques et les réserves naturelles de la région peuvent pousser les voyageurs à y séjourner. Ils seront heureux d'y découvrir un petit nombre d'hôtels modestes et de restaurants chinois.

Un parc ombragé occupe le centre-ville, à l'est de Queen Victoria Ave, l'artère principale. Visible à l'ouest de la Northern Hwy, l'hôpital se dresse dans les faubourgs nord.

Sites archéologiques de Cuello et Nohmul

Cuello, un site maya dont l'histoire remonte à 3 000 ans, s'étend non loin d'Orange Walk. Bien que les archéologues y aient fait de nombreuses découvertes, il ne compte que peu de monuments. Seule la structure 350, une pyramide à neuf degrés, présente un certain intérêt. Le complexe fait partie d'une propriété privée, la Cuello Brothers Distillery (☎ (3) 22141), 4 km à l'ouest d'Orange Walk par la San Antonio

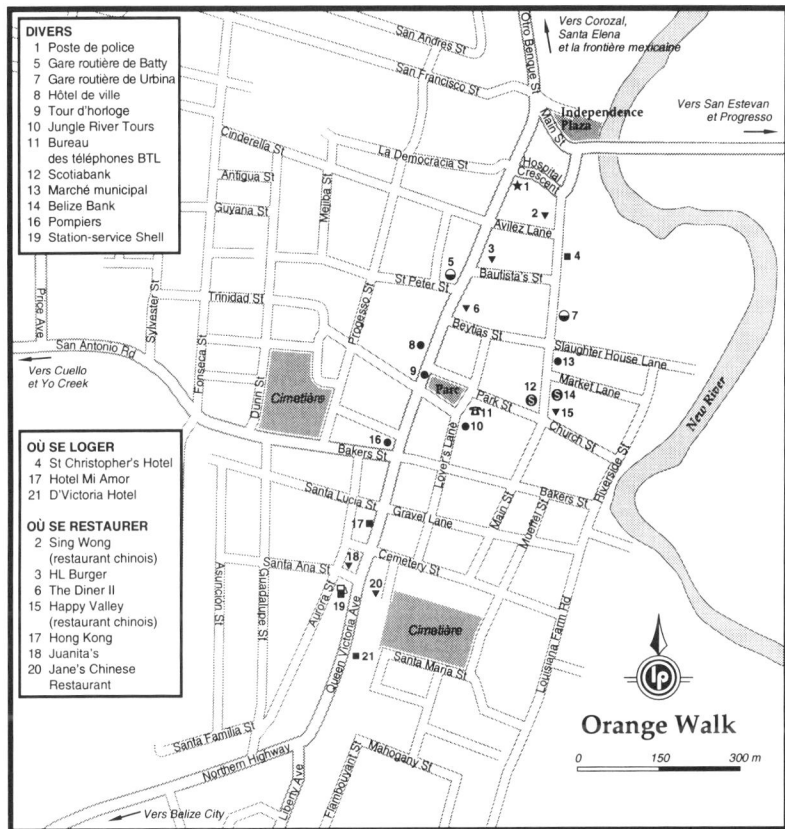

DIVERS
1 Poste de police
5 Gare routière de Batty
7 Gare routière de Urbina
8 Hôtel de ville
9 Tour d'horloge
10 Jungle River Tours
11 Bureau
    des téléphones BTL
12 Scotiabank
13 Marché municipal
14 Belize Bank
16 Pompiers
19 Station-service Shell

OÙ SE LOGER
4 St Christopher's Hotel
17 Hotel Mi Amor
21 D'Victoria Hotel

OÙ SE RESTAURER
2 Sing Wong
   (restaurant chinois)
3 HL Burger
6 The Diner II
15 Happy Valley
    (restaurant chinois)
17 Hong Kong
18 Juanita's
20 Jane's Chinese
    Restaurant

Orange Walk

BELIZE

Rd (la route de Yo Creek). Rien ne signale cette distillerie, située à gauche (au sud) de la route. Le site se trouve derrière les bâtiments. Il faut donc demander au gardien l'autorisation de traverser le domaine.

Nohmul ("Grand Monticule" en maya), 12 km au nord d'Orange Walk et 2 km à l'ouest du village de San Pablo, était une cité bien plus importante. La structure 2, l'édifice le plus haut de l'ensemble, s'élève sur une acropole qui domine la campagne environnante. Bien que vaste (18 km^2), ce site reste en majeure partie enfoui sous les herbes et la canne à sucre. Il appartient à Esteban Itzab, qui vit dans la partie nord de San Pablo, en face du château d'eau. Arrêtez-vous chez lui pour lui demander la permission de visiter les ruines. Un guide vous accompagnera.

Où se loger

Orange Walk possède quelques hôtels, tous modestes. Parmi eux, plusieurs comportent une discothèque assez bruyante en rez-de-chaussée.

Le *St Christopher's Hotel* (☎ (3) 21064), 10 Main St, est simple, relativement calme et assez bon marché. Une simple/double/

triple/quadruple avec douche et ventil. coûte 25/28/33/38 $US ou 40/45/54 $US avec clim.

L'*Hotel Mi Amor* (☎ (3) 22031, fax (3) 23462), 19 Queen Victoria Ave, PO Box 117), est propre et modeste. La discothèque est assourdissante. Une double vaut 25 $US avec ventil. et 38 $US avec TV et clim.

Le *D'Victoria Hotel* (☎ (3) 22518, fax (3) 22847), 40 Queen Victoria Ave (PO Box 74), souffre de la même nuisance. Le prix des chambre avec s. d. b. varie de 22 à 25 $US et de 38 à 55 $US avec clim.

Le *New River Park Hotel* (☎ (3) 23987), PO Box 34, Orange Walk, à l'est de la Northern Hwy, 7 km au sud d'Orange Walk, juste au nord du pont à péage de Tower Hill, conviendra parfaitement à ceux qui souhaitent se rendre en bateau à Lamanai ou qui en reviennent. Les doubles valent 32 $US avec ventil. et 52 $US avec clim. L'établissement comporte un restaurant, un bar, une salle de jeux, et un petit magasin.

Où se restaurer

Les habitants se retrouvent en grand nombre au *Juanita's*, près de la station-service Shell de Santa Ana St. Cet établissement tout simple propose une cuisine locale bon marché.

Le *HL Burger*, trois pâtés de maisons au nord du parc, dans la rue principale, sert de bons burgers à petits prix (2 $US), des plats de riz aux haricots et des glaces.

Curieusement, Orange Walk est la ville des restaurants chinois. Le *Happy Valley* (☎ (3) 22554), 38 Main St, au niveau de Church St, et le *Sin Wong*, dans Main St, à la hauteur d'Alvarez Lane, comptent parmi les meilleurs. *Idem* pour le *Hong Kong*, juste à côté de l'Hotel Mi Amor, et le *Jane's Chinese Restaurant*, à peu près trois pâtés de maisons au sud.

The Diner (☎ (3) 22424), 37 Clark St, est notre adresse préférée pour les trois repas. Il est néanmoins difficile de s'y rendre sans voiture. Prenez au nord, tournez à gauche juste avant l'hôpital, puis à droite (suivez les panneaux) et poursuivez

sur 400 m. En revanche, *The Diner II* est mieux situé ; il se trouve un pâté de maisons au nord du parc.

Comment s'y rendre

Quatre sociétés de bus se partagent les liaisons entre Orange Walk et Belize City : Batty Brothers, Venus, Escalante's et Urbina's. Les deux dernières sont établies à Orange Walk.

Les bus qui roulent vers le sud traversent la ville au moins toutes les heures (d'ordinaire à l'heure juste, parfois à la demi-heure également), de 4h30 à 0h30 environ. Il existe aussi quelques bus de nuit. Ceux qui se dirigent au nord passent par Orange Walk un quart d'heure avant l'heure pleine, de 13h45 à 20h45. Pour gagner Corozal (61 km), comptez une heure et demie et prévoyez 2 $US ; pour Belize City, (94 km), deux heures et 2,50 $US.

COROZAL
9 000 habitants

Corozal est une bourgade rurale. Pendant plusieurs décennies, la région s'est consacrée à la culture de la canne à sucre (une raffinerie sucrière se dresse au sud de la localité). Aujourd'hui, bien que cette activité reste importante, la production s'est diversifiée. Le sol est fertile, le climat propice à l'agriculture, et la ville prospère. Parmi les habitants qui ne vivent pas de la terre, nombreux sont ceux qui vont travailler chaque jour à Belize City ou Orange Walk.

Les Corozaleños, dont la langue maternelle est pour la plupart l'espagnol, se montrent extrêmementaccueillants. Il n'est pas rare qu'on vous salue ou que l'on vous adresse un sourire dans la rue. Une petite communauté nord-américaine est installée dans la ville. A Consejo Shores sont aménagées des résidences pour personnes âgées qui se présentent comme de confortables ghettos pour gringos.

Histoire

Le passé maya de la ville est riche et ancien. Les faubourgs nord abritent les vestiges d'un

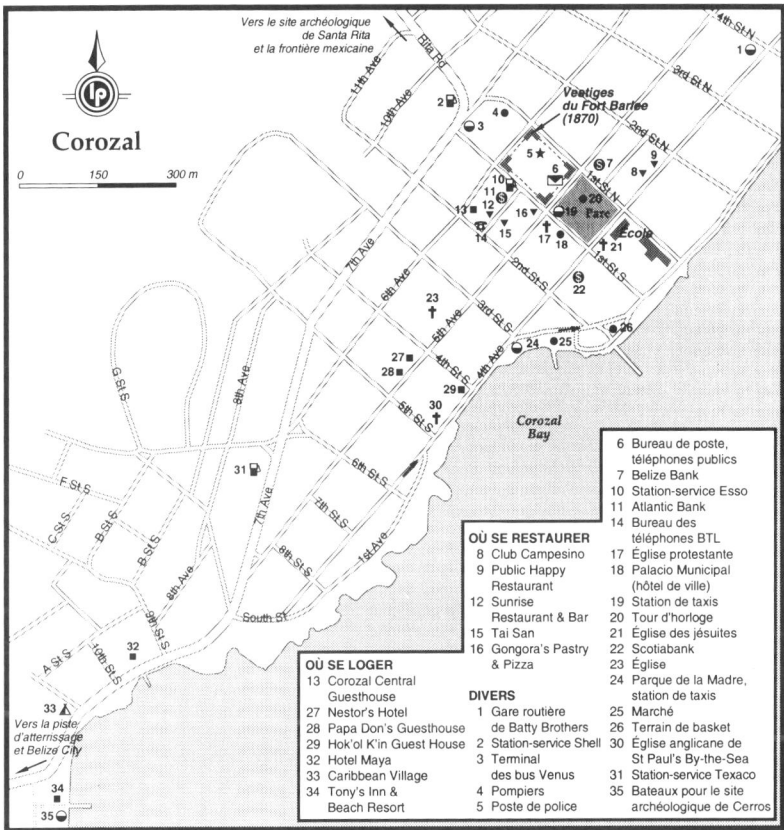

Corozal

Vers le site archéologique
de Santa Rita
et la frontière mexicaine

Vestiges
du Fort Barlee
(1870)

0   150   300 m

Corozal
Bay

Vers la piste
d'atterrissage
et Belize City

South St

BELIZE

OÙ SE RESTAURER
8 Club Campesino
9 Public Happy
   Restaurant
12 Sunrise
   Restaurant & Bar
15 Tai San
16 Gongora's Pastry
   & Pizza

OÙ SE LOGER
13 Corozal Central
   Guesthouse
27 Nestor's Hotel
28 Papa Don's Guesthouse
29 Hok'ol K'in Guest House
32 Hotel Maya
33 Caribbean Village
34 Tony's Inn &
   Beach Resort

DIVERS
1 Gare routière
   de Batty Brothers
2 Station-service Shell
3 Terminal
   des bus Venus
4 Pompiers
5 Poste de police
6 Bureau de poste,
   téléphones publics
7 Belize Bank
10 Station-service Esso
11 Atlantic Bank
14 Bureau des
   téléphones BTL
17 Église protestante
18 Palacio Municipal
   (hôtel de ville)
19 Station de taxis
20 Tour d'horloge
21 Église des jésuites
22 Scotiabank
23 Église
24 Parque de la Madre,
   station de taxis
25 Marché
26 Terrain de basket
30 Église anglicane de
   St Paul's By-the-Sea
31 Station-service Texaco
35 Bateaux pour le site
   archéologique de Cerros

centre cérémoniel appelé Chetumal autrefois et Santa Rita aujourd'hui. De l'autre côté de la baie, le site de Cerros figure parmi les principaux du préclassique récent.

Les Mayas vivaient déjà aux environs de Corozal en 1500 av. J.-C. La ville moderne ne date que de 1849. Cette année-là, les victimes de la guerre des Castes qui sévissait au Yucatán passèrent la frontière pour se réfugier au Belize, sous contrôle britannique. Ils y fondèrent une cité à laquelle ils donnèrent le nom du *cohune*, un palmier qui symbolise la fertilité. Pendant des années, elle présenta l'apparence d'une bourgade typique des Caraïbes. En 1955, l'ouragan Janet détruisit la plupart de ses vieilles maisons de bois construites sur pilotis. Bon nombre des actuels édifices en parpaings datent de la fin des années 50.

Dès les années 70, alors que le paysage lunaire de la Northern Hwy n'était parcouru que par les poids lourds, seuls à s'aventurer dans ses nids de poule, Corozal connut une activité touristique restreinte, mais prospère. Les voyageurs traversaient la frontière mexicaine et venaient se détendre sur les plages de Corozal avant d'entreprendre le pénible voyage du Sud à l'arrière d'un camion. Depuis que l'état de la nationale s'est amélioré, les bus circulent régulièrement et la plupart des visiteurs en route pour Belize City ou le Sud traversent Corozal sans s'y arrêter.

Orientation et renseignements
Bien que fondée par les Mayas, Corozal ressemble aujourd'hui à une bourgade mexicaine : elle s'orne en effet d'une plaza, d'un Palacio Municipal et d'une grande église. Le carillon de la tour d'horloge rythme la vie des habitants. On peut facilement rejoindre à pied tous les points de la ville. Pour se rendre de la place au Tony's Inn & Beach Resort (1,75 km), dans les faubourgs sud-ouest, seules 20 minutes sont nécessaires.

Sur la façade nord de la place, la Belize Bank propose une service de change du lundi au vendredi de 8h à 13h, et le vendredi après-midi de 15h à 18h.

Site archéologique de Santa Rita
Santa Rita est un petit espace vert bien entretenu où se dresse un temple maya restauré. Le parc s'étend plus de 1 km au nord-ouest du terminal des bus Venus. Remontez la route principale en direction du nord ; au bout de 700 m, juste avant la statue, prenez à droite. Au niveau du Restaurant Hennessy, 100 m plus loin, tournez à gauche et parcourez les 300 derniers mètres qui vous séparent du site. La "colline" qui s'élève à droite est en réalité un temple. L'ensemble ouvre du lever au coucher du soleil. L'entrée est gratuite.

Santa Rita a été découvert il y a presque un siècle par Thomas Gann, un archéologue amateur qui exerçait la médecine à Corozal. Appelée Chetumal par les Mayas, la cité s'étendait sur l'axe des grandes routes du négoce. Elle jouissait donc d'une certaine richesse. Les poteries et les objets de jade qu'on y a découverts sont aujourd'hui dispersés dans plusieurs musées. Quant aux fresques, elles ont été détruites.

Site archéologique de Cerros
Cerros (également dénommé Cerro Maya) présente la particularité d'avoir connu son

apogée au préclassique récent et de n'avoir subi aucun ajout important au classique ni au post-classique. En vertu de quoi les archéologues ont pu faire d'importantes découvertes concernant l'architecture préclassique maya.

Le site est plus riche que celui de Santa Rita. On remarquera notamment la structure 4, un temple haut de plus de 20 m. L'ensemble se compose principalement de monticules envahis par les herbes, mais le centre a été dégagé et consolidé, sans être pour autant entièrement restauré.

Pour s'y rendre, le mieux est de prendre un bateau à Corozal et de traverser ainsi les 3 km de la baie. Les embarcations sont amarrées au quai du Tony's Inn & Beach Resort. Le trajet dure environ un quart d'heure. Il suffit ensuite de marcher 10 minutes pour atteindre le complexe.

Où se loger – petits budgets
Camping. Le *Caribbean Village* (☎ (4) 22045, (4) 22752), PO Box 55, 1,5 km au sud de la plaza, s'étend sur une belle étendue herbeuse ombragée de cocotiers. Parmi ses équipements figurent des toilettes convenables et des douches couvertes de moisissure. Par personne, il en coûte 4 $US pour planter une tente et 8 $US pour garer un camping-car. Le parc n'est signalé que par le panneau "Hailey's Restaurant".

Hôtels. L'*Hotel Maya* (☎ (4) 22082, fax (4) 22827), PO Box 112, dans 7th Ave (l'artère principale), environ 400 m au sud de la place, est depuis longtemps le lieu de rendez-vous des voyageurs à petit budget. Anciennes, mais propres, ses 17 chambres possèdent une douche. La double se loue 22 $US avec ventil. et 30 $US avec clim. On peut bien manger pour presque rien dans le petit restaurant situé à côté.

La *Corozal Central Guesthouse* (☎ (4) 22784, vince@btl.net), 22 6th Ave, à quelques pas de la plaza, est simple et bon marché. Ses chambres sans eau valent 15 $US en simple ou en double. Parmi ses points forts, citons l'espace permettant de faire la cuisine, les deux douches communes très propres, et le service impeccable.

Le *Nestor's Hotel* (☎ (4) 22354), 125 5th Ave South, tire l'essentiel de ses revenus de son bar-restaurant et de ses vidéos. Les chambres ne valent que 13 $US la simple et 16 à 22 $US la double, mais elles peuvent se révéler bruyantes en raison de la proximité du bar. C'est le soleil qui transforme l'eau froide en eau chaude.

Au sud du Nestor's, la *Papa Don's Guesthouse* (☎ (4) 22666), 125 5th Ave South, offre plus de simplicité et de calme, ainsi que de meilleurs prix. La simple/double sans eau n'y coûte que 8/10 $US. Les cloisons sont assez fines ; prenez donc garde à la présence éventuelle de voisins indélicats.

Où se loger – catégorie moyenne

La *Hok'ol K'in Guest House* (☎ (4) 23329, fax (4) 23569), 4th St, au niveau de 4th Ave (PO Box 145), est le gîte le plus récent de Corozal. Ce petit hôtel moderne comporte une belle salle à manger, un patio, et des chambres confortables en étage. Chacune d'elles comporte deux lits doubles, une s. d. b. et une TV câblée, le tout pour 32/44 $US la simple/double. Il s'agit là de la meilleure adresse de la ville.

Environ 1 km au sud de la place par la route de la plage, le *Tony's Inn & Beach Resort* (☎ (4) 22055, fax (4) 22829), PO Box 12, se présente comme un beau complexe entouré de jardins paysagers. Des fauteuils disposés face à la baie permettent d'admirer la vue. L'établissement possède une lagune privée où l'on peut se baigner, une TV par satellite, ainsi qu'un bar et un restaurant climatisés. Les 26 chambres réparties sur deux niveaux comportent un ventil. ou un clim. Une double revient de 60 à 84 $US en hiver (environ 20% moins cher en été).

Où se restaurer

La *Hok'ol K'in Guest House*, l'*Hotel Maya* et le *Tony's Inn & Beach Resort* disposent de restaurants acceptables. Les autres adresses sont moins fiables.

Corozal possède de nombreux petits restaurants chinois tels que le *Public Happy Restaurant*, dans 4th Ave, au niveau de 2nd St North. Entre autres plats, le menu mentionne le chow mein, le chop suey, le homard et le poisson accompagné de riz. Le prix de la portion oscille entre 1,75 et 5 $US, en fonction de ses ingrédients et de sa taille. Le *Chang Fa*, à l'est de la place, et le *Tai San*, au nord-ouest, permettent de varier les plaisirs. Quant au *Sunrise Restaurant & Bar*, en face du Tai San, il sert une cuisine plus bélizienne que chinoise.

Le *Club Campesino* propose des grillades de viande rouge, de poulet... mais on ne peut y dîner, boire un verre et rencontrer des gens qu'à partir de 18h30. Si vous voulez acheter du pain frais et des pâtisseries, rendez-vous à la *Gongora's Pastry & Pizza*, vers l'angle ouest de la place.

Comment s'y rendre

Avion. Une petite piste d'atterrissage est aménagée à Corozal (code CZL), quelques kilomètres au sud du centre-ville. En taxi, la course revient à 4 $US (sauf si l'on partage les frais avec d'autres passagers). Comme l'infrastructure se réduit à la piste (il n'existe ni abri ni même un vendeur de boissons fraîches), il est inutile de se présenter plusieurs heures à l'avance pour prendre son vol. En cas d'averse, on patiente sous la pluie. Des taxis attendent les passagers à leur descente d'avion.

Tropic Air (☎ (26) 2542, (26) 2012 à San Pedro, sur Ambergris Caye), propose deux vols quotidiens entre Corozal et San Pedro (20 minutes, 30 $US l'aller simple). De là, vous pouvez prendre une correspondance pour Belize City, où vous attendent d'autres vols pour diverses destinations du pays. Pour réserver et obtenir tout autre renseignement, adressez-vous au *Hailey's Restaurant* (☎ (4) 22725) du Caribbean Village, près de la limite sud de Corozal.

Island Air (☎ (26) 2435 à San Pedro), assure une liaison entre San Pedro et Corozal le matin et en milieu d'après-midi. A Corozal, leur agence se situe à l'Hotel Maya (☎ (4) 22082).

Bus. Venus Bus Lines (☎ (4) 22132) et Batty Brothers Bus Service (☎ (2) 77146 à

Belize City) relient fréquemment Chetumal (Mexique) à Belize City *via* Corozal. Pour de plus amples informations, consultez le chapitre *Comment s'y rendre et circuler*.

Au départ de Corozal, les bus prennent la route du Sud et gagnent Belize City *via* Orange Walk. Les départs ont lieu au moins toutes les heures de 3h30 à 11h30. En période de pointe, d'autres bus sont prévus toutes les demi-heures. L'après-midi, les transports vers le sud sont quasi inexistants. Tous les véhicules font un arrêt à Orange Walk. De Belize City à Corozal, les départs se font toutes les heures de 12h à 19h.

Belize City – 155 km, de deux heures un quart à deux heures trois quarts, 4 $US
Chetumal – 30 km, une heure en comptant les formalités douanières, 1 $US

Orange Walk – 61 km, une heure un quart, 1,50 $US

VERS LE MEXIQUE

Corozal s'étend 13 km au sud du poste-frontière de Santa Elena-Subteniente López. La plupart des bus de Venus et Batty Brothers qui circulent entre Chetumal et Belize City s'arrêtent à Corozal. Sinon, faites de l'auto-stop ou prenez un taxi (assez cher, 12 $US), pour rejoindre Santa Elena. De Subteniente López, de nombreux minibus effectuent la navette jusqu'à la gare réservée à ce type de véhicules à Chetumal (12 km).

Le poste-frontière de Santa Elena se compose uniquement de locaux administratifs et de deux ou trois restaurants extrêmement modestes.

Le Sud du Belize

Le sud du Belize est sans doute la région la plus reculée de la Ruta Maya. Pour accéder aux sites, il faut faire de longs trajets sur de piètres routes ne traversant que de petites bourgades. Voilà qui demande du temps, de l'énergie et parfois de l'argent mais ce voyage séduira ceux qui fuient les sentiers battus.

Parmi les endroits intéressants à découvrir, signalons Dangriga, la principale ville du Stann Creek District et le cœur de la culture garifuna/caraïbe noire (ou encore Carinagu) ; le Blue Hole National Park et le Cockscom Basin Wildlife Sanctuary ; Placencia, où la vie est aussi décontractée que dans les cayes ; et Punta Gorda, proche de plusieurs sites mayas qui n'ont pas encore été restaurés. De Punta Gorda, des bateaux traversent la baie jusqu'au Guatemala et au Honduras.

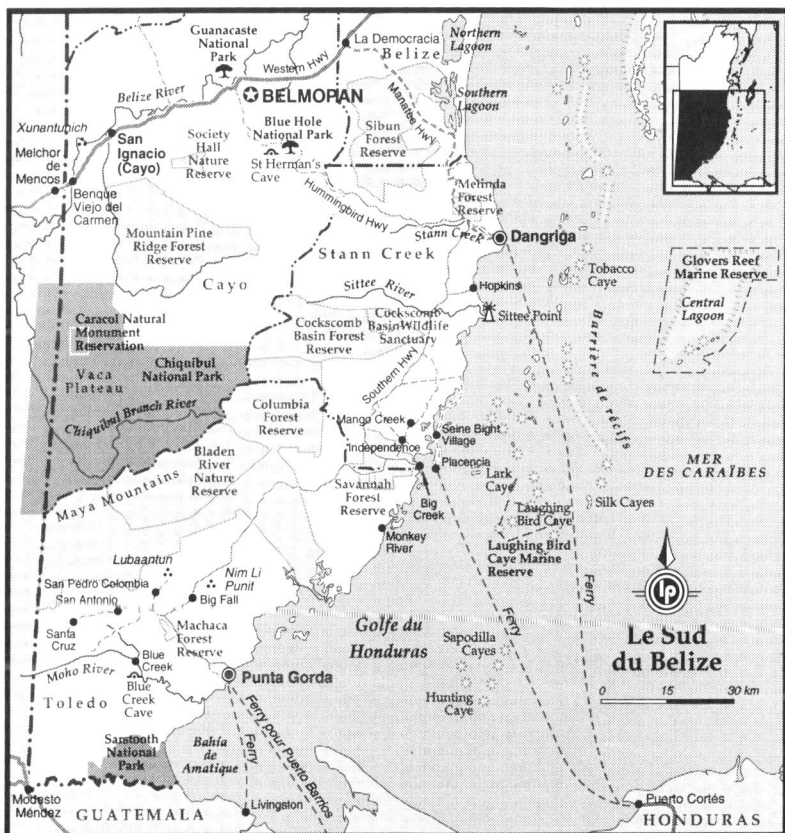

BELIZE

Pour rejoindre l'une ou l'autre des deux routes menant vers le sud du Belize, il faut passer par la Western Highway. Non goudronnée sur l'essentiel de son parcours, la Coastal (ou Manatee) Highway part de la Western Hwy vers le sud-est à la hauteur du village de La Democracia, peu après le Belize Zoo. Elle traverse une campagne luxuriante sans qu'il y ait un seul endroit pour s'arrêter. En été, durant la saison des pluies, elle est souvent impraticable pour cause d'inondations. La Hummingbird Highway reste, elle, praticable par tous les temps.

HUMMINGBIRD HIGHWAY
Partant de Belmopan vers le sud, la Hummingbird Hwy n'est pas goudronnée durant les vingt-neuf premiers kilomètres, puis elle l'est durant les 58 km suivants menant à Dandriga. Mais il se peut que le premier tronçon soit lui aussi revêtu quand vous arriverez.

St Herman's Cave
A environ 18 km au sud de Belmopan part, sur la droite (vers le sud), une piste conduisant 400 m plus loin à la St Herman'Cave, une vaste caverne utilisée par les Mayas durant la période classique. Une conque rocheuse de 60 mètres de large se rétrécit pour donner accès à l'entrée de la caverne proprement dite où il fait froid et sombre – emportez une lampe-torche.

Un itinéraire accidenté, aménagé pour les amateurs de nature, va de la caverne au Blue Hole (voir ci-dessous), 2,5 km plus loin. A mi-distance sur ce chemin, un sentier partant vers le nord ramène, en 1,5 km environ, à la Hummingbird Hwy.

Blue Hole National Park
A une petite vingtaine de kilomètres au sud de Belmopan se trouve le visitor's center du Blue Hole National Park. Le Blue Hole est en fait une résurgence des affluents souterrains de la Sibun River qui remplissent une vaste cuvette calcaire de 100 mètres de diamètre et 33 mètres de profondeur. Peu après son déversement de la cuvette, le cours d'eau tombe en cascade dans une caverne en forme de dôme. Cette caverne,

où il fait merveilleusement frais même par les journées les plus torrides, se prête agréablement à la baignade.

Le parc est ouvert tous les jours de 8h à 16h. Il existe une autre voie d'accès au Blue Hole, à 2 km au sud-est du visitor's center mais le stationnement y est moins sûr (on a vu des voitures fracturées).

Entre ces deux entrées part une route sur la gauche (vers l'est) qui conduit au *Ian Anderson's Caves Branch Adventure Company & Jungle Camp* (☎/fax (8) 22800), PO Box 356, Belmopan, un camp rustique au milieu de la jungle qui loue des chambres à 35 $US en double, et qui organise des excursions dans les sites intéressants des environs.

Over the Top et Five Blues National Park
A environ 29 km au sud-est de Belmopan, la Hummingbird Hwy devient goudronnée après avoir franchi un pont.

A 36 km au sud de Belmopan, l'*Over the Top* (☎ (8) 12005) est un café-restaurant parfait pour prendre un repas ou un simple en-cas. A côté, une route allant vers l'est mène, en 6,5 km environ, au Five Blues National Park, une réserve établie autour de cinq lacs bleus, sans grands aménagements. En partant de l'Over the Top, on atteint, 400 mètres plus loin vers le nord-ouest, le *Camping Souci*, et 3 km plus loin en direction sud-est le *Palacio's Mountain Retreat* (☎ (2) 52761, jlinker@btl.net) qui possède une piscine naturelle, un restaurant et des cabañas rustiques à louer.

En continuant vers Dangriga, la route franchit plusieurs rivières, qui descendent des Maya Mountains vers le sud, et traversent des plantations de cacaotiers, de bananiers et d'agrumes, avant de rejoindre la Southern Hwy et la route pour Dangriga.

DANGRIGA
10 000 habitants
Beaucoup plus petite mais aussi plus calme et plus accueillante que Belize City, Dangriga, qui s'appelait autrefois Stann Creek Town, est la plus grande ville du sud du

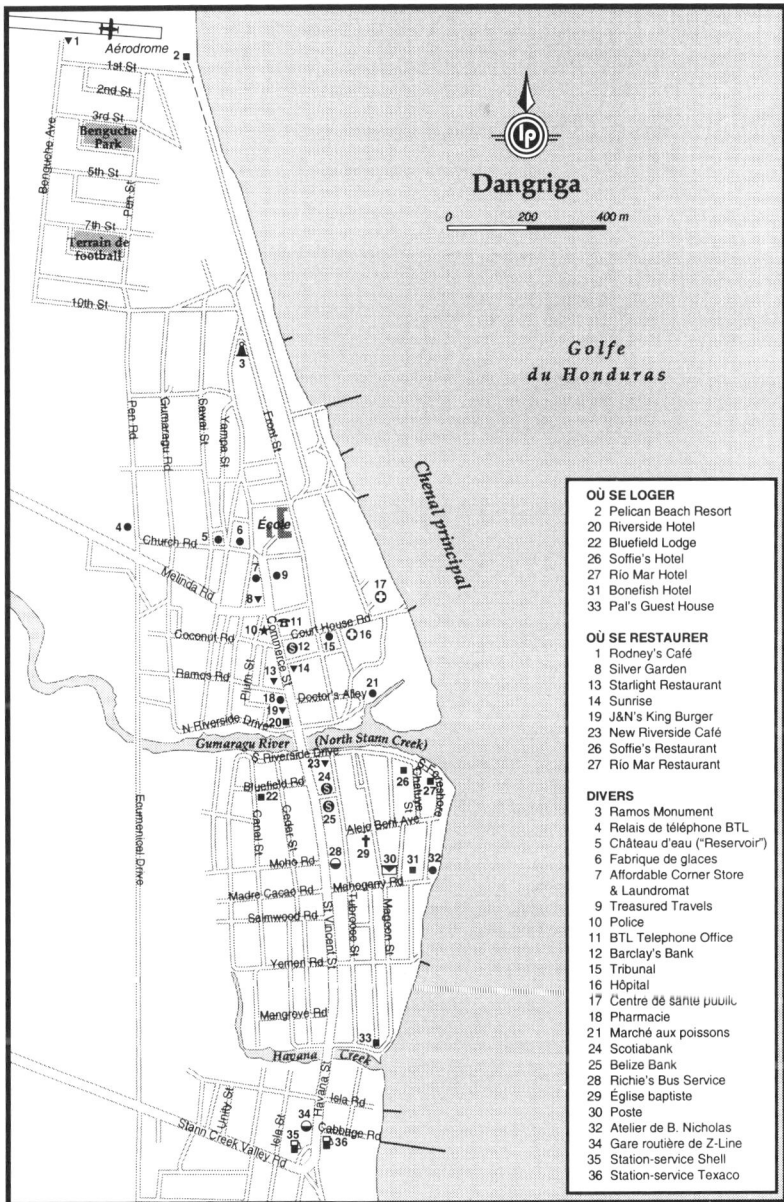

Dangriga

0   200   400 m

Golfe du Honduras

Chenal principal

Gumaragu River (North Stann Creek)

Havana Creek

OÙ SE LOGER
2 Pelican Beach Resort
20 Riverside Hotel
22 Bluefield Lodge
26 Soffie's Hotel
27 Rio Mar Hotel
31 Bonefish Hotel
33 Pal's Guest House

OÙ SE RESTAURER
1 Rodney's Café
8 Silver Garden
13 Starlight Restaurant
14 Sunrise
19 J&N's King Burger
23 New Riverside Café
26 Soffie's Restaurant
27 Rio Mar Restaurant

DIVERS
3 Ramos Monument
4 Relais de téléphone BTL
5 Château d'eau ("Reservoir")
6 Fabrique de glaces
7 Affordable Corner Store
   & Laundromat
9 Treasured Travels
10 Police
11 BTL Telephone Office
12 Barclay's Bank
15 Tribunal
16 Hôpital
17 Centre de santé public
18 Pharmacie
21 Marché aux poissons
24 Scotiabank
25 Belize Bank
28 Richie's Bus Service
29 Église baptiste
30 Poste
32 Atelier de B. Nicholas
34 Gare routière de Z-Line
35 Station-service Shell
36 Station-service Texaco

Belize. B. Nicholas, le plus célèbre peintre du pays, vit à Dangriga où son atelier se trouve près du Bonefish Hotel. Allez y jeter un coup d'œil pour voir ses œuvres qui sont également exposées dans les banques, les halls des hôtels et les bâtiments publics de tout le Belize.

Cette ville vous permettra de faire une halte d'une nuit, mais elle ne présente guère d'autres attraits. Sauf si vous êtes là le 19 novembre (voir l'encadré sur les *Garifunas*).

Orientation et renseignements

Le North Stann Creek (également appelé Gumaragu River) se jette dans le golfe du Honduras en plein cœur de la ville. La rue principale de Dangriga s'appelle la St Vincent St au sud du creek et la Commerce St au nord. La gare routière se situe à l'extrémité sud de la St Vincent St, juste au nord de la station-service Shell. En bordure de l'aérodrome, à 2 km au nord du centre près du Pelican Beach Resort, se trouvent une petite aérogare et le Rodney's Café.

L'agence de voyages Treasured Travels (☎ (5) 22578, fax (5) 23481), 64 Commerce St (PO Box 43) saura prendre en main toutes questions de billets d'avion ou autres.

The Affordable Corner Store & Laundromat est ouvert de 9h à 12h et de 14h à 20h (le dernier lavage a lieu à 17h). Il est fermé le jeudi après-midi et le dimanche.

Où se loger

Le *Pal's Guest House* (☎/fax (5) 22095), 868-A Magoon St, est ce qu'il y a de mieux dans le genre spartiate et propre. On y est rafraîchi par la brise marine et bercé par le bruit des vagues moyennant 18 $US pour une chambre double avec s.d.b. commune ou 24 $US avec s.d.b. ct TV.

Nous vous recommandons le *Bluefield Lodge* (☎ (5) 22742), 6 Bluefield Rd, tenu par une famille. Il possède sept chambres soignées à 12,5/14,5 $US la simple/double avec ventilateur et s.d.b. commune ou 17,5 $US avec s.d.b.

A l'embouchure du North Stann Creek, sur la rive Nord, se trouvent deux autres établissements bon marché. Le *Río Mar Hotel* (☎ (5) 22201), 977 Southern Foreshore, dispose de neuf chambres, toutes avec s.d.b. et la plupart avec TV, entre 18 et 28 $US pour une ou deux personnes. Les chambres à l'étage sont les plus agréables. Le restaurant-bar sert des repas et des boissons, bons et peu chers.

Tout près, le *Soffie's Hotel* (☎ (5) 22789), 970 Chatuye St, propose 10 chambres convenables s'échelonnant entre 22 et 33 $US, toutes dotées de s.d.b. La plus

---

Les Garifunas

Le Sud du Belize abrite une importante population de Garifunas (ou Garinagus ou encore Caraïbes noirs). Métissé de sang indien latino-américain et de sang africain, c'était au XVIIᵉ siècle un peuple libre et farouchement indépendant vivant dans l'île de St Vincent. A la fin du XVIIIᵉ siècle, les Britanniques réussirent cependant à les coloniser et les déplacèrent d'une île dans une autre afin de mieux affermir leur emprise sur eux.

Au début du XIXᵉ siècle, fuyant l'oppression, de nombreux Garifunas débarquèrent dans le sud du Belize. La migration la plus importante fut celle de 1832 quand, le 19 novembre, un grand nombre d'entre eux, venus en pirogues depuis le Honduras, débarquèrent au Belize. L'anniversaire de cet événement donne lieu a une fête annuelle au Belize sous le nom de Garifuna Settlement Day.

Les Garifunas, qui représentent moins de 10% de la population du Belize, semblent plus africains qu'indiens par leur aspect physique mais la langue qu'ils parlent présente davantage un caractère indien qu'africain. Quant à leur culture, c'est un subtil mélange des deux.

La plupart des citoyens de Dangriga, chef lieu du Stann Creek District, sont des Garifunas et le 19 novembre, toute la ville s'adonne frénétiquement à la danse, à la boisson et à la célébration de l'héritage garifuna/garinagu. ∎

chère bénéficie de la clim. L'hôtel possède un restaurant en rez-de-chaussée et, à l'étage, offre de belles vues sur l'eau.

Le *Riverside Hotel* (☎ (5) 22168, fax (5) 22296), 5 Commerce St, au bout du pont, côté Nord, offre 12 chambres avec des douches communes, bien propres, moyennant 11 $US par personne.

Le *Bonefish Hotel* (☎ (5) 22165, fax (5) 22296), 15 Mahogany St (PO Box 21) est un hôtel confortable dont les 10 grandes chambres, propres, sont dotées de ventilateur ou de clim., de TV et de s.d.b. Comptez 53 à 75 $US pour une double avec clim. Il dispose d'un restaurant. Pour réserver aux USA appelez ☎ (800) 798-1558.

Le *Pelican Beach Resort* (☎ (5) 22044, fax (5) 22570, pelicanbeach@btl.net), PO Box14, est l'établissement les plus haut de gamme de Dangriga. Il se situe tout au nord de la ville, en bordure d'une plage de sable privée et possède restaurant, bar et appontement pour les bateaux. Il offre tout un éventail d'excursions dans la région. Les chambres ordinaires avec s.d.b. valent 45 à 64 $US pour une personne, 60 à 80 $US pour deux et 73 à 93 $US pour trois personnes. Le Pelican dispose aussi de cottages sur le South Water Caye (151 à 171 $US la chambre double en pension complète).

Où se restaurer

La *Río Mar Hotel* et le *Soffie's Hotel* possèdent chacun un restaurant à des prix modiques. Le *Bonefish* et le *Pelican* offrent des prestations haut de gamme.

Le *New Riverside Café*, dans Riverside Drive (également appelé Waight's St), à 50 m à l'est du pont sur le North Stann Creek, est tenu par un Anglais qui s'appelle Jim et qui sert chaque jour trois savoureux repas à des prix modestes ou modérés. C'est l'endroit idéal pour se renseigner sur les possibilités de pêche en mer, de plongée de surface dans les cayes ou sur les randonnées pédestres à faire dans l'intérieur du pays.

Sinon, les gens du coin apprécient tout particulièrement le *J & N's King Burger*,

---

Glover's Atoll Resort

Le *Glover's Atoll Resort* (☎ (1) 48351, (5) 23048), PO Box 563, Belize City, offre un hébergement rustique et permet avec un budget modéré de découvrir les plaisirs de l'aventure dans les cayes de Glover's Atoll.

Les participants aident à charger et à faire naviguer le bateau qui part du village de Sittee River, près de Hopkins (au sud de Dangriga) tous les dimanche matin pour effectuer en trois à quatre heures la traversée, longue de 5 km, jusqu'au Glover's Atoll. Le séjour dans l'île s'effectue dans des conditions de confort sommaires. On loge dans de modestes cabañas au bord de l'eau, on s'éclaire à la bougie, on boit de l'eau de pluie, etc.

Si vous désirez vivre cette aventure, réservez par téléphone ou par courrier, achetez des provisions (ravitaillement, serviettes, etc.) puis le samedi, prenez le bus Z-line de 8h allant de Belize City à Sittee River, ou le bus Z-line de 12h15 de Dangriga à Sittee River ou encore un autre bus pour l'embranchement de Sittee River et faites ensuite du stop jusqu'au village, d'où vous embarquerez pour le Glover's Atoll Resort.

Ce centre offre un confort très rudimentaire (c'est pourquoi il vous faut emporter tout le nécessaire), mais il loue toutes sortes d'équipements pour les sports nautiques, offre de merveilleuses possibilités de plongée profonde et bénéficie d'une tranquillité idéale, sans presque personne.

Le tarif de base est de 102 $US par personne et par semaine pour loger dans une cabane ou une tente sur la plage, ou de 86 $US pour une place de camping. Ce tarif comprend le transport en bateau aller-retour entre Sittee River et l'île (y compris des bagages d'un poids normal et un petit sac de ravitaillement) ainsi que l'utilisation de l'aire de cuisine. Tous les autres services (eau potable, repas, téléphone, location d'équipement, etc.) sont facturés en supplément. ■

---

un endroit propre où la carte offre un vaste choix au déjeuner depuis les burgers jusqu'aux filets de poisson en passant par le poulet. Il propose également un bon petit déjeuner spécial à 2,75 $US, à base d'œufs, de haricots frits, de toasts et de café.

La plupart des autres restaurants qui bordent Commerce St sont des chinois : le *Sunrise*, le *Starlight* et le *Silver Garden* servent des repas complets autour de 6 $US.

Comment s'y rendre
Avion. Maya Airways et Tropic Air desservent Dangriga. Pour plus de précisions voir le chapitre *Comment circuler* du *Belize*.

Bus. Z-Line a cinq bus par jour de Belize City à Dangriga (*via* Hummingbird Hwy, 170 km, 4 heures, 7 $US ; *via* Coastal Hwy, 79 km, 3 heures, 5 $US). Au retour, les bus partent de Dangriga pour Belize City à 5h, 6h et 9h ; le dimanche, ils partent à 10h et 15h.

Deux des bus Z-Line (12h15 et 16h30) continuent vers le sud jusqu'à Placencia (85 km, entre 2 heures et 3 heures 30, 4 $US). Le Richie's Bus Service a également un bus à 17h.

Les bus Z-Line pour Punta Gorda (169 km, 6 heures, 5,5 $US) partent de Dangriga à 12h et 19h (le dimanche, à 14h seulement).

Bateau. Une vedette appareille de Rotán (Honduras) les mercredi et samedi à 8h, pour arriver à Dangriga, à la hauteur du pont sur le North Stann Creek, vers 12h30. Elle repart peu après pour Roatán. Le tarif est de 35 $US l'aller simple.

LES CAYES DU SUD
Plusieurs cayes sont accessibles depuis Dangriga.

Au Tobacco Caye, on peut loger notamment à l'*Island Camps* (☎ (2) 72109, (5) 22201), 51 Regent St, Belize City ; au *Reef End Lodge*, PO Box 10, Dangriga ; et au *Fairweather & Friends*, PO Box 240, Belize City.

Le *Pelican Beach Resort* de Dangriga (voir plus haut *Où se loger*) possède des cottages sur le South Water Caye.

SOUTHERN HIGHWAY
La Southern Hwy, au sud de Dangriga, est une route non goudronnée, souvent défoncée, en particulier durant la saison des pluies, mais qui permet de découvrir divers aspects intéressants et non touristiques du Belize. Certains tronçons au sud de la highway, près de Punta Gorda, sont en cours de revêtement.

HOPKINS
1 100 habitants
Village de pêcheurs et d'agriculteurs, Hopkins se situe sur la côte à 7 km à l'est de la Southern Hwy. La plupart de ses habitants sont des Garifunas qui vivent comme on le fait depuis des siècles sur le littoral du Belize.

Si vous avez envie de découvrir ce mode de vie et la culture garifuna, vous pouvez loger à Hopkins au *Sandy Beach Lodge* (☎ (5) 22023), tout au sud du village. Ce lodge, géré par la Coopérative de femmes de Sandy Beach à laquelle il appartient, dispose de six chambres simples sous un toit de chaume louées 13/20 $US le simple/double avec s.d.b. commune, ou 20/27 $US avec s.d.b. Le petit déjeuner et le dîner coûtent 5 $US, le déjeuner 7 $US. Vous pouvez également habiter dans les bungalows sur la plage de *Jungle Jeanie's* ou dans l'une des deux chambres de *Swinging Armadillo*, qui ont toutefois l'inconvénient d'être bruyantes vu la proximité du bar.

Plus cher, le *Jaguar Reef Lodge* (☎/fax (2) 12041) propose 14 chambres dans des cabañas sur la plage.

Sittee River
Dans cet autre petit village côtier hors du temps, vous pourrez loger au *Prospect Cool Spot Guest House & Camp Site* (☎ (5) 22006, (5) 22389 ; demandez Isaac Kelly Senior). Vous y séjournerez dans des chambres simples/doubles d'une simplicité de bon aloi à 10/15 $US, où bien sous la tente, moyennant 2,5 $US. Les repas sont simples mais bon marché.

Cockscomb Basin Wildlife Sanctuary
Quasiment à mi-chemin de Dangriga et d'Independence se trouve le village de

Maya Centre d'où part une piste menant 10 km plus loin vers l'ouest au Cockscomb Basin Wildlife Sanctuary ou Jaguar Reserve.

Créée en 1984, cette réserve couvre aujourd'hui plus de 40 000 hectares. Grâce à la diversité de sa topographie et à la luxuriance de la forêt tropicale, c'est un endroit idéal pour observer la faune et la flore béliziennes. La réserve abrite des félins notamment des jaguars, des pumas, des ocelots, des matgays (chat-tigres) et des jaguarondis. Parmi les autres animaux, dont beaucoup sont la proie des félins, figurent des agoutis, des fourmiliers, des tatous, des tapirs, des cerfs, des coatis, des kinkajous, des loutres, des pacas, des pécaris et des tayras qui ressemblent à des belettes. Entre autres reptiles, dont certains mortellement venimeux, se trouvent des boas constrictors et des fers-de-lance. Quant aux oiseaux, il y en a des myriades.

Aucun moyen de transport en commun ne dessert la réserve, mais le chemin qui y mène à pied offre une superbe promenade à travers la végétation exubérante de la forêt. Dans la réserve, vous trouverez un terrain de camping (2 $US par personne), plusieurs bungalows communs rustiques, dotés d'électricité solaire, (15 $US par personne ; usage de la cuisine : 1 $US par personne), un visitor's center et de nombreux chemins de randonnée. Même si vous n'êtes pas assuré de voir un jaguar (bien que ce soit leur habitat de prédilection), vous serez émerveillé par la richesse de la faune, en particulier des oiseaux, et de la flore. Pour tous renseignements, adressez-vous à la Belize Audubon Society (☎ (2) 35004, fax (2) 34985, base@btl.net), 12 Fort St (PO Box 1001), Belize City, ou au Cockscomb Basin Wildlife Sanctuary, PO Box 90, Dangriga.

PLACENCIA
600 habitants

Isolé tout au sud d'une longue et étroite péninsule sablonneuse, Placencia est "le caye auquel on peut accéder en voiture". Naguère encore on ne pouvait y venir qu'en bateau depuis Independence/Big Creek.

Aujourd'hui, une route mène jusqu'au bout de la péninsule et une piste d'aviation a été aménagée au nord de l'agglomération. Malgré tout, Placencia a conservé la merveilleuse atmosphère décontractée des cayes avec ses plages, ses divers hébergements et ses accueillants habitants. On y pratique d'ailleurs les mêmes activités : natation, bain de soleil, farniente, sports nautiques et excursions dans des cayes et à l'intérieur du pays. Seule ombre au tableau : le village est jonché de détritus et la campagne de propreté de la Belize Tourism Industry Association (BTIA) *Bettah no litta* reste toujours sans effets.

Orientation et renseignements

L'agglomération doit sa position à l'époque où toute l'activité et le commerce se faisaient par bateau et où les rues n'avaient guère d'utilité. Si bien que la principale "rue" nord-sud du village n'est en réalité qu'un sentier piétonnier bétonné de moins d'un mètre de large qui serpente au milieu des modestes maisons en bois (certaines sur pilotis) et des lodges installés en bordure de plage.

On va facilement à pied d'un endroit à l'autre. Depuis l'aérodrome, il faut compter 1 km vers le sud pour atteindre la lisière nord du village, et de là, 1,5 km pour arriver à l'extrémité sud de la péninsule. Divers complexes hôteliers sont disséminés le long de la côte au nord de Placencia.

Une route non goudronnée fait le tour de l'agglomération côté ouest et se termine à l'extrémité sud de la péninsule où se trouve l'arrêt de bus.

Rien ne marque le cœur du village, pas même une place. Au sud, vous trouverez l'embarcadère, la station-service, l'arrêt de bus et un marchand de glaces. A mi-chemin vers le nord, le Flamboyant Restaurant est un peu le centre d'animation du bourg, pour autant qu'il y en ait un.

Il n'existe pas de banque à Placencia. Mais vous pouvez changer vos chèques de voyage au Wallen's Market s'il dispose de suffisamment d'argent liquide (essayez plutôt l'après-midi).

BELIZE

BELIZE

OÙ SE LOGER
3 Kitty's Place
4 Turtle Inn
5 Mother Oceans Tropic Hotel
7 Conrad & Lydia's
   Guest House
8 Sea Spray Hotel
10 Ranguana Lodge
14 Julia & Lawrence
   Guesthouse
16 Sun Rider Guest House
25 Barracuda & Jaguar Inn
26 Sonny's Resort
30 Paradise Vacation Hotel

OÙ SE RESTAURER
9 Flamboyant Restaurant
15 Cosy Corner Beach Bar
   & Restaurant
16 Omar's Fast Food
23 The Galley
25 Pickled Parrot
31 Tentacles Restaurant,
   Dockside Bar
32 Marlene's Meals
33 Brenda's Caribbean
   Cooking
35 Chilie's

DIVERS
1 Agence Tropic Air
2 Aérogare
6 The Laundromat
11 Kingfisher Belize
12 Épicerie Dis 'n' Dat
13 Bureau de téléphone BTL
17 Yerlee's Mini Market
18 Cimetière
19 Décharge publique
20 Wallen's Market
21 Église anglicane
   et école St John
22 Antenne satellite
24 Terrain de football
   et terrain de basket
27 Ocean Motion Guide Service
28 Glacier
29 Embarcadère des pêcheurs
34 Sea Horse Dive Shop
36 Station service
37 Arrêt de bus

Vers Seine Bight
Village et Dangriga

Rum
Point

MER DES
CARAÏBES

Aérodrome

Placencia

Petit
embarcadère

Lagon

Placencia
Caye

Chenal

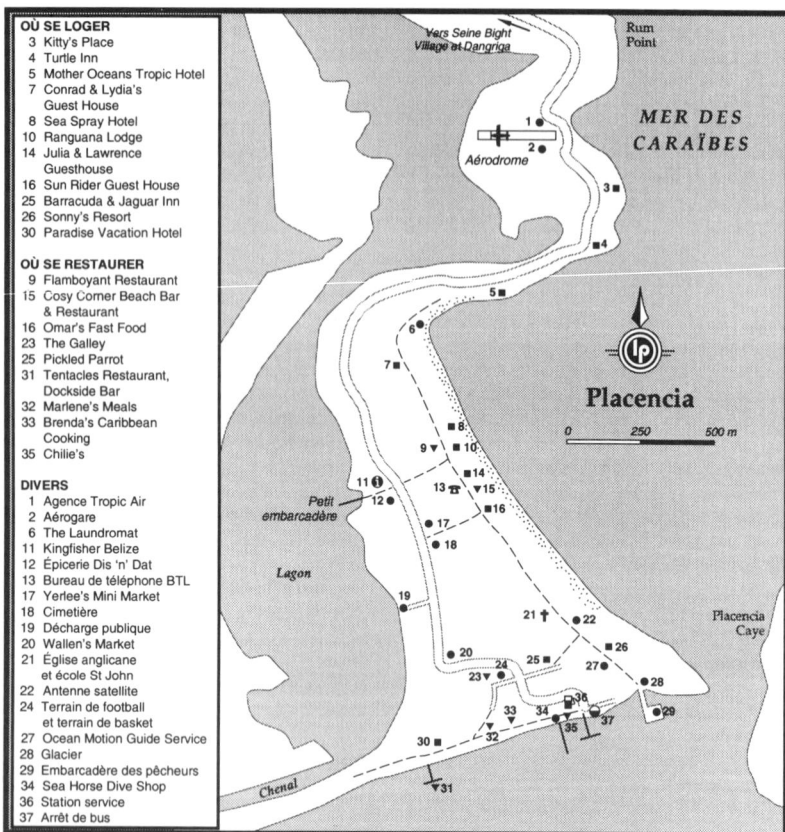

Des téléphones publics sont installés au bureau BTL, au Sonny's Resort et à la station-service à l'extrémité sud du village.

Vous pourrez faire laver votre linge dans différents endroits, notamment au Laundromat (☎ (6) 23123), dans la partie nord du village, ouvert tous les jours de 8h à 18h.

En revenant vers l'ouest et la terre ferme, on rejoint Mango Creek (au nord), Independence (au milieu) et Big Creek (au sud). Ces trois villages, autrefois indépendants comme en témoigne leur nom, ne forment aujourd'hui qu'une seule agglomération que les Beliziens appellent souvent

indifféremment de l'un ou l'autre de ces trois noms.

Plages et excursions organisées

A la différence de la plupart des cayes, Placencia bénéficie, sur sa partie Est, de belles plages bordées de palmiers. Quand vous aurez épuisé les plaisirs de la plage, adressez-vous à l'un des 16 membres de la Placencia Tourist Guide Association pour qu'il vous organise une sortie voile, plongée de surface ou plongée profonde, pêche à la mouche ou pêche sportive, ou bien une sortie ornithologique ou encore une excursion dans le Cockscomb Basin Wildlife Sanctuary.

Morris Caye Adventure Camping (☎ (6) 23152, ; demandez Douglas Young) vous emmènera à Morris Caye, une île de 150 m de long sur 40 m de large, à 13 km à l'est de Placencia, où l'on peut faire de la plongée de surface (25 $US par personne équipement compris mais pas le déjeuner) et camper de façon rustique (7,50 $US par personne).

Ocean Motion Guide Service (☎ (6) 23363, (6) 23162) organise des sorties de plongée de surface à Laughing Bird Caye, à Ranguana Caye et à Silk Caye ainsi que des excursions en bateau pour découvrir la nature en remontant la Monkey River. De nombreux autres guides proposent des excursions similaires. Essayez Placencia Tours (☎/fax (6) 23186), Southern Guides (☎ (6) 23277) ou Jaguar Tours (☎ (6) 23139).

Où se loger

Placencia permet de se loger dans toutes les gammes de prix. Les hébergements petits budgets et de catégorie moyenne se situent dans le village ; les hôtels de catégorie supérieure sont disséminés en bordure de plage à plusieurs kilomètres au nord du village.

Dans le village. Le *Conrad & Lydia's Guest House* (☎ (6) 23117, fax (6) 23354) dispose de chambres simples (s.d.b. commune) à 19 $US au rez-de-chaussée ou 22 $US à l'étage. Il loue également des maisons.

Le *Paradise Vacation Hotel*, coquette petite bâtisse blanche en bois, située à l'extrémité sud du village, possède des chambres (simples ou doubles) avec s.d.b. commune à 14 $US, entre 22 et 25 $US avec s.d.b.

Le *Sea Spray Hotel* (☎ (6) 23148), sur la plage en plein centre du village, loue des chambres et des bungalows avec s.d.b. commune ou particulière (et eau chaude) entre 14 et 38 $US pour une personne, 19 et 44 $US pour deux. Les chambres les plus chères sont vastes et donnent sur la mer.

Le *Sun Rider Guest House* (☎ (6) 23236) offre de belles chambres, propres, avec s.d.b., donnant sur la plage et les palmiers (23 $US la double). L'une des chambre à deux lits dispose d'une kitchenette (39 $US).

Le *Julia & Lawrence Guesthouse* (☎ (6) 23185) est relativement central et propre mais moins bon marché qu'auparavant. Ses quatre chambres avec s.d.b. commune coûtent 12/16/21 $US pour une/deux/trois personnes.

Le *Sonny's Resort* (☎ (6) 23103, fax (2) 32819), au sud, a des chambres chères (44 $US) et des cabañas (58 $US) avec douche. Il possède un restaurant et un bar.

Le *Ranguana Lodge* (☎/fax (6) 23112) propose des bungalows en acajou, simples mais charmants, directement sur la plage, entre 50 et 60 $US pour deux avec douche. Chaque chambre est dotée d'un balcon et équipée d'un ventilateur, d'un réfrigérateur et d'une machine à café. On vous consentira un rabais de 10 $US par jour si vous vous chargez de faire le ménage.

Wende Bryan et Anton Holmes, qui possèdent le *Barracuda & Jaguar Inn* (☎ (6) 23330, fax (6) 23250), disposent de deux cabañas en bois dur, avec réfrigérateur et machine à café, qu'ils louent 45 $US en hiver, petit déjeuner léger compris.

Au nord du village. Les établissements hôteliers situés au nord du village sont généralement plus onéreux mais fort agréables. Leur ambiance évoque celle des îles tropicales. Tous offrent des possibilités de sports nautiques, diverses activités et des excursions.

Le *Kitty's Place* (☎ (6) 23227, fax (6) 23226, kittys@btl.net), à 2,5 km au nord du village, est un lodge de style caraïbo-victorien en bordure de plage. C'est peut-être l'endroit le plus agréable de Placencia. Les chambres simples/doubles valent 88/98 $US et les bungalows123/138 $US.

Le *Turtle Inn* (☎ (6) 23244, fax (6) 23245), à une courte distance à pied de l'aérodrome, a tout d'un petit paradis tropical. Sous la véranda de ses cabañas de

BELIZE

bambou à toit de chaume se balancent mollement des hamacs, face à une plage de sable blanc ombragée par les palmiers et baignée par les eaux azurées des Caraïbes. Les cabañas avec s.d.b. et ventilateur coûtent 95/120/150/170 $US pour une/deux/trois/quatre personnes, petit déjeuner, taxe et service compris. A quoi s'ajoutent environ 30 $US par personne pour le déjeuner et le dîner.

Le *Mother Oceans Tropic Hotel* (☎ (6) 23223, fax (6) 23224, possède six bungalows avec kitchenette à 98 $US pour deux. Le restaurant est ouvert de la mi-décembre à la mi-avril. Clent Whitehead, le propriétaire, habite ici depuis plus de vingt ans et fut le premier à amener un véhicule à moteur dans la péninsule.

Le *Nautical Inn* (☎/fax (6) 22310) est un petit complexe hôtelier moderne installé à Seine Bight, un village de pêcheurs typiquement bélizien, situé au nord de Placencia. Ben et Janie Ruoti sont équipés pour toutes les aventures, ils louent des motos, organisent des sorties plongée et des excursions sur le littoral, etc. Leurs 12 chambres confortables et modernes coûtent 135/180 $US pour une ou deux personnes en pension complète, taxe et service compris.

Où se restaurer

Centre de la vie sociale du village, le *Flamboyant Restaurant* sert, à l'intérieur et en terrasse, les habituels sandwiches, riz et haricots et plats de poisson entre 3 et 6 $US. L'happy hour se situe entre 19h et 21h. Saluez de notre part Maureen, la sympathique tenancière.

L'*Omar's Fast Food*, dans la Sun Rider Guest House, propose de la nourriture maison à petits prix avec vue sur la plage. Essayez le bon burrios qui vaut trois fois rien ou, si vous pouvez vous l'offrir, le steak de conque à 7,5 $US.

Le *Brenda's Caribbean Cooking* est un charmant petit restaurant à toit de chaume, sur la plage Sud, qui propose de délicieux plats du jour à prix doux ou de la cuisine bélizienne créative entre 3 et 5 $US. A quelques mètres à l'ouest, le *Marlene's*

Meals, tenu par la sœur de Brenda, est spécialisé dans les en-cas et les préparations à base de pâte cuites au four.

Sur la plage, juste à côté de la station-service, le *Chilie's* qui vend des en-cas est un lieu de rendez-vous très couru par les gens du coin qui ont des bateaux. Il n'y a pas de carte, il faut demander ce qu'on peut vous offrir et un panneau indique "A volonté : 5 000 $".

Le *Cosy Corner Beach Bar & Restaurant*, ouvert tous les jours au déjeuner et au dîner, sert des boissons jusqu'à 2h du matin. Autre endroit agréable ouvert tard le soir, le *Pickled Parrot*, le restaurant-bar du Barracuda & Jaguar Inn, sert d'énormes pizzas à 15 $US.

The Galley, à l'ouest de la partie principale du village, est un lieu idéal pour bavarder longuement en dînant. Le repas complet, boisson comprise, vous reviendra entre 10 et 15 $US.

Le *Tentacles Restaurant* est également un de nos favoris pour le soir avec son *Dockside Bar* bâti sur un appontement au dessus de l'eau. L'ambiance y est bonne et l'air frais, mais il se peut qu'il soit fermé hors saison.

Comment s'y rendre

Avion. Maya Airways et Tropic Air ont des vols quotidiens pour Placencia. Pour plus de précisions, voir le chapitre *Comment circuler* du *Belize*. Le bout du village se situe à 1 km au sud de l'aérodrome. Un taxi attend à l'arrivée de la plupart des vols. Si vous descendez dans l'un des hôtels de luxe demandez qu'on vienne vous chercher.

Bus. Deux bus Z-Line assurent quotidiennement la liaison Belize City-Placencia (3 heures 30) *via* Dangriga ; il y a aussi un bus Richie's Bus Service. Les bus de Z-Line partent de Placencia pour Dangriga et Belize City à 5h30 et 5h45 ; le bus de Richie part à 6h.

Vous pouvez également prendre l'un des trois bus quotidiens de Z-Line qui s'arrêtent à Independence et, de là, le bateau jusqu'à Placencia. Mais le bateau vous reviendra cher si vous ne trouvez pas d'autre voyageurs pour partager les frais.

Bateau. Tous les jours, sauf le dimanche, le Hokey Pokey Water Taxi (5 $US) part de Placencia à 10h pour Mango Creek, d'où il repart à 14h30. Puis le bateau taxi repart de Placencia à 16h. De nombreux bateaux accepteront de vous emmener à Mango Creek, ou de vous en ramener, moyennant 20 $US pour six personnes maximum.

Un bateau part tous les lundi à 8h de Placencia pour Puerto Cortés (Honduras). La traversée dure 2 heures et coûte 40 $US. Pour plus de précisions et pour acheter vos billets, adressez-vous à Kingfisher Belize (☎ (6) 23323).

PUNTA GORDA
3 000 habitants

Punta Gorda, la ville la plus méridionale du Belize, se situe tout au bout de la Southern Hwy. Le Toledo District dans lequel elle se trouve est la région la plus humide du pays, celle où la pluviosité est la plus forte et où la forêt est la plus luxuriante. Les précipitations dépassent 4 m par an, c'est dire qu'il faut vous attendre au minimum à une brève averse quasiment tous les jours.

Connue dans tout le Belize sous le simple nom de "PG", cette bourgade endormie fut fondée par des Garifunas fuyant le Honduras en 1832. En 1866, après la guerre de Sécession américaine, certains vétérans de la Confédération sudiste se virent attribuer des terres par le gouvernement britannique pour fonder ici une colonie, qui fut de courte durée.

La population, à prédominance garifuna, compte aussi, comme dans tout le Belize, des citoyens aux origines les plus diverses : des Américains, des Britanniques, des Canadiens, des Chinois, des Créoles, des Indonésiens, des Libanais et des Mayas Kekchi.

La pêche resta la principale activité de subsistance durant presque deux siècles, mais de nos jours, l'agriculture joue également un rôle important. Le tourisme se développe aussi un peu, PG offrant une bonne base pour rayonner dans l'intérieur du pays vers les sites archéologiques mayas de Lubaantum et de Nim Li Punit, vers les villages mayas de San Pedro Colombia et San Antonio, ainsi que vers la Blue Creek Cave.

Chaque année, fin février, se déroule à Punta Gorda le Festival international de la forêt tropicale humide, à vocation écologique.

Orientation et renseignements

Le parc triangulaire est au centre de la ville, avec un kiosque à musique et une tour d'horloge bleue et blanche bien reconnaissable. L'aérodrome se trouve à 350 m au nord-ouest et l'embarcadère à destination du Guatemala encore plus proche.

Le bureau du Belize Tourist Board (☎ (7) 22531), situé dans Front St, est ouvert tous les jours de 9h à 17h. Situé à côté de l'embarcadère, le Toledo Visitor's Information Center (☎ (7) 22470), PO Box 73, qui dépend du BTIA, est ouvert tous les jours, sauf le jeudi et le dimanche, de 9h à 13h.

Où se loger

Punta Gorda n'offre, à quelques exceptions près, que des hébergements rustiques pour petits budgets.

Le *Nature's Way Guest House* (☎ (7) 22119), 65 North Front St, est le lieu de rendez-vous des voyageurs intrépides. Dans cette maison convertie en pension, vous dépenserez 9/14/18 $US pour une chambre simple/double/triple avec des douches communes, propres mais dépourvues d'eau chaude. L'établissement vous aidera à organiser des excursions en minibus ou en bateau dans tous les lieux intéressants des environs de PG.

Tranquille, voire endormi, l'*Airport Hotel*, près de l'aérodrome, pratique les mêmes tarifs.

Le *St Charles Inn* (☎ (7) 22149), 23 King St, offre un bon rapport qualité/prix. Propre et bien tenu (pour PG), il loue 17/23 $US ses chambres simples/doubles avec s.d.b. et ventilateur. Il accueille souvent des petits groupes et affiche alors complet.

Le *Tate's Guesthouse* (☎ (7) 22196), 34 José María Nuñez St (entrée sur West St), est une pension propre tenue par une famille qui dispose de chambres confortables entre 13 et 23 $US pour une personne, 15 et 25 $US pour une double, 35 $US avec clim. Les chambres les plus chères disposent d'une s.d.b.

Le *Punta Caliente Hotel* (☎ (7) 22561), 108 José María Nuñez St, près de la gare routière Z-Line, possède un bon restaurant au rez-de-chaussée et des chambres à l'étage, toutes bien aérées, dotées d'un ventilateur et d'une s.d.b. Les prix sont intéressants : 22 à 28 $US la double.

Le *Charlton's Inn* (☎ (7) 22197, fax (7) 22471), 9 North Main St, propose des chambres convenables avec douche à 17/23 $US la simple/double.

Les autres hôtels bon marché de la ville offrent plutôt un simple toit qu'un confort quelconque. Le *Mira Mar Hotel* (☎ (7) 22033), 95 Front St, est installé au dessus d'un restaurant chinois et possède une

BELIZE

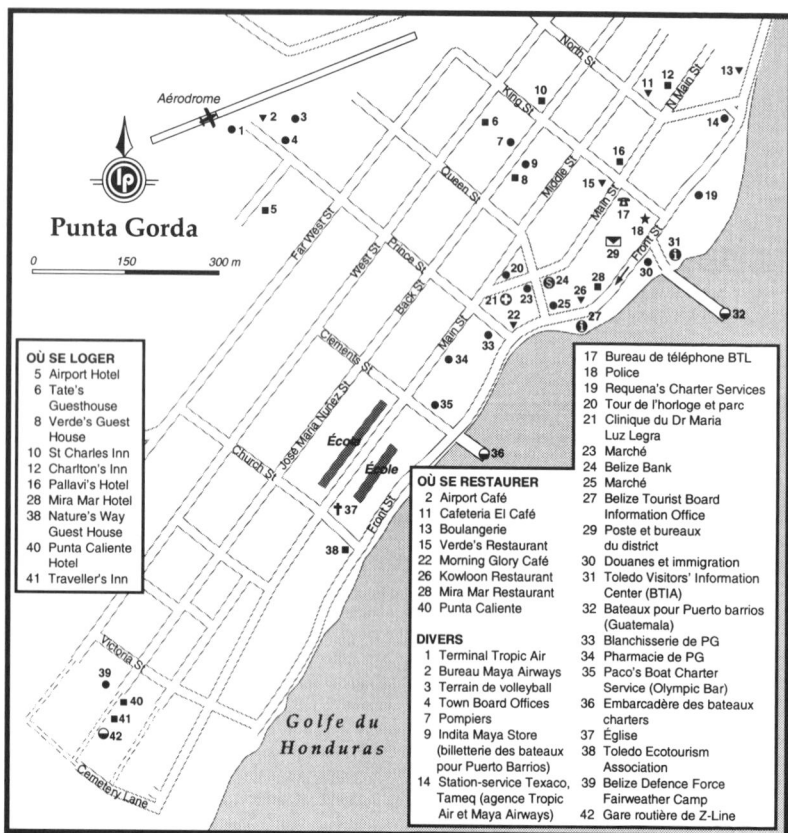

Punta Gorda

0   150   300 m

Aérodrome

Golfe du Honduras

OÙ SE LOGER
5 Airport Hotel
6 Tate's Guesthouse
8 Verde's Guest House
10 St Charles Inn
12 Charlton's Inn
16 Pallavi's Hotel
28 Mira Mar Hotel
38 Nature's Way Guest House
40 Punta Caliente Hotel
41 Traveller's Inn

OÙ SE RESTAURER
2 Airport Café
11 Cafeteria El Café
13 Boulangerie
15 Verde's Restaurant
22 Morning Glory Café
26 Kowloon Restaurant
28 Mira Mar Restaurant
40 Punta Caliente

DIVERS
1 Terminal Tropic Air
2 Bureau Maya Airways
3 Terrain de volleyball
4 Town Board Offices
7 Pompiers
9 Indita Maya Store (billetterie des bateaux pour Puerto Barrios)
14 Station-service Texaco, Tameq (agence Tropic Air et Maya Airways)
17 Bureau de téléphone BTL
18 Police
19 Requena's Charter Services
20 Tour de l'horloge et parc
21 Clinique du Dr Maria Luz Legra
23 Marché
24 Belize Bank
25 Marché
27 Belize Tourist Board Information Office
29 Poste et bureaux du district
30 Douanes et immigration
31 Toledo Visitors' Information Center (BTIA)
32 Bateaux pour Puerto barrios (Guatemala)
33 Blanchisserie de PG
34 Pharmacie de PG
35 Paco's Boat Charter Service (Olympic Bar)
36 Embarcadère des bateaux charters
37 Église
38 Toledo Ecotourism Association
39 Belize Defence Force Fairweather Camp
42 Gare routière de Z-Line

véranda d'où l'on peut observer la rue. Il offre le choix entre des chambres modestes avec s.d.b. à 14/26 $US la simple/double ou des chambres plus confortables avec s.d.b., TV et clim. à 59 $US. Le *Verde's Guest House* (☎ (7) 22069), dans José María Nuñez St, est aménagé dans une sorte de baraquement typique mais il n'y a rien à dire vu le prix de la chambre (11 $US pour une double sans eau). Le *Pallavi's Hotel*, dans North Main St, est du même genre.

Pour bénéficier vraiment d'un certain confort, il faut aller au *Traveller's Inn* (☎ (7) 22568, fax (7) 22814), à l'extrémité sud de José María Nuñez St, près de la gare routière de Z-Line. Là, moyennant 53/67/75 $US, vous disposerez d'une chambre moderne avec clim., s.d.b., TV câblée, et petit déjeuner compris. L'hôtel possède un parking sûr.

Où se restaurer

Le *Morning Glory Café*, à l'angle de Front St et de Prince St, est un restaurant-bar bélizien classique plus agréable que la moyenne. Il est ouvert de 7h à 14h et de 18h30 à 23h (fermé le lundi hors saison).

Le *Punta Caliente* sert du ragoût de porc, des filets de poisson, du poulet accompagné de haricots et de riz et d'autres plats du même genre, tous savoureux, entre 3,5 et 5 $US. Pour la cuisine chinoise, c'est au *Mira Mar* et au *Kowloon* qu'il faut aller même si leurs prix sont légèrement plus élevés.

La *Cafeteria El Café* est un endroit propre, ouvert pour le petit déjeuner et le déjeuner. Le *Verde's Restaurant* fait de la cuisine familiale classique bélizienne.

A l'*Airport Café*, vous pourrez savourer de copieuses portions de riz, de haricots, de chou et de red snapper (poisson) pour 3,75 $US. C'est un bon endroit pour rencontrer d'autres voyageurs.

Comment s'y rendre

Avion. Punta Gorda est desservi quotidiennement par Maya Airways et par Tropic Air. Pour plus de précisions, voir le chapitre *Comment circuler* du *Belize*. Vous pouvez acheter les billets sur ces deux compagnies soit à Tameq, derrière la station-service Texaco, soit à l'aérogare. Soyez à l'aérodrome au moins 15 minutes avant l'heure du départ, car les avions partent parfois de PG avant l'heure prévue.

Bus. Les bus Z-Line (☎ (7) 22165) qui descendent la Southern Hwy partent de Belize City à 8h, 12h et 15h pour aller jusqu'à Punta Gorda (11 $US), en passant par Belmopan, Dangriga et Independence (pour Placencia : 4,5 $US). Il repartent de PG en direction du Nord à 5h, 9h et 12h. Le vendredi et le dimanche, il y a également un bus vers le Nord à 15h30.

Bateau. Des bateaux relient Punta Gorda à plusieurs ports du Guatemala et du Honduras. Le *Mariestela*, qui dépend de Requena's Charter Services (☎ (7) 22070), 12 Front St (PO Box 18), appareille de Punta Gorda à 9h pour Puerto Barrios (Guatemala) et repart de l'embarcadère public de Puerto Barrios à 14h pour revenir sur PG. Le billet coûte 10 $US l'aller simple.

Les mardi et vendredi, le traditionnel bateau poste, de l'Agencia de Líneas Marítimas Puerto Santo Tomás de Castilla, Izabal (Guatemala), relie également Punta Gorda et Puerto Barrios. Il arrive de Puerto Barrios à 9h et repart de Punta Gorda à 12h pour revenir à Puerto barrios. Les billets s'achètent à l'Indita Maya Store (☎ (7) 22065), dans José María Nuñez St. Ils valent 10 $US, 7 $US pour les enfants.

Le *Paco's Boat* va à Lívingston (Guatemala) presque tous les jours. L'aller simple coûte 12,5 $US. Renseignez-vous à l'Olympic Bar, sur Clement St.

Il y a aussi de temps à autres des bateaux qui vont au Honduras. Espérons que ce service se développera prochainement de façon régulière. Pour obtenir des informations à jour, adressez-vous au Belize Tourist Board.

LES ENVIRONS DE PUNTA GORDA

Deux organismes peuvent vous aider à découvrir la vie de villages traditionnels dans le Toledo District.

BELIZE

Toledo Ecotourism Association

La Toledo Ecotourism Association (☎ (7) 22119, fax (7) 22199, ttea@btl.net), dans la Nature's Way Guest House, 65 North Front St (PO Box 75), Punta Gorda, organise, sous le nom de "Village Guesthouse and Ecotrail Program", des séjours-découvertes dans l'un ou l'autre des treize villages traditionnels mayas mopan, mayas kekchi, créoles et garifunas.

Le séjour de base qui coûte 43 $US consiste à passer la nuit chez l'habitant, à prendre chacun des trois repas dans des maisons différentes et à effectuer deux promenades à la découverte de la nature. La formule plus élaborée, qui revient à 88 $US, inclut des musiciens, des danseurs et des conteurs.

Ces tarifs comprennent le séjour et les activités mais pas le transport. Des bus locaux relient ces villages et Punta Gorda le mercredi et le samedi (5 $US). Mieux vaut prévoir votre visite au village en conséquence car s'il vous faut louer un véhicule, le trajet vous reviendra autour de 80 $US.

L'association peut aussi organiser à la demande des expéditions en pirogue ou en kayak, des randonnées à cheval, du camping, des leçons d'art et d'artisanat traditionnels (tissage, broderie, vannerie jipijapa).

Plus de 85% de la somme que vous versez revient effectivement aux villageois et représente, sur le plan économique et écologique, une bonne alternative par rapport aux traditionnelles cultures sur brûlis.

Dem Dats Doin

Dem Dats Doin (☎ (7) 22470), PO Box 73, Punta Gorda, est une ferme écologique tout à fait orginale créée par Antonio et Yvonne Villoria. Des cellules photovoltaïques fournissent l'électricité, du méthane naturel est utilisé pour l'éclairage et la réfrigération, des insecticides et des engrais naturels remplacent les produits chimiques : la ferme est un exemple vivant de ce que des gens sensibles, déterminés et compétents peuvent faire pour développer l'agriculture

tout en adoptant des technologies respectueuses de l'environnement.

La visite de la ferme dure une à deux heures et coûte 5 $US. On peut parfois aussi y dormir et y prendre son petit déjeuner ; renseignez-vous à l'avance.

Les Villoria s'occupent aussi d'organiser des séjours chez l'habitant dans des familles mayas, sous le nom de "The Indigenous Experience". Ils vous mettent en contact avec une famille d'un village, qui vous accueille chez elle, vous fournit un hamac, les repas, et vous fait partager son mode de vie traditionnel. Aucune concession n'étant faite à vos habitudes de confort, cela suppose une certaine capacité d'adaptation. L'expérience peut se révéler un peu rude mais elle est très riche et contribue, par votre apport financier, à faire vivre la famille.

Le hamac se loue 4 $US la nuit ; chaque repas coûte 1,5 $US. Les Villoria vous demandent en outre 5 $US pour le fait de vous mettre en relation avec la famille. Si la formule vous intéresse, mieux vaut vous renseigner préalablement, par courrier si possible, en envoyant 2 $US pour les frais de timbre et d'impression de la réponse.

Les séjours chez l'habitant se font généralement à San Pedro Columbia, un village maya kekchi, à 41 km au nord-ouest de Punta Gorda. Ce village fut fondé par des Mayas originaires de l'Alta Verapaz (Guatemala) qui quittèrent cette région transformée par les fincas de caféiers pour retrouver la liberté au Belize. Ils ont remarquablement conservé leurs coutumes, leurs traditions et leurs costumes typiques des Hautes Terres guatémaltèques en tous points différents de ceux des Mopan des Basses Terres ou Mayas "béliziens".

Lubaantun

Les ruines mayas situées à 2 km au nordouest du village de San Pedro Columbia méritent bien leur nom de Lubaantun qui signifie "Pierres tombées". Le site a été en partie fouillé mais pas restauré si bien que ses nombreux temples sont encore largement envahis par la jungle et qu'il faut un trésor d'imagination pour visualiser la grandiose cité, vaste de plus de 3 km², qui s'étendait là jadis.

Les archéologues ont mis au jour des éléments attestant que Lubaantun prospéra jusqu'à la fin du VIIIe siècle, après quoi presque plus rien ne fut construit. Lors de ses heures de gloire, les marchands de Lubaantun commerçaient avec les populations des cayes, du Mexique et du Guatemala et peut-être même plus loin.

Sur ses 18 plazas, seules les trois plus importantes (plazas III à V) ont été dégagées. La plaza IV, la plus vaste, est construite sur une crête de collines et entourée par les plus imposants édifices du site, les structures 10, 12 et 33.

Comment s'y rendre
San Pedro se trouve à 41 km au nord-ouest de Punta Gorda, à l'écart de la Southern Hwy. Le bus peut vous déposer à la station-service sur le highway, après quoi, il vous faudra marcher environ 6 km pour atteindre le village. Si vous prenez un bus pour San Antonio sur la plaza principale de Punta Gorda, il vous déposera 2,5 km plus près de San Pedro Columbia.

Nim Li Punit
Situé à environ 38 km au nord-ouest de Punta Gorda, juste au nord de Big Falls, et à moins d'un kilomètre à l'ouest de la Southern Hwy, les ruines de Nim Li Punit sont moins imposantes que celles de Lubaantun. C'était sans doute une cité tributaire de cette dernière, beaucoup plus vaste et plus puissante. Son nom de Nim Li Punit, qui signifie "Grand chapeau", vient du couvre-chef que porte la figure richement vêtue de la Stèle 14.

Découvert par des chercheurs de pétrole en 1976, le site fut pillé durant plusieurs années par les voleurs d'antiquités. Les premiers travaux archéologiques sérieux commencèrent en 1983 et donnèrent lieu à quelques excavations et études préliminaires mais peu de restauration et de stabilisation. Le Groupe Sud réunit les structures les plus intéressantes, correspond au

centre cérémoniel de la cité. La plaza a été dégagée mais les structures alentour sont encore très peu restaurées. Remarquez en particulier la Stèle 14, mesurant près de 10 mètres – la plus longue stèle maya jamais découverte – et la Stèle 15, datant de 721 – le plus ancien élément retrouvé sur ce site.

San Antonio et Blue Creek
Les Mayas Mopan de San Antonio descendent d'anciens habitants du village guatémaltèque de San Luis Petén, juste de l'autre côté de la frontière. Ils vinrent se réfugier au Belize pour fuir l'oppression dans leur pays, mais ils conservèrent leurs coutumes. Les voir permet ainsi de se figurer ce qu'est un village traditionnel maya des Basses Terres. Si vous avez l'occasion d'assister à une fête, vous en garderez un souvenir mémorable.

A environ 6 km à l'ouest de San Antonio, près du village de Santa Cruz, se trouve le site archéologique d'Uxbenka qui abrite de nombreuses stèles sculptées.

Au-delà de San Antonio, à environ 20 km au sud, on atteint le village de Blue Creek et, au-delà, la réserve naturelle de Blue Creek Cave. Une promenade dans le site (moins d'un kilomètre) en suivant le chemin balisé au milieu de la forêt tropicale, vous fera découvrir tout le système d'un petit cours d'eau avec ses bassins, ses chenaux, ses grottes et ses eaux merveilleusement fraîches.

Où se loger. Il existe un petit hôtel à San Antonio, le *Bol's Hilltop Hotel*, avec des lits à 5 $US. Si vous préférez ne pas rester pour la nuit, vous pouvez faire l'excursion dans la journée depuis Punta Gorda.

Comment s'y rendre. Conçu pour répondre aux besoins des villageois allant à la ville, le bus part de San Antonio le matin à 5h pour Punta Gorda, d'où il repart à 16h pour revenir au village. La meilleure manière de visiter cette région reste donc une excursion organisée par la Toledo Ecotourism Association (voir plus haut).

BELIZE

L'Ouest du Belize

L'ouest du Belize correspond à la région des hautes terres, qui peuvent atteindre 300 m et plus. C'est une contrée superbe. Les parties déboisées et efficacement cultivées assurent l'essentiel de la production bélizienne en fruits et légumes.

Les voyageurs qui traversent le Cayo District se contentent souvent d'un court passage à San Ignacio pour effectuer une brève excursion dans les forêts de la Moutain Pine Ridge. Mais l'on peut facilement séjourner une semaine ou plus dans l'un des nombreux lodges forestiers qui fournissent un hébergement simple, les repas et la possibilité d'explorer la région en pirogue, en vélo tout-terrain ou en 4x4, ou bien à pied comme à cheval.

La plupart des lodges sont très éloignés des bourgades, si bien qu'il faut prendre ses repas sur place. N'oubliez pas d'en tenir compte dans votre budget.

Pour accéder à l'Ouest, sortez de Belize City par Cemetery Rd (qui traverse le Lords Ridge Cemetery) qui continue vers l'ouest jusqu'à la Western Highway. Au passage, vous traverserez Hattieville, fondée en 1961 après le passage du cyclone Hattie qui ravagea Belize City. Pour éviter la violence du cyclone, de nombreux habitants de l'ancienne capitale étaient allés se réfugier à l'intérieur du pays. Certains décidèrent d'y rester, Hattieville était née.

BELIZE ZOO

Le Belize Zoo & Tropical Education Centre (☎ (9) 23310), PO Box 474, Belize City, regroupe, dans un environnement naturel, toutes sortes de félins et autres animaux originaires du Belize. Le terrain sur lequel a été créé le zoo, situé à 46 km à l'ouest de Belize City (Mile 29 sur la Western Hwy), n'a pas été aménagé, seules des cages ont été installées et des sentiers tracés pour les touristes. Un panneau, situé du côté nord de la route, signale l'embranchement pour le zoo dont l'entrée se trouve à moins de un kilomètre de la highway. Il est ouvert tous les jours de 9h à 16h30 (sauf le principaux jours fériés béliziens) ; l'entrée coûte 6,5 \$US et sert une noble cause.

L'origine du Belize Zoo est quelque peu anecdotique. En 1983, Sharon Matola fut chargée de s'occuper de 17 animaux béliziens durant le tournage d'un film sur la nature intitulé *Path of the Raingods*. Lorsque le film fut achevé, les animaux étaient quasiment apprivoisés et auraient eu du mal à survivre dans la nature. Le budget du film étant épuisé, il ne restait pas un sou pour régler le sort des bêtes, aussi Sharon Matola eut-elle l'idée de fonder ce zoo. En 1991, il a été considérablement agrandi afin de créer de vastes enclos naturels pour ses habitants et une centre d'accueil moderne pour les visiteurs.

Prenez la plaquette sur laquelle figure la carte du zoo, et suivez les chemins indiqués qui vous feront découvrir, dans un microcosme, la richesse écologique du Belize. La visite que vous ferez ainsi durera de 45 minutes à une heure. Vous verrez des tapirs de Baird (l'animal national du Belize) et des gibnuts ou pacas (*tepezcuintle*), sorte de rongeur que l'on retrouve parfois dans son assiette. Cette visite passionnante vous fera rencontrer jaguars, ocelots, singes hurleurs pécaris, vautours, cigognes et même des crocodiles, tous dans leur milieu naturel.

Où se restaurer

Le *JB's Watering Hole* (☎ (1) 48098), au Mile 32 sur la Western Hwy, constitue une étape traditionnelle pour se restaurer ou se rafraîchir. Le J.B. éponyme n'est plus là depuis longtemps et le restaurant est tenu aujourd'hui par un couple d'Européens. Ils servent une cuisine européenne et d'Amérique centrale étonnamment savoureuse, à des prix modérés.

Comment s'y rendre

Reportez-vous au chapitre *Comment circuler* du *Belize* pour toutes précisions sur les

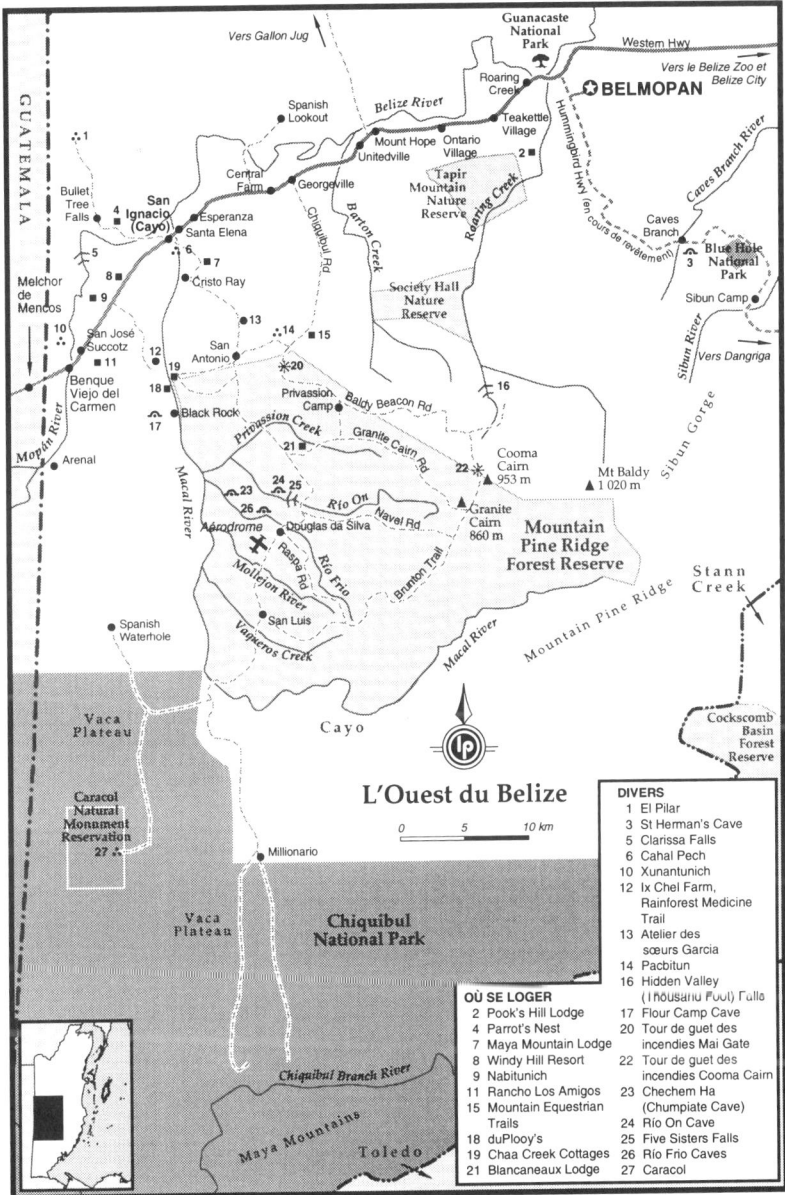

GUATEMALA

Vers Gallon Jug

Guanacaste National Park

Western Hwy

Vers le Belize Zoo et Belize City

BELMOPAN

Roaring Creek

Spanish Lookout

Belize River

Teakettle Village

Mount Hope
Unitedville

Ontario Village

2

Central Farm

Georgeville

San Ignacio (Cayo)

Tapir Mountain Nature Reserve

Roaring Creek

Hummingbird Hwy (en cours de revêtement)

Caves Branch River

Caves Branch

Blue Hole National Park

3

Bullet Tree Falls

4

Esperanza

Santa Elena

6

7

Barton Creek

Chiquibul Rd

Society Hall Nature Reserve

Sibun Camp

5

Melchor de Mencos

8

9

Cristo Ray

13

14

15

Sibun River

Vers Dangriga

10

San José Succotz

11

12

San Antonio

19

18

17

20

Privassion Camp

Baldy Beacon Rd

16

Benque Viejo del Carmen

Black Rock

Privassion Creek

Granite Cairn Rd

21

22

Cooma Cairn 953 m

Mt Baldy 1 020 m

Sibun Gorge

Mopán River

Arenal

Macal River

23

24 25

26

Aerodrome

Douglas da Silva

Río On

Naval Rd

Granite Cairn 860 m

Mountain Pine Ridge Forest Reserve

Stann Creek

Río Frio

Bruton Trail

Mollejon River

San Luis

Macal River

Mountain Pine Ridge

Cockscomb Basin Forest Reserve

Spanish Waterhole

Vaqueros Creek

Vaca Plateau

Cayo

L'Ouest du Belize

0   5   10 km

Caracol Natural Monument Reservation

27

Millionario

Vaca Plateau

Chiquibul National Park

Chiquibul Branch River

Maya Mountains

Toledo

DIVERS
1 El Pilar
3 St Herman's Cave
5 Clarissa Falls
6 Cahal Pech
10 Xunantunich
12 Ix Chel Farm, Rainforest Medicine Trail
13 Atelier des sœurs Garcia
14 Pacbitun
16 Hidden Valley (Thousand Pool) Falls
17 Flour Camp Cave
20 Tour de guet des incendies Mai Gate
22 Tour de guet des incendies Cooma Cairn
23 Chechem Ha (Chumpiate Cave)
24 Río On Cave
25 Five Sisters Falls
26 Río Frio Caves
27 Caracol

OÙ SE LOGER
2 Pook's Hill Lodge
4 Parrot's Nest
7 Maya Mountain Lodge
8 Windy Hill Resort
9 Nabitunich
11 Rancho Los Amigos
15 Mountain Equestrian Trails
18 duPlooy's
19 Chaa Creek Cottages
21 Blancaneaux Lodge

BELIZE

bus desservant la Western Hwy, et demandez à descendre à la hauteur du Belize Zoo. Regardez alors votre montre : le prochain bus passera environ une heure plus tard.

GUANACASTE NATIONAL PARK

Situé à environ 4 km à l'est de Belmopan, le Guanacaste National Park se trouve à quelques mètres au nord du croisement de la Western Hwy et de la Hummingbird Hwy. Cette petite réserve naturelle (21 hectares), au confluent du Roaring Creek et de la Belize River, abrite un gigantesque guanacaste, arbre vénérable qui a survécu à la hache des tailleurs de pirogues et qui se dresse toujours majestueusement dans sa jungle natale. Cet immense arbre, la végétation qui l'entoure et la faune qui l'habite constituent tout un écosystème. Toutes sortes de plantes s'enroulent autour de ses branches ou poussent autour de lui : des broméliacées, des plantes épiphytes, des fougères et des dizaines d'autres végétaux. Des orchidées sauvages fleurissent sur le sol spongieux au milieu des fougères et des mousses. Parmi les nombreuses espèces d'animaux qui fréquentent ce guanacaste, les oiseaux sont les plus abondants et les plus colorés.

L'entrée est gratuite mais les dons sont acceptés. La réserve est ouverte tous les jours de 8h à 16h30. Arrêtez-vous au kiosque d'information pour obtenir quelques renseignements sur les petits sentiers de découverte du parc. Si vous vous trouvez à Belize City quand vous lirez ceci, vous pourrez obtenir davantage de renseignements à la Belize Audubon Society (☎ (2) 77369), base@btl.net), 49 Southern Foreshore (PO Box 1001), Belize City.

Le village de Roaring Creek, à l'ouest de l'embranchement de la highway, de l'autre côté du pont, possède plusieurs petits restaurants.

BELMOPAN

4 000 habitants

En 1961, le cyclone Hattie détruisit quasiment Belize City. Beaucoup furent sceptiques quand, en 1970, le gouvernement exprima son intention de construire une capitale moderne dans le centre du pays. Certain qu'il y aurait à nouveau des cyclones meurtriers et que jamais Belize City ne pourrait véritablement s'en protéger, le gouvernement décida malgré tout de se déplacer à Belmopan.

Au cours de sa première décennie, Belmopan resta une ville déserte. Les mauvaises herbes poussaient dans les fissures des rues, quelques rares bureaucrates sommeillaient dans quelques rares bureaux, seuls les insectes donnaient un peu de vie à l'agglomération. Aujourd'hui, plus d'un quart de siècle après sa fondation, Belmopan commence à s'animer. Sa population croît lentement, certaines ambassades sont venues s'y installer et quand, inévitablement, le prochain cyclone meurtrier fera des ravages, la nouvelle capitale connaîtra à coup sûr un boom démographique.

Orientation et renseignements

Située à un peu moins de 4 km au sud de la Western Hwy, Belmopan est une petite ville dans laquelle on peut facilement circuler à pied (à moins d'avoir des bagages très lourds). Le bus s'arrête sur Market Square, près de la poste, du bureau de téléphone, du commissariat de police et du marché. A moins que vous n'ayez l'intention de vous rendre à la British High Commission (☎ (8) 22146, fax (8) 22761), 34-36 Half Moon Ave, vous ne ferez sans doute qu'une brève halte dans cette ville, juste le temps de prendre un en-cas ou un repas dans l'un des restaurants proches de l'arrêt des bus. Les quelques hôtels de la ville se trouvent hélas presque tous à 10 minutes à pied de l'arrêt des bus.

Archeology Department

Si vous êtes passionné par les ruines mayas, essayez de voir les trésors archéologiques conservés dans la réserve de l'Archeology Department (☎ (8) 22106). Il n'existe pas encore de musée mais en téléphonant pour prendre rendez-vous, on peut la visiter les lundi, mercredi et vendredi après-midi entre 13h30 et 16h30 pour admirer les nombreux objets retrouvés sur les riches sites mayas du Belize. La réserve se trouve à quelques minutes à pied de l'arrêt des bus.

Où se loger

Belmopan est une ville de bureaucrates et de diplomates, et non une ville pour voyageurs disposant d'un petit budget.

Le *Circle A Lodge* (☎ (8) 22296, fax (8) 23616), 35-37 Half Moon Ave, est peut-être le plus vieil hôtel de la ville mais ses 14 chambres restent convenables et coûtent

25 \$US la double avec ventil. ou 30 \$US avec la clim.

Son voisin, le *Bull Frog Inn* (☎ (8) 22111, fax (8) 23155), 25 Half Moon Ave (PO Box 28), qui dispose lui aussi de 14 chambres, est le plus joli hôtel de Belmopan. Ses chambres, gaies et climatisées, coûtent 50/67 \$US la simple/double, et il possède un restaurant.

A quelques pas de là, vers le nord-ouest, l'*Hotel El Rey* (☎ (8) 23438), 23 Moho St, est le moins cher de tous, mais il offre un confort sommaire dans un cadre sans

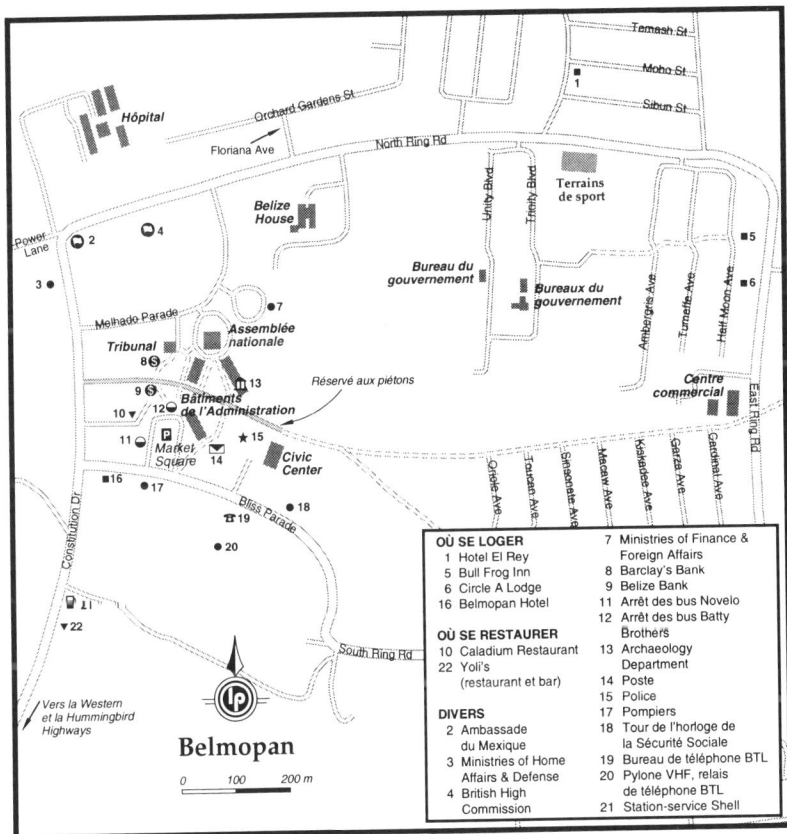

Belmopan

OÙ SE LOGER
1 Hotel El Rey
5 Bull Frog Inn
6 Circle A Lodge
16 Belmopan Hotel

OÙ SE RESTAURER
10 Caladium Restaurant
22 Yoli's (restaurant et bar)

DIVERS
2 Ambassade du Mexique
3 Ministries of Home Affairs & Defense
4 British High Commission
7 Ministries of Finance & Foreign Affairs
8 Barclay's Bank
9 Belize Bank
11 Arrêt des bus Novelo
12 Arrêt des bus Batty Brothers
13 Archaeology Department
14 Poste
15 Police
17 Pompiers
18 Tour de l'horloge de la Sécurité Sociale
19 Bureau de téléphone BTL
20 Pylone VHF, relais de téléphone BTL
21 Station-service Shell

attrait. Comptez 20/25 $US pour une simple/double avec ventilateur.

Le *Belmopan Hotel* (☎ (8) 22130, (8) 22340, fax (8) 23066), 2 Bliss Parade (PO Box 237), a pour lui d'être le plus proche de l'arrêt des bus. Ses 20 chambres simples/doubles avec clim. et s.d.b. coûtent 44/50 $US.

A environ 20 km au sud-ouest de Belmopan, le *Pook's Hill* (☎ (8) 12017, fax (8) 22948), de Ray et Vicki Snaddon, est installé dans un domaine de 120 hectares en bordure de la Tapir Mountain Nature Reserve. Le bâtiment principal est construit autour d'une petite plaza maya et les bungalows à toit de chaume sont équipés de s.d.b., pourvus de moustiquaires et décorés d'objets artisanaux. Le tarif est de 72/90/110 $US la simple/double/triple, petit déjeuner compris. Le déjeuner coûte 9 $US, le dîner 15 $US. On peut se baigner dans la rivière et se promener dans la forêt sans bourse délier, et le prix demandé pour monter à cheval, faire du VTT ou explorer la rivière (river tubing) est tout à fait raisonnable.

Où se restaurer

Le *Caladium Restaurant* (☎ (8) 22754), sur Market Square, juste en face de la gare routière de Novelo, est ce qu'il y a de mieux au centre-ville. Les plats du jour coûtent 4 $US. Le *Yoli's*, près de la station-service Shell sur la route menant en ville, se révèle moins pratique.

Comment s'y rendre

Bus. Quasiment tous les bus qui s'arrêtent à Belmopan continuent leur chemin vers une autre destination : Belize City, San Ignacio, Dangriga, etc. Pour plus de détails, voir le chapitre *Comment circuler* du *Belize*.

CENTRAL FARM

En continuant vers l'ouest dans le Cayo District, la Western Hwy gagne lentement de l'altitude en traversant de riches contrées agricoles et de coquettes bourgades aux noms étranges, telles que Teakettle Village,

Ontario Village, Mount Hope et Unitedville. Près du bourg de Central Farm, une route part vers le sud en direction de San Antonio dans la Mountain Pine Ridge. Des panneaux jalonnant la Western Hwy signalent au fur et à mesure les différents lodges et ranches où séjourner.

Le *Riverwalk B&B* (☎ (9) 23026), au Mile 62 (Km 100) est un ranch perché sur une hauteur d'où l'on jouit d'un beau point de vue. Les deux chambres d'hôtes, confortables, valent 55/66/77 $US pour une/deux/trois personnes, petit déjeuner compris. Une promenade à cheval d'une demi-journée vous coûtera 25 $US par personne.

Juste de l'autre côté de la route, le *Caesar's Place* (☎ (9) 22341), PO Box 48, San Ignacio, offre des chambres d'hôtes et des emplacements pour camper ou pour caravanes (RV), avec branchement électrique. Il organise des excursions et des randonnées équestres.

Le *Mountain Equestrian Trails* (☎ (8) 23310, fax (8) 23505), Mile 8 (Km 13), Mountain Pine Ridge Rd, Central Farm PO, Cayo District, est un lodge de quatre chambres aménagé dans la jungle et spécialisé dans les randonnées équestres. Plus de 100 km de chemins forestiers ont été tracés depuis l'ouverture du lodge en 1986. Le personnel a toute la compétence voulue pour s'occuper des cavaliers (qu'ils aient ou non l'habitude de monter à cheval) et les montures sont très bien dressées. L'hébergement se fait en cabañas avec s.d.b. et lampes à kérosène (paraffine) – il n'y a pas d'électricité. Il faut compter 64/75/86 $US la simple/double/triple ; et 5/10/12 $US par personne pour le petit déjeuner/déjeuner/dîner.

SAN IGNACIO (CAYO)

8 000 habitants

San Ignacio, également appelé Cayo, est à la fois un bourg agricole prospère et une station de vacances au cœur de la superbe vallée tropicale de la Macal River. Bien que chef-lieu du Cayo District, c'est une petite ville tranquille. Mais le soir, le calme

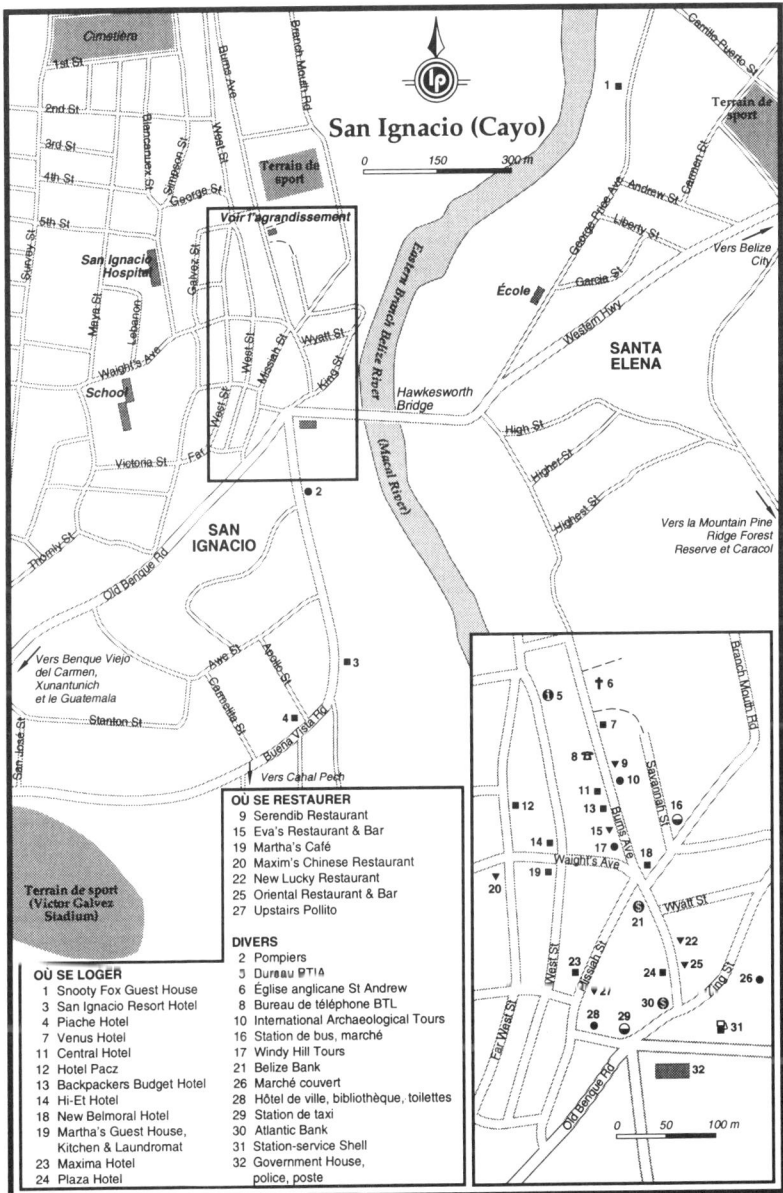

San Ignacio (Cayo)

0   150   300 m

SANTA ELENA

Vers Belize City

Hawkesworth Bridge

SAN IGNACIO

Vers Benque Viejo del Carmen, Xunantunich et le Guatemala

Vers Cahal Pech

Vers la Mountain Pine Ridge Forest Reserve et Caracol

BELIZE

Terrain de sport (Victor Galvez Stadium)

OÙ SE RESTAURER
9 Serendib Restaurant
15 Eva's Restaurant & Bar
19 Martha's Café
20 Maxim's Chinese Restaurant
22 New Lucky Restaurant
25 Oriental Restaurant & Bar
27 Upstairs Pollito

DIVERS
2 Pompiers
3 Bureau BTIA
6 Église anglicane St Andrew
8 Bureau de téléphone BTL
10 International Archaeological Tours
16 Station de bus, marché
20 Windy Hill Tours
21 Belize Bank
26 Marché couvert
28 Hôtel de ville, bibliothèque, toilettes
29 Station de taxi
30 Atlantic Bank
31 Station-service Shell
32 Government House, police, poste

OÙ SE LOGER
1 Snooty Fox Guest House
3 San Ignacio Resort Hotel
4 Piache Hotel
7 Venus Hotel
11 Central Hotel
12 Hotel Pacz
13 Backpackers Budget Hotel
14 Hi-Et Hotel
18 New Belmoral Hotel
19 Martha's Guest House, Kitchen & Laundromat
23 Maxima Hotel
24 Plaza Hotel

0   50   100 m

fait place à l'animation : la jungle est bercée par la musique qui émane de tous les bars et bars-restaurants de la ville.

Le samedi, jour de marché, les marchands s'installent derrière le New Balmoral Hotel, près de la gare routière. Le petit marché couvert, sous le pont Hawkesworth, construit grâce à la générosité du baron Bliss, propose tous les jours quelques fruits et légumes.

En ville même, il n'y a pas grand-chose à faire. San Ignacio est surtout une bonne base pour aller explorer les beautés naturelles de la Mountain Pine Ridge. Parmi les multiples activités très pratiquées dans la région, on peut citer les randonnées équestres, les promenades en pirogue, la spéléologie, l'observation des oiseaux ou la visite des ruines mayas de Cahal Pech, de Xunantunich et de Caracol. Ou bien encore les randonnées pédestres dans la jungle. C'est le territoire des aras et des jaguars où abondent acajous, manguiers, et orchidées.

Etant donné le choix d'hôtels et de restaurants, c'est à San Ignacio qu'il faut logiquement passer la nuit avant de franchir la frontière guatémaltèque ou après. La ville frontière bélizienne de Benque Viejo del Carmen offre beaucoup moins de possibilités.

Orientation

San Ignacio se trouve sur la rive ouest de la rivière, Santa Elena sur la rive est. Un pont suspendu à une voie, le Hawkesworth Bridge, relie les deux agglomérations et sert de repère facile dans San Ignacio. En franchissant le pont vers l'ouest, tournez à droite et vous serez dans Burns Ave, la principale artère de San Ignacio. On peut se rendre pratiquement partout à pied.

Renseignements

Office du tourisme. Le lieu de la ville où s'échangent traditionnellement les informations est l'Eva's Restaurant & Bar (voir plus bas *Où se restaurer*). L'office du tourisme de la Belize Tourism Industry Association (BTIA), situé au milieu d'une rangée de magasins près de West St, n'est pas toujours ouvert.

Argent. Pour changer de l'argent, la Belize Bank, dans Burns Ave, est ouverte du lundi au vendredi de 8h à 13h ainsi que le vendredi après-midi de 15h à 18h. L'Atlantic Bank se trouve également sur Burns Ave et de nombreux petits changeurs viendront vous solliciter dans l'espoir de changer de la monnaie bélizienne contre des dollars américains.

Poste et communications. La poste de San Ignacio se situe en étage dans la Government House, près du pont. Elle ouvre du lundi au vendredi de 8h à 12h et de 13h à 17h ainsi que le samedi de 8h à 13h.

BTL a un bureau dans la Burns Ave, au nord d'Eva's, dans le même bâtiment que la Cano's Gift Shop. Il est ouvert du lundi au vendredi de 8h à 12h et de 13h à 16h, le samedi de 8h à 12h (fermé le dimanche).

Services médicaux. Très modeste et rudimentaire, l'hôpital de San Ignacio (☎ (9) 22066) se trouve en haut de la colline, près de Waight's Ave, vers l'ouest. De l'autre côté de la rivière, à Santa Elena, est installé un hôpital-clinique adventiste, l'Hospital La Loma Luz (☎ (9) 22087, fax (9) 22674).

Cahal Pech

Cahal Pech ("Ville du Tique", ce qui n'est pas son nom d'origine) fut une cité maya d'une certaine importance entre 900 av. J.-C. et 800 apr. J.-C. Elle se développa tout particulièrement durant les périodes du Préclassique récent, du Classique moyen et du Classique récent. C'était peut-être alors la principale ville de la région.

Bien que le site ait été connu par les archéologues depuis les années 1950, peu de travaux y furent entrepris jusqu'à ce qu'il soit abondamment pillé entre 1970 et 1985. Pour freiner sa dégradation, les autorités locales mirent en place, en 1988, une mission archéologique dirigée par Jaime Awe et Mark D. Campbell.

Le site est ouvert de 9h à 16h30 ; l'entrée coûte 5 $US. En emportant un pique-nique, vous pourrez déjeuner sur place tout en profitant de la vue.

Les 34 monuments de Cahal Pech sont disséminés sur 2,5 hectares autour de sept plazas. La Plaza B, la plus grande, la plus imposante et la plus intéressante du fait des édifices qui l'entourent, n'est qu'à 150 m du musée et du parking. La Plaza A mérite également une visite pour la Structure A-1, la plus haute pyramide de Cahal Pech.

Le site est perché sur une colline à moins de 2 km du Hawkesworth Bridge. Pour y accéder, prenez, vers le sud sur 1 km, la Buena Vista Rd qui grimpe la colline et passe devant les hôtels San Ignacio Resort et Piache, jusqu'à ce que vous aperceviez une antenne de radio et le Cahal Pech Village. Cet hôtel comporte un vaste bâtiment principal et 14 bungalows, tous couverts d'un toit de chaume (voir plus loin *Où se loger*). Là, tournez à gauche et suivez, toujours en montant, les panneaux qui indiquent le site archéologique.

Excursions organisées

Les lodges du Cayo District organisent leurs propres visites des sites ainsi que des randonnées à pied, en pirogue ou à cheval. Mais vous pouvez également effectuer ce même type d'excursions en logeant dans un hôtel modeste de San Ignacio. Tous les hôtels et la plupart des restaurants de la ville chercheront de la clientèle. Comparez les propositions en allant voir à droite et à gauche et discutez avec les autres voyageurs avant de fixer votre choix. Les excursions proposées ne vous feront généralement pas regretter l'argent que vous aurez dépensé.

La plupart des guides et des tours opérateurs vantent leurs services dans l'Eva's Restaurant & Bar (☎/fax (9) 22267), evas@btl.net) ou dans les magasins voisins de Burns Ave. Allez y faire un tour pour voir quelles sont les possibilités offertes.

Parmi nos excursions et activités favorites, signalons :

- les trajets en bateau ou en pirogue sur les rivières Macal, Mopan et Belize. L'un des buts d'excursion les plus intéressants sur la Macal River est le Rainforest Medecine Trail à l'Ix Chel Farm
- une visite à une communauté mennonite, généra-

lement combinée avec une visite de la plantation de cacaotiers de la fabrique de chocolat Hershey
- un pique-nique et une baignade dans les bassins du Río On
- une promenade à pied de 300 m pour aller voir les chutes de Hidden Valley (moins spectaculaires toutefois durant la saison sèche)
- une excursion jusqu'aux ruines mayas de Caracol
- la visite du Tanah Maya Art Museum et de l'atelier de sculpture maya sur ardoise des sœurs Garcia, juste au nord de San Antonio
- une excursion à la grotte de cérémonie maya de Chechem Ha et un pique-nique à Vaca Falls
- la descente dans les grottes le long de la Chiquibul River
- une excursion d'une journée à Tikal (Guatemala) ou avec une nuit sur place

Easy Rider (☎ (9) 23310, téléphone cellulaire (17) 5197), un manège installé en lisière de l'agglomération, viendra vous chercher à San Ignacio pour vous emmener faire une excursion à cheval dans la jungle, moyennant 30 $US par personne, déjeuner compris. Il propose également des promenades plus courtes à 20 $US.

Bob Jones, à l'Eva's Restaurant, peut vous organiser une excursion d'une journée à Tikal pour moins de 60 $US par personne, déjeuner compris.

Où se loger – petits budgets

La *Martha's Guest House, Kitchen & Laundromat* (☎ (9) 23647), 10 West St, est une pension moderne qui propose de multiples services : des chambres avec s.d.b. commune et ventil. à 15 $US la double, de la bonne cuisine servi dans le café du rez-de-chaussée (voir plus loin *Où se restaurer*) et même une laverie, le tout dans une atmosphère familiale.

L'*Hotel Pacz* (☎ (9) 22110), 2 Far West St, est un hôtel coquet, qui demande 15/17/20 $US pour ses chambres simples/doubles/triples avec douche commune.

Le *Hi-Et Hotel* (☎ (9) 22828), 12 West St, à l'angle de Waight's Ave, aménagé dans une vieille maison modeste où règne une ambiance très familiale, loue des lits, propres, à des prix modiques : 10/15 $US pour une chambre avec s.d.b. commune.

Le *Plaza Hotel* (☎ (9) 23332), 4-A Burns Ave, constitue un bon choix avec ses chambres propres et modernes équipées de s.d.b. à 20/25 $US la simple/double ou 38/45 $US avec la clim.

Le *New Belmoral Hotel* (☎ (9) 22024), 17 Burns Ave, à l'angle de Waight's Ave, dispose de 15 chambres simples/doubles convenables, avec s.d.b. et TV câblée, qui coûtent 15/20 $US la simple/double avec ventil. ou 30/40 $US avec la clim.

Le *Maxima Hotel* (☎ (9) 23993), dans Missiah St, est un hôtel propre, confortable et raisonnable : il vous en coûtera 25 $US la double avec s.d.b. et ventil., 5 $US de plus avec la clim.

Le *Central Hotel* (☎ (9) 22253), 24 Burns Ave, l'un des hôtels les moins chers de la ville, offre des chambres simples/ doubles/triples, sans eau courante, à 9/12/14 $US. La concurrence est féroce avec le *Backpackers Budget Hotel* qui vise la même clientèle.

Le *Venus Hotel* (☎ (9) 23203, fax (9) 22186, daniels@btl.net), 29 Burns Ave, possède 25 chambres, dont certaines mieux que d'autres, avec ventil. au plafond. Les simples/doubles avec douche commune (minuscule) valent 14/18 $US ; celles avec douche, 20/23 $US. Les chambres 10 et 16 bénéficient d'une belle vue sur le terrain de foot et la rivière.

Le *Midas Eco-Resort* (☎ (9) 23172, fax (9) 23845), evas@btl.net, à l'attention de Midas), dans Branch Mouth Rd, à 700 m de la gare routière, dispose de six bungalows à toit de chaume avec s.d.b. à 22/25/30 $US pour une/deux/trois personnes. On peut aussi camper au prix de 3,30/5 $US pour une/deux personnes.

Le coquet *Snooty Fox Guest House* (☎ (9) 22150, fax (9) 23556), 64 George Price Ave, Santa Elena, propose des chambres propres, avec s.d.b., TV et stéréo, à 22 $US en double, des bungalows à 38 $US et un appartement (comportant

deux chambres et une cuisine) à 60 $US. Un escalier descend jusqu'à la rivière, où vous pouvez louer une pirogue. Pour accéder au Snooty Fox, franchissez le Hawkesworth Bridge vers l'est puis suivez la route principale sur la gauche. Quand vous voyez un embranchement, prenez sur la gauche (la grand-route part sur la droite) ; la pension se trouve à 500 m sur le côté gauche de la route.

Le *Rose's Guesthouse* (☎/fax (9) 22282), 1178 Cahal Pech Hill, se situe à près de 2 km du centre, mais c'est une pension calme où l'on se sent comme chez soi et qui jouit d'une belle vue. Les 5 chambres avec s.d.b. commune se louent 35/43 $US la simple/double, petit déjeuner compris.

Où se loger – catégorie moyenne

Le *San Ignacio Resort Hotel* (☎ (9) 22034, fax (9) 22134, sanighot@btl.net), PO Box 33, se trouve sur Buena Vista Rd à environ 1 km de la Government House. Depuis sa piscine et ses balcons, on a une vue fabuleuse sur la jungle et sur la rivière. Ses 25 chambres, louées 51/59/70 $US la simple/double/triple et environ 25 $US de plus pour les chambres de luxe avec clim., sont souvent toutes réservées, en particulier le week-end. L'hôtel possède un restaurant, un bar et une discothèque.

Le *Piache Hotel* (☎ (9) 22032, fax (9) 22685), 18 Buena Vista Rd, à quelques pas du San Ignacio Resort Hotel, dispose de 11 chambres aménagées dans des bâtiments à toit de chaume entourés d'une pelouse vert émeraude. Les simples/ doubles/triples avec ventil. valent 26/34/40 $US. Les doubles avec clim. coûtent 50 $US. Le cadre est agréable et Cahal Pech à seulement 1 km de là.

Le *Cahal Pech Village* (☎ (9) 23740, fax (9) 22225, daniels@btl.net), sur la colline à environ 2 km du centre-ville, comporte un vaste bâtiment à toit de chaume entouré de 14 petits bungalows, également à toit de chaume. Tous équipés d'une s.d.b., ils valent de 38 à 48 $US pour deux personnes. Perchés sur la Chal Pech Hill, ils bénéficient d'une jolie vue sur la ville et la vallée, mais si l'on de dispose pas de voiture, le trajet est un peu fastidieux à pied. Vous pouvez réserver au Venus Hotel, dans Burns Ave, qui dépend de la même direction.

Pour ce qui est des autres ranchs aux environs de San Ignacio, voir plus loin *A la découverte du Cayo District*.

Où se restaurer

L'Eva's Restaurant & Bar (☎/fax (9) 22267, evas@btl.net), dans Burns Ave, est le grand lieu de rendez-vous et d'échange d'informations des expatriés, de longue date ou plus récents. La formule de plats du jour entre 4 et 6 $US reste la plus avantageuse mais vous apprécierez également le chilmoles (soupe aux haricots noirs), le poulet au curry, la soupe au bœuf, les sandwiches, les burgers et bien d'autres choses. Le jardin arrière s'adresse à ceux qui préfèrent prendre un verre plutôt que manger. Eva dispose d'un service de fax et d'e-mail (pour envoyer et recevoir des messages).

Le café terrasse du *Martha's*, 10 West St, attire beaucoup de monde du petit déjeuner au dîner car tout y est très frais. Le petit déjeuner coûte de 4 à 5 $US, les pizzas de 9 à 11 $US et les sandwiches de 1,5 à 2,5 $US.

L'Upstairs Pollito, dans Missiah St, est un autre endroit très couru pour sa bonne nourriture, bon marché.

Le *Maxim's Chinese Restaurant*, à l'angle de Far West St et de Waight's Ave, sert du riz frit, des mets aigre doux et des plats végétariens entre 2,5 et 5 $US. C'est un petit restaurant sombre, ouvert de 11h30 à 14h30 et de 17h à 24h. Parmi les autres chinois, signalons l'*Oriental* et le *New Lucky* dans Burns Ave.

De l'autre côté de Burns Ave et à quelques mètres au nord d'Eva's, le *Serendib Restaurant* propose des plats sri-lankais en plein cœur de la jungle bélizienne. Le service est sympathique, la cuisine savoureuse et les prix restent raisonnables, entre 3,5 $US pour un plat simple et 10 $US pour un steak ou une langouste. Le déjeuner est servi de 9h30 à 15h, le dîner de 18h30 à 23h.

Comment s'y rendre

Des bus relient San Ignacio à Belize City (116 km, 2 heures 30, 2,50 $US), Belmopan (32 km, 45 minutes, 2 $US) et Benque Viejo del Carmen (15 km, 20 minutes, 0,75 $US). Pour plus de précisions, voir chapitre *Comment circuler* du *Belize*.

La station de la Cayo Taxi Drivers Association (☎ (9) 22196) se trouve sur le rond-point en face de la Governement House. Les petites courses hors de la ville peuvent atteindre des prix étonnamment élevés (5 à 10 $US pour quelques kilomètres seulement) alors que le trajet en taxi collectif jusqu'à Benque Viejo del Carmen ne coûte que 1,5 $US.

A LA DÉCOUVERTE DU CAYO DISTRICT

L'ouest du Belize recèle de très nombreux paysages montagneux, émaillés de cascades et étonnamment préservés. Dans cette région riche en faune et en flore tropicales, foisonnent les orchidées sauvages, et abondent les perroquets et les toucans. Quelque 800 km² au sud et à l'est de San Ignacio ont été classés sous le nom de Moutain Pine Ridge Forest Reserve.

Il existe maintenant une route non goudronnée mais nivelée pour aller vers le sud jusqu'au site archéologique de Caracol. Cependant, les routes de la réserve sont souvent impraticables de mai à octobre. Cette difficulté d'accès contribue d'ailleurs à préserver la beauté sauvage de la Mountain Pine Ridge Forest que l'on ne peut découvrir qu'en 4x4, à pied, à cheval ou en pirogue. Renseignez-vous toujours auprès des tours opérateurs de San Ignacio sur l'état de la route. Sans quoi, vous risquez de vous enfoncer profondément dans la jungle pour être finalement obligé de faire demi-tour à la guérite des gardes forestiers. Les excursions d'une journée à Mountain Pine Ridge coûtent entre 53 et 79 $US.

Les routes d'accès à la Mountain Pine Ridge Forest partent de la Western Hwy en direction du sud à la hauteur de Santa Elena (de l'autre côté de la rivière par rapport à San Ignacio) et à proximité de Georgeville (à environ 9 km de San Ignacio).

El Pilar

Situé à environ 19 km au nord-ouest de San Ignacio et à 11 km au nord-ouest de Bullet Tree Falls, le site archéologique maya d'El Pilar est perché à 275 m au dessus de la Belize River. El Pilar fut occupé durant 15 siècles, du Préclassique moyen (environ 500 av. J.-C.) jusqu'au Classique récent (environ 1000 apr. J.-C.).

Avec ses 25 plazas, la cité d'El Pilar était plus de trois fois supérieure à celle de Xunantunich. Elle fait aujourd'hui partie de l'El Pilar Archeological Reserve for Maya Flora and Fauna. A la différence des autres grands sites mayas, El Pilar n'a presque pas été dégagé. Cinq sentiers de découverte de la nature et de l'archéologie serpentent parmi les monticules recouverts par la jungle. Seules quelques parties intéressantes des différentes structures ont été mises au jour et consolidées, pour montrer la diversité archéologique et architecturale du site.

Rainforest Medecine Trail

Le Rainforest Medecine Trail, qui s'appelait autrefois le Pantí Medecine Trail, dépend du centre de recherche de phytothérapie de la Ix Chel Farm (fax (9) 22267), située juste à côté de Chaa Creek Cottages (voir plus loin *Où se loger*), à 13 km au sud-ouest de San Ignacio.

Le Dr Eligio Pantí, mort en 1996, était guérisseur du village de San Antonio et soignait par les plantes selon la tradition maya. Le grand âge de 103 ans auquel il est décédé laisse penser que la méthode était efficace.

Le Dr Rosita Arvigo, une Américaine venue étudier les plantes médicinales auprès du Dr Pantí, a entrepris à sa suite plusieurs actions pour promouvoir la médecine traditionnelle et pour préserver la forêt tropicale humide, qui abrite quelque 4 000 espèces de plantes.

L'une des ses actions a consisté à créer le Rainforest Medecine Trail, un sentier de découverte des remèdes naturels de la jungle. L'entrée coûte 5 $US ; le site est ouvert tous les jours de 8h à 12h et de 13h à 17h.

Chicle et chewing-gum

Le chicle, gomme rosâtre à rouge-brunâtre, est le suc laiteux, ou latex, coagulé du sapotier (*achras zapota*), un arbre tropical à feuilles persistantes originaire de la péninsule du Yucatán et de l'Amérique centrale. Les *chicleros* (chercheurs de chicle) s'enfoncent dans la forêt pour aller faire de larges entailles, en forme de V atteignant jusqu'à 1 m de haut, dans le tronc des sapotiers. Le suc qui s'écoule de ces saignées ruisselle le long du tronc et tombe dans un récipient fixé à la base. Après avoir fait bouillir cette substance, on le taille en blocs pour l'expédier par bateau. Les saignées ont souvent pour effet de faire mourir l'arbre, si bien que les forêts de sapotiers sont largement décimées par ce type de récolte.

Autrefois utilisé comme substitut du caoutchouc naturel tiré de l'hévéa (auquel le sapotier est apparenté), le chicle fut surtout connu à partir des années 1890 comme le principal ingrédient du chewing-gum.

Les recherches entreprises durant la guerre de 1940 pour trouver des substituts au caoutchouc ont permis de mettre au point des gommes synthétiques qui remplacent aujourd'hui le chicle dans la fabrication du chewing-gum. ∎

A la boutique de la ferme, vous pourrez acheter des Rainforest Remedies, remèdes à base de plantes de la jungle, produits par la ferme et promus par la Ix Chel Tropical Research Foundation. Les profits tirés de ces ventes vont à cette fondation qui mène une action appelée le Belize Ethnobotany Project en association avec le Botanical Garden de New York.

En 1993, des guérisseurs traditionnels du Belize, agissant au nom de la Belize Association of Traditional Healers, ont réussi à convaincre le gouvernement de confier la responsabilité de 2 500 hectares de forêt ancienne, rebaptisée Terra Nova, à leur association afin qu'elle assure la préservation de sa flore.

Pacbitun

Ce petit site archéologique maya, situé à 20 km au sud de San Ignacio, semble avoir été occupé de façon continue de 900 av. J.-C. jusqu'à 900 apr. J.-C. Pour le moment, seule l'immense Plaza A a été dégagée et consolidée. Les Structures 1 et 2, qui la bordent à l'est et à l'ouest, méritent une visite. A l'intérieur de ces structures, les archéologues ont découvert les tombeaux de femmes nobles mayas, accompagnées de toutes sortes d'instruments de musique, qui ont peut-être servi lors de leurs funérailles.

Cavernes

Plusieurs cavernes sont ouvertes à l'exploration dans la région de Black Rock Canyon, notamment la Flour Camp Cave, que l'on atteint en grimpant sur une colline, et la Waterhole Cavern. Quant à la Barton Creek Cave, elle n'est accessible qu'en pirogue.

Plus au sud, près de Vaca Falls, la Chechem Ha (Chumpiate Cave) est une caverne maya abritant des poteries cérémonielles. Les membres de la famille Morales, qui a découvert cette caverne, vous feront visiter le site auquel on accède par une pente abrupte et dans lequel il faut parfois avancer accroupi. Le tarif est de 25 $US pour une à trois personnes. Emportez de l'eau et une lampe-torche. Vous pouvez éventuellement camper à Chechem Ha ou dormir sur l'un des lits de fortune. Les excursions organisées comportent souvent une visite de cette caverne.

Bassins et chutes d'eau

La plupart des excursions organisées à la Moutain Pine Ridge s'arrêtent pour une baignade dans les piscines naturelles du Río On et/ou des Five Sisters Falls. Mais le plus beau site aquatique de la région reste les Hidden Valley Falls (ou Thousand Foot Falls), au sud-est de San Antonio.

Caracol

Situé au sud de San Ignacio (à 86 km par la Chiquibul Rd), Caracol est une vaste cité maya cachée dans la jungle. Le site archéologique s'étend sur quelque 88 km^2 et recèle 36 000 structures identifiées à ce jour. Une équipe de l'University of Central

Florida, dirigée par les Drs Arlen F. et Diane Z. Chase, est en train d'étudier, de consolider et de restaurer certains des édifices et éléments les plus importants. Durant la saison des fouilles (de mi-février à début juin, sauf dix jours autour de Pâques), les archéologues font visiter le site aux personnes intéressées. Les visites démarrent à 10h30 et à 13h ; elles durent deux à quatre heures (les dons pour les travaux archéologiques sont les bienvenus).

Caracol fut occupé durant la période Postclassique, de 300 av. J.-C. environ jusqu'en 1150 apr. J.-C. A son apogée, entre 650 et 700, la cité abritait, pense-t-on, quelque 150 000 habitants, presque autant que la population actuelle du Belize.

Sur le site, ne manquez pas, en particulier, le Caana ("Palais du ciel") de la Plaza B, la plus haute structure de Caracol avec ses 42 mètres ; le Temple du Linteau de Bois, datant de 50, sur la Plaza A ; le terrain de jeu de balle avec l'indication des victoires de Caracol sur Tikal en 562 et sur Naranjo en 631 ; et l'Acropole centrale abritant un tombeau royal. L'Acropole sud, l'aire résidentielle du Barrio, l'Aguada (réservoir) et la chaussée méritent également le coup d'œil.

On peut aller à Caracol dans la journée mais le trajet est long et suppose un 4x4. Le mieux consiste à s'inscrire pour une excursion organisée depuis San Ignacio ou par l'un des lodges, moyennant 53 à 79 $US par personne. Il n'existe aucun service sur le site, il faut donc prévoir sa nourriture, son eau et sa réserve de carburant.

Où se loger

Dans les forêts et les montagnes des environs de San Ignacio sont installées quantité de petites auberges, de lodges et de ranchs. Outre le gîte et le couvert, ils offrent toutes sortes d'activités, depuis la randonnée à pied ou à cheval jusqu'à l'observation des oiseaux, la natation et la spéléologie. Certains des lodges cités ci-dessous figurent sur le site web www.belize.com.

Seuls quelques uns de ces lodges s'adressent à une clientèle disposant d'un petit

BELIZE

budget. La plupart coûtent assez cher dans l'absolu mais pas trop eu égard aux prestations qu'ils offrent. Les tarifs ci-dessous correspondent à l'hébergement seul, mais il est évident qu'il est généralement beaucoup plus intéressant d'opter pour une formule comprenant à la fois le logement, les repas et les activités.

Ces lodges étant généralement petits et très courus, vous pouvez toujours tenter votre chance pour obtenir une chambre au dernier moment, mais dans l'ensemble il vaut mieux écrire ou téléphoner pour réserver le plus tôt possible. Avant de vous décider, n'oubliez pas de demander des renseignements sur les activités proposées.

Parmi les endroits bon marché figure le *Rancho Los Amigos* (☎ (9) 32483 ; laissez un message) situé à environ 2 km au sud de la highway en venant de San José Succotz par une route atroce. C'est le lieu idéal pour oublier le monde quand on dispose de moyens modestes. C'est d'ailleurs ce que cherchaient Ed et Virginia Jenkins en quittant Los Angeles pour venir s'installer là. Ils ont construit quatre bungalows en pierre à toit de chaume où il fait relativement frais et qu'ils louent 25 $US par personne, en pension complète. On s'éclaire avec des lampes à kérosène (paraffine) et on partage les sanitaires. Il est possible de prendre des repas végétariens.

Le *Parrot's Nest* (☎ (9) 23702), en lisière d'une région sauvage, à Bullet Tree Falls, au nord-ouest de San Ignacio, mérite bien son nom qui signifie "nid de perroquet". On a l'impression d'habiter une maison dans un arbre car les bungalows à toit de chaume sont construits sur pilotis. Les sanitaires sont communs, mais il y a de l'électricité en permanence, le tout pour un prix raisonnable : 20 $US la double. Pour les trois repas quotidiens, rajoutez 13 $US par personne. Le site est magnifique, entouré de trois côtés par la rivière. Outre de la marche à pied et de la pirogue, vous pourrez faire de la randonnée équestre moyennant 18 $US par jour. Pour qui ne dispose que d'un petit budget, c'est ce qu'il y a de mieux. Depuis San Ignacio, on peut accéder à Bullet Tree Falls en taxi (15 $US) ou en bus.

Le *Maya Mountain Lodge* (☎ (9) 22164, fax (9) 22029, maya_mt@btl.net), 9 Cristo Rey Rd (PO Box 46), San Ignacio, Cayo, est le lodge le plus proche de San Ignacio puisqu'il se trouve à environ 2 km du centre (suivez les panneaux depuis la station-service Esso de Santa Elena). Les cottages à toit de chaume sont équipés de ventil. et de douche avec eau chaude. Les repas sont servis dans le restaurant sous la véranda. Le lodge loue des VTT et des pirogues et peut vous organiser des excursions presque partout dans la Mountain Pine Ridge et au-delà. Ses propriétaires, Bart et Suzi Mickler sont des encyclopédies vivantes de la jungle bélizienne et assurent même des formations dans le cadre de leur Educational Field Station and Rainforest Institute. Les 14 chambres et cottages se louent de 47 à 82 $US pour une/deux personnes. Les repas, de cuisine familiale, coûtent 7/6/15 $US pour le petit déjeuner/déjeuner/dîner.

Plusieurs autres lodges (Chaa creek Cottages, duPlooys', Black Rock River Lodge) sont desservis par une même route, très défoncée, qui part au sud de la Western Hwy, à 8 km à l'ouest de San Ignacio, et 3 km à l'est de Benque Viejo del Carmen.

Le *Chaa Creek Cottages* (☎ (9) 22037, fax (9) 22501, chaacreek@btl.net), PO Box 53, San Ignacio, Cayo, se trouve au bord de la Macal River, juste à côté de l'Ix Chel Farm et du Rainforest Medecine Trail. Ses 16 cottages à toit de chaume disséminés dans un jardin tropical sont merveilleusement tenus et richement décorés avec des textiles mayas et des objets d'artisanat local. Il sont tous équipés de ventil. et de s.d.b. Il faut compter 107/129/154 $US en chambre simple/double/triple, taxes et service compris. Le déjeuner coûte de 7 à 10 $US et le dîner 22 $US. C'est le plus authentique des lodges de la Maya Mountain. Le Chaa Creek Cottages se trouve à 5 km au sud de la Western Hwy par une très mauvaise route sur laquelle on roule très lentement.

Le *duPlooys'* (☎ (9) 23101, fax (9) 23301, judy@btl.net), Big Eddy, San Ignacio, Cayo, offre trois types d'hébergement. Dans la Pink House, les chambres avec ventil. et s.d.b. commune coûtent 42/53/64 $US la simple/double/triple, petit déjeuner compris. Les bungalows et les chambres du Jungle Lodge, avec ventil. et de s.d.b., valent 123 à 165 $US pour une personne, 156 à 210 $US pour deux et 210 à 255 $US pour trois personnes, en pension complète. Outre l'habituel éventail d'activités dans la Mountain Pine Ridge, le *duPlooys'* vous offre la possibilité de vous dorer au soleil sur une plage de sable blanc et de vous baigner dans la Macal River. Pour accéder au duPlooys', prenez la même route que pour le Chaa Creek Cottages, puis tournez à droite au bout de 4 km en suivant le panneau duPlooys. Le lodge se trouve un peu moins de 3 km plus loin sur cette mauvaise route.

En prenant encore ce même embranchement depuis la Western Hwy, vous arriverez au *Black Rock River Lodge* (☎ (9) 22341), fax (9) 23449, evas@btl.net, à l'attention de Black Rock), PO Box 48, San Ignacio, Cayo, un lodge plus simple où les cottages sont des sortes de tentes à toit de chaume, où l'électricité et l'eau chaude sont fournies par l'énergie solaire. Les tarifs sont de 40/46/51/56 $US la simple/double/triple/quadruple avec s.d.b. commune ou 61/72/78/84 $US avec s.d.b. Black Rock se situe à plus de 11 km de la highway, soit un trajet de 35 minutes. Pour plus de précisions, adressez-vous au Caesar's Place, décrit plus haut dans ce chapitre à la rubrique *Central Farm*.

Le *Nabitunich* (☎/fax (9) 22096, fax (9) 33096), dans la San Lorenzo Farm, San Ignacio, Cayo, est un endroit très plaisant avec ses cottages à toits de chaume étagés sur le flanc d'une colline qui descend vers la rivière. Juste en face sur l'autre rive, se dressent les imposants ruines de Xunantunich. Vous serez accueilli par Theresa Graham et sa famille qui préparent aussi les abondants repas, comportant quatre plats, fort appréciables lorsque l'on a passé la journée à nager dans la rivière ou à faire de la pirogue, à monter à cheval ou à faire des excursions. Vous paierez 75/91 $US pour une/deux personnes dans une cabaña avec ventil. et s.d.b., petit déjeuner et dîner compris ; ou 43/54 $US pour la chambre seule. Le Nabitunich ("maison de pierre" en maya) se situe à 2 km à l'est de Benque Viejo del carmen, puis à 1 km vers le nord en descendant la colline en direction de la rivière.

Le *Windy Hill Resort* (☎ (9) 22017, fax (9) 23080, au Graceland Ranch, San Ignacio, Cayo, offre toutes les activités possibles. Les clients ont à leur disposition piscine, cheval, sentier de découverte de la nature et pirogue sur la Mopan River. Ils ont en outre tout un choix d'excursions en option. L'hébergement en cabaña avec s.d.b. et ventil. au plafond coûte 48/64/80 $US en simple/double/triple, repas non compris. Pour y accéder, suivez la highway sur 2,5 km à l'ouest de San Ignacio puis prenez la route vers le nord en suivant les panneaux.

Le *Blancaneaux Lodge* (☎ (9) 23878, fax (9) 23919, evas&btl.net, ATTN : Blancaneaux), PO Box B, Central Farm, Cayo, propose 14 chambres dans des bugalows à toit de chaume et de luxueuses villas donnant sur des chutes d'eau de la Mountain Pine Ridge. Le restaurant sert une cuisine italienne pour faire plaisir au propriétaire des lieux, qui n'est autre que le cinéaste Francis Ford Coppola. Les chambres (petit déjeuner léger compris) valent 88/112 $US la simple/double, les cabines 159/188/218 $US en simple/double/triple et les villas (comportant deux chambres et deux s.d.b.) encore plus cher.

Rappelons au passage que le célèbre *Chan Chich Lodge*, à Gallon Jug, près de la frontière guatémaltèque, au nord de Spanish Lookout, est accessible par la route depuis Orange Walk. Pour plus de précisions, voir le chapitre *Le nord du Belize*.

Comment s'y rendre
A moins de disposer de son propre moyen de transport, il faut prendre un taxi ou demander au lodge d'envoyer quelqu'un

vous chercher à San Ignacio. Parfois les lodges s'occupent de votre transfert gratuitement, parfois ils vous envoient un taxi.

XUNANTUNICH

Xunantunich (prononcez sou-NAN-tounitche) est de tous les sites mayas importants du Belize celui auquel on accède le plus facilement. Aménagé sur une colline nivelée donnant sur la Mopan River, Xunantunich ("Vierge de Pierre") contrôlait le chemin longeant la rivière qui menait de Tikal jusqu'à la mer des Caraïbes. On sait peu de choses sur ce site, si ce n'est que ce fut un centre de cérémonies florissant durant la période Classique. Les rois de Xunantunich ont érigé quelques belles stèles sur lesquelles sont gravées des dates, mais on ne connaît pas en détail l'histoire de leur règne à la différence de celle de Tikal, de Copán ou d'autres sites.

Les archéologues sont arrivés à la conclusion qu'un tremblement de terre a gravement endommagé la cité vers 900, à la suite de quoi elle a été en grande partie abandonnée. Les travaux archéologiques se poursuivent sous la direction du Dr Richard Leventhal de l'University of California de Los Angeles.

Bien que ce soit un site intéressant et que son plus haut édifice, El Castillo, atteigne 40 m, Xunantunich risque de vous décevoir si vous avez déjà vu Tikal au Guatemala ou Chichén Itzá, Uxmal et Palenque au Mexique. A la différence de ces sites abondamment restaurés, Xunantunich est envahi par la jungle qui a repoussé autour des temples mis au jour. Mais c'est aussi son charme que de découvrir ce lieu sans trop de touristes en descendant du bac et en passant sous les frondaisons au milieu des plantes tropicales exubérantes qui abritent une riche faune.

Xunantunich est ouvert de 9h à 17h ; l'entrée coûte 5 $US. Durant la saison des pluies (de juin à octobre), pensez à vous munir d'un répulsif contre les insectes souvent fort importuns. Il n'existe aucune installation à Xunantunich en dehors de tables de pique-nique, de toilettes sommaires et

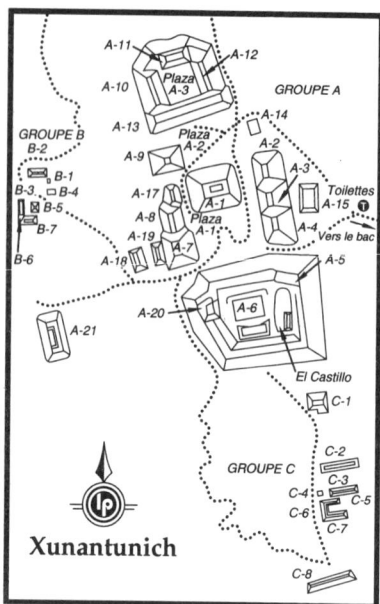

Xunantunich

d'une citerne d'eau de pluie boueuse pour boire ; emportez donc de l'eau et éventuellement un en-cas ou un pique-nique.

Le sentier qui part de la cabane du gardien mène à la Plaza A-2, entourée de petits bâtiments bas recouverts de végétation, puis à la Plaza A-1 que domine l'imposante Structure A-6 : El Castillo. Tout proche de celui-ci, un pavillon à toit de chaume permet de s'abriter de la pluie ou du soleil. Tout autour des plazas herbues, des oiseaux-mouches volettent dans l'air moite et vont butiner les fleurs tropicales aux couleurs éclatantes. L'escalier de la face nord d'El Castillo, du côté de la plaza, ne monte que jusqu'au temple. Pour accéder au toit, il faut monter une autre volée de marches située sur la face sud. Sur la face Est, quelques-uns des masques qui ornaient cette structure ont été restaurés.

Comment s'y rendre

L'embarcadère du bac pour Xunantunich se trouve en face du village de San José Succotz, sur la Western Hwy, à 8,5 km à l'ouest de San Ignacio et à 1,5 km à l'est de Benque Viejo del Carmen. En descendant du bac, il faut grimper pendant 2 km pour accéder aux ruines sur la colline.

Les bus Novelo qui vont de San Ignacio à Benque Viejo del Carmen vous déposeront à la hauteur du bac (0,75 $US). Les taxis collectifs qui font également la navette entre ces deux localités vous laisseront au même endroit pour 1,5 $US. Partez visiter Xunantunich le matin afin d'éviter l'heure du déjeuner où le passeur fait sa pause. Le bac traverse à la demande, entre 8h et 12h et 13h et 17h. La traversée est gratuite pour les piétons et les voitures, sauf le week-end où les voitures paient 1 $US dans chaque sens.

Au retour, en descendant du bac, prenez un rafraîchissement au Xunantunich Hotel & Saloon. Si vous retournez à San Ignacio, vous pouvez y attendre le bus. Si vous allez à Benque Viejo del Carmen, vous en aurez pour environ 15 minutes à pied depuis le débarcadère.

BENQUE VIEJO DEL CARMEN

Les habitants de Benque Viejo del Carmen, à 2 km seulement de la frontière guatémaltèque, sont des Mayas parlant espagnol, ou ladinos. Même le bourg porte un nom espagnol. Certaines cartes de l'agglomération donnent l'image ordonnée et prospère d'une localité alors qu'elle n'est qu'un avant-poste de la jungle. Les quelques services existant pour les voyageurs sont bon marché, mais vous avez tout intérêt à loger et à vous restaurer à San Ignacio.

Benque Viejo del Carmen sort de sa somnolence tropicale habituelle à la mi-juillet, lors de la Fête de Benque. Musique et festivités animent durant trois jours le village. Puis, il s'assoupit à nouveau.

Où se loger et se restaurer

La *Maya Hotel y Restaurante* (☎ (9) 32116), 11 George St, tenu par une famille, n'offre d'autre attrait que d'être à côté de la gare routière. Les 10 chambres abritent d'innombrables lits sommaires et sont pour

la plupart dépourvues d'eau courante, mais il y a des douches communes. Le restaurant sert les trois repas. Une simple/double sans douche coûte 8/12 $US, avec douche 14/19 $US.

Un cran au dessus, l'*Hospedaje Roxy*, dans St Joseph St, à l'extrémité sud-ouest du bourg, est également tenu par une famille et demande 7 $US par personne.

Le restaurant chinois *Da Xin* est l'endroit préféré des gens du coin aussi bien pour prendre un verre que pour un repas. L'*Oki's New Restaurant* est le restaurant le plus chic du bourg, ce qui n'est pas peu dire.

Comment s'y rendre

De fréquents taxis collectifs (1,5 $US) et des bus (0,75 $US), toutes les heures, relient San Ignacio à Benque Viejo del Carmen. Quelques bus vont jusqu'à Melchor de Mencos (Guatemala). Les taxis qui font la navette entre Benque Viejo del Carmen et la frontière demandent 4 $US pour un trajet de 3 km, alors qu'à pied il faut seulement 35 minutes.

VERS L'OUEST ET LE GUATEMALA

Franchissez la frontière le matin afin d'avoir le maximum de chances d'attraper un bus pour aller plus loin. Faites tamponner votre passeport (et éventuellement vos papiers de voiture) au poste-frontière bélizien avant de passer au Guatemala. Le poste-frontière est théoriquement ouvert 24h/24, mais les douaniers ne travaillent généralement que de 6h à 24h. Si vous avez besoin d'un visa guatémaltèque (voir *Visas et formalités complémentaires* et *Ambassades et consulats* dans le chapitre *Renseignements pratiques* de la partie *Guatemala*), mieux vaut vous le procurer avant de passer la frontière. Les cartes de touriste (5 $US) pour le Guatemala s'obtiennent à la frontière.

Pour changer de l'argent, vous trouverez deux banques à la frontière mais les petits changeurs vous offriront souvent un taux plus avantageux (pour les dollars américains en argent liquide). Le taux de change

Benque Viejo del Carmen

0   100   200 m

Vers San José Succotz, Xunantunich, San Ignacio (Cayo) et Belize City

Plaza principale

Western Branch Belize River

Clinique

École

Terrain de sport

Cimetière

Vers la frontière guatémaltèque et Melchor de Mencos

Vers Arenal

OÙ SE LOGER
3 Maya Hotel y Restaurante
20 Hospedaje Roxy

OÙ SE RESTAURER
7 Da Xin (restaurant chinois)
8 Oki's New Restaurant

DIVERS
1 Parc
2 Marché
4 Terminal des bus Novelo
5 Station-service Esso
6 Station-service Texaco
9 Mopan Clinic
10 Palacio Municipal (hôtel de ville)
11 Poste
12 Église
13 Bureau d'Insurance Corporation of Belize
14 Consulat guatémaltèque
15 Bureau de téléphone BTL
16 Église
17 Parc
18 Pompiers
19 Police

BELIZE

entre les dollars béliziens et les quetzals guatémaltèques étant très mauvais dans un sens comme dans l'autre, dépensez toute votre monnaie locale avant de passer la frontière. Contentez-vous de changer des devises fortes, de préférence des dollars américains.

Le bourg de Melchor de Mencos, du côté guatémaltèque, possède des hôtels et des restaurants bon marché.

Les bus des deux compagnies Transportes Pinita et Transportes Rosalita qui vont vers l'ouest jusqu'à Santa Elena (Guatemala) partent tôt la matin (3h, 4h, 5h et 8h30) et coûtent 1,5 $US. Il existe aussi parfois des services de minibus plus confortables (10 $US par personne). De nombreux voyageurs estiment que cela vaut vraiment la peine de payer plus cher.

Pour vous rendre à Tikal, descendez du bus à El Cruce (Puente Ixlu), à 36 km à l'est de Flores. Là, prenez un autre bus, un minibus ou trouvez un chauffeur de voiture ou de camion prêt à vous emmener pour faire les derniers 35 km vers le nord jusqu'à Tikal. Sachez toutefois que la circulation entre El Cruce et Tika diminue considérablement après le déjeuner.

Lexique usuel

LANGUE

L'espagnol est la langue la plus répandue dans les pays de civilisation maya bien que certains groupes de la région parlent une des 23 langues ou dialectes indiens, dont le quiché, le cakchiquel, le kekchi ou le pokomchi. L'espagnol est la langue officielle du Guatemala et l'anglais celle du Belize, toutefois l'espagnol et un créole local sont largement répandus.

Prononciation

La plupart des sons en espagnol ont des équivalents en français et l'espagnol écrit est en grande partie phonétique. Une fois que vous savez comment se prononcent chaque lettre ainsi que certains groupes de lettres et que vous connaissez la syllabe à accentuer, vous lirez ou prononcerez n'importe quel mot ou phrase plus ou moins correctement.

Accentuation. En espagnol, l'accent orthographique est uniquement tonique ; il indique la syllabe accentuée (*río, boletería, periódico, revolucíon*). Si une voyelle porte l'accent tonique, il faut juste appuyer sur la syllabe.

A la différence du français, l'accent tonique n'indique pas la qualité d'un son (ouvert ou fermé).

Salutations et formules de politesse. En Amérique latine, la politesse veut que l'on salue les gens lorsque l'on entre dans un magasin ou dans un bar.

Salut.	*Hola !*
Bonjour.	*Buenos días !*
Bon après-midi.	*Buenas tardes !*
Bonsoir	
ou bonne nuit.	*Buenas noches !*

Ces trois dernières formules sont souvent abrégées en *buenos/as*. En Amérique centrale elles s'accompagnent d'un petit signe de tête.

Comment allez-vous ?
¿Cómo está ? (vouvoiement)
ou *¿Cómo estás ?* (tutoiement)
Comment ça va ?
¿Qué tal ?
Bien, merci.
Bien, gracias.
Très bien.
Muy bien.
Très mal.
Muy mal.
Au revoir.
Adiós (rarement utilisé).
Salut, à bientôt.
Hasta luego (parfois juste "sta luego").

S'il vous plaît	*por favor*
merci	*gracias*
merci beaucoup	*muchas gracias*
je vous en prie	*de nada*
excusez-moi	*permiso*
pardon	*perdón*
pardonnez-moi	*disculpe, discúlpame*
Bonne chance !	*¡Buena suerte !*

Monsieur	*Señor* (formel)
Madame	*Señora* (formel)
Mademoiselle	*Señorita*
ami/e	*compañero/a, amigo/a*

Autres mots et expressions utiles. Ce petit guide devrait vous aider dans les territoires de culture maya (reportez-vous également au *Petit guide des menus* en fin d'ouvrage).

Permettez-moi de vous présenter...
Le presento a...
Enchanté (de vous rencontrer).
Mucho gusto.
Comment vous appelez-vous ?
¿Cómo se llama usted ?
Comment t'appelles-tu ?
¿Cómo te llamas ?
Je m'appelle...
Me llamo...
De quel pays venez-vous ?
¿De dónde es usted ?

De quel pays viens-tu ?
¿De dónde vienes ?

Je viens de…	*Soy de…*
Belgique	*Bélgica*
Canada	*Canadá*
France	*Francia*
Suisse	*Suiza*

Je peux prendre une photo ?
¿Puedo sacar una foto ?
Bien sûr/Pourquoi pas/Certainement.
Por supuesto/Cómo no/Claro.
Quel âge avez-vous ?
¿Cuántos años tiene ?
Parlez-vous anglais/français ?
¿Habla inglés/francés ?
Je parle un peu espagnol.
Hablo un poquito español.
Je ne comprends pas.
No entiendo.
Pourriez-vous répéter ?
¿Puede repetirlo ?
Pourriez-vous parler plus lentement,
s'il vous plaît ?
¿Puede hablar más despacio por favor ?
Comment dit-on… ?
¿Cómo se dice… ?
Que signifie… ?
¿Que significa… ?

Où y a-t-il… ?	*¿Dónde hay… ?*
un hôtel	*un hotel*
une pension	*una pensión*
une auberge	*un hospedaje*
Je cherche	*Estoy buscando…*
un hôtel bon marché	*un hotel barato*
un bon hôtel	*un hotel bueno*
un hôtel à proximité	*un hotel cercano*
un hôtel propre	*un hotel limpio*

Avez-vous des chambres libres ?
¿Hay habitaciones libres ?
Où sont les toilettes ?
¿Dónde están los servicios/baños ?

Je voudrais une…	*Quisiera un…*
chambre simple	*cuarto sencillo*
chambre double	*uarto doble*
avec bain	*cuarto con baño*

Je peux la voir ?   *¿Puedo verlo ?*

Il y en a d'autres ?	*¿Hay otros ?*
Combien coûte-t-elle ?	*¿Cuánto cuesta ?*
C'est trop cher.	*Es demasiado caro.*

votre prénom	*su nombre*
votre nom	*su apellido*
votre numéro de chambre	*el número de su cuarto*

Où est… ?	*¿Dónde está… ?*
la gare routière	*la estación central de autobuses*
la gare ferroviaire	*la estación de trenes*
l'aéroport	*el aeropuerto*
le bureau de vente des billets	*la boletería*
le bus	*autobús/camión*
le bus (longues distances)	*lota/bus*

Quand part le bus/train/avion ?
¿Cuándo sale el autobus/tren/avión?
Je veux aller à…
Quiero ir a…
A quelle heure partent-ils ?
¿A qué hora salen ?
Pouvez-vous m'emmener à… ?
¿Puede llevarme a… ?
Pouvez-vous me dire où se trouve… ?
¿Podría decirme dónde está… ?
Est-ce loin ?
¿Está lejos ?
Est-ce près d'ici ?
¿Está cerca de aquí ?

Je cherche…	*Estoy buscando…*
la poste	*el correo*
l'ambassade de…	*la embajada de…*
le musée	*el museo*
la police	*la policía*
le marché	*el mercado*
la banque	*el banco*

Stop !	*¡Pare!*
Attendez !	*¡Espera!*

Je veux changer de l'argent.
Quiero cambiar dinero.
Je veux changer des chèques de voyage.
Quiero cambiar cheques viajeros.
Quel est le taux de change ?
Cuál es el tipo de cambio ?

Combien de colones/pesos/quetzales pour
un dollar ?
   ¿Cuántos colones/pesos/quetzales por
   dólar ?

caisse	*caja*
carte de crédit	*tarjeta de crédito*
le marché noir	*el mercado negro*
billets de banque	*casas de cambio*
Attention !	*¡Cuidado!*
Au secours !	*¡Socorro! ou ¡Auxilio !*
Au feu !	*¡Fuego !*
Au voleur !	*¡Ladrón!*
Je me suis fait volé.	*Me han robado.*
Ils ont pris...	*Se llevaron...*
mon argent	*mi dinero*
mon passeport	*mi pasaporte*
mon sac	*mi bolsa*
Où y a-t-il... ?	*¿Dónde hay ... ?*
un policier	*un policía*
un médecin	*un doctor*
un hôpital	*un hospital*
Laissez-moi tranquille !	
	¡Déjeme!
aujourd'hui	*hoy*
ce matin	*esta mañana*
cet après-midi	*esta tarde*
ce soir	*esta noche*
hier	*ayer*
demain	*mañana*
semaine/mois/année	*semana/mes/año*
la semaine dernière	*la semana pasada*
le mois prochain	*el próximo mes*
toujours	*siempre*
il est tôt/tard	*es temprano/tarde*
maintenant	*ahora*
avant/après	*antes/después*

Quelle heure est-il ?	*¿Qué hora es ?*
Il est une heure.	*Es la una.*
Il est sept heures.	*Son las siete*
0	*cero*
1	*uno*
2	*dos*
3	*tres*
4	*cuatro*
5	*cinco*
6	*seis*
7	*siete*
8	*ocho*

9	*nueve*
10	*diez*
11	*once*
12	*doce*
13	*trece*
14	*catorce*
15	*quince*
16	*dieciséis*
17	*diecisiete*
18	*dieciocho*
19	*diecinueve*
20	*veinte*
21	*veintiuno*
22	*veintidós*
30	*treinta*
31	*treinta y uno*
40	*cuaranta*
50	*cincuenta*
60	*sesenta*
70	*setenta*
80	*ochenta*
90	*noventa*
100	*cien,*
	mais *ciento* suivi d'un nom
101	*ciento uno*
102	*ciento dos*
200	*doscientos*
300	*trescientos*
500	*quinientos*
600	*seiscientos*
900	*novecientos*
1 000	*mil*
2 000	*dos mil*
100 000	*cien mil*
1 000 000	*un millón*
2 000 000	*dos millones*
premier	*primero*
second	*segundo*
troisième	*tercero*
quatrième	*cuarto*
cinquième	*quinto*
sixième	*sexto*
septième	*séptimo*
huitième	*octavo*
neuvième	*noveno, nono*
dixième	*décimo*
onzième	*undécimo*
douzième	*duodécimo*
vingtième	*vigésimo*

Maya moderne

Actuellement, on compte 24 langues modernes au Guatemala dont le cakchiquel, le pokomchi, le mam, l'ixil, le chorti, l'itza et en particulier le quiché qui regroupe à lui seul 760 000 locuteurs (source : Survival International France). Pour la plupart des Indiens qui vivent encore selon leurs traditions, il est difficile d'être scolarisé et d'étudier dans la langue maya d'origine car l'espagnol prédomine en ville et dans les écoles.

Prononciation. Les voyelles ne posent aucun problème, ce qui n'est pas le cas des consonnes :

Il ne faut pas non plus oublier que la plupart des mots mayas sont accentués sur la dernière syllabe. Parfois cette dernière est soulignée par un accent aigu :

c	se prononce toujours "k".
j	est toujours aspiré. Ainsi, *jipi-japa* se prononce HI-pi-HA-pa et *abaj* se prononce a-BAH.
u	se prononce "ou". *Bactun* se prononce Bak-TOUN et Uaxactún donne oua-shak-TOUN. Mais *Ahau* se prononce a-HAUT.
x	correspond au son "she".

Les consonnes glottales, qui sont suivies d'une apostrophe (b', ch', k', p', t'), sont semblables aux consonnes normales, mais prononcées avec plus de force. L'apostrophe qui suit une voyelle indique qu'il faut marquer un temps d'arrêt glottal.

Abaj Takalik	a-BAH ta-ka-LIK
Acanceh	a-kan-KÉ
Ahau	a-HAUT
Dzibilchaltún	dzi-bil-chal-TOUN
Kaminaljuyú	ka-mi-nal-hou-YOU
Oxcutzkab	osh-koutz-KAB
Pacal	pa-KAL
Pop	pope
Tikal	ti-KAL
Uaxcactún	oua-shak-TOUN
Xcaret	sh-ka-RÉT
Yaxchilán	yash-chi-LAN

Petit guide des menus

Antojitos

De nombreux plats traditionnels sont à classer dans cette catégorie des "petits caprices", préparations salées et relevées qui font les délices du palais.

burrito – toute préparation à base de haricots, de fromage, de viande, de poulet ou de fruits de mer mélangée à de la sauce ou des piments dont on garnit une tortilla de blé.

chilaquiles – œufs brouillés avec des piments et des morceaux de tortilla.

chiles rellenos – piments *poblanos* farcis de fromage, de viande et autres ingrédients trempés dans du blanc d'œuf, frits puis cuits dans une sauce.

enchilada – ingrédients similaires à ceux utilisés pour la préparation des tacos et des burritos et dont on garnit une tortilla de maïs nappée de sauce puis cuite au four ou frite.

machaca – viande de bœuf ou de porc séchée et hachée mélangée à des œufs, des oignons, de la coriandre et des piments.

papadzul – tortillas de maïs fourrées d'œuf dur, de graines de concombre ou de courge et nappées de sauce tomate.

quesadilla – tortilla de blé surmontée ou fourrée de fromage et, éventuellement, d'autres ingrédients, puis chauffées.

queso relleno – "fromage fourré", un fromage jaune doux, fourré de viande émincée et d'épices.

taco – tortilla de maïs molle ou croustillante repliée ou enroulée autour d'une préparation semblable au burrito.

tamale – pâte de maïs cuite à la vapeur et farcie de viande, de haricots, de piments ou servie nature, enveloppée dans des feuilles de maïs.

tostada – tortilla plate et croustillante nappée de viande ou de fromage, de tomate, de haricots et de salade.

Sopas (soupes)

chipilín – soupe au fromage et à la crème servie sur un fond de maïs.

gazpacho – soupe de légumes glacée et relevée par des piments.

menudo – soupe populaire épicée, élaborée avec les tripes de différents quadrupèdes.

pozole – soupe de maïs concassé à la viande et aux légumes (parfois relevée).

sopa de arroz – il s'agit non pas d'une soupe, mais d'une assiette de riz, généralement servie en accompagnement au déjeuner.

sopa de lima – "soupe au citron vert", bouillon de poulet parfumé au citron vert.

sopa de pollo – petits morceaux de poulet servis dans un léger bouillon de poulet.

Huevos (œufs)

huevos estrellados – œufs sur le plat.

huevos fritos – œufs frits.

huevos rancheros – œufs frits, posés sur une tortilla et nappés de sauce tomate épicée.

huevos revueltos – œufs brouillés ; *con chorizo*, avec une sauce épicée, *con frijoles*, avec des haricots.

Pescado, mariscos (poisson, fruits de mer)

La diversité et la qualité du poisson et des fruits de mer de la côte est tout à fait excellente. On trouve de la langouste sur la Côte caraïbe, particulièrement dans les récifs. Vous pourrez déguster les poissons et fruits de mer de cette liste dans les restaurants spécialisés pendant toute l'année ou presque. Palourdes, huîtres, crevettes et gambas sont souvent servies en *cocteles* (cocktails).

abulón – ormeau
almejas – palourdes
atún – thon
cabrilla – bar, loup
camarones gigantes – gambas
camarones – crevettes
cangrejo – tourteau
ceviche – poisson cru mariné dans du jus de citron vert, mélangé à des oignons, des piments, de l'ail, des tomates et du *cilantro* (coriandre fraîche)
dorado – dorade
filete de pescado – filet de poisson
huachinango ou pargo – rouget
jaiba – petit crabe
jurel – sériole
langosta – langouste
lenguado – carrelet ou sole
mariscos – fruits de mer
ostiones – huîtres
pescado al mojo de ajo – poisson frit au beurre et à l'ail
pescado – poisson pêché (voir *pez*)
pez espada – espadon

pez – poisson vivant (voir *pescado*)
sierra – maquereau
tiburón – requin
tortuga ou *caguama* – tortue
trucha de mar – truite de mer

Carnes y aves (viandes et volailles)

asado – rôti
barbacoa – littéralement, barbecue, mais selon un procédé où la viande est couverte et placée sous des charbons ardents
biftec de res – bifteck
biftec, bistec – tout morceau de viande, de poisson ou de volaille
birria – brochette
borrego – mouton
cabro – chevreau
carne al carbón – viande grillée au charbon de bois
carne asada – viande grillée, dure mais savoureuse
carnitas – porc frit
chicharrones – couenne de porc frite
chorizo – chorizo
chuletas de puerco – côtelettes de porc
cochinita – cochon de lait
codorniz, la chaquaca – caille
conejo – lapin
cordero – agneau
costillas de puerco – côtes ou côtelettes de porc
guajalote – dinde
hígado – foie
jamón – jambon
milanesa de res – bifteck pané
milanesa – préparation panée
patas de puerco – pieds de porc
pato – canard
poc-chuc – tranches de porc cuites dans une sauce piquante à base d'oignons, d'oranges et de citrons
pollo – poulet
pollo asado – poulet rôti
pollo con arroz – poulet au riz
pollo frito – poulet frit
puerco – porc
tampiqueño, tampiqueña – "à la Tampico", façon de préparer la viande avec une sauce tomate épicée
tocino – poitrine ou lard
venado – gibier

Frutas (fruits)

coco – noix de coco
dátil – datte
fresas – fraises, mais désigne également toutes sortes de baies
guayaba – goyave
higo – figue
limón – citron ou citron vert
mango – mangue

melón – melon
naranja – orange
papaya – papaye
piña – ananas
plátano – banane plantain
toronja – pamplemousse
uva – raisin

Legumbres, verduras (légumes secs, légumes verts)

Les légumes sont rarement servis à part, mais plutôt mélangés en salades, soupes et sauces.

aceitunas – olives
calabaza – courge, courgette ou potiron
cebolla – oignon
champiñones – champignons
chícharos – petits pois
ejotes – haricots verts
elote – épi de maïs entier, généralement servi par des marchands ambulants qui les font cuire à la vapeur
jícama – légume populaire, à mi-chemin entre la pomme de terre et la pomme. On le mange frais, arrosé d'un jus de citron vert avec du piment et du sel
lechuga – salade verte
papa – pomme de terre
tomate – tomate
zanahoria – carotte

Dulces (desserts, sucreries)

flan – flan, crème caramel
helado – glace
paleta – glace parfumée, sur un bâtonnet
pan dulce – petits pains sucrés que l'on mange généralement au petit déjeuner
pastel – gâteau
postre – dessert

Divers

azúcar – sucre
bolillo – petits pains de style français
crema – crème
guacamole – avocats écrasés et mélangés à de l'oignon, de la sauce pimentée, du citron, de la tomate et autres ingrédients
leche – lait
mantequilla – beurre
pimienta negra – poivre noir
queso – fromage
salsa – sauce préparée avec des piments, des oignons, de la tomate, du jus de citron ou de citron vert et des épices
sal – sel

A table

copa – verre (à pied)
cuchara – cuiller
cuchillo – couteau
cuenta – addition
menú – menu, parfois à prix fixe, comme pour le *menú del día*
plato – plat, assiette
propina – pourboire, généralement entre 10 et 15% du montant de l'addition
servilleta – serviette
taza – tasse
tenedor – fourchette
vaso – verre

Café

café sin azúcar – café sans sucre ; ceci permet d'éviter que le serveur n'ajoute une énorme quantité de sucre dans votre tasse, ce qui ne signifie pas pour autant que votre café ne sera pas sucré car souvent, on ajoute du sucre directement aux grains de café.
café negro ou *café americano* – café noir dans lequel on ajoute du sucre, à moins qu'il ne soit préparé à partir de grains de café enrobés de sucre
café con leche – café au lait
café con crema – café accompagné de crème servie séparément
nescafé – café instantané.

Glossaire

Abrazo – accolade, pratiquée notamment par les dirigeants politiques.
Alux, aluxes – nom maya des farfadets, lutins et autres "petites créatures" bienfaisantes.
Apartado Postal – boîte postale, abréviation : *Apdo Postal.*
Ayuntamiento – Très souvent écrit *H Ayuntamiento* (*Honorable Ayuntamiento*) sur la façade des hôtels de ville, cela signifie "gouvernement municipal".

Barrio – quartier.
Billete – billet de banque.
Boleto – ticket (de bus, de train, de musée, etc.).

Caballeros – signifie littéralement "cavaliers", mais correspond au mot français "messieurs". Vous le verrez sur les portes des toilettes.
Cacique – Chef indien. Terme également utilisé pour désigner le seigneur d'une province ou un homme tout-puissant.
Cafetería – désigne tout restaurant où l'on vous sert ; il ne s'agit pas d'un self-service.
Callejón – passage ou petite ruelle étroite.
Camión – camion ; bus.
Casa de cambio – établissement de change.
Caseta de larga distancia – bureau téléphonique pour les appels longues distances, souvent abrégé en *caseta.*
Cazuela – marmite en terre, souvent vendue en batterie comportant différentes tailles.
Cenote – vaste grotte calcaire servant de citerne à eau (ou réservée aux pratiques cérémonielles) en pays maya.
Cerveza – bière.
Chac – dieu maya de la Pluie.
Chac-mool – personnage souvent représenté dans la statuaire maya.
Chapín – habitant du Guatemala ; Guatémaltèque.
Charro – cowboy.
Churrigueresque – style baroque espagnol du début du XVIIIe siècle, richement ornementé, qui tire son nom de l'architecte José Churriguera.
Cigarro – cigarette.
Cocina – littéralement "cuisine", mais on peut également le voir sous la forme *cocina económica* (cuisine économique) ou *cocina familiar* (cuisine familiale). Il s'agit d'une échoppe, d'un petit restaurant assez rudimentaire, généralement tenu par une femme et souvent situé dans ou à proximité du marché municipal. Voir également *lonchería.*
Colectivo – taxi collectif (généralement un *combi* ou un minibus Wolkswagen) qui prend et dépose les passagers sur son trajet.

Completo – complet, plein ; vous verrez sans doute ce mot affiché à la réception des hôtels de certaines villes très touristiques.
Conquistador – explorateur-conquérant espagnol.
Correos – bureau de poste.
Curandero – guérisseur indien traditionnel.

Damas – dames, inscription que l'on rencontre habituellement sur la porte des toilettes.
Dzul, dzules – terme maya désignant les étrangers ou les habitants des villes, qui ne sont pas des paysans mayas.

Encomienda – pratique coloniale espagnole qui consistait à placer les Indiens sous la "garde" des propriétaires terriens, assez proche du servage au Moyen Age.
Estación ferrocarril – gare de chemin de fer.

Ferrocarril – chemin de fer.

Galón, galones – gallon américain (unité de mesure pour les liquides, équivalente à 3,785 litres), parfois utilisé au Guatemala.
Gruta – caverne, grotte.
Guayabera – légère chemise d'homme avec des poches et des motifs cousus sur le devant, les épaules et le dos qui remplace la veste et la cravate.
Guardarropa – vestiaire, endroit où l'on peut déposer ses paquets lorsque l'on entre dans certains établissements.

Hacienda – domaine. Signifie également "finances", comme par exemple dans *Departamento de Hacienda*, ministère des Finances.
Hay – prononcé "Aï", signifie "il y a ". Vous entendrez également *no hay*, qui signifie "il n'y a pas".
Hombres – hommes.
Huípil – vêtement blanc tissé des régions mayas, décoré de broderies colorées.

IGSS – Instituto Guatemalteco de Seguridad Social, Institut guatémaltèque de sécurité sociale, qui gère bon nombre de grands hôpitaux publics.

Kukulcán – nom maya du serpent à plumes aztèque et toltèque Quetzalcóatl.

Larga distancia – appels téléphoniques longue distance ; voir également Caseta de larga distancia.
Lavandería – blanchisserie ; une *lavandería automática* est une laverie automatique.
Leng – terme maya désignant les pièces de monnaie (dans les Hautes Terres).

Libras – livres (mesure de poids utilisée parfois au Guatemala).

Lista de correos – poste restante ; littéralement "liste de poste", liste affichée à la poste indiquant le nom des personnes pour lesquelles le courrier est conservé.

Lonchería – de l'anglais *lunch* ; restaurant simple qui sert généralement des repas tout au long de la journée (pas uniquement à midi). Vous trouverez souvent des *loncherías* près des marchés.

Lleno – plein (d'essence).

Manzana – pomme ; pâté de maisons. Une *super-manzana* est un vaste pâté de maisons délimité par de grandes avenues.

Mestizo – métis (issu d'un mélange de sang espagnol et indien).

Metate – pierre plate sur laquelle on pile le maïs.

Millas – miles (1 609,33 m), unité de mesure parfois utilisée au Guatemala.

Mordida – "bouchée" ou petit pot-de-vin permettant généralement de faire fonctionner la bureaucratie. En donnant une *mordida* à un agent de police, vous éviterez peut-être d'avoir à payer une plus forte amende.

Mudéjar – style architectural d'influence maure.

Mujeres – femmes.

Onzas – once (28,35 g) unité de poids parfois utilisée au Guatemala.

Palacio de gobierno – bâtiment abritant les bureaux officiels du gouvernement national ou régional.

Palacio Municipal – hôtel de ville, siège des autorités municipales.

Palapa – toit de feuilles de palmier.

Parada – arrêt de bus, généralement en ville.

Pisto – terme familier maya utilisé pour le quetzal (dans les Hautes Terres).

Pie, pies – pied, pieds (30,48 cm), unité de mesure parfois utilisée au Guatemala.

Pinchazo – garage, réparation de crevaisons.

Plateresque – se dit du style architectural, richement décoré, de la Renaissance espagnole (XVIe siècle), par analogie avec l'orfèvrerie.

Plazuela – petite place.

Propino, propina – pourboire, différent de la *mordida* qui désigne vraiment un pot-de-vin.

Puro – cigare.

Quetzalcóatl – serpent à plumes, dieu des Aztèques et des Toltèques.

Rebozo – longue écharpe de laine ou de lin dont on se couvre la tête ou les épaules.

Retablo – retable (panneau de bois doré, sculpté, qui orne le chœur des églises)

Sacbé, sacbeob – voie ou chemin empierré à usage cérémoniel, qui reliait les grandes villes mayas entre elles.

Sanatorio – hôpital, et plus particulièrement petite clinique privée.

Sanitario – littéralement "sanitaire" ; désigne généralement les toilettes.

Serape – couverture en laine traditionnelle.

Stèle – pierre dressée, souvent sculptée.

Supermercado – supermarché, allant de la petite boutique à la grande surface.

Taller – boutique ou atelier ; un *taller mecánico* est généralement un garage.

Teléfono monedero – téléphone à pièces.

Tequila – jus d'agave fermenté, comme le pulque et le mezcal.

Típico – typique ou caractéristique d'une région ; terme utilisé surtout pour qualifier une spécialité culinaire.

Viajero – voyageur.

374 Remerciements

REMERCIEMENTS

Nous remercions tous les voyageurs qui nous ont écrit pour nous faire part de leur expérience au guatemala.

Anders Aarkrog, Masoud Afarinkia, Paul Altomonte, Vicente Alvarez, Lotta Andersson, Brian Andreasen, James Andrick, Giuseppe Anzalone, Bianca Arens, Jörg Ausfelt, Jan Bailey, Myriam Baum, Taylor Beavers, Matthew K Belcher, Rob Bell, Steve Bell, Martin Belzile, Charles Bennett, Caryl Bergeron, Béatrice Blaise, Joel Bleskacek, Adam Blissett, Claire Bonnet, Nicole Boogaers, Theo Borst, Stephan Bössler, Annemarie Breeve, Peter Brennan, Heather Brown, James Brown, Ciara Browne, Steve Burton, Eric Calder, Elizabeth Canter, John Carlisle, Alexandre Chatin, Evelyne Chauis, Paula Cipolla, Michelle Clark, Jennifer Compton, David J. Connor, Gianluigi Contin, Thomas P. Coohill, Michelle Cooper, Elisabetta Corva, Francesc Costa, Jean-François Cousin, Colleen Coyle, Steve Creamer, Clare Cronan, Ingrid Dauh, Susanne de Raaij, Sylvia de Verga, Dean Desantis, Adolf Descalzi, Joseph-Ambroise Desrosiers, Elke Ditscheid-Göller, Bernard Dix, MG. Dixon, Clement Djossen, Stéphane Doutriaux, J. Winslow Dowson, Daniel Drazan, Annabella Dudziec, Linda A Dufresne, Roel Duijf, Kari Eloranta, Doron Ezra, Lisa Falloon, Daniel Finkbeiner, Jerry D. Finley, Franesa Fiore, Artemis Fire, R. Steve Fox, William F Frank, Lill Tove Fredriksen, Barbara Fricke, Eileen Fruggiero, Ulf Gäbler, Caroline et Mark Galanty, Rafael Jiménez García-Pascual, Elissa Gershon, Clive Giddings, Tracy R Glass, Ian Gleave, Javier Gonzalez-Ustes, Roberto Gotta, Emanuel Graef, Pamela Grist, Suzette Hafner, Susan Hall, Marion C Halmos, Mary Anne Hamer, Rhonda Hankins, Steve Harris, Colin Harvey, Ayman Hasson, Andrea Hazard, Michelle Hecht, KJ Herman, Matthias Herrlein, Gary Hickman, Allan Hindmarch, Dean R Hoge, Dorsey Holappa, Derek Hollinsworth, Paul Hopcraft, Camilla Hult, Nancy Hummel, Maury Hurt, Mary Ellen Jarvis, Tim Jeffries, Ginger Johnson, Tim Johnson, Jerven Jongkind, Tom Josephs, Tim San Jule, Alexander Jurk, Rikke Kamstrup, Tom Kegelman, David Kerkhoff, Hans Kerres, Samyra Keus, Zella King, Paul-Michael Klein, Esther Kobel, Raghu Krishnan, Randall R Krueger, Rainer Kugler, Louise La Valliére, Charles et Thelma L'Anson, Sean Lawson, Katalyne Lens, Steven Lidgey, Iris Lohrengel, Gaute Losnegård, To Man Mak, Yoshi Makino, Alessandro Marcolin, Anna Marron, Bob Mason, Christopher Mathis, Alexander Matskevich, Barrie McCormick, Stephanie Mills, Conrad Milne, Ramon Mircles, Alexis Morgan, Kat Morgenstern, Jennifer Morrissey, Julie Morse, Juraj Neidel, Michael Newton, Hugo Nielsen, Salena Noel, Karin Offer, Fernando Miguel Moreno Olmedo, Frank E. Orgain, Louise Palmer, Ned Palmer, Eric Patrick, Patrik Paulis, Jane Anemærke Pedersen, Antonio Perez, Arnd Peterhoff, Karen Petersen, Ilse Pijl, David Plotz, Brigitte Poels, Andreas Poethen, Julio Puig, Jeannine Pulsfort, M. Philippe Queriaux, Ben Radford, Hanna Ramberg, Laila Rasmussen, Ingrid Rauh , Bob Redlinger, Yolanda Ribas, Brane Ribic, Lisa Roberts, Paul Roberts, Stefan Roemer-Blum, Steve Rogowski, Geoffrey Rollins, Cheri Rosenthal, Hanna Rosin, Leo Ross, Fernando Sanchez Cuenca, Marietta Sander, David Schaffer, Jed Schlosberg, Stephen Schmidt, Emanuel Schnidrig, Wanda Schooley, Thomas Schwarz, Peter Schweitzer, Devin Scott, Kelly Shields, Elena Shtromberg, Aisha Siddiqi, Amy Sillman, Michael S Singer, Bo Sjoholm, Tijn Sleegers, Donald M Smith, Shirley Smith, Janne Solpark, Stan Spacey, Giulliame Stephane, Paul Steng, Jill Strudwick, Hilary Tempest, Dino ten Have, Tim C Thatcher, Lisette Thresh, Louri Lynn Throgmorton, Jason Throop, Cecile Tiano, Dogan Tirtiroglu, Thomas Todl, Sheila Tratt, Mike & Pauline Truman, Karena Ulede, Henk van der Berg, Joeke van Waesberghe, Michael Vestergaard, Joanne Viveash, Kathryn Wagner, Lidka Washington, Lindsey Webb, David Weinberg, Jim Whitaker, John T. Widdowson, Geert Wijnhoven, Dave et Ann Williams, Bill Willoughby, Claudia Wink, Eva Wortman, Michael Wray, Iris Wüest, Susan Yanow, Camil Züloura

Index

ABRÉVIATIONS

B - Belize

G - Guatemala

CARTES

Altun Ha (B) 322
Antigua (G) 126-127

Belize (B) 277
    Districts du Belize 280
    Sud du Belize (B) 333
Belize City (B) 294
    Centre de Belize City
        (B) 296-297
Belmopan (B) 351
Benque Viejo del Carmen
    (B) 364

Caye Caulker (B) 306
Cayes (B) 304
Chichicastenango (G) 160
Chiquimula (G) 216
Cobán (G) 208
Copán (G) 222
    Environs de Copán 232
Copán Ruinas 227
Corozal (B) 329

Dangriga (B) 335
Distance et durée des trajets
    en bus (G) 72-73

El Petén (G) 251
Esquipulas (G) 218

Flores (G) 255

Guatemala (G) 78-79
    Centre et Est du Guatemala
        205
    Côte Pacifique du Guatemala
        (G) 191
    Départements du Guatemala
        88
    Hautes Terres du Guatemala
        (G) 141
Guatemala Ciudad
    (G) 108-109

Huehuetenango (G) 184

Lago de Atitlán (G) 143
Lago de Petén Itzá (G) 260
Livingston (G) 245

Nord du Belize (B) 320

Orange Walk (B) 327
Ouest du Belize (B) 349

Panajachel (G) 145
Parcs, zones protégées (G) 85,
    (B) 281
Placencia (B) 340
Puerto Barrios (G) 242
Punta Gorda (B) 344

Quetzaltenango (G) 171
    Centre de Quetzaltenango 174
Quiriguá (G) 233

Retalhuleu (G) 193

San Ignacio (Cayo) (B) 353
San Pedro (B) 311
Santa Elena (G) 254
Santa Lucía Cotzumalhuapa
    (G) 196
Système des calendriers mayas 32

Tikal (G) 264

Uaxactún (G) 271

Xunantunich (B) 362

Zaculeu, ruines (G) 186

TEXTE

Les références des cartes sont en **gras**.

Abaj Takalik (G) 194-195
Achats 67, (G) 101
Alimentation 64-65, (G) 100,
    (B) 286, 369-371
Almolonga (G) 180
Altun Ha (B) 322-323, **322**
Ambassades 38, (G) 91-92,
    (B) 283
Ambergris Caye (B) 310-318
Anguiatú (G) 217-218
Antigua 123-139, **126-127**
    A voir et à faire 125
    Achats 136-137

Casa K'ojom 128
Circuits organisés 131
Comment circuler 138
Comment s'y rendre 137-138
Distractions 136
Églises 128-129
Histoire 123
Orientation 123-124
Où se loger 131-134
Où se restaurer 134-136
Parque Central 125
Renseignements 124-125
Sports 130

Arbenz Guzmán, Jacobo 78
Arbre du Monde 29
Architecture 21 27
Arévalo, Juan José 77
Argent 39-40, (G) 92-93,
    (B) 284-285
Artisanat 27-28
Arts (G) 89
Auto-stop 71-74, (G) 103
Avion 68-70, 71, (G) 102,
    (B) 287, 288-289

Balle, jeu de (G) 29, 225

376 Index

Balneario Las Islas (G) 212
Baron Bliss Memoria (B) 299
Barton Creek Cave (B) 359
Bateau 74, (G) 104, (B) 287, 291-292
Battlefield Park (B) 298
Belize (B) 276-364, **277**, **280**, **281**, **320**, **333**, 349
Belize City (B) 293-302, **294**, **296-297**, **72-73**
    A voir et à faire 298-299
    Ambassades 293-295
    Bibliothèque Nationale 298
    Circuits organisés 299
    Comment circuler 302
    Comment s'y rendre 302
    Distractions 302
    Government House 298
    Hôpitaux 295
    Orientation 293
    Où se loger 299-301
    Où se restaurer 301-302
    Renseignements 293
Belize zoo (B) 348
Belmopan (B) 350-352, **351**
Benemérito (G) 274
Benque Viejo del Carmen (B) 363, **364**
Bermudian Landing Community Baboon Sanctuary (B) 321
Bethe (G) 273-274
Bicyclette 74-75, (G) 103
Bilbao (G) 196-197
Biotopo Cerro Cahuí (G) 260
Biotopo del Quetzal (G) 207
Biotopos 21
Bird Island (B) 299
Black Rock Canyon (B) 359
Blanchissage 45, (G) 96
Bliss Institute (B) 298
Blue Creek (B) 347
Blue Hole National Park (B) 334
Boissons 47, 65-67, (G) 100-101
Bus 70-71, 74, (G) 102-103, (B) 289-290

Cahal Pech (B) 354-357
Calendrier maya 32-34, **32**
    Année Vague 33
    Calendrier cyclique 33-34
    Compte Long 34
    Tonalamat 33
    Tzolkin 33
Caracol (B) 359-362
Carrefour el Zarco (G) 192
Cartes 37, (G) 91
Casa de la Cultura Totonicapense (G) 169-170
Casa Popenoe (G) 129

Catedral de Santiago (G) 125
Catedral Metropolitana (G) 111
Caye Caulker (B) 303, **306**
Caye Chapel (B) 318
Cayes (B) 303-319, **304**
Cayes du Sud (B) 338
Cayo District (B) 357-362
Ceibal (G) 274-275
Central Farm (B) 352
Cerezo Arévalo, Marco Vinicio 80
Cerro de la Cruz (G) 138
Cerros (B) 330
Chamanisme 31-32
Champerico (G) 195
Chan Chich Lodge (B) 324
Chechem Ha (B) 359
Chèques de voyage 39
Chiapas (Mexique) 273
Chichicastenango (G) 158-166, **160**
Chimaltenango (G) 139
Chiquimula (G) 215-217, **216**
Chumpiate Cave (B) 359
Circuits organisés (G) 104
Ciudad Tecún Umán (G) 190
Ciudad Vieja (G) 138
Climat (G) 82
Climat 21, (B) 279-280
Coatepeque (G) 192
Cobán (G) 207-212, **208**
Comerciales de Artesanías Típicas Tinamit Maya (G) 146
Consulats 38
Copán (Honduras) 221-227, **222**, **232**
    Copán Ruinas 227-232, **227**
Corozal (B) 328-332, **329**
Côte Pacifique (G) 190-203
Courrier électronique 40
Créoles 20
Crooked Tree Wildlife Sanctuary (B) 323-324
Cuatro Caminos (G) 169
Cubulco (G) 207
Cuello (B) 326-327
Cueva de las Minas (G) 219

Dangers 60-61
Dangriga (B) 334-339, **335**
Danse 28
De Padre Miguel, carrefour (G) 217-218
Dem Dats Doin (B) 346
Diego de Landa, frère 20
Distractions 67
Douane 38-39, (G) 92, (B) 284

Écologie 21, (G) 82-83

Économie (G) 87, (B) 281
Éducation (G) 87
Efraín Bámaca Velásquez (G) 81
El Bosque (G) 226-227
El Carmen (G) 190-192
El Castillo de San Felipe (G) 236
El Estor (G) 237
El Golfete (G) 250
El Naranjo (G) 273
El Petén (G) 251, 275, **251**
El Pilar (B) 358
El Remate (G) 259-261
El Rubí (G) 233
Électricité 45
Enrique Arzú Irigoyen (G) 81
Équitation 75, (G) 130, 228
Escuintla (G) 200
Esquipulas (G) 218-221, **218**
Estanzuela (G) 215
Estrada Cabrera, Manuel 77
Ethnies (G) 87, (B) 281-282

Faune 22-23
Fax 40
Femmes seules 59, (G) 96
Fêtes (G) 97
Finca El Baúl (G) 197-198
Finca El Paraíso (G) 237
Finca Las Ilusiones (G) 198-199
Five Blues (B) 334
Five Sisters Falls (B) 359
Flore 22-23
Flores (G) 252-259, **255**
Flour Camp Cave (B) 359
Frontera Corozal (G) 273-274
Fuentes Georginas (G) 181-182

Gallows Point Caye (B) 319
Garifunas (B) 336
Géographie (G) 81-82, (B) 279
Gouvernement (G) 86, (B) 280-281
Grutas Actun-Can (G) 253
Grutas de Lanquín (G) 213
Guanacaste National Park (B) 350
Guatemala 76-275, **72-73**, **78-79**, **85**, **88**, **141**, **191**, **205**,
Guatemala Ciudad (G) 105-122, **108-109**
    A voir et à faire 110
    Achats 111
    Ambassades 107
    Comment circuler 121
    Comment s'y rendre 117-121
    Distractions 117
    Histoire 105
    Musées 111

Orientation105-106
Où se loger 113-115
Où se restaurer 115-117
Renseignements 106-110
Urgences 110

Hacienda El Jaral (G) 232
Half Moon Caye (B) 319
Handicapés 59
Hautes Terres (G) 140-189
Hautes Terres du Sud-Ouest
  (G) 169-189
Hébergement 64, (G) 100
Heure locale 44
Hidden Valley Falls (B) 359
Histoire 13-21, (G) 76-81,
  (B) 276-279
Homosexuels 59
Hôpitaux 59
Hopkins (B) 338-339
Huehuetenango (G) 183-188,
  184
Hummingbird Highway (B) 334

Itzá 16-17
Iximché (G) 142
Iztapa (G) 200-201

Jorge Ubico, général 77
Journaux 44, (G) 95, (B) 286
Jours fériés 61-63, (G) 97

K'umarcaaj (G) 166-168

La Democracia (G) 199-200
La Mesilla (G) 188
La Palma (G) 273
Ladinos 20, 24
Lago de Atitlán (G) 141-158,
  143
Lago de Izabal (G) 235-238
Lago de Petén Itzá (G) 254-255,
  260
Lamanai (B) 324-326
Langue (G) 90, (B) 282, 365-373
  Cours de langue 63, 98,
    130-131, 173-175
  Espagnol 365-367
  Glossaire 372-373
  Lexique usuel 365-367
  Maya 368
Las Casas, Bartolomé de 19
Las Pirámides (G) 157
Las Sepulturas (G) 226-227
Las Siete Altares (G) 250
León Carpio, Ramiro de 81
Lieux sacrés 30-31
Likin (G) 200-201
Livingston (G) 244-249, **245**

Livres 40-43, (G) 95
Los Baños (G) 180
Los Encuentros (G) 142
Los Sapos (G) 228
Los Vahos (G) 180
Lubaantun (B) 346-347

Maïs 13
Mapa En Relieve (G) 111
Marchandage 40
Mariscos (G) 238
Maritime Museum (B) 298
Mayas 13-35
  Architecture 24-27
  Arithmétique 34-35
  Arts 89
  Astronomie 28
  Coutumes 28
  Ethnies 23-24
  Histoire 13-21
  Langue 35
  Livres 41
  Points cardinaux 29
  Religion 29-34, 90
  Sites archéologiques 37-38
Mazatenango (G) 195
Memorial Park (B) 299
Menchú, Rigoberta 95, 96
Mercado de Artesanía (G) 113
Mestizos 20, (B) 303
Mexique 332
Mixco Viejo, ruines (G) 207
Momostenango (G) 182-183
Monterrico (G) 201-203
Monumento a Landivar (G) 129
Morazán, Francisco 76
Mordida 70
Moutain Pine Ridge (B) 359
Musées 38
Museo de Arqueología Maya
  (G) 228
Museo de Arte Colonial (G) 128
Museo de Historia Natural
  (G) 173
Museo de Santiago (G) 125
Museo del Ferrocarril de los
  Altos (G) 173
Museo del Libro Antiguo
  (G) 125
Museo Fray Francisco Vásquez
  (G) 111
Museo Ixchel del Traje Indígena
  (G) 112
Museo Nacional de Arqueología
  y Etnología (G) 112
Museo Nacional de Arte
  Moderno (G) 113
Museo Nacional de Artes e
  Industrias Populares (G) 111

Museo Nacional de Historia
  (G) 111
Museo Popol Vuh (G) 112
Musique 28

Nebaj (G) 168
Nim Li Punit (B) 347
Nohmul (B) 326-327

Offices du tourisme (G) 91,
  (B) 283
Olmèques 13-14
Orange Walk (B) 326-328, **327**

Pacbitun (B) 358-359
Palacio de los Capitanes (G) 125
Palacio del Ayuntamiento
  (G) 125
Palacio Nacional (G) 110
Panajachel (G) 144-153, **145**
Parcs nationaux (G) 83-86, **85**,
  281
Parque Centroamérica (G) 173
Parque Nacional Las Victorias
  (G) 209-210
Paslow Building (B) 299
Photo 44
  Pellicules 44
Pipiles (G) 274
Placencia (B) 339-343, **340**
Poids et mesures 45
Popol Vuh 31, 41
Poptún (G) 238-239
Population 23-24, (G) 87,
  (B) 281-282
Poste (G) 93-94, (B) 285
Pourboire 39-40
Puerto Barrios (G) 239-244, **242**
Puerto San José (G) 200-201
Punta Gorda (B) 343-345, **344**

Quetzal 22
Quetzaltenango (G) 170-179,
  171, 174
Quiché, pays (G) 158-169
Quiriguá (G) 233-235, **233**

Rabinal (G) 206
Radio 44, (G) 95, (B) 286
Rainforest Medecine Trail
  (B) 358
Religion (G) 90, 29-34, (B) 282
Retalhuleu (G) 192-194, **193**
Río Agua Caliente (G) 237
Río Dulce (G) 235-236, 249
Río Hondo (G) 214-215
Ríos Montt, José Efraín 80
Rufino Barrios, Justo 77
Ruletero 74

Sacrifices humains 30
Salamá (G) 204-206
San Antonio (B) 347
San Antonio Aguas Calientes
  (G) 138
San Antonio Palopó (G) 153
San Felipe (G) 236
San Francisco El Alto (G) 182
San Ignacio (cayo) (B) 352, **353**
San Jerónimo (G) 206
San Juan Chamelco (G) 213
San Juan Sacatepéquez (G) 207
San Lucas Tolimán (G) 153-154
San Marcos La Laguna (G) 157
San Miguel Chicaj (G) 206
San Pedro (B) 310-318, **311**
San Pedro La Laguna
  (G) 155-157
Santa Catarina Palopó (G) 153
Santa Cruz Del Quiché (G) 166
Santa Cruz La Laguna
  (G) 157-158
Santa Elena (G) 252-259, **254**
Santa Lucía Cotzumalhuapa
  (G) 195-199, **196**
Santa María (G) 139
Santa Rita (B) 330
Santa Rita de Copán (G) 233
Santé 45-59, (G) 96
  Paludisme 56
Santiago Atitlán (G) 154-155
Sayaxché (G) 274
Semaine Sainte 61-62, 97, 131
Semuc-Champey (G) 213-214
Seniors 59
Serrano Elías, Jorge 80
Services en ligne 41
Sites mayas
  Abaj Takalik (G) 194-195

Altun Ha (B) 322-323
Cahal Pech (B) 354-355
Caracol (B) 359
Cerros (B) 330
Corozal (B) 328-330
Copán (G) 221-227
Cuello (B) 326-327
Iximché (G) 142
K'umarcaaj (G) 166
Lamanai (B) 324-326
Nohmul (B) 326-327
Pacbitun (B) 358-359
Quiriguá (G) 233-234
Santa Rita (B) 330
Tikal (G) 262-269
Uaxactún (G) 270-272
Xunantunich (B) 362
Zaculeu (G) 185
Sololá (G) 143-144
Southern Cayes (B) 319
Southern Highway (B) 338
Spanish Lookout Caye (B) 319
Sports (G) 98-99, 158,
  (B) 305-307, 312-313
St George's Caye (B) 319
St Herman's Cave (B) 334
St John's Cathedral (B) 299

Taux de change 39
Taxe de départ 69
Taxes 40
Taxi 74
Tecpán Guatemala
  (G) 142-143
Téléphone 40, (G) 94-95,
  (B) 285
Télévision 44, (G) 95, (B) 286
Templo El Calvario (G) 209
Thermal Waters (G) 155

Thousand Foot Falls (B) 359
Tikal (G) 262-270, **264**
Todos Santos Cuchumatán
  (G) 188-189
Toilettes 59
Toledo Ecotourism Association
  (B) 346
Totonicapán (G) 169-170
Train 70-71
Travailler au Belize (B) 63-64
Travailler au Guatemala
  (G) 63-64, 99-100
Turneffe, îles (B) 319

Uaxactún (G) 270-272, **271**
Universidad de San Carlos
  (G) 128
Uspantán (G) 168-169

Vaca Falls (B) 359
Vêtements 36
Visas 38, (G) 91
Vívero Verapaz (G) 210
Voiture 71, (G) 103, (B) 290-291
Volcán Acatenango (G) 139
Volcán Agua (G) 139
Volcán Fuego (G) 139

Waterhole Cavern (B) 359

Xibalba 29
Xunantunich (B) 362-363, **362**

Yarborough Cemetery (B) 299
Yucatán 18

Zacapa (G) 215
Zaculeu (G) 185-186, **186**
Zones protégées (G) 83-86

ENCADRÉS

La cardamome 213
Chicle et chewing-gum 358
Les cofradías 162
Les constructions mayas 24
Les costumes traditionnels
  des Hautes Terres 159
Une course vers la mer 201

Fray Bartolomé de Las Casas
  18-19
Les Garifunas 336
Glover's Atoll Resort 337
Maya moderne 368
Mythes, légendes et tortillas
  30

Repères chronologiques
  14-15
Rigoberta Menchú Tum 96
Rôle de l'astronomie 26
Des tortues menacées 318
La United Fruit Company
  240-241

Prenez des nouvelles
du monde entier avec

le Journal de Lonely Planet

notre lettre d'information
trimestrielle GRATUITE

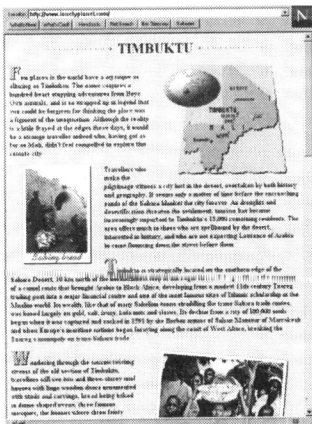

Lonely Planet sur Internet

Guides Lonely Planet en français

Les guides de voyage Lonely Planet en français sont distribués en France, en Belgique, au Luxembourg, en Suisse et au Canada. Pour toute information complémentaire, écrivez à : Lonely Planet Publications – 71 *bis*, rue Cardinal-Lemoine, 75005 Paris – France.

Afrique du Sud, Lesotho et Swaziland
Voyagez en Afrique australe et laissez-vous surprendre par la diversité de sa culture et son incroyable beauté. On ne peut choisir de meilleur endroit pour observer la faune africaine.

Amsterdam
Découvrez ou redécouvrez la patrie de Rembrandt et de Spinoza, une capitale européenne célèbre pour ses musées, sa vie nocturne et son esprit de tolérance et de liberté.

Australie
Île-continent, l'Australie est une terre d'aventure fascinante grâce à la diversité de ses paysages : la Grande Barrière de Corail, l'Outback, le bush, et Sydney, la future capitale des jeux Olympiques.

Bali et Lombok
Cet ouvrage entraîne les voyageurs à la découverte de la magie authentique du paradis balinais. Lombok, l'île voisine, est restée à l'écart du changement : il en émane une atmosphère toute particulière.

Brésil
Le Brésil, immense territoire mystérieux dont le peuple métissé porte en lui de multiples croyances, s'offre avec chaleur et éclat au voyageur averti et curieux. Vous trouverez dans ce guide tous les conseils pour parcourir le pays sans encombres.

Californie et Nevada
Ce guide donne des éclairages inédits sur la culture américaine, et fournit une description détaillée des nombreux parcs nationaux et réserves naturelles, dont le Yosemite, le Grand Canyon et la Vallée de la Mort.

Cambodge
L'un des derniers pays à avoir ouvert ses frontières aux touristes, le Cambodge permet enfin aux visiteurs d'admirer les superbes vestiges de l'ensemble merveilleux d'Angkor.

Canada
Un guide exhaustif pour une destination qui ne peut que combler les amoureux des grands espaces. Le Canada est une mosaïque de cultures : amérindienne, française, écossaise, anglaise…

Caraïbes orientales
Forêts de la pluie, douceur des alizées, eaux turquoises… Des Antilles françaises aux Antilles néerlandaises en passant par les îles britanniques, vous découvrirez toute la saveur des Caraïbes.

Chine
Unanimement cité comme l'ouvrage indispensable pour tout voyageur indépendant se rendant en République Populaire de Chine, cet ouvrage vous aidera à découvrir ce pays aux multiples facettes.

Cuba
Comment résister aux mélopées envoûtantes des *danzón* et de la *habanera* ? Terre de culture, Cuba se prête également à mille et un loisirs sportifs.

États Baltes et région de Kaliningrad
Partez pour une des dernières grandes aventures européennes, dans les trois États Baltes, réputés pour posséder de véritables personnalités bien distinctes.

Guadeloupe
Découvrez les multiples facettes de l'"île aux belles eaux". Les Saintes, Marie-Galante et la Désirade ne sont pas oubliées.

Hongrie
Indispensable à Budapest, cité tant affectionnée des voyageurs, comme à travers ce pays plein de charme.

Inde
Considéré comme LE guide sur l'Inde, cet ouvrage, lauréat d'un prix, offre toutes les informations pour vous aider à faire cette expérience inoubliable.

Indonésie
Pour un séjour dans la jungle, un circuit à Bali ou à Jakarta, une balade aux Célèbes, ou encore une croisière vers les Moluques, ce guide vous fait découvrir les merveilles de cet archipel.

Jordanie et Syrie
Ces pays présentent une incroyable richesse naturelle et historique… Des châteaux moyenâgeux, des vestiges de villes anciennes, des paysages désertiques et, bien sûr, l'antique Petra, capitale des Nabatéens.

Laos
Le seul guide sur ce pays où l'hospitalité n'est pas qu'une simple légende. Une destination tropicale encore paradisiaque.

Madagascar et les Comores
Cet ouvrage très complet présente les multiples facettes des cultures malgache et comorienne. De larges développements sont consacrés à la faune, à l'écotourisme et aux activités.

Malaisie et Singapour
Partir dans cette région revient à ouvrir une première porte sur l'Asie. Cette édition, très complète, est un véritable compagnon de voyage.

Maroc
Avec la beauté de ses paysages et la richesse de son patrimoine culturel, le Maroc vous offre ses cités impériales, les sommets enneigés du Haut Atlas et l'immensité du désert dans le Sud.

La collection Guide de voyage est la traduction de la collection Travel Survival Kit. Lonely Planet France sélectionne uniquement des ouvrages réactualisés ou des nouveautés afin de proposer aux lecteurs les informations les plus récentes sur un pays.

Martinique
Des vacances sportives, la découverte de la culture créole ou les plages, ce guide vous ouvrira les portes de ce "département français sous les tropiques" et de ses voisines anglo-saxonnes.

Mexique
Avec 166 cartes détaillées et des milliers de détails pratiques, ce guide vous permettra de consacrer plus de temps à la découverte de la civilisation mexicaine.

Myanmar (Birmanie)
Ce guide donne toutes les clés pour faire un voyage mémorable dans le triangle Yangon-Mandalay-Pagan et explorer des sites bien moins connus.

Népal
Des informations pratiques sur toutes les régions népalaises accessibles par la route, y compris le Teraï. Ce guide est aussi une bonne introduction au trekking, au rafting et aux randonnées en vélo tout terrain.

New York
Guidé par un véritable New-Yorkais, découvrez cette jungle urbaine qui sait déchaîner les passions comme nulle autre ville.

Nouvelle-Zélande
Spectacle unique des danses maories ou activités de plein air hors pair, la Nouvelle-Zélande vous étonnera, quels que soient vos centres d'intérêt.

Québec er Ontario
De Toronto à Montréal, de Québec à l'Ottawa, chaque escale est inédite. A leurs portes, frappent les grandes espaces, les forêts infinies et les lacs par milliers

Pologne
Des villes somptueuses, comme Cracovie ou Gdansk, aux lacs paisibles et aux montagnes redoutables, pratiquement inconnus des voyageurs, ce guide est indispensable pour connaître ce pays amical et sûr.

République tchèque et Slovaquie
Ces deux républiques européennes, aux racines slaves, présentent de riches intérêts culturels et politiques. Ce guide comblera la curiosité des voyageurs.

Réunion et Maurice
Si la Réunion est connue pour ses volcans, l'île Maurice est réputée pour ses plages. En fait, toutes deux sont à l'image de leurs habitants : contrastées et attachantes. Randonneurs, plongeurs, curieux, ne pas s'abstenir.

Slovénie
Toutes les informations culturelles pour profiter pleinement de la grande richesse historique et artistique de ce tout jeune pays, situé aux frontières de l'Italie, de l'Autriche, de la Hongrie et de la Croatie.

Sri Lanka
Ce livre vous guidera vers des lieux les plus accessibles de Sri Lanka, là où la population est chaleureuse, la cuisine excellente et les endroits agréables nombreux.

Tahiti et la Polynésie française
Culture, archéologie, activités sportives, ce guide sera votre plus précieux sésame pour découvrir en profondeur les attraits des 5 archipels mythiques.

Thaïlande
Ouvrage de référence, ce guide fournit les dernières informations touristiques, des indications sur les randonnées dans le Triangle d'Or et la transcription en alphabet thaï de la toponymie du pays.

Trekking en Himalaya – Népal
Source d'informations et de conseils, cet ouvrage est indispensable pour préparer un trek dans cette région, où les minorités ethniques partagent des traditions culturelles ancestrales.

Turquie
Des ruines antiques d'Éphèse aux marchés d'Istanbul, en passant par le choix d'un tapis, ce guide pratique vous accompagnera dans votre découverte de ce pays aux mille richesses.

Vietnam
Une des plus belles régions d'Asie qui change à grande vitesse. Grâce à cet ouvrage, vous pourrez apprécier les contrées les plus reculées du pays mais aussi la culture si particulière du peuple vietnamien.

Yémen
Des informations pratiques, des conseils actualisés et des itinéraires de trekking vous permettront de découvrir les anciennes citadelles, les villages fortifiés et les hauts-plateaux désertiques de ce fabuleux pays. Un voyage hors du temps !

Zimbabwe, Botswana et Namibie
Ce guide exhaustif permet la découverte des célèbres chutes Victoria (Zimbabwe), du désert du Kalahari (Botswana), de tous les parcs nationaux et réserves fauniques de la région ainsi que des magnifiques montagnes du Bandberg (Namibie).

Guides Lonely Planet en anglais

Les guides de voyage Lonely Planet en anglais couvrent l'Asie, l'Australie, le Pacifique, l'Amérique du Sud, l'Afrique, le Moyen-Orient, l'Europe ainsi que certaines régions d'Amérique du Nord. Six collections sont disponibles. Les *travel survival kits* couvrent un pays et s'adressent à tous les budgets ; les *shoestring guides* donnent des informations sur une grande région pour les voyageurs à petit budget. Découvrez les *walking guides*, les *city guides*, les *phrasebooks* et les *travel atlas*.

EUROPE

Amsterdam • Austria • Baltic States *phrasebook* • Britain • Central Europe *on a shoestring* • Central Europe *phrasebook* • Czech & Slovak Republics • Denmark • Dublin *city guide* • Eastern Europe *on a shoestring* • Eastern Europe *phrasebook* • Estonia, Latvia & Lithuania • Finland • France • French phrasebook • German phrasebook • Greece • Greek*phrasebook* • Hungary • Iceland, Greenland & the Faroe Islands • Ireland • Italy • Italian phrasebook • Mediterranean Europe *on a shoestring* • Mediterranean Europe *phrasebook* • Paris *city guide* • Poland • Portugal • Portugal *travel atlas* • Prague *city guide* • Russia, Ukraine & Belarus • Russian *phrasebook* • Scandinavian & Baltic Europe *on a shoestring* • Scandinavian Europe *phrasebook* • Slovenia • Spain • Spanish phrasebook • St Petersburg *city guide* • Switzerland • Trekking in Greece • Trekking in Spain • Ukranian *phrasebook* • Vienna *city guide* • Walking in Britain • Walking in Switzerland • Western Europe *on a shoestring* • Western Europe *phrasebook*

AMÉRIQUE DU NORD

Alaska • Backpacking in Alaska • Baja California • California & Nevada • Canada • Deep South • Florida • Hawaii • Honolulu *city guide* • Los Angeles *city guide* • Miami *city guide* • New England • New Orléans *city guide* • New York city • New York, New Jersey & Pennsylvania • Pacific Northwest USA • Rocky Mountains States • San Francisco *city guide* • Southwest USA • USA *phrasebook* • Washington, DC & The Capital Region

AMÉRIQUE CENTRALE ET CARAÏBES

Bermuda • Central America *on a shoestring* • Costa Rica • Cuba • Eastern Caribbean • Guatemala, Belize & Yucatan : La Ruta Maya • Jamaica • Mexico

AMÉRIQUE DU SUD

Argentina, Uruguay & Paraguay • Bolivia • Brazil • Brazilian *phrasebook* • Buenos Aires *city guide* • Chile & Easter Island • Chile & Easter Island *travel atlas* • Colombia • Ecuador & the Galapagos Islands • Latin American Spanish *phrasebook* • Peru • Quechua *phrasebook* • Rio de Janeiro *city guide* • South America *on a shoestring* • Trekking in the Patagonian Andes • Venezuela

ANTARTICA

Antartica

AFRIQUE

Africa-the South • Africa *on a shoestring* • Arabic (Egyptian) *phrasebook* • Arabic (Moroccan) *phrasebook* • Cape Town *city guide* • Central Africa • East Africa • Egypt • Egypt *travel atlas* • Ethiopian(Amharic) *phrasebook* • Kenya • Kenya *travel atlas* • Malawi, Mozambique & Zambia • Morocco • North Africa • South Africa, Lesotho & Swaziland • South Africa *travel atlas,* Swahili *phrasebook* • Trekking in East Africa • West Africa • Zimbabwe, Botswana & Namibia • Zimbabwe, Botswana & Namibia *travel atlas*

Commandes par courrier

Les guides de voyage Lonely Planet en anglais sont distribués dans le monde entier. Vous pouvez également les commander par courrier. En Europe, écrivez à Lonely Planet, Spring house, 10 A Spring Place, London NW5 3BH, G-B. Aux États-Unis ou au Canada, écrivez à Lonely Planet, Embarcadero West, 155 Filbert St, Suite 251, Oakland CA 94607-2538, USA. Pour le reste du monde, écrivez à Lonely Planet, PO Box 617, Hawthorn, Victoria 3122, Australie.

ASIE DU NORD-EST

Beijing *city guide* • Cantonese *phrasebook* • China • Hong Kong, Macau & Gangzhou • Hong Kong *city guide* • Japan • Japanese *phrasebook* • Japanese *audio pack* • Korea • Korean *phrasebook* • Mandarin *phrasebook* • Mongolia • Mongolian *phrasebook* • North-East Asia *on a shoestring* • Seoul *city guide* • Taiwan • Tibet • Tibetan *phrasebook* • Tokyo *city guide*

ASIE CENTRALE ET MOYEN-ORIENT

Arab Gulf States • Arabic (Egyptian) *phrasebook* • Central Asia • Central Asia *phrasebook* • Iran • Israel & Palestinian Territories • Israel & Palestinian Territories *travel atlas* • Istanbul *city guide* • Jerusalem • Jordan & Syria • Jordan, Syria & Lebanon *travel atlas* • Middle East • Turkey • Turkish *phrasebook* • Turkey *travel atlas* • Yemen

OCÉAN INDIEN

Madagascar & Comoros • Maldives & the Islands of the East Indian Ocean • Mauritius, Réunion & Seychelles

SOUS-CONTINENT INDIEN

Bangladesh • Bengali *phrasebook* • Delhi *city guide* • Goa • Hindi/Urdu *phrasebook* • India • India & Bangladesh *travel atlas* • Indian Himalaya • Karakoram Highway • Nepal • Nepali *phrasebook* • Pakistan • Rajastan • Sri Lanka • Sri Lanka *phrasebook* • Trekking in the Indian Himalaya • Trekking in the Karakoram & Hindukush • Trekking in the Nepal Himalaya

ASIE DU SUD-EST

Bali & Lombok • Bangkok *city guide* • Burmese *phrasebook* • Cambodia • Ho Chi Minh City *city guide* • Indonesia • Indonesian *phrasebook* • Indonesian *audio pack* • Jakarta *city guide* • Java • Lao *phrasebook* • Laos • Laos *travel atlas* • Malay *phrasebook* • Malaysia, Singapore & Brunei • Myanmar (Burma) • Philippines • Pilipino *phrasebook* • Singapore *city guide* • South-East Asia *on a shoestring* • South-East Asia *phrase book* • Thai *phrasebook* • Thai *audio pack* • Thai Hill Tribes *phrasebook* • Thailand • Thailand's Islands & Beaches • Thailand *travel atlas* • Vietnam • Vietnamese *phrasebook* • Vietnam *travel atlas*

AUSTRALIE ET PACIFIQUE

Australia • Australian *phrasebook* • Bushwalking in Australia • Bushwalking in Papua New Guinea • Fiji • Fijian *phrasebook* • Islands of Australia's Great Barrier Reef • Melbourne *city guide* • Micronesia • New Caledonia • New South Wales & the ACT • New Zealand • Northern Territory • Outback Australia • Papua New Guinea • Papua New Guinea (Pidgin) *phrasebook* • Queensland • Rarotonga & the Cook Islands • Samoa: American & Western • Solomon Islands • South Australia • Sydney *city guide* • Tahiti & French Polynesia • Tasmania • Tonga • Tramping in New Zealand • Vanuatu • Victoria • Western Australia

ÉGALEMENT DISPONIBLE

Travel with Children • Traveller's Tales

L'HISTOIRE DE LONELY PLANET

Maureen et Tony Wheeler, de retour d'un périple qui les avait menés de l'Angleterre à l'Australie par le bateau, le bus, la voiture, le stop et le train, s'entendirent demander mille fois : "Comment avez-vous fait ?".

C'est pour répondre à cette question qu'ils publient en 1973 le premier guide Lonely Planet. Écrit et illustré sur un coin de table, agrafé à la main, *Across Asia on the Cheap* devient vite un best-seller qui ne tarde pas à inspirer un nouvel ouvrage.

En effet, après dix-huit mois passés en Asie du Sud-Est, Tony et Maureen écrivent dans un petit hôtel chinois de Singapour leur deuxième guide, *South-East Asia on a shoestring*.

Très vite rebaptisé la "Bible jaune", il conquiert les voyageurs du monde entier et s'impose comme LE guide sur cette destination. Vendu à plus de cinq cent mille exemplaires, il en est à sa neuvième édition, toujours sous sa couverture jaune, désormais familière.

Lonely Planet dispose aujourd'hui de plus de 240 titres en anglais. Des traditionnels guides de voyage aux ouvrages sur la randonnée, en passant par les manuels de conversation, les travel atlas et la littérature de voyage, la collection est très diversifiée. Lonely Planet est désormais le plus important éditeur de guides de voyage indépendant de par le monde.

Les ouvrages, à l'origine spécialisés sur l'Asie, couvrent aujourd'hui la plupart des régions du monde : Pacifique, Amérique du Nord, Amérique latine, Afrique, Moyen-Orient et Europe. Ils sont essentiellement destinés au voyageur épris d'indépendance.

Tony et Maureen Wheeler continuent de prendre leur bâton de pèlerin plusieurs mois par an. Ils interviennent régulièrement dans la rédaction et la mise à jour des guides et veillent à leur qualité.

Le tandem s'est considérablement étoffé. Aujourd'hui, la galaxie Lonely Planet se compose de plus de 70 auteurs et 170 employés, répartis dans les bureaux de Melbourne (Australie), Oakland (États-Unis), Londres (Royaume-Uni) et Paris. Les voyageurs eux-mêmes, à travers les milliers de lettres qu'ils nous adressent annuellement et les connections à notre site Internet, apportent également leur pierre à l'édifice.

L'équipe de Lonely Planet est convaincue que les voyageurs peuvent avoir un impact positif sur les pays qu'ils visitent, non seulement par leurs dépenses sur place, mais aussi parce qu'ils en apprécient le patrimoine culturel et les richesses naturelles.

Par ailleurs, en tant qu'entreprise, Lonely Planet s'implique financièrement dans les pays dont parlent ses ouvrages. Ainsi, depuis 1986, une partie des bénéfices est versée à des organisations humanitaires et caritatives qui œuvrent en Afrique, en Inde et en Amérique centrale.

La philosophie de Tony Wheeler tient en ces lignes : "J'espère que nos guides promeuvent un tourisme responsable. Quand on voyage, on prend conscience de l'incroyable diversité du monde. Nos ouvrages sont, certes, des guides de voyage, mais n'ont pas vocation à guider, au sens littéral du terme. Notre seule ambition est d'aiguiser la curiosité des voyageurs et d'ouvrir des pistes."

LONELY PLANET PUBLICATIONS

Australie
PO Box 617, Hawthorn, 3122 Victoria
☎ (03) 9 9819 1877 ; Fax (03) 9 9819 6459 e-mail :
talk2us@lonelyplanet.com.au

États-Unis
Embarcado West, 155 Filbert St., Suite 251, Oakland CA 94607-2538
☎ (510) 893 8555 ; Fax (510) 893 8563
N° Vert : 800 275-8555
e-mail : info@lonelyplanet.com

Royaume-Uni et Irlande
Spring House, 10 A Spring Place,
London NW5 3BH
☎ (0181) 742 3161 ; Fax (0181) 742 2772
e-mail : 100413.3551@compuserve.com

France
71 bis, rue du Cardinal-Lemoine,
75005 Paris
☎ 01 44 32 06 20 ; Fax 01 46 34 72 55
e-mail : 100560.415@compuserve.com
Minitel 3615 lonelyplanet (1,29 FF/mn)

World Wide Web : http://www.lonelyplanet.com.au